JN258638

著者　1980年秋ごろ　自宅にて（『週刊文春』1980年9月25日号掲載　撮影＝後藤康治）

日本映画におけるテクスト連関

比較映画史研究

山本喜久男［著］

奥村賢・佐崎順昭［編］

森話社

〔カバー写真〕　小津安二郎監督『東京物語』（一九五三年、松竹）

日本映画におけるテクスト連関　比較映画史研究　［目次］

［凡例］

(1)本書は、著者が生前に執筆した主要な映画研究論文のうち、単行本化されていなかったものを独自に編集し、一冊にまとめたものである。

(2)編集や校正にあたっては、原文を尊重し、加筆・訂正は文意に変化の生じない範囲内で、また原文の意図から逸脱しない範囲内で必要最小限おこなうことを原則とした。また、原文との重要な相違点については、編注や解題などで言及した。

(3)誤字や脱字の訂正、表記や様式の統一、また可読性などの観点からほどこした語、ルビ、句読点、括弧類などのわずかな追加、変更、削除についてはとくに明記していない。

(4)引用文などの旧字は一部の固有名詞などをのぞいて現行の字体に改めた。引用元の原文と異なる箇所は原文に揃えた。

(5)本文中に引用されている映画の台詞には、記述上、言い回しなどを部分的に変更したものがある。

(6)引用文や会話文などにおける〔 〕は、著者や編者による補足説明のための補記を示し、とくに両者の区別が必要なときはその旨も注記した。

(7)外国語資料の引用については文意を要約したものがあり、一部にはその旨を特記した。

(8)本書に採録した図版は大半が初出時には掲載されなかったものだが、本書の性格などを考慮し、あらたに多くの図版を収録することにした。また、対応する本文にも図版番号を付した。

序章　日本映画の雰囲気

私たち日本人の多くは、日本映画の特徴は雰囲気や情緒の独特な表現法にあると考えている。日本映画の専門家ドナルド・リチーも同様の意見であり、次のように言っている。

アメリカ映画の真骨頂がアクションにあり、ヨーロッパ映画の強みが性格描写にあるとすれば、日本映画がもっとも得意とするところは情緒や雰囲気であり、人物をその環境のなかにおいて描きだすところにある。人と環境との関係性はたえず日本映画の主題であって、それは自然との一体感をきわめて正確に映しだすもので、そこに日本人は愉悦と憩いとを見いだしている。日本人は環境を自らの延長と見なしており、このような態度を保持しているからこそ、映画における環境描写にもっとも冴えをみせるのである。［1］

日本映画に雰囲気を付与しているのは、リチーが指摘しているように、自然との一体感をもとめる日本人の態度なのである。環境は日本映画において重要な役割を演じてきた。環境というとき、私たちはしばしば自然そのものを意味するが、そのような自然環境は時代劇の多くや地方を舞台にした映画において重要な意味を担っている。都会生活を背景にした現代劇においてさえ、郊外の緑地や雨天など自然的要素がしばしば強調される。

黒澤明の『野良犬』（一九四九）を例にとってみよう。黒澤は、ジュールズ・ダッシンの『裸の町』（一九四八）

にヒントを得てこの映画を作ったといわれている。三船敏郎演じる刑事が奪われた拳銃をさがして東京中を歩きまわる。どちらの映画も警察が犯人を追いつめていくところに共通点がある。だが、『野良犬』においては自然（この場合は暑い夏の季節）が物語にとって不可欠の一部となっている。一方、『裸の町』には自然を描写するシーンはほとんど見うけられない。

タイトルバックをはじめ、黒澤は夏の暑さを幾度も繰り返し描いていく。雷鳴、稲光、篠突く雨、真夏の焼けるような太陽、こういったもののなかで物語が進んでいく。これによって観客は自然現象と映画のなかのドラマとをほとんど重ね合わせて見るようになっていく。最後のシーンで、刑事は林の中に犯人を追いつめ、格闘の挙げ句その男を逮捕する。男は突然、堰を切ったように泣きだす。まわりには野の花が咲き乱れ、蝶々が舞い、晴れ渡った空には白い雲が浮かんでいる。このラスト・シーンは象徴的である。体中泥まみれとなったとき犯人の男は人間らしい感情をとりもどすからだ。

現代劇・時代劇を問わず、黒澤の作品には、登場人物とそれら人物をとりまく環境とが一体となっているという通底した主題がある。言いかえれば、自然現象や季節の推移がメッセージを伝える必須の要素となっているのである。彼の映画の白熱したアクション・シーンにおいては、かならずといっていいほど、雷が鳴ったり、雨がたたきつけるように降ったり、風が吹き荒れたり、ぎらぎらした日光が射しこんだりする。そしてこれらが劇的な雰囲気を作りあげていく。

小津安二郎は黒澤とは対照的である。小津の世界は静謐な雰囲気に満ちている。彼は、他の日本の監督たちと同様、自然環境を重要な舞台背景に用いるが、登場人物のいない、いわゆる空《から》ショットをすべてのシークエンスの始まりと終わりに挿入する点で他の監督たちとは異なっている。物語が展開するにしたがい、小津は自然環境のショットを差し挟みながら人と自然との同一性を描いていく。

『東京物語』（一九五三）を例にとってみよう。『東京物語』は海と山に挟まれた小都市の一連のショットで物語の幕が開く。時は七月初旬、夏の始まりであり、子どもたちが学校に向かうショットが映しだされることから、一日の始まりであることもわかる。そして、とある老夫婦の住まいに場面は移る。近所の人と楽しげにことばをかわしながら、二人は旅行の支度をしている。子どもたちの住む東京に旅行することになったのだ。夏の始まり、一日の始まりと並行して、二人の長旅がスタートするのである。二週間がたち、物語に終局が訪れる。旅行からもどってすぐに老妻が亡くなり、今度は子どもたちが実家の父のもとにやってくる。冒頭のシーンとエンディングのシーンは照応しているのである。

小津の映画では、あらゆるものが、季節や日常の規則的でゆるやかな歩みとともに進行し、そのなかでわずかずつ、微妙な変化をとげていく。やもめとなった父親の孤独と悲哀が――妻の亡き後、彼は毎日海を見つめて生活を送るのだ――ゆるやかな季節の変化のなかで描かれる。この最終シーンにおいて私たちは、真夏のまばゆい雰囲気が、人生の無常観を響かせながら、生き生きと描かれていることに理解がおよぶのである。

小津の映画を支配しているおだやかな雰囲気は、物語展開に歩調を合わせた、自然環境の整然としたショットの連なりのなかにかたちづくられる。そういう彼独自の映画手法によって、〝人は自然の一部である〟というメッセージが浮かびあがってくる。

人と環境との一体感を強調するそのような劇的構造は日本映画の監督に共通のものである。日本人監督であれば誰もが、それぞれ工夫を凝らして、人と環境との関係性を効果的に描いていく。これこそ、他の国々の映画とは異なる日本映画独自の重要な特質なのである。

ここで筆者は、長い伝統をもつ日本の公演芸術との関わりのなかに日本映画のシンタックス（文章法）の源流を探ってみようと思う。

まず第一に、一九二〇年以前の多くの日本映画には女優は存在しなかった。女形と呼ばれる男優が女性の役を演じていたのである。第二に、スクリーンのわきに座をしめる弁士、あるいは映画解説者が、映画の画面に合わせてストーリーを説明し、人物にかわってセリフを語っていた。第三に、初期の映画はショット数が著しく少なく、それらは演劇の忠実な再現という様相を呈していた。一九一七年頃の長さ一時間の映画の平均ショット数は約三〇、なかには二〇ショットほどでできあがっているものもあった。

初期の日本映画に見られるこういったいくつもの特質は、おもに日本演劇の伝統を引き継いだものであった。能、歌舞伎、文楽といった日本の伝統演劇はそれぞれ地謡、浄瑠璃、長唄をそのなかに含んでいて、それらはいずれも語りと、笛、鼓、三味線による音楽伴奏とから成りたっていた。能や歌舞伎の舞台では役者はセリフを語り、歌を朗唱するが、時には語りに合わせてリズミカルな演技をみせたりもする。

こういった舞台演劇とは別のかたちの伝統的な語りの芸が存在していて、その場所となっていたのは寄席、日本版ヴォードヴィルであり、そこでは人気の高い冒険譚や滑稽話が語られていた。この種の舞台演劇の伝統は「写し絵」に流れこみ、この「写し絵」は一九世紀後半以降、大都市の寄席を中心に人気を博していた。

「写し絵」の出し物は短く、語り手がいてストーリーの説明をした。一八七五年頃から「写し絵」の巡業公演が東京近郊で始まり、一時間を超すようなかなり長い出し物もそこには含まれていく。この種の人気の高い呼び物には浄瑠璃語りがつき、スクリーンに展開する物語を音楽伴奏に合わせて説明した。当時もっとも人気を集めた出し物のひとつに『三荘太夫』がある。これは一時間半を超す長尺で、八〇近いスライドからできあがっていた。半世紀以上の時を経て、溝口健二が同じ題材、同じ題名で映画を作っている（『山椒大夫』一九五四）。

これら伝統的公演芸術の影響は初期映画に明瞭に見てとれる。弁士はひと時代前の舞台演劇の語り手が姿を改めたものであるのはいうまでもない。著名な弁士は無声映画期にあっては、いわば「スター俳優」であった。スター弁士が出演すると大勢の観客が映画館に押しよせたのである。

弁士はその全盛期五七〇〇人を数え、スター弁士による特別興行すら開かれた。一九一〇年代以降、弁士の語りを録音したレコードが発売されるようになり、それらはラジオにも流されて広く喝采を博す。

伝統的な語りのスタイルと無声映画との素朴な合体は大成功をおさめた。語りが担っていたのは人物の心理のヒダを説明し、抑揚をつけてストーリーを描きだすこと、そしてまたそれぞれの映画の雰囲気やムードを作りあげること、であった。弁士の語りは国産映画に限らない。一九一八年に公開されたリン・レイノルズ監督『南方の判事』（一九一七）はケンタッキーを舞台にした恋愛ものだが、人気弁士・林天風《てんぷう》の優れた語りによって大ロングランとなった。心地よい韻文が、ケンタッキーの美しい自然を生き生きと表現していたのである。弁士は伝統的な語りをアメリカ映画に適合させることすらできたのだ。

このように弁士は、映画というユニークな公演ものの不可欠な要素として自らの役割を見いだしていた。一九二〇年以降も、ストーリーを説明しながら、その一方で、背景となる自然の情景の意味合いを観客に伝えていく。しかし、弁士がはたしていた役割は、しだいに映画独自の雰囲気表現にとってかわられていくことになる。

一九二〇年以前の日本映画は、演劇芸術の伝統的様式によってもたらされた、さまざまな欠陥をそのなかにかかえていた。弁士も問題のひとつであった。映画の世界における技術的躍進を前にしたとき、弁士は存在自体が時代後れだった。その意味で、日本映画はその発生のしかたのなかに障害物を含んでいたといえる。そこから生じる問題のひとつは、映画の作り手は監督であるのか、弁士であるのかということであった。そういう問題を発端に、監督こそ映画の真の作者であると主張する若い人たちがあらわれ、その運動が一九二一年製作の映画『路上の霊魂』となって実をむすぶこととなった。この映画の二人の監督、小山内薫と村田実は言葉の正しい意味においてて日本初の映画監督であっただけでなく、弁士を用いての伝統的な語りのスタイルを映画表現に移しかえた点においてパイオニアでもあった。この作品では日本映画には珍しかった女優たちもデビューを飾り、映画の世界に新たな地平を切り開いた。理論的には、この一作によって弁士は不要となったのだが、それにもかかわらず、無声映画期のあいだ弁士は存続していく。雰囲気を作りあげるうえで、長い期間にわたって傑出した役割をはたしてきた弁士は、欧化された日本映画においてすら多大の影響をあたえずにはすまされなかったのである。このことからも明らかなのは、日本人がつねに雰囲気醸成と、人と自然との一体感の描写に大きな意義を見いだしてきたということである。

このようにして日本映画は、一九二〇年代後半から三〇年代にかけての最初の黄金期に近代化を達成していく。ここでいう近代化とは、西洋化、とりわけアメリカ化という意味である。一九二〇年から四〇年のあいだに、日本映画は庶民劇、あるいは低中産階級のドラマを確立する。登場人物の多くは都市に生きる普通の人々であり、会社の事務員や工場の労働者といった人たちであった。

庶民劇誕生の裏にはそれをうながす社会的背景があった。それを端的にしめすのは東京市の人口で、一九二〇年に二一七万人であったものが一九四〇年には六七八万人に達していた。

庶民劇の多くはアメリカ映画にヒントを得たものであり、アメリカ映画を積極的に吸収しようとした代表的監督が、のちにもっとも日本的な監督の一人となる小津安二郎であった。この時期、自身骨の髄まで日本人であった小津は、あらゆる種類のアメリカ映画を自らの作品に取り入れていく。それは彼がアメリカの風物一般に強く惹かれていたというだけではなく、彼がアメリカ化へと傾斜していく日本社会のシンボルともなっていたということを意味していた。

彼の庶民劇映画ができあがる根底には、アメリカの大学生、アメリカのホワイトカラー／ブルーカラーの労働者、アメリカの子どもたち、時にはアメリカのギャングたちの新時代の生活ぶりがあった。小津が意図していたのは、高度に産業化された社会における、人の生活と文化を描くことであった。

小津と歩調を合わせるように、溝口と成瀬巳喜男も市井の女性や働く女性を産業化社会のヒロインとする写実的な映画を作った。このことからも、映画が新たな産業化社会の文化を表現する新しいメディアとして機能していたことがわかる。そしてそれと同時に、それらの映画に頻繁に現れる自然の情景の描き方のなかに、「語り物」の伝統の痕跡を見いだすこともできる。自然の映画的描写は日本の伝統文化、言いかえれば、農村社会の文化を伝達するうえでおおいに役立っているのである。

「語り」は能や歌舞伎といった日本の伝統演劇の本質をかたちづくっている。能も歌舞伎も農耕の神々のための儀式、あるいは祭りごとを起源として発達した。能においては多くの神が登場する。最初に、たいていは旅の僧であるワキが登場し、そのあとで主役であるシテが舞台にあらわれる。両者が問答をかわすうちに、ワキはシテが神、あるいは霊、あるいは死霊の化身であることを知る。神あるいは霊、または死霊であるシテはワキに自らの物語を語る。日本演劇の本質は人物が自らの物語を語るそのプロセスに見いだすことができる。物語はシテを演じる役者のみならず、語り手たちによっても語られるからだ。この場合、語り手たちはシャーマンのような役割をはたしていて、彼らの語りは超自然的存在についてのものとなっている。

能は、日本の他の文化表現がそうであるように、中国伝来の仏教の影響をうけているが、この外来の宗教とともに、そこにはわが国固有の神々も混在していた。仏教と土着文化との結合——能、歌舞伎といった演劇がその例となっているのだが——は宗教においてだけでなく、日々の労働や生活、文化一般にまで及んだ。歌舞伎や能は題材の多くに季節的風趣を漂わせていて、そういった出し物は特定の季節や月に上演されるのをつねとしている。日本は季節の変化に富み、例えば稲の生育などは天候の状態に左右されやすく、そのようなことが季節の変化に対する日本人の態度の繊細さをはぐくんできた。英語の「シーズン」にあたる日本語は「季節」だが、「季」は文字どおり季節であり、「節」はひとつの季の三つの段階、初、中、晩、をあらわしている。

日本には一七文字からなる俳句と呼ばれる短詩がある。俳句には季語という特定の季節をあらわす語句、あるいは特定の季節を意味する言い回しがあって、この季語を一句の中に入れるのが決まりとなっている。季語は無数にあるため、俳句を作ろうとする人は歳時記という季語事典を常備し、自分が作ろうとする句にはどのような季語がよいか、歳時記にあたって確認する必要がある。歳時記はまた、農村で働く人々や伝統的な生活を遵守する人たちにとっての暦ともなっている。

能や歌舞伎はそれぞれ武士階級、町人階層と強いつながりをもってはいたものの、もっと深いところにおいては農耕社会の文化的側面に根づいていた。そのひとつのあらわれとして、一九世紀には農民から成るアマチュア劇団がおよそ二〇〇〇、そしてそれと同数の舞台が存在していた。それぞれの一座はおもに若い未婚男性で構成された組織によって運営されていた。

彼らは祭りの日に歌舞伎を演じた。義務教育が導入される一八七二年以前には、子どもたちの多くはそういう行事に加わるなかで、芝居の台本をとおして読み書きをおぼえるのをつねとした。アマチュア一座が衰微したことにかんしては、地域社会における生活様式の変貌が一因ではあったが、映画が地方の隅々にまで広く普及したこともひとつの大きな要因であった。一九四〇年末に地方の映画館数が二三〇〇を数えたという事実は、伝統的な芝居小屋がそれまでにいかに地方の奥深くにまで及んでいたかを教えてくれる。日本映画には日本の伝統的な公演芸術がじつに深く関わっていたのである。


ここからは、日本映画に特徴的な映像表現についてもっとくわしく触れてみたいと思う。ここでは三人の大家を選んだ。小津安二郎、溝口健二、黒澤明の三人である。

小津安二郎が雰囲気やムードを表現するその手法はきわめて俳句的である。小津の映画は、ほとんどすべて一ヵ月以内の出来事をあつかっているが、それはある季節の特定の時期にきちんとおさまっている。実際、彼の後期の映画では題名それ自体が特定の時節をあらわしている。すなわち、『早春』(一九五六)、『晩春』(一九四九)、『麦秋』(一九五一)、『秋日和』(一九六〇)、『小早川家の秋』(一九六一)、『秋刀魚の味』(一九六二)といったようにである。これほど明瞭ではなくとも、特定の時期を連想させる題名もあって、『彼岸花』(一九五八)などは初秋に咲く花ということから季節は明らかであり、また『東京物語』のように題名に特定の季節がこめられていない場合でも、物語を追っていくなかで、どの季節を背景にしているか観客には容易に把握できるようになっている。

小津の映画は典型的な俳句の様式をもっている。小津の映画においては、一年のなかの特定の時節が人の生活に深い影響を及ぼすことになる。そこでは人と自然との一体感に作者の目は注がれていて、その一体感はとくに季節の変化によって感得されるのである。

極限まで簡素化された効果を特徴とする俳句と同様、小津映画のスタイルもまた簡素化されている。彼の映画を特徴づけているのは、ロー・ポジションから撮られた静謐なショットであり、フェイドやディゾルヴを排したストレート・カットの繋ぎであり、幾何学的ともいえる几帳面な構図であり、彼ならではの真正面を向いた人物ショットである。

小津がスタイルを学んだのが俳句のみでないことは、改めてことわるまでもない。すでに述べたように、彼のアイデアの多くはアメリカ映画から、とりわけエルンスト・ルビッチュの風習喜劇、なかでも無声映画の『結婚哲学』（一九二四）からとられたものであった。画面の構図においても、編集法においても、各ショットのアングルや、登場人物のマナーにかなった振る舞いにおいても、小津とルビッチュには強い類似関係が見られる。ルビッチュ映画におけるマナーについて、アンドリュー・サリスは次のようにいっている。「行儀《マナー》とは、結局、人の無礼さの限界となるものでしかない。それは、人は誰も人生のゲームにいつかは負けるが、それでもなお、ルールに従って人生のゲームをつづけるべきだと認めることなのである。辛い悲哀がこの監督のもっとも陽気な瞬間にしみこむ」[2]。

サリスのここでいう「認めること」というのは、「小津の達観の精神」あるいは人生をあるがままに受け入れる彼の態度に、きわめて似かよっている。

第二次大戦後に公開された小津の後期作品においては、題材は庶民階層からではなく、上流中産階級からとられている。小津はお茶会やお能の会といった高級な趣味の数々をちりばめることを好み、登場人物をこれまで以上に教養豊かな人たちとした。このようにして小津はアメリカ映画の影響を自分自身のスタイルのなかに巧みに吸収する。そこにはまた俳句に通じる簡素化の影響もあって、それは小津の作風の変貌のなかで決定的な役割を及ぼしていった。

俳句表現の根本にあるのは「小によって大を意味する（より少ないものほどより多くを意味する）」の原則である。俳句においては、季語が他のことばと結びつくことで、より豊かな意味を作りあげる。

小津は、一見人物のドラマとは何の関係もないような自然や静物をとらえた一連のショットをとおして、豊かな連想を作りあげることを得意とした。これらのショットは俳句における季語の役割をはたしている。その典型的な例のひとつが『晩春』の壺のショットである。『晩春』はやもめの父と、結婚に踏みきる娘との関係を描いた作品である。結婚を直前に控えて、父娘は京都に旅行する。場所は京都の旅館、二人は楽しかった一日を語り合ったあと、それぞれ蒲団に入る。二人の会話が続き、そして床の間の壺のショットが現れる。次に、微かに微笑むような娘のショットが一〇秒近くあり、次いでもう一度壺のショットに切り換わる。そしてまた娘のショットにもどってこのシーンは終わるのだが、このとき様子は一変していて、娘はほとんど涙ぐんでいるように見える。ここで問題となるのは、娘の感情が変化する瞬間になぜ壺のショット（のような空《から》ショット）が挿入されたのかということだ。

ドナルド・リチーはこの壺は観客の感情の容器であると見なした[3]。監督の感情や、登場人物の感情ではなく、観客の感情の容器であると。彼の推論の基盤には、壺はそれ自体何の意味ももっていない、それは時間省略の口実にすぎないという前提があった。だが、筆者はこの見方には同意しない。

私たち日本人にとって、少なくとも筆者自身にとっては、壺のショットは、正確にいって、壺が前面にあり、庭の木や竹が影を落としている障子窓がその背後にあるという文脈において考察すべきものなのである。リチーは影を映している障子窓に気づいていない。壺にだけ注目している。障子窓は月の光で明るくなっていて、庭の木々の影をくっきり映しだしている。父娘が会話する、これに先行するいくつかのショットにおいても、障子窓はすでに背景を成していた。

前面の壺と背景の障子窓とは春の夜の静寂をしめしていて、それが父親と娘を抱くようにつつんでいる。ある意味で、このショットは季語ショットと呼ぶべきものと見なすことができる。ここで私たちは、人と自然の同化という日本独特の人間観、自然観を見てとることができる。父と娘はちょうど春が過ぎ去ろうとする時期に別れていく。娘はもうすぐ結婚してしまうのであり、父親と離れてしまうこと、また自らの青春にも別れを告げねばならないことにいくらか感傷的な気分に落ちこんでいる。父親はさばさばしていて何の気苦労もないように見えるが、心中孤独をかみしめているに違いない。そして、両人のそういった感情がしんしんとしたおだやかな雰囲気のなかに描かれているのである。

溝口健二には小津と相通ずるところがある。彼の初期の映画には、ドイツ表現主義映画、アメリカのサイレント・コメディ、アクション映画等の影響が明らかであり、一九三〇年代初期には、ソヴィエトのモンタージュ理論、象徴的ショット、すばやいカッティング、キング・ヴィダー流の長回し等々といった技巧を駆使した、種々様々多様な映画を作っている。しかし、そういった技法はしだいに影を潜めていき、ついには、彼独特の長回しと移動ショットに特徴づけられた「ワン・ショット＝ワン・シークエンス」［編注1］のスタイルを確立する。それ故、彼の作品のショット数はきわめて少なく、一本でわずか二〇〇ショット程度、これは他の監督の平均ショット数の三分の一にすぎない。彼の映画は大部分ロング・ショットかフル・ショットで構成されていて、人物をクロース・アップで捉えることはめったになく、加えて、全体の三分の一以上のショットが移動ショットになっている。

もうひとつ溝口の重要な特質は、時代劇にそれは顕著なのだが、装置、小道具、衣裳、その時代の生活全般に、厳格なまでの正確さを求めてやまないことである。歴史的リアリズムへの情熱にささえられて、彼はロング・ショットやフル・ショットを多用し、それによって、自然環境のなかで人がどのような社会的位置をしめているのかを精確に描こうとした。リアリズムのスタイルによる彼ならではの克明な描写は、劇の基盤となった時代の雰囲気を見事に作りあげている。

季節の設定にかんして小津ほど緻密ではないものの、溝口もまたそれぞれの作品に応じた適切なムードを醸成するのにきわめて巧みな手腕を見せている。『雨月物語』(一九五三)においては、荒れはてた山村や、枯れ蘆みなぎる湖が冬の情景をまざまざとしめしていて、それがまた、自分の女房すら己の野心の犠牲にしてかえりみない、戦乱にすさんだ一六世紀日本の社会風潮の象徴になっている。そういったことは、一七世紀の封建社会を描く『近松物語』(一九五四)についても同じようにあてはまる。

しかし溝口ならではの映画美は、その長回しと移動撮影の技法に存するといってもいいだろう。もし小津の特徴を俳句的と規定するのであれば、溝口のそれは絵巻物的であるといえる。絵巻物は巻物の上に描かれた一連の絵で、それがひとつのストーリーを成していて、日本において一三世紀から一四世紀にかけて全盛をほこった。物語は巻物の右から左へと進むようになっていて、絵と絵とのあいだで時間や空間が推移する。仏教を題材にした絵巻物においては、弁士に似た語り手があらわれ巻物の物語を説明したといわれている。また、中世仏教の無常観が、絵巻物のいわゆる「流れの美学」に寄与していたというのが一般的見解となっている。このことは溝口のカメラ移動の技法にも同じようにいえることかもしれない。彼は後年、仏教に帰依している。

溝口の映画技法と絵巻物とのつながりをしめすもう一点は、巧みなクレーン・ショットが作りだす独特の構図であって、それは絵巻物においては、どこにでも見られるいたってありふれた構図なのである。

『雨月物語』は山並みを捉えたロング・ショットから始まる。カメラはそのまま左に移動して湖を望み、それから右にクレーン・ショットで移動して陶工の住まいを映しだす。そこでは主人公の陶工が弟の家族とともになにやらいそがしく立ち働いている。こうして物語が始まっていくのだが、それは小津の『東京物語』に似てはいても、小津の場合、冒頭のシーンはいくつかのショットから成り、それがストレート・カットでつながれているのに対して、溝口の場合は、カメラ移動によってワン・ショット〔に見まごうショット構成〕でそれが達成されている。『雨月物語』では人生のさまざまな有為転変が描かれたあと、カメラは最後に冒頭のシーンと同じ場所にもどり、人々が再び表向き平穏な生活を送っているところを映し出す。

しかし、そのカメラはひとりの男の子が墓のそばに佇むところを捉える。墓に眠るのは男の子の母親であり、男の子の母親つまり陶工の妻は死んでいるのだ。最後のショットは、上昇するカメラがロング・ショットで山並みを捉え、山のふもとにひとりの農夫の働く姿を望む。ここで私たちは、主人公の男が自らをとりまく自然の一部となったことを理解する。そして山村のおだやかな雰囲気が画面を満たしていくのである。

右から左へ順に物語を展開させていくだけの素朴な構成の絵巻物とは異なり、溝口の「カメラ眼」は、パン、ティルト、トラッキング、上昇、下降、右へ左へといった移動などの技法により、もっと複雑で、もっと多様なものとなっている。もちろん、それはアメリカのミュージカル映画に見られるようなダイナミックな動きと似かようものではない。いうならば、『雨月物語』に見られるカメラ移動は、もっとゆるやかな舞踊である日本の能に見られるアクションの動きに似ている。『雨月物語』において溝口が能をふんだんに取り入れているという事実は、伴奏に能の音楽を用いていることだけでなく、役者のメイクや衣裳、演技や踊りに能的なものが活用されているということからもわかる。それに加えて、彼のカメラは超自然的存在の動きをあやまたずとらえている。その有名な例は、陶工と亡霊とのラブシーンである。男は旅先で若い女と出会う。溝口はこの女が幽霊であることをにおわせる。まずそれは女のメイクによってしめされる。能面のように、女の顔からは表情がそぎ落とされているからだ。この女と陶工は枯れ草のあいだを歩いて、女の住まいに至り、そこで宴が張られる。女は男のために舞いを披露する。舞いに合わせて歌を歌っているのは女の亡き父親である、と男は知らされる。

この段階で、私たちは陶工が能の世界、すなわち亡霊の世界に入りこんだことに気づく。男は女と結ばれる。カメラが茂みのなかを左へ移動していく。最前のシーンとは違い、茂みはうっそうとした若葉に覆われていて、そこには官能的な雰囲気が漂っている。それに、そこにはまるで人の姿がない。カメラは速いテンポのまま動きをとめようとはしない。まるであらゆるものが現世の世界から解放されたかのように思われる。そしてカメラは、岩窪で湯浴みする陶工と女にたどり着く。女が湯に身を浸すのをちらっと捉えたカメラは、すばやいディゾルヴを挟んで左の方へと移動を続け、広々とした庭園の一隅、湖の傍らで憩う陶工と女とを映しだす。このシークエンスの神秘的な雰囲気は、あらゆる方向に自在に動く、卓越したカメラ操作によっておもにもたらされている。そして私たちは溝口が作りだしたこの神秘的雰囲気を「幽玄」、あるいは微かにほの見える揺らめきの美と呼ぶことができる。

黒澤明は新しい戦後の時代に調和する日本映画を作り出すとともに、抜きんでた技術的革新を成し遂げた。『七人の侍』（一九五四）では、マルチカメラ撮影と望遠レンズを大胆に活用して、目の醒めるような映像美を達成した。

黒澤は、他の誰よりも過激に、日本映画に大きな変革をもたらした。すなわち、小津や溝口以上に、西洋芸術に向かってさらなる歩みを進めたのである。これまでのところ、黒澤はシェイクスピアやドストエフスキーといった西洋の作家の作品の翻案を五回行なっている。そのようにして、日本映画の通弊となっていた貧弱な劇構造、運命を甘受する登場人物、といったものを克服し、彼は自らの映画のなかに豊かなイマジネーション、じゅうぶんな計算と論理に基づく劇構造、行動的な登場人物を導入した。それらはみな西洋の文学や映画に見られる特徴であった。そしてその典型的な例となっているのが『七人の侍』である。

『七人の侍』のラスト・シーンは『雨月物語』のそれと似かよっている。そこに映しだされるのは、野武士たちとの死闘のはてにとりもどした平和な世界であり、百姓たちは歌を歌いながら田植えをしている。侍のリーダー勘兵衛は、勝ったのは百姓たちだ、と感慨をもらす。いつまでも残るのは土地であり、土地とともに百姓もいつまでも生き残るのだ、と。人間はまわりの自然とひとつになることで全体の一部を構成している、ということを勘兵衛のことばは示唆している。

『七人の侍』は日本の時代劇にまったく新たな要素を持ちこんだ。この映画のなかでは、武士と農民にはっきりとした身分の差がある一六世紀の厳格な封建社会が民主化の洗礼をうけ、そうして、現代の産業社会のイメージである、テクノクラート的社会へと変貌を遂げる。農民が食事を報酬に侍を雇い、高貴な性格の侍たちは農民に訓練を施して優れた兵士に鍛え上げる。その結果、堅いチームワークによって野武士の攻撃を撃退することに成功する。

『七人の侍』を特徴づけているのは、西洋的な劇構造と、人と自然とが一体であるという日本の伝統的世界観とが混在しているところである。

これまで繰り返し指摘してきたように、現代の日本の文化は古来の伝統と西洋の影響との共存のうえに成りたっている。一見したところ西洋の影響が明らかな黒澤の映画も、雰囲気表現において、ある意味において伝統的であり、またきわめて歌舞伎的である。黒澤は能の愛好者であって、能の影響は明らかに見てとれるが、雰囲気やムードの表現において、はるかにもっと歌舞伎の影響をうけている。貴族の芸術として完成をみた能とは異なり、歌舞伎は農民や町人にとっての演劇であり、もっと粗野で、もっと情味があり、アクションや活力に富んでいる。そして歌舞伎は、西洋の演劇やサーカスがそうであったとちょうどおなじように、生々しい表現への偏愛をともなって発達をとげていく。歌舞伎の舞台では、模型の船が布でできた海上を航行し、侍は作り物の馬にまたがり、また無敵の豪傑侍は刀を振りまわして何十人もの敵の首をはねとばす。そういったときの敵の首は精巧にできた張りぼてなのである。

雪は三角片の小さな紙を降らしたもので、あたかも実際の雪のように舞い落ちてくる。役人に追われた農民が、雪の降りしきるなか、家族と涙の別れをかわす場面がある。主人公の悲哀がクライマックスに達するのにあわせて、雪はいや増しに降りしきるのだ。

歌舞伎の舞台では、雪、雨、風のような自然現象を表現するのに太鼓が用いられる。実際の雪は音をたてて降ってはこないが、舞台では太鼓による聴覚効果としてもあらわされる。歌舞伎では、役者、語り手、音楽、太鼓の効果音をともなった紙吹雪等がひとつとなり、ひとつに融合したアンサンブルを作りだす。ソヴィエトの映画監督セルゲイ・エイゼンシュテインに感銘をあたえたのも、歌舞伎のこの一糸乱れぬアンサンブルであった。彼はこれを「一元的アンサンブル」と呼んでいる［編注2］。これはまた、自然と人間とのあいだの一元的アンサンブル、と呼ぶこともできよう。

雪降りの場面に限らず、歌舞伎では戦闘場面や殺しの場面でもしばしば太鼓が用いられる。雪の音、雨の音、雷の音等々、太鼓を繊細にかつ巧妙に用いることで、いずれもきわめてリアルな表現が達成される。

戦闘シーンを雨と風の中で描いた監督は他にもいたかもしれないが、戦闘の激しさをかくも力強く描いた監督は黒澤一人だったといっていいだろう。例えば『七人の侍』では、戦闘シーンの直前に雨が降り出し、クライマックスでは滝のような大降りの雨となる。それこそが黒澤の演出であった。また、望遠レンズを用いたことで、雨中の戦闘がすばらしい画面となって結実した。長い雨中の戦闘が終わりを告げると、快晴のもとでの田植えのシーンに切り換わる。それはまるで長いトンネルを抜け出たときのような目にも鮮やかな転換の妙であった。雰囲気やムードの醸成に黒澤がいかに思いを凝らしているか、このことからも理解できるだろう。

黒澤は激しい闘争や対決のシーンにおだやかで平穏なシーンをしばしば並置する。『野良犬』のラスト近く、刑事と殺人犯とが泥まみれとなって延々と格闘する。その場面の最初にはピアノのやさしいメロディが聞こえ、格闘の末犯人が逮捕されると、そこには野の花がいっぱいに咲き乱れ、子どもたちの歌声が聞こえてくる。

この種の技法は歌舞伎劇に先例がある。ある出し物では、恐ろしい殺人が起きた直後に、お祭りの山車がにぎやかな音楽とともに舞台を横切る。また別の芝居では、楽しい夏祭りの真っ最中に男が誤って数人の人間を殺してしまう。

人殺しと心が浮き立つような祭りの場面との並置は、異なる二つのものの対照を際立たせて効果的であるだけではなく、そこで流れる音楽に死者への鎮魂の意味をもたせてきわめて強い印象を残す。『野良犬』では、子どもたちの歌が不幸な殺人犯にとっての鎮魂歌の役割をはたしている。

ここまで日本の三人の監督について、彼らがそれぞれいかに異なっているか、それにもかかわらずそれぞれの雰囲気表現の映画技法には通底するものがある、ということを述べてきた。筆者は小津を俳句的、溝口を絵巻物的、そして黒澤を歌舞伎的と呼んだ。このことからも、日本映画の技法が伝統的な公演芸術にいかに深く根を下ろしているかが理解できると思われる。

最後に、現代の日本の映画監督に簡単に触れておきたい。その監督とは一九六〇年代の、日本映画第三期の黄金時代を代表する今村昌平、大島渚、篠田正浩の三名である。彼らは黒澤よりもさらに西洋化と現代化を推進させ、もっと個性的で、もっと自由なスタイルを追求した。三名とも所属していた大撮影所を離れ、撮影所システムが確立した慣習的な話法や技法をかなぐり捨て、自分たちの独立プロを拠点に思いのままの創作活動を展開した。「日本ヌーヴェル・ヴァーグ」の呼び名のごとく、フランスの先輩たちと多くの共通点をもちながら、それでもなお彼らは日本的スタイルを保持している。彼らは日本的とは何かということをたえず問い続けているのである。今村は文化的・人類学的アプローチを、大島は政治社会学的アプローチを、篠田は歴史人類学的アプローチをそれぞれ基盤にしているという相違はありながら、三者とも日本人のアイデンティティを探し求めている点でまったく変わりはない。

日本の映画産業をとりまく状況はますます悪化しており、監督たちにとって映画作りはこれまで以上に困難なものとなっている。そのうえ、社会の急激な変化によって伝統文化が崩壊の一途をたどっている。そのようなことから、日本映画には日本映画ならではの持ち味は失われたとまでいいきる人たちもいる。しかし、筆者の確信はかわらない。ちょうど『七人の侍』の農民たちがそうであるように、日本という土地が存在する限り、日本映画は生気に満ちたものでありつづけるだろう。

［1］Donald Richie, *Japanese Cinema :Film Style and National Character*, extensively rev., expanded, and updated version of *Japanese Movies*, ©1961 (Garden City : Doubleday , 1971), pp.xiv, xx.
［2］Andrew Sarris, *The American Cinema: Directors and Directions, 1929-1968* (New York : Dutton , 1968), p.66.
［3］ドナルド・リチー『小津安二郎の美学　映画のなかの日本』山本喜久男訳、フィルムアート社、一九七八年、二四五〜二四六頁。

［付記］この一文は、一九七九年六月二一日、アメリカ、コロラド州で開かれた第二九回アスペン国際デザイン会議における筆者の講演に基づいている。この原稿の執筆にあたり、笹口幸男、新保昇一、野中涼の三氏にご教示いただいた。この方々のお力添えがなければこの英語論文はかたちをみなかったに違いない。

（翻訳＝宮本高晴）

［編注1］現在の映画研究では、溝口映画の長回しに対しては「ワン・ショット＝ワン・シーン」というのが一般的で、用法としてもこちらのほうが正確だといえよう。
［編注2］セルゲイ・ミハイロヴィッチ・エイゼンシュテイン「思いがけぬ接触」鴻英良訳、岩本憲児・波多野哲朗編『映画理論集成』フィルムアート社、一九八二年、五四頁参照。

I
小津安二郎

第1章　小津と歌舞伎

一九二七年、当時助監督だった小津安二郎は『瓦版かちかち山』のシナリオを書いた。小津は後年、このシナリオは「黙阿弥の二番目狂言といつたやうな感じのするものでした。深川の櫓下の羽織芸妓とそのやくざな兄とを中心にしたものです」［1］と語っている。松竹の上層部はこのシナリオを気に入り、それをきっかけとして、同年小津は監督に昇進した。

『瓦版かちかち山』は一九三四年、井上金太郎監督の手によって映画化された。物語は江戸を舞台にしている。スリの典吉は病気の母親と裏長屋に住んでいる。典吉は母思いの孝行息子で、母親は典吉が目明かしであると思いこんでいる。妹は深川で芸者をしている。ある日典吉は、妹が田舎大尽に無理矢理身請けされることになるという話を耳にする（妹には惚れ合った男がいた）。身請けを断わるには、主人に金を返さなければならない。典吉は質屋に忍びこんで金を盗み、裏長屋の住まいに顔を出した妹にその金を手渡す。そして彼は自分がスリであったことは母親にも妹にも隠したまま、奉行所に自首して出るのだった。

二番目狂言は世話物とも呼ばれ、黙阿弥が得意とした歌舞伎の出し物で、江戸時代を背景に貧しい庶民ややくざ者の生活をリアルに描くものであった。世話場と呼ばれる場面では、親子の別れ、身売り、貧窮、病気、死別といった悲しい出来事が描かれた。芝居好きの両親の影響をうけて、小津も歌舞伎の舞台にはよく通っている。一九二七年、彼は手紙にこう書いている。「八月の歌舞伎座は思ったよりよかった。（略）因果網打《あみうち》話の世話場もいい」[2]。小津が触れているのは黙阿弥の世話物、〝小猿七之助〟として知られる『網模様燈籠菊桐《あみもようとうろのきくきり》』(一八五七年)である。主人公の七之助は『瓦版かちかち山』の典吉に似て、家族(父親と妹)を愛するスリであるが、長らく家に足を向けていない。父親は三年来病にふせっている。それというのも、かつてある商人から金を奪い取ったのだが、その男が自殺をし、呪いがふりかかったからであった。妹もそのとき失明し、以後は按摩となって父との二人暮らしをささえている。典型的な世話場は第四幕と第五幕に見ることができる。第四幕では、七之助は吉原の女郎屋で妹とばったり出会う。父親の薬代欲しさにお客の財布に手をつけた妹が大勢の前で折檻されていたからだ。この哀れな女按摩が妹だと知った七之助は、驚きながらも妹を救うために仲裁にはいる。父と妹が貧乏のどん底にあると聞かされて、七之助は妹をやさしくいたわってやるのである。第五幕は父親と妹が住む裏長屋。七之助は悪事をして手に入れた金を持ってやってくる。しかし父親は、自分はまもなく死ぬ身だから金はいらない、その金を持って逃げ、できるだけ長生きしろ、と彼に言う。七之助は不承不承父親のいいつけにしたがうと、これが二人とは今生の別れと覚悟しながら、家を出ていく。七之助が家を出る前に、世話場の山場ともいうべきセリフの掛け合いがある。

七之助　たがいに生きていりゃこそ、明日にも知れねい命でも
父　　親《しん》は泣き寄りこのように
七之助　夜でも忍んで会われるのだ

「親《しん》は泣き寄り」は「親《しん》は泣き寄り、他人は食い寄り」ということわざから来ていて、これは、死に際に深い愛情から集まってくれるのは近しい家族だけであり、他人は葬儀に出される食事や酒目当てに顔を出すにすぎないという意味である。

小津の映画は繰り返し家族の崩壊の危機を描いているが、それはある程度、先のセリフに代表される世話物の伝統のうえにたっているとみることができる。彼の監督第一作で、また彼にとって唯一の時代劇でもある『懺悔《ざんげ》の刃《やいば》』（一九二七）も、黙阿弥の世話物を彷彿させる。これは小津の原案をもとに野田高梧がシナリオを書いていて、世間から白い目で見られ続けるために、どうしても堅気になれない二人の兄弟が主人公となっている。この映画のテーマも、これまでに見た作品同様、家族（この場合は兄弟）の「親《しん》の泣き寄り」なのである。ただし、ジョージ・フィッツモーリス監督の『文明の破壊』（一九二三）から小津がヒントを得たというのも間違いのない事実であるようだ。

西洋からの影響という点で、小津と黙阿弥には共通点がある。黙阿弥は歌舞伎の伝統を継承しただけではなく、明治時代の新しい社会風潮を作品のなかに取り入れた。実際、西洋の影響をうけた当時の社会相を描く〝ザンギリ物〟という新しいジャンルを創始したのである。黙阿弥は一度などエドワード・ブルワー＝リットン作『マネー』を焼き直し、輸出を商う横浜の商人の話を芝居にしている（そのために現地調査まで行なったといわれている）[3]。これらの芝居はすべて、西洋近代化の時代を背景とした世話物だったといっていいだろう。

小津の場合、彼の映画が欧米の、とりわけアメリカ映画の大きな影響をうけたことについてはいまさらことわるまでもない。彼が映画人としてのスタートをきった一九二〇年代、三〇年代は、日本の大衆文化が著しくアメリカナイズされた時期であった。小津もアメリカ映画の翻案に興味をいだくとともに、ハリウッドの映画技法を積極的に自分の作品に導入した。例えば、エルンスト・ルビッチュの『結婚哲学』（一九二四）は小津をはじめとする日本の若手監督に多大な影響をあたえた。ルビッチュの洗練された映像技法（例えば、カットバックによる精緻な表情の対話や、主にクロース・アップやミディアム・ショットの切り返しによって生み出されるアイロニー）は、彼らこれからの映画の担い手たちを喜ばせ、また驚嘆させたのである。それに加えて、当時の日本人には、映画がそのひとつの象徴となっていた、新たな中産階級の登場に対する根強い共感があった。映画人としての第一期に黙阿弥風の世話物のシナリオを書いたり監督したりした小津は、そういう世話物のスタイルを、当時のアメリカナイズされ、近代化された日本に当てはめようとした。黙阿弥がブルワー＝リットンを基盤にして明治時代の西洋化した社会を紹介したように、小津はルビッチュを模範にして二〇世紀初頭の近代化した社会を紹介したのである。しかし、やがて小津は、彼自身の世話物の世界、それと密接に関連した自らの映画スタイルを見出していくことになる。

欧米の批評家が異端的、あるいは風変わりと見なした小津のユニークで個性的な映像技法（例えば、場面の移行を示す一連のショット、いわゆる空《から》ショット、切り返しショットの際の一八〇度ルールの侵害、あるいは視線の不一致など）は、その一方で、日本では自然なものとして受け入れられてきた。日本の批評家は彼の技法を異端として指摘することは一度もなかったし、彼の映画を愛する日本の観客は、彼の映画を風変わりとも不自然とも見なさなかった。それとは正反対に、彼らは小津の映画を「最も日本的」なものといいならわしてきたのである。彼の芸術のユニークな点は、日本の劇芸術の伝統に新たな生命を付与したこと、芸術と文化に新たな領域をつくりあげたこと、そして日本人観客が気持ちの拠り所を見出す彼独自の映画世界を創造したことであり、このような異例な能力に小津は恵まれていたのである。

それではいったい、彼の映画のどこがそれほどまでに〝日本的〟なのであろうか。彼の芸術の中心にあり、日本人観客がそれを鑑賞するのになんの困難もおぼえなかったものというのは何なのであろうか。この疑問に答えるために、彼と歌舞伎の関わりをしめすもうひとつの例に目を向けてみよう。

小津は歌舞伎の名優六代目尾上菊五郎を崇拝していた。一例を挙げると、一九三〇年の小津の生活ぶりを記した資料にこう書かれている。「初めて岡田時彦を使う。岡田とは同年齢で、共に東京下町育ち、六代目菊五郎の芸に感心したり洋ランプ集めをしたり、肝胆相照らす仲となる。その芸も気に入る」［4］。一九三五年、小津は六代目菊五郎演じる『鏡獅子』の記録映画を撮っている。その前後、小津は菊五郎にたびたび会い、時には楽屋を訪れて芸談を身近に聞いてもいる［5］。菊五郎の話は彼に大きな影響をあたえ、それは後に小津自身の芸術論の一部にすらなっている［6］。それではそのような菊五郎の芸とは、そして彼の芸談の真髄とはどのようなものであったのだろうか。

一九三五年九月、小津は宇野信夫（〝昭和の小黙阿弥〟と呼ばれた劇作家）作『巷談宵宮雨《こうだんよいみやのあめ》』の初演を見、菊五郎の芸に感銘をうけたと日記に書きとめている。この芝居で菊五郎が演じていたのは、好色で、欲深な、しかしどこか滑稽な破戒坊主であった［7］。菊五郎の演技は、小津が彼の美点のひとつと高く評価していた人間性の機微への深い洞察を見せたものであったに違いない。六代目はその著『芸』（一九四七年）のなかで「様式美と写実」について書いていて、とくに場の雰囲気の重要性を強調している。例えば、『天衣紛上野初花《くもにまごううえののはつはな》』（一八八一年）の第六幕入谷村の蕎麦屋の場では、「雪の降る入谷の夜の淋しさの風情、それに伴ふ周囲の気分として、按摩の丈賀《じょうが》は勿論、蕎麦屋の夫婦に至るまで、その雰囲気を助成（ママ）して行く心掛けが肝要です。さうして本当に其気分を現はすのには、大道具小道具までの詮議も入用であつて、近年のやうに蕎麦の釜が、立派な石積みの絵になつてゐるなども、漆喰塗でなければいけない」［8］。役者や大道具、小道具ばかりではなく、雪の降る寂しい夜の雰囲気を高めるために、世話場には欠かせぬ曲である「四つ竹節」が場の冒頭で演奏され、大太鼓が、実際に舞台に降りしきる雪（三角形の白い小さな紙切れなのだが）［9］をともないながら、雪降りの音を奏でるのである。歌舞伎には下座《げざ》音楽――唄、合方（主に三味線）、それに鳴物（太鼓、鼓、銅鑼、釣鐘、笙、笛、から成る）が前面に登場する。雷鳴、波のうねり、川面のさざ波などのさまざまな自然現象はバチさばきによって作り出される。例えば、降りしきる雪は、先を綿でくるんだ太いバチで大太鼓を叩いて表現する。寂しい夜の情景は、待ちかまえている悲劇的な結末を暗示する。先に述べた場面において、ヤクザの直侍《なおざむらい》（直次郎）は蕎麦屋に立ち寄り、そばをつまみに酒を飲みながら、近くに住む芸者三千歳《みちとせ》に手紙をしたためる［10］。第七幕では、直侍と三千歳は顔をあわせるが、直侍は捕方に追われる。このように雰囲気は世話物にとってきわめて重要な意味をもっている。

小道具、大道具、さまざまな音響効果によって作り出される自然現象が、この雰囲気を高めるために活用される。直侍の父親の住まいの一場（第五幕）がまたこの絶好の例となっている。上手に、病のためにやつれた父親が蒲団に横たわっていて、娘が背中をさすっている。父親の足もとには掻巻《かいまき》がかけてあり、傍には屛風が広げられている。近くには箪笥と仏壇、その前に行燈が置いてある。下手には古びた灰色の壁に、着古した浴衣がかかっている[11]。木魚の音と念仏の声、それに時折寺の鐘のゴーンという音が聞こえている[12]。

このことに関連して、小津はこう言っている。「歌舞伎を見て、芝居の押し、芝居の『間』などといふことについて、色々と教へられます。トーキーを作る上に於ては、殊更歌舞伎から学ばなければなりません。例へば、淋しい裏長屋か何かの舞台面、念仏講か何かの鉦の音。その鉦の音だけで、僕達は直ぐ本筋に入つて行けるやうな気がします」[13]。

以上のことは小津の特徴的なスタイルのいくつか（移行ショットや空ショットなど）が、なぜ日本人には自然に受け入れられたかを説明してくれる。私たち日本人はそれらをたんに場所の指標や〝枕《ピロー》ショット〟[14]として理解するだけではなく――つまり意味の空白としてとらえるだけでなく――きわめて劇的な雰囲気描写として受け入れているのである。

例を挙げて考えてみよう。『晩春』（一九四九）のなかに、父娘が泊まる京都の旅館のシーンで父親と娘のカットバックに挟まれるようにして二度、床の間の壺のショットが現れる。ドナルド・リチーはこれを「感情の容器」[15]と呼び、ジル・ドゥルーズは「直接的な映像＝時間」[16]と呼んだ。しかし、映画研究者がそれを何と解釈しようと、最も肝要なことは、この壺のショットは父娘のドラマにおいて積極的な役割をはたしているということである。いわばそれは、六代目菊五郎が世話物において一場の雰囲気を作り上げるひとつの要素と呼んだような小道具なのである。

このシークエンスの冒頭、父親と娘が京都に到着したとき、画面は東山の五重塔とその傍らの旅館――ひっそりとした清潔な部屋、燈籠の見える優雅な庭――を映し出す。一日の行楽が終わって二人は寝に就こうとしていて、楽しい一日だったと語り合っている。そして娘は灯りを消す。その瞬間、場面は一変する。いまや暗くなった部屋の障子の下半分に、庭の下草や竹の幹がくっきりとその影を映し出すのである。言いかえれば、蒲団に入って横たわる父娘のシルエットの向こうに、自然が突如その姿を現すのだ。このショットは一五秒ほど続き、その間木々の葉の影が風にそよぐ。次いで語らう父と娘のクロース・アップ・ショットが交互に現れたのち（父親はすぐに寝入ってしまい、娘は微笑む）、壺のショットが挿入される。しかしこのショットには壺以外のものも映し出されている。壺の向こうにかなり大きな紙障子の丸窓があり、そこに風にそよぐ木の葉の影が落ちており、右手には障子の一部が見えている。このショットは六秒ほど続き、その間父親のいびきがかすかに聞こえている。次に来るのは娘のクロース・アップ・ショットであり、このショットでは娘の笑みは消えていて、真剣な顔で上方を見詰めている。これは一二秒続く。そして壺のショットがもう一度現れ、それとともにこのシークエンスの最初に流れたのと同じ背景音楽が流れ、そしてこのシークエンスは終わりとなる［編注1］。

最初の壺のショットは眠っている父親の代替物であるとともに時間の経過を表していて、そのあいだに娘の気持ちが変化する（この意味で、娘の心理的時間経過でもある）。それに加えて、このショットは古都の晩春の夜の雰囲気――それは儀式めいた父娘の別れにまさにふさわしいのだが――を私たちに伝えてくれる。やさしく静かな音楽がまた絶妙な効果をあげている。ここでの別れは貧しいが故のものではなく、伝統的な世話場につきもののつらい涙をともなうものでもない。娘は父の言う「人の世の自然の流れ」に従うのが道であると納得して、家を出て嫁いでいくのである。これは中産階級の現実に基盤をおく新しい世話場であり、もしそういってよければ自然の摂理に支配される広大無辺な世界を暗示する象徴的な世話場でもあるのだ。小津がこのシーンで観客にしめしたかったのは、このような雰囲気と世界なのであった。

伝統的な装置（古都である京都の旅館）、小道具（障子、紙障子の入った丸窓、床の間の壺）、自然（春の月明かり）

が相まって、しんしんと深まりゆく晩春の静かな夜の雰囲気が美しく作りあげられる。壺の向こうに見える風にそよぐ木の葉は自然そのものを己のうちにこめている。最初の壺のショットが眠っている父親と同義であり、時の経過を表しているとすれば、二度目の壺のショットは、問いかけが答えを得られぬまま、一人まんじりともせず横になっている娘の寂しさと同義であり、壺の向こうの木の葉の影は無情に流れ去る時間を表していると解釈することができるだろう。このような時間と自然の観点から、父親が娘に伝えた「人の世の自然の流れ」という考え方が生まれてくる。この意味において『晩春』という題名はこの映画にぴったりとあてはまっているように思われる。いま二七歳で、(当時の標準では)もう少しで婚期を逸してしまう娘はいわば〝晩春〟にその身をおいている。これまで独身でいたのは、ひとつには戦中・戦後の窮乏生活で体をこわしていたためであり、またひとつにはやもめの父親を助けて家事を切り盛りするためであった(娘はすすんでそうしたかったのだ)。けれども父親は、娘は〝人生の華〟の時期に結婚すべきだと考えるようになる(胸の病も癒えた今ならなおさらであると)。なぜなら、結婚は人生の最高の瞬間であるのだから(〝人生の華〟の文字どおりの意味は人生の花、つまり桜である)。父親は娘に婚期を逃してほしくなかった。そういうことがあって、父親は自分がする気もない再婚話を娘にほのめかし、父の再婚話を本気にした娘は自分の結婚を決心する。父親は人生と自然の秩序ある調和を信じており、そのことを娘は最終的に理解する。そして京都に旅行したのち、娘は結婚して父親のもとを去っていく。

人と自然が出会い、一体となることとは、日本の伝統芸術の中心的な主題であった。世話物の創始者、近松門左衛門の『曾根崎心中』(一七〇三年)は典型的な例である。内山美樹子が「〈語り〉と〈ドラマ〉 近松の演劇言語」のなかで「そもそも西洋では、劇は、叙事詩をいわば発展的に解消せしめた上で成立しているのに対し、日本文芸史では、人形浄瑠璃は勿論、能も歌舞伎も、舞台化された語り物として生き続けた」[17]と述べている(〝語り〟あるいは〝語り物〟は音楽伴奏をともなう、謡われた物語である)。日本の伝統的な劇(ドラマ)は語り物の要素と劇(プレイ)の要素とが渾然一体となったものである。例えば、歌舞伎の下座音楽は語り物を発生の源としており、語り物において自然は、能が発達して以来日本の伝統的劇形式がそうであるように、朗々と謡われるのである。

『曾根崎心中』では、手代の徳兵衛が大金をだまし取られ、恋人で遊女のおはつと心中をする。劇の見せ場は〝道行〟で、そこでは二人の恋人が心中する場所に向かって歩を進める。近松は、語り物（この場合は浄瑠璃）の手法を用いて、恋人たちのドラマと道中の情景とを見事に合体させている。

第三場　梅田橋から曾根崎の杜まで

フシ　此の世の名残。夜も名残。
死にに行く身を譬ふれば。
あだしが原の道の霜。
一足ずつに消えて行く。
夢の夢こそあはれなれ。

徳兵衛　あれ数ふれば暁の。
七つの時が六つなりて
残る一つが今生の。
鐘の響の聞納め。

おはつ　寂滅為楽《じゃくめついらく》と響くなり。

フシ　鐘《ばかり》斗かは。
草も木も。空も名残と見上ぐれば。
雲心なき水の音
北斗は冴えて影映る

徳兵衛　星の妹背《いもせ》の天の川。
梅田の橋を鵲《かささぎ》の
橋と契りていつまでも。
われとそなたは女夫星《めをとぼし》。

おはつ　必ず添うと縋り寄り。

フシ　二人が中に降る涙
川の水嵩《みかさ》も増さるべし。

このように近松は、死を覚悟した二人の恋人が草や木を見、空を見上げ、織姫星《ヴェガ》と牽牛星《アルタイル》のように夫婦星になろうと契りをかわす様子を語っていく。語り物は、自然と人間をメタファーでつなぎあわせることによって、両者が調和した宇宙《コスモス》を表現する。日本の伝統演劇は、それが実際は上演された語り物であったことからもわかるように、このような一体感を伝えてくれるのであり、小津の映画はこのような伝統にも連なるものであった。

図1

図2

図3

図4

図5

小津の映画では物の挿入ショットは登場人物の誰かがそれを見ていることを必ずしも意味しない（それどころか、たいていの場合それは〝見た目のショット〟とはなっていない）。例えば『晩春』に出てくる壺は、ドナルド・リチーはそうだといっているが、これは娘が見ているものではない［18］。小津映画の空間は、ドラマや人物のアクションよりも、語り物としての性格によってより強く支配されていて、その語り物としての性格は音響、音楽、あるいは映像としてその存在がしめされる。したがって、壺のショットで最も重要なのは、娘がそれを見ているかどうかではなく、壺が娘の傍にあると小津が美しく物語っているという事実なのである。自然と人間をひとつに結び合わせる手段である語り物は、小津の映像表現のスタイルと彼の特徴的な編集法を理解する重要な手がかりなのである。

別の例を『東京物語』（一九五三）に見てみよう。母親の葬儀のシーンの最後に墓地のショットが出てくるところである。三男の敬三が寺の本堂で行なわれていた葬儀を抜け出して、庫裡の端にすわってぼんやり外を眺めている［図1］。すると墓地のショットがそれに続き［図2］、一見するとそれは敬三の〝見た目のショット〟であるかのように思われる。敬三を案じた義姉が様子を見にやってくる［図3］。二人は短い会話をかわしたあと、まだ葬儀が続いている本堂へともどっていく［図4］。するとまたしても、先ほどと同じ墓地のショットが現れ［図

5］、次いでもうひとつ別アングルから撮られた墓地のショットがそれに続く［図6］。そうしてこのシーンは終わりになる。最初の墓地のショットはともかくとして、あとの二つのショットは敬三が見ていたもののショットでないことは明瞭である。最後に現れる二つのショットは、このように、登場人物が見たものではなく、小津が語ったものなのである。

筆者はこの章を黙阿弥の世話物と小津の映画との関係から論じ始めたが、次に〝視覚化された語り物〟の観点から小津の映画を考察してみたい。

『晩春』の京都のシーンにおいて、日本の伝統演劇に特徴的な二つの手法が用いられている。ひとつは、部屋の灯りが消された瞬間、障子に庭の草木の影が突如現れるところである。浄瑠璃と歌舞伎には浅黄幕《あさぎまく》、あるいは遠見《とおみ》という仕掛けがある。前者は背後の情景を隠すのに用いられ、この幕が切って落とされると、幕の背後にあったセットがまるで魔法のようにあざやかに現れる。後者は遠景を描いた背景幕で、しばしば襖や障子が大きく開けられるのにともなって、効果じゅうぶんにその姿を現す。

もうひとつの手法は、二つのシーンの橋渡しとして音楽を用いることである。『晩春』では、先に検討した（京都の旅館の）シーンの最後のショット、つまり二度目の壺のショットで音楽が始まり、シーン転換後もこの音楽がそのまま続いていく（壺のショットに続くのは龍安寺の枯山水の庭であり、これは空の壺の静謐と冷徹とに容易に通じあうものをもっている）。この手法に似ているのは浄瑠璃において〝三重《さんじゅう》〟と呼ばれている音楽で、途切れが生じないように、前の場の終わりでこれが弾かれたあと、次の場の最初でもう一度これが演奏される。浄瑠璃語りと太夫が次の両名と交代するとき、浄瑠璃語りは最後の一節を語らないまま自分の番を終える。そして次の浄瑠璃語りが、その残された一節を引き継ぎ、そうやって自分の語りへと入っていく。これを〝送り〟というのである。

図6

歌舞伎の世話物においても、〝三重〟のように、場面転換をなめらかにするためにしばしば音楽が用いられる。例えば、先に触れた『天衣紛上野初花』では、「四つ竹節」が演奏され、大太鼓の響が雪降りを表現するなか、舞台はゆっくりと回っていき、入谷村の蕎麦屋から建仁寺の表へと場所がかわり、蕎麦屋を出た直侍が寺の土塀に沿ってやってくる。

『東京物語』では、雪こそ降らないものの、似たような〝物をたたく音〟が橋渡しとして使われている。葬儀のシーンの終わり、墓地のショットにかぶさるようにして、セミの鳴き声と、木魚の音をともなうお経の声が聞こえてくる。シーンがかわると、それらの音にかわって、蒸気船のポンポンというエンジン音が絶え間なく聞こえてくる。これこそまさに、同種の音響による〝三重〟なのである。

小津は自分の映画のどこに橋渡しを入れるかについて、きわめて細心に指示をあたえていた。『東京物語』以降のほとんどの小津作品の音楽を担当した斎藤高順《たかのぶ》によれば、小津は「画面からハミ出さないような音楽を書いてくれ」と注文したという。「つまり、音楽がしゃべりすぎちゃってですね、意味を持ったら困るってことなんです。そういう説明的なのは、小津さん、たいへん嫌ったですね。心んなかはね、悲しくっても、そんなこととはおかまいなく……。天気のいいときは陽が当たってますよね、そういう陽が当たってるような（笑）――そういう言い方なさってたです。要するに、劇の中へ入りこまないでほしいってことなんです」[19]。小津作品の典型的なメロディは『サセレシア』（メロディのもとになった『サ・セ・パリ』と『バレンシア』二曲の名前を組み合わせたもの）という陽気で明るい曲であり、これは『早春』（一九五六）で初めて使われ、そしてたちまち小津のお気に入りとなった。『早春』以前から、同種のメロディが時々、とくに橋渡しとして用いられている。しかし、その頃はひたすら晴れやかなメロディばかりが使われたわけではなかった。ときには、先に紹介した『晩春』の場面転換に用いられた曲のように、一片のペーソスが忍び入ることもあった。斎藤高順によれば、当時の日本でブリッジとして音楽を使う監督は他にいなかったという。実際のところ、日本の伝統演劇の技法を映画に応用していたのは、当時は小津一人だったのである。このような小津の映画技法（例えば、場面転換のさい、いくつものショットにわたって音楽の橋渡しをかけること）はきわめて洗練されたものであり、長谷川如是閑が日本映画の進歩のために追求した新しい映画形式をかたちづくるにじゅうぶんなものであった。長谷川はいっている。

日本の劇に於ては、場面の変化しつつある間の時間的空隙を埋める音楽効果があつて、西洋の「暗転」の突然さとは異つた、一種のつながりが、「場」の変化にはある。然るに映画の場面の変化は、時間のない「暗転」で、西洋の劇の場面の変化に似て、一層突然である。映画のかかる条件は、日本の劇芸術にとつては、些か不利である。日本の劇芸術は、その演技に、日本画の線のやうな、一種の情調の連続があつて、それにその芸術性の重点を置いてゐることを特色としてゐる。（略）さういふ性格の日本芸術にとつては、場面の急激な突然の変化は、極めて都合の悪い条件なのである。さうした不利の条件の下に、日本芸術の持ち味を少しでも保つためには、同じ場面の時間を延ばすか、又は同じ場面をいろいろの角度から持続させるかが、最も安易の方法であるが、今の日本映画の長所も短所もそこにある。[20]

映画は、前に云つた意味の、写真性による、画面的効果をもつので、「動く写真」でありながら、動きの少ない「静物」的場面を多くもち得る。（略）かくて劇映画に於ては、能楽や歌舞伎のそれと同じ性質の芸術性を、新らしい形でもつことが出来るのである。勿論、その表現の形式は、過去の典型そのままの踏襲でなしに、そこでも歌舞伎が能楽から離れた歴史を繰り返さねばならないわけだが、しかし情調の線の美をその芸術性としてゐるといふことには変りはないのである。[21]

小津は雰囲気描写と（長谷川が重要性を強調した）場面転換のきわめて映画的手法を考案することによって、日

図7

図8

本の伝統演劇の芸術性を自らの映画のなかにとらえることに成功した。小津は念には念を入れて場面の雰囲気に見合った衣裳、装置、小道具を選びだした（そのことについては拙論第三部「小津と連句」のなかで検証する［編注2］）。室内場面では、小津映画の世界はいつも快晴なので、（冬を除いて）窓や戸をつねにほんの少しすかしてある。窓や戸が閉まっているときでも、それらを通して外の情景が目に見えるようになっている。例えば、このようにして、小津は自分の映画のなかで室内と屋外を、すなわち人間と自然をひとつに結びつけているのである。時には別のやり方が用いられることもあり、人物が家の中にいたままで、カメラだけが外に出、外の情景をいくつかのショットでしめしたあと、室内にもどってくるということもある。このようにしてやはり、小津は時の経過を表すとともに、場の雰囲気を高めているのである。

『一人息子』（一九三六）のなかに次のような例がある。良助と母親が良助の恩師大久保先生を訪問する。大久保先生はかつて青雲の志を抱いて東京に出てきたのだが、いまは小さな食堂を開いてなんとか日々の糧を得ている。良助も恩師と同じ境遇で、以前の理想はどこへやら、東京の夜学で教師となっている。二人を迎え入れた大久保先生は流しに行って顔を洗う。石鹸が眼に入った先生は良助に手拭いを取ってくれと頼む。そして外景のショットに切りかわる。

(1)大久保先生の貧相な家の勝手口。洗濯物が明るい陽をうけて風にそよいでいる。オフスクリーンで大久保先生と良助の声が聞こえる（「いやどうも洗濯シャボンって奴は」「はい手拭いです」「やあこれはどうもありがとう」）［図7］。

(2)家のそばの荒涼とした空き地。水道の蛇口から水がしたたり落ちている。(1)のショットに映っていた洗濯物の一部が左手に見える。空き地の向こうに二つの大きなガスタンク。工場のサイレンが鳴る〔図8〕。
(3)家の正面。〝とんかつ〟の旗。貧しげな家々が並ぶ。サイレンの音が続いている〔図9〕。
(4)大久保先生の家の調理台。明るい陽光がいっぱいに射しこんでいる〔図10〕。
(5)家の中で三人が歓談している。大久保先生はいつのまにかエプロンをとっていて、着物姿である〔図11〕。

(1)から(4)までのショットは時間の経過をしめすとともに、かつての恩師が現在どのようなところに住んでいるか、その環境と暮らしぶりを観客に教えてくれる。しかし、この一連のショットの目的がただそれだけであったとしたら、ショットは一つでもじゅうぶんだっただろう。この一連のショットで重要なことは、小津がこのうらぶれた環境をきわめて優雅に、そしてじつに美しい形式で描いているということである。浄瑠璃の「送り」や歌舞伎の回り舞台（先の一連のショットは家のまわりを回っているかのように思われる）がちょうどそうであるように、これらのショットは豊かな感情の流れを表現していて、それが見る者を陶酔させる。室内から屋外へいささか唐突に切りかわるとはいえ、ここではじつに巧みになめらかな流動性が達成されている。良助と大久保先生の画面外での会話、外に干された洗濯物、鳴り響くサイレン、「とんかつ」と書かれた旗、それらが各ショットの連続性を強めるとともに、また方向感覚を定着させるのにひと役かっている。それに加えて、明るい陽射し、静けさ、春の日の午後のおだやかさがこれらのショットのなかに満ち満ちている。鳥かごの中の小鳥さえもが、このように醸成される雰囲気、家の中の三人を包みこむ雰囲気の一要素となっている。三人の人物はいずれもそれぞれの理由で失意のなかにあるのだが、それでも誠実さと、人へ

図9

図10

図11

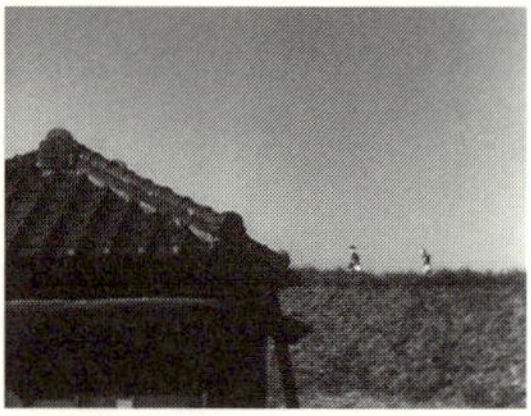
図12

図13

図14

図15

図16

図17

の思いやりと、将来の希望は失っていない（これは他の小津映画の多くの登場人物にもあてはまる）。貧窮と試練のなかにありながら良助が人間性を失っていないことは映画の最後で明らかにされるのだが、美しい雰囲気描写によって代表される人物と自然の一体感が、あたかも近松作品における道行のように、すでにこの映画のあちこちでそのテーマを示唆しているのである。

人物が新しい土地を訪れるとき、その場の雰囲気を観客に伝えるために、小津はじっくりとその場所を描く。また彼は、しばしば目的地に至るまでの情景を、その中に人物を入れたり省いたりしながら、描いていく（筆者はそういう一連のショットを「道行シークエンス」と呼びたい。これに関しては第二部「小津と能」で論じる予定）。『東京物語』は老夫婦が子どもたちを訪ね歩く物語であることから、印象的な例に事欠かない——それは長男家族が住む江東の堤防のショットであり［図12］、観光バスの車窓から見える皇居［図13］や銀座のショット［図14］であり、熱海の旅館のショット［図15］であり、三男の住む大阪の運河のショット［図16］であり、老夫婦の家がある、瀬戸内海を望む尾道のショット［図17］なのである。

（「小津と日本の伝統芸術」の第一部了）

［1］和田山滋「小津安二郎との一問一答」、『キネマ旬報』一九三三年一月一一日号、四七頁。

［2］小津安二郎・人と仕事刊行会編纂『小津安二郎　人と仕事』蛮友社、一九七二年、四三六頁。

［3］『人間万事金世中《にんげんばんじかねのよのなか》』（一八七九年）。

［4］小津安二郎・人と仕事刊行会編纂の前掲書、四四七頁。

［5］六代目菊五郎の至芸に触れて、小津はこういっている。「日本映画にも、そろそろ巨匠や名人が現れても宜い時分である」（岸松雄「小津安二郎のトーキー論」、『キネマ旬報』一九三四年四月一日号、一四五頁）。

［6］小津安二郎・人と仕事刊行会編纂の前掲書、四八八頁。

［7］厄介者だが憎めないという人物は小津の作品にしばしば登場する。『小早川家の秋』（一九六一）で中村鴈治郎演じる放蕩親父・万兵衛や、杉村春子演じる中年女性のほとんどはその好例である。

［8］尾上菊五郎『芸』改造社、一九四七年、一九六～一九七頁。

［9］きらきらと舞いながら落下する小さな白い三角片は、空から降る美しい雪を表現するが、その一方でドラマにアクセントをつける。

［10］ここで温かいそばを食べるひとこまはこの芝居の見せ場のひとつとなっている。小津の映画でも、登場人物は例えば中華そばなどをしばしば食べる。酒を楽しんでいるシーンは枚挙にいとまがない。

［11］小津の映画では、壁に掛けられた衣服をよく見かける。これは現実生活のリアルな反映というよりは、世話物の伝統の名残と思われる。戦後期の映画の場合、とくにそうだといえよう。戦後の日本人は衣服を壁に掛けたりせず、戸棚の中にしまうようになったからである。

［12］「日本語の『間』はもともとは、会話のさいの言葉と言葉のあいだの時間的間隔を意味したが、これが変化して、俳優の演技において、いったん言葉をとめ、再度それを語り継ぐまでのあいだの間合いのことを意味するようになった。『間』はセリフを語るさいだけではなく、動きのさなか、身振りのさなかにおいてもいわれるようになっている。したがってこの語は、タイミングと称される演技の全領域をしばしば漠然と指すのに用いられる。俳優がタイミングを失すると、〝間が悪い〟だの〝間が抜ける〟だのといわれることになる」Samuel L. Leiter, *Kabuki Encyclopedia: An English-Language Adaptation of Kabuki Jiten* (Westport, Conn.: Greenwood Press, 1979), p.304.　なお、参照文献に以下のものがある。山本二郎・菊池明・林京平編著『歌舞伎事典』実業之日本社、一九七二年、二五六頁。

［13］和田山滋、前掲書、四七頁。

［14］Noël Burch, *To the Distant Observer: Form and Meaning in the Japanese Cinema.* (Berkeley : University of California Press , 1979), p.160.

［15］ドナルド・リチー『小津安二郎の美学　映画のなかの日本』山本喜久男訳、フィルムアート社、一九七八年、二四五頁。

［16］ジル・ドゥルーズ「不変のフォルムとしての時間」松浦寿輝訳、『季刊リュミエール』第四号、一九八六年夏号、一四頁。

［17］内山美樹子「〈語り〉と〈ドラマ〉近松の演劇言語」、『國文学　解釈と教材の研究』一九八五年二月号、五八～五九頁。

［18］ドナルド・リチー、前掲書、一三八頁。

［19］「インタビュー斎藤高順『東京物語』のテーマ音楽」、『小津安二郎　東京物語』リブロ・シネマテーク、リブロポート、一九八四年、二五九頁。

［20］長谷川如是閑『日本映画論』大日本映画協会、一九四三年、八八～八九頁。

［21］長谷川如是閑、前掲書、九一頁。


（翻訳＝宮本高晴）


［編注1］ショット画像については、本書の《小津安二郎》の部の第3章「無限の〝空〟の入れ子構造　伝統芸術と『晩春』のテクスト連関」九〇～九三頁参照。

［編注2］本論は「小津と日本の伝統芸術」の第一部として執筆されたが、第二部「小津と能」、第三部「小津と連句」は発表されず、草稿等も見つけることができなかった。ただし、その発展的な内実は、本書の《小津安二郎》の部の第3章「無限の〝空〟の入れ子構造　伝統芸術と『晩春』のテクスト連関」に見てとることができる。

第2章　二人の老やもめ　小津映画〈移りの詩学〉の誕生

私は小津安二郎の映画に世界中の家族を見る。私の父を母を弟を私自身を見る。（略）映画の本質、映画の意味そのものにこれほど近い映画は後にも先にもないと思う。（ヴィム・ヴェンダース監督『東京画』〔一九八五〕の冒頭のオマージュ。松浦寿輝・石崎泉訳）

小津安二郎の映画ほど老人を主人公にした作品が多く、そして老人像が人々に感銘をあたえつづけるものはないだろう。侘しいテーマ曲とともに、笠智衆のやもめの老人が一人娘の嫁いでいった夜、誰もいなくなった家のなかで林檎を剝いているうちに、長くなった皮がふっと切れて落ちるとナイフの手をとめ、じっとうなだれる。次のショットは鎌倉材木座の海辺で、（画面外からの月の）光のなかに波が静かに打ちよせ、打ちよせしている。この『晩春』（一九四九）の静謐で無常感にみちたラストや、笠智衆の老人像は誰もが思い出す小津映画の縮図であろう。だが、小津映画の老人は家族のなかの父母であり、祖父母であり、兄弟姉妹であり、つまり家族の一員である。老人役は笠智衆だけでなく、中村鴈治郎、東野英治郎、東山千栄子、飯田蝶子などの個性的な人々が多彩に演じており、壮年から子供までの多世代の家族の役も同様である。小津映画はつねに家族そのものに視点をあわせ、家族の全員に公平な目配りを欠かさない。老人の老病死は家族の新しい生活や生命の誕生とともに見られる。したがって家族合わせのゲームのような小津映画では老人だけをとりあげて論じることは意味がない。

ベルイマンの『野いちご』（一九五七）やヴィスコンティの『家族の肖像』（一九七四）の老人個人に視点をあわせた世界とは違うのである。そしてその世界も静謐や無常観だけが満ちているわけでない。急激に近代化する社会のなかで、四苦八苦のさまざまな人生の苦悩が渦巻き、また喜びや笑いや性の燃焼もある。これらの家族のもっとも重要な一員として親がいる。生涯独身の潔癖だがユーモアもある笠智衆のやもめの父もいれば、家族や従業員の厳しい監視の目をちょろまかして百戦錬磨の昔の愛人との焼けぼっくいの火をたのしむ大旦那の鴈治郎老人もいるし、勝気なやもめの飯田蝶子のおっかさんもいれば、永遠の美女の微笑みのまま、やもめで母となった原節子もいる。

そしてこういう多視点の多様な世界を、小津はスクリーン上にまさに小津じるしの独自の世界に織りなしていく。それはローアングルの撮影法、ハリウッド映画や多くの日本映画ではタブーである三六〇度空間での自由なカットの編集法、人物の姿勢の相似や動作の同時性などは徹底した小津独自の厳格な規則の世界であり、同時に形式の美しさにみちた自由でたのしい遊びの世界でもある。そういう表現の技法が、映画史上まったく独自な時空間を形成しつつ、急激に近代化する社会との苦闘をつづける家族の時空間的変化のダイナミズムを躍動させる。そのダイナミズムを生みだすものが、展開する各画面の映像と音の連続・不連続の組み合わせによる時空間の移りの厳格な規則と遊びにみちた技法の創造である。小津映画における老いの問題は、その社会における家族の解体にいたるまでの変化とその移りの詩法の問題ときり離されない。問題は老いの科学でなく、老いを扱う詩の視点と詩法の独自性にあるからだ。そこでこの章では、その詩学の形成とその期のすぐれた作品で、老いの映画の原型であるやもめの映画『一人息子』（一九三六）と『父ありき』（一九四二）を扱うことにする。

一　やもめの母の原型

『一人息子』は小津の最初のトーキーであり、老人を本格的に主人公とした最初の映画である。小津・池田忠雄・荒田正男の脚本で、一九二三年と三五、六年の二部の物語である。信州の貧しい寡婦・野々宮つねは製糸女工として働き、苦しい生活にもかかわらず小学六年の息子・良助を大久保先生（笠智衆）のすすめで中学にやる決心をする。その後母は苦労を重ねて良助を東京の大学まで出してやる。市役所勤めの良助（日守新一）は二七歳になるので母は自慢の息子に嫁の話でもと上京するが、江東の場末に住む彼は妻子もちであり、役所もやめて夜間中学の検定なしの教師をしている。彼は母に迷惑をかけてまで東京に来るんじゃなかったと後悔する。母は、東京には出世している人もいるのに意気地がないと怒り、自分は家や畑まで売り、工場の長屋住まいだと嘆くが、母のもてなしのために妻が苦労して用意した金を、良助が近所の貧しい寡婦にその坊やの怪我の治療費にさしだしたのをみて、彼女は田舎へのなによりの土産だと言って帰る。母が残した、「孫になにか買ってやってください」という手紙と二〇円の金をみて、良助は「もう一度勉強してお母さんに来てもらうんだ」と妻に言う。

これはアメリカ映画のルパート・ジュリアン監督『故郷の母』（一九一七）を翻案した松竹路線の母性愛映画である。ジュリアン作品では同様に田舎の母が、都市で大学を出て成功した息子を訪ねてくるが、彼が質素なみなりの母のことを恋人に乳母だと言うのを聞いてしまい、彼がまどろんでいる間に自分のショールをかけてやり、帰ってしまう。そのショールを見て息子は後悔し、帰省して母にわび、改めて恋人に紹介し、学生の頃帰省しては友人らと歌った「故郷の母」の歌をしみじみと歌う、というもの。この忠実なコピーである牛原虚彦作品『人性の愛』（一九二三）に対して、小津作品はリアリズムの点でも際立った成果を示した。無声期から小津映画はアメリカ映画の影響をつよくうけており、その表現技術と主題の近代主義を的確に理解していた。当時のアメリカ映画は急激に近代化する家族問題の範例にのっとって、母性愛映画、父性愛映画、学生もの、子供もの等の諸ジャンルを確立していた。つまり都市文化、工業化、高等教育の普及などにより、地方の農家などの親が自分を犠牲にして子を都市に出し、大学を卒業させ、そこでホワイトカラーとして出世させるという世代の新陳代謝を

図1

図2

図3

描くメロドラマであり、それにふさわしいさまざまな家族像を家族合わせ的な多様なジャンルで追求していた。小津映画はまさにその日本版であり、しかも独自の視点と詩法でこれらの競争社会の立身神話の幻想を暴くかなり辛めの日本のホームドラマを確立していたが、『一人息子』は彼の母性愛映画の代表作となった。

　飯田の母の年は明示されていないが、息子が数えで二七歳だからおそらく五〇歳前で、当時の日本女性の平均寿命である（ちなみに一九二一年では四〇歳でしかない［1］）。以後の日本は急激に先進国なみの長寿国となるが、小津映画の老人の年は製作年代に応じてほぼその年代の平均寿命に設定されている。飯田は当時三九歳なので、明らかに努力して老けをやっている。小津もこの時まだ三二歳の若さだった。しかし彼はこの作品で前述した小津独自の技法のスタイルを確立、あるいは完成した。

　第一が、タブーである三六〇度の自由な撮影空間の完成である。ふつう対話場面では向きあう人物をつなぐ線をイマジナリー・ラインと呼び、各人物をとらえるカメラはこのラインを決して越えてはならない約束がある。それを小津は破り、ラインをまたいだ一八〇度カット（「どんでん」と呼ぶ）を行った。その結果、人物の姿勢の相似形、視線の同方向性という小津独特の技法が作品をみたした。これは人物の向きあう位置に仕掛けがある。二人が真向かいでなく、左右いずれかに位置をずらして、筋違いに位置し、頭か上体を相手に向かって少しよじって見合う。あるいは鍵形に座り、互いに上体をよじって見合う。これを互いに正面から撮影して編集すると、二人は右なら右の同方向、ある時は正面を見ることになる［図1～3］。この場合かならず二人の全景を撮り、位置関係を明示しておく。また、老母と同僚の雑役婦が同方向に並んで縫い物や雑巾がけをする会話場面で、カメラは二人の間に割って入り、二人の姿勢および動作と正面を見る視線の相似と、二人を相似形でなく対称形（一人の顔が画面右だともう一人は左）に編集し、体の方向の差異とを際立たせている。そして小津は実際にこの作品の試写のあと内田吐夢、清水宏、稲垣浩らに意見を聞き、「稲垣浩が、おかしいが初めの内だけであとは気にならないと云った事があるが、その後、これに就いての異見に接したことはない」と伝えている［2］。この技法により、母と子が次第に不満をぶつけ合っていく親子ゆえの相似と差異の悲劇は、東京で成功できなかった大久保先生と教え子（息子）、屋台のラーメンを食べる老母と息子夫婦の三人、着物を質に入れて母をもてなそうとする妻とその金を受け取る夫、その金を子供の入院費に貰い礼を言う近所の貧しい寡婦と見守る母、嘘の息子自慢をする母と羨む長年の同僚たちの相似と差異を際立たせる相似の姿勢と同方向の視線の三六〇度世界を確立した。それは、この映画の冒頭に示される芥川龍之介の「人生の悲劇の第一幕は親子になったことにはじまってゐる――侏儒の言葉」という世界の徹底した視覚化であった。ハリウッドのイマジナリー・ラインの撮影法が唯一視点の遠近法の世界であり、舞台と客席が直線で遮断された額縁舞台の劇場空間であるのに対して、小津の自由空間は平行透視法による日本絵画の移動する多視点の世界であり、舞台から直角に花道が客席をつらぬく歌舞伎の空間である。そこでは観客は舞台から頭をどんでんにまわして役者を見る。

図4

彼はまた独特の導入部の型を作った。ふつう導入部は舞台となる象徴的な場所のエスタブリッシング・ショット、パリならエッフェル塔のロング・ショットで始まる。小津はこれを三ショットの遊びにみちたモンタージュで行っている。字幕の「一九二三年信州」の後、⑴開いた障子越しに見る向かいの軒と前景にランプと吊るした何かが風に揺れる［図4］。（この家の）時計の鐘の音が五つ鳴る。⑵街道に連なる家並み。その暖簾が風に揺れる。右に荷車の車輪と手前に風に揺れるランプ。女行商人らが奥へ歩く［図

図5

図6

図7

図8

5］。前ショットからの時鐘がさらに四つ鳴り、計九時を打ち終わると、（時鐘音の連続は時空間の隣接を示し、画面に見えないがこの家の）他の時計のちがう音色の時鐘が鳴りだす。(3)画面の右三分の二を占める家の外壁に「春繭買入」の貼り紙があり、残りの左側は焦点のぼけた工場（三本の大きな煙突と工場の動力音から推定）と街道で女行商人らが奥へ歩く［図6］。時鐘音の不連続は時空間の隣接を解消し、入替わる新しい音が次の隣接を更新する。(4)製糸工場内で働く中年女と動力の輪（(3)の音源）と動力音。後景に小さくランプ［図7］。こうして同工場内の中年の母のショットになる［図8］。

この導入部は映像と音の連続と不連続の絶妙な組み合わせによるみごとな道行文になっている。カメラは街道沿いの家の中から次のショットで女行商人が歩く外に出る。最初のショットから次のショットへの連句的な付け、つまり連続は時鐘とランプが行い、同時に転じ、つまり不連続は街道と女行商人が行う。次のショットは家の外壁や工場とその音が不連続を示し、連続として女行商人が歩みを続ける。こうして各ショットは映像と音の連続（隣接）と不連続（隣接の解消と更新）を同時に組み合わせながら、私たちを街道の家から工場内の女主人公へと導く。これは正確な遠近法によるある家から工場までの時空間の再現ではなく、家や行商人や工場の映像と時鐘や工場音のつながりと入替えによる自由な時空間の移りであり［編注1］、行きかう年もまた旅人なりという旅人

(行商人)の映像と時計の音の重複するイメージの遊びと移動の快感にみちた時間＝旅人の移りの道行モンタージュである(同様に母の上京時の列車、自動車の各ショットは「一九三六年　東京」の字幕の直後に示され、時間＝旅人のイメージを伝える)。

このモンタージュは『洛中洛外図屏風』のように雲の空白により空間を伸縮させる平行透視法[3]の機能をもつ。映画ではショット間のつなぎ目が雲の役割をして、遠近法の世界に視点の軌跡で正確な地図を描くのではなく、伸縮自在な不透明な雲の合間合間に連続と不連続の組みあわせにより隣接を伸縮しながら点在する風物の実景を展示するのだ。それは小津が後年作りたがった映画「俳句の世界、たとえば、連句のようなもの。ストーリーはないが何気ない風景描写に詩情が感じられるようなもの」[4]であり、しかも同時にこれらの遠景主体のショットそれ自体はそれぞれ一九二三年春、朝九時の信州の街道の実景であるが、省略の多い絵画的構成として私たちを魅惑する。そのためにもともと曖昧なもので満ちている画面に当然情報の省略をもたらし、例えばこの場所、ランプの過剰、軒下の風に揺れるもの、行商人(薬のか)、暖簾と各建物(宿場のか)などは実体は不透明なまま私たちを魅惑しつづける。その意味の宙づりの不透明さはあとで透明化して新しい意味をもたらすこともあるが、開かれたテクストとして不透明をふくみ続ける現実性の魅惑は映像の特権でもある。こうして冒頭の執拗なランプの反復のサスペンスはこの後の母子の家の場面の九ショット目で解決する。家には電灯が灯っていたのであり、ランプは時代遅れの象徴だったことが後で知らされる。時代遅れは無常の主題群の一つである。こうして小津の道行は文学や演劇のそれと等しく高度に映画的にコード化されたそれ自体完結した作品の一部となる。

ところでこの作品では移りのモンタージュのもう一つの型の完成が示されている。良助が母と春の昼下がりの明るい日差しのなかを今は東京場末のしがないトンカツ屋の大久保先生をたずねるシークエンスがあるが、ここはまず二人による六ショットの道行で始まる。(1)(道行の音楽入り、以後つづく)画面を横たわる大きな木製の電線巻きと大きなヒューム管が占め、左の残りに電柱と風にそよぐ竹と草[図9]。(2)不連続として後景にガスタン

図9

図10

図11

図12

図13

図14

図15

クニつと左に貧相な家の一部。連続として山積みのヒューム管と前景の風にそよぐ草や鉢の万年青《おもと》。二人左へ過ぎる〔図10〕。(3)不連続として左隅のたばこの看板や「志るこ」の暖簾のある家並みや「とんかつ」の旗が風にひるがえる。連続として後景の貧相な家並みとそこに到着する二人の後ろ姿、旗を見上げる〔図11〕。(4)連続として見上げる二人。不連続として正面の顔〔図12〕。(5)不連続・連続の（二人の見た）家々の屋根とひるがえる「とんかつ」の旗〔図13〕。(6)連続として暖簾から入ってくる二人。不連続の店の中〔図14〕。こうして二人が店内に入る（音楽とまる）と割烹着姿で肉に串を刺していた先生が座敷に招じる。次に台所で先生は手を洗いながら母に挨拶の言葉をかける。座敷からの母の応答、ここから問題のもう一つの移りの型が次の六ショットで示される。

(1)台所で先生は挨拶を続けながら、石鹸が目に入り良助に手拭いをとってくれとたのむ〔図15〕。(2)不連続として勝手口（(1)では示されていなかった）から見た家の裏。風にそよぐ物干し竿の白いシャツなど、下に洗い場〔図16〕。連続として先生の台詞がつづく。(3)不連続として後景のガスタンク二つ（道行の(2)にあった）と工場、中景右に空トラック。鳴りだす工場のサイレン。連続として前景左のそよぐ洗濯もの。洗い場と蛇口からの水滴［図17］。(4)不連続として道行の(5)と同じ「とんかつ」の旗。連続としてサイレンつづく［図18］。(5)不連続としてサイレンとたんに止み沈黙つづく。連続として日の当たるとんかつ屋の調理台［図19］。(6)座敷、左に母子と右に着物姿の先生が座についており、先生は煙草の灰を火鉢に二度落としてから「あれからかなりになるので郷里《くに》の方もずいぶん変わったでしょうねえ」と言い、母がその変化を話し始める。奥の廊下に鳥籠、開かれた障子。小さな庭に万年青の鉢（道行からの移り）の棚など［図20］。

　これも映像と音の連続・不連続の組み合わせによる時空間の移りのモンタージュだが、人物の移動をまったく伴わないカメラとマイクの緩やかな大きな回遊で、ふつうの映画の花瓶のショット挿入による時間経過の省略法と非常に異なる出来事の迂回の技法である。迂回は出来事（家での三人の再会の挨拶）から離れ、勝手口から裏に出て、家の周囲を一回りして表から家に入り、会話をしている三人のところに戻るが、当然正確な視点の軌跡は不透明な雲の点在で妨げられている。この回遊部分は(2)から(5)までのショットが行い、それは出来事の環境描写としての連句的風景描写となり、その映写時間は僅か一九秒でしかない。そして迂回を終えた時点で、私たちはこの間に何が起こっていたかを確認する。つまり現在進行の出来事と一九秒前のそれを回顧して照合する。こう

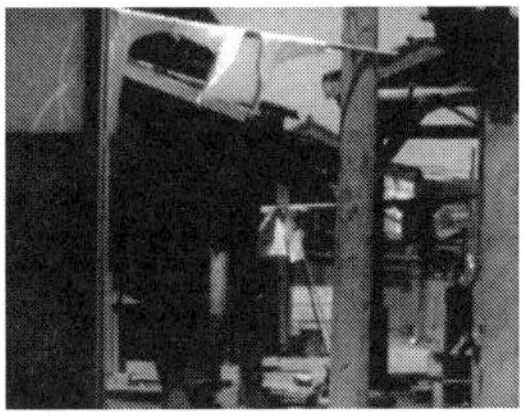
図16

図17

図18

図19

図20

図21

図22

図23

図24

図25

して私たちはその間に先生が顔や手を拭き、割烹着を脱ぎ、少し身繕いし、座敷に戻り、二人に対して声をかけながら座につき、煙草をとり火をつけ、何ぷくか吸っており、それは明らかに二、三分の時間経過の省略だったと判断する。この時差の体験の原型は浦島太郎やリップ・ヴァン・ウィンクルのそれであり、一九秒の風景描写が終わり出来事に戻ると実はその間に出来事上の二、三分が経過していたのだ。空間的な迂回が実はターンパイクのように時間的には極度の近道の省略法だったのであり、同時に時空間での緩やかで大きな旋回運動であり、この映画的な文彩が三人の展開する郷里と東京の過去と現在を旋回する対話に小津独特の回顧性をもたらすのである。

ターンパイク的迂回のモンタージュの起源とその遊びの特性は『出来ごころ』（一九三三）の富坊の時計のスケッチの場面に端的に示されている。冒頭の寄席と一膳めし屋の夜の場面が終わり、このモンタージュが出現する。(1)朝日（斜光）の射す長屋の机で、子供の手が七時一五分を指す目覚まし時計をクレヨンで描いている。開いた窓の外に塀を背にした植木鉢棚［図21］。(2)その植木の棚［図22］。(3)路地の洗い場の人々と竿の風にそよぐ洗濯物［図23］。(4)ガスタンクの見える路地より空間の多い家並み、前景に洗濯物［図24］。(5)(1)と同じだが時計は七時二〇分過ぎを指している［図25］。(6)描いていた富坊が時計をとりあげ時間を確認して振り向く［図26］。この迂回も富坊が絵を描く五分余の時間が挿入された迂回の連句的風景＝環境描写の二一秒（三つのショットで）に短縮している。つまり、絵画三昧の龍宮城から戻った富坊は四分三九秒余も余分に年をとっていたのだ。こうして迂回のモンタージュも時空間の連続のなかの不連続をきわだたせる移りの技法の有力な一つとなる。そしてこれらのモンタージュは以後の小津映画の導入部やその他の様々な時空間の移りの型となり、すべてのショットは人物の行為に直接にかかわらなければならないハリウッド古典映画の約束の窮屈さを越えていく。この技法は画面そのものの多義性、曖昧性、不透明性がもたらす映像と音の編集形式の遊びであり、出来事の語りの諸機能であり、小津による映画の語りであり、非人格的なテクストの装置であり、作品との対話としての無限に自由な解釈の開かれたテクストである。

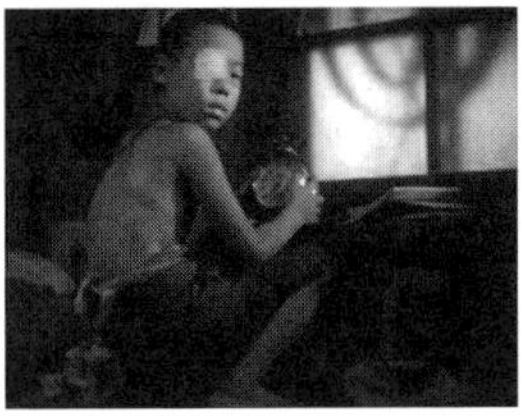
図 26

　道行的な移りの技法や回遊の時差の技法が示したように移りの詩法はこの作品全体を貫いている。この映画自体が一九二三年春と一九三五、六年の二部構成になっているが、二三年の春は関東大震災の半年前であり、三六年春は長年の不況のなかで二・二六事件を迎える年で、日中全面戦争開始の前年でもある。この省略された激動の歴史の経過と並行的に、その一三年の間隔は良助の勉学・就職とそのための母子の別居期間に相当する。それは田舎の親が子の近代的な巣立ち、教育と就職のために自らの家を解体し、子は東京で自由に就職し、結婚することで明治憲法下の民法の封建的な家を事実上離脱した歴史の激動なのである。こうして第二部はその際立った時差を検証していく。人物たちの年齢や職業の変化（子供から一家の主人へ、向上心に燃える級長から負け犬意識の大人へ、母から祖母へ、女工から雑役婦へ、家住まいから工場の長屋住まいへ、大志を抱いて上京する先生から一枚五銭のトンカツ屋へ）、故郷の変化（犀川の土手のコンクリート化、故郷の学校の建物の変化）と東京の新しい風俗の出現（ラジオ中継、トーキー映画、屋台のラーメン、子供の野球）、いくつもの交代（田舎の母子家族から東京の新しい息子家族への世代交代、故郷の信州と新しい都市東京の交代、同じ製糸工場の新旧の設備と従業員の世代交代）などである。これらの不連続のなかで、親子の悲劇だけは連続する。小学六年の級長の良助は母に無断で先生に進学すると言ってしまう。それが母の同意と思いこみ、これからは教育の時代だと母に喜びを言いにきた先生が帰ると、嘘つきと母は子をぶつ。貧乏人には無理だと説得しても、恨めしげな子を見ているうちに母は結局彼の望みを容れてやり、その苦労の大きさを知りながら、うんと勉強しろと涙ながらに励ます。子も涙ながらに、「かあやん、おれきっと偉くなる」と答える。一三年後もこの関係はかわらない。成人した子は相変わらず母に無断で結婚し、孫が誕生しており、市役所をやめた訳も言わない。そして母も叱責の言葉の掌で挫折した子の頬をぶつが、結局は息子のアンパンやラーメンのもてなしに笑顔で応え、もの言わぬ孫を抱いて優しく語りかけ、不幸な寡婦への金の工面に感動して、お前もお大尽になれなかったんがよかったかも知れねえだ、と言い、孫のためにと金を残して帰る。

この作品もいわばハリウッドと日本の映画の夢を幻想として暴き、その幻滅を見つめていく。そして最後に信州にもどった母は、今は同じ雑役婦となっている長年の友に「あの子もうんと偉くなってのう」と嘘をついて羨ましがられるが、そのあと一人工場裏にきて空箱に座り込む。フォスターの「オールド・ブラック・ジョー」の歌なしの曲が入り、母はがっくりとうなだれ［図27］、次に明るい日差しのなかで、だんだんと接近する裏門の三

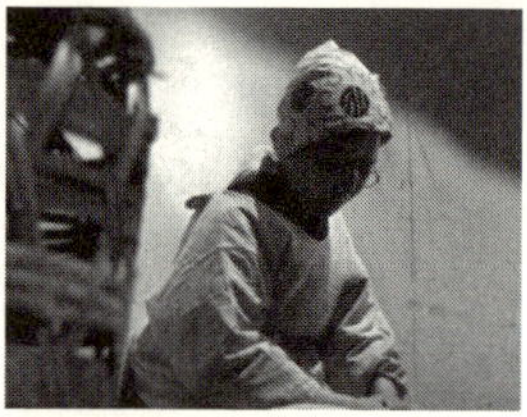
図 27

図 28

図 29

図 30

つの静止ショットがつづく［図28〜30］。最初のショットには閂《かんぬき》のかかった裏門とその向こうに美しい山並みが見える。最後のショットには門の一部と風にそよぐ草が見える。そして〝終〟となる。例によって小津は彼女の表情を極度に抑制して肉体の動作しか示さず、その内的なものを画面の映像と音が提示するものへの観客の知覚と解釈にゆだねる。こうして私たちは解釈する。彼女を囲む工場の門のかかった裏門と塀は明らかに息子家族との幸福な生活の夢を遮る厳しい競争社会のそれであり、音楽の歌詞が、彼女の若き日と喜びは去り、天国から友たちの呼ぶ声が聞こえるとあるように、遠くの美しい山並みは自然の囲いだ、と。小津の映画のなかでは、その社会と自然の囲いとは、個体の死を代償にした性と生殖による進化という生物観の象徴のような近代社会の世代の進化そのものである。そのなかでの家族の生と死、連続と不連続、相似と差異を小津は主題だけでなく、映画独自の技法として見逃さなかった。これが彼の映画に強い独自性と普遍性をもたらすのである。こうして競争社会での変化のダイナミズムを小津はアメリカの近代主義的なメロドラマ、母性愛映画のジャンルの延長上でとらえながら、この作品を彼の精緻な映画的な移りの詩法により、国境と時代を越える普遍的な家族像の映画の起点とした。そしてその映画に生きる飯田蝶子の老母はなによりも私たち自身の母の一枚の肖像となった。

二　小津芸術の確立

小津は日中戦争が全面化する一九三七年の九月から三九年七月まで、陸軍伍長・軍曹として揚子江各地を転戦した。帰国後発表したトーキー第三作目の『戸田家の兄妹』（一九四一）は成功作となったが、とくに興行的成功は彼の新局面を切り開き、会社側の信頼もかちとることとなった。東京麴町の成功した実業家が急死し、その妻（六一歳）が三女とともに長男夫婦、長女、次女夫婦に冷たくたらい回しにされ、古い別荘においやられるが、一周忌に中国から戻った次男が兄たちを厳しく叱責して、二人とともに移住することになる。『一人息子』とともに後の『東京物語』（一九五三）の先駆的作品で、これもアメリカの母性愛映画でハリー・ミラード監督の『オーヴァー・ゼ・ヒル』（一九二〇）やレオ・マッケリー監督の『明日は来らず』（一九三七）などの日本で翻案映画化された一本である。

ここで小津映画にとって重要な問題となる白樺派の私小説との関係を明らかにしておこう。『新映画』一九四一年四月号のこの映画の合評会で津村秀夫が描き足りない点が多いと批判を集中したのに対して、初対面の里見弴《とん》は「小津さんの意図には、なるべく少い画面で、出来るだけ余計に画面の裏、というか、奥というか、暗示的にそういうものを出して行きたい、という気持ちがあると思う」として、小津の〝省筆の意図〟に「同感や好意が感じられた」と弁護した。これに対して小津はこの作品で以前から尊敬、愛読していた里見の小説『安城家の兄弟』『帽子』『アマカラ世界』の細部を借用したことを告白したのである[5]。以後彼は里見と、そしてこれまた尊敬する志賀直哉とも親交をもつことになる。すでに彼は志賀について『キネマ旬報』一九三五年一月一日号で「文章作法と脚本作法との差は、もとよりあるけれど、先づ何より映画的であることに心懸れば、この場合、矢張り、志賀直哉氏の『城の崎にて』は、まことに範となすべき脚本作法上の名文なのである」[6]としている。戦場では『暗夜行路』の後編を強い感動をもって読んだ（「覚え書抄」では谷崎潤一郎の『源氏物語』、里見の「時局に全く無関心の閑人の低徊の戯作」の『鶴亀』にも感動している。火野葦平の『土と兵隊』を軍にお土砂をかけすぎたと批判し、こんなどさくさの中で腰を落ちつけて書いている二人の作品の方がどんなに嬉しいかと記している[7]）。妻の過ちの問題は敗戦後の『風の中の牝雞』（一九四八）の主題となっている。里見についても、小説『叱る』の「俺に一番大切なものは『俺』だ。『俺』のなかの一番上座に据えられてゐるものは『仕事』だ」が一九三五年四月六日の日記に引用されたし[8]、飯田心美の「里見の話術、叙述方法が好きか」という質問に好きだと答えている[9]。戦後も「映画の会話は私の場合里見先生の小説の会話を何よりの手本としております」[10]と述べている。志賀についても、「『麦秋』で俺が意図したことなんか、小説でなら書ける。例えば志賀さんのものなんか、行と行の間に、字でないものがちゃんと表現しているものがある」[11]としている。ちなみに小津は『キネマ旬報』一九五二年六月一日号の「自作を語る」で、『麦秋』について「これはストウリイそのものより、もっと深い《輪廻》というか《無常》というか、そういうものを描きたいと思った」[12]と述べたが、それは三世代大家族の日々の生活の具象を簡潔に描写しながら世代交代の輪廻と無常を描いて、『城の崎』の志賀の詩学に肉薄しようとしたものであった。この行間は勿論「芝居も皆押しきらずに余白を残す」という省筆をも指すが、清水千代太はそれを場面間と場面外のものと伝えている。つまり、ショットの画面に隣接する前後左右上下の諸空間とショット間に隠された時空間が行間・余白に相当する。小津は一例として「尾形光琳の絵に兎が踊っているのがある。なんとなく上を見て踊っている。それは上に月が出ているから踊っているので、フレーム〔内〕には月が描けないから、ただ月の影が描いてある。区切られたフレームの中に広大な無限の中天に昇った月を想像させると云う方法」[13]を述べているが、小津の区切られたフレームは様々な角度をもつ光線により、様々な天や空間をショットの外側にストックしている。この画面内の制約が余白にもたらすより大きな世界こそ、小津の移りの詩法の領域の地平線をなす。さらに小津が受けた重要な影響は、里見の『叱る』の引用にみられるように二人の私小説における自我の絶対的肯定である。『戸田家の兄妹』の主人公の次男昌二郎（佐分利信）は外見は放埒だが、まごころの持ち主であり、当時の里見文学の「私」そのものである。そして志賀の人生＝文学の主体としての潔癖で明晰な感性と個性的な人格も小津そのものであった。そして二人の白樺派作家の自我の絶対的肯定は小津芸術の絶対的独自性を創出させる熱い生命力となったと思える。

小津は生涯、映画は過去あったようにストーリーや感情やそのソフィスティケーションではなく、文学のように性格、人間を描くべきだという映画史の展望をもっていた[14]。それが彼独自の人間＝性格重視の演技論の実践を発展させたが、その出発点は文学のほかに、六代目尾上菊五郎との出会いにもあった。ここでこの点も明らかにしておきたい。小津にとって映画のレンズが見た俳優の表情とは自分をよく見せたいための顔面筋肉の運動でしかなく、自然のままの人間＝性格描写のじゃまになるものであった。そういう思いで悩んでいた小津は前から敬愛していた六代目の舞踊の記録『鏡獅子』（一九三五）を撮り、そのおりに舞踊の体全体の動きの重要さなどの芸談を聞いた。そして『母を恋はずや』（一九三四）で吉川満子が知らない顔のなかに知った人がいた気がしてさっと見返す演技ができないのを相談すると、六代目は画面に入らないところでその中の誰かがさっとハンカチを出して彼女に見せたらとヒントを与え、その結果撮影は成功した。つまり、六代目は「朝、人から〝おはよう〟といわれて、ひょいと相手に顔をむける、そのときの目の動き、これは演技力じゃない。その人の生理なんだ。そこをうまく写さなければだめだ」と教えたのだ。以後「演技六分、生理四分」が小津の演技論となり、彼は俳優にティースプーンを二回まわしてとか、団扇の縁を目でたどれとか指示し、空を仰いだり歩行したりする体全体の動きに至るまでのその人その人の生理をひきだしたのである［15］。六分の演技も俳優その人の人柄＝性格そのものの提示だった。小津は次作の『父ありき』の主役に『一人息子』の大久保先生で好演した笠智衆を抜擢したが、そのおりの注文を井上和男はこう伝えている。「『君は相変らず、嬉しい時にはニコニコ笑顔をつくり、悲しい時にはまた如何にも悲しそうな顔をつくって芝居をしている。（略）でも、あんな演技は要らないよ。君は、お能の面でいいんだ、お能の面で』とピシャリ、釘をさされたという。要するに、映像演技では、喜怒哀楽の表情を、いちいちつくっては嘘になる。むしろ、感情をおし殺し、能面のように表情を変えない方が、実は内面的な裏づけがニジミ出て来ていいのだという」［16］。小津は言う、笠は真面目な男だ、人間がいい、人間がいいと演技にそれが出てくる、と。そして『戸田家の兄妹』での佐分利信が父の通夜に縁側にでて、空や辺りを見ながら、「ああ、明日もいい天気だ」と言う演技が非常によかったので、後でどんな意識で演じたかと聞くと、全く無意識でやったという。以後小津は佐分利の無意識の動作を愛することになった［17］。心理表現の対語としての生理的動作とは一種の肉体主義である。つまり人格の母体である個の肉体の生理的動作の無意識に顔の表情を均質化してしまい、その俳優個人の肉体のパフォーマンスにより映像の人格創造の新しい肉体言語とすることであった。その成果が『父ありき』と、そして小津映画の象徴となる笠智衆の父親像の誕生であった。笠は当時三七歳、小津は三八歳である。笠が演じた老父は最後に死ぬが、年齢は『一人息子』同様に明示されていない。息子が二五歳で結婚するので、五〇代初めと推定される。一九四七年の男子の平均寿命は五〇歳であった。

三　やもめの父の原型

『父ありき』の脚本は小津・池田・柳井隆雄により小津の出征前に書かれ、五年後に書き直されて映画化された。撮影は一九四一年の一〇月に始まったが、封切は第二次大戦下の一九四二年四月一日で、情報局の国民映画参加作品となり、『映画旬報』のベスト・テン第二位となった。第一位と第三位は戦争映画の『ハワイ・マレー沖海戦』と『将軍と参謀と兵』だった。戦時下にかかわらず、この父性愛映画も『出来ごころ』以後の「喜八もの」同様にアメリカの父性愛映画の影響下にあり、『ソレルと其の子』（一九二七）の翻案であった。監督はハーバート・ブレノンで、原作は英国の小説で映画も英国を舞台にしている。第一次大戦で武勲をたてた将校が帰国すると妻が家を出てしまう。一人息子の養育と教育のために父の苦労が始まる。父は田舎町の宿屋の雑用係からホテルのポーターになるが、職場の上役との軋轢があり、またポーターの身分ゆえに息子が退校させられる。そのような苦労の末、息子は立派な外科医となり、父もホテルの支配人になる。母が子をとり戻しにきても父子の絆は固い。息子は幸福な結婚生活に入り、父は自分の務めは終わったと言って安らかに死んでいく。一九二八年の日本公開時には母性愛映画『オーヴァー・ゼ・ヒル』の双璧として父性愛映画の最高峰とされ、「山場の少しも無い、むしろ平々坦々たる描写であるが、父親の気持を実に細かに温かい筆で叙して行くところ、見るものを涙させずには措かないであらう」と称賛された[18]。そして小津は例によって、外国映画を基にして笠智衆の父を主人公とした新しい世界と詩法を開拓し、小津映画を作り上げた。主題は『一人息子』同様に一人息子の教育・就職のため親子が苦労するものであり、主人公はやはり信州出身で中学の数学教師のやもめの父、堀川先生（笠）で、祖父も上田城つとめの漢学者で屋敷を売って父に教育を受けさせており、子は教育競争社会の第三世代となる。

物語は息子良平の小学六年・中学一年時代と大学をでて就職する二五歳時代の二部構成で、父の死を迎えるまでの父子の別居・再会を主題にしている。はじめ二人は金沢に住むが、父は修学旅行で生徒が一人水死する事故の責任をとり、辞職する。二人は上田の外れの寺に住むが、息子良平（津田晴彦）は中学に入学し寄宿舎に入る。夏休みの父との釣りを楽しみにしていた良平を悲しませたのは、父が良平の学費のために東京に働きに出ることだ。父はお前が学校を出るのを東京で待つ、これからは手紙で会おうと励ます。こうして二人の別居生活が長期化し、良平は東北帝大に進学し、卒業後は秋田の工業学校に就職する。今は丸の内のビルで勤務する父は、碁会所で再会した元同僚の平田（坂本武）に良平が秋田の工業学校に就職したと告げ、「妙なもので倅にも教師はやらすまいと思っていたんですが、蛙の子はやはり……今年こそどうやら一緒に暮らせると思ったのですが」と語る。こうして父と子（佐野周二）は塩原温泉でひさしぶりに再会し、良平は学校を辞めて東京で仕事をみつけてこんどこそ父と一緒に暮らしたいと語る。父は「お前と一緒に暮らしたいが、お前はやり甲斐のある立派な教育の仕事をもっている、父兄の方はみんな苦労されて大事な息子さん達をお前に委せておられる、お前はそれをやってくれんけりゃいかん、お父さんができなかった分までやって欲しいんだ、離れ離れに暮らしていたって、会いたきゃまたこうして会える」と諭し、良平はうなずく。翌朝二人は楽しみにしていた束の間の釣りをして、別れ際に良平は父にお小遣いを渡す。そして良平は兵隊検査で甲種合格となり、一〇日ほど休暇をもらって上京する。父は小さい時に弱かった子がよく大きくなったと喜び、良平の坊主頭の傷あとを懐かしむ。父は平田と昔の教え子の同窓会に招待され、父が水死した生徒の命日にかかさず供物を家族に送っていたことを感謝される。その夜、父は平田先生の娘のふみ子（水戸光子）との結婚をすすめ、良平は承諾する。翌朝、良平が「ただ一度だけ」［19］の口笛をふいていると、出勤前の父は心臓発作を起こし、良平たちに看取られるなかで、「何も悲しいことはないぞ、父さんはできるだけのことはやった、私は幸せだ」と息たえる。秋田へ帰る夜汽車のなかで、良平はふみ子に「僕は子供のときから何時も親父と一緒に暮らすのを楽しみにしてたんだ。たった一週間でも一緒に暮らせて、その一週間が今までで一番楽しい時だった」と語る。

筋書きでもわかるように、これは『一人息子』の父親版だが、出征前の旧稿との違いに戦争の存在がある。田中眞澄によると、旧稿では「良平は父と暮したい余りに就職口を断って上京し浪人生活をしており、その間堀川父子と平田先生の家族とでハイキングに行くエピソードなどもあって、良平とふみ子の結婚も唐突な印象はなかった」［20］とある。問題点は父が教職を天職視し、良平に仕事に専念するように忠告するようになったことだ。ここには戦時体制の浸透とともに、二年間の戦場の修羅場を生き抜いて帰還した芸術家の回心のようなものがあった。それはこうだ。彼は戦地で「レヴューの踊り子を主人公にしたある日本映画を見て、内地の映画陣は戦争のある事に知《〔ママ〕》らないな――と思った感情、これとは矛盾するようだが、しかし僕は今度東京へ帰って来て、結局この東京の有様に安心もしたし、頼もしいとも思った。従軍文士なんかがほんとうの戦争も知らずにいろいろ戦争について書いているのよりか、黙って自分の仕事に一生懸命働いている人間の方に好感を持つ」［21］と述べ、民間人が自分の仕事に専念することを職域奉公として評価したが、それは自分の芸術家としてのあり方への確認であった。この確認は同時に回心をともなっていた。戦争は「否定的な精神をもっていては出来んのだ。凡てを肯定しなくちゃいかんのだよ」「つまりこれを映画で云うと、救いが要るんだ。明日への希望が要るんだ。そういった意味から、僕の今までの作品は誰よりも僕自身が厳格な再批判が可能なんだ。例えば『一人息子』や『生れてはみたけれど』なんて映画は、ほんとに未完成なものなんだ」「自分がこの世に生きているという事実に対して、自信を持ち、生き甲斐を感じなくちゃいかんのだね」と語っている［22］。こうして『一人息子』の良助が生きることの幻滅・懐疑の象徴となった豚カツ屋の元教師の笠智衆は、今度は事故の責任をとって教職を辞し、会社員となった父として親子別々に暮らしながら息子の良平が教職を全うするように忠告する。この肯定的精神つまり強い精神性は『一人息子』の母子がすでに示していたものの発展でもあった。幻滅の苦しい生活のなかで、良助は隣人の苦境を救い、母はその精神性の価値が競争社会の外にあることを認めていたからだ。一人の生徒の事故死を生涯償おうとした精神は無数の若い生命を浪費した軍国主義の内には決してありえない。人生の強い肯定は同時に死の強い否定であった。小津の父は一九三四年に六九歳で狭心症で死んだが、死の床で彼の手を握っていたという。そして戦争での修羅場。帰還後の『戸田家の兄妹』の父の死は狭心症であり、一周忌には観音経が読経された。脚本には経文が抜粋されている。そして『父ありき』の冒頭の木鉦《もくしょう》、生徒の死と通夜の読経、寺での生活、母の仏壇への父の読経、温泉宿の講中の御詠歌、反復される五輪塔、小津の父の発作をそっくり演出した笠の死。この父の死と子の新しい家族の誕生の輪廻で終わる物語。こうして戦争の生き死にのただなかで、移りの詩法はさらに無常迅速のモンタージュ・シークエンスを創造し、それを中心に連続・不連続の組み合わせのほかに、映像と音による情報の隠蔽と暴露の追っかけ、同じ画面の反復のなかでの映像や音の欠落・入替えによる時間経過と存在の喪失の技法を確立して、小津映画の頂点の一つである戦後の『晩春』の先駆となった。そこでその技法と独自の人物像の創造を検証してみよう。

冒頭は例の女行商が斜光線の街道から主人公が住む裏町にくるが、どこからか朝の勤行の木鉦が聞こえている。次に家に入ると父と少年の家には鏡台、碁盤、傘、水枕が見え、登校前の二人の会話（ここで朝の遅れた確認）から鏡台は亡き母のものだとわかる。仏楽器と死はこれから主題の起点となる。次に父が引率する修学旅行は死に至る点でもみごとな道行と無常迅速のモンタージュ技法を展開する。父が教室で今度の旅行は東京、鎌倉、箱根に行くと告げ、生徒がざわめく。すると次はいきなり鎌倉大仏での記念撮影のショットとなり、今度ざわめくのは観客だった。「私は映画館で見たのですが、あそこでは周囲でざわざわしました。あれあれという感じですね」という報告がある〔23〕。この作品には『一人息子』のような年代や場所の字幕、導入ショットの緩衝つきの時の経過や場所の変化はなく、すべて迅速な衝撃的変化に支配されていく。冒頭の記念撮影は前作の『戸田家の兄妹』のように被撮影者内の死の予告を示唆する。こうして名所旧跡遍歴のモンタージュがはじまるが、そこで注意したいのは、音が先行し映像がその音源（隣接）をつきとめる画面の効率的編集と、情報を隠蔽し、見せかけの画面をつくり、あとでそれを暴露する情報の遅滞の編集との遊びと、それに並行する冒頭の仏楽器と死の主題展開である。(1)鎌倉大仏の記念撮影［図31］。(2)そのさらに遠景［図32］。(3)箱根路の二子山の石造五輪塔、左に二基、右に小さな一基［図33］。男性合唱の「箱根八里」の第一章「箱根の山は天下の険」の出だしが聞こえる（箱根を知らない人への箱根の情報）。(4)同峠道と右に駒ヶ岳［図34］。歌続く。(5)歌いながら道を登山行進する生徒たち（歌の音源）、手に傘や杖［図35］。(6)元箱根から見た芦ノ湖と白い富士［図36］。歌は第一章を歌いきる。(7)旅館の廊下、立てかけられた多くの傘［図37］。ハーモニカの「箱根八里」。そして室内の場面となり、ハーモニカを吹く生徒（音源）、生徒たちの歓談。父が同僚と碁をうちながら、湖上のボートを見てうちの生徒じゃないかと心配するところに、生徒のボートが転覆したと連絡がくる。ここから先程の旅行と対になる湖畔のモンタージュになる。(8)(7)と同じ廊下、飛びだしてきた生徒たちが廊下の左隅を下りていく（左隅が実は階段だったという情報の遅滞）。傘が一本倒れる（死の予感）［図38］。(9)桟橋に停泊している遊覧船、先生、生徒らがかけてくる［図39］。

図 31

図 32

図 33

図 34

図 35

図 36

図 37

図 38

図 39

図 40

図 41

図 42

図 43

図 44

図 45

おーいと呼び声。⑽船のない別の桟橋。生徒たちと呼び声〔図40〕。⑾元箱根の賽の河原の五輪塔と呼び声、後景の湖〔図41〕。⑿⑽と同じ桟橋、人影と呼び声なし、前景の転覆したボートに波が光を反射させ、ひたひたと打つ〔図42〕。波の動きにあわせるようにやがて木魚の音が入ってくる（死の確認と仏楽器と死の主題展開）。⒀旅館の部屋、後ろ姿の生徒たちが正座でならんでいる。読経と木魚の音。明るい電灯の列（前のショットへの夜の侵入確認）〔図43〕。⒁生徒たち、奥で袈裟姿の僧が木魚を叩き読経（木魚の音源）〔図44〕。このあと生徒たち、先生たち、父の四ショットが続き、最後に電灯の笠の縁の蛾のショットで終わる〔図45〕。

この修学旅行の喜びから苦悩への、生から死への無常迅速は、登山と湖畔の両シークエンスで反復される五輪塔と桟橋の連続と不連続でみごとにとらえられている。まずショット(3)の箱根路の五輪塔はそこを闊歩する生徒たちの元気な合唱でみちていた。そして事故により(11)の芦ノ湖畔の五輪塔は事故者をさがす生徒たちの呼び声でみちていた。箱根を知る人にとっては、二子山の五輪塔は俗称曾我兄弟と十郎の愛人・虎御前の墓であり、湖畔の塔は賽の河原にある。そこは子供や若者の横死を悼み恐れる信仰の場所であった。湖畔のシークエンスは小津映画の代表的な存在の喪失のモンタージュ技法の誕生となった。桟橋は三度出現し、そのうち(10)と(12)は反復するが、再現ごとに船、最後に生徒と呼び声が欠落していき、転覆したボートと木魚の音が入替わる。これは捜索終了の時間経過だけでなく、船や生徒たちの不在化と木魚の音により一人の生徒の存在の喪失を示唆する。そして画面は一気に木魚の音とともに時間を飛びこえて旅館の通夜に直通し、電灯の蛾で終結する。『城の崎にて』の影響を思わせるこの蛾は、最高傑作の『東京物語』の老妻が死を迎える場面にも登場している。小津はすでに『戸田家の兄妹』で、父の発作が婿に知らされる時、大写しの九時辺りを指す置き時計の振り子の動きに木魚の音が入り、次の場面の翌日の通夜での木魚の音につなぐ技法を初めて披露していた。次の場面の音が先行する技法は『妻よ薔薇のやうに』（一九三五）などで成瀬巳喜男もよく示したが、その楽しい先行の遊びと違って、小津の場合はやはり無常迅速の映画的文彩が特徴である。

図 46

図 47

もう一つのみごとな喪失のモンタージュは塩原温泉での父と良平の再会場面で展開する。導入部は三つのショットからなる。(1)宿の室内の開かれた左右の障子の間から見た外の看板と家［図46］。(2)渓流［図47］。(3)宿の湯煙のたつ浴室と浴槽、背後の窓の外に注連縄《しめなわ》つき神木、下げてある奉納手拭い二本。浴槽で二人が再会の楽しく長い会話を始める［図48］。その最後の台詞でやっと

図 48

図 49

図 50

図 51

図 52

図 53

図 54

図 55

塩原とわかる。それから部屋で二人の夕食と会話が始まり〔図49〕、良平が同居のため教師をやめたいと言うが、父に説得され、子は納得する。それから導入部の浴室を二回用いた映像と音の反復・欠落・入替えのモンタージュが展開する。(4)(3)と同じ浴室。ただし人影はなく（二人のアリバイ）、奉納手拭いが変わっており（時間経過）、鈴の音がしている（翌朝）〔図50〕。(5)（二人の部屋の）向かいの部屋で持ち鈴をふり御詠歌の講中（音源）〔図51〕。(6)無人の部屋（二人のアリバイ）〔図52〕。御詠歌と鈴の音。(7)(2)とは構図が少し違う渓流。正確な同時動作で流し釣りの竿の大きな楕円を美しく描く二人（存在証明）〔図53〕。御詠歌と鈴の音（宿との隣接）。(8)渓流、父の動作〔図54〕。音同じ。(9)渓流、同調した良平の動作〔図55〕。音同じ。(10)同じ浴室〔図56〕。鈴音消えている（時間経過）。(11)部屋。上着を着た二人が鞄の荷作りをほとんど終えながらの会話の場面になる〔図57〕。「早いもんだねえ、逢ったと思ったらもうお別れだな」と言う父に子は「ええ、早いもんですねえ、ずいぶん長い間楽しみにしてたんですが」と答える。三回の浴室の反復は父子が長い間待ち焦がれていた再会の始まり・翌朝の釣り・その終わりの無常迅速であり、それは時間経過だけでなく、入浴、食事、釣りなどを含む再会の刻々の存在をすべて喪失する装置であった。ちょうど土の窯とそのなかの土の造形が火により互いに焼成しつつ、みごとな窯と作品を作りだすように、待ち焦がれていた再会の無常迅速の美しいシークエンスとみごとな存在喪失の装置が互いをみごとに焼成したのだ。この喪失の装置は以後の小津映画の主力なものとなる。『晩春』で原節子の娘が花嫁姿で父と別れの挨拶をして二階のそれまでの自分の部屋を出ていく。表の人々の二ショットの後に同じ部屋の無人の二ショットが示される。つい今まで娘が座っていた鏡台と椅子の一部が中心をしめるショット、その遠景で鏡台、椅子、座布団を収めた空ショットが娘の姿の欠落を示し、時間経過と娘の存在の喪失を伝える。『東京物語』では老母が臨終を迎える夜の座敷の場面から、夜明けの尾道の刻々の風景のモンタージュの五ショットが示されるが、その三ショットは冒頭の導入部の五ショットからの反復であり、ほかの二ショットもそのバリエイションである。この反復はやはり前には登場していた人々、列車、風の動きがすべて欠落しており、それと入替えに次に白い布で顔をおおった母の座敷にもどる。反復ショット内の欠落は母の存在の喪失そのものでもあり、彼女の臨終後に、五〇年来の妻を喪失したばかりの老父が向かいあった妻の死の時の原風景ともなる。

ところで小津は『戸田家の兄妹』で省筆のスタイルの実験を行った。里見との座談会で「場面数は思い切って少くした。とにかく表現が出来ても出来なくてもいい。次に飛ばして、次の場面で何となく前の場面の結果を感じさせるということにした」[24]と述べている。それは各モンタージュの技法や自然・環境描写を廃止して、出来事も暗示的に画面にだすという省筆のスタイルを徹

図 56

図 57

底したのである。その結果、衣装はすべて合着《あいぎ》でとおし、家具類も春秋だけは推測されるが、春秋は区別できず、台詞も時期を言及しないので、父の死も何時のことかわからない。導入部から引っ越しのたびに反復する植物は万年青だけだし、たった一つの指示がずっと後のダリアの花に関する台詞でわかる秋である。こうして母妹のたらい回しの出来事だけが時間経過となり、月日を台詞で知らせぬまま合着で進行し、別荘に二人が登場するや女中が「早いもので旦那様が亡くなってもう一年ですね」と言い、母は「私はなんだか三、四年経った気がする」と答える。時間の不透明のなかにその多義が鮮明に浮かび上がる瞬間である。次の場面で前の省略された結果を感じさせるというスタイルはブレッソンの『ブローニュの森の貴婦人』（一九四五）の世界に近いと思える。すくなくとも里見は評価したのだ。『父ありき』ではこのスタイルの実験に加えて、さらに徹底した情報管理による情報の宙づり、不透明、見せかけと暴露などのゲームを展開している。映画の最初の場所・時期について小津は何も明らかにせず、家で良平が登場時に短くハミングする小学唱歌「茶摘」のメロディと修学旅行の学校行事と反復する傘（父子が上田に行く時も）のヒントしかださない。私たちは晩春を推定できるが、真っ白の富士はどうなのか。箱根の名所旧跡を知らない人にはそれらの情報をあたえないし、二人が最初に住む場所の指示として小津は周到に良平や生徒たちに金沢弁を使わせるが、それがわからない人が金沢と認識できるのは父が事故で辞職して良平と上田を訪ねる車中の台詞であり、父の辞職が夏であるのを認識できるのは作品の終わりに近い同窓会での父の台詞からである。冒頭の柱に掛けられて目立つ水枕も、子供のころの良平が体が弱かったためとわかるのは結末部で良平が兵隊検査を受けた時だ。この時良平は袖をまくったワイシャツ姿で現れる。これが夏姿とすれば、夏の終わりとなる。その前の鶯の鳴く塩原温泉で二人の兵隊検査時の再会を、父が「なあに、またすぐだ」と言っており、ワイシャツ姿の五日のちに彼はセーター姿となり、映画もまた合着の世界にもどるからだ（『戸田家の兄妹』で妹が一度だけ半袖のセーター姿になるが、夏姿とすれば秋の父の一周忌が近い会話をする布石なのか）。もっとも台詞で誰も秋とは言っていない。台詞も時空間の詳細を隠しつづけ、絶対に年月日を明示しない。さらに例によって、死んだ母のこと、そして、ホームドラマの枠外の父の個人生活や社会生活、良平の個人生活などは完全に省略されている。省筆は映像の本来的な不透明な生命を意味作用の核心に係わらせることであり、これが六分の演技、四分の生理による人物像を支える、画面の意味の透明六分と不透明四分の映画なのである。この不透明性を利用して小津は幕間狂言を用意して編集の遊びを披露している。夜の寺の庫裏で父が子の受験勉強をみている。やっと終わり二人は翌朝の釣りの支度を始め、和尚が「もう引導をわたしてあるから、うんと釣ってこい」と言う。次の場面はこう始まる。⑴五輪塔。木魚の音。⑵超遠景の川と流し釣りをする二人。木魚の音。⑶釣りをする二人の全景となり、父がこう言う。「どうだ、試験がすんでいい気持ちだろう」。つまり、これは翌朝でなく、試験後の朝であり、しかもこの映画の夏冬抜きの季節のなかで、私たちが推定する秋から父が台詞で確定する春への浦島的な時間の飛躍のトリックであった。

終わりに、魅力ある老父像を確立した笠智衆の演技にふれたい。映画の喜怒哀楽の表情を意識してつくる制度にたいして小津は笠自身の肉体のパフォーマンスで対抗した。つまり日常的で無意識的なその肉体固有の動作のわざを示すことである。作品では道の歩行、障子の目張り、縫い物をしながら子の勉強をみる、流し釣りなどがある。しかも、物語の時間構造が、父が四〇前位の時代と一三年後の五〇すぎとの二部からなっており、当時三七歳の笠はこれらのわざを壮老二通りに演じ分けており、それは成功した。まず、歩行は全身の後ろ姿で示す。壮年期では良平と登校時に黒い背広で〔図58〕、上田の旅は黒い和服で、二回とも後ろ姿ですっきりした姿勢と動きを示す。後段の老けでの登場は中間色やグレーの服で、これも後ろ姿だが手を腰のあたりに組み、上体はかがめぎみにして、少しまげた足を開いてゆったりした歩行ぶりを示し、喋り方に共通する笠の独自性を示した。これは純粋な肉体主義であり、何をするか何を喋るかではなく、どうするかどう喋るかが問題となる。問題はそのわざによる肉体言語である。こうして笠は自己の肉体

図58

図59

図60

図61

言語の体系を編みだしていく。座っての障子貼りのゆったりだが、きちんとしたわざ〔図59〕、縫い物の運針と髪に針をなでる無骨で優しいわざ〔図60〕。そして流し釣りの父子の同時的所作の一心のわざもある（壮年では父だけが片手の竿捌きをし、老年では子だけが片手でし、その反復の差異が老いをきわだたせるが、二人の一心は変わらない）。さらに父の縫い物のような母性的なわざも加わる。父は常に子の身繕いをし、食事時に汗をふいてやり、食べたいものを確かめ、子の日用品をきちんと揃え、使用の注意をいちいち与え、几帳面に風呂敷で包み渡す。子が成人しても体を見たり触ったりし、健康をたしかめ、頭の昔の傷まで調べる。これらの父は子の追慕像そのものだが、男性の肉体に父性と母性が成熟融和した笠の人間像の原風景を構成している。こうして個の肉体は、台詞と伴走しながら、個としての人格となる各わざを肉体に重層化していく。父は死に向かうに従い、腰をかがめ足の開きを大きくし、動きを遅くし、その肉体は最後に心筋梗塞の激しい苦痛に痙攣し硬直し、個体の終焉を迎える。そして子の個の肉体が新しい家族を作り始める。その直前にこういう場面があった。塩原温泉で別れの直前に鶯が鳴き、父は思わずゆっくりと立ち上がり、窓辺で中腰の姿勢で見、聞きほれる。その横で良平は文庫本をだして読み耽ける〔図61〕。ここには自然の限りある生が鶯の冬を生き抜いた繁殖の歌声と父の老いた肉体で共鳴しあう瞬間と、個を超える進化の制度としての本＝知が子の若い精神との静かな対話を再開する瞬間のみごとな交差がある。この交差点上に小津映画の家族と私たちの視点があり、一方には子の若い生命があり、そのどんでんの方には親の老いと死がある。この両極の間で親は子の巣立ちと結婚を急がせ、最後に上がりの一人になり、残された不透明な時間と向かいあう。これが小津映画の家族合わせのゲームの、そして老いの素っ気ないほどの生物学的な規則であり、つねに瑞々しい感受性と創造的な詩法で描かれる家族のなかの老いの姿である。この家族の視点は戦後に継承されつつ、これまでの技法や新しく創造される技法、原節子などの小津的な俳優の参加とともに、さらに拡大され、深化され、小津映画の黄金期を迎えることになる。その黄金期の確立に貢献したのが、『晩春』以降の脚本家、野田高梧であった。敗戦後の日本で小津は『暗夜行路』の主人公が出会って人生の問題解決をした〝大山〟を一〇歳年上の野田に見いだすことになる。『晩春』はタイトルで晩春と告げ、最初のショットで北鎌倉の駅名板を示し、時空間をいきなり特定するという新しい序部を設定し、その非常に限定された時空間での三一致法的な世界で、春から夏への家族生活と自然の移りの物語の形式とその技法を開拓した。鎌倉の自然と季節が大山のように小津映画の世界に重要な位置をしめるようになる。これが二人の映画の、そして映画のスタイルの始まりであった。


［1］渡辺定「寿命」、『世界大百科事典』平凡社、一九七二年、四七八頁参照。

［2］小津安二郎「映画の文法」（『月刊スクリーン・ステージ』第一号、一九四七年六月二〇日号）、田中眞澄編『小津安二郎戦後語録集成』フィルムアート社、一九八九年、三八頁。

［3］「座談会　日本文化の空間」、『日本の美学』第一六号「特集　空間　日本人の空間意識」一九九一年、八六頁。

［4］「現代の顔　監督三十年　芸術院賞の小津安二郎」（『週刊新潮』一九五九年三月二三日号）、田中眞澄編『小津安二郎戦後語録集成』三三一頁。

［5］「『戸田家の兄妹』検討」（『新映画』一九四一年四月号）、田中眞澄編『小津安二郎全発言　1933〜1945』泰流社、一九八七年、一八五、一九一頁。

［6］小津安二郎「いはでものこと」、『キネマ旬報』第五二七号、一九三五年一月一日号、二〇九頁。

［7］小津安二郎・人と仕事刊行会編纂『小津安二郎　人と仕事』蛮友社、一九七二年、五二一頁。

［8］小津安二郎・人と仕事刊行会編纂、前掲書、四七九頁。

［9］「小津安二郎座談会」（『キネマ旬報』第五三六号、一九三五年四月一日号）、田中眞澄編『小津安二郎全発言 1933～1945』五三～五四頁。

［10］「映画と文学」（『映画春秋』第六号、一九四七年四月一日号）、田中眞澄編『小津安二郎戦後語録集成』二六頁。

［11］清水千代太「小津安二郎に悩みあり 『麦秋』のセットを訪れて」（『キネマ旬報』一九五一年八月一五日号）、田中眞澄編『小津安二郎戦後語録集成』一〇三頁。

［12］「小津安二郎 自作を語る」（『キネマ旬報』一九五二年六月一日号）、田中眞澄編『小津安二郎戦後語録集成』一三三頁。

［13］「酒は古いほど味がよい 『彼岸花』のセットを訪ねて 小津芸術を訊く」（『キネマ旬報』一九五八年八月一五日号）、田中眞澄編『小津安二郎戦後語録集成』三〇四頁。

［14］「映画と文学と絵画 小津作品」、『秋日和』をめぐって」（『芸術新潮』一九六〇年一二月号）、田中眞澄編『小津安二郎戦後語録集成』三七六頁。

［15］「トーキー鏡獅子 撮影余話 小津安二郎談」（『都新聞』一九三五年七月二日）、田中眞澄編『小津安二郎全発言 1933～1945』六六～六五頁。「性格と表情」（『キネマ旬報』一九四七年一二月号）、田中眞澄編『小津安二郎戦後語録集成』四〇～四一頁。「人生ひとり旅」（『週刊明星』一九五九年三月二二日号）、田中眞澄編『小津安二郎戦後語録集成』三二八～三二九頁。

［16］井上和男「解説」、『小津安二郎作品集 Ⅲ』立風書房、一九八四年、二五九～二六〇頁。

［17］大黒東洋士「僕はちっともこわくないよ 小津安二郎監督放談」（『映画ファン』一九五二年一〇月号）、田中眞澄編『小津安二郎戦後語録集成』一五〇頁。

［18］田村幸彦「各社試写室より ソレルとその子《ママ》」、『キネマ旬報』第二八九号、一九二八年三月一一日号、四二頁。

［19］エリック・シャレル監督のドイツ映画『会議は踊る』（一九三一）の主題歌。

［20］田中眞澄編『小津安二郎全発言 1933～1945』二七三頁。

［21］「田坂・小津両監督対談会」（『東京朝日新聞』一九三九年八月一六、一七、一九、二二日各夕刊）、田中眞澄編『小津安二郎全発言 1933～1945』一〇八頁。

［22］「さあ帰還第一作だ！ 小津安二郎氏は語る」（『オール松竹』一九四〇年二月号）、田中眞澄編『小津安二郎全発言 1933～1945』一四二頁。

［23］「小津監督に物を聴く対談」（『日本映画』一九四二年六月号）、田中眞澄編『小津安二郎全発言　1933～1945』二三五頁。

［24］前掲記事「『戸田家の兄妹』検討」、『小津安二郎全発言　1933～1945』一八八頁。

［付記］この論文は田中眞澄編の『小津安二郎全発言　1933～1945』および『小津安二郎戦後語録集成』と坂尻昌平著「『父ありき』ショット分析表」（一九九三年、未刊）の労作に負うところが大きく、感謝の意を表したい。また、外国映画との関係については拙著の『日本映画における外国映画の影響　比較映画史研究』（初版第二刷、早稲田大学出版部、一九九〇年）を参照されたい。

［編注1］初出誌では削除されているが、草稿ではこのあとに次の一文が続く。「同時に時計の時鐘や風に揺れる物（光る風にそよぐ洗濯物や草木などは小津の署名である）の振り子運動的時間の移りでもある。」

第3章　無限の〝空〟の入れ子構造　伝統芸術と『晩春』のテクスト連関

一　宙を回遊するショットの連鎖

クリスティン・トンプソン著『ガラスの鎧《よろい》の粉砕』（一九八八年）の「第六部　パラメトリック形式の知覚的挑戦」はゴダール、タチ、ブレッソンの作品とともに、小津安二郎の『晩春』（一九四九）を論じたものである［1］。トンプソンの可変要素《パラメーター》は、「ある作品を通じて様々なヴァリエーションをとりながら反復的に現れる一定の視覚的な要素」と端的に要約されよう［2］。デイヴィッド・ボードウェルの『小津安二郎　映画の詩学』（一九八八年）［3］とこのトンプソンの両著によって、小津映画の詩学的なテクスト分析研究は画期的に飛躍したといえる。

トンプソンは作品での小津のスタイルの有名な特徴である場面移行の諸ショットの用例を次のように分析している。

二三のシークエンスはその用例の冒頭を紡ぎだして、小津特有のエイゼンシュテイン的ドミナント（主要なもの）とオーヴァートーン（副次的なもの）［編注1］の作用により、諸ショットを構造化する。つまり、小津は一組の諸要素を最も目立つ一要素と、存在するがずっと重要でない他の諸要素で構成する。そして彼はなお存在するが重要さが変わった同じ要素の他の諸ショットに、主要素が副要素になり、新しい主要素がそれに代わるまで、つないでいく。そして第三の主要素が現れると最初のそれはすっかりなくなる。これが『晩春』の冒頭のシークエンスにあり、最初のショットは東京南部の町、北鎌倉の駅である。右側に駅名の看板と駅舎の一隅、左側にプラットフォームの階段があり、私たちの注意は、ここは列車の駅だという事実に集中する〔図1〕。音がこれを強化する。聞こえるのは無線機がカタカタいう音、ショットの終わり近くに開始する列車の接近信号のベルである。ほかの諸要素はこのショットに存在するがあまり重要なものに見えない。背景の木々、電柱、中央の地上の小さな花畑は物語の情報をあまりもたらさないからだ。次に線路とプラットフォームのショットになり〔図2〕、諸要素の関係は少し変わる。線路とプラットフォームという鉄道の駅の特徴はなお主要素である。しかしショットは続くが列車は全然現れず、ベルはカット時に終わり、静かな音楽に代わる。背景の木々は幾分前より目立ち、左側下の花畑は最初のショットよりも人目を引く。次のショットでは駅の諸要素はかなり減少して、きゃしゃな信号、一隅に傾斜した手すりの一部、幾本かの遠い電柱となる〔図3〕。今度も列車は現れないだろうと憶測し、駅は私たちの注意を今度の主要素の自然——木々、目立つ位置の花——にゆずる。サウンド・トラックの鳥の声がこの変化の強調に寄与する。次のショットで駅の諸要素は消え、木々は構図の主要を占めず、三番目の主要素が現れる。それは寺の屋根であり、最初の

図1

図2

図3

図4

図5

場面の劇行為の場所を指示する〔図4〕。それでもなお私たちは、茶室の建物の内部に入り〔図5〕、人物たちの紹介で物語が始まると確認するまでは、確かに劇行為が始まるのだと思わない。このような物語の重要な一つの時空から次の時空への悠長な移行法はこの作品で稀に反復する。京都での諸場面はこの方法で始まるが、五重の塔の三つのショットでなされ、最後のショットの縁には副要素として置かれた焦点のあわない前景の壁仕切りの枠があり、これらは私たちに、五重の塔から旅館の室内のショットへのカットを準備させる(もっとも私たちは、紀子と父が五重の塔に近い旅館に実際に滞在しているのをまだ見届けてはいないが)。

(三三五頁)

作品中に反復する詩的に凝縮された数ショットのモンタージュ形式の秘密はこれによって大いに解明されよう。パラメーターはもともとはシェーンベルクらの一二音音楽の理論の応用であり、古典的な調性への依存を絶ち、隣接する音のみに関係付けられた現代音楽の作曲法であり、この点では小津映画のプロット依存を絶った〝現代映画〟の詩学に相応しい指摘である。しかし同時にこれらのショットは無調性の苦行的《アセティック》なものでなく、北鎌倉駅一帯の晩春の昼下がりの官能的な色彩を帯びた心象風景である。それは映像と音の遠近法による物理学的測定でなく、単なる静物画の連鎖でもなく、映画独特の映像・音の二重記号による連鎖と交換の遊びによる心象風景の詩法である。それは能の道行の掛け詞や連句の付けと転じと同じ遊びの歓びなのである。それゆえに、小津映画が当時の日本の〝大衆〟に懐かしく同時にユニークなものとして愛好されたのだろう。そこでこのパラメーターと似ており同時に異なる日本伝統芸術の遊びとの連関から小津の普遍的な映画詩法を論じてみる。

そこで連句的遊びを論じる前に、それを誘発するものとして能の遊びの約束ごとから論じてみよう。『晩春』では劇中に能楽堂での『杜若《かきつばた》』の終部の舞が演じられ、観客席での劇行為と並行的あるいは対照的に展開するが、能との連関はこの場面以外の冒頭部を始めとする各部分に及んでいる点に注目したい。まず題名の〝晩春〟は以後の小津＝野田コンビ作品の季語の題名の基となるが、これは『杜若』の上演の時期である。能は殆ど上演が時期的に規定されていて（無規定もあるが）、杜若自体は晩春に開花を迎え、上演は観世流では四月、宝生流では夏と規定されている。『杜若』は能の三番目物、幽玄な恋情を扱う女物である。八橋名物の杜若の花見物にきた旅の僧に、里の女がゆかりの在原業平《ありわらのなりひら》の歌を披露し、自分の庵で一泊するように誘う。やがて女は高貴な冠と唐《から》衣《ころも》を着けて現れ、自分は杜若の精であると名乗り、業平と高子の后との恋の故事を語り、業平は歌舞の菩薩の化現にして陰陽（男女）の神であると伝え、そのために草木まで仏果を得たと語り、舞を舞い、成仏して消える。この杜若の舞が映画に出ている部分である。能は季節ごとの宇宙の祭祀であり、その独自の時空と形式をもつ中世演劇である。『晩春』以後の小津映画はこの能の特徴をすべて身につけている。冒頭の詩的に凝縮された表現形式はその道行文の時空の移動形式にごく近い。『杜若』ではまずワキの僧が登場し、「これは諸国一見の僧にて候」と名乗り、都の名所旧跡から東国へ行くと語り、ここから道行の謡となる。「夕べ夕べの仮枕、夕べ夕べの仮枕、宿はあまたに変われども、同じ憂寝《うきね》の美濃尾張、三河の国に着きにけり三河の国につきにけり」。この短い道行文は京から三河までの旅程を掛け詞の伝統的な詩法の遊びのなかに呪術的に短縮し、和歌の古典と故事を尋ねる歌枕の旅の開始を告げるものである。掛け詞とは地名の美濃尾張に身の終わりの同音異義の二つの意味をもたせる光の言語の文字言語と音の言語の音声言語との交換の遊びである。『一人息子』（一九三六）以来、小津も交換可能な映像と音の二重記号システムの機能の遊びを詩的に把握し、映画の道行文の創造に挑戦してきた。『晩春』の冒頭と後半の道行ではそれが完成の域に達している。この作品で彼は無人の道行に挑戦し、どのショットにも列車も人も全く登場させず、しかもその新鮮な雰囲気を伝えた。その戦略はカメラとマイクを物語と人物と作者から解放して、カメラとマイクの機械と能の結合による映画＝能（それはシネジェニーの語を作りだす）による宇宙祭祀としての宙の回遊形式の創造であった。しかし野田高梧と小津の脚本ではまだ茶会への女客の歩行が指定されていた。

「一、北鎌倉の駅　晩春の昼さがり――空も澄んで明かるく、葉桜の影もようやく濃い。下り横須賀行の電車は、ここのホームを出はずれると、すぐ円覚寺の石段前にさしかかる。二、円覚寺の参道　杉木立の間をその電車が通過する。三、同境内　今日は月例の茶会の日である。参会の女客がゆく。二人、三人――。四、庫裏の一室（控えの間）客がポツポツ集まって来る。曾宮紀子が来て、すでに来合わせている叔母の田口まさと並んで座り」、会話となる。これを小津は次のように映像・音の記号の連鎖にした。

(1)北鎌倉の駅（上り線側）。映像・駅名の看板、駅舎の隅、中央部にホームへの階段と手すりと風に揺れるマーガレットの花叢と葉桜（ともに夏の季語、以後各ショットで草木は揺れつづける）［図1］。音・開閉電信器のカチカチ、最後に鐘音三つ（列車が一キロ地点に接近の知らせ）。(2)ホーム。映像・全景に近い無人の下りホーム（列車の接近は下りの推定）、背景に森の丘、杉木立、上りホームは左端に少し、その左下隅に前ショットに見えていた手すりの上部とマーガレットの花叢（前のショットより視点の上昇した空間の連続＝隣接）［図2］。音・頭に鐘音が心持ち被り、前のショットからの余韻の時間連続が保たれる。これは『一人息子』以後の余韻の時間連続の繋ぎの決まりとなる。そして間を置いて、のどかな音楽となり、主題曲Bが弦部で始まるとショット終わる（上昇感の持続が次へ）。(3)駅構外の傾斜地の杉木立。映像・傾斜した手すりの一部（構内の隣接地の指示）と信号とマーガレットの花叢の俯瞰（視点の上昇の連続）［図3］。音・主題曲B（以下続く）、鶯の囀り（春の季語）の上音「ホーホケキョ」（聴点の上昇）。(4)円覚寺の屋根。映像・中央の大屋根と回りを囲む杉木立の梢（視点の上昇の連続とショット間の映像の不連続）［図4］。音・鶯の囀りの中音「ホーホケキョ」と下音「ホロホロホロ、ホケキョ」（時間的に連続する鶯の上音から下音までの一つの囀りの連続音が二つの異なる空間の映像の連続＝隣接と交換される掛け詞的遊び）。次に庫裏の室内となり、紀子が入室して正座して女客たちに挨拶する。そして叔母との会話が始まる。誰もが和服で茶会と初めて推測される［図5］。

これが『晩春』での詩法で、ここでは四つのショットがカメラ＝映像とマイク＝音それぞれの連続・不連続

（これらの機器の基本的機能は作動の連続《オン》と不連続《オフ》である）の組み合わせにより、時空間の物理的測量でなく、ショット間の繋ぎ目（画面の変化として知覚される）に日本画とくに物語絵巻の雲のような伸縮自在な時空の〝空（白）＝ゼロ〟（śūnya サンスクリット語）の遊びのある道行を行う。その遊びは駅から庫裏までの人と道を避けた映像・音記号による時空の連続＝隣接と不連続と、韻律性（第一ショットが一三秒、以下は各七秒）による宙づりの風景回遊であり、〝空《くう》〟の連鎖が支える中空構造の連句的な構成壁画である。マーガレットの花、葉桜、鶯の囀りなどの春と夏の風物が錯綜する大地から空への上昇は、晩春という春と夏の季節の死と誕生が交代する時間の分水嶺への、宇宙の美しい生命的な揺らぎのただ中への、道行の宣告である。事実この映画では多くの歌枕＝規範的芸術・詣でが行われる。茶会、美術展、音楽会、能公演、鎌倉や京都の古刹や庭園詣でなど。小津はこうして初めて導入主題としての道行の形式とその思想を完成した。その祭祀する宇宙の揺らぎは『晩春』のなかに無数の揺らぎの主題を共鳴させていく。反復する波や木立や草花などの揺らぎ、囀りの自然音階の揺らぎ。一八〇度カットの多用による視座の揺らぎ。時空の自在な伸縮をもたらすゼロ記号としてのカットの雲による時空の揺らぎ。これらは誰よりも形式を深く愛したブラームスの第四交響曲第一楽章、第一主題の上下する旋律の〝揺れ〟［4］のように、小津映画の各声部で反復し、精緻に展開し、他の楽想を誕生させ、展開させ、楽章を完成していく。

それは彼のいつもの主題群の個の人生、家族、世代、時代、場所、季節、自然、宇宙などの誕生と死を包括する近代日本社会の進化論の記号システムであり、その地平に中世の宇宙とともに、近代の進化論的宇宙が存在する。二〇〇億年前に（宇宙の大きさゼロの時点で）ビッグバンにより開闢した光と物質からなる開かれた膨張宇宙はその速度を次第に減じながら現在に至っている。その適応の進化により、宇宙の多階層構造と多様な天体や種々の元素が形成され、超銀河団から、銀河団、銀河、恒星団、恒星、惑星、さらに地球上の生物の階層に至る。この進化のなかで、恒星がエネルギー源を消費し尽くした際の超新星爆発により次の世代の恒星や星団が誕生す

図6

図7

図8

る。宇宙は私たちの宇宙が唯一つであって、ほかに比較するものがないし、物理学の対象のように繰り返しがない。その膨張の遠い未来はまだ確かでない［5］。人の個から類までの世界もまたその可知と不可知が絶えず拮抗しあう開いた膨張体である。こういう宇宙の地平と個人の地平が重なりあう奇蹟的な瞬間を小津映画はとらえ、その瞬間を映像と音で記号化した。それが小津独自の映像・音による宇宙の揺らぎの絶対音楽的な形式である。そして、この普遍的な映画形式の遊びには日本の語りものの伝統的文化の文脈という了解と支援があった面も無視できない。たとえば、ロード・ムービー愛好の日本映画における道行の伝統との連関は枚挙にいとまないほどだ。

道行の後、庫裏に紀子（原節子）は初夏の花である鉄線の花模様の着物で登場し、次に彼女のライバルとなる未亡人の秋子（三宅邦子）は名の秋から紅葉《もみじ》を連想するように滴るような青楓の模様で登場する。宇宙の揺らぎの主題は細部を飾り、夢幻能の『杜若』のように紀子と秋子を植物の精に重複させ、さらに庭の回遊と茶会に交互に現れ、それぞれ異なる巧妙な展開を示す。まず秋子の登場の後、内弟子が「皆様どうぞ」と迎えにくる。ここでカメラは人物と別れて庭に出て回遊を再開する。

⑴茶室の外部と庭、映像・左側に障子、踏み石、外柱二本、右奥に風に揺れるえびねの花叢（春の茶花）［図6］。音・主題曲Bの続きと鶯の囀り（以下同じ）。⑵えびねの花叢、映像・画面下半分に花、上半分の右奥に障子と柱一本（外柱は前ショットの右側なので、花と柱の位置で一八〇度カットとわかる）［図7］。⑶堂と植え込み、映像・右奥に堂の屋根と障子、下に植え込み、手前左に外柱一本（⑴のショットの左側なので一八〇度カットか）［図8］。

茶室の外柱は回遊の時空の隣接の軸《ピボット》＝掛け詞《ピボット・ワード》となる。回遊後は茶室内ショットが五つ続き、そこで私たちは初めて茶会を見る。情報の徹底した遅延は小津の宙づり宇宙の標識でもある。(4)障子を背に女亭主が弟子を背にして袱紗《ふくさ》で道具を拭き、音は前と同じものが以下続く〔図9〕。(5)一八〇度カットで秋子が床の間を背に座り、正客《しょうきゃく》と判る。客は菓子を取っている〔図10〕。(6)九〇度か、紀子たち〔図11〕。(7)九〇度か、女亭主が湯を汲む〔図12〕。(8)秋子の近写〔図13〕、オフで茶筅の音、と続く。次に、また外に出たカメラは、前より近づいた障子と庭石とえびねの花叢を捉え〔図14〕、次に山の稜線にそよぐ山の松木立のショットへ回遊を続ける〔図15〕。

このように、人物が家を訪問して客座につき、主と挨拶を交わす経過を省き、映像・音の連句的な遊びのために家の周囲を回遊する詩法はすでに『一人息子』で確立されたものである。これは能の道行の後のワキの着《ツ》キゼリフと節に似ている。『杜若』では詞《ことば》が「急ぎ候間、程なう三河の国に着きて候。これなる沢辺に杜若の今を盛りと見えて候。立ちより眺めばやと思ひ候」、節が「げにや光陰とどまらず春過ぎ夏もきて、草木心なしとは申せど

図 9

図 10

図 11

図 12

図 13

図 14

図 15

も、時を忘れぬ花の色、顔佳花《かほよばな》と申すらん、あら美しの杜若やな」となる。この着キゼリフ・節に相当する道行と茶会とその回遊ショットは杜若に代わるえびねの花や紀子の着物の鉄線の花模様により、映画のなかに能の宇宙祭祀を導入する。韻律は風景ショットが各八秒（(3)のみ四秒）、茶会では女亭主の動作のショットが二四秒と三一秒、客四名が九秒、三名が六秒、二人が五秒と配分の妙。そして松木立のショットの後、父と助手が執筆中の家の場面〔図16〕となるが、例により小津は一八〇度カットを頻繁に導入する。この視座の〝揺れ〟は前場面の自然の揺れに共鳴している。

そして、これらの道行と着キゼリフのワン・セットの詩法は終末の京都への旅で再現される。(1)八坂・法観寺の五重の塔（以下塔）。映像・かなり遠景の東山の麓の塔、下に家々の屋根が見える、背景に山並み〔図17〕。音・（京都の）主題曲D（明るく落ち着いて、以下続く）。(2)塔。映像・前より近づいた全景の塔、下に家々の屋根の上部が見える。前景の左際に枝〔図18〕。(3)塔。映像・塔はさらに近寄るので屋根は三重となり、画面左際に障子の部分、右上隅に樋と庇一部が斜めに見える（室内からの風景）〔図19〕。(4)旅館。映像・無人の室内、開かれた障子の間から中庭が見える。右の衣桁《いこう》に背広が掛かり、さらに右に女物コートが。二人の鞄が畳に〔図20〕。

ここでは京都駅から八坂の塔近くの旅館に行く道行を歌舞伎の大道具の打ち返し（胴折り〔編注2〕）の趣向で

図16

図17

図18

図19

図20

遊ぶ。打ち返しで一番有名なのは、エイゼンシュテインの「予期せぬもの」（一九二八）［6］がその素晴らしいモンタージュ性を指摘した『仮名手本忠臣蔵』四段目裏門の場である。由良之助が城を明け渡して花道にかかると、大道具の大きな城（絵）が胴で真横に折れて遠見の城に変わる（この打ち返しが二度の場合もある）。彼が振り返り、膝をつくと柝《き》の頭が入り、次に刻んで打って幕がひかれると、見えなくなった城を背に、送り三重《さんじゆう》の三味線で悲壮な道行を演じる。この遠見の逆が近見へのモンタージュだが、同時に副要素の風景や前景の変化が活躍して、最後に僅かな障子と軒の一部だけで旅館内部を示す。この胴折り的接近や遠隔は以後の小津作品で優れた道行として何度も用いられた。『浮草』（一九五九）の冒頭の次第に遠ざかる灯台を四ショットで用いた海辺の道行とか、『秋日和』（一九六〇）の冒頭の東京タワーとか。話をもとに戻そう。

(5)旅館の洗面所となり、父娘が洗面をしながら「夜行列車でよく眠れた」と話しあう［図21］。開いた窓から明るい陽と「花や番茶いりまへんか」という物売りの声。(6)いかにも京らしい路地を二人の大原女が伝統的な衣装で籠を頭にのせて夏の到来を告げる番茶と花の売り声を繰り返して行く［図22］。(7)前の室内となり、小野寺が立って庭を見ている［図23］。続く物売りの声。(8)父娘が入室して会話が始まる［図24］。

着キゼリフは(5)から(7)のショットが行い、とくに大原女がそれを担当して、京の風物詩を伝える。大原女の売

図21

図22

図23

図24

る花は見えないが、彼女たちと扮装と京訛りが花であり、ここにも『杜若』の花のドラマの層が顕現している。

二　開かれた肉体＝身体への〝移り舞〟による多人格・多次元世界の重層化

実は京都への旅の前に紀子は父と『杜若』を観劇している。そこでは最後の序の舞（恋の舞）が殆ど冒頭から最後近くまで舞われる。シテの杜若の精が昔の業平の冠を被り、高子の唐衣を着けて舞う。『井筒』では業平の女の霊が彼の形見の直衣《のうし》を〝物着《ものぎ》〟して舞い、恋する業平に〝移り舞〟つまり化身して舞う。杜若の精も業平と高子の冠と衣を物着して、恋する男女二人に移り舞う。この舞台の舞と謡に並行して客席では紀子たちのドラマが進行する。この二つのドラマのホモフォニー的、あるいは紀子に関しては精緻な対位法的〝展開〟を追ってみよう。

まず地の「色はいづれ似たりや」の謡で父娘が右手を見て挨拶し〔図25〕、「似たり。杜若花」で秋子が二度おじぎする〔図26〕。父の再婚相手と思われる秋子は紀子の白のブラウス姿に対して芙蓉の花模様の帯の和服姿で登場する。次に「菖蒲、梢に鳴くは蟬の」で紀子は秋子とよく似た花同志と謡われるが、今日は花を着ていない彼女は父を窺い〔図27〕、また右の秋子の方を見る〔図28〕。「唐」で秋子は舞台を見ている〔図29〕。「衣の」（唐衣には美しい衣の意もある）で紀子は視線を秋子から戻し、うなだれ、目を少し開ける〔図30〕。「袖白妙《そでしろたえ》」で父の横で紀子がうなだれた頭を少しずつ上げる〔図31〕。「の卯の花」で紀子が左オフの父の方を見る〔図32〕。「の雪の夜も」で満足げに観劇の父〔図33〕。「白々と」で紀子が右オフの秋子の方を見る〔図34〕。「明くる東雲《しののめ》の」で秋子も観劇中〔図35〕。「浅紫の、杜若」で紀子が視線を戻してうなだれる〔図36〕。「の花も悟り」で遠景の父娘、うなだれる紀子〔図37〕。「の心開けて」で舞台上のシテ〔図38〕。「すわや今こそ草木国土」で紀子のうなだれた顔〔図39〕。「すわや今こそ草木」と風にそよぐ大樹のショット〔図40〕で場面が終わり、結びの「国土、悉皆《しっかい》

図 25

図 26

図 27

図 28

図 29

図 30

図 31

図 32

図 33

図 34

図 35

図 36

図 37

図 38

図 39

図40

成仏《じょうぶつ》の御法《みのり》を得てこそ、失せにけれ」の省略された文は、大樹のショットの風にそよぎながら燦々と輝く映像に転移している。

　紀子は父と秋子の顔を窺う度ごとの顔の表情を能の面《おもて》の演技に倣い、とくに面を曇らす＝わずかに俯く（悲しみ）、面を使う＝左右を見回す、面をきる＝一瞬鋭く角度を転ずる（怒りなどの激情）を基本にして、様々なヴァリエーションを加え、父を秋子に奪われたくない思い、嫉妬、恨み、悲しみを、『杜若』の謡や囃子《はやし》とともに演じる。父も秋子も草木国土悉皆成仏を祝福する恋の舞に無心に集中しているようだが、紀子だけは、恋の嫉妬ゆえに生霊と化して六条御息所《ろくじょうのみやすどころ》が光源氏の正妻・葵上の寝所に現れ、恨みをのべる四番目物の『葵上』の無明の闇にいるかのようだ。

　こうして能の『杜若』の花のドラマは紀子の家族愛の排他性やエレクトラ・コンプレックスの現代ドラマと交差する。小津は『父ありき』（一九四二）の父役で初めて主演する笠智衆に筋肉による喜怒哀楽の顔面演技を放棄し、能の能面に徹するように命じたように、ここでもシテの娘・原節子の彫りの深い顔を能の面として演じさせた。ここは能と映画が、杜若の面と紀子の原節子の顔が、交差し、照応しあい、同化と差異化を同時に展開する異次元のテクスト間の美しい連関現場である。『杜若』自体も業平の歌物語『伊勢物語』と能の美しい連関現場なのである。

　この後の幾つかの重要な局面の転換に小津が用いたのは、この夢幻能の多重構造であった。『杜若』は準複式夢幻能だが、まず複式夢幻能の前段（現実）と後段（夢幻）の多重構造のシテのように、現実の里の娘が杜若の精に変化する。僧が一夜の宿を勧められて里の女の庵に行くと、彼女が高貴な衣装で現れて杜若の精と名乗る。この時にそれまでの現実は消えたのである。そして業平死後の五〇〇年余の時空を凝縮して、杜若の精は次に業平と愛人の高子に移り舞う。つまり開かれた人格であるシテは里の女、杜若の精、業平、高子、歌舞の菩薩、陰陽の神の多重人格・神格と多次元世界を次々に顕現し、白々と明ける朝、夢幻とともに消え、後に新しい現実を出現させる。つまりシテの肉体と身体（その差異は後述する）は、中入りや物着の繋ぎ目とともに、その因縁により、人格、性、階級、時空間などの各階層で矛盾対立しあう存在を絶えず無化しては誕生し続ける能の（輪廻的）無限の空＝ゼロの入れ子構造を、中世の宇宙論として、確立していたのだ。

小津は、世代間の家族の誕生と死による交替という彼の現代的な進化論的主題のもとで、まずこの映画のシテの紀子の開かれた肉体＝身体に加え、重要なシークエンスや場面の繋ぎ目（カット）に能的な空＝ゼロの入れ子構造を配備して、彼女に多重人格を演じさせる［7］。観能の後の二つの局面の各繋ぎ目がそうだ。最初のは観能の後、父と別れた紀子はこの世の終わりのような深刻で不機嫌な顔をして友人のアヤの家を訪れ、アヤと口喧嘩をして飛びだす。家に帰ると父は明後日の見合いを勧める。不機嫌な紀子が「このままお父さんと一緒にいたい」と断るので、父はそれとなく自分の再婚を仄めかし、彼女に「相手は今日の方ね」と念を押されて、「うん」と答える。紀子は二階に駆け上がり、追ってきた父に「こないで、下に行ってて」と強く拒絶する。父は静かに少し近づき、「ま、とにかく明後日行っとくれね」と勧める。そして念をおしてから去る。紀子は泣きだす。ここまでは観能で示したエレクトラ・コンプレックス症候の局面である。次に鎌倉八幡宮境内の長閑な場面（前の場面から九日後）で叔母のまさからお見合いの結果を問われて、紀子をこじらすと大変なので、父がまだ感想を聞いていないことがわかる。まさは今夜こそ返事を聞くとはりきり、蟇口を拾ったところに警官が来るのであわてる滑稽を演じる。その頃この喜劇的余韻のなかで、アヤの家で今度は紀子が零れるような満面の笑みを浮かべて見合いの報告をさせられている。紀子は相手が結局はゲーリー・クーパーに似ていると結論する。その余りにも極端な変わりように、「何さ！」とアヤに小突かれる。アヤは「お見合いでもいい。とにかく行っちゃいなさいよ。いやだったら出てくるのよ」と励ます。アヤは恋愛結婚と離婚を経験しているが、今は英文速記者で楽しく活躍している。屈託なく激励されて紀子は「えへへ」と笑う。まるで前の場面の深い苦悩の本性は実はこの歓喜だったと名乗るかのように。これは前の場面の紀子の癒しがたいエレクトラ・コンプレックスが完全に消え去り、前の現実が夢幻として完全に破壊され、新しい現実に入れ替わったことを意味する。こうして私たちはこの場面こそ現実だと信じ、それを基準にして物語の展開に対処しようとする。しかしそれはまた急変する。その夜、父とまさが待つ家に、突然九日前の不機嫌で不快な表情の紀子が戻ってくる。まず叔母が、次に父が、彼女に「行ってくれるか」と結婚の意思を聞く。紀子は表情を全然変えずに、冷たく「ええ」と答える。「あきらめて行くんじゃないんだね」と念を押す父に、腹立たしげに「そうじゃないわ」と立って行く。残された父はじっと考えこむ。こうして前の場面の現実はまた破壊され、夢幻化して、この場面の現実が入れ替わる。そして実際に画面上で彼女が心変わりの過程を示したことは一度もない。小津はいつも過程でなく結果しか見せない。見合い後のアヤとの歓談場面で紀子にエレクトラ・コンプレックスを見つけるのは不可能であり、父と見合いのことを語る場面にはアヤに示した異性との出会いの歓びはひとかけらも見つけられない。その変化の経過は、ショットやシークエンスの繋ぎ目のカットにしか、つまり空＝ゼロの雲にしかない。現実の再現としての映画の知覚はこれだけの空を構造化しているのである。そして能の入れ子構造に倣って、紀子も開かれた空の入れ子構造のなかで、ある人生を生き尽くしては、別の人生を生き尽くしていく。これはまさに前に述べた事柄と後に述べる事柄が矛盾する関係にあることをあらわす接続助詞〃けども〃の入れ子構造であり、すべてが線的に現在上にしかない日本人の意識と中心のない思想にかなう実在のあらわれを意味付ける仕組みなのである。

そして、能の連関とこの〃けども〃の入れ子構造が京都の最初の夜の場面で再び出現する。一日を小野寺一家と京見物で楽しく過ごした父娘が、敷かれた二つの布団にそれぞれ座って、明日の見物の予定を語りあう。父の「寝ようか」で紀子が立ち上がり電灯を消して就寝する。ここから、京の宿の美しい晩春の夜が夢幻能のように演じられる。

(1)二人のミーディアム・ショット［図41］。父の言葉で立ち上がって頭上の電灯を消す紀子。彼女の浴衣には杜若の大きな花柄があり、それが立ち上がる動作でよく見える［図42］。そして今まで壁や障子で外界から遮断されていた部屋は電灯が消えた瞬間に、中央と右側を占める障子と左側の丸窓の障子に、風にそよぐ竹や植え込みの葉のシルエットが忽然と出現する［図43］。父が愛する杜若への紀子の〝物着〟と室内への月明かりと風と木々などの揺らぎの突然の侵入は、精霊の後ジテの出を迎える中入りのように、室内周辺の空間を宇宙と化して現実から夢幻への転換を告げる。紀子「ねえ」、父「うむ」。(2)紀子の上向きの少し笑顔の大写し（以下同じ）「あたし、知らないで、小野寺の小父様に悪いこと云っちゃって」。顔の前部と枕カバーが月明かりに白く浮かぶ。背景は壁で黒、しかもその顔はメーク・アップをしたままで、何か異常さを感じさせる［図44］。『キネマ旬報』一九四九年一〇月一五日号で清水千代太が「就眠に際しても、口紅を落さないのは、小津写実芸術として疑問である。スタアはグラマア風に美しかれというハリウッド方式に、さすがごう岸の小津安二郎も妥協したのであらうか」（二四頁）と述べている。この異常さは当然様々な解釈をもたらすが、ここでは月明かりに浮かぶ彼女の顔が能の面を倣ったためを選ぶ。この面の演技で紀子は娘＝杜若の二重人格を演じ始める。(3)父の上向きの顔、例によっての彼の直面《ひためん》（ワキなどが面を着けず、素顔を面として演じる）と枕カバーが白く浮かぶ［図45］。こうしてワキ役化した父も身じろぎ一つせず会話を続ける、「何を？」。(4)紀子「小母さまって、とってもいい方だわ、小父さ

図 41

図 42

図 43

図 44

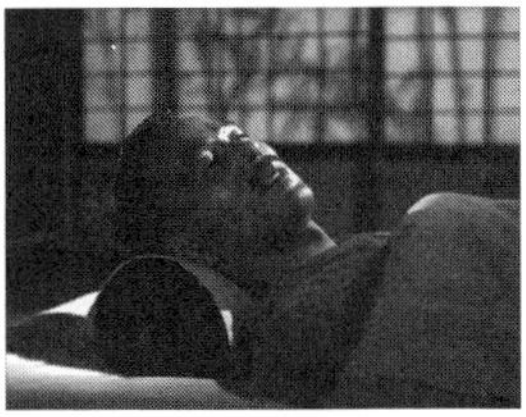
図 45

図 46

図 47

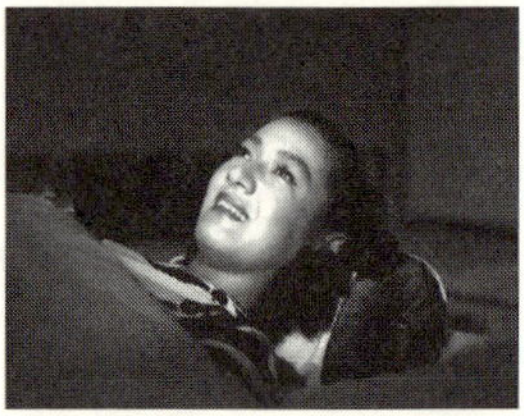
図 48

図 49

図 50

図 51

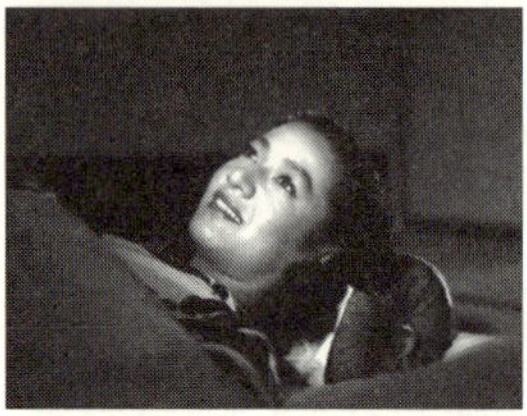
図 52

図 53

まともよくお似合いだし、……きたならしいなんて、あたし云うンじゃなかった」［図46］。(5)父「いいさ、そんなこと……」［図47］。(6)紀子（(2)と同じ）「とんでもないこと云っちゃった……」［図48］。(7)父と紀子（(1)より明るい月明かり）、父「本気にしてやしないよ」。紀子「そうかしら」。父「いいよ、いいんだよ」。紀子「ねえ、お父さん」［図49］。(8)紀子「お父さんのこと、あたし、とてもいやだったんだけども」と言ってから、少し真顔になり、「けども」の発言の反応を窺うように右（父）を見る［図50］。(9)父、眠っていて、途中から鼾をかく［図51］。(10)紀子、少し微笑みを浮かべてゆっくりと顔を右（父）から戻し、上をむいてから、僅かに右に戻してとめる［図52］。(11)(1)で左側に見えた床の間の丸窓の障子を背景にした壺のショット［図53］。壺は画面の中心にあるが、高さは僅かにその丸窓の三分の一、幅は九分の一の小さなもので、風にそよぐ竹の葉の影に包まれている（これも静物画でなく動く風物詩映画だ）。父の鼾が聞こえる。(12)紀子、前のと同じ向きの顔だが、この場面で初めて口を閉じた真顔に〝既になって〟いる（壺のショットはその前後の時の流れに具象的な時差を生じる玉手箱の煙の機能を果たす）。右手を出して布団の上（胸の辺り）に置き、顔をもう一度上を向け、また元に戻す。喉が呑み込むように動く〔図54〕。⒀⑾と同じ〔図55〕、鼾のほか途中から京都の主題曲Dが入り、この場面は終わるが、同時に次の場面への移行の詩を形成していく。

図 54

図 55

最後の紀子の「（父の再婚は）厭だったんだけど」で始まる父への新しい申し入れは父の眠りで中断する。それは翌夜の父との会話で、紀子が父は再婚していい、そして自分は結婚しないで父の家にずっといたいと伝えるまで続く。したがって、この最後の〝けども〟の余韻は、最後の壺のショットが終わるまでの五ショットの四一秒間、入れ子構造のように反響していく。そのなかで彼女は父の様子を窺いながら、微笑みと真顔の交代を二度くりかえし、最後は⑿の演技となる。これは〝けども〟に続く申し入れが父の受け入れにくいことの予感のミメーシスなのだ。だがこの紀子の意識の流れは、もともと宇宙の時の流れと一体化している。そして紀子はすでに杜若に物着しており、能の面主体の演技圏にいる。殆どの静止と僅かな動き、殆どの真顔と僅かな笑顔の組み合わせの形式によって、父との常ならぬ同室での就寝時に、戦中の病気から回復した二七歳の肉体＝身体が、晩春の花の精＝性の深層のエロスを舞っている。精神分析のエレクトラ・コンプレックスと『杜若』の宇宙に直覚される〝宇宙的無意識《コスミック・アンコンシャスネス》〟（鈴木大拙『禅と日本文化』北川桃雄訳、岩波書店、一九四〇年、「第七章　禅と俳句」の項）が交差するこの演技は、笠と原の肉体と身体の表現による心身一如の一範例である。それは精神分析のいう言語構造化された〝身体〟による屈折したタブーの愛の舞と、宇宙的無意識の不立文字の〝肉体〟による美しく風に乱れる杜若の花への移り舞との、妖しい競演の瞬間なのである。

三　一体化した時空の〝移り〟の詩法　連続のなかの不連続＝飛躍

〝移り〟の詩法は先ず壺のショットが開始する。壺は文字通りに各人各説のすぐれた解釈の容器となってきた。ただし、それは世界から空間あるいは時間を一義的に切り取り抽象化する西洋近代の理性主義や、あくまで人間中心の遠近法の視点である。それは対象すべてに依存し、すべてを抱擁し、併置する日本の伝統芸術の相対主義や中心のない移動する平行透視法の視点ではない。筆者がここで試みたいのは、小津映画に共通する絵巻物、浄瑠璃、歌舞伎のそういう視点の解明である。それは室内の紀子と父の会話場面に自然＝宇宙が登場し、人と宇宙の織りなす物語に展開したが、それがこの視点だったのである。

この物語の原型が物語絵巻の詞・絵のテクストである。たとえば『源氏物語絵巻』の「御法《みのり》」は、死を迎えた紫上と見舞う源氏と明石の中宮の三人が、夕風の吹きはじめた庭の秋の草花にそれぞれの心を託した別れの会話＝和歌を交わす物語である。読者は右の詞書と中央の人物画の部分と左の自然画の部分に視点を移しながら、西洋の物語法のような人物の行為と自然の描写の厳格な境界を消去し、自然描写と人々の別れの会話としての和歌の交換を織りなし、無常迅速に刻々と変容していく自然＝宇宙と人間の物語を織り上げる。描写は物語内容の持続時間ゼロとする西洋の物語論ではなく、人物と宇宙に平行透視法の移動する視点を絶えず照射しながら、その移動に紫上の臨終と源氏と中宮の今生の別れの持続時間を織りなしていく。

小津が宿の場面で試みたことは、この移動する平行透視法の視点による宇宙と人物の織り方だった。そして最後に壺のショットを二回持ちだしたのは映像の連続性のなかに時空を自由に飛躍する〝移り〟を準備したからだ。こうして二度目の壺ショットで宿の場面は〝切り〟を迎え、瞬時に時空を飛躍し、翌昼の龍安寺石庭の石組みの二ショットに連続し、さらに方丈の縁側で観賞する父と小野寺のショットに連続する。能の終演の切りは完結ではなく、一日分の番組から次回の番組への無限の反復の中休みでしかない。無限の季節の反復のなかで、能役者の肉体と芸が人生の時々に応じて異なる花を咲かせて人生とともに散るまでの一回性を螺旋状に展開するのである。無限の反復と一回性が揺らぐ時空の移りの詩法がここに登場する。宿の床の間の壺の二つのショットの間欠的連続と強い日差しの石庭の二ショットが、二つの異なる時空をつなぐ主題音楽Dをもち、花のない壺と枯山水の〝空〟で連句的に響きあう一つの連続したモンタージュ・テクストとなる。そして壺と石庭のショットの繋ぎ目には時空の自由な飛躍の雲が存在し、そこには次の場面の新しい時空の連続の開始が同居している。これが『父ありき』から顕著となった小津映画の移りの詩法である。

移行＝道行とともに移りは小津映画の主モチーフである。戦前に彼は近代都市化の新時代に地方の親が都市での子の教育のために献身し、子を出世させる家族愛の物語をアメリカ映画から導入した。そして地方＝親から東京＝子への、世代の誕生から交替＝死への移りのモチーフが物語だけでなく、道行とともに映画的なその短詩形式を創造している。この一体化した時空の移りも道行と同じ映像と音の記号による連句的な統辞法の遊びである。移りが連関するのは、近世芸術では、連句の付け（類似・連続）と転じ（変化・不連続）による転句の進行（連句には能の切りと同じで死以外に永遠に結句はない）、浄瑠璃の〝三重《さんじゅう》〟や〝ヲクリ〟、歌舞伎の舞台上の人物と背景＝風景の移動などの技法である。これを石庭の場面で検証しよう。

図56

最後の壺のショットに途中から主題曲Dが入り、その曲とともに龍安寺の場面となる。主題曲が入ることで最後の壺のショットは螺旋状の切りとなる。この石庭は方丈南前にあり、枯山水の「虎の子渡し」とも呼ばれる。南西が低い築地塀に囲まれ、東西三対南北一の僅か二五〇平米の白砂上に東から五・二・三・二・三の石組が配置されている。場面は八ショットからなる。(1)龍安寺の石庭（脚本では枯山水の虎の子渡し）〔図56〕。映像・画面一面に光る白砂、その右隅奥に黒っぽい一つの石組（二つの石）、左隅奥に二つ

図57

図58

図59

図60

の石組（それぞれ二個）。背景は土塀で、左から四分の一の所で南西の塀の交差。壺の映像との連続性はすでに述べた。音・前シーンからの音楽とかすかな鳥の声が以後続く（一四秒）。(2)石庭［図57］。映像・右に九〇度移った視点。(1)での右の組石が右下隅手前（接写、苔むしている）に、左のが中央に（六秒）。(3)方丈の縁側［図58］。映像・縁側に腰を下ろしている父と小野寺（遠景）は画面手前の左下隅の組石（(2)の中央の石の頭部）を見ているが、やがて顔を正面に戻す（二人の動作は互いに少しずれがあり〝間抜け〟ではない同調、以下同じ）。ここで人物の視線と石庭のショットとの繋がりが初めて明示され、(2)のショットが人物の視点であったこともわかる。音・ここで鳥の美しい囀りが大きくなる（夏の鳥の大瑠璃か、円覚寺周辺の鶯や風景との対照がみごと）。(4)縁側［図59］。映像・背後からの二人のミーディアム・ショット（(3)の一八〇度）。小野寺は紀子が「きっといい奥さんになる」と言い、父は「女の子は育てても嫁にやってしまうからつまらない」と答える。小野寺が「そりゃ仕方がないさ、われわれだって育ったのを貰ったんだもの」と言うと、父は「まぁそうだ」と静かに笑う。会話が終わると二人右を向く（四七秒）。(5)石庭［図60］。映像・見た目のショットで(1)に似ているが、カメラは前より俯瞰ぎみ、今度は塀の角が右から三分の一の所に見える。塀の背後に豊かな緑の高い木立が初めて登場する。音・囀りと音楽が二人の会話と交替して以後も続く（八秒）。(6)縁側［図61］。映像・(4)と同じ視軸上の近写の二人が頭をゆっくりと左へ回す（七秒）。⑺石庭［図62］。映像・見た目のショットで南塀を背に右隅手前から左隅奥に石組の配置が見える（六秒）。⑻石庭［図63］。映像・⑺の右隅手前の組石が今度は左隅手前となり、右隅奥に二つの組石が見える。明らかに⑸と異なり、人物の見た目のショットの繋がりはここで消失する。しかし、手前の石組がカットで右から左に寄ることで、視点が右から左に連続的に回るというカメラの恣意的な新しい動きが生じる。実はこれは最初の⑴、⑵のカメラの視点の動きと同じであり、それはテクストの見た目であり、こうしてこのショットは螺旋状に回帰する。これも能の無限の空の入れ子構造であり、作者と人物の視点が互いに相手を無化しつつ、入れ替わるのである。

まず連句的にいうと、壺のショットは眠ってしまった父の代役となり、そこらの道具を詠む会釈《あしらい》と時節などを詠む遁句《にげく》の付けのショットであり、それが一転して翌昼の明るい白砂の庭に響きの付けとともに転じるのである。しかも浄瑠璃的にいうと、主題曲Dは夜の室内場面と明るい日差しの石庭の場面を繋ぐ〝三重〟や〝ヲクリ〟と同じである。浄瑠璃の三重は幕間《まくあい》を挿んで場面が変化する時に、前の場面の終了に代わって、音楽的に終了させないように二の糸で演奏する短い曲で、場面の終わりや始まりに用いられる。また『仮名手本忠臣蔵』の大序の終わりの「兜頭巾の綻びぬ国の。掟ぞ久方の」を「掟ぞ」で終え、幕間をへて二段目の最初に「久方の」から始めるが、これをヲクリという。ヲクリの文と曲の連続のなかで、空間的には鶴岡八幡宮から桃井館へ移り、時間的には二月下旬から三月へ飛躍する。ヲクリは、風景ショットのモンタージュと主題曲の連続のなかに、時空の飛躍をふくむ小津の移りの原型といえる。また、歌舞伎では、

図 61

図 62

図 63

その八段目の浄瑠璃「道行旅路の嫁入」で人物が花道や舞台上を歩行するうちに、背景の風景が胴折りと引き道具により変化していき、背景としての〝地〟から移動する風景の〝図〟となり、それまで動いていた人物は足踏みしてその〝地〟となり、舞台上に一瞬にして時空の大移動をもたらす。以上の各技法は舞台上の連続性のなかに今までの時空を呑みこみ、新しい時空を吐きだす装置であり、これも無限の空の入れ子構造であろう。

こうして、その夜の旅館の部屋で父と紀子が鞄に小物を入れながら、短かったが楽しい旅の話をする場面となり、中断されていた〝けども〟の真意が映画では一分五〇秒後に、物語では丸一日後に、初めて表明される。当然、父は紀子に自立と結婚を勧める。それは強い意思の穏やかな説得である。そこには龍安寺の石庭の風景と二人の父の会話が反響している。この石庭は抽象的な石と砂の配置であり、それゆえに禅の思想をより具体的に表象し、同時に見る人の自由で多様な解釈をもたらす。その中から筆者は二つの解釈を取りあげたい。まず脚本が名指した「虎の子渡し」の由来だ。虎が子を生むと、そのなかに必ず彪《ひょう》が一匹いて、他の二匹を食おうとするので、渡河の際に彪と一緒にならないように工夫して運ぶという中国の話による作庭のモチーフだ。父と小野寺が育てあげた娘を嫁にだす寂しさを語る時、二人の体の陰に僅かにしか見えない石庭はこのモチーフの親の愛を、それだけに一層深く共鳴させる。もう一つの水尾比呂志『日本美術史』（筑摩書房、一九七〇年）の解釈はこうである。「石は自然の最後の精髄と考えられるからで、石庭は、宇宙を象徴すると言ってもよい白砂の空間に、この石を配置して作られる。石の配置は、禅の直観によって決定されねばならず、禅の正眼が見抜いた自然の妙、宇宙の秩序の表現が、その本旨となる。（略）禅僧は、つねに禅庭を清浄に保ち、大自然の精髄を前にして精神の解脱を計るのである」（二二八頁）。話を旅館での娘への父の説得にもどそう。説得には虎の子渡しの親の愛と石庭の禅的な宇宙の秩序および進化論的宇宙が反響している。「お父さんの人生はもう終わりに近いんだよ。だけどお前たちは、これからだ。これからようやく新しい人生がはじまるんだよ。つまり佐竹君と、二人で創り上げて行くんだよ。父さんには関係のないことなんだよ。それが人間生活の歴史の順序というもんなんだよ」。父は結婚生活の努力や辛抱を説き、紀子は父に同意して、笑顔で父に「我儘いってすみませんでした」と言う。戦時下の『父ありき』の旅の場面で、佐野周二の息子が笠智衆の父に教師をやめて念願の同居生活をしたいと申し入れるが、最後には納得して謝る経緯と全く変わらない。例によって紀子のコンプレックスの問題も解決なのか中断なのか宙づりにされ、彼女は一気に父からの自立と結婚を実行することになる。

ところで原作の広津和郎の小説『父と娘』（一九三九年）でのエレクトラ・コンプレックスの問題は冒頭の電車内で弁護士の父が耳にした中年婦人らの会話が発端となる。父と二人きりの娘が縁談に振り向きもしなかったが、父が死ぬと直ぐに二八歳で結婚したという噂話に続き、「父親一人、娘一人で、父親が娘を可愛がりますと、娘はお嫁に行きたがらなくなるつて申しますからね、父親と較べると、若いお聟さんがみんな物足りなくなるらしいんでございますね」と語られる。父はそこで娘に再婚の意思と「人間生活の歴史の順序」を語り、娘に結婚を決断させ、自分も娘が再婚相手と思いこんだ秘書と結ばれるという筋書きだ。映画はこれを基本的に採用したので、過去のコンプレックス固着の原因解明による治癒法の精神分析とは対極的に、家族以外の他者に排他的な娘を父の死や再婚の意思表明により父から物理的に切り離し、巣立ちさせ、結婚させる生物学的療法が対置された。このために紀子のコンプレックスの問題もさらに多義的な宙づりとなり、可能な回答に全く開かれた空の入れ子構造となる。そして映画の終わり近くに、シテの紀子は文字通り〝花〟嫁衣装を着て彼女の恋の舞を舞い、家から姿を消してしまう。こうして今までの物語は夢幻として消え、新しい現実が生れる。父の家からは紀子の存在は部屋隅のミシンや花嫁姿を映した姿見とともに消え、家中に彼女の空の封印を貼りめぐらす。独り残った父は深夜リンゴを剥き、思わずがっくりうなだれる。

その第六五〇ショット（以下数字のみ）の近写には、父の顔の背後に庭向きの座敷のガラス戸があり、その割れ目の白い貼り紙が白い花の連なりに見える［図64］。玄関脇の

図 64

茶の間のガラスの割れ目はすでに何度も見えていた。例えば一六二〔図65〕と一七〇〔図66〕の夕餉場面で、それは食卓右下の薬罐の上で白い繭玉か花のように見えた。障子の切り貼りのように、小津映画の清貧と風雅の署名である。父と叔母が茶の間で紀子から見合いの結果を聞く場面の四八二〔図67〕と五一三〔図68〕では、帰ってきた紀子が二階に向かうのを叔母が立ち上がって追う。その跡の空白に例の白い紙が枝に咲きそろう白い花のように浮かぶ。その後で下りてきた紀子に父が声をかけるが、彼女は言葉すくなく二階に戻ってしまう。その跡にまた白い紙の花が浮かぶ。そして最後にそれは茶の間で父の孤独を身近に見守るのである。ガラスの割れ目は敗戦後日本の物心両面のトラウマでもあり、アメリカ占領軍の厳しい検閲によるトラウマでもあった。検閲は国土中の焼け跡から占領軍兵士と同伴者の日本人娼婦に至る一切の占領下の勝者と敗者の現実の映像を禁止した。このため実質的にロケーション撮影は不可能であり、飛行機の録音すらも禁止された。清水寺で父が小野寺夫人に言う「東京は焼け跡だらけ」は「埃っぽい」に変えられ〔8〕、子供らが野球する「焼け跡」もただの空き地になった。同時にガラスの割れ目は傷の縫合と治療を意味する白い花、白い繭玉でもあり、その前で父は紀子を立派に育てあげ、戦争がもたらした病から回復させ、巣立ちさせた。結局、ガラスの割れ目は父の越えられぬ敗戦の時代の地平であり、今なお侵略戦争を清算できぬ私たちの歴史の地平である。次にカメラは明るい月明かりのなか

図 65

図 66

図 67

図 68

図 69

で波のうち寄せる無人の浜辺の自然にもどり〔図69〕、エンド・マークを迎える。宇宙は完全な適応と美しい調和の輝きに満ちているが、同時にその影のなかに、予測し統御できない不条理の広大で深い闇を満たしている。ガラスの割れ目と美しい自然は、そういう複眼の眼差しで父と娘の人生と世代の交代を見つめるのだ。

四　膨張する空の入れ子構造としての映画

小津映画では主人公の心理や行為の矛盾しあう諸場面が無限の空の入れ子構造により、互いの支配から全く独立しているが、それは空間の編集の技法ではすでに有名な事実である。ハリウッド映画（日本映画も）が代表する編集のコードからいうと一八〇度カットやカット・バックにおける同方向の視線も空間構成の〝違反〟としての独立性をもつ。この映画では二つの新しい違反とそのみごとな独立性が明示される。一つは空間の違反。最初の家の場面で、父と服部が原稿を書いているのだが、最初のショットつまり、作品の二八ショット〔図70〕で、服部が手前で左の机に向かい、父はその向こう隣に服部の真横から一メートル後ろに同じ姿勢でいる。日本間では机と人物は正面の壁に直角に向かっている。ところが三一ショット〔図71〕でこれが一八〇度カットになると、父が右向きで座り、服部はその向こう隣に父より一メートル後ろにいる。一八〇度のカット・バックは前後のショットが対称形となるが、小津は人物を勝手に動かして類似形にした（これは『父ありき』の碁会所で初見された）。この違反に対して彼は細心の注意を払い、室内空間の緯度経度のしるしの畳の縁をうすべりと座布団で隠す。しかも三一ショットの視点を引いた五〇ショット〔図72〕では隠したうすべりの位置をずらし、違反の確信犯として、

図 70

図 71

図72

図73

図74

畳の縁を露呈する。もう一つは時間の違反。冒頭部分で小野寺と紀子が銀座で出会い、連合展に行く。その時に七四ショット［図73］の連合展ポスターの大写しに会期が五月一四日から六月五日とある。中頃に巌本真理のヴァイオリン独奏会の場面がある。服部が紀子を誘ったのだ。当日ラフの「カヴァティーナ」の曲が聞こえている東劇内のロビーのショットに続き、一九〇ショット［図74］でそのポスターの大写しとなる。その日付が四月二六日である。おそらく小津は時空の歪みを注意した助監督に、「観客はそんなことは気にしないものだ」と答えたろう。空の分節をもつ映画ではこの歪みも平らかなものとなるという確信で。

小津にとって空の分節による編集そして映画は龍安寺の石庭となった。不立文字の造形である石庭はなにより禅の正眼の修行の場であり、色即是空を直覚するための、宇宙のように開いた形式＝構造＝機能なのである。つまり自然の白砂と自然の石群は互いに空の包括者と空の存在の関係をつくり、そこに石庭の新しい解釈を無限に生成消滅させていく。白砂を大海と見做せば、石群は島々となり、また石群を高峰と見做せば、白砂は白雲となり、また白砂を激流と見做せば、石群は飛沫をあげる岩々となり、また石群を銀河団と見做せば、白砂は宇宙となり……。こうして白砂と石群はゲシュタルト心理学の図と地の交代の遊びを永遠に続け、石庭そのものを次の世代の恒星や恒星団を誕生させる宇宙の進化装置にする。あるいは夢幻能のように、開かれた多層的な人間宇宙を無限に分割し続ける空＝ゼロの入れ子構造にする。しかも佐藤幸治の『禅のすすめ』（講談社、一九六四年）が述べているように、一五の石の一つはどこから見ても隠れるという配慮の工夫がしてある（一三一頁）。小津映画の美学を支えるものが永遠に隠される一五番目の石である。現にこの映画には龍安寺の石庭の全景ショットがなく、その分割された五つのショットもパノラマ状に展開しているとは思えない。曾宮家では、有名な一階の階段と二階階段とその廊下などの永遠に隠される不可視空間がある。しかしそれは、それ以外の空間を開かれたものとして、そこにカット時のカメラの視座の意図的な角度変化（〇度〜三六〇度）により次々に新しい自然や屋内外の像を誕生させ続け、それらの総合的な〝宇宙〟を膨張させるためのゲーム戦略なのである。小津が規範とした里見弴と志賀直哉の私小説の行間の表現や省筆の詩学も不立文字や石庭の空白や永遠に隠される一五番目の石の思想や美学と同根であり、小津はこの作品でもそれを徹底した詩学的戦略にしている。脚本では父の職業は東大教授だが、映画ではただ先生と呼ばれるだけであり、書庫はおろか本棚もなく、原稿を執筆して弟子に清書を手伝わせたり、前の住所が西片町（本郷の隣町）だったと小料理屋の主人が言う程度である。例によって彼の亡き妻の情報をはじめ、文学活動（ペンクラブ）の実態、娘のコンプレックス固着の歴史なども空白である。隣家の林夫妻との関係も麻雀仲間、留守番、薪割りだけしか明らかでない。人物像のこれらの空白や隠蔽も、石庭のように、私たちがその動く奥行き＝地平につねに新しい何かを発見する開いた場なのである。小津にとって、ショットは白砂に浮かぶ石であり、編集は白砂であり、白紙であり、空であり、石庭としての作品はそれを観る人々に永遠に開かれている（膨張し続ける）テクストである。空白の美学は画面にあるすべての意味を発掘し続ける永遠の考古と考現の作業であり、同時に画面の周辺の見えない聞こえないものを、ショットの繋ぎ目のそれらを、つまり死（角）の世界を直覚しようとする永遠の追求の場である。そのために小津は撮影と編集にそれにふさわしい空の構造＝機能を導入して、現実の映写としての映像・音の記号を抽象化して、豊かな具体から抽象作用を喚起していく。映写された現実への感情移入と抽象作用との揺らぎのきわどい瞬間を生きる緊張ゆえに、小津映画の映像と音は常に新鮮な記号の時を生き続ける。『晩春』の詩はまさに映画のエピファニーであり、その詩の形式こそ人と宇宙の実在のあらわれをあらわれとして読みとる意味づけの仕組みであり、様々なテクスト連関の遊びそのものであった。

［1］Kristin Thompson, *Breaking the Glass Armor :Neoformalist Film Analysis* (Princeton, N.J. : Princeton University Press), 1988.
［2］デイヴィッド・ボードウェル『小津安二郎　映画の詩学』青土社、一九九二年、六〇〇頁。
［3］David Bordwell, *Ozu and the Poetics of Cinema* (Princeton, N.J. : Princeton University Press), 1988.
［4］ブラームス『交響曲第四番　第一楽章アレグロ・ノン・トロッポ、ソナタ形式』についてのアンドレ・プレビンの解説「音楽の〝展開〟とは交響曲の本質であり、楽想を成熟させる過程です。第一楽章の冒頭から第一主題のヴァイオリンが優しく上下します。その三つ目、同様な起伏で均衡をとります。順に均衡がとられ、どれも弱拍で始まり前進します。この揺れは木管でも強調されます。揺れは低音弦で強調されます。底流のような起伏です。これに下降する四音符が加わり、このように終止形に向かいます。彼はすでに一八小節だけで発展性のある楽想を示しました。続いて細部を飾ります。旋律は上下し、同じ旋律は姿を変えて〔各声部の〕あちこちに現れます。主題はチェロやバスにも現れます。三種の巧妙な展開があり、三つは同時に演奏されますが、それぞれ全然違うのです」（アンドレ・プレヴィン「指揮と語り」、『ブラームス　シンフォニー物語　第4巻』一九八四年）〔編注3〕。小津映画は様々な揺らぎにみちている。たとえば各ショット間のカメラの方向転換は一八〇度カットを基本とし、四五度や九〇度の変化を加える。それは空間を絶えず転回させる映像の揺れである。この世界の揺れの感覚は低音弦の一八〇度カットで強調される。さらに小津はカットのたびに対象の位置を自由に変えたり、時間を逆転したり、能の多層世界と多重人格を次々に展開させ、精緻な視覚形式による美しい揺らぎの絶対音楽を展開している。
［5］小泉信弥「宇宙の現状」「宇宙論」、『CD-ROM版世界大百科事典　NECパーソナルコンピュータPC-9800シリーズ』平凡社、一九九二年。
［6］Sergei Eisenstein, "The Unexpected," in *Film Form; Eessays in Film Theory*. tr. Jay Leyda (New York : Meridian Books , 1957), p22.
［7］ジル・ドゥルーズは黒澤明と溝口健二の映画の特性として、中国と日本の風景画の基本的原理の空（白）vide を論じている。その一つは黒澤映画に認められる、始源的な空と、すべての事物をひとつに浸透させ、それらを全体化し、大きな円

あるいは有機的な螺旋の運動によってそれらを変形する生命の息吹であり、もう一つは溝口映画に認められる、中間の空（白）と骨格、関節、繋ぎ目、皺あるいは分断された筆法であり、それは宇宙の線をたどりながら一つの存在から他へと移り、それらを存在の絶頂でとらえる。この二つの空の原理をドゥルーズ独自の運動・全体と行為・状況の持論に関連づけながら、黒澤・溝口の世界を刺激的に描いている。Gilles Deleuze , *Cinéma I: L'Image-mouvement*, Paris, Éditions de Minuit, 1983, pp.252-265.（邦訳＝ジル・ドゥルーズ『シネマ１　運動イメージ』財津理・齋藤範訳、法政大学出版局、二〇〇八年、三一七〜三四〇頁）。

［８］Hirano Kyoko, *Mr. Smith Goes to Tokyo: Japanese Cinema under the American Occupation, 1945-1952* (Washington, D.C. : Smithsonian Institution Press, 1992), p. 54.（日本語版＝平野共余子『天皇と接吻　アメリカ占領下の日本映画検閲』草思社、一九九八年、八四頁）。

［編注１］岩本憲児編『エイゼンシュテイン解読　論文と作品の一巻全集』（フィルムアート社、一九八六年）「解読４　映画における第四次元」の項参照。なお、この引用文に関する図版と図版番号は、本書編集時にあらたに補ったものである。

［編注２］現在の歌舞伎界では通常「煽り返し」という。

［編注３］引用元は以下の映像ソフト（ＶＨＳテープ）だと思われる。Previn, André, Johannes Brahms, Royal Philharmonic Orchestra and British Broadcasting Corporation. *Brahms; Story of the symphony, v. 4.* West Long Branch,1984.

第4章　『東京物語』の時空の揺らぎ

一　一八〇度カットによる視座の揺らぎ　その一・夫婦の座

『東京物語』（一九五三）は尾道の五つの風景ショットに続いて、平山家の場面から始まる。最初は夫婦の全景ショット［図1］で、座敷で右手前の周吉（七〇歳、笠智衆）と左奥の妻のとみ（六七歳、東山千栄子）がともに画面の右に向いて座り、旅の荷支度をしながら、会話をしている。奥は窓を開けた茶の間で道越しに隣の家の窓が見える。次のショットは左に向いた周吉の近写で背景は庭となる。つまり一八〇度カットの出現である。周吉は正面（カメラ）を見てとみに語り続ける［図2］。そしてまた、最初のショットに戻り、今度は右向きの周吉が左側で彼を見てうなずくとみの方に頭を回す。この一八〇度カットの出現により、前後のショットは左右が逆さまな空間を形成し、左右が逆転した二人の周吉は実像と鏡像の対称空間の眩暈のなかに生きる。それは『フィギュール1』（一九九一年）の「可逆的世界」でジェラール・ジュネットが指摘した、世界と存在の可逆性や一連の無限性の眩暈をもたらす劇中劇および紋章学の入れ子式に通じる［1］。そしてこの場面の終わりは、最初の全景で終

図1

図2

わる。これとともに、新しい視軸として参加してくる四五、九〇、一三五の角度の変化の文脈により、空間そのものがつねに動き、回転する眩暈が付加される。移動撮影が非常に少なく、ロー・ポジションの静止したあるいは静的な人物を載せて、小津の空間は回り舞台のように静止と回転の間を揺らぎ続ける。そして小津の時間は、日常生活の時間の絶えざる反復・循環と、人生の時間の一回性・不可逆との間を螺旋状に揺らぎ続ける。つまり彼の映画は日常空間の反復の重なりのなかで、その都度の映像＝空間の変容を状況の変化と、時間の不可逆・一回性として明示する。小津映画のなかで、世界の映画のなかで、『東京物語』ほど同じ場面の空間が何度も反復され、そのたびに部分が必ず変化する作品はない。その変化は時間の一回性ゆえに、たやすい範列に纏められていず、無作為にみえる。それは事物を現したり消したりする光と影から、早朝の造船所にまだ灯り残る照明の生命であったり、人の存在や動作の欠如であったり、前に見えていなかった植木鉢や提灯箱の小道具から、映画の最後に突然出現する隣の立派な三重か五重の塔やカメラの不可視空間にひそんでいた居間の全景だったりする。そしていつもは線路脇の物干しの洗濯物を揺るがせていた風の欠如＝凪《なぎ》だったりする。ともあれ、反復のなかの映像＝空間の変容がこれほどみごとに日常と非日常の人生の時間の揺らぎをとらえた作品はなく、小津自身がこの作品を呼んだ〝メロドラマ〟とその対極的な前衛映画が実に自然に融合した傑作はない。どんな些細な空間の変容も、人生の時間の究極的な不可逆である死の重みに対置される。これらの揺らぎはダイナミックにこの作品の隅々にまで小津独自の技法として張りめぐらされ、作品を自己組織化する。その基本は一八〇度カットによる父の座と家族・友人の座とその中間に揺らぐ視座の技法である。

小津映画では父の座は庭に面した奥座敷にあり、主に庭を背景にしたショットとなる。その父に対して母や子や父の友人などの座は少しだけ入口の方に離れており、その一八〇度のカット・バックは玄関に通じる茶の間を背景にしたショットとなり、この作品のように茶の間には窓や障子があり、そこに隣の一部が見える場合がある。この約束が確立されたのは『父ありき』（一九四二）からで、父は生涯家でも旅館でも父の座を守り、息子は成人しても子の座を守るが、父の死の直前に一度だけ父の帰宅を父の座で迎え、その直後に父は死ぬ。小津映画の永遠の主題となる子の座から父の座への交代である。父の座は特定の座というより座布団で自由に移動できる内なる奥の〝方〟（庭にごく近い）にあり、これに対して妻子や友人たちの座は入口の方に少し離れているだけだが、必ず入口や外を背景にしている。一八〇度による空間の対称性もこのような意味をもち、そのために座が西洋建築のような特定な中心の場をもたない。平行透視法の中心のない刻々と動く〝方〟が小津の世界にはふさわしい座である。また親子、夫婦、友人などはバーの席のように、畳の上でも対話時に同じ姿勢で同方向を向き、同じ動作をするという相似形をとる場合が多く、対話は同列の座の二人が互いに顔を左と右に曲げて行う。そのやりとりをカメラは互いの人物の〝方〟から撮影するが、編集によりカメラが二人の間に並び、頭を左右に向けて二人を見守る統覚を生じる。同時にそれは一八〇度カットにより左右が逆転しあう二つの方向《サンス》＝意味の象徴的な対称の軸を生じる。それは人物間の差異や対立を対称として均衡させ、統合しようとする二人の中間の視座でもある。形而上的には、西洋的な絶対性の希求と不完全性の排他としての固定的な中心でなく、対象に依拠し、排他的な完全性も含めてすべてを抱擁しようとする平行透視法の時空に絶えず揺らぐ視座である。それは逆縁も不幸なら順縁も不幸であり、そして息子に戦死された老父も幸運にも戦死しなかった息子をもつ老父も、共に苦い酒を呑むというこの映画の相対主義的で重層的な主題にかかわる。さらにこの映画で一体化しつつ進行する時空は、音楽的に発展する映像の形式の美として映像の絶対音楽性を強調する。小津映画の特徴である場面の導入部とコーダの風物詩ショット群の詩的な反復とともに、この作品の真の特徴はむしろ、全く日常的な行為の機械的な反復の頻発にある。この機械的な行為の反復の描写は決して機械的な描写の反復ではない。それは日常的な行為を伝える映像・音の記号連鎖の整然とした反復と、前述した刻々と誕生する空間の新しい変異との組み合わせによる視聴覚形式の生成そのものを展開しながら、そこに個人、家族、社会、国、世界、自然などの進化論的宇宙の諸階層間に揺らぐ人間の生命の諸相のポリフォニーを織りなしていく。そして日常の映像・音の記号による超日常の詩に到達し、小津的宇宙を創造したのである。それは『一人息子』（一九三六）以来の彼の追求事だった。この作品では周吉ととみの老夫婦が東京への旅の節々で語りあう場面が五回、その変形が二回、反復するが、二人が正面から向きあう場面は全然なく、すべて中間の視座による。とくに注意したいのは、二人の配置がそのつどすべて微妙に変化していることだ。時の流れによる空間の変容のなかで、まず二人の配置がつねに変化し、時間の一回性を空間に鮮やかにしるしていく。以下その検証を行うが、ショット番号は『小津安二郎　東京物語』（リブロポート、一九八四年）［2］の採録（西嶋憲生・堀切保郎・前川道博）による。

⑴前述の冒頭の平山家の座敷の場面で、時間表を見る周吉と荷造りのとみが右向きで語る。「これじゃと大阪六時じゃなァ」の周吉に、とみは「敬三もちょうどひけたころですなァ」と答える。「電報打っといたけえ」の周吉に、うなずくとみ。奥の居間の左から登場した末娘の京子（二三歳、香川京子）が卓前に座り、弁当とお茶を準備し、駅に見送りにいくと語る。感謝する二人。そして京子が学校への出勤のために玄関を出て、路地を歩く場面が挿入され、座敷の二人にもどると、今度は冒頭の全景の一八〇度のショットで始まり、それで終わる。右手前のとみとその奥左の周吉が左へ横向きに座り（冒頭とは左右逆転）、二人で荷造りをしている（時間経過の具象化）。会話はこの全景の視軸上に、つまり左向きにワン・ショットの周吉が座り、体をこちらに捩り、やや正面を見る［図3］。次のとみのワン・ショットは一八〇度カットで、彼女は右向きに座り、体をこちらに捩り、やや正面を見る［図4］［編注1］。対称的な二人の世界を繋ぐ中間の視座が一八〇度変化し、回転の動きを示す。その形而下的な対称性は、次の二人の行為により、二人の性格の対照性となる。とみは「空気枕ァそっちィはいりゃんし

図3

図4

たか」と聞く。周吉の「お前に頼んだじゃないか、そっちょウ、渡したじゃないか」に、とみは「そうですか」と探す。そこに隣の細君が来て挨拶をする。「今のうちに、子供たちにも会《お》うとこう思いましてなァ」の周吉に、彼女は、「立派な息子さんや娘さんがいなさって結構ですなァ、ほんとうにお幸せでさァ」と言う。彼女の何気ない日常的な挨拶は二人の旅のなかでアイロニーとなり、結末での反復で悲劇的なニュアンスを帯びる。細君が去ると、とみは荷を調べながら空気枕はないと言う。「ないこたないわ、よう探してみい」と周吉が亭主関白ぶりできめつけたところで、「ああ、あった」と、自

図5

分の荷のなかに見つける。こうして、形而下の対称性は、二人のふくらみのある対照的な個性の形而上的な基点をしるす。そこで二人は互いに相手の個性を微妙に差異化し、補完しあう長い夫婦生活のユーモアを伝える。そしてこれも結末で周吉が隣の細君に語る亡き妻への悔悟の始まりとなる。中間の視座により、旅行中に二人はこういう形而下と形而上の対話を続ける。

(2)二人が東京の幸一（四七歳、山村聰）宅に着き、最初の夜を迎えた時に、二階で二人は遠い祭り囃子を聞きながら東京への旅の最初の印象を語りあう（一一三〜一二二）。二階の手前の座敷の布団の上に、団扇を持った二人が右横向きに座る［図5］。電灯は奥の部屋にだけついており、手前は暗い。左手前が周吉、右奥がとみで、二人の奥の裏手のガラス戸には割れ目に紙が貼ってある。実は幸一の家の場面はショット三五から始まり、三七の二階のショットで初めてガラスの割れ目が出現し、以後その前を日中に文子らが何度も通るが、その時は昼間の明るさと接写がないためにかなり見えにくい。しかし一一三の周吉夫妻の就寝ショットでハッキリと現れる。この小津ミラクルも反復が同一空間に変容をもたらす彼の詩法の瞬間となる。ガラスの割れ目に貼られた紙は『晩春』（一九四九）の周吉の居間と座敷のガラス戸に登場したが、その割れ目は（加害者意識の鈍感な）敗戦国日本

のトラウマの象徴であり、その貼り紙の白い花や繭玉は縫合と治癒のそれであり、ドラマ局面に応じて開いた多様な比喩となった。この割れ目の〝開いた〟象徴は東京の幸一、志げ、紀子の住まいに登場する。どこでも最初から目立って登場するのではなく、目立たぬ反復を経て、ある時に脚光を浴びるのであり、反復空間の変容の一勢力を形成する。この点で幸一宅は診察室の窓や医具戸棚をはじめ、一階座敷、二階廊下などの至る所にゲリラ的に頻発する。会話中の二人のワン・ショットのカット・バックは右横向きのとみ〔図6〕と一八〇度カットの左横向きの周吉〔図7〕からなる。周吉のショットの後景には向かいの家の祭り提灯が灯っており（この提灯は最初のショット三五から登場）、とみの背景にも灯った祭り提灯が何と初めて登場している。日の明るい時にこの窓は全景や背景で何回も出現していたが提灯は存在しなかったのに。この小津マジックも反復空間の変容の詩法である。二人は互いに体を捩るようにカメラの〝方〟を向いて語りあう。とみは「ここァ、東京のどの辺でしゃア？」と口を切る。周吉の「端の方よ」に、彼女は「そうでしょうなァ、だいぶん自動車で遠いかったですけえのう」と語る。次に一一八〔図8〕で二人の一八〇度カットの全景が挿入され、左の洋ダンスの鏡にも割れ目の白い紙が浮かんでいる。とみは「もっとにぎやかなとこか思うとった」と言い、周吉は「幸一ももっとにぎやかなとけえ出たい言うとったけえど、そうもいかんのじゃろう」と答える。黙って外を見つめるとみの右向きの横顔と、左向きの周吉の横顔のカット・バックに列車の音が通過して、一二一の明るい月夜の鰯雲のショット〔図9〕は祭り囃子が流れるなかで場面を閉じる。無事な幸一一家との再会の喜びとともに二人の失望が揺らぎ始める。

図6

図7

図8

図9

図10

図11

図12

図13

(3)翌日の日曜日、一家の外出が幸一に急患で中止され、長男の実少年が荒れる。とみは表へ幼い勇を連れていく。二階の部屋で外出着を着替えて座る周吉に文子（三九歳、三宅邦子）は中止と実のことを詫びる。周吉は、「いやァ、幸一もそうじゃったァ。強情ばりでのう、言い出したらなかなか聞かん子じゃった」ととりなす。これは『麦秋』（一九五一）以来の輪廻の一例の性格の遺伝であり、周吉からの継承でもある。この後一七二［図10］で周吉と文子は左を眺める。右奥で左横向きの周吉は「あんなとこで遊んどるよ」と、とみたちを見つける。左手前に後ろ姿の文子も左に首をまげて見る。このショットの最後にかかるように、音楽が入り、以下続く。次に周吉の見た目で、超遠景の土手にいる二人［図11］。次の一七四［図12］で左斜め前向きのとみのバスト・ショットとなり、列車の通過音が一七六まで続く。これは周吉の見た目を脱して、映画＝テクスト自体の見た目となる。一七五［図13］、草をむしる勇の斜め後ろ姿（とみの見た目）。一七六、とみ、一七四と同じ、列車の音消える。一七七、勇、一七五と同じ。一七八、とみ、一七四と同じ、とみ「あんたもお父さんみたいにお医者さんか？あんたがのう、お医者さんになるころァ、お祖母ちゃんおるかのう」。一七九、勇、一七五と同じ。一八〇、とみ、一七四と同じ、立ち上がる、音楽、弦楽の主題曲となり、一八二まで続く。一八一、超遠景の土手の二人、一七三と同じ、勇左から右へ行き、とみは体をそれにあわせて回す（周吉の見た目）。一八二［図14］、二階、一七

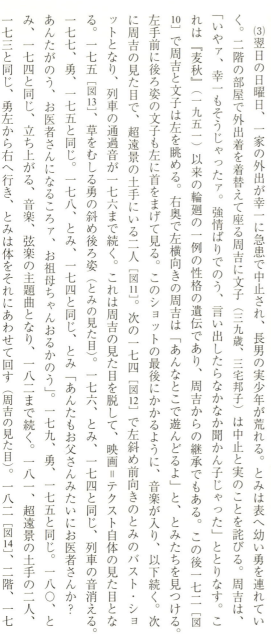

二より遠景で中央で周吉が団扇を使いながら左を見ている。左側には文子の姿はない（時間経過による反復空間の変容）。これは二人の会話場面ではないが、周吉の見た目のショットのなかに、とみの見た目のショットととみの勇への独白的な語りかけが入り込み、夫婦の見た目の入れ子構造になっている。だが、入れ子部分は正確にとみだけが視聴する世界であり、それは周吉の視聴ののどかない世界での出来事であり、とみの孤独そのものである。そしてそういう彼女の孤独を知りえない周吉の孤独もとみは知りえない。この場面は順縁の無常を語るだけでなく、夫婦間の絶対に知りえない孤独、夫婦は二つの孤独であることを伝えている。結果論的には、とみは自分の死期を二〇年後位に仮定したのであり、それが一〇日余に迫っているとは毛頭予測できない。それを美しい河原の自然が見ている。小津の自然は人との美しい調和の光の眼差しだけでなく、人に予測や統御を決して許さない深い影の眼差しもつねに重ねる複眼なのだ。しかも、とみは紀子（二八歳、原節子）のアパートを最初に訪ねた時に戦死した次男の昌二（紀子の亡夫）のことをこう語る（二六六［図15］）。「わたしらァ、離れとったせいか、まだどッかに昌二がおるような気がするんよ。それでときどきお父さんにおこられるんじゃけえど」。とみは周吉とともに逆縁も語るのだ。二人は一八〇度カットの紀子と対話する［図16］。その対称の中心線はきびしい敗戦後という順縁と逆縁の中間の視座なのである。

図 14

図 15

図 16

⑷この絶対的な孤独の告知がさらに死の予告となる瞬間が、熱海海岸の防波堤上での二人の会話を襲う。『ラヴァン・セーヌ』誌の一九七八年三月一五日号で『東京物語』を論じたマックス・テシエの「時は止まった」［3］がこの題名どおりの場

図 17

図 18

図 19

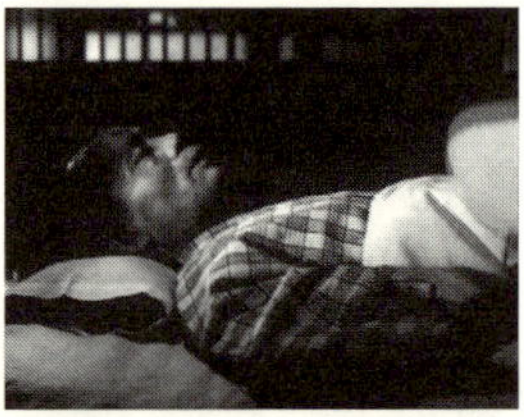
図 20

図 21

面について語る。「熱海への旅は小津映画のなかでもっとも美しいシークエンスの一つである。老夫婦は海に向かって防波堤に座り、東山千栄子は堤に立ち上がるのに苦労する。これは終わりの、海や内的な平和を包む遥かな光の薄らぎの、始まりである。これは小津の閉ざされた世界をもっとも魅力あるものにするひらめきの瞬間である。時は止まった――しかしそれはそれほど美しかったのだ」。熱海では二人きりの会話が続く。先ず明るい旅館の部屋で揃いの浴衣を着た二人が湾の南端の魚見崎＝錦ヶ浦と海を眺めながら語りあう。海の方へ周吉は正面（主人の座）に座り、とみは右横向きに座る全景で始まり〔図17〕、二人のカット・バックは右横向きの体を正面に捩る周吉〔図18〕と全景の一八〇度カットで顔だけ左を向くとみのワン・ショット〔図19〕となる。周吉は「思いがけのう温泉へも入らしてもろうて、思わん散財かけたのう」と子らに感謝し、明日の早朝に散歩しようと言う。とみも、「この先の方に、ええ景色のところがあるそうですよ」と喜ぶ。周吉の「静かな海じゃのう」に続き、静かな海のショットで終わる。その二人に地獄が待っていた。旅館の内外で夜の若者たちの喧騒が展開する。流しの「湯の町エレジー」と開け広げた部屋での麻雀。この喧騒のなかに織り込まれる寝ている二人のカット・バックは小津恒例の一八〇度カット入りで、周吉の頭は左端に〔図20〕、とみの頭は右端に〔図21〕交差するだけでなく、全景自体が一八〇度カットとなり、右に左にと回転して、まさに悪夢を象《かたど》る。そして歌は「燦めく星座」となり、「これが若さというものさ、楽しじゃないか」と歌いあげる。ここで遂に二人は起き上がり、寝ているのは廊下の二人のスリッパだけとなる〔図22〕。この悪夢の夜に続き、まず翌朝の海岸の北の岬（国立病院辺り）のショットから旅館の廊下のそれになり、二人の女中が夕べの「湯の町エレジー」を歌いながら部屋を片づけている。この歌が堤防での会話場面の最初の二ショットに被る。三一七、俯瞰で画面を斜めに左の手前から右奥へ防波堤、その中央よりやや右に超遠景の二人（左が周吉）が海（堤の左全部）に向かって左横向きの後ろ姿で腰掛けている〔図23〕。波の音が三二二まで続く。三一八、同視軸で二人の近写〔図24〕、とみが周吉に「どうかしなさった？　ゆうべよう寝られなんだけえでしょう」。三一九、周吉のさらに近写、一八〇度カットの右横向きの体で顔だけ正面に向けて、背景に北の岬〔図25〕。「ウーム、お前はよう寝とったよ」。三二〇、全景の視軸でとみの左横向き・顔正面の近写、遠景に魚見崎〔図26〕。「うそ言いなしゃァ、わたしも寝られんで」。三二一、周吉、三一九と同じ（以下略）、「うそ言え、いびきうかいとったよ」。三二二、二人の近写、三一八と同じ（以下略）、とみ「そうですか」。周吉「いやァ、こんなとこァ若いもんの来るところじゃ」。とみ「そうですなァ」。三二三、ここで旅館の廊下越しの客室の場面が挿入さ

図 22

図 23

図 24

図 25

図 26

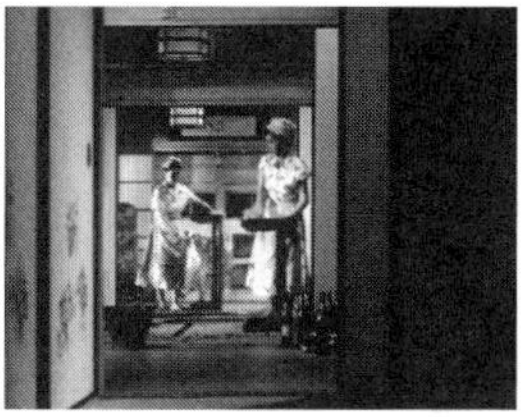
図 27

図28

図29

図30

れる［図27］。先刻の二人の女中が掃除をしながら客の新婚の夫が甘ちゃんで、花嫁がすれっからしだとがらの悪い悪口を言っている。これは小津得意の回遊（今回は宵越しの悪夢への）で、次の三二四で三二二と同じ二人の近写に戻る。今度は主題曲が木管で静かに吹奏され、三三一まで続く。とみ「京子ァどうしとるでしょうなァ?」。三二五、周吉「ウーム、そろそろ帰ろうか」。三二六、とみ「お父さん、もう帰りたいんじゃないんですか?」。三二七、周吉「いやァ、お前じゃよ、お前が帰りたいんじゃろう。東京も見たし、熱海も見たし、もう帰るか」。三二八、とみ「そうですなァ、帰りますか」。三二九、周吉のワン・ショットの視軸上で引いた堤上の二人の遠景、背景に北の岬。周吉はウムと立ち上がり、左へ歩き出す。とみも立とうとするが手をついて堤上に座り込む。周吉戻り「どうした」［図28］。とみ「なんやら、今ふらっとして。いえ、もうええんでさ」。周吉「よう寝られなんだからじゃろう。行こう」。とみ、立ち上がり彼の後を歩き出す。三三〇、防波堤、三二七と同じ、二人が左へ歩いていく。三三一、無人の旅館の廊下、壁に海の光の揺蕩《たゆた》い、軒下にそよぐ暖簾［図29］。三三二、旅館の開かれた障子の間の海と魚見崎の突端［図30］。こうして熱海の旅は終わる。それは僅か一昼夜で目まぐるしい変化に満ちていた。心地よい静かな海辺の温泉場は夜とともに若者の凶暴な煉獄となり、若さの暴力から老人夫婦は退散して、旅を打ち切り、平和な我が家に戻る決心をする。このシークエンスは『生きる』（一九五二）の夜の歓楽街の地獄巡りの小津版である。堤上の二人の会話には美しく平和な夏の朝の海辺の映像がみちているが、旅の中断やとみの肥満、不眠、いびき、夏の強い日差し、眩暈などが彼女の老いの病の疑惑をはらんでいる。が、熱海海岸（とみの背景は自殺名所の錦ヶ浦）の美しい自然は二人にそれを隠し続ける。その不安は最後の旅館の二つの空ショットの光の揺蕩いと、それまで存在していた人々（女中たち）の不在化により増幅されるが、しかし二人にはそれはせいぜい昨夜よく眠れなかったためでしかない。こうして二人は自分たちの日常の外側の真実、非日常の死を予感さえしない。海辺のちっぽけな二人の姿、無人の部屋に海から反射する光の揺蕩いは、老夫婦の知らぬところで進行する非日常の死の時間と尾道の日常生活に戻ろうとする二人で一つの安らぎの時間が交差する（時を止めるほど美しい）瞬間をもたらす。

(5)二人は熱海を早々に引きあげて、志げ（四四歳、杉村春子）の家に戻り、今夜はここに泊まれないことを知る。志げが仕事で店に下りていった後、二階の奥の部屋で二人はどこに泊まるか話しあう。右奥に周吉、左奥にとみが二人とも右向きの相似形で座っている［図31］。ワン・ショットのカット・バックは周吉が右向き、とみが左向きの対称を形成する［図32・33］。結局、幸一にはもう迷惑をかけたくない周吉は服部、とみは紀子の家に泊めてもらおうということになる。「いやァ、とうとう宿無しんなってしもうた」と二人は笑い、主題曲は悲しげに始まり、場面は上野寛永寺の黒門前に腰を下ろしている二人に変わる。志げの家での会話で、周吉は割れ目を紙で貼ったガラス戸を背景にする（とみは襖）。これは二人が二階に着いた時の三四五、周吉の近写の背後で大きく写り始め、鮮明に白い花を開花している。志げの家が登場したのは一二四なので、それまでに随分と時間がかかっている。このように様々な反復空間が互いに細かに織りなされ、ゆっくりと時間をかけて変容を開花する。それは志げの貧困や時代の傷痕のほかに、夫婦が別々の宿を探

図 31

図 32

図 33

すという割れ目となる。その夜とみは紀子のアパートに泊まり、二人で並べた布団に同方向に座り会話をする。これは映像的には幸一の家と熱海の旅館での夫婦の会話の反復であり、変容である。まずアパートの廊下のショットの後、二人の全景ショット（四二三）でとみは紀子に肩を揉んでもらう［図34］。背景のガラス戸に割れ目の紙が白く浮かんでいる。実はとみが夫と最初に紀子を訪ねた時、この割れ目は三人の全景ショット（二五九）になく、最後の同じショット（二七二）で突然出現して、四二三に繋がる。その白く浮かぶ割れ目は二人にとって死者の昌二の眼差しのように鮮明である。事実二人の会話がそれを明らかにしていく。とみは「思いがけのう昌二のふとんに寝かしてもろうて」ときりだす。カメラは当然中間の座を占めて、対称形の二人のカット・バックを繋ぐ［図35・36］。地味な小さな花模様の浴衣のとみは息子の布団に座り、白地に鮮やかな薊《あざみ》の花の浴衣の紀子は妻の布団に座る。とみは紀子にどうか幸せな再婚をしてほしいと諄々と説く。このままでいいと紀子は微笑みのなかで答える。最後にとみは「ええ人じゃのう、あんたァ」と泣きだす。消灯し就寝した二人は、例によってカット・バックで、頭を左右に交差するのだが、最後はとみのすすり泣きを聞きながら、天井を見つめて、喉をごくりと動かす紀子の接写で終わる［図37］。このしぐさは『晩春』の紀子のように、必ず後で告白する心の揺らぎのしるしである。同じ愛する人を失った二人の女の相似と、永遠に母であり続けるとみと八年前から妻でなく

図34

図35

図36

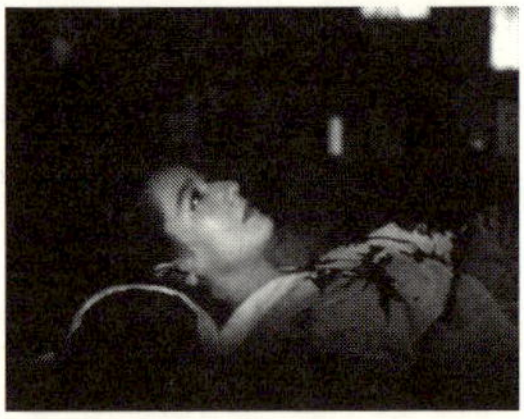
図37

なった紀子の差異が、昌二の眼差しの前で揺らぎ始める。その揺らぎを紀子がじっと受けとめるのだ。

(6)こうして夫婦は最後の会話場面を帰途の大阪の敬三（二七歳、大坂志郎）の下宿で持つ。前夜、列車で母とみの具合が悪くなり、下車して下宿に泊まり、医者の手当てを受けたことを、敬三が朝の職場で先輩に話した後だ。工場や貧弱な家に囲まれた運河のショット（五一七〔図38〕）となり、汽車の汽笛が過ぎ、ホルンがメロディを吹く主題曲が侘しげに始まり、最後まで続く。五一八で粗末な下宿となる。二人の全景となる〔図39〕。左に敷布団の上に後ろ姿で少し右を向いたとみ、右に左横向きの周吉がともに浴衣姿で座っている。右端に畳んだ蒲団が重ねられている。開けた窓に隣の家。周吉「あんまり汽車が混んどったけえ、酔うたんじゃろう」。とみ「そうでしょうか」。周吉「もうええかァ？」。とみ「へえ、もうすっかり」と粉薬を飲む。五一九、とみの近写、全景の一八〇度カット〔図40〕。「これならもう今晩でも去《い》なれまさ」。五二〇、斜め左向きの周吉の近写〔図41〕、「まァもう一晩やっきゃあになって、明日のすいた汽車で帰ろうよ」。五二一、二人の近写、五一八の一八〇度カット〔図42〕。とみ「京子が心配しとるでしょうなァ、でも思いがけのう大阪へも降りて、敬三にも会えたし、わずか一〇日ほどの間に子供らみんなに会えて。孫らも大きうなっとって」。五二二、周吉「子供より孫のほうが

図38

図39

図40

図41

図42

かわいいと言うけえど、お前ァ、どうじゃった？」。五二三、とみ「お父さんは？」。五二四、周吉「やっぱり子供のほうがええのう」。五二五、二人（五二二と同じ）、とみ「そうですなァ」。周吉「子供も大きうなると変わるもんじゃのう。志げも子供の時分はもっと優しい子だったじゃにゃァか」。とみ「そうでしたなァ」。周吉「おなごの子ァ嫁にやったらおしまいじゃ」。とみ「幸一も変わりやんしたよ。あの子ももっと優しい子でしたがのう」。周吉「なかなか親の思うようにァいかんもんじゃ」（二人笑う）。周吉「欲ゥ言や切りァにゃァが、まァええほうじゃよ」。とみ「ええほうですとも、よっぽどええほうでさ。わたしらァ幸せでさあ」。五二六、周吉「そうじゃのう。まァ幸せなほうじゃのう」。五二七、とみ「そうでさ幸せなほうでさ」（微笑みながら手で髪を撫で整える、紀子のしぐさの転移）、主題曲に弦が加わり厚みを増す。五二八、二人（五一八と同じ）、とみは手を下ろし、二人で外を眺める。以上が二人の最後の会話だ。形而下的には、二つの特徴を示す。一つはワン・ショットが二人ともやや左向きの相似形である。もう一つは二人の全景ショットは途中でその一八〇度カットが挿入され、最後に最初の全景に戻り、対称空間を創出・反復する。夫婦はともにとみの乗物酔いからの回復を楽天的に信じ、子供たちには不満はあるが、欲をいえば切りがなく、幸せなほうだと結論する（二人の相似）。そしてこの場面では幸一家や志げ家のガラスの割れ目の紙に代わって、とみの顔の背後に常に背番号29の野球のユニフォームが下がっている。それは前場面での敬三の台詞や表情を反響する。彼も母親の健康には全く楽天的であり、長いこと汽車に乗ったことがないので酔ったのだと言う。「孝行をしたい時には親はなし」と諭す先輩に、「さればとて墓にふとんも着せられずや、ハハハハ」と笑う。ユニフォームは父母と同じ彼の楽天的な無邪気さの眼差しであり、そのなかで二人の旅の会話は以上の結論とともに終了する。だがこのユニフォームは母の死後も重要なことを証言しつづける。敬三は母の葬式が終わると傷心の老父を残して野球をするために兄姉とともにさっさと帰ってしまう。今度も〝親孝行したい時には親はなし〟を全然意識せずにやってのける。人は突然訪れる生の不条理の総括としての死の不安から、できるだけ遠く離れて楽天的で無邪気な日常に生きようとする。そういう人と人の間には孤独の深淵があり、それが家族にも張りめぐらされていることを、父母の子供たちへの最後の旅が次々に明らかにしたのだ。

(7)ラストの平山家の座敷場面（七二四〜七五〇）の最初の全景で周吉と紀子は、冒頭の周吉ととみの同じ右向きに対して、同じ斜め左向きとなる〔図43〕。庭を背にした周吉は左奥で正面斜め左向きに座り、手前右の後ろ姿の紀子（自分の前方の周吉に向き、画面を左斜めに座る）の方に顔を回して彼女と見あう。ワン・ショットでは左向きの周吉に対して〔図44〕、一八〇度カットの紀子は浅い斜め右向きだ〔図45〕。顔はともに正面を見る。周吉は紀子に生前のとみへの親切に感謝する。「東京であんたんとこへ泊めてもろうて、いろいろ親切にしてもろうて。お母さん言うとったよ。あの晩がいちばんうれしかったいうて。わたしからもお礼を言うよ。ありがと」。そして二人の心配として、はやく紀子が気兼ねなく再婚して幸福になってほしいと言う。「あんたみたいなええ人ァない言うて、お母さんもほめとったよ」。ここで紀子は「お母さま、わたくしを買いかぶってらっしゃったんですわ」と、とみが泊まった夜にいいそびれた思いを義父に一気に告白する。自分は昌二さんのことばかり考えていない、忘れている日が多い、何事もなく過ぎていくのがとても寂しい、心の隅で何かを待っている、と。「ずるいんです」。周吉は「それでええんじゃよ、ずるうない」と言う。そして紀子の「そういうこと、お母さまには申し上げられなかったんです」に、「ええんじゃよ、それで、やっぱりあんたはええ人じゃよ、正直で」と答える。紀子は顔をそむけて涙をこらえる。座を立った周吉は小さな

図43

図44

図45

図46

図47

箱を持ってきて、とみの形見の懐中時計をだして言う（座をかえたので、周吉は少し右向きとなり、紀子のショットと相似となる）〔図46・47〕。「あんたに使うてもらやァ、お母さんもきっとよろこぶ。お父さん、ほんとにあんたが気兼ねのう、さきざき幸せになってくれることを祈っとるよ」で、遂に紀子は涙にくれる。「妙なもんじゃ、自分が育てた子供より、いわば他人のあんたのほうが、よっぽどわしらにようしてくれた。いやァ、ありがと」と周吉は頭を下げる。この場面には舅と嫁の眼差しに男と女の眼差しが重複するといわれる。ここで目をひくのは、とくに立ち上がるまでの周吉のショットの左背後に見えている鶏頭である。旅行前の庭には鶏頭の大きな花はなかった。最初にこの鶏頭が庭に出現したのは旅行後、座敷の全景で鼾をかいて眠り続けるとみを看病する周吉の左背後の庭であった（五八四）。それは臨終の夜（六〇〇）、逝去の朝（六四三）、そしてこの場面の最初の全景（七二四）に続く。最初は死の暗喩だった鶏頭がここでとみと昌二の死者の眼差しとなった。その前で、周吉は紀子に今までの他者の豊かな愛を感謝し、他者としての自由な再婚への旅立ちをすすめ、紀子は時間の浸食による昌二への愛の忘却を自責し、悼み、涙する。それは同時に時間が開いた新しい人生の道への旅立ちの強い予感による周吉や死者たちとの決別の涙でもあったろう。その涙に対して周吉は死者たちとともに微笑みで紀子を送りだし、独りで尾道の海と向かいあう。これは中間の視座の揺らぎが老夫婦の旅を通して到達した生と死の眼差しの交差する地平の広がり、小津映画の宇宙であった。

二　一八〇度カットによる視座の揺らぎ　その二・もてなし役の座

小津映画で重要な座に三人が向き合って座る時に三角形の頂点に位置する人の座がある。旅を扱うこの作品では、旅人の父母のもてなし役の座となり、出発時とラストの隣家の細君、幸一家で妻の文子ついで紀子、義父母を迎えたアパートで紀子、最後に法事で父に代わり家族のホストをする幸一（主題の当主の交代儀礼）がその座に着く。全景で（主に卓を囲んで）正三角形状に座った三人が正面向きのワン・ショットを一八〇度カットで交わす時は、正面中心のもてなし役は他の二人への視線を斜め左右への変化で表し、他の二人は彼を見る時はそれぞれ体を右か左によじって顔を正面に向け、互いを見る時は体ごと横の右か左を向く。他に卓ぬきのワン・ショットとツー・ショットの組み合わせもある。この代表は志げが熱海から戻った両親を批判し、今夜はよそに泊まれという反もてなし場面（三四三〜三五五）で、志げはワン・ショットと、とみとのツー・ショットで両親をやっつける。

次の紀子のアパート場面は完璧に円満な範例である。志げに頼まれて紀子は周吉夫婦をバスの東京見物に連れていく。その後紀子がアパートで二人に夕餉をもてなす場面だ（二三〇〜二七二）。まず二三〇のアパートの外景から、隣室の場面となる（二三一〜二三六）。洗濯ものを畳んでいる若い細君がノックの音で正面を向くショット［図48］についで、その一八〇度カットの全景二三二［図49］となる。左側で奥に振り向く細君、紀子が左奥のドアから入り、酒を借りたいと言う。右手前の母衣《ほろ》蚊帳《がや》のなかで赤ん坊が仰向いて寝入っている。会話を交わす二人のカット・バックの後、同じ全景に戻る二三六になり、紀子が一升瓶を受け取って去る。廊下を通り（二三七）、ドアから自室に入る紀子（二三八［図50］）とその一八〇度カ

図 48

図 49

図 50

ットで部屋の奥で戦死した昌二の写真を見ていた両親が振り向く（二三九［図51］）。このカット・バックで写真についての対話となる。紀子は瓶を下ろすとドアからでる（二四四）。同じ廊下を歩み（二四五）、二三二と同じ隣室全景（二四六［図52］）で紀子がとっくりとちょこを借りたいと言う。この時左側で細君は洗濯ものを畳み続けていたが、母衣蚊帳の中の赤ん坊は腹這いで顔を上げている。この反復による同空間の愛らしい変容度は経過した九ショット分の時差の示度となる。次に彼女がとっくり等を借りて、廊下を通り、部屋に戻った時（二四八）に、前に立っていた二人は既に卓を左右に囲んで着座してる（四ショット分の慎ましい時差［図53］）。それは初めての室内全景で、左奥のドアから紀子が入り、右奥の台所にいく。左手前で周吉、右手前でとみが彼女を迎える。こうして紀子は亡夫の思い出話を交わしながら、二人に酒とやがて届いた天丼の夕餉をもてなす。最後のショットで紀子は周吉に酒を注ぐと二人に団扇で風を送る［図54］。この時初めて、突然とみの頭上のガラス戸に割れ目の白い紙が出現する。それは夫に戦死され、自活してきた紀子の敗戦後八年の履歴書であり、どこかにまだ昌二が生きている気がすると言うとみと、「もうとうに死んどるよ」と答える周吉のために、二人の中間の視座で紀子が心こめて活けた白い花でもある。

図 51

図 52

図 53

図 54

熱海から帰った夜、周吉は役所時代の後輩の服部（六八歳、十朱久雄）を訪ねるが住宅事情で泊めてもらえない。服部が気にして元警察署長の沼田（七一歳、東野英治郎）と彼をアメ横辺りのガード脇の大衆酒場の二階でもてなす場面も出色だ（三八三〜三九七）。最初は手前に提灯の一部を入れた酒場外からの三人の遠景〔図55〕で、次に一八〇度カットの室内で卓を囲む三人の全景となる〔図56〕。中央で正面を向いて座る服部の視線は左に沼田、右に周吉へと変化し、周吉や沼田はそれぞれ服部を見るときは正面、互いを見る時はそれぞれ左右前方を。服部はもてなすように昔の芸者との沼田と周吉の艶話を持ちだすが、やがて彼は「うちなんかせめて、どっちぞ生きとってくれたらと、よう婆さんとも話すんじゃが」と言う。沼田は「二人ともたァ痛かったなァ」と言う。周吉も次男を戦死させたと言う。もう戦争はこりごりだと言う服部に、沼田は「しかし子供いうもんも、おらにゃおらんで寂しいし、おりゃおるでだんだん親を邪魔にしよる。ふたつええこたァないもんじゃ」と語る。周吉は右向きで考えこみ〔図57〕、服部は少し右に俯き〔図58〕、沼田は左向きで肩と視線を落とす〔図59〕。三人三様の姿態の老父が戦争による逆縁とそれを免れた順縁を、同じ悲痛と侘しさを語りはじめるみごとな瞬間だ。こうして彼らはさらに一杯飲み屋に移り、酔いつぶれた服部の脇で今度は中心に座った周吉が沼田と深い酔いのなかで、お互いの息子の成功を讃えながら、不甲斐ない自分の息子への不満を思いきりこぼしあう。しかし結局周吉は小津

図55

図56

図57

図58

図59

の永遠のテーマを吐露する。「こりゃ世の中の親っちうもんの欲じゃ。欲張ったら切りがない。こら諦めにゃァならん、と、そうわしァおもうたんじゃ」。周吉は酔いつぶれたもてなし役の服部に代わり、順縁と逆縁の、子への不満と満足の中間の視座の思いを語ったのだ。

三　冒頭の道行ショット群と、とみの臨終時の反復の無常迅速の詩形式

小津映画でもっとも代表的な無常迅速の詩型は、冒頭の道行ショット群と、とみの臨終時に挿入されるその反復が作りだす対照的な過去と現在の一種の対句である。これは『父ありき』以降の小津独自の反復形式である。まず冒頭の尾道の風物ショット群そのものは映像・音の連続（隣接）と不連続（変異）の連句的な組み合わせにより、五ショットで五六秒（一ショット平均一一秒）の時空の移りの道行を形成する。ここで注意したいことは、小津映画には静物画ショットは殆ど存在しないことである。小津映画は、すべてが時空に光や風や人や物や煙などの動きをもち、様々な音の動きをもつ映画そのものなのである。

図 60

図 61

一、七月初旬の尾道水道の朝［図60］、映像・左前景に住吉神社の石燈籠、右中景に人々の待つ船着き場に人々を乗せた連絡船が近づく、後景に狭い水道の対岸に日立造船所と山並み。音・船のエンジン音ポンポン……。二、町の通り［図61］、映像・左前景に手押し車、空瓶二本、中景の通りを左手前から右奥へ小学生が三々五々通学していく。背景は栗吉材木店の看板と白壁の蔵の家並み（前の映像の不連続）。音・エンジンの音（連続）遠のき、子

供たちの足音（リズムの類似）。三、尾道の山と人家［図62］、映像・前景に連なる人家の屋根（町の連続）、二本の小さな煙突から白い煙たつ。不連続として、中景を左から右へ走る蒸気機関の貨物、後景の寺院や家々と山、音・列車の音など。四、列車［図63］、映像・連続として、一八〇度カットで中景を右から左へ進行する列車。不連続として、前景の家と物干し、風に揺れる洗濯物、後景の家並みと水道と対岸一部。音・列車の連続音と不連続の汽笛。五、崖上の寺か家［図64］、映像・不連続の前景右上の庇のかかる家内から見た遠景の崖下の小さな煙突と煙、崖上の松木立と石燈籠に囲まれた寺。連続の音・汽笛のこだま。六で連続として、平山家の座敷となり、周吉は列車の時刻表を調べながら、とみと東京への旅の話をしている。こうして〝東京物語〟が始まる。この風物ショット群は道行である。まず海岸への連絡船の到着から始まり、手押し車の置かれた道路の小学生らの歩行通学、走る列車、さらに風などの〝旅〟の縁語的イメージ揃えの遊びをしながら山側の主人公の家に至る。冒頭のこの主題が映画全体にわたる主人公夫婦の尾道・東京・熱海・東京・大阪・尾道の旅に展開する。

この道行の反復が一〇日余り後の夜の同じ座敷で、父と子たちがとみの臨終を看取っている場面（五八八～六一五）に続いて行われる。六〇六で別室の父と志げは、幸一から母の命は明日の朝までと告げられる。泣きだす志げ、「そうか、おしまいかのう」とつぶやく父。六一四で父は幸一を追って座敷に戻り、とみの枕元に座る。ここでとみの寝息に重ねて弦とハープで佗しく奏でる主題曲が始まる。

六一六、翌朝の船着き場［図65］、映像・ショット一の中景に見えた船着き場の屋

図62

図63

図64

図 65

図 66

図 67

図 68

図 69

図 70

根と鉄柱の全景（連続）、人々の欠如したがらんとした空間（一の変異）の奥に夜明けの海峡と対岸が見える、音・一の変異は六一四から始まった主題曲のメロディを奏でる弦とハープや弦の伴奏が続くこと。連続は静かなエンジン音。この音と音楽は次の座敷場面の六二三まで続き各ショットに音の連続性を与える。六一七、尾道水道のごく早朝［図66］、映像・殆ど一と同じ、船着き場にこれも人気のない（変異）連絡船が右から近づく（連続）、対岸の塔に灯が一つまだ灯っている（変異）。六一八、港［図67］、映像・朝陽のなかに停泊中の三隻の漁船のシルエット（変異）。六一九、町の通り［図68］、映像・二と同じ（連続）、だが打ち水された通りには人影も車も壜《びん》もない（変異）、音・足音の欠如（変異）。六二〇、線路［図69］、映像・四と同じ、変異は列車と洗濯物をそよがす風と列車音と汽笛の欠如。六二一、平山家の座敷［図70］、映像・臨終場面の六一四と殆ど同じ、それとの変異は、とみの顔にかけられた白布、看取っていた家族の位置の移動、父の存在の欠如、音・京子のすすり泣きなど。連続はまだついている電灯。こうして主題曲と船のエンジン音は、浄瑠璃の〝ヲクリ〟のように、私たちを平山家の座敷から尾道の道行に、道行からその座敷に移らせる。私たちはとみの臨終から死後までのほぼ二時間の物語の隙間をこの五ショットで計三九秒（一ショッ

図71

図72

図73

ト平均八秒）の道行で生きる。冒頭の道行と一〇日余り後のその反復の、道行の前後の座敷場面の反復の対照＝変異として、最初に存在した人々、物、風、音の不在化や最初になかった早朝の造船所の灯、係留された漁船などの出現が刻々と顕現されていく。そして戻った座敷では、とみはすでに死者となっている。私たちは反復と変異の微妙な組み合わせによるとみの生から死への極限の飛躍の瞬間を生きるのだ。これが無常迅速の詩型なのである。それは周吉が生きた詩的瞬間でもある。というのは、遅れてついた敬三が亡き母と対面して、「すいませなんだなァ」と声をかけ、志げが泣きだした時に、幸一が父の不在に気付き、「あ、お父さんは」と言う。紀子が庭に下りて探しに行く。そして海の見える浄土寺の境内でただ一人佇んでいる父を見つけて、「お父さま、敬三さんお見えんなりました」と声をかける。周吉は海を見ていた視線を紀子に戻して、「そうか」と答え、また海の方を見やり、「ああ、きれいな夜明けだったァ、ああ、今日も暑うなるぞ」と言い、独り海を背に手前に歩きだす（六三九〜六四一）［図71〜73］。周吉が生きた無常迅速の詩は、半世紀にわたる妻を失ったばかりの周吉への宇宙の美しい眼差しだったのであり、映画は周吉とそれを共有したのだ。

四　日常的な場面の反復のなかに時の流れの不可逆をしるす映像＝空間の変容

この作品はカメラの視座、人の座、ガラスの割れ目の貼り紙などの反復するモチーフだけでなく、道行をはじ

図74

図75

めとする反復する場面でも満ちている。そのなかで末娘の京子が外出する場面が三度も反復されている。この全く日常的な場面は反復するたびにその場面の映像・音記号＝空間＝状況の様々な変容を通して生成消滅の時空を顕現する。そして反復と変容の連鎖は、小津独自の、そして映画独自の一つの開いた詩的言説を創造する。

一回目（物語の第一日朝）。六、朝の平山家、手前の庭（見えない）に面した座敷で右向きの周吉ととみが旅支度をしている、後景は茶の間、その外に通路と向かいの家の窓。七、一八〇度カットの左向きの周吉の近写、後景に庭の棚に鉢々。八、六と同じ、そこに末娘の小学教諭の京子が白い半袖ブラウスと黒っぽいスカート、白い靴下で、左手の開かれた襖の向こう側の卓（上に湯飲み茶碗二つ）のある茶の間（小津映画では卓は茶の間のしるし。但しこの確定は一七のとみの近写で）から登場し、母に弁当を渡し、座って自分のも黒い鞄に入れる。九、近写の（以下略）京子「じゃ行ってまいります」と挨拶。一〇、近写の（以下略）周吉「学校が忙しけりゃ、わざわざ来てくれんでもええよ」。一一、京子「ええんです、五時間目ァどうせ体操ですから」。一二、周吉「そうか」。一三、全景［図74］、京子「じゃ駅で」と鞄を下げて立ち上がり、母に「魔法ビンにお茶入れときましたから」と伝え、「じゃ行ってまいります」と左手の襖に姿を消す。周吉「ああ、行っておいで」。一四、玄関の間の衝立の左から京子現れ［図75］、少し前進して九〇度回り、下駄箱の上から靴をとり左の玄関（見えない）に姿を消す（この動作は後に二回繰り返される）。次に京子が上がり框《がまち》に座り靴をはく動作は、左手の畳上の影の動きが伝える。画面右側は障子で、その手前下に枝に楕円の葉のついた植物の鉢が一つ置いてある。一五、玄関の上がり框に座った京子の背中が立ち上がり、格子ごしに高い石垣と小道が見える戸を開けて右に出て行く［図76］。一六、路地の遠景、左側の小道を左から奥へ歩く京子に男の子が帽子をとってお辞儀をし、後に従う〔図77〕。その後にもう一人の男の子が後を追う。音・八〜一六、船のエンジン音。一四〜一六、蟬の声。九ショット、計一分六秒、一ショット平均約七秒。

二回目（一〇日余り後の昼、大阪から尾道に戻ってすぐ母が危篤になる）。五七四、昼過ぎの尾道〔図78〕、前景の石燈籠と石塔、空に煙、後景に山並み。五七五（五と同じ）、崖の上の家〔図79〕、今度は煙突に煙なし。音・汽笛なし、但し蟬の声が最初から続く。五七六、平山家の座敷〔図80〕、六の一八〇度ショット。座敷で氷嚢を当て寝ているとみ（旅で着ていた浴衣、とみの寝息が五七九まで続く）、白い半袖ブラウスと灰色のスカートの京子の後ろ姿が左手前でとみを団扇で扇ぐ。右奥の枕元で正面向きの周吉がとみの手の汗を布で拭いてやる（六の時と同じ黒っぽい着物）。前景の茶の間の左隅に卓の一部（上に急須）、後景に庭。五七七、五七六の一八〇度カットで京子、後景の障子の間に向かいの家の窓。時計が一時を打ち、京子腕時計を見てから、「それじゃお父さん行って来ます」〔図81〕。五七八、父「ああ、行って来ておくれ、

図 76

図 77

図 78

図 79

図 80

図 81

図82

図83

図84

図85

ご苦労じゃのう」〔図82〕。五七九、五七六の一八〇度カットの全景〔図83〕、左手前に父、右奥で京子立ち上がり、茶の間の卓に団扇を置き、左の襖に消える。とみの寝息が消える。五八〇、初めて登場する部屋（台所の隣で鏡台と多くの箪笥があるので主婦の間兼納戸か？）〔図84〕。前景に五七九の茶の間の卓があり、前ショットでは左真横の京子の体が九〇度変化の後ろ姿となり、エプロンを脱ぎながら奥の台所の食器箪笥に向かって真っ直ぐ歩くので、位置関係がわかる。部屋の正面に神棚、その左の棚に家紋入りの提灯箱一つ、京子はエプロンを左に置き、右手の鏡台へかがんで白い靴下をはき、座る。目の辺りを指で拭い、立ち上がり、右の白いハンドバッグを取り、左に行き提灯箱の下のパラソルに手を伸ばす（このショットの一八〇度カットはこの夜に幸一が周吉と志げに母の死の間近いことを告げる場面、六〇一～六一三に出現して、前景の台所の端から見た居間の様子を明示する。この時に茶の間に茶箪笥が初登場し、茶の間の確認がなされる）。また台所の流し台も五八九で京子が氷を割る時に半分だけ示される程度で、小津の各部屋の全体像はこのように長い時間経過の中で徐々に構成されるが、情報規制が厳しくて多くの不可視部分がとり残される。五八一、空間、動作も一四と同じ〔図85〕。しかし前にその低部しか見えなかった提灯箱が二つ、玄関の間の奥の棚に初めて全貌を現し、手前右側の障子の上部にあった庇と籠の影がなくなり、障子の手前下の鉢植えがもう一つ増えているなどの変容が提示される。また五八〇の部屋の出現と京子の新しい足取りのおかげで、座敷と茶の間に平行する玄関の間と主婦の間の間取りが初めて明示される。五八二、空間も動作・台詞・蟬の声も一五とすべて同じ［図86］。五八三、一六と同じ［図87］、変容は京子が出会う相手は路地で座って蠟石で絵を描いている女の子二人で、立ち上がって京子にお辞儀する。半ドンの日か（以上八ショット、計一分二六秒、一ショット平均一一秒）。五八四、一七と同じ［図88］、変容は、手前で意識不明で鼾をかき続けるとみとその右手奥に周吉が座り、団扇で扇ぎ、布で彼女の顔の汗を拭いながら優しく語り続けることであり、そして一七で周吉が座っていた所は空き、そこに庭の一輪の鶏頭（夏から秋に咲くが季題は秋）が出現している。このように、出発時との変化は物語上では健康だったとみの危篤状態だが、映像・音の記号上では京子の日常生活の動きを反復することで、反復のなかの人物や空間の様々な欠落・入れ代わりがもたらす家の内外の空間の変容により、生活の日常的循環と生命の非日常の不可逆が拮抗する織物を、つまりもっとも映画的な小津の揺らぐ時空を紡ぎだしていく。

三回目（数日後）。その後、東京から幸一、志げ、紀子が到着し、早暁に家族の見守るなかでとみは死を迎える。そして敬三も交えて葬儀、料理屋での会食が行われ、幸一、志げ、敬三は、紀子だけを残して、その夜の急行で帰ってしまう。

図 86

図 87

図 88

七〇二、翌朝の平山家［図89］。映像・主婦の間から見た無人の茶の間と卓、手前両側に箪笥、左奥の茶箪笥と障子の間に見える花の庭。音・主題曲がフリュート、ハープなどで静かに演奏され、七〇五まで続く。この場面はすでにとみの臨終の

図89

図90

図91

図92

夜に、幸一が父と志げをこの部屋に呼び入れて、明日の明け方までもてばいいと告げる時に登場するが、全く同じではない。この時はカメラの位置は二通りあり、一つは台所の瓶が前景に入る程引いたもの、もう一つはもう少し右寄りであり、ともにこれほど明るく克明な場面でなく、影の多い夜の場面だった。七〇三〔図90〕、左手が木立ちと庭、一面の鉢植えの花の世話をする周吉（花＝生殖の祭司の彼が後で紀子に再婚をすすめる）、右手に家（座敷側）と奥に塀、その向こうに寺の美しい大きな塔の一部が見える。最後近くのこの場面は全く初出であり、平山家がこんなに花が多く、名刹の隣だった事実に驚かされる。因みにラスト・ショットは七六八。音・蝉の声が小さく入る。七〇四〔図91〕、主婦の間から見た台所で紀子（遠景）が仕事中、音・蝉の声消える。七〇五〔図92〕、座敷、後景に向かいの家の窓、最初と同じ通勤服で京子が右向きで立って身繕いし（障子の陰に鏡？）、屈み畳から腕時計をとり、腕につける。前景右の障子の手前に大きな一本の鶏頭出現（五八四のこの一八〇度カットでは、まるで危篤のとみとの入れ替わりを待つかのように、後景の庭先にこの鶏頭が初めて見えていた）。紀子が左手奥から現れ、京子にあい、お弁当と包みを渡し、彼女の襟元を直してやる。音楽終わる。礼を言う京子に紀子は「長いことおじゃましちゃって……夏休みに、東京へいらっしゃいよ」と言う。「どうしても今日お帰りんなるん」と京子は聞き、「あたしお見送りできないけえど」と膝をついて黒い鞄を取り弁当をいれながら、「でもよかった、今日までお姉さんにいていただいて」と言う。七〇六〔図93〕、近写の京子が、後景が庭の父の座につく。「兄さんも姉さんも、もう少しおってくれてもよかったと思うわ」。七〇七、七〇五と同じ。鞄に書類を入れながら兄姉を勝手だと批判する京子に、紀子も膝をつきながら、「仕様がないのよ、お仕事があるんだから」。七〇八、七〇六と同じ（以下略）。京子、つまだちから正座に変わる上体の動き（上がり沈む）。「だったらお姉さんでもあるじゃありませんか。自分勝手なんよ」。七〇九〔図94〕、近写の紀子が、後景は茶の間と向かいの家の父の客の座（もう一つの父の座）につく。「でもねえ京子さん」。七一〇、京子「ううん、お母さんが亡くなるとすぐ、お形見ほしいなんて。あたしお母さんの気持ち考えたら、とても悲しうなったわ。他人同士でももっとあたたかいわ。親子ってそんなもんじゃないと思う」。七一一〔図95〕、七〇七より二人にずっと近い、京子正座している、紀子も正座しながら語る。「だけどねえ京子さん、あたしもあなたぐらいの時にはそう思ってたのよ。でも子供って大きくなると、だんだん親から離れていくもんじゃないかしら。お姉さまぐらいになると、もうお父さまやお母さまとは別な、お姉さまだけの生活ってものがあるのよ。お姉さまだって、決して悪気であんなことなすったんじゃないと思うの。誰だってみんな自分の生活がいちばん大事になってくるのよ」。七一二、京子「そうかしらん。でもあたしそんな風になりたくない。それじゃァ親子なんてずいぶんつまらない」。七一三、七〇九と同じ（以下略）、紀子「そうねえ。でも、みんなそうなってくんじゃないかしら。だんだんそうなるのよ」（京子と志げの中間の視座からの離脱）。七一四、京子「じゃお姉さんも？」。七一五、紀子「ええ、なりたかないけど、やっぱりそうなってくわよ」（〝巣立ち〟の必然性の確認）。七一六、

図93

図94

図95

図96

図97

図98

図99

京子「いやァねえ、世の中って」。七一七、紀子「そう。いやなことばっかり」。七一八、京子、落とした視線をまた上げて、「じゃ、お姉さんあたし」。七一九〔図96〕、七〇五と同じ。紀子は「いってらっしゃい」と言いながら、鞄を下げた京子と立ち上がる。京子右を見て「お父さん、行ってまいります」。京子そして紀子が左の襖陰に入る。七二〇〔図97〕、玄関の間、一四および五八一と同じ、ただし、右障子前に鶏頭（一回目の一四は鉢植え一つ、二回目の五八一は鉢植え二つ、そして六三二〔図98〕で、とみの死んだ朝に着いた敬三を京子が玄関にむかえた時に初めて鶏頭が出現した）、前よりずっと鮮明に見える中央の棚の二つの提灯箱。衝立から京子、紀子が順に現れる。玄関を背にした京子に向かって紀子は別れの挨拶を交わしながら「きっといらっしゃいね、夏休み」と京子の手を両手で優しく包みこみ、片手で髪をなおしてやる。京子左のオフへ、紀子は一歩前に出る。音・蝉の声（七二三まで続く）。七二一〔図99〕、玄関、一五および五八二と同じ（ただし、右手前に紀子の後ろ姿の下半身が初出）。上がり框に腰掛けて靴をはく京子の後ろ姿が立ち上がる。京子、格子戸を開けて外に出て振り返り、「さよなら」。以上の反復は一七ショットで三分二七秒、平均一二秒で、三度目は過去二回とはショット数で二倍、時間では三倍となる。

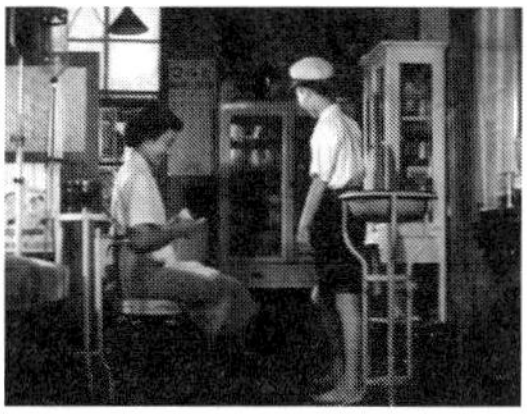

図100

図101

こうして三回の京子の外出は、日常の反復のなかにその空間を絶えず変容し続ける非日常の時間の働きをしるす。それは一つの開いた進化論的言説の展開を示す。それは一つの生命の生から死へ、父母＝地方から息子娘＝都市へ、亡夫の家から独立する女性への世代交代と、ある家の空間のなかに刻々と生成し、変化し、消滅し、転生するものの記録の言説である。その記録は人や生物だけでなく、刻々と現れ、消え、入れ代わる物の影、提灯箱、植木鉢、主婦の間、茶の間、庭の花々、隣の仏塔、などの現象や物に及ぶ。それは絶えず新しい可視界とその影の不可視界を膨張させることで、映画を開いた宇宙にする地平の創造であり、時空の揺らぎや隠蔽や小出しの露出などによる錯綜のゲームである。この膨張のエネルギーと錯綜のゲームはとくに幸一家に集中しており、それは家中のガラスに突発的に開花していく割れ目の白い花の打ち上げ花火や、各部屋のショットを繋ぐたびにカメラの視点を四五、九〇、一八〇度に変えることで生じる方向＝意味の喪失と確認の追っかけとなる。診察室の場合、最初の全景（四二〔図100〕）は窓の右脇に貼ってある視力検査表を位置関係の基準標として提供するが、小津は同一ショットでも視軸や小道具を動かして私たちを錯乱させる。例えば四二で右にあった手洗い台は一四〇〔図101〕では左に移り、その跡に仕切りを登場させ、左に目立っていた消毒液の台を左隅で人物が隠している。『東京物語』の美学は時間と変容の精密な計算と絶えずそれを揺るがす錯綜のゲームとの追っかけである。

［1］ジェラール・ジュネット『フィギュール1』花輪光監訳、書肆風の薔薇、一九九一年、一九〜二二頁。

［2］なお、同書には佐藤忠男の解説「『東京物語』について」（二二七〜二四七頁）が収載されているが、このなかのレオ・マ

ッケリー監督作品『明日は来らず』（一九三七）の『東京物語』に対する影響論は出色である。

［3］ Max Tessier,《Le temps s'est arrêté》, *L'Avant-Scène Cinéma*, n°204, 15 mars 1978, p.5.

［編注1］ 実際にはショット番号一八の図4のあとにショット番号一九の図3がくる。

Ⅱ 溝口健二

第1章　『近松物語』と下座音楽

秋山邦晴は「〈近松物語〉の一音の論理」で、早坂文雄の音楽の意義をこう論じている。

「邦楽器を本格的にとりあげ、そこから日本の伝統音楽のもつ独自な構造を映像との新しい創造といった地点にまでもっていったのは、なんといっても早坂文雄の〈近松物語〉〔一九五四〕の音楽だった」「早坂文雄はこの映画に、歌舞伎で使われる下座音楽《げざおんがく》を主体として用いた」「『近松物語』の映画音楽は（略）下座音楽を利用した映画音楽ではなく、あくまで下座音楽のもっている独特な音の世界をかれが新しく発見し、それを映画音楽として創造しているのである。それでは下座音楽になにを発見しているのか。それは大太鼓やしめ太鼓などの邦楽器のもつ独特な音色の世界のふしぎな呪力が、映像との関係のなかで新しい意味をおびることを新しく発見したのだ。それとともに、早坂文雄は、ここではそういった楽器の音色や機能を超えて、それは日本の伝統音楽の独自な構造のもつ問題を発見している」「旋律を構成し、重層し、音のひとつの構築物として展開するのがヨーロッパ音楽の特徴である」「日本の伝統音楽には、ドレミファの秩序はない。むしろ、そういった抽象された楽器の音の組織的な秩序とは、まったく異質な音の世界である。簡単にいえば〝自然の音〟として、世界に存在する一音、一音の存在が邦楽器の音であり、そうした考え方が日本の伝統音楽の認識であり、論理である。太棹三味線の一撥《いちばち》、横笛の一吹き、大太鼓の一打による一音は、その一音だけの存在そのものが複雑であり、それ自体ですでに完結しているともいえる。いくつかの音の関係で旋律や和声という組織によって意味をうちだす西洋音楽とは対比的に、一音の存在それ自体によって意味をもつのである。一音として完結しうる音響の複雑性は、竹藪の朽ちた竹が鳴らす自然の音や、松風の音とおなじように、人間のちっぽけな個性の表現を第二義的、三義的なものとする。そして演奏家はそのような宇宙の無数な音と拮抗し、同一化する一音の意味を楽器からとらえようとする。そういった音の認識論なのである。一音の意味を存在させることは、また〈間《ま》〉という沈黙の意味をうみだす。しかし、〈間〉とは一音一音をきわだたせる無音のことではない。一音、一音と鋭く対立し拮抗して存在する生きた沈黙であり、充実した時間としての存在なのである。こういった音と沈黙による一音の構造こそが、日本の伝統音楽の独自な世界であろう。そして早坂文雄が〈近松物語〉でこころみたのは、じつは下座音楽という形式でも邦楽器の利用でもなかった。こうした日本の伝統音楽の一音の構造を映画音楽へもちこみ、映像と音との新しい関係を実験し創造するということであったといえるのである」〔1〕。

秋山論文が刺激したものは、どういう下座音楽がまず『近松物語』の早坂文雄の映画音楽にどうテクスト連関し、さらに溝口の映像そのものにどうテクスト連関しているか、という事実の検証である。そして下座音楽がそのまま用いられている場合、大胆に変奏されている場合、全く音楽的に創作されている場合の個別的な検証が必要である。そこで、一九八七年七月一六日に早稲田大学大学院文学研究科演劇専修の和田修講師（当時は大学院生）に映画を見てもらい、下座音楽について検証して頂いた。以下はこれを映画の展開に従って列記し、音楽の解釈と溝口の映像との連関について私見を述べたものである。歌舞伎の音楽は所作音楽と下座音楽に大別され、下座音楽はまず歌舞伎の一日の儀式音楽であり、幕の開閉、人物の出入り、動作、会話の伴奏音楽である。演奏は長唄連中が担当する。楽器の構成として、唄、合方（三味線）、鳴物（大太鼓、太鼓、大鼓、小鼓、笛）とそれらの組み合わせからなる（映画では合方と鳴物）。それらは王朝、時代、荒事、世話、時代世話、生世話《きぜわ》などの狂言別に分類され、多岐多様であり、百科事典なみである。鳴物は能楽囃子から踏襲された本行手付と長唄で創案された本来手付で構成され、出入り、舞事などの囃子として基礎音楽をなす。さらに歌舞伎独特の大太鼓は儀式音楽と自然現象の卓抜な擬態・擬声の音楽であり、宇宙的祭祀の根源をなし、下座音楽の王者である。さらに神社寺院からの神楽、念仏、郷土芸能、その他のあらゆる音に関する金属、皮、木、竹の補助楽器を活用している。

(1)クレジット・タイトル。歌舞伎の一日の儀式音楽（一番太鼓、着到、シャギリ、打ち出し）で、〝二番目シャギリ〟に近いもの。シャギリは歌舞伎で幕切れの合図に囃子方が太鼓、大太鼓、能管で演奏する囃子で、最後の幕には奏さない。二番目シャギリは今では使われないが、昔一日の狂言立てが一番目（時代物）と二番目（世話物）にわかれていた頃、一番目が終わり、二番目にかかる時に打ったものである。演奏の望月太明蔵《ためぞう》は文楽の囃子方だが、文楽では一番目、二番目という立て方は普通しないので、上方の歌舞伎の打ち方かも知れない。歌舞伎では序幕の一時間前に舞台清めの「三番叟《さんばそう》」の略式「番立《ばんだち》」が明治中期まで演じられたが（文楽では現在も開演前に）、歌舞伎の「三番叟」は能の「翁」同様に正月の仕始め式などの聖なる儀式曲である。この儀式音楽の体系のなかで下座音楽もその聖性を共有すると思われる。この作品には下座音楽が絶えず現前していくが、歌舞伎の愛好者以外の現代人にとって、下座音楽の持つ儀式的・劇的〝約束＝言語〟の意味は曖昧か不明である。それは『説き語り記号論』（一九八一年）の青木保が指摘したお経や祝詞のように、「これは言葉であるか音であるかわからない、いわば音と言葉の『境界』上にあるわけで」「そういう呪文的な言葉ではまさに音と言葉の境界にある——これは音楽として聴いてもいいし、言葉として聴いてもいい」「非常に境界的な記号である」[2]。下座音楽もまたその約束＝言語と音楽の境界的な記号の儀式性により、映画に能のような緊迫した儀式的時空と演技をもたらす。こうして秋山邦晴の指摘した日本の伝統音楽の一音と沈黙の間を始め、溝口の追求した、台詞に拮抗する人物の沈黙の間、人物の動きに対する居グセ的な静止の間、人物の存在に対する不在＝空《から》ショットの間などの、多層的な音・映像の構造が体系化されていくのである。

(2)奉公人の部屋。以春《いしゅん》の強引な誘惑に思いつめたお玉が二階の廊下を歩いてくるが、茂兵衛の姿が見えないので途中で立ち止まり物思いにふける（お玉の沈黙の三三秒）。ここをお玉のテーマの篠笛の〝田舎旋法風〟を西洋の田園の響きのオーボエでなく、低音のふくらみのあるファゴットで演奏し、西欧の音と日本の旋律の境界上に置く。ここに彼女の性格の解釈の泉がある。茂兵衛現れて会話となり、音楽止む。

(3)店の表通り、不義密通者の引回し。以春とおさん、茂兵衛やお玉、店の者たちが見る。大太鼓、篠笛。引回しの行列の動きと見物の心の動きを律する反響音のある大太鼓の大間のリズムは〝時太鼓〟や〝雪の音〟の打ち方に似ているが、正確には違うし、笛も特定の手ではなく、ともに下座音楽の手ではない。とくに大太鼓は緩やかな定間《じょうま》だが、ドンという音にズズズーンという機械的に作られた反響の尾を曳く。それらは新しい音楽であり、同時に優しげな篠笛（不義者が殉じる愛）、雪の音（物理的・心理的に厳しい寒気）、時太鼓（死の刑場に向かう過酷な時の告知）という下座音楽的連想の境界上にある。とくに篠笛＝愛の真情は、見物している女中たち、お玉、おかや、おそのの階級や性差の桎梏を超えた男女の愛への同情の台詞を導き出している。「男はどんな淫らな真似もできるのに、女《おなご》が同じことをしたら、なぜ磔になるのやろ、片手落ちの話や」「人を殺したり、お金を盗んだんじゃないのに」「可哀相や」。ここには大太鼓＝死と篠笛＝エロスの時間が交差している。また秋山邦晴のいう地鳴りのような太鼓の響き、この切迫した不吉な運命のリズムは、すでに『雨月物語』（一九五三）の琵琶湖上に幽霊船のような怪しい船が出現する時のみごとな使用で有名である。これらの大間《おおま》のリズムの反復は、有名な『忠臣蔵』の判官《はんがん》切腹の場面での〝空二《からに》〟（太棹の二の糸の開放弦を大間に弾く）の機能と同じで、切腹の儀式の時空を死に集中して刻一刻と進行させる宇宙的リズムを持つ。引回しの場面には最下階級〝非人〟の死刑執行雑役夫たちによる恐怖の行列の儀式がある。外見は殆ど乞食のような恐ろしげな男たちの先導は「どけどけ」と見物人を威嚇し、その後を幟や罪状を記した触書をかかげる者たち、犯人を突く鋭い槍を持つ男たちが続き、次には縛られた不義者の武士の妻と奉公人を乗せた一頭の裸馬の轡《くつわ》をとる者、回りを警護する者たちが続き、その

図1

図2

図3

後を槍持ちたちが従う。殿《しんがり》は最上階級者の騎馬の武士二人である。それを町人たちと都に出てきた農民が見物している。大太鼓の大間のリズムは、町の時空に一体化した連続体の生命を与え、厳格な階級と性の差別の制度がもたらす苦悩の蠕《ぜん》動《どう》運動を行わせる。

(4)栗田口の刑場。引回しの二人の磔、コントラファゴットが「低く、重く、暗い音色でゆっくりと奏され」（秋山）［3］、ピュッピュッと槍が空を切り、刃をチャリンと合わせる。

(5)細工場。夜通しの仕事を終えた茂兵衛に女の声がかかる［図1］。「茂兵衛、茂兵衛」。ここからおさんの主題の、民俗芸能風の田舎旋法の篠笛が入る。日本の田園の響きである篠笛には優しい女性性とともに、日本の基層的な民俗信仰の聖性がある。茂兵衛が廊下に出るとおさんが隠れるように立っている［図2］。「頼みたいことがあるのや、一寸、来ておくれ」と右奥の廊下へオフし、茂兵衛も後を追いオフとなる（二人の沈黙一三秒）。薄暗い廊下の空ショットが笛とともに続く（五秒）［図3］。カットでおさんの居間の襖が開き、おさん、茂兵衛が入り（沈黙一一秒）、話しだすと笛が止む。篠笛の楽器そのものは引回しから引き継がれているので、不義の愛の残響と、聖性の境界上にある。

(6)店・帳場。茂兵衛はおさんの頼みで実家への金を捻出するために、店の金でやりくりをしようと以春の印を白紙《しらがみ》に捺す［図4］。その大写しに緊迫したしめ太鼓の手が入る。これは下座の手でなく、洋楽風の緊迫した叩き方である。それを助右衛門に見つかり、謀判《ぼうはん》の罪になると脅かされる［図5］。脅しにも同じ太鼓の手が入る。ここで茂兵衛は「そうだ旦那様にお詫びして、改めてお願いしてみよう」と言い、急いでそこを去る。助右衛門も慌てて彼を追っていく。二人の退場に細い撥で打つ早間の大拍子《だいびょうし》が入る。大拍子は、『西鶴一代女』（一九五二、音楽は斎藤一郎）で、早駕籠の場面にその動きに合わせてリズミカルに用いられていたが、それとは違い、本来的な神楽を模した手でもどき的な諧謔味がある。実は早坂文雄は前に黒澤明の『七人の侍』（一九五四年四月封切）で、よく調査した伝統的な民俗芸能の田植えの囃子を演じさせているので、民俗芸能風のものが多いのであろうか。それにしても深刻な場に神楽風な大拍子の登場に少し驚くが、これは以後、茂兵衛を追う場面に何度も助右衛門への諧謔をこめて繰り返される。

(7)奥の間の縁側。茂兵衛は自分の過ちを以春に打ち明けるが厳しく叱責される。声を聞きつけ、かけつけるおさんに助右衛門が旦那様の印判を白紙に捺したと伝える［図6］。おさんは、はっとする。ここで細棹の長唄三味線で〝只の合方〟となり、おさんは以春にすがり、「旦那様、そりゃ私が」と告白しかけると、お玉が現れて、「お許しください、私が頼んだんでございます」と以春に平伏して、「実は浪人の伯父が金に困って」と語りだす［図7］。下座音楽では、合方は長唄からあるいは邦楽から採ったもの、下座音楽として作曲されたものなどの長唄三味線の独立した手事の一連鎖で、幕開き、幕切、人物の出入り、台詞、しぐさなどに用い、心理描写や雰囲気醸成をおこなう。只の合方はしんみりした三下り《さんさがり》で人物の述懐に用いるので、このような緊迫した場面では本

図4

図5

図6

図7

図8

来の使用から外れている。だが、かん（高音）から出る早い手があり、それが逼迫した場面にあう音楽となっており、お玉が平伏し、語り始める時もこの手が入ってくる。三度目はおさんがお玉の助け船にほっとして、以春に「どうか了見してやってください」と頭を下げる時に入る。以春は思いを寄せていたお玉の宥《なだ》めに余計に怒り、茂兵衛を蹴倒す［図8］。ここから以春が助右衛門に茂兵衛を閉じ込めておけと命じ、とりなすおさんを怒鳴りつけながら、縁側を奥へ歩き姿を消すまで、早舞の太鼓だけが入る。これが能楽の四拍子のいわる本行手付（大小の鼓、能管、太鼓）の早舞では松の間になってしまう。

(8)納屋。暮れて、暗さが増し、灯が見える。丁稚が梯子をかけ、二階の茂兵衛のところへ（沈黙二七秒）。ここから（勤行の）一つ鉦が心細く大間で続く。「お家様がこれを」と弁当を渡す。茂兵衛は見えないおさんに一礼し、鼻をこすり、碗をとりあげる（沈黙二二秒）。ここでの鉦の大間のリズムも、空二のように、寒気、茂兵衛の主人への絶望や孤独が夜とともに刻一刻と深化する納屋の時空の連続体の生命の鼓動となる。

(9)お玉の寝間。おさんが来てお玉に昼間の礼を言う。お玉は以春の金にものをいわせての強引な言い寄りをおさんに伝え、今夜もここに忍んでくると自分の窮状を訴える。おさんはあまりのことに信じかね、「ほんまか、そんなこと」と念を押す。お玉は「へい、これまでに何べんも」と涙にくれる。これがきっかけでハープの短音の静かな定間のリズムとコントラファゴットの「苦く重苦しい音色」（秋山）の旋律が以後続き、二人の述懐を彩る。「よう、まあ」と言うおさんのため息で二人の正面ショットが一八〇度カットで二人の後ろ姿（お玉はやや横向き）のショットになり、前のショットよりカメラは引いてより遠景となる［図9・10］。後ろ向きのまま、おさんの述懐となり、自分にはあくまでもけちな夫が女には気前よく、不貞をすると嘆く。ここでの二人は後ろ姿のしかも遠景なのである。いわば能の究極の絶対静止の演技〝居グセ〟に通じるものとなる。そしてこのハープのリズムの音記号とお玉の居間の左隅に灯る行灯の映像記号が次の番頭の場面に送られて行き、ディゾルヴで⑾に繋がれ、納屋の時空の連続体はお玉の寝間から番頭の寝間へ移動していく。

⑽番頭の寝間。左隅に行灯、ハープのリズム続く［図11］。寝ていた助右衛門が目覚め、唸り、ため息をして座り、酒をのむ（沈黙三四秒）。「すまじきものは宮仕え」と呟く。そして行灯をさげて部屋を出ていく（沈黙一三秒）。次のショット［図12］で廊下に出た彼は丁稚たちに「何時まで起きているのか」と小言を言い、階段を下りていく。ハープにフリュートの静かな旋律が加わる（沈黙一〇秒）。

⑾台所と上の二階の吹き抜け。廊下に面した各部屋が見え、巨大な建築空間が暗さのなかに強調されている。茂兵衛が部屋に忍びこむ。大太鼓の〝風の音〟。『演劇百科大事典』の望月太意之助によると、これは「すきまをもれる風を響かせた鳴物」で、「左撥を皮に当てて右撥で四粒を続けて二回打ち、あと二粒を四回連続して囃し一六粒で一連になる」。「物のさぐり合い、忍び込みなど登場人物の性格や動作によって体に合わせて」長撥《ながばち》で打ち囃す［4］。楽器が擬音的、擬態的にとらえる自然と人の動作の一体化が下座音楽の宇宙性である。

⑿階段。この後、納屋で助右衛門は茂兵衛がいないので慌てる。ここで例の大拍子が入る。そしてお玉の寝間でおさんと茂兵衛がいるのを見つけ、⑾の階段で茂兵衛と助右衛門の追っかけとなる。早い間の大拍子が入り、

図9

図10

図11

図12

次の表の通りのショットに追っかけと大拍子が続く。

⒀奥座敷。以春はおさんがいくら弁明しても茂兵衛との仲を疑う。怒ったおさんは居間に戻る。そこで左斜めを向いて座るおさんの画面右に追ってきた以春が横向きで着座し、音を立てて短刀を彼女の前に置く（沈黙一六秒）［図13］。それがきっかけで一八〇度カットとなり、以春が画面左に横向きに、おさんが画面右に後ろ姿となる［図14］。この場合も一八〇度カットで前のショットよりカメラは後退している。そしてカットをきっかけに、太棹三味線の〝めり〟となる。歌舞伎のチョボの義太夫のめり（めりやす）は語り節のない部分で台詞や動作の彩りにあしらう伴奏で、ここでは早間の緊迫の手が二人の時空の切迫した息づかいを生みだす。以春は「大経師《だいきょうじ》の内儀として、どうするのが道かよう考えるのや」と、もう一度短刀をおさんの前に置く。そして立ち上がり、おさんの前をうろうろするが、おさんは無言で、身じろぎ一つしない。めりのなかで、おさんの不動の後ろ姿がみごとな居グセを展開する（沈黙一三秒）。きっと唇を結び、じっと宙を見据えるおさんの表情の静かな怒りの炎の舞を私たちは心の目で見る。溝口と能のみごとな交差の一瞬である。助右衛門に呼ばれた以春が席をはずして戻ると、おさんの姿が見えない。以春はおさんの名を呼ぶ。

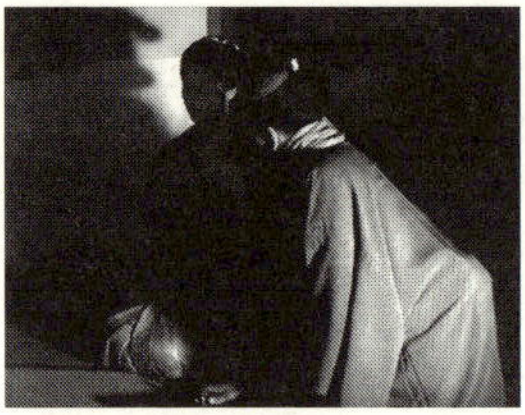
図 13

図 14

図 15

⒁裏口、戸が開いていて路地が見える［図15］。内部の木戸が、今おさんが開けて去ったように、また風に吹かれたように閉じる。ここで〝寝鳥《ねとり》の合方〟の三味線の単調な出だしが始まり、木戸の小さな開閉の動きのなかでの空ショットが八秒続く。下座音楽ではもっぱら効果音として合方と同じ用途をつとめる。これにドロドロと打つ大太鼓と隙間もる風の心で寂しく吹く寝鳥という能管の鳴物に、二上がりの三味線を加えたもので、幽霊出現

の怪しい雰囲気醸成をおこなうが、ここでは三味線だけである。木戸の動きに連動して始まった寝鳥の合方とともに、時空の生命的な動きが次の暗い夜道のショットに続く。今度は寝鳥の合方の三味線のめりはりのある手が展開していく。ここで茂兵衛はおさんに出会い（それまでに沈黙の九秒）、「もう、あの家にいとうないのや」とずんずんと下手に行く彼女を案じて追っていく。ここで上手に向かう提灯を下げた町人とすれちがう［図16］。この明るい提灯の動きの映像記号も次の場面に送られていく（義太夫節の〈なになに三重〉の旋律型は、一つの段の中の大道具の変わる大きな段落で太夫と三味線が交代する時に用いられ、詞章の切れ目の少し前のところを締めくくりの三重にし、残りの詞章を新しい演奏者により次の場面の冒頭で演唱される。この場面転換のなかの詞章の連続性に着目したい）。今度は三味線がおさん茂兵衛と通行人の動きを路地に招きよせ、寝鳥の合方の約束ごとに従って、おさん茂兵衛の不義の磔刑への道行の始まりを、三味線だけで暗示する。

⒂川原、背景の小高い山並みの麓に家々の灯が七つほど連なる。二人が右から現れ、中央の浅い川を渡り、左岸を手前に歩む［図17］。その時、背景の灯の連なりのなかを、一つの提灯が二人と入れ代わるように左から右に動いていく。前場面の提灯の動きの連続である。この場面には篠笛、太鼓、大太鼓による歌舞伎のものでなく民俗芸能風の祭り囃子が大間で奏でられ、遠くのゆったりした里の雰囲気を伝える（太鼓の二粒打ちの三度繰り返しと次に大太鼓の三粒打って一粒を一連として反復する。笛は間を活かしあしらう）。大太鼓は川の流れの擬音のようでもある。家を出た二人の動きは、ここで祭り囃子の間によって、夜空・川原・山・村落の宇宙的な時空の連続体の生命の鼓動を打ちだす。こうして川渡りで、茂兵衛はおさんを背負うのではなく、おさんの立ったままの姿勢と着物を全く乱すことなく、自分の腰のあたりにのせて美しく運ぶ［図18］。これは儀式音楽のなかで極度の集中力

図16

図17

図18

図19

図20

により洗練された身体儀式であり、未知の道行の所作となる。溝口映画の代表的な物理と形而上の融合のひと時であり、能舞台に似た三二秒の沈黙の所作である。そしておさんの実家への金策のために大阪に向かう茂兵衛は、夫への怒りが納まらずに歩み続けるおさんを困惑しながら追い、画面をオフする〔図19〕。その空ショットが次の空ショットに続く。

⒃次の空ショット（二〇秒）は暗い川面をカメラが川下（左）へ移動していくと、巨大な醸造樽の連なりが川面に映り、やがて地上の樽の列の奥に灯のともる伏見の船宿入口が見える〔図20〕。前場面の大太鼓のリズムが変わり、大太鼓の〝雪の音〟が先を布で巻いた貝撥《ばいばち》でやや細かな定間で静かに打ちつづけられる。画面には降雪がなく、二人の存在もない川辺の時空は今度は降雪の擬態音化された連続体に変身し、さらに次の船宿に移っていく。

⒄伏見の船宿の一室。おさんが最初に「ここから、大阪へ下る船がでるのか」と聞き、茂兵衛が「へい、そうです」と答えるところで、本調子の雪の合方が前場からの雪の大太鼓にかぶさってきて、二人の心身を包む時空の連続体の雪の擬態音化を増幅する。おさんは焼き物の手炙りに手を当て暖をとりながら語る。「伏見も、お稲荷さんより先に来たのは、はじめてや……寒いなァ」。女中が咳払いをしてから、湯を持って入ってくる。ここで雪の合方だけが終わり、大太鼓は鳴り続ける。女はじろりとおさんを見ながら、布団を一つ敷き、枕を二つ並べて去ろうとするので、茂兵衛は慌てて自分は別室で寝ると叱る〔図21〕。女が去り、茂兵衛も退室しようとすると、おさんは「一人で心細い、ここにいてて」と言い、茂兵衛は「めっそうもない、早う横におなりなされま

せ」と床を整えてやる。おさんが述懐する。「なァ茂兵衛、人の運ほど判らんものはないなァ」。ここで忍び三重の三味線が入り、雪の音の大太鼓とともに最後まで続く。「たった一日の間にこんなことになってしもうて」と嘆くのを、「お気の弱いことをおっしゃいますな。明日のことはまた明日考えましょう。……何もかも忘れて、お休みなされませ」と茂兵衛は励まし、丁寧に挨拶して出ていく。一人残されたおさんはここで初めて僅かに正座の膝を崩し、手を手炙りにのせて考えこむ（沈黙の所作一〇秒）。忍び三重はだんまりや殺しの場面に使われるものである。だんまりは暗闇のなかで数人で手さぐりしながら争う所作であり、おさんはすでに底冷えする運命の暗闇のなかで夫とのだんまりを始めている。

⒅堅田《かたた》の宿。その後二人は大阪に出て、茂兵衛が金策し、おさんが実家に金を送る。京に戻ろうとした二人は伏見近くで厳しい旅人の取り調べに驚く。二人は不義者として手配されていたのだ。二人は琵琶湖経由で戻ろうとして堅田の宿に泊まるが、ここでも役人の取り調べを受け、気づかれてしまう。茂兵衛はおさんを促し、逃げようとする。おさんは「生きて恥をさらすのはいやや」と短刀を取り出して自害しようとする。ここで太棹の早間のめりが入り、音階を擦り上げていく切迫した手で、二人をそのクレシェンドに収斂していく。茂兵衛は泣くおさんから短刀を取り上げ、「ごもっとも、ごもっともです、参りましょう、お供いたします」と励まし、廊下で見張っている役人に気を配りつつ、窓を開けて逃げようとする。次はつんつるてんの着物を着た野暮ったい役人が廊下でうろうろするショットで、そういう性格描写の妙をふまえつつ、めりは微妙に早間から大間に落ちついていく。ショット内の時空のみごとな呼吸の変化である。

図21

⒆琵琶湖シークエンス。①黄昏の湖畔の浮御堂《うきみどう》、役人からこのショットに変わる。遠景で二人が堂の前を右から左へ通り去る（一七秒）［図22］。反響する大太鼓が四粒一連で、最後の一粒を強く打ち、反響を活かすように暫く間をとり、この一連を定間で反復する。

図22

図23

図24

図25

図26

独自の手だが、神楽、湖の水の動きの擬音、擬態音のようでもある。⒂の川原での大太鼓のリズムとその時空の呼吸のみごとな変化と連続。それは次の湖上の各ショットに続く。②超遠景、沈黙二二秒。前景に葦原の無人の湖（五秒）に二人の船が右から入り、中央でディゾルヴ［図23］。小船に当たる水音はどんな小さな波、人の動きや心理の動揺も洩らさずに聴診器で捉える鼓動のように強く響く。この大太鼓（③からは例の里神楽風な篠笛が入る）による湖水の音楽の進行とともに、録音機による遥かに多彩で繊細な湖水の具体音楽を進行していく。ここには下座音楽、音楽、現実音のそれぞれの区別はなく、すべて互いに浸透しあい一体化している。つまり、流動的で安定した液体の水が生命の媒体として多くの他物質を溶解するように、映像と音の記号の流動体は拮抗しあうものの間の構造や境界上のものをつねに受け入れ、それにより開かれた多義的な新しい映画的時空の一つの連続体（映画テクスト）をたえず生成していく。この生命の媒体としての水のイメージが溝口映画の最も重要で美しい象徴体系（池、川、湖、海）であり、溝口映画の多層的な間の構造の原理である。③近写、沈黙三九秒。右から船の舳先が入り（空ショット一一秒）［図24］、ついで座るおさんと棹を持ったまま立つ茂兵衛の靄のなかの静止像が現れ、船は独りで滑っていく［図25］。茂兵衛が座りディゾルヴ［図26］。④二分四九秒の長回しの会話場面。俯瞰のクレーン移動と船自体の動きで視点の変化に富むミディアム・ショット。前のショットの動きを続ける茂兵衛がおさんの足を紐で結んでから、入水寸前に「貴方様をお慕いしておりました」と告白する〔図27〕。おさんは「お前の一言で死ねなくなった」と言い、生きていたいと茂兵衛にすがりつく。金縛りにあったように硬直した茂兵衛は喘ぎ、船は揺れ、九〇度軸が回る〔図28〕。湖水の子宮に浮かぶ小舟の胞衣はあらゆる差別的ヒエラルキーを壊す愛の生命を生みだすように水音を立てて痙攣しつつ半旋回する（この無言劇二四秒）。

(20) (19)から続く湖畔の遠景の空ショット、一五秒〔図29〕。中央に乗り捨てられた小舟、右に小屋。早間で次第に強く連打していく風の音に近い大太鼓が反響し、それに共鳴するかのように湖水の面に小波が寄せる。フェイド・アウト。この空ショットの間が二人の愛の時間経過を知らせる。この激しい風音のような時空の生＝性は、愛の激しい息づかいなのか、シルエットの小屋のなかの二人の鼓動なのか。二人はすでにそこを去って、風音だけが残っているのだろうか。開かれたテクストは大太鼓の響きとともに自問し続ける。こうして琵琶湖シークエンスは、一音的な音と沈黙、人物ショットと空ショット、最も劇的な台詞と沈黙、動作と静止の多層的な間を生命のリズムとし、伝統演劇と現代映画、伝統音楽と現代音楽の未知の境界上で、溝口映画の時空の生成のエピファニーを提示している。

(21)嵯峨の奥の峠茶屋。ここは一音と沈黙と台詞と無言劇の拮抗の間が機能する。以下、無言劇の時間分布を示す。栗売りが登場し茶屋の老婆と話をするまで（八秒）。忍びの旅でやつれ果てた二人が山を登って茶屋の縁台に座り込む（二八秒）。ここは〝山颪《やまおろし》〟を模した早間《はやま》の大太鼓の連打が音を抑えて間欠的に響き、能管の〝とひよ〟という鳥の擬声音のピーあるいはピヨピヨが間欠的に反復

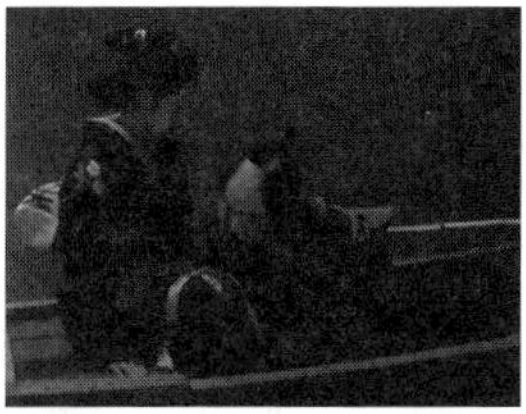
図27

図28

図29

する。これらの音の合間にしめ太鼓のテンという一打が絶妙な間で入る。ハープの二連音が間を置いて単純な旋律とリズムを反復する。時空の生成にさまざまな間が重層化するみごとなパーカッションのヘテロフォニー。茶屋の内部、茂兵衛はおさんを助け、足を床に乗せてやり、桶を持ち外へオフし、おさんは足をさする（一八秒）。茶屋の外、茂兵衛が筧《かけひ》の水を桶に入れてから戻る（一一秒）。茶屋の内部、苦難の旅を詫びながら、おさんの足を洗う茂兵衛に、彼女は「こんな楽しい旅は生まれて初めて」と語る。ここで音は山颪だけになる。茶屋の外、とひよの音、茂兵衛が出てきて桶の水を捨て、茶屋をのぞき、うつむき考えこむ。ここはとひよ、大太鼓、太鼓の連続する早間が風に揺らぎ落ちる筧の水音と拮抗しあう（一八秒）。茶屋の内部、おさんと話していた老婆が戻らぬ茂兵衛に気付き、「お連れさんは」と言う。ハープも早間となり、調べは複雑となる。山の斜面、外に出たおさんは茂兵衛の名を間欠的に四度呼び、必死に追う、音楽はクリシェンドに向かう（三一秒）。炭焼き小屋の前、音楽のクリシェンドのなかで、茂兵衛は炭焼き場に隠れておさんをやり過ごそうとするが、泣きながら追ってきたおさんが疲れ果てて、ばったり倒れると、思わず飛び出し、二人は狂ったように抱きあう（三三秒）。音楽に台詞が交代し、後は一分二二秒のおさんの口説きと茂兵衛の抱擁となる。音・台詞と沈黙の間の多層構造のなかに、録音機で捉えた筧の水音が一時流れ込み、琵琶湖の場面の波音のように、自然の水音の不規則に揺らぐ律動の間を導入する。沈黙や空（ショット）の間の多層構造は、多くの物質を溶解する水のように、絶えず多くの新しい実在性を受け入れる開かれた時空の生命の媒体であり、小津芸術の〝空 sūnya の入れ子構造〟に似ている。

(22)大経師の台所。家を出されるお玉と伯父が挨拶をしている。伯父はお玉が茂兵衛のために自分のことを口実にしたが、私は武士であると潔白を述べる。去っていくお玉に女中たちが別れを惜しむ。この場面はファゴットの彼女の主題が奏される。近松作品では、お玉はおさん茂兵衛の命を助けるため伯父によって首を斬られる。そして二人は刑場に向かう時に和尚によって命を助けられる。映画はこれを変更した。その理由をファゴットの音色と調べが端的に語る。お玉とともに始終コロス役を勤める女中たちは、敗戦後の民主化と女性解放という欧米近代化時代の思想を直接語り続けるからである。

(23)奥の居間。峠で二人に会った栗売りの話を報告する助右衛門に、以春は「おさんだけをすぐ連れ戻せ」と命じる。退場する助右衛門を見送り、以春は炬燵の上に腰を下ろし、酒を一口飲んで、「生きておったか」と呟く。この退場から最後まで慌ただしく大拍子と太鼓が打たれるが、下座音楽ではない。助右衛門の主題に以春の太鼓による参加であろう。

(24)切戸の里。篠笛の田舎旋法が奏でるなかを茂兵衛の父の家の前の田舎道を二人が疲れ果てて来る。篠笛はこのシークエンスを通じて流され、田園の下座音楽と音楽のライトモチーフ（不義者の引回し、おさんの主題）として重層的に展開する。次に父の源兵衛が夜なべ仕事をする見すぼらしい土間に二人が入ってくる。近松作ではおさんと両親の再会と別れの人情場が切々と演じられるが、ここでは極貧の小作人の父源兵衛との人情場にして、大経師＝大地主と小作人＝奉公人の階級対立を鮮明化する。二人を許さない父も結局は竹藪の小屋にかくまい、握り飯と茶を持ってきて、「悪いことしたには訳もあろうが、親の目の前で捕まるようなことはするなよ」と言い、出ていく。ここから素朴で哀愁のあるハープの旋律が邦楽的な一音を強調する間入りの演奏で加わってくる。月夜の竹藪を去っていく老いた父の背。茂兵衛は涙ながらに、昔ここで、京に出て出世をする夢を見ていた思い出を語り、おさんも涙で茂兵衛にすがる（都での出世の夢と挫折の小津的テーマ）。

(25)竹藪の藁小屋。翌朝二人は役人や助右衛門らに捕まる。茂兵衛は必死に抵抗するが、縛られてしまう。その立ち回りにはツケが打たれ、おさんが駕籠に押し込まれ、連れ去られる時に、茂兵衛の名を呼ぶおさんの叫びを鋭い能管の音がとって代わる。

(26)岐阜屋の離れ座敷。連れ戻されたおさんは母と兄に大経師に帰れと命じられる。おさんは逃げるように、庭に面した縁側に来る。ここで篠笛を伴い曲の合間に御詠歌に使う鈴《れい》が入る三味線の合方（曲名不明）が続く。鈴が入る下座には舞踊の巡礼や詣などの所作のものや、大太鼓と能管と三味線の〝楽の合方〟の伴奏で時代狂言の寺院・宮殿などで用いられるものがあるが、ここは創作音楽だろうか、恋の巡礼の合方の含意か。おさんは庭に忍んできた茂兵衛を見つけ、かけ寄り、抱きあって泣く。母は二人を家に招じ入れる。履物を脱ぐ茂兵衛とおさんの暇を惜しんで頬ずりの沈黙二二秒。次に廊下のショットとなり（合方はなくなる）、ツケにあわせ、兄の道喜が裾をからげ、御注進とばかり後景の戸から家を出てゆき、入れ代わりに、登場した母が裾を手で持ち、左手前へオフとなり、ショットは空となるが、ツケが二度打たれてカットとなる（二三秒の沈黙の所作と三秒の空ショット）。次に居間。抱きあい、頬ずりする二人に太棹のめりが入る。五秒の沈黙の後に会話、またひしと抱きあう。暗転が二秒、闇のなかに襖が少し開き、隣の部屋の燭台の明かりのなかに母が立ち上がり、もう少し襖開け、居間に燭台をもって入り、揺らぐ灯の燭台を置き、襖を閉め、茂兵衛の前に膳を置く二九秒の沈黙の所作と映像の世界に生まれたばかりの新鮮な光と闇の明暗法。三人の会話となり、その応酬のやまにかなり音楽的に膨らませためり的な手が活躍する。とくに三の糸を低い音から次第に高くすりあげていき、それから次第に低くすり下げる手が三度使われる。最初は母が茂兵衛に路銀を出し、一人で逃げてくれと頼み込むところだ。次のは動転したおさんが茂兵衛一人はやらないと言うと母は怒り、「茂兵衛、お前は、主の家ばかりやない、この家まで、潰してしまう気か」とつめよるところ。おさんと抱きあい、「おさん様をお連れ申しに参りました」と言う茂兵衛に母は「無法じゃ」とさらに怒る。母は今度は平伏して、「皆のために一人名乗って出てくれ」と懇願する。ここで三度目が始まり、茂兵衛は「私も一旦はそう思いました。どうぞ、お許しくださいませ」とおさんと固く抱きあう。このめりは二人の不義の恋に愛の永遠の革命性を痛烈に露呈させる瞬間を招き、ラストの引回しでのトリスタンとイゾルデ伝説の恋の永遠性の顕現を準備する。この後再び廊下のショットとなり、ツケとともに道喜《どうき》や以春などが飛びこんできて（沈黙一三秒）、「茂兵衛は？」と口々に叫ぶ。

(27)大経師の廊下。二人が縄を受け、不義密通の罪を白状したことがわかり、所司代から二人の役人が廊下を通り、座敷に到着、座敷の庭に平伏している以春と助右衛門に座に直れと命じ、二人を部屋に入れる。二人の役人が座敷に至るまでの歩行に、大太鼓が二拍子（ドンと打ち、カチと鋲のところを打つ）で、次第に間を早めていく。歌舞伎の役所の場でも時の太鼓が打たれるが、二拍子ではない。独自の音楽的表現である。

㉘ラストのおさん茂兵衛の引回し場面（3と同じ場所）。極度の俯瞰による遠景の大経師のがらんとした台所の土間で、八人ほどの女中たちが出ていく支度をしながら、以春や助右衛門の罰のことを話している。次にがらんとした店の遠景、八人ほどの男たちが以春も助右衛門も心がねじけていたからと批判。「引回しや」という声で皆が戸口に向かい、例の地鳴りのような大太鼓が聞こえてくる。次は最初と同様な通りでの引回し場面となり、カメラは超遠景の俯瞰で大経師の家に向かって進む行列をとらえる〔図30〕。「どけどけ」という声、馬上の縛られたおさん茂兵衛の前後を幟や槍などを掲げ死刑執行人が囲む。次にミディアム・ショットのおさん茂兵衛が進んでいく〔図31〕。ここから胡弓入りの太棹三味線の合方が大太鼓の響きのなかに入り、最後まで続く。下座音楽には〝胡弓入り合方〟として、胡弓を引きあわせ哀調を盛るものがあり、「伊勢音頭」などで愛想づかしに用いられるが、それらを基にした作曲だろうか。最初の引回しにはなかった胡弓の音の優しいが不安定な揺らぎがコロス役の女中二人が語るそれぞれの思いに結実していく。ミディアム・ショットの終わりに、茂兵衛はふと目を

図30

図31

図32

図33

図34

上げて右を見る［図32］。それを受けて、次は二人を見送る奉公人たちの遠景の俯瞰となる［図33］。おかやは「お気の毒に……どんなお気持ちやろ」と涙にくれ、お蝶は二人を目で追いつづけ、「不思議やなあ……お家さんのあんな明るいお顔を見たことがない。茂兵衛さんも、晴々した顔色で……ほんまに、これから死なはんのやろうか」と言う。そしてミディアムのおさん茂兵衛は上昇するクレーンにより遠ざかって行き、見物の群衆と町の遠景に飲みこまれていく［図34］。その最後に能管の鋭い調べが入る。これはヒシギといい、格式高いものに使うが、崩して用いている。画面は溶暗し、拍子木が刻まれてエンド・マークにかぶり、終わる。これは世話物の幕切れに用いるものである。こうして、映画と映画音楽が終わる。

下座音楽は歴史的に民俗芸能や能を基本としており、儀式音楽の上に成り立つものである。その呪術力とともに自然と自然現象と一体化した行動と心理を顕現する豊かな音記号の体系をなす。それは溝口の人間の多様な実在性を豊かに顕現する映像の記号体系（遠景主体のカメラと感情＝芝居を抑えた様式的演技、緩やかに持続する沈黙の所作と台詞の集中性、動的な演技と居グセ的静止や空ショット、全ショットの三五パーセントを占めるカメラの流れるような移動と時空を飛躍する水の流れのある道行）と織りなされて、映像・音の多層的な間の構造として、映画の時空の一体化した連続体のテクスト＝生命を生成する。

このテクストはその諸瞬間の集中の密度の高さにおいて、能の演技によく似ている。溝口の演技指導は独自なもので、撮影時に役作りをおこなう。目的はその役になりきらせることで、茂兵衛役の長谷川一夫に「長谷川君が茂兵衛をやるのじゃない。茂兵衛が長谷川君をやるんだ」と命じた［5］。複数の役がからむ時や長回しの場面（この映画の一ショット平均自体がすでに三二秒）などは一人ずつ吟味していくので、大変な時間と集中が必要となる。こうして演技が練り上げられると、撮影前に決定的なダメを押す。「本番いきます。感情の出しすぎです。一杯出したやつを九分がた引いてください。何もしなくていいんです。はい、本番」。溝口は〝芝居〟が見える演技を極度に嫌った。『残菊物語』（一九三九）で花柳章太郎が自分でも最高の演技をしたと思った時に、セット内でガタンと音がして、撮り直しになった。溝口は見える芝居を嫌って秘かにセットを蹴ったのだ［6］。この結果、俳優はどう演じたのだろう。笠智衆が小津に〝芝居〟はいらない、能面でいればいいと言われたのに似ている。演技の感情を極力抑制し、しかし追求してきた高度の集中の密度を活かす時に、能の演技の様式に近づく。つねに抑制し情熱を溜めたゆるやかな演技、沈黙の演技、居グセ的な静止、面を切り・仰ぐミクロ的集中演技などは、能のような多層的な間の構造により、魂を解放し、飛躍させ、語らせ、激しく舞わせ、素早く動く、マクロ的なものへ開花する。下座音楽はこの溝口芸術の宇宙的な秘密を明かすものであった［編注1］。


［1］秋山邦晴「日本映画音楽史を形作る人々19　早坂文雄　その3〈近松物語〉の一音の論理」、『キネマ旬報』一九七三年九月一五日号、一二五、一二七～一二八頁。

［2］青木保「日常の記号・儀礼の記号」、山口昌男監修『説き語り記号論』ブリタニカ選書、日本ブリタニカ、一九八一年、一五八頁。

［3］秋山邦晴、前掲書、一二七頁。

［4］望月太意之助「風」、『演劇百科大事典』第二巻、平凡社、一九六〇年、二六頁。

［5］「溝口健二　筈見恒夫　対談」、『映画の友』一九五五年七月号、一二五頁。

［6］「成澤昌茂インタビュー」桂千穂構成、『溝口健二集成』キネマ旬報社、一九九一年、二三七頁。

［編注1］「このテクストは……」以下の本章の最後の段落は、別の草稿では次のようになっている。

緩やかに持続する沈黙の演技については、下座音楽と織りなす部分については詳説したが、音楽を伴わない部分も多いので、代表的なものを紹介したい。それは全くの日常的行為なのだが、無心の集中と反復により、音楽抜きの、沈黙の所作事に近くなる。

(1)脚本シーン番号六・居間。おさんが琴の駒を外し、胴を丁寧に拭く。それは拭う触覚を媒介とした心身一体の儀式的作法となる（二〇秒の沈黙・以下「沈黙」は略）。「おさん」と男の声と障子に人影。おさんは障子に静かに近寄り、開けて（一〇秒）、「兄さん」。

(2)シーン番号七・廊下。逃げるように帰る兄・道喜の後ろ姿が廊下を右に回り、画面からオフ（先程入ってきた入口に向かう）。奥からきた茂兵衛が去っていく道喜の姿を見つけ、不審気に正面（居間の方）を見てから、右の階段を上がってオフで空ショットとなる（一四秒）。

(3)シーン番号八・台所。お玉が盆に食事を手際よく支度していく（二一秒）。同僚のおかやに茂兵衛のところに持っていくという。おそのはお玉が「茂兵衛さんを亭主扱いにして」と文句を言う。

(4)シーン番号一四・以春の居間への廊下。おさんが作法どおりだが、初々しい足取りで自分の居間を出て、女中から立派な茶托に乗せた茶碗を受け取って捧げ持ち、少し前進してから左に曲がり、襖の陰にオフ（一一秒のみごとな所作）。この後部屋で以春に挨拶。以春は自分の姉に金策を頼まれたおさんを叱るので、実家の借金の話ができなくなる。おさんは文箱に書類を入れて片付け、炬燵で寝ている夫を見てから、諦めて静かに立ち去る（五秒）。

(5)シーン番号二〇・灯のともる細工場。前景に後ろ姿で座る茂兵衛が経師（掛け軸）の夜なべ仕事をする。奥の階段からお玉が上がってきて、茂兵衛の右横に座る。茂兵衛は熟達した仕事に没頭し、小槌で叩く音、紙を擦る音が夜のしじまに静かに響いていく。彼の無言の細工仕事は、おさんの琴の手入れのように、知覚よりも触覚を媒介とした心身一体の秘儀的作法に似ている。お玉も無言で火鉢に炭をつぐ（一八秒）。茂兵衛、ちらと見て「すまんな」。お玉「温まる卵酒こしらえてきてあげたえ」。茂兵衛「おおきに」と茶碗を受けとり、そのまま仕事台に置き、仕事を続ける。お玉は仕方なく炭入れを持って階段にもどるが、そこに座って彼をじっと見守る（三一秒）。ディゾルヴでシーン二二へ。

(6)シーン番号二二・朝の細工場。うたた寝をしている茂兵衛のところに助右衛門がくる（一一秒）。起こし、仕上がった掛け軸を持って去る。茂兵衛は欠伸をしながら自分の部屋へ戻る。おさんの声で「茂兵衛」（ここまで一一秒）。

以下は下座音楽の(5)に続くが、寛いでいた茂兵衛の態度はおさんに対する厳しい主従関係の礼儀作法に変わる。

以上の沈黙の演技は、空ショットと並ぶもっとも沈黙度の高い間の一つの層として、沈黙の間の多層性に参加している。

「小津や溝口の映画では、どんなに場面が早く進行しても、いたるところに沈黙の要素が介在し、場面展開を引き裂き、ゆっくりしたテンポをつくってしまう。それはスクリーン上にとどまらず、その国の文化そのものが抱えている『のろさ』なのではなかろうか。しかし、現実の日本はその『のろさ』を破壊し、とんでもない勢いで、『同一化』へむかっているのだ」と、歌田明弘はパリ留学時に溝口と小津の映画を見て痛感している(「編集後記」、『ユリイカ』「特集　溝口健二　あるいは日本映画の半世紀」一九九二年一〇月号、二五四頁)。

結局、この映画＝テクストはその諸瞬間の集中の密度の高さにおいて、能の演技に似ている。溝口の演技指導は独自なもので、撮影時に役作りをおこなう。目的はその役になりきることで、茂兵衛役の長谷川一夫に「長谷川君が茂兵衛をやるのじゃない。茂兵衛が長谷川君をやるんだ」と命じた(『映画の友』一九五五年七月号)。複数の役がからむ時や長回しの場面(この映画の一ショット平均自体がすでに三二秒)などは一人ずつ吟味していくので、大変な時間と集中が必要となる。こうして演技が練り上げられると、撮影前に決定的なダメを押す。「本番いきます。感情の出しすぎです。一杯出したやつを九分がた引いてください。何もしなくていいんです。はい、本番」。溝口は〝芝居〟が見える演技を極度に嫌った。『残菊物語』(一九三九)で花柳章太郎が自分でも最高の演技をしたと思った時に、セット内でガタンと音がして、撮り直しになった。溝口は見える芝居を嫌って秘かにセットを蹴ったのだ(「成澤昌茂インタビュー」、『溝口健二集成』一九九一年)。この結果、俳優はどう演じたのだろう。笠智衆が小津に〝芝居〟はいらない、能面でいればいいと言われたのに似ている。演技の感情を極力抑制し、しかし追求してきた演技の集中の密度を活かす時に、能の演技の様式に近づく。つねに抑制し情熱を溜めたゆるやかな演技、沈黙の演技、居グセ的な静止、面を切り・仰ぐミクロ的集中演技などは、能のような多層的な間の構造により、魂を解放し、飛躍させ、語らせ、激しく舞わせ、マクロ的なものへ開花する。下座音楽はこの溝口芸術の宇宙的な秘密を明かすものである。

戸井田道三は「溝口健二は能が好きであったらしい。金剛の能をよく見ていたと聞いている」として、能と溝口の連関をこう語っている。「溝口は長いショットをひとつの特徴としていた。わりあい短いショットを器用にモンタージュして、うまい映画にちがいない市川崑の『おとうと』〔一九六〇〕がテンポがのろくさくて退屈な作品だ、とカンヌで評されたのに、なぜ溝口の作品がテンポがのろくさて退屈だ、といわれないのだろう。（略）じっとひとつの対象を見つめて、ゆっくり移動してゆく溝口の手法は、能のシテが時計の針のように動かずにいながらいつのまにか進行しているように、高い集中の密度と充実した瞬間とをあかしたかたちで描いているから退屈させないのだ。（略）カメラの目が被写体を正確に非人間的にとらえてしまう機械の生理に、どうしたら人間的な魂の夢をふきこむことができるか、という問題に、溝口健二はひとつの答を出していたといっていいのであろう」（戸井田道三「能と溝口の世界」、『キネマ旬報』一九六一年九月一五日号、六七〜六八頁）。

歌田明弘のいう溝口と小津が帰属する文化とは能が代表するような空や無のそれであり、溝口映画ではその多層的な間の構造が、小津映画ではその空の入れ子構造が、ゆるやかなテンポの底に人と世界の実在性を揺さぶる地雷として埋められているのである。

III 黒澤明

第1章　『素晴らしき日曜日』　黒澤明とD・W・グリフィス

一　『素晴らしき日曜日』についての言説

黒澤映画で、黒澤自身あるいは批評家によって外国映画の影響が指摘された最初の作品は一九四七年七月一日封切りの『素晴らしき日曜日』である。黒澤はこの映画の脚本をグリフィス作品をヒントに書いたと「私の作品」（『映画旬刊』一九五六新年特別号、三八頁）で述べている。「『恋と馬鈴薯』というグリフィスの古い写真があったんですよ。戦争が終って、若い二人が荒れた畑に薯を植える。やっと出来上った時盗まれてしまうんだね。それでもまた二人は、次の一年に希望をもつ、という話だった。これにヒントを得て書いた記憶があるから、はじめのプランは僕から出したんだったと思う——ともかく脚本は植草圭之助さんと二人です」。クレジットの脚本は植草圭之助の名のみ。この『恋と馬鈴薯』は実は日本でも原題どおりの和訳題名で一九二六年三月に封切られたD・W・グリフィスの『素晴らしい哉人生』（一九二四）である。『全集　黒澤明』第二巻（岩波書店、一九八七年）の佐藤忠男の「作品解題」によると、「もし黒澤明がこれを日本封切りのときに見ていたとすれば、たぶん十六歳ぐらいのときということになる」（三二七頁）と述べ、『恋と馬鈴薯』は黒澤の記憶違いだとしている。日本では一九八二年にフィルムセンターで「D・W・グリフィス監督特集」があり、おそらく佐藤もそのおりに『素晴らしい哉人生』を確認したのであろうか。海外の黒澤の研究書も筆者の知る限りでは『恋と馬鈴薯』の題名をそのまま引用していたが、今後は訂正されるだろう。

『素晴らしい哉人生』の原作はイギリスの軍人で作家のジョフリー・モスの同名短編物語で、脚本はグリフィスによる。この作品の影響は非常に重要なので、詳しい物語のあらすじをフィルムセンターの『FC』第七三号（一九八二年、五七頁）から引用しておこう［編注1］。


一九一八年の第一次世界大戦休戦に、あるポーランド人一家がベルリン郊外に避難してきた。その家族は教授と二人の息子――シオドアは大学生で、次男ポールは毒ガスで死を免れて前線からもどったばかりであった――と、彼らの祖母と伯母、それに孤児でポールを愛している少女インガであった。教授は田舎の学校で試験の採点をつける仕事を見つけ、シオドアは外人の経営するナイトクラブの給仕として働き、ポールは健康を回復した後造船所に仕事を見つけた。インガは婦人服店の店員となり、余った時間は古物商の店で働いた。その店から、インガはいつか結婚しようと思っているポールとの生活のため、時々古道具の部品を買い集めて家に持ち帰った。食料事情は悪く、有用食物が初めはジャガイモであったものが次第に悪化してカブラになっていった。その結果、祖母が最初に病気になってしまった。

ポールはひそかに造船所の空地にジャガイモを植え、インガと自分のために古材を利用して小さな家を建てようとした。しかし、一家の経済状態は二人の結婚を許すほどではなかったし、そう早くできる計画はまるでなかった。しかしある日、ポールが植えたジャガイモの収穫を得て状況は変っていった。ジャガイモは一冬間に合うほどの収穫であり、そのうちシオドアがカフェで会った大金持のアメリカ人から沢山のレバーソーセージを貰ってきたのだった。また、故国の隣人が引っ越す時インガと一緒に置いていったニワトリが卵を生み始めたのであった。すっかり元気を取り戻した祖母は、インガのため自分の結婚衣裳を仕立て直してやってインガを喜ばせた。

しかし、彼らの問題が全て解決したわけではなかった。ポールとインガが収穫したジャガイモを集めて荷車に乗せ、結婚資金と冬を越す家族の食物を得るため売りに行った時、彼らは飢えた人々に襲われた。彼らは第一に買いだめする人たちであり、次に暴利をむさぼろうとする者たちであり、そして殴られ盗まれてしまったのだった。ポールは意気消沈し、今や何も信じることはできなかった。しかしインガは、彼が殺されもせず二人とも互いに生きていることを幸福に思った。そして彼を助け、元気づけた。そして二人の結婚が決して駄目になったのではなく、ただちょっと延期になっただけだった。

一年後、二人は結婚を家族に祝福されながらポールの建てた新居に入る。シオドアが袋一杯のジャガイモを運び込む。最後の字幕は「そして今度は皆にたっぷりのジャガイモが」である。

黒澤のこのグリフィス作品の記憶から『素晴らしき日曜日』が誕生したわけだが、その経緯については佐藤の「作品解題」が詳しい［1］。まず黒澤の話に対して、グリフィス作品なのでアメリカの話と思った植草は、馬鈴薯を栽培したり、家を建てたりできる空き地や建材の余裕などなく、焼け残った親戚などの家やトタン屋根の掘立て小屋などに雑居するのが精一杯の日本の悲惨な現実を説き、結婚したくとも住む場所もない、過度に心の傷ついた敗戦後の青春を描くことにした［2］。またスタジオが当時足りず、オール・ロケーション撮影ということになり、黒澤は主役二人の一日か二日の生活記録をドキュメンタリー的につくろうとした。しかし撮影に入ると主役の沼崎勲が見物の群衆に上がってしまい、演技ができず、黒澤は重要な多くの場面を急遽セット撮影にしたという。この変更は黒澤映画にとって、セット撮影がいかに重要であるかの証明であろうし、彼のドキュメンタリー的なリアリズムがセット撮影にもともとマッチしているという黒澤映画の本質の顕れでもあろう。黒澤にとって自然も現実も自己の芸術として実験し、創造するものであるからだ。

こうして誕生したこの作品の黒澤映画における意義をグリフィスなどの影響の問題をとおして考えるために、

この映画についての三人の重要な言説に沿って論じてみたい。まず、佐藤忠男の『黒沢明の世界』(三一書房、一九六九年)はこう問題を提起している。「黒沢明と植草圭之助は、『素晴らしき日曜日』の着想をD・W・グリフィスの古いサイレント映画の思い出から得たそうである。この映画は、この映画がつくられた当時の荒廃した東京の街を背景にして展開されているので、一見、ネオ・リアリズムにも似た非常に現実主義的な作品であるように思われるが、その着想の土台が、戦後の日本などとは縁もゆかりもない、昔なつかしい、ハリウッド映画から得られているというのは興味ぶかいことである。黒沢明は、ナマの現実から直接的に着想を得て映画をつくるというタイプの作家ではなく、快い魅力的なパターンにまとまった物語を通じて現実を理解するというタイプの作家である。快い魅力的なパターンにまとまった物語というものは、この世界には尊重されるべき快い秩序があるはずだということを教え、一見雑然としている風俗のなかから、その秩序をとり出してみせて観客を快くなっとくさせるものである」(一一二頁)。「『素晴らしき日曜日』が、戦後の東京の雑然たる風俗のなかからとり出してみせたのは、人間は貧しくとも愛さえ失わなければ幸福である、という、まさにグリフィスばりの陳腐な思想である。おそらくグリフィスのその映画はメロドラマであったろう。愛の美しさが強調されて観客を陶酔させるものであったろうと想像される。しかし『素晴らしき日曜日』は甘美なメロドラマではない、戦後の日本の荒廃した世相と人心を描いたものである。そして、ストーリーのかたちのうえでは明らかに〝貧しくとも愛によって幸福は得られる〟という陳腐なルーティンにのっとりながら、実質的にはむしろ、〝愛のみによってはたして貧しさの不幸はこえられるだろうか〟というにがい疑問を出している」(一一三頁)。そして「技術的に貧しさが目立つが、しかし、じつに愛すべき映画である」(一一二頁)としているが、焼け跡での雄造と昌子が将来の喫茶店経営の夢を語りあい、演じる場面と野外音楽堂での架空の音楽会の子供っぽいファンタジーがそれまでのリアリズムのスタイルと不統一で、作家としての未熟さを示すものと批判し、またダフ屋に殴られた主人公の雄造が恋人の昌子を求めるアパートの場面を「おそらくは日本映画ではじめて、セックスというものが人間の真剣な苦悩をつうじて表現された場面であり、はじめての表現にふさわしく、極端に抑制されたもどかしいスタイルのなかに、いいたいことの核心だけはくっきりと描き出されていたからである。すなわち、表現のよけいな飾りがなく、単純に力強く作者のメッセージが伝わってくるという、もっとも見事な素朴さをこの場面はもっている」(一一八頁)と賞讃している。

ドナルド・リチーの『黒澤明の映画』(三木宮彦訳、現代教養文庫、社会思想社、一九九一年)はこの作品にグリフィスと同時にフランク・キャプラの影響を指摘している。「若いカップルと、しだいに減ってゆく三十五円との物語である。大多数の黒澤作品と同じく、やってみてまたやってみてまたやってみることがテーマである。当時黒澤がD・W・グリフィスの作品に共鳴し、今でもフランク・キャプラを高く買っているのは、この姿勢が彼ら三人ともそっくりだからだ。このテーマは、昌子の性格によく出ている」(一〇三頁)。たしかにグリフィス映画の多くのヒロインのようにインガの性格もこのテーマを具現したものであった。さらにリチーは「影響」の項(一〇九~一一一頁)でこう述べている。「一九四七年当時、黒澤がいちばん深く影響を受けていたのはフランク・キャプラなのであった。それは『素晴らしき日曜日』であきらかだ。その後半のいろいろなシーンに見られる気まぐれさ、昌子の快活な楽天主義、当人がそう思うならそれでいいじゃないかというストーリー、とかくセンチメンタルに固まりがちなヒューマニズム——これはすべてキャプラから受け継いだものである。演技のスタイルにさえ、キャプラの影響がある。昌子は勇敢なジーン・アーサーと同じ存在であり、うれい顔のジェイムズ・スチュワート役の雄造のところへ行っていつも帽子のかぶりかたをなおしてやる演技のやりかたは、まさにキャプラだ。黒澤はキャプラの『或る夜の出来事』(一九三四年)、『スミス都へ行く』(一九三九年)、『一日だけの淑女』(一九三三年)を見ているし、彼がそれらを見ていることは『素晴らしき日曜日』でもハッキリわかる」。リチーは「音楽」の項(一〇四~一〇六頁)で「昔から黒澤は自分の諸作品の音楽には留意して来た。そして『素晴らしき日曜日』では一種の音楽映画を作った。少なくとも、これはそれにいちばん近づいている」として、使用されている音楽を六曲ほどあげている。そして野外音楽堂の場面は、「ヘンリー・コスターの『オーケストラの少女』（一九三七年）そのものである。善良な少女が客席から恋人をはげます。ストコフスキーを声援するディアナ・ダービンそっくりだ――つややかな頬も、涙でいっぱいの目も。そこでカメラは急激に後退し、このシーンはみごとなクレーン・ショットの産物だったことがわかる」（一一〇頁）。

　飯島正は『日仏交換映画記念　日本映画の回顧上映』（フィルムライブラリー助成協議会、一九六三年）の「黒沢明」で、「戦争がおわると、いわゆる〝配給されたデモクラシー〟の時代がきた。黒沢の作品も、大転換をして社会劇となった。『我《ママ》が青春に悔いなし』（一九四六）や『明日を創る人々』（一九四六）、『素晴らしき日曜日』（一九四九）がこれにあたる。この最後の作品が、彼のこの時代の代表作である。わかい二人の住宅難が主題であった。だが、彼の社会劇はそのジャンルに忠実であるよりも、むしろ彼の表現技術の稽古場といった感じがする。特に『素晴らしき日曜日』につかわれたながい時間のショットの効果は、その後の彼の作品の表現の基礎になるものである。そしてこれは、彼が戦争中におぼえたＮＧ無用の技術的修業の一つのあらわれでもあった。一体に戦時にそだった新進監督者は、無声以来のモンタージュには無縁のようにおもわれる。無意識かも知れないが、これが大型時代になって効用を発揮するのである」（二三五～二三六頁）と述べている。〝配給されたデモクラシー〟の時代の代表作がこの作品であり、ここでその後の黒澤映画の表現の基礎となる長回しのショットが確立されたという指摘は重要である。以上の三つの言説を作品に即して検証することでこの論考の目的に到達してみたい。

二　対立・平行のモンタージュから長回しのショットへ

佐藤忠男が『素晴らしい哉人生』の影響を論じたとき、彼はまだこの映画を見ていなかった［編注2］。このことを考慮しながら、グリフィス作品を評価したい。『素晴らしい哉人生』は『イントレランス』(一九一六)の対立・平行のモンタージュの視点からドイツの敗戦社会の絶望的な現実とそれとの生存の戦いを続ける庶民の希望＝愛を見据えた映画であり、それが実現したものは決して陳腐な思想でも単なるメロドラマでもない。エイゼンシュテインは、グリフィスの平行モンタージュのスタイルにはアメリカのブルジョワ社会の二元性、つまり〝持てるもの〟と〝持たざるもの〟や現代都市と伝統的な農村などの対立が構造化されているとした(「ディケンズ、グリフィスと今日の映画」、『映画形式』ジェイ・レイダ英訳、一九五七年)〔3〕。『イントレランス』の現代篇では資本家と労働者と失業者から転落した犯罪者の三極化した対立の平行モンタージュがきびしい社会観察で展開しており、愛対憎しみ、寛容対不寛容のグリフィス的な対立主題は実は持てるもの対持たざるもの、自由対専制、平等対不平等などの近代の重層的な対立問題群の一部である。この作品でも同じ三極化の対立の平行モンタージュと、それらの間に愛、希望、生などと憎しみ、絶望、死(戦争後遺症や飢餓の疾病による)などの対立しあう重層的な主題群の展開の構造のなかで、敗戦後の庶民がいかに階級的不公平、住宅難、食料難、病気、インフレーションと暴利、闇屋、暴力、略奪などの敗戦の荒廃と戦い続けたかを克明に描いていることに、注目すべきであろう。愛はその荒廃に打ち勝つ基本条件の一つだったのである。そしてこの作品での持てるものと持たざるものの対立が複雑に多層的にそれだけ精緻に展開している点にも注目したい。まず持てるものは富裕階級が出入りするナイトクラブが象徴し、そこに勤めるシオドアは他の給仕と共に、あり余る食料を持ち出さないように、退店時に厳格な身体検査をうけるのである。避難民としてドイツに裸一貫で来た主人公一家は幸運にもそれぞれ就職でき、とくにポールは勤め先の空き地をかりて馬鈴薯を栽培し、郊外の土地に古材を利用して自力で家を建てる。恋人のインガは一日に二つの店勤めをして、結婚のために家具などを揃える。つまり、恋人たちは少しずつ持てるものに近づいていくのだ。これに対して、冒頭から主人公たちの周囲には飢えた労働者たち＝実態は失業者の群像が登場し、すきあらばなにかを奪ってやろうと虎視眈々と、常にインガを見張っている。そしてインフレの激化で食料を手に入れられず、店や闇屋を襲い始め、最後に主人公たちの馬鈴薯を強奪するのだ。ポールは彼らに自分は闇屋でないと組合員証を見せるので、彼らのリーダーは躊躇するが、彼の脳裏を塵のなかから食べ物を漁る妻の姿がかすめる。そしてポールらを殴り倒して、皆で強奪する。ポールが「お前たちは獣だ」と叫ぶと、彼は答える、「そうだ、獣だ。そうしたのは、戦争と地獄だ」。持てるものと持たざるものは、富裕階級と労働者階級の間だけでなく、富裕階級のスケープゴートとして労働者階級のなかにも対立・平行し、グリフィスのスタイルに重層性のリアリティを与えている。失業者のリーダーがポールに答えた台詞をグリフィスの感傷と受けとるか、現実の重みと受けとるかは個人の美学の問題である。次に、人為的都市文明の堕落と田園への復帰というルソー的な思想とデモクラシーの理念との一体化を基本としたアメリカ映画のポピュリズムの起源をグリフィスに発見できよう（ポピュリズムの旗手はキャプラやフォードであり、とくにキャプラの諸作品はこれを代表する）。恋人たちが日曜日に美しい田園のなかで心を癒すシークエンス、ポールの農作業やインガが鶏を草原に連れていく幸福な場面。馬鈴薯を収穫して車で運ぶときにインガが見上げる風に揺れる梢の美しい二つのショットとその卓越した技術（二度目のショットではスローモーションになっている）は『羅生門』（一九五〇）で武弘が自殺する前に見上げる美しい梢のショットの原型でもある。強盗にすべてを奪われたあと、絶望したポールにインガが「それでも私には貴方がいるし、貴方には私がいるわ」と慰め、抱き、「月だわ、見て」と月の光のなかの田園の夜景に彼を誘う。こうして美しい田園のなかで二人は人間の堕落に染まらぬ善性への信頼を回復するのだ。このルソー的な文明対自然観はアメリカ映画の一伝統であるだけでなく、黒澤映画や同世代のライヴァルの木下恵介映画の美学の核でもある。勿論黒澤も木下もその美学をアメリカ映画によって大いに培っただろうが（二人はポピュリズム系の映画に大いに触発されている）、彼らが継承してきた中国や日本の自然観、芸術観（例えば儒教などの文明への批判としての老荘の無為自然や幼児的生活態度への復帰など）がそこで見事に交差し、共鳴し、符合しているのだろう。無為自然やポピュリズムは古い限界があるとしても、反近代主義の刃となる一面も持っている。

『素晴らしき日曜日』はこのグリフィス映画の構造と精神をみごとに自己のものとしている。雄造と昌子はポールとインガそっくりであり、いかがわしい闇屋をふくめた富裕階級、無力な庶民、そこから堕ちた浮浪児やチンピラなどの三階級の対立の平行モンタージュはグリフィス作品の日本版であり、物語が一日の出来事になったので、四、五年にわたる原作の物語の時間軸が空間軸に転移し、二人が様々な場所を訪れて、行く先々でほとんど原作同様の敗戦社会の諸相を経験することになる。ただ持続する対立のドラマとして、きびしい現実に夢＝希望をすべて捨てた雄造と彼に昔持っていた夢＝希望の回生を願う昌子を配しており、最後にそれが実現するクライマックスを設定している。

次に飯島正の指摘した黒澤映画の表現の基礎としての長回しの美学の誕生を検証してみよう。たしかに戦時中に監督となった監督、例えば黒澤と木下の映画はショット数が少なく、長回しが多い。たとえば木下の『破れ太鼓』（一九四九）は上映時間が一〇八分、ショット数が約四三八で、一〇分間の平均ショット数は四〇・六となり、『素晴らしき日曜日』は一〇九分、ショット数が四六三、一〇分間の平均ショット数は四二・五となるのに対して、戦前派の小津安二郎の『晩春』（一九四九）が一〇八分でショット数が六四七、一〇分間の平均ショット数は五九・九となり、成瀬巳喜男の『めし』（一九五一）が九六分でショット数が七〇三、一〇分間の平均ショット数が七三・二となる。いかに戦中派の長回しの傾向が顕著であったかよく分かる。『破れ太鼓』ではアトリエでの画家の茂樹とモデルのラブシーンは固定の遠景で三分四〇秒の長回しを示している。このほかカメラが移動やパンで動き、視野を変えながら、多くの人物の存在や動きを捌いていく長回しも多いが、この二方法は黒澤にも共通している。『素晴らしき日曜日』でも一、二分位の長回しは随所にあるが、問題は物理的な時間の長さだけではない。先程グリフィス作品の物語の時間軸がこの作品の空間軸に転移していると述べたが、それはグリフィスばりの多極化した対立の平行モンタージュが空間に転移していることも意味しているのである。それを可能にしたのが黒澤の長回しのショットのなかに豊かに凝縮している対立的な多義・多層の空間であった。その範例を三つあげておこう。

　まず、空き地で野球を終えたあと二人で饅頭を食べながら、昌子が雄造の戦友が経営しているキャバレーを見たいとせがむ場面の長回しである。ここをリチーはこう賞讃している。「本物の構図を、黒澤はこの作品でものにした。いかにもここまで凝りましたというところが目につかず、むしろ何気ない感じだが、それでいて完全なのである。二人がお菓子を食べるシーンでは、彼らは空き地にころがしてある巨大なコンクリートの下水管のわきに立っている。新しいショットごとに、俳優の動きをたくみに利用しながら下水管の形のおもしろさを出し、その中へ昌子が入りその上へ雄造がもたれかかる演出など、その扱いかたはまさしく正しい。しかも、画面の中を二人は自由に動きまわり、シークエンス全体は多くのカットに分けられているので、構図も常に動き、変化しているのである。技術的な面から見ると、それはきわめて奔放であり、冒険的である」（一〇八頁）。実はここは多くのカットがなく、カメラの固定された僅か二ショットしかないが、ショット内の人物の移動が変化にとみ、さらに構図が非常に重層的であり、しかも対立的な多義性にみちているので、そう（文節化されていると）思わせるのであろう。それをこの二ショットにみてみよう。空き地での最初のショットには商店街を背景にして手前に大きなヒューム管（画面の下半分の高さを占める）が口をカメラにむけて置いてある。二人が右からフレイム・インし、昌子は管の左、雄造は右に立ち「こんなことでもなかったら、お饅頭なんか、なかなかわれわれの口に入りはしないよ」と彼女に一つ渡す［図1］。背景をトラックや人々が通るが、人は全身が管の中を過ぎていく構図になっている。管の手前も人や自転車の交通があるが、当然サイズは背景のよりずっと大きい。饅頭を食べようと二人は同時に管の中に座ろうとするが、昌子が先に中央に座ってしまい、仕方なく彼は右から管を覆うように寄り掛かり、新鮮な構図を作る［図2］。「あと二五円」と彼は立ち、ハンカチを出すが、名刺を落とす。昌子が拾い「誰と？」聞く。彼は管の奥の口に行きなが

図 1

図2

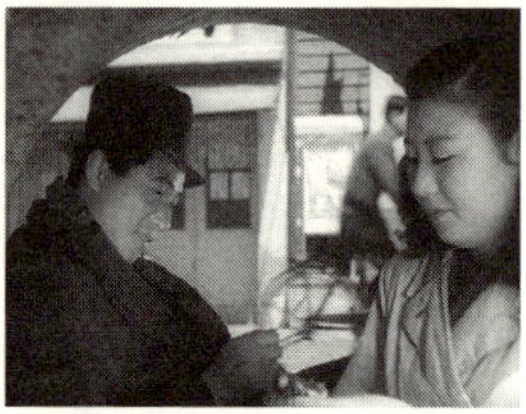

図3

図4

ら「戦友だ」と答える。ここまで四七秒のショットで、次は管の口が画面一杯に占めた同視軸上の近写となり、マッチ・カットで彼が管の奥の右からフレイム・インして左に座る。手前の昌子はそれに合わせて右に寄り、管の中の手前と奥で二人は左右の側から向き合う構図となる［図3］。その奥を人々が通行したり、饅頭を貰った坊やが覗きにきたりする。彼は敬礼一つできないで殴られてばかりいた戦友が、今はキャバレー経営で成功していると語る。昌子はそのキャバレーを見たいと言いながら、立ち上がり右にオフして、奥の口の右から顔をフレイム・インさせ、「ねえ！」とせがみ、カットとなる［図4］（次は名刺の大写しとなり、キャバレーの場面へ替わる）。ここも一分二秒の長回しで昌子のフレイム・インとアウトによる構図の変化がある。リチーは「黒澤自身も、後年の『どん底』と『悪い奴ほどよく眠る』ですばらしい斜線の構図をみせてくれるときまで、二度とこの手法を使おうとはしなかった」としているが、斜線のみごとな構図は『羅生門』にもあるし、奥行きを利用した長焦点の構図の妙は長回しによる時間の経過とともに、長焦点により視点から消点までの現実空間を多層化し、豊かな意味の対立化を行う黒澤美学の基礎を確立している。最初のショットでは前景は道であり、自転車と通行人が通る。後景は商店街でその前をトラック、リヤカー、人々が通行し、中景にはヒューム管があり、そこに雄造と昌子がいる。ここで空間は商店街、二人の憩うヒューム管、道、遊び場に四層化し、家とヒューム管は家を持てるものと持たざるものに二極化し、人々は持てるもの（新しい商店）と持たざるもの（ヒューム管にしか憩えない二人）、通行者たちと二人の行き場のないもの、日曜日に働くものと遊ぶものなどに二極化する。二個一〇円の饅頭を売る店はこの新しい商店街にあり、月給六〇〇円の二人は潰れた饅頭を安く買ってやっと口にできる。前の場面で二人は老朽化したアパートの部屋探しに行っており、その酷さと新しい商店街は貧富の対照をなしている。第二のショットで二人はヒューム管に座り、暖かな日溜まりを楽しみながら会話する。背景を相変わらず人々が通過する。そのなかで雄造が落とした名刺から、戦中の要領の悪かった戦友が敗戦後はキャバレーの経営者となった話になる。「娑婆じゃ大変な羽振り」と雄造は言う。この時空間の広がりに戦争と戦後が両極化し、見えない戦友の両極化された人生が露にされてくる。それは同時に戦友と雄造の貧富の絶望的な対立を突きつけてくる。そのキャバレーを見に行きたがる昌子、行きたくない雄造。昌子はヒューム管の奥に回り、彼の前に首を突き出して「ねえ！」と甘える。ヒューム管は浮浪者の住まいの象徴だが、深層的な女性の性の象徴と重複するようになる。雄造は前に昌子を求めており、以後も求め続けるが、その文脈のなかでヒューム管内の席とりが昌子の優位に進む具合が、鳥のような求愛行動の儀式性に重複する。これが二ショット一分四九秒の長回しの美学の誕生であった。それは動物園を出たあとの広告塔での雨やどりの場面、ダフ屋に殴られた後で雄造が昌子を求めるアパートの場面にも見られ、作品の重要な骨格をなしている。

図5

図6

広告塔の場面は八ショットで五分三秒、ショット平均約三八秒の長回しである。空き地ではヒューム管が構図の変化をもたらしたが、ここでは広告塔がその役割を果たしている〔図5〕。ここでの詳細な記述は省くが、広告塔の下で雨宿りする二人の長い場面である。雄造は塔の周りを二度まわり、塔の背後に隠れながら、友人は夜中まで帰らないからと昌子を自分の下宿に誘う。昌子は露骨な求愛にたじろぎ、これをかわそうとして安全な映画館や一六人家族の家にさそうが、彼は来ないのならこれで別れると迫る。追いつめられた昌子は塔のポスターの演奏会に行こうと言う［図6］。そこでまた、「ねえ！」を三度繰りかえす。ここでの塔は雨やどりの場であり、雄造には姿を隠して彼女の性に近づくものであり、堂々巡りするものであり、現状を離れて二人きりになりたい遠心力の場であり、台詞の展開と構図の変化に従って欲望、抑圧、羞恥、欲求不満の現実、屹立したファラスの深層的な象徴などを次々に重複していく。昌子にとっては、男の欲望をかわすものであり、同時に引き止めるものであり、構図の変化に従って、安全な映画館や無垢な家庭による現状維持への求心力、戦前の楽しい思い出の現前化、美しい夢への意思、深層的にはタブーの象徴などを次々に重複する。空き地でのヒューム管ですでに二人はその周りの左旋回を始めたが、ここでは左旋回は人物だけでなく、カメラも左旋回のセット・アップを示している。それは時計の針の進行への逆行であり、現在への反逆であり、思い出や未来の希望への意思であり、求愛行動の慎重な儀式性の破壊なのである。雄造のアパートの場面では塔の代わりを洗面器がする。

アパートの場面はとにかく長く、二一分四〇秒続く。ショット数は六三で、ショット平均で二〇・六秒である。二人の間の、そして人と（その人が見た、係わる）物の、大写しのカット・バックなど短いショットも多いが、二分五秒を始め、一分半程の長回しも多い。カメラは時折人物の動きに合わせてパンするが、殆ど固定している。カメラのセット・アップの小さな変化はある。リチーはこの場面を日本映画の影響としている。「これぞあらゆる点で〈純正〉に日本的だ。それも、パロディと思いかねないほどに忠実きわまりない日本調なのである。このシークエンスはおそろしく長いので、世界一集中力があって寛容な日本の観客も、ここへ来るといつも落ちつかなくなり、ザワザワしてくる。一分また一分と時はすぎ行けど、何もおこらない。やっと昌子が戻ってくるが、彼女もまた苦しげに泣きじゃくっているばかりで、これもまた分単位で測りたいほど長いのである」（一一〇頁）として、明るいこの作品のつながりの中では、この部分は全く場はずれだと述べている。この記述は思わず失笑してしまうほど一面の真実を指摘している。二人が部屋に入ってから、雄造が昌子に挑むまでに八分四八秒かかり、昌子が部屋を出てから戻るまでに五分三八秒かかる（その間雄造は一人でパントマイムを演じ続ける）。戻った彼女が雄造に背を向けてコートのボタンを外しながら泣きだし、彼がいいんだよと肩をつかむ遠景ショットは固定で一分四五秒も続くし、彼も泣き、結局最後に彼女が泣き止むまでに三分三〇秒かかるのだ。しかし同時にこの長さは新しい映画の時間の誕生を告げているのである。当時までの映画の物語化され、分節化され、リズム化された〝人工の〟つまり効率本位に制度化されたシークエンス、シーン、ショットの長さでなく、それをできるだけ〝自然化〟させたより現実の緩やかで早くて曖昧で多義・多層の、一過的であり反復的であり、空白に満ち、混沌、無中心であり、秩序と中心のある時間とその分節の、つまり時間の生命そのものの誕生だったのである。これは時間と一体化する空間、その分節にもいえる。こうして、この場面では二人が性に最初に挑戦するためにすべての行為が抑圧に押し戻され、失速し、長引き、日本画のように時間の広がりの随所を空白化し、同時にその新鮮な印象が時空間そのものを膨張させ、圧縮し、洗面器や熊の人形などの様々な物、廊下の掃除婦、不在の同室の友人、電気店やそのスピーカーなどの社会環境、降り続く雨と最後の雨上がりの夕空などの自然環境へと、つまり刻一刻の現実を伝える視聴覚のすべて、つまり現実の表層・深層の広がりへ、ある時は空白へ、映画の意識を膨張し縮小するのだ。この膨張の世界の中心にあるのが、ヒューム管や広告塔と等価物の洗面器である［図7］。それは昌子が雨漏りのためにそれまでの雑然とした何も置いていない無中心の部屋に置いたのだが、それが部屋の中心に、しかも二人の間に置かれたために、塔と同じ役割を果たしだす。まずそれは彼女にとってバリケードとなる。しかし雄造は洗面器を両手でつかみ［図8］、押し退け、彼女を抱こうとするあたりから、それは象徴性を濃密化し、二人の行為も動物の求愛行動のような儀式性を帯びてくる。なかで汚れた雨水が揺れる大写しの洗面器は、雄の性衝動の示威と女性器の象徴を重複させる［図9］。彼女が逃げ去り（求愛行動における

図7

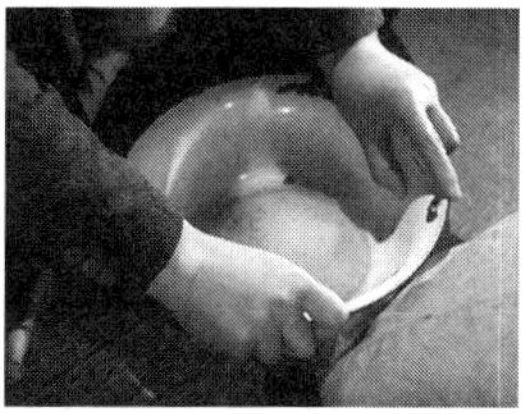
図8

雌の拒絶行為）、一人残された雄造はスピーカーの音楽に合わせるかのように、洗面器の回りを機械的に左旋回に二度回る［図10］（その文脈からの観客の様々な推測を受け入れる旋回の行動）。そこで畳に置かれた昌子の小さな熊の人形を見つけ［図11］、それを大事に机の上に置く（拒絶へのなだめの愛の象徴的儀式）。そのときドアの開く音がする。昌子が戻ったのだ。昌子は出ていくときは部屋の右手のドアからだったが、戻るときはショットが一八〇度のカットなのでドアは左側になっている［図12］。彼女は右から出て、左から入ってくるので、オフ空間を大きく回ってきたように見える。雄造が小さな旋回の末に平静を取り戻し、昌子への理解と包容力を示した間に、昌子は見えないオフ空間で大きな旋回をしてきたのだ。戻った彼女は彼の欲望への応えを決断したようにコートを泣きながら脱ぎはじめる［図13］（求愛行動の受入れと泣く行為の重複）。雄造はそれを感謝しつつ制止し、二人で涙を共有するのである。昌子の旋回は見えないためにより多義的であり、彼女にとって逆行であり、順行であり、往復であったことが彼に背を向けて泣きながらコートを脱ぐ行為のなかに織り成されている。二人はそれぞれの旋回の後に大きな理解の輪を結ぶのである（新しい大きな旋回と中心の誕生）。こうして創造された新しい時間の時々刻々の展開につれて、アパートの空間も、三極化された世界（窓外にみえる大きな二階の一戸建ての家々と貧しいアパートと直前に音楽会の夢を暴力でこわし二人をここに追いつめたチンピラが象徴する三つの階級）を継承

図 9

図 10

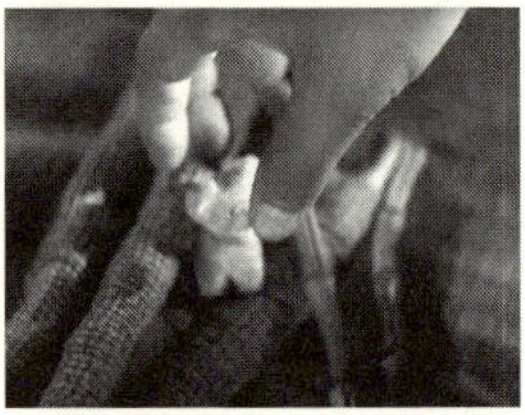
図 11

図 12

図 13

しながら、そこに在り、あるいは次々に生滅し、消長する様々なものを、活性化した対立、多義、多層の世界でとらえ、それらの様々な声の多声部による黒澤的ポリフォニーの構築を実験したのである。

三　見えないもの、聞こえないものに向かって

ポリフォニーといえば、この作品には様々な声が共存する。そこでこの検証をしながら、最後に二人が自分たちの夢を演じる結末の二つの場面をとりあげ、この映画における現前するものとしないものの対位法を論じたい。まずこの作品には多くの外国映画の影響という多声部がある。グリフィス、キャプラ、コスターの作品の影響である。さらに『ニューヨーク・タイムズ』紙一九八二年六月二九日号でヴィンセント・キャンビーは空想音楽会にふれて、それはグリフィスの情感、ムルナウのあからさまな叙情性と大いに関係があるとしている[4]。次に社会劇、音楽劇、ファンタジーなどのジャンルの多重性がある。クリスチアヌ・ブロは『エチュード・シネマトグラフィック』誌の一九六四年春季号の「黒澤明特集」でこう述べている。「フランスで殆ど知られていないこの作品は戦後の最良映画と黒澤の多様な映画のなかで非常に羨むべき位置を占めている。この作品にはイタリアのネオレアリズモ映画に馴染みの多くのテーマが見られる。主人公らの赤貧、敵対的で自閉的な都市の陰気な浮浪者、深刻な混乱。そして敗戦直後に開花した寄るべなき、情熱のない恋は幻想のなかへの逃避により、現在のありふれた出来事を粉砕してしまう。他方、いわゆる社会的主張や正確な歴史画から遠い『素晴らしき日曜日』は黒澤の多彩な才能に光を当てている。二人の恋人たちの短い年代記であるこの作品は霊感と技術、現実と夢、正確と詩情のみごとな結合により、本質的な価値を持つ」[5]。ここにはネオレアリズモ映画の社会劇と、現実と夢、正確と詩情などがみごとに結合した恋人たちの短い年代記映画との多重性が指摘されている。音楽映画の影響としては、ヴィリー・フォルストの『未完成交響楽』（一九三三）が重要である。ウィーン・フィルハーモ

ニーや国立合唱団の演奏によるシューベルトをロマンス化した伝記映画で、一九三五年度の『キネマ旬報』の外国映画ベスト・テンの第四位に入賞し、多くの日本人から最初の楽聖ものとして愛された。木下恵介もこの影響下で『カルメン故郷に帰る』(一九五一)を作っている。黒澤も一九九三年二月七日のBS放送のインタビューでこの作品の放映にさいし、同作を「可愛らしい映画」として世界の名画の一本に推薦しているほどである[編注3]。とくにシューベルトが最初に登場する時に、彼のギターと手の大写し、横顔のシルエットなどの数ショットが示され、主題曲の『交響楽第八番』の甘美な第二楽章が流れるが、黒澤作品でも野外音楽堂での雄造たちの空想音楽会で第一楽章が演奏されたあと、画面は駅にいる二人に繋がれ、第二楽章が甘美に続き、二人の感動の余韻をつたえる。また二人が雨のなかを音楽会に駆けつけるところは「楽興の時」にあわせた速度感に満ちたモンタージュ・シークエンスになっている。二人が上野公園の石段を降り駅へはしる。疾走する電車と車内、有楽町、日比谷から公会堂へと計一〇ショットが曲とともに躍動する名場面だ。こうして一種の音楽映画としてこの作品は一七曲ほどの音楽を多用しているが、その特徴は音楽が伴奏音楽か現実音なのか区別がつきにくいことだ。明らかな現実音はダンスホールでのジャズと「ラ・クンパルシータ」と「リンゴの唄」の三曲、電気店のスピーカーからのジャズ、ベーカリーでのレコード「目ン無い千鳥」、焼け跡での雄造の歌「出た出た月が」と口笛の「月の沙漠」の計七曲がある。伴奏音楽はモデルハウスでの「私の青空」、空き地の野球場面での「きらきら星」とカルメンの「闘牛士のマーチ」、浮浪児の場面のギター曲、動物園での童謡風の曲、広告塔の場面と野外音楽堂での『未完成交響楽』と『楽興の時』、雄造がダフ屋に殴られたあとの街からアパートを繋ぐ物悲しい曲、雨上がりのアパートから喫茶店を繋ぐコンチネンタルタンゴの「碧空《あおぞら》」、焼け跡での「小さな喫茶店」がある。これらの伴奏音楽の多くは街頭スピーカーやレコードなどの現実音にも聞こえる。またその場の標題音楽にもなっているので、批評性を帯びている。キャンビーの「雄造と昌子がモデル住宅の中を歩く場面では、日本調にアレンジされた露骨で感動的な『私の青空』がサウンド・トラックからながれてくる。このポピュラーなスタンダード・ナンバーは、予言となっているだけでなく、彼らの文化状況に関する批評になっている」〔6〕のように。しかしこれは同時に、日本映画は最初のトーキー『マダムと女房』(一九三一)以来この曲の歌詞の〝狭いながらも楽しい我が家〟に慣れ親しんできており、そういう歴史をもつ庶民の夢と敗戦の現実の乖離のアイロニーなのだ。この乖離は夢を演じる二つの場面での「小さな喫茶店」や『未完成交響楽』にも認められよう。現実音と伴奏音楽の多義・曖昧性、時代の証言としての音楽の多用は『野良犬』(一九四九)や『生きる』(一九五二)にみごとに展開していく。

この音楽の多義・曖昧性とこの作品のファンタジーは密接に結びついている。グリフィス作品では恋人たちは夢をよく語り、実行に移すが、夢を架空に演じることはない。唯一の例外として、戦争の毒ガスの後遺症で病に伏したポールにインガが乏しい馬鈴薯を食べさせてやる場面がある。彼女はナイフで馬鈴薯に存在しないバターをつける演技をしてから、口に入れてやり、これを二度くりかえす。黒澤の心にはこれが二〇年間生きつづけたのだろうか。ともあれ、これは物質の欠乏を精神の豊かさにかえる愛のコミュニケーションであり、敗戦社会のファンタジーの基本であり、黒澤はそれを継承し、発展させている。作品の終わりに焼け跡で二人が将来の喫茶店経営の夢を語りあい、店の主人と客を演じあう場面とその後の野外音楽堂で二人が架空の音楽会をおこない指揮者と観客を演じあう場面のファンタジーがある。これはそれまでのリアリズムと未熟な不統一を示すというより、リアリズム部分とポリフォニーを形成する実験の成果をあげている。それは夢と現実の対立的なものだけでなく、ファンタジーそれ自体が現実と架空を両極化し、交換しあう聖性をおびた濃密なシンボリズムの場となるからである。まず焼け跡の場面で二人は大衆的な珈琲店経営の夢を語り、店の主人と客に扮しての応対の架空の演技を展開する。雄造の主人が「先ず回転ドアを」と手で押して入るしぐさをし〔図14〕、昌子もそれをまねる〔図15〕。このきっかけで「小さな喫茶店」の曲が流れ

図 14

図15

図16

図17

図18

図19

はじめる。それは恋人たちが静かな雨の日の喫茶店で夢のような時をおくった思い出を歌う戦前の有名な流行歌（一九三五年、瀬沼喜久雄作詞、レイモンド作曲）で、この音楽とともに彼と彼女は焼け跡上の架空の喫茶店に入るのである。つまり音楽は伴奏音楽であり、同時にドアを開けたために聞こえ始めた現実音でもある。いわばファンタジーの現実音である。二人は店内の情景を詳しく説明する。店に見立てた場所で、コーヒーを出し、飲む演技を続ける。こうしてこの曲と演技とともに焼け跡の〝裸の舞台〟上に見えない喫茶店の象徴的空間が濃密化してくる。野外音楽堂の場面では、雄造は「君は夢が描けるね」と聞き、昌子がうなずくと、自分が指揮者になって『未完成交響楽』を聞かせてあげると言う。彼はタクトを振り、架空の演奏の指揮を始めるが〔図16〕、木枯らしの音に邪魔され、やめてしまう。昌子は彼を励まし、カメラに向かって、「私たちに美しい夢が描けるように皆さんの拍手を下さい」と訴え〔図17〕、自分も拍手をする。そして二人は拍手を聞いたかのように昌子の「ありがとうございます！」とともにカメラに向かってお辞儀をする〔図18〕。それがきっかけで風音に代わってオーケストラの調音が流れだし、二人は舞台に振り向く。その調音の流れとともに舞台の床を落ち葉の群れが右から左へ走り、それを追うカメラの視野に二人が入る〔図19〕。雄造は「よし」と上着を脱ぎ、タクトを振り降ろす〔図20〕。第一楽章が始まる。曲にあわせて舞台の床の上を落ち葉の群れが今度は左から右へ走り、そして九〇度まがり、手前へと近づいてくる〔図21〕。それを追うカメラの視野に指揮する雄造と背後の客席で聞いている昌子の姿が入ってくる〔図22〕。こうしてここでも裸の野外音楽堂内に演奏会の象徴的空間が濃密化するのだ。この抽象的空間のなかで落ち葉の群れはフェリーニの『甘い生活』（一九六〇）やラモリスの『赤い風船』（一九五五）における風船のアニミズムの詩のように感動的である。こうしてカメラ自身も落ち葉の群れのように音楽とともに躍動し、二人をグリフィス的愛のコミュニケーションで織りなしていく。黒澤は『蝦蟇の油　自伝のようなもの』（岩波書店、一九八四年）で、観客に拍手を求める演出の冒険を日本では拍手をしてくれなくて成功しなかったが、パリでは観客が熱狂的に拍手をしてくれたので、「誰もいない音楽堂の舞台からオーケストラのチューニングの音が聞こえて来た時は、異様な感動が湧いて来た」（三二六頁）と述べているが、観客が拍手をしなくてもこの演出は決して失敗ではない。ファンタジーは直感と整合の対立とかけひきをその詩学としており、また昌子が正面から見るカメラは映画館の観客だけでなく、物語内世界の彼女が見ている対象、つまり音楽堂の空の客席も意味するからで、この多義性・曖昧さが拍手をしない場合も映画館の観客か音楽堂の見えない観客が音のしない拍手を送ったのだ（事実、昌子らは拍手を聞いてカメラにお辞儀をした）と整合化できるからだ。以上二つの場面にとって重要な役を演じているのが月である。この月には二つのテクスト連関がある。一つは前述したグリフィスの月の場面で、そこで馬鈴薯を強奪されたポールはインガの励ましのなかで月を仰ぎながら、絶望から希望への回生をとげる。黒澤作品でも人生の夢（良心的な〝大衆の珈琲店ヒヤシンス〟経営）を戦争と戦後の現実に強奪された雄造が昌子の励ましのなかで月を仰ぎながら絶望か

図20

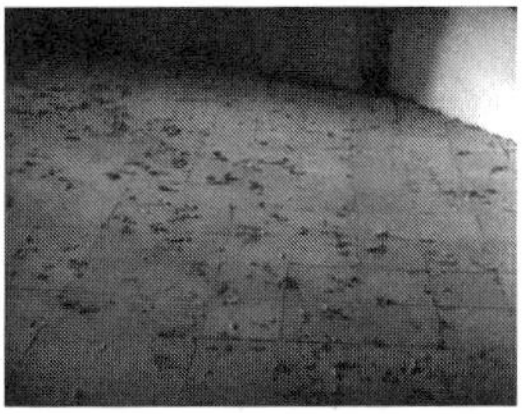
図21

図22

図23

図24

図25

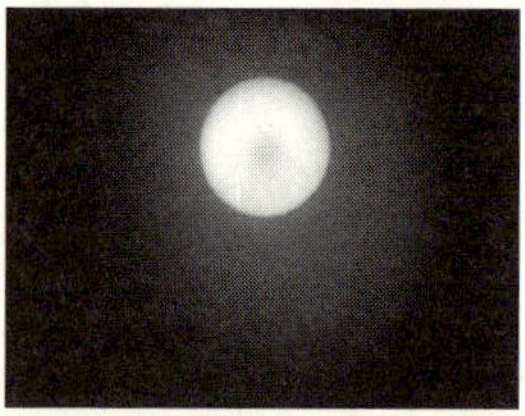
図26

図27

ら希望への回生をとげるからだ。焼け跡の場面で雄造はやっと戦前の夢を語りはじめ、やがて夢中になって演じる。「あら素敵！　むかしの雄造さんがかえって来たわ」と昌子は戦前の彼の回生を喜ぶ。このとき人々が二人を見物しているので焼け跡を逃げだす。二人が右へオフするのを、カメラが追い［図23］、焼け跡の中央に出ている月をとらえて止まる［図24］。ここでビブラホンが「出た出た月が」のメロディーの出だしを奏でる（『羅生門』では風の到来をチェレスタがつげ、この風が登場人物すべての運命をかえてしまう）。次のショットでは大写しの月に向かって二人がそれぞれブランコを漕いでいる。彼はそ

図28

の月の歌を歌い、「夢じゃ腹はふくれないと言ったが、今はちっとも腹はへらない」と語り、ターザンのような叫び声をあげる［図25］。大写しの月のショットが挿入され［図26］、オフで昌子が「貴方は世界中でいちばんちっぽけな子供よ」と言う。さらに二人は「月の沙漠」のハミングをし、口笛を吹く。そこで雄造が急に漕ぐのをやめ、いいことがあると指差す［図27］。次に音楽堂の立て札のショット［図28］、そしてこの月の光のなかで空想演奏会となる。黒澤は能の優れた理解者だが、以上の二場面（ブランコの場面は便宜的に焼け跡の場面にふくむ）は（真如の）月と関わりの深い夢幻能、たとえば『井筒』の構成によく似ている。月夜の在原寺の旧跡の井筒を訪

図29

図30

ねた僧に前シテの里の女が業平と井筒の女の恋の話を物語り、実は井筒の女の霊だと本性を明かして、井筒の陰に消える（中入）。そして業平の形見を着て後ジテの井筒の女の霊が登場し、「今は亡き世に業平の、形見の直衣《のうし》身に触れて恥ずかしや、昔男に移り舞」と述べ、舞事となる。移り舞とは高名の舞手、ここでは業平をまねて、しかも彼に乗り移って舞うことである。そして井戸の水にわが姿を映し業平をなつかしむ。「昔男の、冠直衣、女とも見えず、男なりけり、業平の面影見れば、懐かしや、われながら懐かしや、亡夫魄霊の姿」。見えない霊が現前し、さらにその霊が求める見えないものが現前するという夢幻の入れ子構造の眩惑がこの能の生命である。

焼け跡・ブランコの場面はこの能の前段のように、雄造の戦前の夢をくわしく語り演じる。ツレの昌子は昔の雄造の回帰を告げ、〝世界中でいちばんちっぽけな子供〟（対句的には昌子は世界中でいちばんおおきな大人あるいは母）という彼らの霊的な本性を告げる。そして音楽堂の立て札のショットで中入となり、次の音楽堂の場面に彼らは後ジテらとして登場し、今は跡形もなく消え失せた戦前の美しい思い出としての空想音楽会をカメラとともに舞い、語り、〝急〟つまり加速度的急テンポのフィナーレを演じる。公会堂で二人が聞けなかった音楽は昌子の言う「〔おそらく大戦前の〕最初のランデヴーとおなじ帝響の未完成」であり、雄造はその指揮者に、昌子はその聴衆に移り舞い、彼はタクトを振り、彼女はほかの聴衆にも請うて拍手をし、聞き入り、その夢幻のなかにさらに交響楽の夢幻の音を聞くのである。そしてこの〝急〟でシテとツレの二人の姿を舞＝旋回・飛翔の〝離見《りけん》の見〟のようにカメラは上下左右にクレーンで移動し続け、カットのたびにカメラの位置は接近〔図29〕から遠景〔図30〕へ、あるいはその逆に変化しつづける。そして音楽の高揚と共に、カメラは一人一人に接近を素早く繰り返し、やがて一人一人の大写しのカット・バック（感動の交換）を急テンポで一二ショット繰り返す〔図31・

図31

図32

図33

図34

図35

図36

32〕。そして俯瞰の超遠景で二人が抱き合い、クライマックスとなる〔図33・34〕。そして二つの穏やかな移動のショットの後で駅の場面に繋がれる（第二楽章へ）。こうして月の光は死者の霊の過去の追慕を顕現する。しかし現実世界を扱う現在能にも様々な優れた幻想がある。『葵上』の恋と嫉妬の生霊、『隅田川』の春の女物狂い、『邯鄲《かんたん》』の粟飯の一炊の間の栄華の五〇年の人生の夢など。こういう能の幻想とも黒澤映画は接触している。やがて彼は『蜘蛛巣城』（一九五七）で、能の修羅物、女狂物《くるいもの》と『マクベス』を、ともに裸の舞台の古典演劇を、主題面だけでなく、表現面でも本格的に、精緻に重層化することになる。能が本説つまり有名な古典を題材とすることで観客に重層したイメージをもたらす（増田正造「能」、『万有百科大事典3　音楽・演劇』小学館、一九七四年、四一六頁）〔編注4〕ように、黒澤映画にはさまざまな芸術との重層も満ちているのである。

　こうして駅のプラットホームの場面に移り第二楽章が続くなかで二人は別れ、映画は終わる。ところで二人が座るベンチの横にトラッシュと英語で書かれた新しい屑箱があり、二ショット続く〔図35・36〕。これを前述のキャンビーは見逃さなかった。作品が作られてから三五年後の批評で、彼はこの作品の社会的、政治的激変の背景にふれながら、「私たちは連合占領軍の一人の姿も見ないが、スクリーンの隅に偶然見られた英語で書かれた屑箱だけによってでも、その存在は決して気づかれないことはない」と述べた。そして四五年後に同じアメリカで出版された平野共余子著の『スミス東京へ行く　占領下の日本映画』（一九九二年）〔7〕は、占領軍の検閲がアメリカ軍による占領を日本人に意識させる画面は決して認めなかった事実をくわしく検証している。アメリカ軍の施設をはじめ、飛行機（当時飛行するのは占領軍のみだったので爆音すらも）、軍人とそのための英語の標識一切、焼け跡、軍人への売春、混血児などが多くの優れた作品からも削除された。当時の日本はこれらの事実で満ちていたので、ロケーション撮影は非常な困難をともなったという（第二章「禁じられた題材」の〝占領批判〟の項、五六〜五七頁）。占領軍検閲の検証を機に、占領下の日本映画は世界の映画の流れのなかでロケーション撮影による新しいリアリズムを追求していたので、検閲によるその障害やセット撮影の多用についての再検討が必要である。こうして、敗戦の廃墟のなかで見えないもの、聞こえないものをファンタジーとして追求したこの映画は、歴史の変化と一人の著者の歴史発見により、その見え・聞こえているすべてのものに占領軍の検閲の絶対権力が剝奪してしまった以上のような多くの事実をあらためて重層化したのである。

〔1〕佐藤忠男「作品解題」、黒澤明『全集　黒澤明』第二巻、岩波書店、一九八七年、三二六〜三三一頁。
〔2〕植草圭之助『わが青春の黒沢明』文春文庫、文藝春秋、一九八五年、一〇一頁参照。
〔3〕Sergei Eisenstein, "Dickens, Griffith, and the Film Today," in *Film form; essays in film theory.* tr. Jay Leyda (New York: Meridian Books, 1957).
〔4〕Vincent Canby, "Screen: Kurosawa's 'One Wonderful Sunday'," *New York Times*, 29 Jun. 1982.
〔5〕Christiane Blot,《Subarashiki nichiyobi (Un merveilleux dimanche)》, *Études cinématographiques*, nos 30-31("Akira Kurosawa", textes réunis et présentés par Michel Estève), printemps 1964, p.97.

［6］ Vincent Canby, op.cit.

［7］ Hirano Kyoko, “Criticism of the Occupation ”in *Mr. Smith Goes to Tokyo: Japanese Cinema under the American Occupation, 1945-1952* (Washington, D.C. : Smithsonian Institution Press, 1992), pp.56-57.（日本語版＝平野共余子、「第二部　禁止された題材」の「第三章　軍国主義批判と占領軍批判」、『天皇と接吻　アメリカ占領下の日本映画検閲』草思社、一九九八年、八四～八九頁）。

［編注1］作品内容に則して一部変更してある。

［編注2］佐藤忠男は『黒沢明の世界』の増補改訂版である『黒澤明の世界』（朝日文庫、朝日新聞社、一九八六年）で「『素晴らしき日曜日』とD・W・グリフィスの『素晴らしき哉《（ママ）》人生』」と題する章を付け加え、グリフィスの作品に即して再考をおこなっている。

［編注3］一九九三年二月七日にNHKアナログ衛星第2放送で放映された番組「黒澤明が語る世界の巨匠・世界の名画」のなかで、黒澤明はインタビューを受けており、このなかでの発言だと思われる。黒澤が推奨した『未完成交響楽』は、同年同月より始まった同放送の番組「巨匠・黒澤明が選ぶ世界の名画100本」のなかで放映されている。また、黒澤和子編『黒澤明が選んだ100本の映画』（文藝春秋、二〇一四年、三二頁）にも、『未完成交響楽』について「本当に可愛らしい作品で大好きなんだ」という彼の言葉が記載されている。

［編注4］増田正造は以下のように解説している。「世阿弥は「本説《ほんぜつ》」という能作の典拠を重視した。『井筒』の本説は『伊勢物語』であり、『野宮』の本説は『源氏物語』である。修羅能ならば「殊に殊に平家の物語のままに書くべし」と指示している。有名な古典を題材とすることにより、観客に重層したイメージを与えることが可能になる。和歌における「本歌取り」の技巧を拡大したものということができる」。

第2章　『酔いどれ天使』と対照の語り

一　対照の構想

『酔いどれ天使』（一九四八）は山本嘉次郎監督の『新馬鹿時代』（一九四七）が建てた大きな闇市のある市街のオープン・セットを利用して製作された。黒澤明の『蝦蟇の油　自伝のようなもの』（岩波書店、一九八四年）は作品の構想をこう語っている。「山さんの『新馬鹿時代』も、敗戦後、雨後の竹の子のように出来た、闇市とそこに根をおろしたやくざの世界を描いたものであるが、私はそれを押し進めてやくざという存在そのものにメスを入れてみたかった。／彼等は、そもそも、どういう人間なのか。／彼等の組織をささえる仁義とは、彼等個々の精神構造は、彼等の誇る暴力は、一体どんなものなのか。／それを私は、闇市のある街を舞台に、そこのやくざの縄張り（島）を預かるやくざを主人公にして描く計画を立てたのである。／そして、それを描く手段として、そのやくざとは対照的な人間を設定した。／最初、それには、その街に住む若いヒューマニストの開業医を登場させる事にした」（三三〇～三三一頁）。

ところがこの医者はあまりにも理想的な人物であり、図式的に理性を体現したために、生きて動きだそうとしなかった。そのうち、黒澤と脚本家の植草圭之助は横浜のスラムで会った酔払いの医者のことを思い出した。こうして、「『酔いどれ天使』が登場する。／急に生々と動き出したこの人物は、五十も半《なかば》を過ぎたアル中の開業医で、栄達に背を向けて庶民の中に根をおろし、医者としての実績と偏屈だが一徹な人柄で、その人気を集めている。そして、何時も無精髭を生やし、頭の毛ももしゃもしゃな、この呑んだくれの開業医は、傍若無人にズケズケ本当の事を云い過ぎるが、見掛けとは裏腹に、優しい純粋な心を持っている。／このように人物設定をした開業医を、闇市に接した塵溜めのような沼の対岸の医院に住みつかせてみると、闇市に君臨するやくざとこの開業医は、見事なバランスで対照し、その二人がドラマを展開するためには、あとはただ二人の接触を待つばかりである」（三三三～三三四頁）。

このように対照的な二人が戦後社会の病巣の明白な象徴である沼をはさんで向いあう闇市と医院に住み、松永の結核で結ばれ、ドラマを展開する。医師は松永の結核治療だけでなく、心の病であるやくざの足も洗わせようとする。最初のヒューマニストの医師があまりにも理想的だったというあたりは、黒澤好みのフランク・キャプラやレオ・マッケリーのポピュリズム喜劇の主人公のイメージに近い。事実、マッケリーの『我が道を往く』（一九四四）は一九四六年度の『キネマ旬報』の外国映画ベスト・ワンになり、日本でも大歓迎されている。酔いどれ天使のイメージは黒澤たちが発見した現実のモデルによるのだが、フォードの『駅馬車』（一九三九）でトーマス・ミッチェルが熱演してアカデミー男優助演賞をとった人情家の酔いどれ医師ドク・ブーンを想起させる点がいかにもアメリカ映画に精通した黒澤らしい。

ところで、この小論はまず二人の主人公の対照性から始めたが、対照ということは実はこの作品や多くの黒澤作品の物語言説とその語りに基本的にかかわるものなのである。まず登場人物の面では、主要人物はそれぞれ対照的関係を示しながら、対照的な出来事を展開させている。また、空間的には沼を中心に彼らの生活の場の闇市と医院がそれぞれ対岸に対照的に設置されている。反骨の酔いどれ医師の真田（志村喬）は世俗的な成功者で要領のいい病院長の高浜（進藤英太郎）と対照的である。真田の医院は汚れた沼の岸にあり、高浜が彼と出会うのは沼を見下す崖上の道路を走る運転手付きの自動車の中ということで、これも対照的である。真田は二人の重要な結核患者を持ち、結核退治に専念している。一人が、真田に言わせると「まだ少しは人間らしい所が残っているけだもの」のやくざ松永（三船敏郎）であり、もう一人が彼とは全く対照的な純潔と理性の具現者の少女（久我美子）である。そして松永は治療に背を向けて、喀血しながら、やくざ同志の決闘で命を落とし、少女は治療の努力が実り、病気を克服するという互に対照的な結末を迎える。松永とかかわる二人の女もそうだ。キャバレーの女王的存在の奈々江（木暮実千代）は動物的な活力だけで生きる女で、結核に冒された松永から、より強い岡田（山本礼三郎）に楽々と乗りかえてしまい、対照的に見すぼらしい小さな飲み屋のぎん（千石規子）は善良さと愛を松永の治療と更生にかけ、最後に彼のために葬式を出してやり、美しい自然の故郷に彼の遺骨を持って帰る。作品の結末で真田は少女の回復祝いにおしるこ屋に行く時、ぎんとの別れを感慨無量のおもむきで言う。木枯の響くなかで、少女とぎんは会釈するが、ここにも二つの人生の対照がある。そして時間的には、この映画の前半は盛夏であり、後半は厳冬である。二つの季節的対照が前半と後半の出来事の対照に対しみごとな共生関係を示している。さらに、喀血して全く落目になった松永が以前肩で風をきってのし歩いた闇市を元気なく歩く時に、街頭放送の「廓公ワルツ」が陽気にがなりたてているという映像と音楽の対照的な対位法のほかに、伴奏音楽では暗く重苦しい沼の主題と天上的な優美さや愛を告げるようなドビッシーの「月の光」の主題の対照的用法があり、さらに時代の記録としての街頭放送やキャバレーなどでの流行歌と、季節や時刻を告げる木枯の音やひぐらし、こおろぎの声などの自然音との対照もある。

こうして各対照はさらにみごとな対照の語りにより、映画の生命を生きている。そこで、これらの対照の構造や行為をギャング映画のジャンルとの関係、気候とドラマの関係、沼をめぐる対照の語りの三つの視点から考えてみることにする。

二　ギャング映画のジャンルとの関係

当時東宝の製作責任者の藤本真澄は、『キネマ旬報』一九四八年四月一日号の座談会「日本映画復興の構想」で製作の発端をこう語っている。「各社がお正月に『オクラホマ・キッド』に押された。あれが受ける写真なんですよ。黒沢君はそれを積極的に考えてギャング映画を作ろう、それを扱つてアメリカでも『暗黒街の顔役』『暗黒街の弾痕』とか、いい写真がある。そういうものを作ろうじゃないか。それで作つたのが『酔いどれ天使』なんです。だから黒沢君が非常にあくどいものをねらつているでしよう。それで立派なものを作ろうというのです」（一四頁）。

この作品は正月興行での『オクラホマ・キッド』の大当り以前に着想されていたのだが、たしかに当時は西部劇は非常に封切本数が少なく、そして抜群の興行力を発揮していた。事実、ロイド・ベイコン監督の『オクラホマ・キッド』（一九三九）は日本では一九四〇年五月に封切られたもので、それが戦後の正月興行にも引っ張り出されたのであろう。ジェイムズ・キャグニーの流れ者が町の浄化に乗りだし、父の仇を討つというもので、『キネマ旬報』一九四〇年五月二一日号で滋野辰彦は「大味な隙だらけの西部活劇」と評したが、「大衆的な興味のある西部活劇で大物の柄は備はつてゐる」と興行価値を認めている（四二頁）。『キネマ旬報』一九五一年一一月一日号の「興行から見た西部劇」によると、西部劇は浅草を標準としてみるとほかのジャンルより約四〇％増しの収入があり、特に地方の洋画映画館では月に一本か二本西部劇を上映しないと経営がなりたたない程だった。また、西部劇の観客層の特徴は二〇歳代中心でほかのジャンルと同じだが、著しい特色として、映画をよく知っていて、西部劇でも粗末な作品には決してだまされない、と述べられている（三〇頁）。西部劇をアメリカ映画の故郷視する映画史観は黒澤だけでなく、戦後の若い映画ファンにも継承されていたのだ。そしてまた、藤本真澄が指摘した戦前のギャング映画の二本も、黒澤の言う「映画的純度」の高い写真であった。

ハワード・ヒューズ製作で、ハワード・ホークス監督の『暗黒街の顔役』（一九三二）は、ちょうど『酔いどれ天使』の一五年前に日本公開されている。主演のポール・ムニはカポネを思わせる凶悪なギャングぶりを発揮し、ホークスの卓抜な映画的技術と共にこの作品をギャング映画の古典たらしめている。岡俊雄は『欧米映画史』上巻（東京ブック、一九六九年）の「ギャング映画の体系」で、三〇年代初期のギャング映画第一期全盛期の頂点をなすこの作品のプロットが当時のギャング映画の集大成をなすものだとしている（二二三頁）。この作品にはこのほか多くの傑出した見せ場を持ち、それらがこのジャンルの多くの約束事を形成している。『酔いどれ天使』に共通する約束事を簡潔に指摘しておこう。
(1)文字通りの暗黒街としての夜の世界が冒頭から提示される。夜の街頭、ナイトクラブ、豪華なアパート室内などの美しい照明効果。「世界はあなたのもの」というネオンサインの劇的効果。殺人者をシルエットで表現する、等。
黒澤作品でも夜の世界が多用され、豪華さはないがアパート室内の照明効果が認められる。岡田が沼岸に登場してギターを弾く時に、背後の「NO・1」のネオンサインが彼の地位を約束している。松永と岡田の再会も、松永の影にもう一つの人影が不気味な音楽で近寄るという具合に表現されている。
(2)ギャングのイコノグラフィ。個性的な顔、地位を明示するぱりっとした服装、胸に挿す花など。
岡田は大親分ガフニーのボリス・カーロフにとくに目が似ているし、前半の松永はすべての面で自信に満ちたギャングのイコノグラフィを備えている。
(3)苛酷な縄張り争いのプロットは、それまでの権力者の女を新しい権力者が奪い、それを相手に認知させる儀式的な認知場面を経て、旧権力者の殺害を映画的表現の妙技で示す殺人の見せ場のクライマックスに至る。主人公のトニー・カモンテ（ムニ）は親分ロヴォの女ポピーに強引に近寄る。認知場面はナイトクラブでポピーが煙草を出した時に行われる。ロヴォはライターの火を、カモンテはマッチの火を差出し、ポピーはマッチの火を選ぶのである。殺人の見せ場をホークスは四つも用意し、それぞれが見事だ。冒頭の深夜のレストランにおけるカモンテのコステロ殺しは、カモンテのシルエットと口笛で表現され、ボーリング場でのガフニー殺しは、斜め俯瞰でカモンテらの視野でとらえられる。岡俊雄は前述書でこう述べている。「このあとガフリー《ママ》がボールを投げた姿でそのまま倒れるが、カメラはそのまま転るボールを追うと、その一投はストライクとなり、一本だけ残ったピンがユラユラとゆらいで、ゆっくり倒れるという味なショットでしめくくっている」（二二三頁）。また、ロヴォの裏切りにカモンテが深夜の事務所で腹心の部下リナルド（ジョージ・ラフト）に彼を射殺させる場面では、カモンテが一人口笛を吹きながら事務所を出て行く時にピストルの音が聞えるという趣向をこらし、さらに後年多くの模倣を生んだカモンテのリナルド殺しは、いつも五〇セント銀貨を手であしらうくせのリナルドが、無警戒に彼の前に現われ、射たれ、呆然として銀貨を弄びながら倒れる見せ場になっている。

これに対して、黒澤も、岡田による奈々江奪いの認知場面を、キャバレーでダンサーたちの見守るなかで、ビゼーの『カルメン』のジャズと共にパロディ風かつミュージカル風に行っている。ここで奈々江は岡田の方に先に酒を注ぎ、岡田と踊るのだ。岡田の松永殺しも、近松の『女殺油地獄』よろしくペンキまみれの殺しの見せ場にしている。また、カモンテの口笛と岡田のギターにも共通性（殺人にかかわるもの、反復使用）が認められる。

(4)ギャングを英雄視する風潮に反対し、警察は徹底的にギャングの悪と対決し、市民の協力を強く要請する。カモンテと対決するグアリーノ警部は彼にこう言い続ける。「銃をとり上げれば、お前はただのねずみだ」。

真田もやくざには徹底的に批判的であり、それは日本映画では珍らしい程である。真田役の志村喬は翌年の『野良犬』（一九四九）でも、ピストル強盗の悪を断固許さない刑事役を演じている。

次にフリッツ・ラングの『暗黒街の弾痕』（一九三七）は一九三七年度の『キネマ旬報』の外国映画ベスト・テンの九位に入賞しており、当時の批評には、『キネマ旬報』一九三七年七月二一日号の飯田心美のように、映画全体の均整とか必然的展開とかいうものよりも、「特殊な情景の個々の描写において断然すぐれた腕前をみせる」（七一頁）として、アメリカ映画としては異色とみなすものがあった。前出の岡俊雄は、この作品はボニーとクライドの事件をモデルにしたが、「内容はまったくちがったものになっている。ボニーとクライドは根っからの犯罪者だが、この映画の二人は社会悪の犠牲者として感傷的に扱われており、作品の意図は、一九三二・三年頃のワーナーの社会犯罪映画の系列に属しているといえるだろうが、さらにいえば、ギャング映画というよりメロドラマ調が濃い。しかし、それを救っていたのはラングの映画的感覚の冴えがうみだした説得力のつよさであり、ヘンリイ・フォンダとシルヴィア・シドニイの好演と相まって、きわめて高い調子が打ち出されていたからである」として、「ギャングスターの描写は、アクションよりもその環境や雰囲気と性格描写の密度に見られるようになってきた。それだけ、映画の表現が成熟してきたことを示すものだ」（二二八〜二二九頁）と評価している。そして当時の批評は、豪雨の銀行前での現金輸送車襲撃、脱獄の各アクション場面を必ず賞賛しているが、飯田心美は以上の二つの場面と、「田舎旅館の池と蛙の大写、ともに此の平凡なメロドラマに特別な雰囲気をあたへ、われわれに忘れ難い印象をのこす」と述べており、「ラング一流の照明効果を苦心したライトの配置、キャメラ・ポジションのきめ方、それらの画面がリズミカルな編輯によつて生彩を放つ」（七一頁）としている。

さて、『暗黒街の顔役』が黒澤作品にギャング映画の基本を提供したとすれば、それとは対照的に『暗黒街の弾痕』は、ギャング映画における映画表現の成熟や変化の方向を幾つか示しているので、その点を考えてみよう。まず、ラング作品は犯罪者を社会悪の犠牲とみなす社会犯罪映画の系列に属する点で、ホークス作品とは対照的だが、それは松永に対する真田の心情の複雑さによく反映している。真田はあくまでもやくざの松永に反対するが、彼自身ぐれた青春を持ち、反骨精神の旺盛な彼は松永にどこかまだ少しは人間らしさを認めようとしている。そして裏切られながらも、何とか不治の病や、やくざの泥沼から彼を救い出そうとする。このディレンマこそ、ギャング映画のジャンルの対照的な両極を『酔いどれ天使』が同時に生きている証拠でもある。

図1

図2

図3

図4

次にラングの映画表現の成熟に匹敵する黒澤作品のそれを指摘しよう。ラング作品の照明技術に関しては、光と影のみごとな表現がある。冒頭で主人公のエディ（フォンダ）の収容されている刑務所の所長室が舞台となるが、そこでは室内に鉄格子とその影が鮮明に示されている［図1］。所長がエディの写真を見ると、そこにも鉄格子の影が落ちている［図2］。エディはその後、ホテルの一室やジョーン（シドニイ）との新居に登場するが、そこにも窓枠やその影が鮮明に示されており、冒頭の刑務所内の鉄格子を連想させる［図3］。さらに新婚旅行の田舎旅館では、旅館の主人夫婦がエディのことを嗅ぎつけて、二人を追い出してしまうが、主人夫婦の部屋は金網の影が鮮明に示されている［図4］。そしてエディは無実の罪で死刑を宣告されて独房に入れられるが、それは鉄格子で囲まれた文字通りの檻《おり》なのだ。エディはやっとのことで刑務所の鉄格子の世界を脱出し、ジョーンとの逃走の末、国境近くで警官隊に撃たれて死ぬ。その時、脱獄する時に射殺してしまった神父の声が聞えてくる。「エディ、エディ、君は自由だ」。音楽と女性コーラスのなかで声が続く。「門は開いている」。そして林の中に超越的な強い光が溢れ、エンド・マークとなる。エディは檻の影から解放されて、光の門に迎えられたのだ。ラングの作品全体に対する行き届いた配慮はこの光と影の構成を見ただけでよくわかる。さらに、刑務所内の運動場で囚人が野球をしている時、神父のアンパイアに皆が猛烈なブーイングをするが、それはエディが無実の罪なのに死刑を宣告された裁判所の前で、群衆が騒ぎ、彼にものを投げる場面の伏線になっている。このように台詞、行為、背景のすべてに発展する主題群が高い密度で張りめぐらされ、作品全体に密度の高い社会環境を醸成する。そこには、冒頭の法律相談所で商人が来て警官が店のりんごを毎日食べてしまうので困るという訴えを皮切りに、新婚旅行のエディらを追い出す旅館の主人夫婦、エディを首にする非情な経営者、エディらがガンリン代を踏み倒しただけなのに、金も盗まれたと警察に通報するスタンドの経営者などが次々に登場し、前科者に敵対する冷酷な社会環境の圧力を強化し、主人公を押し潰すのである。

黒澤もこの作品で腐敗した社会環境の主題を展開させているが、ラングが物語上の出来事のなかでそれを行っているのに対して、黒澤はそれを物語上の世界の空間に張りめぐらしている。腐敗の象徴である汚れた沼を中心とし、それを闇市が取り巻いている。不潔な沼で子供たちは遊び、夜はその辺りに売春婦ややくざが群がっている。闇市にはやくざ、闇商売、性病、そして結核が蔓延している。したがって、真田にとって松永をこの荒廃の沼から脱出させることが目的となる。ラング作品の檻の影はここでは沼となり、松永はその周囲を堂々巡りした挙句死ぬ。だがその時、少女が結核の治癒の報告に来る。出口なしに見えたこの世界に希望の光の門があったのだ。真田は彼女と腕を組んで沼に背を向け歩んで行く。

図 5

ところで、ラングが『暗黒街の弾痕』で示した成果の一つはギャング映画に蓮の花と蛙、森林、豪雨、嵐、風、霧などの自然を映画的に導入したことである。まず新婚旅行で、エディたちは旅館の中庭の蓮の花咲く水槽を見ながら愛を語りあう。水槽の二匹の蛙を、ジョーンはロミオとジュリエットだと言う。一人のクロース・アップ、あるいは二人のショットと、二人に見られたものとしての蓮の花と蛙のクロース・アップ［図5］のカット・バックが二人の会話と共にみごとに進行していく。蛙が一匹水に飛びこむ［図6］。静かな水の輪がゆっくりと水面に広がり、そこに映っている二人の姿が揺れ

図6

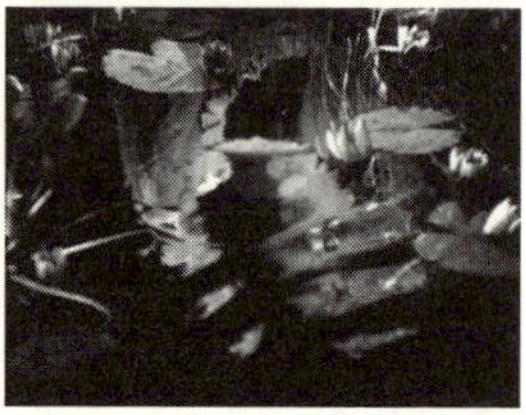

図7

図8

図9

図10

図11

図12

る〔図7〕。そしてやがて揺れは収まり、姿がはっきりする〔図8〕。「私のこと好き?」と水鏡のなかのジョーンが聞く。そして俯瞰の二人のショット〔図9〕。会話を交わした後、二人は立ち上がりキスをする。背後に樹のかげがあり、その闇の中に白い花が浮かぶ。ここでは人物の心理と自然は共生関係にある。つまりこれは重ね合わされた肖像画と風景画なのである。

現金輸送車襲撃に豪雨を配し、そのあと、エディが新居に現われる前に、無人のブランコが雨中に揺れているのが示される。フィルム・ノワールに雨と夜はつきものになるが、これはその走りだろうか。そして脱獄時の夜霧。最も感銘的なのは、二人の逃避行中に、人目を避けて二人が雨もよいの風の吹く淋しい森のなかで食事をとったりするが、その都度人気ない寒々とした風景が示され、それが二人の逃亡者の心理とみごとに共生することだ。とくに、ジョーンが最後に姉と会う前の三つのショットはみごとだ。嵐に二本の細い木がもまれているショット〔図10〕。これは文字通り二人を象徴している。次に嵐の中の道のショット〔図11〕、最後に同じ道のショットで嵐は止んでいる〔図12〕。この三つの無人のショットは、二人の旅の時間経過を伝え、同時に無人のショットとすることで孤独な二人の心理と共生するのだ。さらに、これらの風景ショットはそれ自体突出して独立した映画的現実の一瞬として、言語的理解をすりぬけ、感覚にそのまま焼き付けられ、観客の個人的な作品索引となることがある。

黒澤も『酔いどれ天使』で映画的にすぐれた自然の導入の方法を開拓し、その魔術的な成果をもたらしている。その自然はまず気候である。

三　気候とドラマの関係

この作品は前半が盛夏、後半が厳冬となっているが、黒澤は『映画春秋』一九四八年四月号の「『酔いどれ天使』の演出ノートから」でこう述べている。

「この作品の前半は、夏の出来事である。／一番寒い季節に、一番暑い場面を、それも沢山オープン・セットで撮らねばならない。／しかし、冬に夏を描くと云ふ事は、痩我慢ではなく、ある面白さがある。／寒い目に合ふ俳優さんには気の毒であるが、スタッフにはいろ〳〵工風《ママ》する楽しみがあるのである。／今度は、重《ママ》に雲と影を使つて見るつもりだ。冬の影は、夏よりもくつきりしてゐる。／夏の影は、反射光線の為めに影さへギラギラしてゐる。だから、冬影をねらつて夏の感じをねらふと、一種さらりとした、むしむしした日本の夏とはまるで違ふ風情が出るのである。今度の場合は、それでは困るのだが、ベト〳〵した夏の感じは、冬の撮影で捕へる事は殆んど不可能だろう。／しかし、とにかく、寒い冬の最中に、夏の情景を追つてゐると、ある郷愁に似た情感が来る。／実際には、夏は苦しいものである。／しかし、『モロッコ』の夏は楽しい見物なのである」「昔、映画が光と影の芸術と云はれてゐた時代の事も考へられる。映画が、光と影で素朴な、しかし美しい歌を唄つてゐた頃の事が思はれるのである」（九頁）。

そして黒澤は実際に真冬に真夏を撮影することに成功したのである。まず、それは『モロッコ』（一九三〇）風の光と影の素朴で美しい歌によってであった。『キネマ旬報』一九四八年六月一五日号で、持田米彦の「近頃のカメラ技術から『酔いどれ天使』撮影について」はこう述べている。「陰影の使い方の巧みさも賞揚できる。医者の治療室内へのヨロイ戸を通してダンダラの陰影、オープン・セットのヤミ市のヨシズの日除による陰影の如きはもちろん古くから使われた手であるが（『モロッコ』など十数年前から）日本映画としては大胆なものであり又成功している」（二九頁）。

こうして光と影の歌となった季節はドラマと重要な関係を持つ。『黒澤明ドキュメント「デルスウ・ウザーラ」製作記念特集』（『キネマ旬報増刊』一九七四年五月七日号）で、『羅生門』撮影時に助監督だった若杉光夫は黒澤のことばをこう伝えている。「黒さんはポソポソいろんなことをしゃべる。日本映画に季節感のある写真が少ないと言う。ドラマと季節はドラマとその生まれた風土との関連以上に重要だ。竹は夏だな、と彼は言う。京都付近の竹林の間の道のロケハンは、その論理の上でつづけられる」（一四七頁）。

では季節とドラマの関連の重要性を考えるために、黒澤が真冬に真夏をどうやって作りだしたのか観察してみよう。作品の冒頭で汚れてメタンガスの盛んに沸く沼が示される。ガスの多さが腐敗のひどさと温度の高さを示し、ギターの単調な音がそれを強める。近くの岸で涼をとろうとする売春婦たちがもの憂く立ち上がり、髪をかきむしる。対岸の医院の前でチンピラが蚊を叩く。ここらで苦しい蒸暑さが伝わり始める。そして診療室に真田が入って来ながら、白衣の下の汗を古手拭でしきりに拭い、それを広げて机の脇に干す。そして一方の手で粗末な団扇をばたばたやり、涼をとったり、足元の蚊を追いながら患者の松永に向う。ここまで苦しい蒸暑さはその極に達する。ここには蒸暑さを表現するボキャブラリーが豊かに使われている。夕涼み、団扇、蚊、汗、汗拭等々。黒澤はすぐれた詩人や画家のように、季節とその生活風俗を示すボキャブラリーを実に豊かに示す。例えば前半の真夏の部分では、真夏の自然とその生活風俗の鋭い観察により、その時代独自の現実を描き、密度の濃いリアリズムと光と影の美しい歌を共生させるのだ。夏の雲（雲の峰）、炎天、繁る樹、夏の雨、夕涼み、夏の朝、夏の夜、蒸暑さ、汗、汗拭、ハンカチ、団扇、蚊、蚊取線香、蚊帳《かや》、麦藁帽子、パナマ帽、よしず、ブラインド、夏服、アロハシャツ、浴衣、捕虫網、アイスキャンデー、氷柱、ひぐらし、こおろぎ。これらが真夏の気候と生活風俗のボキャブラリーである。日本の生活は画然と変化する各季節と常に一体化しており、それゆえに溝口、小津、成瀬、五所、そして黒澤のリアリズムにこの季節リアリズムの占める位置は重要である。黒澤は演出ノートで明らかにしているように、季節による大陽光線の違いを、その映画性を熟知している。それゆえに彼は冬雲を夏雲にかえる術を、戸外での撮影時に照明を用いる術を知っている。『全集　黒澤明』第三巻「月報3」（一九八八年）ので、堀川弘通の「『わが青春に悔なし』の頃」はこう伝えている。「田植えのシーンは、実際に撮影所の裏の田んぼで撮った。アメリカ映画のロケのスナップを見て、黒さんがいい出したのはロケーションでライトを使うことである。今なら、大して珍らしいことではないが、レフ（銀紙を張った反射板）の他に、ライトを使うのは画期的なことだった。その効果はすばらしかった。ギラギラした太陽の下、また、小止みなく降り続く雨の下、黙々と働く幸枝達のシーンの迫真力はこのライトが大きく貢献している」（五頁）。

一九四〇年代のイタリアのネオレアリズモ映画でもロケに照明を用いていた点に注目したい。クリスティン・トンプソンの著書『ガラスの鎧の粉砕』（一九八八年）は、デ・シーカの『自転車泥棒』（一九四八）がロケでも場所や人物を全部鮮明にとらえるハリウッド式の三点照明をよく用いていることを実証している。さらにトンプソンはネオレアリズモ映画に関するバザンの説、例えばこの作品のすべてのショットがロケーション撮影されたという説に実証的なメスを入れている。さまざまなアパートメントやおそらく売春屋の内部はセット撮影であり、ハリウッド映画の標準的な三点照明を用いている。また、清掃車に主人公らが乗って街を走る場面にはバック・プロジェクションを用いている。冒頭には超遠景から主人公に近寄る広範囲のクレーン撮影があったり、長い移動撮影は滑らかでロケーション撮影の初期の典型的ながたつきがない、としている［1］。『酔いどれ天使』の高浜の自動車内の場面もバック・プロジェクションがある。

ここでトンプソンを引用したのは、ネオレアリズモ映画でもセットやロケ時にハリウッド式の照明を用いているという事実があり、その点をふまえて、黒澤作品がオープン・セットやセット撮影の側から、戦後のリアリズムの核心にどの程度まで迫ったかを明らかにしたいからである。まず現実の闇市や焼跡の建物はひどく粗末であり、オープン・セットはそれ自体本物に限りなく近かった。

さらに黒澤はその中心に「本物」の沼を作った。その事情を、『全集　黒澤明』第二巻（岩波書店、一九八七年）の「製作余話」に引用されている植草圭之助の言葉がくわしく語っている［2］。「黒澤は素晴らしい突飛なことを言い出すときの、きびしい、それでいて夢見るような顔つきで口をきった。／『オープン（セット）の三分の一を、沼にしよう。遠景《ロング》にカメラを引いても画面一杯が沼になるような、ほんものの沼だ……』／本木が手に丸めてもっていたオープンセットの図面をひったくり、拡げ、指で示し、『ここら辺からバッサリ、沼だ』／『池ならまだしも、そんな大きい沼だなんて、とても無理だせ』／『無理かどうか、やってみなけりゃあわからんよ。おれたちの仕事は不可能ってやつに挑戦していくことなんだ』」（三六九頁）。

こうしてオープン・セットに「本物」の沼が作られ、美術スタッフはそこにいろいろなゴミを投げ入れ、一度は犬の死体［編注1］まで浮かして叱られたりした。黄色いスモークを水に入れたり、メタンガスは底にくぐらせたホースを口で吹いて表現したりしたことを、『黒澤明ドキュメント』で当時美術助手だった村木与四郎が語っている（一三一頁）。真冬に真夏の沼を撮るために毎朝薄氷を砕いたり、真冬の沼を撮る頃には氷が張らなくなり、偶然に沼にこぼした石灰が凍っているようでいい、と黒澤に採用された苦心も前述の「製作余話」で村木が伝えている（三七一頁）。黒澤は気候と沼というワン・セットの自然を創造したのだ。

こうして沼と沼を囲む場末の風景は気候の変化を示しながら、そこに住む人生の変化と共生関係を結ぶ。『映画評論』一九四八年六月号の今村三四夫の作品評はこう指摘している。「それ等の人物を暗示するかのような泥沼は、此の作を通じて主要な位置を占めている。演出の黒澤明はこれを存分に使つて此の作を見事に構成している。晴れた日、雨の降る日、寒き日、暑き日、そして昼夜の自然変化と共に喜憂のある人生が描かれる。注目されるべき演出技巧と言うべきであろう」（一二三頁）。

また、津村秀夫は『近代映画』一九四八年七月号で、気候と沼による雰囲気描写の鋭い写実性を賞賛している。「『酔いどれ天使』を見ると表現力としては、『素晴らしき日曜日』に比し著しく進歩してゐるのを発見した。感覚に厚みが出て来たし、光沢も現れ、現代東京の挨りつぽい混濁の空気の臭気まで感じられる心地がした。あの場末の曇天や雨空、省線ガード下付近の騒音の響きも感じられ、夏の沼の上に降る雨あしの侘しさと臭気。黒澤監督は冒頭から泥濘のカットを頻りに使用してゐたが、その感覚は『酔いどれ天使』全体を貫く感覚である。ヤミのマアケット付近の安つぽい頽廃の気分を象徴し、あの飲んだくれの町医者の生活気分を象徴するかの如き効果があった。そしてそういう、感覚を通じて、敗戦後の東京というもののやり切れない風俗なり、生活感情なりがつかまれてゐるのである」（四頁）。

沼の描写には、タイトル・バックにあるようにメタンガスの沸く沼の水面の一部がある。メタンガスのほか、ごみが見え、夜にはネオンサインが映り、夏の日中には強い光が反射している。冬には北風が吹き、水面に風紋を走らせたり、紙くずを舞わせたりする。沼の全景は、完全な全景ではないが、手前の岸から沼が広がり、向う岸には小さな家が並び、その奥には街の家並やガードなどが見え、その上に空が大きく広がり、季節や時刻に応じて異なる雲を浮かべている。この沼を囲む場末の風景の多くは、手前に人物の近写、向う岸にも人物の遠写を示す構図が多い。いずれにしても沼の全景にはパン・フォーカスが効果を発揮している。実は黒澤は演出ノートに書いたように、経費節約上、パン・フォーカスを用いてカット数を少なくする計画を実行した。実際に伊藤武夫の撮影は当時の劣悪な条件と闘いながら、かなりの成果を収めた。その縦の構図のなかに人々と環境を凝縮し、そこに風土から抽出した激しい気候の変化を織りこみ、ドラマと自然を激しく共生させる黒澤の縦の世界はこの作品から明確に始まり、やがて望遠レンズのパン・フォーカスという黒澤独自のヴィジョンを完成していく。ところで日本では『市民ケーン』（一九四一）はまだ公開されず、ワイラー監督の『我等の生涯の最良の年』（一九四六）の公開は『酔いどれ天使』の封切り一ヵ月後であった。このワイラー作品について黒澤は木下恵介と対談をし、『キネマ旬報』一九四八年六月一日号に掲載されているが、『酔いどれ天使』との直接的な関係はないようだ。『市民ケーン』のグレッグ・トーランドのパン・フォーカスについては、日本の映画人で戦時中南方で見ている人が少なくない。小津安二郎がそうだし、カメラマンでは東宝の宮島義勇がそうだ。宮島はパン・フォーカス研究の成果を山本薩夫・亀井文夫監督の『戦争と平和』（一九四七）で示している。『キネマ旬報』一九四七年一〇月一日号で持田米彦の「新しいカメラ技法　主として『戦争と平和』から」は、資材不足のために画調《トーン》はスケールの短いドギツイものになったり、一部では焦点がボケる欠点はあったが、「徹底的リアリズムたる新即物主義」をもたらした点を高く評価している（一七頁）。黒澤も対談でその技術を誉めたが、昔の時代劇的な手法の観念性はきちんと批判している。さらにワイラー作品のパン・フォーカスの試みにふれ、日本では形式や技術のワクのなかだけで競っているが、作家はいかにものを見るかだろうと述べている（二〇頁）。その意味でも沼はそれを通して社会を見るためのパン・フォーカス、つまり戦後の作家の視点の具現物だったのである。

ところで今村の批評は、沼にふれ、晴雨、寒暑、昼夜の気候変化の対照と共に人生の喜憂の対照が描かれるとしている。冒頭で述べたようにさまざまな対照がここに参加する。こうしてこの作品独自の対照の語りが展開するが、その核をなすものは、光と影の素朴で美しい歌の時代の無声映画の編集であろう。黒澤は『キネマ旬報』一九四八年一月一五日号の「映画の編集について」で、「映画というものは、ものごとを説明するのには不適当な形式であり、その一方、感情にうつたえて行く点で有利な条件をそなえているのだから、出来るだけ説明をさけて感情にうつたえて行くのが自然である」「説明をするかわりに感じさせる一つの方法として、対照という手段があるが、これを有効に利用するだけでも、どのくらい簡明な映画的表現が得られるかわからないと思う」として、「映画の技術的な基本としては、ぼくは素ぼくなグリフィスの信者である」（一五頁）と述べている。グリフィス作品には素朴な対照の編集技術が満ちている。遠写（風景と人物）と近写（人物や物）の大胆な編集、対照的な人物及び出来事の編集等。黒澤作品はこれを継承、発展させている。

四　対照の語り

沼のショット及び沼のある風景のショットを以後、「沼」と呼ぶが、沼もさまざまな対照を含む。それは人工であり、自然である。明瞭な象徴であり、多義的な映像である。写実であり、想像である。そして、作品の物語構造のなかで沼はエスタブリッシング・ショットとそれに続くエピソードの終結のショット（いずれも単数あいは複数ショット）として機能する。作品はこの区切りによる八つのエピソードからなり、二つ目のエピソード以降は、エスタブリグシング・ショットそのものが前の終結のショットと対照を示すことで、環境に気候や時刻の変化による新しい雰囲気を生じさせ、それによって進行するエピソードに共生的な影響を及ぼしていく。これが一般の物語言説のシークエンス構造とは違う沼の気候的エピソード構造であり、対照の語りの特徴である。それを順に説明していく。番号はエピソード番号を示す。

(1)真夏の夜、やくざの松永が真田医院を訪ね、ピストルの弾の摘出手術を受ける。真田はやくざの悪を憎み、そのために麻酔を使わない。そして結核を指摘されて松永は怒り、真田をしめあげて、荒々しく帰って行く。このエピソードのエスタブリッシング・ショット（以下ＥＳ）は沼のが五つ続き、六つ目で診療室内となる。①タイトル・バックから続くメタンガスの大写し、但しここからギターの「小雨の丘」が始まり、以下続く［図13］。②カメラをずっと引いた沼の面、明りやネオンサインが映っている。メタンガス［図14］。③手前の岸に夜の女た

図13

図14

図15

図16

図17

図18

図19

図20

ち、向う岸にギターを弾く男の遠景〔図15〕。④ギターを弾く男、カメラ少し寄っている〔図16〕。ティルト・ダウンして沼の面へ、それから左へパン。メタンガス、ごみなどを経て、ティルト・アップして向う岸の二人のやくざの手下の遠写〔図17〕。⑤医院の看板の前の二人の近写。一人が蚊が多いと手で首の蚊を叩く〔図18〕。

そして最後に松永が沼岸を手下と帰って行くと終結のショット（以下コーダ）は二つある。〈1〉向う岸でギターを弾く男の遠写〔図19〕。〈2〉②のESと同じ沼〔図20〕。これにより沼はエピソードと人物たちを文字通り囲みこむ。また、ここでは真田と松永の対照がきわだつ。饒舌でむさ苦しい初老の真田と無口で精悍な若い美男子の松永。だが真田は松永に負けない鉄火肌の男で、早くも第一回目の喧嘩となる。

(2)対照的に明るい真夏の昼の沼が八つのESとして示される。①沼の全景、向う岸のガードの上に繁った木立、真白い雲と明るい空。沼の水面は逆光に鋭く反射し、子供たちが沼に入って遊んでいる〔図21〕。音楽も対照的に、街頭放送のジャズがやかましい。「こら！」の声。②真田のバスト、「チフスにかかるぞ」と大声で叱る〔図22〕。③手前の岸に真田の後ろ姿、向う岸に闇市などの家々、子供たち……〔図23〕。

こうして悪童たちは真田に「やぶ医者、のんべえ」とやりかえし、真田はむきになって追いかける〔図24〕。真田が対岸にまわると、今度は一八〇度カットとなり、沼の向うに医院が見える〔図25〕。真田は子供に「水を飲むな」と注意し、沼の方を睨む〔図26・27〕。ＥＳ⑧は沼のメタンガスの大写し〔図28〕。

図 21

図 22

図 23

図 24

図 25

図 26

図 27

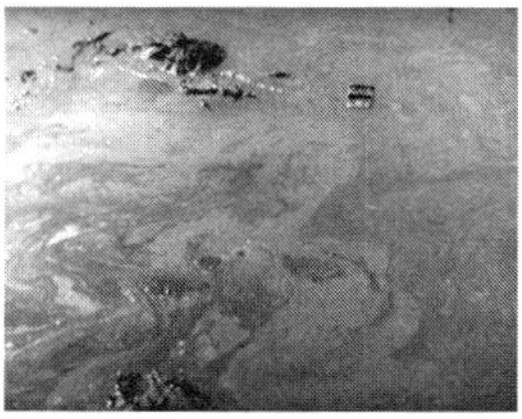
図 28

以上の八つのＥＳは真田の医師としてのひたむきさや心の優しさを示す悪童たちとのやりとりを含むが、この真夏の光と喧噪に満ちた沼は戦後の闇市の強烈な生命力を直感させる。そして、真田は闇市巡りをする。そこには街頭放送のジャズ（編曲された「会津磐梯山」など）、よし

図29

図30

図31

図32

ず張りの光と影、人ごみで満ちている。真田は飲屋のひさご、キャバレー（そこで松永と奈々江が踊っている）を松永を探して歩き、彼に酒をねだる。松永は真田を連れて闇市をのし歩く。花屋で一本の花をとり、胸に挿す。花屋の親爺も、ちんぴらたちも松永にぺこぺこと頭を下げる。洒落た白のスーツ姿の松永は野性的な生命力を誇示する。バーで「結核患者は酒を飲むな」と意見する真田を松永は往来に放り出す。夕方の診療室で真田が自分の傷の手当をしながら松永の話を美代にする。「奴は若い頃ぐれていた自分によく似ている、まだ理性は残っている」と。窓のシェードからの柔らかい光と影やひぐらしの声の静かさがそれまでの場面とは対照的である［図29］。夜の居間で食卓を囲み、真田は岡田を思いきれない美代を強く叱る。「もう寝る」と立ち上がる真田。オーバーラップでコーダ〈1〉の沼の面を左へパンするショットとなる［図30］。また、オーバーラップして居間で一人坐っている美代。オーバーラップでコーダ〈2〉、沼をパンして向う岸でギターを弾く男の遠景で終わる［図31］。ここで美代の岡田に対する恐怖や苦悩が沼とギターに結びつけられる。

(3)ＥＳは一つで、手前の岸から見た静かに夏雨の降る沼［図32］。雨脚が水面で煙っている。向う岸に医院、その奥に崖上の道路。傘の人々が歩く。診療室で真田が白いセーラー服の少女とレントゲン写真を見ている。「もう少しだ」と激励し、少女は「よくなるかどうか、あんみつをかけよう」と言って去る。そこに松永が黒いレインコートを来て現われ、酒に誘う。喧嘩となり、松永帰る。雨の沼岸を去って行く松永の後ろ姿のショット〔図33〕がコーダ〈1〉となり、抒情的な「月の光」が初めて流れ出す。コーダ〈2〉で雨の降りしきる窓から顔を出した真田が「熱があるんだろうが、傘もささねえで、馬鹿」とつぶやく〔図34〕。雨にふさわしい感傷の余韻は、次の場面へ続く「月の光」により消されることになる。

(4)というのも、「月の光」は(4)のエピソードのES①、つまり医院奥の崖上の道路へ階段を登る真田のショット〔図35〕へもちこされるからだ。このショットは雨の暗さと対照的に明るい陽に溢れ、まさにトンネルを脱け出たばかりの光の洪水の印象をもたらす。「月の光」もそのように編曲されている。道路を日傘をさして歩く女。自動車が来て止まる。高浜が声をかける。ここで「月の光」やむ。次に一八〇度カットで、車の中から崖下の沼の方を見たショット〔図36〕。真田がやって来て、高浜のすすめで同乗する。ここでも真夏の晴天の印象が更に強められる。左脇の家で白い洗濯物が干され、それが風に白く舞う。画面奥の沼岸では白いシャツの子供たちが走りまわっている。そして真田の白い帽子と白い服に陽ざしが反射し、車内の暗さと対照的になる。真田は高浜から三日前の雨の日にレントゲンを松永に持たせてやったと聞かされ、雨の日に訪れた松永の真意を知る。その夜、真田はキャバレーの表で、写真を持って来るようにと諭す。夜、泥酔した松永が医院にやって来る。「病気は治

図33

図34

図35

図36

図 37

図 38

図 39

図 40

図 41

図 42

るから俺の言う通りしろ」と言う真田の前で、松永はのびてしまう。カメラはここで居間の松永から外の沼に出て、沼を一気にパンして向う岸のギターを弾く男の所に至る〔図37〕。(2)のコーダ〈1〉・〈2〉と同じコースのパンだが、一気というのが対照的である。つまり今度はギターを弾く男の所に岡田が出現するからだ〔図38〕。岡田がギターを弾き出す〔図39〕。カット・バックで美代が真田に岡田だとおびえる〔図40〕。弾き終えた岡田に男が曲名を聞く。「人殺しの唄だよ」でタイトル・バックの沼の主題の音楽がここで流れ出す。劇中では最初の提示だ。岡田は「この辺りも変ったが、変らないのは薄ぎたねえこの水溜りだけだ」と石を投げる。コーダ〈1〉は二人の男の後ろ姿の向うで沼が不気味に光り横たわっているショット〔図41〕。このエピソードで伴奏音楽の暗く重苦しい沼の主題は「月の光」と対照的に提示され、以後その対立が発展していく。

(5)ＥＳは朝焼け雲の下の沼の風景〔図42〕。新聞配達、二人の通勤人の影が水面に。平和な朝の風景だが、朝焼け雲に前の岡田の不気味な余韻が残っているようだ。次に医院の玄関。室内からたたきを俯瞰する。玄関の外は道路。美代がたたきで靴磨き。明るい陽ざしが一杯の画面に真田が松永と入り、「結核相談所への紹介状を書くから持って行くようにと言う。奥の道路を捕虫網を持った子供たちが過ぎる〔図43〕。「酒はいかん、そして女も」と言われ、松永はふんという表情をして出て行く。ここで「月の光」が入り、以下続く。「月の光」は玄関の場面の、明るく、親和性と希望に満ちた平和な朝のイメージと一体化している。そして、まず松永は奈々江を訪ね、ベッドの彼女に誘われるが去る。次のひさごでも出された酒に手を出さず去る。花屋で花を一本とり、朝日に輝く沼の岸に立ち花の香を嗅ぐ〔図44〕。カメラはダウンして、足もとのメタンガスと彼の影に。そこにもう一つの影〔図45〕。岡田だ。重苦しい音楽が出現する。二人の再会。松永の花が沼に捨てられる〔図46〕。ひさごで岡田に酒をすすめられ、遂に断りきれずに飲んでしまう松永。酔った松永がキャバレーに岡田を連れて来て、奈々江に紹介する。ここで笠置シズ子の「ジャングル・ブギ」（黒澤明作詞、服部良一作曲）が入る。真夏の光のエネルギーはここではブギのリズムと笠置の野性讃歌に転移している。松永も「病は気からか」と踊りまくる。

翌日昼の診療室の場面はいきなり真田が松永をなぐりつけることから始まり、松永の不真面目さを怒り、治療の世話を断り追い出す。コーダ〈1〉、重苦しい沼の主題の音楽がコーダ〈3〉まで続く。沿岸のガード下、松永がすれちがうチンピラ学生をいきなりなぐる〔図47〕。〈2〉部屋から見た沼、手前に真田の立った後ろ姿、紙を千切って捨てる〔図48〕。〈3〉沼、手前にごみ、左半分に自転車の残骸、水面に強い光の反射〔図49〕。

図 43

図 44

図 45

図 46

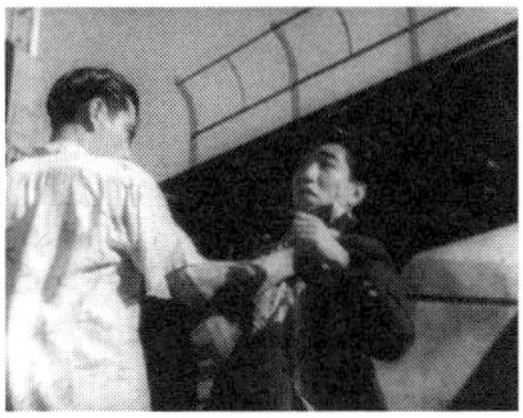
図 47

図48

図49

図50

図51

図52

（6）ＥＳ①は前のコーダ〈3〉をかなり引いて撮ったもの〔図50〕。内容は対照的で、まず自転車は遠くなり、部品が少なくなり痩せた感じ。ごみは極端に減り、水面は澄んだ水鏡となり、そこに（2）のＥＳ①と同じガードと木立の風景が倒影されているが、木立は全く枯枝となっている。音楽はなく、木枯の音だけ。風紋が光り、走る。

前コーダ〈3〉とＥＳ①の対照のみごとさが、真夏から真冬への急変を衝撃的に告げ、次のキャバレー場面でさらに対照の語りを展開する。岡田らの一隊、楽団、ダンサーの一隊が黒づくめの服を着て登場する。この場面で演出はこれまでの実写的リアリズムからボードビル風に変っている。ダンサーらはストーブにかじりつく〔図51〕。そういう冬の風俗描写と同時に、松永の人生も盛夏とは対照的に万物の枯死する冬の季節に入っていることが語られていく。こうして岡田による奈々江奪いの認知の儀式がボードビル風に展開する。そして夜の鉄火場で、松永は岡田との賭に大負けし、喀血。往診を頼まれた真田はアパートで松永の看病をする。眠る松永の脇で真田は三面鏡の前に坐り、オルゴールを鳴らし、ジャワの影絵人形を動かす〔図52〕。その影が壁に映り、目ざめた松永がそれを見てふりかえる。何か言おうとする彼に、「喋るな」と汗をふいてやる真田。「月の光」が始まる。真田は言う、「ゆっくり眠ってガキの頃の夢でも見るんだ」〔図53〕。目をつむる松永の大写し〔図54〕。次のショットで翌朝、溝に沿って真田が帰ってくる〔図55〕。「月の光」は続き、溝の水面に明るい冬空が映っている。真田は走ってきた美代と突き当り、音楽やむ。美代は岡田に会ったと告げる。松永は奈々江のアパートを出、入れ替りに来た真田は彼女の非情を責めるが、岡田につまみ出される。岡田に美代の所在を聞かれ、彼は逃げる。医院に来た乾分二人が同時に「思い出した」と叫び〔図56〕、ふりむく岡田の大写しとなり〔図57〕、ここで沼の主題の音楽が始まり、沼に浮く人形の大写しが続く〔図58〕。まるで美代の象徴のようだ。次は沼を見ている松永の後ろ姿となる。そこに真田が現われ〔図59〕、ごみの捨てられる沼を見ながら、「泥沼から足を洗わない限り病気も治らない」と言う。二人の顔に水の反射が美しい〔図60〕。そして沼を見る松永の大写し〔図61〕に続き、前出の人形の

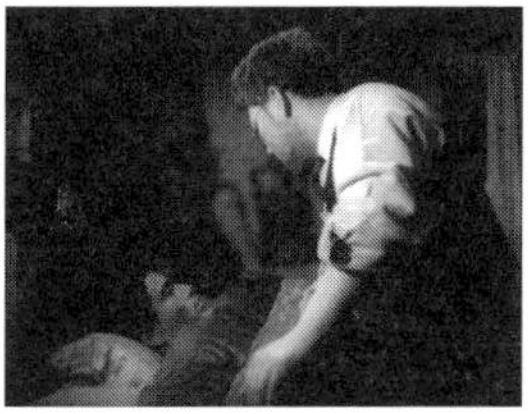
図 53

図 54

図 55

図 56

図 57

図 58

図 59

図 60

図 61

大写しになる〔図62〕。人形は今度は明らかに松永の象徴となる。次に悪夢の場面となるが〔図63〕、ここでは沼の主題の音楽がひずみ入りで流される。松永が目をさますと、医院の玄関で岡田が「美代を出せ」とすごんでいるので、松永が間に入るが真田は岡田を追い帰す。岡田のことで「明日警察に行く」と言う真田に、松永は「親分に頼んでみる」と言い、美代は自分が岡田の所に行くと言うが、真田は「やくざをのさばらすな」と二人の申し出を断る。ここで沼の主題が入り、真田は松永に「もう寝ろ」と言う。最後に天井を睨らんだ松永の大写しとなる〔図64〕。このコーダの音楽は沼の主題が受持っている。

⑺沼の主題が重苦しく続くなかで、ＥＳ①の〝黒々〟としたガードと朝日に映える〝白く〟凍った沼の対照的な構図〔図65〕が沼の主題を受け入れ、次に代って流れ始める「月の光」も受け入れ、両主題の対立を開始する。次に「月の光」の続く明るい居間で真田は松永に「動かぬように、岡田のことは俺にまかせろ、警察に頼んでくる」と言う。カメラはダウンして松永の大写しになると音楽は沼の主題にかわる。次に玄関の場面になると「月の光」となり、真田は美代に「岡田の人身御供になるな」と意見して出て行く。松永も玄関に。沼の主題となり、彼は「サツに乗り出されたら顔が立たない」と、とめる美代を部屋にとじこめて出て行く。松永は親分の家、ひさご、花屋を巡り、自分の惨めな現実を思い知らされる。ここで街頭放送の「郭公ワルツ」が陽気になり立て、

図 62

図 63

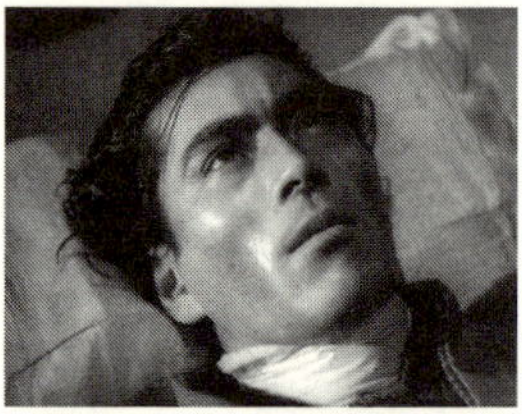
図 64

図 65

彼の悲惨さとの対照をきわだたせる。彼が花屋で遂に怒りを爆発させると、木枯が強く吹き始め、花を一斉に震わせる（心理と自然の共生）。ここで木枯の吹き荒ぶ沼のショットが二つ入り［図66・67］、音楽はやみ、木枯の音に代わる。二つ目のショットには沼にこわれた黒い傘があり、紙片が舞い飛ぶ。それがゆっくりとオーバーラップして、アパートでギターを弾く岡田のショットになる。奈々江が彼の匕首をベッドにほうる。そこに松永が登場し、岡田との決闘場面となる。この決闘場面はまさにグリフィス的妙技を示す。まず、アパートの廊下の奥に遠写の松永が立ち［図68］、彼が部屋に入り、姿を消すとギターが止み、沈黙の中をやがて奈々江がこちらに逃げ出して来て手前で転ぶ［図69］。室内の決闘場面は荒い息と物音だけで音楽はない。ナイフで迫る松永と逃げながら匕首をとろうとする岡田。それが三面鏡で複雑に示される［図70］。松永は喀血でナイフを失い、今度は岡田の匕首に追いつめられ、絶望的に身を沈める［図71］。ここで「月の光」が入り、次に露店で松永のために卵を買う真田のショットになる［図72］。空はあくまでも明るく、露店の数枚の貼札は風に翻り、白く輝く。場面

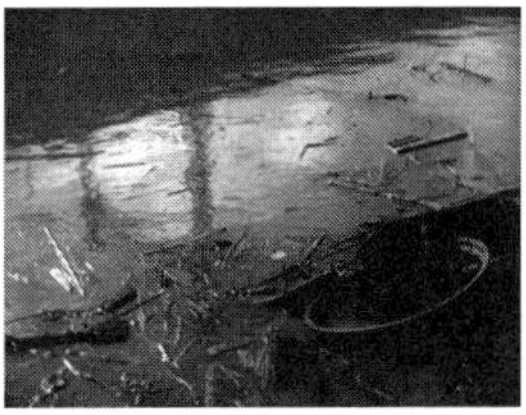
図 66

図 67

図 68

図 69

図 70

図 71

図 72

図73

図74

図75

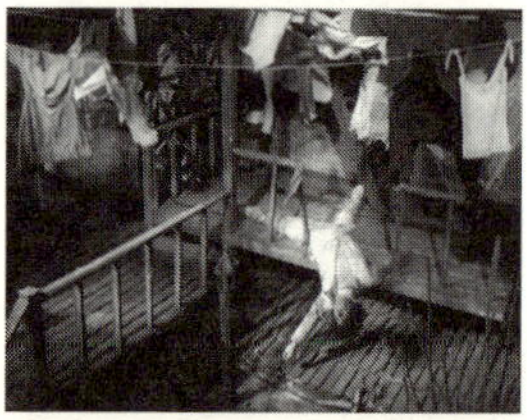
図76

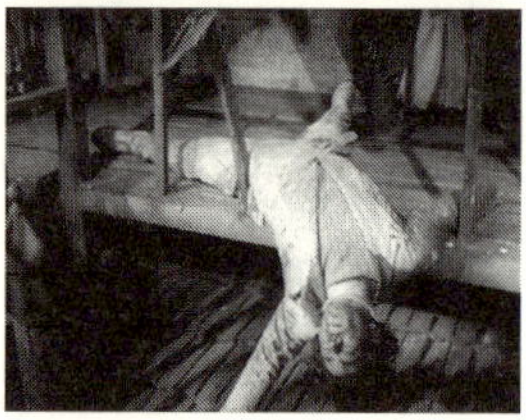
図77

図78

はアパートの廊下に戻り、「月の光」の流れるなかで松永がはいずり逃げる〔図73〕。カメラは岡田の目になっている。ペンキのバケツを投げる松永に岡田がとびかかる。「月の光」やむ。ペンキまみれの立廻りとなり〔図74〕、最後にドアに手をかけた松永を岡田が刺す〔図75〕。「月の光」始まる。松永がドアを開くと、視界が開け、穏かな光に満ちた家並が広がっている。松永は泳ぐように物干台に出る。黒っぽい冬物と白い肌着の混った洗濯物が風に翻っている。それは(4)のES①の次に出る夏の洗濯物とは、対照的に寒々と寂しい。粗末な手すりをこわして松永は倒れる〔図76〕。彼の顔近くにトイレの脱臭扇の筒がくるくる廻っている。俯瞰で引いたカメラはまた少し寄って止まる〔図77〕。フェイド・アウトの前に彼の姿が白く光るように見える（コーダ〈1〉）。「月の光」の流れのなかで、ガード下の場面となり、卵を大事に持ち歩いて来る真田のショットとなる〔図78〕。真田はほとんどシルエットで、頭上の空と道端の風に翻る洗濯物だけが明るい（コーダ〈2〉）。

　この殺し場はペンキの使用で有名だが、実は真田の二つのショットの挿入が重要だ。これは『イントレランス』（一九一六）の間に合わなかった最後の瞬間の救出なのだ。そして追いつめられた者と救出者が互のことを

図 79

図 80

知らず、二人がカット・バックされる時、その悲哀はより深いものとなる。このカット・バックのほかに、(7)の冒頭での音楽の両主題のカット・バック、決闘場面の遠写と大写しの組み合わせに、グリフィス信者の黒澤の傑出した技術がある。

(8)ＥＳは冴えた冬陽のなかを木枯が走る沼岸に立つ後ろ姿のぎんのショットである［図79］。木枯の深い響きのなかで、松永の遺骨を持って故郷に帰るぎんと真田との深い悲しみの別れがある。対照的に「月の光」と共に少女が登場し、明るく病気克服を告げる。真田は少女とあんみつを食べに闇市を闊歩する［図80］。「月の光」と共に、ぎんと沼に背を向けて。これが(8)の、そして作品そのもののコーダのショットとなる。こうして絶望と希望の対照のなかで映画は対照の語りを閉じる。これこそ黒澤映画の永遠のテーマと語りの始まりであった。

［1］ Kristin Thompson, *Breaking the Glass Armor :Neoformalist Film Analysis* (Princeton, N.J. : Princeton University Press), 1988, pp.211-212.

［2］ 引用元の原典は、植草圭之助『わが青春の黒沢明』（文春文庫、文藝春秋、一九八五年）。

［編注1］『全集　黒澤明』第二巻では「猫の死体」となっている。

第3章　『裸の町』の『野良犬』への影響　両作品に関する内外の言説の史的展望

一　日本における『裸の町』の影響

一九四八年一二月にアメリカ映画の『裸の町』（一九四八）が日本公開されて、話題作となり、セミドキュメンタリー映画の傑作として高い評価を受けた。『キネマ旬報』の一九四九年度外国映画ベスト・テンの五位を獲得したこの作品は、当時の日本映画に大きな影響をもたらした。第二次大戦後の世界的な新しいリアリズムの一翼を担うアメリカのセミドキュメンタリー映画の様式は、スクリーン・ジャーナル『マーチ・オブ・タイム』の主宰者だったルイス・ド・ロシュモントが一九四五年一〇月公開の『Gメン対間諜』などの製作で示した犯罪映画（刑事もの）のリアリズム様式を継承し、発展させたものであった。それは「実話記録を脚色したものをその実際の背景地（もしくは似通った背景地を利用して）にロケーション撮影した映画」（清水千代太「試写室より　裸の町」、『キネマ旬報』一九四八年一二月一五日号、二〇頁）であったが、その後に『裸の町』のように題材がフィクションであっても、このジャンルと様式にかなうものであれば、セミドキュメンタリー映画とよばれたのである。飯島正は同誌の「戦後のアメリカ映画」（一九四八年一月一日号、一三頁）で、この様式は「映画本質論の建前からいつても、製作コストの軽減（日本とは別）という点からいつても、あたらしい流行の可能性が十分にある」と述べ、日本公開された最初の作品として『影なき殺人』（一九四七）をあげている。『影なき殺人』はド・ロシュモントが製作し、イーリア・カザンが監督した実話もので、一九四七年九月に封切られた。双葉十三郎は同年一〇月一日号の『キネマ旬報』(「外国映画批評　影なき殺人」)で、「ハリウッド最近の流行である実写映画の一見本を、ここにはじめて見る」として、そのスタイルがもたらした新鮮な興奮を伝えている。この作品は一九四七年度の『キネマ旬報』ベスト・テンの第八位となった。双葉十三郎は第七位に推しているが、『裸の町』は第三位にしており、彼の評価は『裸の町』の方が高かった。これは一般的な評価を代表するものであったといえよう。

『裸の町』はマーク・ヘリンジャーが製作し、ジュールズ・ダッシンが監督した映画で、ヘリンジャーはド・ロシュモントの手法をさらに進めてドキュメンタリーに近づけた。つまり、作品の冒頭でヘリンジャーのナレーションが観客に語りかけるように、「従来の作品と異なるこの映画はニューヨークの街と八百万市民そのものの映画です。スタジオ撮影でなく、ニューヨークの街頭、アパートメント、摩天楼が舞台で、八百万市民が総出演し、この街のあるがままの姿を映します」というものであった。このナレーションのあいだ、画面には空中撮影のマンハッタンが俯瞰されるのである。さらに物語構造にもドキュメンタリズムが浸透している。物語は事件解決に努力する刑事たちの五日間に及ぶ活躍を、じつに緻密に朝昼夜の街と人々のさまざまな表情をまじえて描いているのだ。前出の清水千代太の批評も題材がフィクションなので、この映画をセミドキュメンタリーと呼ぶのに問題がないわけはないとしながらも、「このヘリンジャーの意図をくんで見れば、この映画はセミ・ドキュメンタリーどころか、ドキュメンタリーとも見られ得る」としている。そして彼はそれを「要は撮影所内のセット万能の弊におちいっていた、ハリウッドの製作方式を不可として実地を撮影して実写的効果を高めるべきであるとする主張に発したのである。イタリア映画、イギリス映画のロケーション重用による実写的効果に、マンハッタン批評家たちが、目をみはつたときに生れた流行であつた」とみており、一九四八年に日本公開された『三十四丁目の奇蹟』(一九四七)も「広義のセミ・ドキュメンタリーと称することになつたらしい」と伝えている。

このジョージ・シートン監督の作品は最後にファンタジーの落ちのある善意の喜劇だが、20世紀フォックスが当時新しいスタイルとしてセミドキュメンタリーを売りこんでいて、大がかりなニューヨーク・ロケをおこなっている。『影なき殺人』もフォックス作品である。

『裸の町』の日本公開時（一九四八年一二月二八日）までにはロケーション重用のイギリス映画も一九四八年に何本か公開されていた。バルコン・タッチとよばれた劇映画とドキュメンタリーを融合したイーリング映画のハリー・ワット監督の『オヴァランダース』（一九四六）があり、チャールズ・クライトン監督の『乱闘街』（一九四七）は一九四九年に公開されている。シドニー・ギリアット監督の『ウォタルー街』（一九四五）、そしてデイヴィッド・リーンの佳作『逢びき』（一九四五）はともにイーリング映画ではないが、ロケーション重用の作品であった。

そして、イタリア映画はまだ公開されていなかった。戦後の日本で最初に公開されたのはネオレアリズモ映画の傑作、ロベルト・ロッセリーニ監督の『戦火のかなた』（一九四六）で、封切りは一九四九年九月六日であり、『裸の町』の八ヵ月後のこととなる。もっとも、一九四六年三月以来のアメリカにおけるネオレアリズモ映画の活躍と衝撃は日本にも伝えられていた。たとえば、妹尾篤司の「躍進する伊太利映画」（『キネマ旬報』一九四八年八月一日号）は一九四六年三月一日の『無防備都市』（一九四五）公開〔編注1〕以来、一九四八年四月の『戦火のかなた』までに以上のロッセリーニ作品が二本で、ヴィットリオ・デ・シーカの『靴みがき』（一九四六）、『平和に生きる』（一九四六）のルイジ・ザンパの二本が公開されて、大きな反響をもたらした模様を伝えており、その結びで「イタリア映画は以上に記した五本の問題作を自信満々としてアメリカに送り出し絶賛を博したわけであるが、これらに共通している重大な特徴はすべてがセミ・ドキュメンタリー乃至それ的な様式を構えていること」（一三三頁）だと述べている。同時に、妹尾篤司はアメリカでのイギリス映画の活躍を伝えているが、そこにはロケーション重用の『逢びき』やキャロル・リードの『邪魔者は殺せ』（一九四七）などの題名がみられる。

このような海外でのロケーション重用の動向、とりわけセミドキュメンタリー映画の動向にたいして、日本映画のそれはどうであったろうか。一九四八年二月一日号の『キネマ旬報』で北川冬彦は「日本におけるロケーション重視の傾向に就て」を語っている。まず最近のセミドキュメンタリー映画の動向に対して、日本でもロケーション中心の傾向が著しいが、それは戦後の電力不足のせいでセット撮影が自由でなかっただけでなく、映画の本質の実写性のためであるとして、戦中の記録映画的手法の導入の流行をまず述べている。熊谷久虎の戦争映画、内田吐夢の『土』（一九三九）、豊田四郎の『小島の春』（一九四〇）がそうである。また小津安二郎や成瀬巳喜男の小市民映画はいつも蒲田付近でロケーション撮影をおこなったが、その場所への親しみがドラマに融和して、作品を優れたものにしていると述べている。五所平之助の『伊豆の踊子』（一九三三）や清水宏の『子供の四季』（一九三九）などは伊豆の自然をドラマと一体化し、作品を成功させている。戦後の『戦争と平和』（一九四七）は劇映画の山本薩夫と記録映画の亀井文夫の両監督により文字通り劇と記録の融合に成功したと述べている。しかし、日本映画では、と北川は言う。これらの作品は例外であり、殆どのロケーション撮影は装飾としてしか使われていない。劇の中にロケーションをたぐり寄せ、引き入れ、溶け込ませなければならない。これに対して『影なき殺人』や、アルコール中毒を扱ったビリー・ワイルダー監督の『失われた週末』（一九四五）などのアメリカ映画のロケーション撮影重用は作家の真実追求のあらわれだと評価している。

このような流れのなかで日本映画は『裸の町』を迎えた。封切りは一九四八年一二月二八日であった。批評はこぞって賞賛したといってよいだろう。清水晶は「驚嘆すべき記録性」（『キネマ旬報』一九四九年三月一日号、二〇頁）の見出しで、「ほんとうの意味のセミ・ドキュメンタリー映画というものは、いつてみれば、現地撮影によつてのみはじめてその物語の内容が生きて来る――逆にいえば、その内容を最も力強く、リアルに表現するためには、どうしてもその地点の現地撮影によらなければならないといつた形のものでなければならない」「その意味で、この『裸の町』は、真に驚嘆すべきセミ・ドキュメンタリー映画の決定版といわなければならない」と評価し、その新しいリアリズムの方法をこう述べている。それは犯罪とそれに対する警察の活躍をニューヨークという世界最大の都会のヴィヴィッドな生活の中に捉え、その犯人逮捕までの五日間、縦横にニューヨークの中を走りまわって、その呼吸を聴き、その脈拍を感じとるものであり、「いまだかつてない野心的、創造的な意図」であった。こうして、清水晶はニューヨークの夏の夜の実景から始まり、殺人とその発見、捜査活動の開始に至る冒頭を、斬新、絶妙のすべり出しとし、以後の展開にふれてこう述べている。展開される事件の捜査と解決には意表を衝く趣向はない。「ストーリ《ママ》だけを語つたのでは、面白くも何ともないばかりか、いわゆる探偵小説とか推理小説とかの仲間に入れたら、それこそ単純すぎててんで話にならないが、それでいて、この映画の尽きせぬ興味は、次々と驚くほど豊富に展開されるニューヨークの生態の断面である。それは朝夕のラッシュアワーや、コーヒー・スタンドや、事件が大きく夕刊にのつて、それを満員の電車の中で貪り読む人々の姿に見るような日常性のリアリティでもあれば、容疑者や警官の一人々々について見る生活相のリアリティでもあり、犯人を求めて、イースト・サイド、ウェスト・サイドを飛び回つた挙句に、壮大なウィリアムスバーグ橋上の一大捕物絵巻となる風物上のリアリティでもある。そしてまた、非常線を張られたと知つてからの犯人の案外他愛ない取乱しぶりや、警官が通行人に犯人の人相書を示して尋ねているすぐうしろを当の犯人がウロウロしているから《ママ》、互いに気がつかないといつたようなことの中に、今までのいわゆるドラマティックな盛り上げ方とは全く違つた味の実感のこもつているところなども、この映画の、旧来の劇映画と異る演出意図を示してあまりがある」。これらが「従来使いならされて来た『雰囲気描写』などという言葉では到底尽せない、セミ・ドキュメンタリズムのもたらす新しいリアリティ」である。また、前述の清水千代太も出現するさまざまな場所の名をさらに詳しく紹介している。

ところで、この作品のアメリカでの評価はどうだったろうか。「映画史上ベスト200シリーズ」の『アメリカ映画200』（キネマ旬報社、一九八二年）で増淵健は『ニューヨーク・タイムズ』のボズリー・クラウザーの酷評「総じて薄っぺらなドラマである。警官の日常のありふれたエピソードを描く紋切り型の〝人生の一断面〟映画に過ぎない」（二〇三頁）を引用している。ちなみに、これは公開当時の一九四八年三月五日号の批評である〔1〕。もちろん、増淵健は凝ったディテイルがドラマツルギーに活かされていないことやストーリーの弱点を認めながら、後に伝統となるニューヨークの生態をとらえた数多い映画のルーツを生みだした先駆性を評価している。ただし、ここでクラウザーの酷評に映画史的な注釈を加えておくべきだろう。『裸の町』がアメリカで公開された時はイタリアのネオレアリズモ映画の話題が沸騰している真最中だった。一九四六年に『無防備都市』、一九四七年に『靴みがき』ほか、一九四八年四月に『戦火のかなた』などが公開されている。酷評はこの時流の他に作品がジャンル内の映画のためでもあった。

映画史上の評価も戦後のリアリズムの影響下のフィルム・ノワール、刑事ものなどのジャンル内で一括して論じられている。チャールズ・ハイアムとジョエル・グリーンバーグの『四〇年代のハリウッド　監督と演出　一九二九〜六八年』（一九六八年）〔2〕はこの作品が社会的メロドラマの様式と結びついているとして、リアリズムを指摘している。ダッシンの監督はニューヨークの暑さや激情的な残酷さと野蛮さを伝え、ウィリアム・ダニエルズのカメラは犯人逮捕時のロケで見事な移動撮影を示したとしている（四九〜五〇頁）。アンドリュー・サリスの『アメリカ映画』（一九六八年）〔3〕はダッシンを相変わらずマイナー・キイの活発な監督であり、『裸の町』は彼の最も有名な作品ではあるものの、彼の映画のなかでは重要ではないものだ、としている（一九一頁）。トーマス・シャッツの『ハリウッド・ジャンルズ』（一九八一年）〔4〕はこの作品を〝ハードボイルド探偵・刑事もの〟のジャンル史のなかで、戦後の〝街頭リアリズム〟の『Gメン対間諜』（一九四五）以後の一本として取り上げ、これらの作品が事務所に引っ込んでいるロマンティックな探偵に代わって、巡回する頑固な刑事の〝警察ドキュメンタリー〟をもたらしたと述べている（一四〇頁）。ジョン・タスカの『暗黒映画　文化的視点からのアメリカのフィルム・ノワール』（一九八四年）〔5〕はこの作品をプロットとスタイルの点でフィルム・ノワールでなく、のろい警察の行動を扱った映画だとしている（一九三頁）。『アメリカ映画の諸ジャンル概観』（一九八八年）で、「フィルム・ノワール」担当のジャック・ナチバーも同様の作品群をとりあげて、これらをネオレアリズモの影響によるものであり、ネオレアリズモの外観を取り入れることでノワール（暗黒）の都市風景は現実のロケ撮影となり、都市の脅威はより直接的に強いものとなった、と述べている（六八頁）〔6〕。サラ・コズロフの『見えない語り手　アメリカのフィクション映画におけるヴォイス・オーヴァー・ナレーション』（一九八八年）〔7〕はアメリカ映画のヴォイス・オーヴァー・ナレーションの研究書で、「『裸の町』と〝神の声〟の人間化」の項で脚本とナレーションが詳しく論じられている。脚本の原案を担当したマルヴィン・ウォルドは戦時中、ドキュメンタリー映画に従事し、この作品のセミドキュメンタリー化、ニューヨーク警察の事件のプロット化、警察の活動の緻密な調査などの主張者だった。ウォルドの構想にはドキュメンタリーの古典、ヴァルター・ルットマンの『伯林　大都会交響楽』（一九二七）や、ラルフ・スタイナーとウィラード・ヴァン・ダイクの『都市』（一九三九）などの影響があった。そして、ナレーターの個性を大都市の多層的なライフスタイルを描くウォルト・ホイットマン及びトーマス・ウルフの、詩人＝小説家の結合から構想した。脚本の書き直し担当のアルバート・モルトは多彩な芸術家で、共産党員であり、作品の社会批判を強めたのは彼による。後に彼はハリウッド・テンの一人として知られる。ダッシンも後に左翼のブラックリストにのるが、作品への支配力はあまりなく、彼の反対を無視して編集はなされた。そして、マーク・ヘリンジャーはドキュメンタリーには全然関心はなかったが、ナレーターに固執し、その役割を拡大し洗練させ、前述の批評でクラウザーが「故ヘリンジャーとニューヨークとの個人的ロマンスは現代の最も恍惚的な恋愛事件だった。これは事実上ヘリンジャーの映画のコラムだ」と述べたことをつたえている（八三〜八四頁）。

こうして、一九四九年五月から一〇月までの四本の日本映画に『裸の町』の影響が映画批評で指摘された。五月二日封切りの大映作品『地下街の弾痕』（森一生監督）は深夜の大阪駅地下街で起きた殺人事件の犯人を追う警察が国際的な密輸団の正体を暴く活躍を描いたものだが、山内達一は「日本映画批評　地下街の弾痕」（『キネマ旬報』一九四九年六月一日号、三八頁）で、隠し撮りなどの苦心は認めるものの、都市の性格、人物の生活がよく描けておらず、従来のメロドラマと変わらないとして、にせもののセミドキュメンタリー映画と批判した。『裸の町』で「捜査が停滞しているとき、バリィ・フィッツジェラルドの老警部が三階の窓にぼんやりたたずむと、街路で子供たちがなわとびをして遊んでいる、というカットがぼくらの心をうつたのは、そのカットが独立しておもしろかつたわけではなく、たんにカメラのアングルがよかつただけでもない。ところが、それをそのままカットだけもつてきて、志村喬の警部を窓ぎわに立たせてみたところでなんにもならない」というわけだ。

五月三日封切りの新東宝作品『流星』（阿部豊監督）はギャング団のリーダーと刑事との闘いを描いたものだが、前述誌の同号（「日本映画批評　流星」三八頁）で林勝俊は「ギャング、キャバレー、酒と踊りと愛欲が表面に陳列されている。その描写にも別段新しい手法も使われていない。ラストシーンの勝鬨橋ロケを使用した『裸の町』まがいの数場面が話題になつているようだがそれとても勝鬨橋の撥ね橋としての機構を知らぬ地方の人たちには何のことかわからないかも知れない」とのべている。

六月二九日封切りの松竹作品『殺人鬼』（大曾根辰夫監督）は妻殺害の容疑者の目撃者を捜しだし、アリバイを確立し、真犯人を追う警察の捜査を描いた。前述誌の八月一五日号（「日本映画批評　殺人鬼」）で山内達一は「大曾根辰夫は苦心して実景描写を試みており、困難な条件のなかでよくやつているが、もしも彼がセミ・ドキュメンタリというとくべつのスタイルがあるなどという前提のもとにこの映画を撮つているとしたらまちがいである」「みじめな生活がお互いの愛情や信頼をむしばみ、しだいに破めつにみちびいてゆくというふうに環境とのつながりのもとにえがかれてこそ、すぐれた感めいをあたえるにちがいないが、だれが殺したかというスリラー的な興味を追求しているかぎりでは、たいしたことはない」と述べている。しかし、新藤兼人の脚本については評価もしている。「復員以来失業をつづけてダンサーの妻に養われている男と犯人のアロハ・シャツと事件をさばいてゆく検事の三人の心理が、とくに綿密に分析され、それぞれの陳述や推理や幻想がナラタージュされてストーリイがはこばれてゆく手法はけつしてあたらしくはないが、シナリオ自体の組みたてはなかなか細かなものである。同じ画面を別のアングルで撮る指定など、微妙な効果を予想したシナリオといえよう」（三七頁）。

この手法はおそらくフォルストの『マヅルカ』（一九三五）やプレミンジャーの『ローラ殺人事件』（一九四四）の影響下にあるものであり、『羅生門』（一九五〇）への途上にあるものであったろう。

『裸の町』の影響は翌一九五〇年も盛んだった。『キネマ旬報』一九五一年二月一日号で、双葉十三郎は一九五〇年度の日本映画の決算記事（「芸術面から見た日本映画の一年」）で、「スリラァもいよいよさかんに行われた。これにギャング映画的なものを加えれば、その数は激増する。が、いずれも似たりよつたりで、バァやキャバレ〔ママ〕でうじやうじやし、最後に『裸の町』もどきの追跡場面があるというのが大部分だつた」「イマジネイションの不足（略）の証拠は（略）海外映画の模倣という一事によつて、より雄弁に示される。たとえば、スリラァと称するもののラストには必ず『裸の町』式の追かけがくつつかなければならないという固定観念である」（二七頁）と批判的に指摘している。

この状況下で、一九四九年一〇月一七日封切りの映芸協・新東宝作品『野良犬』が登場する。脚本は黒澤明と菊島隆三、撮影は中井朝一、音楽は早坂文雄、出演は村上刑事の三船敏郎、佐藤刑事の志村喬で、この作品は観客と批評家にかなり好意的に迎えられ、『キネマ旬報』ベスト・テン第三位に選ばれた。『裸の町』の被影響作品のなかでは傑出しており、それは何より黒澤映画であった。この点をまず両作品の比較検証によって確かめてみよう。

二　『野良犬』公開時の評価

滋野辰彦は『キネマ旬報』一九四九年一二月一日号（「日本映画批評　野良犬」）で、この作品がセミドキュメンタリーの犯罪映画の単なる模倣でなく、「『裸の町』に似たようなシチュエーションはいくらも出て来るが、それはそれなりに作者の持味の中にとけこんでいる」（四〇頁）として、スリルとサスペンスで観客を最後まで引きずっていく力を評価している。双葉十三郎も『映画春秋』一九五〇年一月号（「作品研究　野良犬」五二〜五八頁）で同様にこの作品が単なる焼き直しでなく、相当な工夫が凝らされており、「わが国におけるこのジャンルの決定版となるであろう」として、作品の特長を詳記している。『全集　黒澤明』第二巻（岩波書店、一九八七年）の岩本憲児の「批評史ノート」からその要約を引用する。

彼〔双葉〕はこの作品の特長を、動きの豊かさと見た目の面白さを第一の要素としていること、発端に犯罪というよりも、新米刑事がピストルを盗まれるという趣向を持ってきていること、その新米刑事（三船敏郎）と老練刑事（志村喬）の対照に工夫し、捜査方法を対比させるだけでなく、職業意識を対比させることによって犯罪・犯人への人生観を披露させていること（これは『裸の町』にはなかったと双葉は言う）、さらにピストルを奪った犯人の犯罪そのものを見せることなく、逆に事件の凶悪さや被害者の悲劇を強く浮かびあがらせていること等々、「要するにこの作品は、悪人追求型の動きを狙った娯楽映画でありながら、人物の面白さもあり、一つの角度からの犯罪者発生の観察も加えられ、さらに犯罪の否定にまで及んでいるところに幅の広さがあり、作品としての価値の大きさと意義がある」と述べる。（三五二頁）

飯田心美も『キネマ旬報』一九四九年一一月一五日号の座談会記事（「秋の力作をめぐる座談会　野良犬・真昼の円舞曲・痴人の愛を中心に」、出席者は北川冬彦、水町青磁、清水千代太、飯田心美）で「演出としては『裸の町』の方が新鮮で、うまいところもあるけれど犯罪者と追かける探偵と二人が同じ動機で以て、一人が悪にそまり、一人がそまないで進んだ、そういう二人の人間性を描いているという点では『裸の町』よりねらいはいいと思う」

（一九頁）と語っている。清水千代太も長所を「これがアメリカで作られたら、まず人間性は忘れられて、ただ手に汗を握らせる面白さで一貫する。一時間十五分くらいの映画になる。それをねらわないでこの高きをねらつたところはやはり野心家で、（略）いいところだ」（一九頁）として、人間性の追求を評価した。

しかし、殆どの批評が批判したのが一二二分という作品の長さや冗長な部分であった。長過ぎる原因を人物の人間性追求のほかに、清水千代太は「小道具のようなふん囲気役にまで人間性を出そうとする」ためとしている。双葉十三郎はそれを「各場面を押しすぎているため」としている。黒澤の欠点は「神憑り的な激情」であり、「まとまった描写となると粘りっこい趣味が出て、およそスマァトでなくなる。人物も深刻苦悩型となり、さらりとゆかない」からだとしている。冗長な部分はピストル屋探しのシークエンスが指摘されている。

「私にはこの映画を批評したすべての新聞の文章はまちがつているように思える」としてこの映画を「いまの日本の社会に生きのこつている兵隊の姿」を描いたものとして論じ、卓見を披露したのが野間宏の「『野良犬』の問題」（『中央公論』一九四九年一二月号、八七〜八九頁）であった。「黒澤明は二人の復員兵（村上刑事と強盗犯人の遊佐）を現代の社会の二つの面、支配階級と被支配階級に属させることによつて、いずれの側にもいまなお残つている兵隊の姿をあらゆる方法を用いてあばき立てようとする」。野間は題名の「野良犬」を飼い主を失った兵隊と考え、元の飼い主を天皇とし、「兵隊はまさに犬のように飼われていた。そしてここにはその野良犬にされた兵隊が復員してきて、今度は前の飼主とあまり変りばえのしない依然として封建制を残しておこうとする（略）現在の日本が物語られる」「黒澤明は二人の復員兵を対等の位置におくことによつて、僕達を両方からせめよせ、はさみ打ちにして、日本の現在の社会を焼き打ちにしようとしている。強盗遊佐ははたして強盗犯人であろうか。自分のピストルをぬすまれて犯罪を起こさせ、その犯人をおいかける村上刑事は刑事なのであろうか」。これが卓見であるのは政治・社会的批判の厳しさと共に、『野良犬』が持つ犯罪への問いかけの見事な仕掛けを的確に透視したことだ。それは刑事と犯人に〝野良犬〟の同一性を与え、二人を対等な位置においたことだ。このことは後に海外で十分に論じられる。

『野良犬』の芸術・興行的成功は日本に刑事ものの確立をもたらした。この影響下で東映は小林恒夫の『終電車の死美人』(一九五五)から小西通雄の『警視庁物語　行方不明』(一九六六)まで二五本の「警視庁物語」シリーズを発表したし、テレビの刑事ものの道も開いた。

三　内外における『野良犬』評価の歴史

『野良犬』の人気は今日でも決して低くはない。「映画人・著名人一〇〇〇人のアンケートによる〝わが青春の一本〟」の『日本映画ベスト200』(角川文庫、角川書店、一九九〇年)では、この作品は第一九位であり、黒澤映画の中でも第七位となっている。ところで、日本で黒澤の研究書の初めは佐藤忠男の『黒沢明の世界』(三一書房、一九六九年)で、佐藤忠男はこの作品が『裸の町』の影響下にあること(犯罪捜査のリアルな過程とそこに大都会のリアルな生態を浮かび上がらす)を指摘しながら、「『裸の町』が、犯罪者も刑事も、とくに個性のない人間として扱うことで、ニューヨークという都会そのものの性格を印象づけようとしていたのとはちがって、『野良犬』では、犯罪者も刑事も、それぞれ、黒沢明が処女作以来一貫して描きつづけているいくつかの性格をあざやかに持っている」(一三三頁)とした。佐藤(志村喬)と村上(三船敏郎)は『姿三四郎』(一九四三)以来のすぐれた師匠と誠実な弟子の関係にあり、この映画はその物語を扱っている。「若い村上刑事は、犯人に同情しつつ、しかし、自分は秩序を維持する側の人間である、と考える。彼にとっては、犯人をつかまえることは、彼自身のなかにある秩序を否定する精神をおし殺すことである。そして、彼に逮捕されたときの犯人の慟哭は、いわば、村上刑事がおし殺した、彼自身の心のなかの〝無秩序への憧憬〟の叫び声なのである」(一三七頁)。そして佐藤忠男はこの作品の〝警察友の会〟的メッセージに不満を感じながら、犯人捜査の過程に出てくる戦後の闇市風俗の荒々しい活力に感動した。村上が掏《す》りの女と東京の下町で追っかけをする約五分の二二ショットのシークエンス、村上が東京の盛り場や闇市をピストル屋を探して歩く約一一分の七〇ショットほどのシークエンスを、佐藤忠男は「映像による戦後風俗のすばらしいシンフォニー」と呼び、闇市に流れるポピュラー・ソングを戦後の混乱を生き抜く民衆の進軍ラッパだとした。そして、捜索の酷暑の苦痛から犯人の居所を見つけた時の土砂降りの爽快感にいたるみごとなリズムを評価している。

『黒澤明ドキュメント 「デルスウ・ウザーラ」製作記念特集』(『キネマ旬報増刊』一九七四年五月七日号)ではカメラマンの中井朝一が『野良犬』の思い出として、望遠効果の発見を語っている。「殺人事件が起こり、被害者の夫の清水将夫の家の垣根ごしに近所の奥さんたちが家の中をうかがっている。その感じがどうも出ない。役者がうまくいかない。仕出しの連中を使っているわけだから。その前に警視庁に行って鑑識課で撮った殺人現場のスチルを見せてもらったが、さすがに感じが出ている。こういう感じをどうしたら中井君、撮れるんだろうと黒沢さんが言う。そこで出演者は訓練された演技者じゃない仕出しなんだから、いっぺん遠くから撮ったらどうだろうということになった。サルスベリの咲いている庭の垣根の中では鑑識課員がいろいろ調べている。その雰囲気を仕出しの人たちに説明して、こっちははるか離れて400ミリか500ミリの長焦点レンズで撮る。屋根をちょっと入れてフル・ショットの余裕あるサイズでね。当時は長焦点レンズ、つまり望遠レンズは余り使わなかったけれども、あの場面はそれで行けた。望遠のおもしろさ、特異な長所、俳優にカメラを意識させないで撮影するには望遠がいいと、このときからはっきりつかんだ」(一二二頁)。

海外の批評史に簡単に触れると、『野良犬』は最初は評価されなかったが、とくにその後のアメリカやフランスの映画研究者の間には見直しの機運がある。アメリカでは一九六四年にブロードウェイのトーホーシネマで上映されたが、黒澤作品で製作後一五年目に上映されたのはこの作品だけだ。前述紙のクラウザーの批評(一九六四年三月四日号)は言う。「名高い『羅生門』の前年に作られたこの瑞々しいメロドラマは、後年にみごとに形式化された絵画的スタイルの未熟なしるしを多く示し、特徴的な激しさと活力を詰め込んでいる。が、一方でこの作品は漫然と話を続け、ぞっとしないことを大芝居がかってやっている。それでこちらでは、これまで上映されなかったし、一般の観客には薦められないのだろう」。『野良犬』は戦前のハリウッドの犯罪映画の月並みな筋を詰め込み、冗長に展開する。野球場のシークエンスは大試合のショットを数分間含んでいるが、勝敗が全然判らないという具合だ。「しかし、そこにはまた幾つかの非常に生き生きした詩的な場面——むさ苦しい裏道や夕立で散っていく人々のみごとなショット——がある。また、彼は犯罪のアイロニーの発見を学んでいたのだ。追う者と追われる者の過ちの類似を比べようとした黒澤の努力はこの作品では成功したとはいえないが。映像の力強さは明白だが、編集もそうあるべきだった」[8]。

『マギルの映画概観　外国映画編』第六巻（一九八五年）のジョン・ウィルソンの評価は、この作品が最良作ではないが、豊かでたのしい映画だとして、次の二点から再評価をしている。一つは黒澤が手本としたジョルジュ・シムノンの影響だ。メグレ警視が古典的な探偵とは対照的に犯罪者に直観的に同化して事件を解決するように、シムノン作品は〝普通〟の人が犯罪を犯す過程をたどる心理的小説であり、誰もが潜在的な犯罪者で、犯罪と社会のはっきりした区分はこわされている。黒澤はこの道徳の曖昧さをとらえた。この主題は彼の多くの作品にあるが、シムノンの有名な〝雰囲気〟ほどこの主題を支持してはいない。二つ目は、ピストル屋探しは唯一の弱点だが、プロットや情報に関係がないのに、なんとなく適切な付随的な細部が豊かにあることだ。その例が佐藤夫妻と村上が寝ている子らを見るところと野球場のシークエンスだ。ウィルソンはアメリカ映画にこれ以上の野球の活気のあるシークエンスを見つけ難いと述べている。更に音楽のみごとな使用に注意を引きつける〝付随的な場面〟があり、村上と遊佐の対決時に聞こえるピアノ曲と弾き手の挿入がそうだ。文中にシムノンが出てくるが、これは黒澤の言葉「ジョルジュ・シメノンが僕はとっても好きでね。今度はシメノンばりに行ってやれ、と思ったんだ」（『映画旬刊』一九五六年新年特別号、四〇頁）による（一九六一～六五頁）[9]。『アメリカン・フィルム』誌一九八九年四月号でジェラルド・ピアリーも「黒澤の最も過少評価された作品はシムノン的刑事物語」と紹介し、特に注意すべきこととしてピストル屋探しでの街頭の騒音及び流行歌のみごとな録音・編集をあげている［10］。

フランスではこの作品は一九六一年六月に公開された。マルセル・マルタンの『戦後のフランスにおける日本映画』（一九六一年頃）［編注2］は『ル・モンド』などから八つの批評の短い抜粋をしているが、スタイルが陳腐、退屈と批判的なのが二つあり、ジャン・コレは「映画は全体に私をひどく退屈させた。黒澤は明らかに西欧へのウィンクと共にこの映画を考えついたのだ（音楽は全部西欧的である）」（『テレラマ』一九六一年七月一六日）と述べている。ほかの批評は「シムノンのシナリオのようだ。意図と演出の腕の冴え。黒澤のリアリズムは非常に遠くから本当の心遣いを与える。大人の映画作品」（『レクスプレス』一九六一年七月六日、モルヴァン・ルベスク）のようにほぼ好意的だ。シムノンへの参照はほかに二名がしている。コレの批判には例の〝溝口万歳！ 黒澤反対〟のフランス的風潮の原因の一つが指摘されているようだ。この風潮は『カイエ・デュ・シネマ』一九五七年二月号のリュック・ムーレの黒澤映画の批判が端的に示している。彼は黒澤映画の回顧上映に失望し、『酔いどれ天使』（一九四八）が凡作で全く興味に欠け、『生きる』（一九五二）が馬鹿らしさの究極であり、五巻に及ぶ通夜の場面で示される黒澤の人間嫌いが極端なので、見ているほうが黒澤嫌いになってしまうと批判した［11］。これに対してアンドレ・バザンは同誌同年三月号で『生きる』の擁護論を展開した。バザンはこの作品が彼の知るかぎり、少なくとも現代劇では最も美しく、完成し、感動的な日本映画だと評価し、脚本が現代なのでこの直接性が影響の厄介な問題を根本的に変えると主張する。つまりこれは『市民ケーン』（一九四一）がアメリカ映画であるように日本映画なのだ。それは文化様式の違いを超えた理解をもたらす国際性を持つ。「『生きる』の国際性は地理的なものでなく地質的なものだ。その源が地下深く隠れた道徳の地層にあることを黒澤は知っていたのだ。しかし彼は飛行機なら何時間かで会える現代人を扱っている以上、ジェイムズ・ジョイスがすでに翻訳され、そして未だ翻訳できない英語を再創造するために何か国語かの語彙を身につけたように、国際的な映画レトリックを当然身につけたのだ。それゆえに日本の批評家は一九五二年度ベスト・テンの第一位に推したのだろう」と、バザンは主張する。「これからは、黒澤のコスモポリタニズムを質は優れているが商業主義的妥協と見なすかわりに、日本映画への道を目指す弁証法的発展と見なすべきではなかろうか」。そして同時に率直に告白する。「個人的な好みから言うと、それでも私は溝口のスタイル、彼の霊感の純日本音楽のようなスタイルの方が好きなのだが、脚本と形式の両面に比類のない重要な価値で満たされている『生きる』のような作品が開いた知的、道徳的、美的な展望の広さの前に私は降参する」と。そしてこういうテーマにつきものの感傷性、メロドラマ性などは驚くべき知的な物語構造によって超越したとして、それを分析している〔12〕。バザンの『生きる』論はその後の黒澤観に大きな影響を及ぼしたと思う。その成果は、マルタンの著作に見られるようなフランスの批評家たちの黒澤映画への好意的な姿勢や一九六四年の二冊の黒澤研究書に結実する。『エチュード・シネマトグラフィック』誌の春季号は「黒澤明特集号」だが、『生きる』の評価だけでなく、『天国と地獄』（一九六三）までの諸作品を黒澤芸術の文脈で捉える作家論的視点が整備されている（各作品は別々の人が書いているが）。『野良犬』はミッシェル・エステーブが書いているが、彼はまずこの作品が東京のシネマテークの専門家により日本の刑事ものの最良作の一本と見なされていること、一九四九年度のベスト・テン三位だったことを伝えている。これはシネマテーク・フランセーズが一九六二年から六四年にかけての日仏交換映画祭で刊行した『日本映画入門　日本映画の傑作と展望』（一九六三年）〔13〕を参照したものだが、前述の二冊の成果自体もこの日本映画祭によるところが大きい。そしてエステーブは「シムノンとドストエフスキーの二重の影響が見られる警察の捜査は道しるべの糸の役にたつ」として、それを手繰っていく。この捜査はドキュメンタリー的で、警視庁や野球場の場面もあるが、それは口実で、本意は東京のスラムや評判の悪い場所に広がる風俗の観察である。黒澤は僅かなショットで自分の好きな環境に私たちをひたしてしまう。それは惨めな人間が蠢く閉ざされた場所であり、黒澤はそういう人間に抱く心遣いと憐れみを機転と慎みで示す。「このリアリズムは脇の人物と結びつき、クレジットの喘ぐ犬の大写しが暗示する雰囲気を再創造する。それは息苦しく、むっとする雰囲気で、風土の影響を個人に印すものだ」「とても簡素に再創造されたこの雰囲気のなかで、黒澤は人物達に深い人間性を与える」。ここでエステーブはお銀が星空を語る美しい場面をあげ、それを例証している。作品の第二部は村上と日本のメグレ警視である佐藤刑事による捜査の第二局面となるが、「興味ある心理の進展が社会風刺と平行的に展開する。戦後日本の証言者の黒澤は大戦の結果を貧困の観点で描く。貧困は仕事のない者を泥棒にし、踊り子をつまらない見せ物でくたくたにし、貧しい者を犯罪に追いやる。村上と犯罪者になった泥棒は二人の戦争犠牲者、補足的な二つの顔のように見える。二人とも貧困に苦しみ、一人はそれを避けて警察に入ることを、一人は反抗と強盗の道を、選ぶ。刑事と追われる犯罪者の間に『罪と罰』を思い出させる無意識の共犯性が次第にはっきり現れるが、これも意外なことではない」「最後の見事な対決は、麦の穂の中で、素手の村上とピストルを手にした犯罪者が向き合って行われるが、それは二人を結んでいた緊密な連帯を象徴する」。しかし、とエステーブは批判する。社会風刺に力を入れていないので、政治的〝参加〟の映画になっていないし、二人の刑事も同情的に描かれている。その上残念なのは、『野良犬』で黒澤が最も強い関心を持っていたのは一つのこと、それは、作品で設定された状況（犯罪者の最初の犠牲者である若い娘は結婚するために貯金しており、殺された若妻は夫と強く結ばれており、また村上の後悔は外に表されすぎる）や、人物の性格、会話によって示されているように、モラルを説くことなのである。「この不完全さにも関わらず、『野良犬』は主題面だけでなく、美学的追求の面でも魅力ある作品だ。黒澤の監督は映画作家の否定できない美点を証明した。巨匠の手が導く物語の芸術は、ディゾルブと二重露出（東京の貧しい地区での村上の歩行）を用い、平行モンタージュ（佐藤が撃たれるシークエンスは二人の刑事の、そして犯罪者と踊り子の、二重の連帯が表されていると思う）の助けをかりている。撮影角度と画面構成のセンス。雨に叩かれるアスファルトの上で動く佐藤、背後で開閉しているドア。あるいは庭の地面に叩き潰されたトマトの大写し、それは長い糸をひき、殺された女の血を思い出させる。これらは忘れがたい」（一〇一～一〇四頁）〔14〕。以上のエステーブの論に比べて、サシャ・エズラッティの『黒澤』（一九六四年）の『野良犬』論はかなり貧弱そうに見える。ほとんど筋書きの紹介が主になっている。ただし『野良犬』は『ピストル泥棒』と呼べるもので、プロットが『自転車泥棒』（一九四八）同様に単純であるとか、ピストル屋を探す件は東京のスラムの見事なイメージがあるとか、メグレ警視の志村喬がピストル屋の女を取り調べる時の何時もの人の良さについて、「シムノンにおけるように、この種の男を引きつけるのは、正義の拘束ではなく、落ちぶれた人間への同情のようなものであり、それが態度の特徴になっている」などの指摘がある。エズラッティはシムノンに詳しいらしく、シムノンの小説『災いの輪』（一九六二）が黒澤の『生きる』の主題に近く、従って〝黒澤的〟小説だとしている〔15〕。

　ところで、日本映画研究家のドナルド・リチーが海外の黒澤論に及ぼした影響を忘れてはならない。前述の『エチュード・シネマトグラフィック』の文献表には彼とジョセフ・L・アンダーソンの共著『日本映画　芸術と産業』（一九五九年）〔16〕と、彼とヴェルナー・シュヴィアの共著『黒澤明回顧上映』（第一一回ベルリン映画祭、一九六一年）〔17〕がある。前者では、黒澤の有名な〝ヒューマニズム〟が全ての人間的感情の平等性の主張だとして、これは彼の全作品の基本的前提であり、『野良犬』では刑事と犯人という対立者の平等となり、二人は最後に泥に塗《まみ》れて互いに区別できなくなると述べている。この平等論は一九六一年の『日本映画』〔18〕で発展し、『黒澤明の映画』（一九六五）〔19〕の内容に殆ど近づいている。『日本映画』は絶版なので、その増補版の『日本映画』（一九七一）〔20〕では、黒澤の『白痴』（一九五一）でのドストエフスキーについての言葉「やさしいというのは、本当におそろしい悲劇的なものを見たときは目をそらしたくなるという、そういうことなんだな。ドストエフスキーにはそういう同情力がある。だけど、じっと見つめるんだ。そして自分も悩むんだ。人間よりも大きくていいところが、彼にはある」「とにかく人間より大きくて――この同情力――神に近い質の」〔21〕を引用し、これが黒澤の〝ヒューマニズム〟だとしている。『酔いどれ天使』はドストエフスキー風の実習であり、黒澤は医師は肺病病みのやくざを治そうとするが、二人は似通っている。医師は同情心のある暴漢であり、飲んだくれで、いつも機転がきかない。やくざは自分が不安で、大ぼらをふき、医師が病気をこわがるように、医師をこわがる。「二人はどなりあい、時折喧嘩となるが、それも互いが必要だからだ。世間の目では失敗者の医師はこの価値もないような若者を救うのだと主張し、全く失敗者のやくざは最後の敗北が、自分を引きつけ、同じほど反発させる医師による救済となるだろうと思っている」。「二人の対立——同情の責任についての隠された寓話——は戦後日本の廃墟に設定されている」。そして、『野良犬』にこのドストエフスキー的二重性が続き、「最後に刑事と犯人はすっかり泥に塗れ、疲れ果て喘ぎながら並んで横たわり、カメラは初めて離れた、冷静な記録の機械の態度をすて、花の間から二人を好奇心を持って眺め、二人が全く同一なのを発見する」としている[22]。『黒澤明の映画』での『野良犬』論は四点に集約できる。第一に、捜査の話であり、その形式は以後の多くの作品に見られる。例えば、『羅生門』(一九五〇)では真実の、『生きる』では生きることの、意味の捜査=追求というように。「黒澤がジョン・フォード作品を好む理由のひとつは、たぶんフォード作品も、黒澤同様にモラルの戦いと、スケールの大きい追求の要素すべてとがしばしばからみあっているからだ」(一五三頁)。そして推理小説も追求のヴァリエーションである。拳銃を盗まれた刑事が東京の下町を探しまわるアイディアは『自転車泥棒』と似ている。「村上の捜査は巡礼に似ている。『生きる』の渡辺と同じ巡礼だ。村上は地獄に苦しみ、煉獄を耐えしのぶ」(一五三頁)。つまり、極端さを好む黒澤は猛暑の季節を選んだ。町全隊体が消耗し、民衆が力を失った状況である。第二に、その中で、ただ一人走り回る捜索者の村上の性格の面白さがある。ピストルを失ったことで彼は自分の身分、職業、つまりアイデンティティまで失ったようにうろたえる。そしてピストルしか見えなくなる。狂犬の目に真っ直ぐの道ばかり、と佐藤が遊佐についていったことは彼にも当てはまる。しかも二人は復員時に全財産のリュックを盗まれており、戦争が人間を簡単に獣にするのを知っている村上は遊佐を理解し、世の中に悪人はいない、悪い環境があるだけだと言う。そして、最後の対決で、二人は泥だらけになって、並んで倒れる。どっちが刑事で、どっちが犯人か判らない。「善と悪、刑事と犯人とが同じものだと暗示することで、すでに彼〔黒澤〕はわれわれ自身も同時に善であって悪、刑事であって犯人であることを示しているのだ」（一六八～一六九頁）。第三に、そういうすべての人間の平等性の証明がある。掏りの女が村上との追っかけの果てに星空を見て、「ホウ！　綺麗だネェ！　わたしゃ、お星様なんていいものがあるのに、ここ二〇年ばかり、すっかり忘れていたよ！」と感動する。ちょうど、『生きる』で渡辺が夕焼けに三〇年ぶりに感動するように。それまで心閉じていた生命に自然がうったえかけるさまを表している。それは「すべての人間にひとしくそなわっている人間性の証明でもあるのだ。この最後の一点はこの作品のテーマでもあり、最終巻、追跡の終わりのところで華麗に視覚化されている」（一五九～一六〇頁）。「この映画のあらゆる要素が、この美しく深みのあるシークエンスに集まっている。出て来るイメージはすべて愛と希望に属するものばかりだ――いわく日の出、鶏の時の声、花、子供、ヒバリ、モーツァルト。ところでここでは二人の大人が、互いに相手を殺そうと取っ組みあっているのだ。闘いが終わり、とたんに二人はお互いに同類であることを悟る」（一六一頁）。ここで著者は悟りのしるしとして、彼の泣くところを「子供のように泣いている」と描写している。第四にこの自然と人間の関係はこのように展開している。「この映画最高の魔術的瞬間は、同時にいちばん非論理的でもある。観客はまず猛暑の描写から、実際にそれを肌で感じているような気になる。登場人物は誰もくりかえし口にする――「一雨ほしいなア」二人の刑事は犯人の強情な情婦に会いに行く。彼女は二人と言い争い、さらに自分の母親とも言い争う。そのうちまったく突然に情婦は泣き出す。以前には、刑事たちから逃げるために空涙《そら》を使ったことはあるが、今日の涙は本物だ。そして彼女が泣いているうち空には雷が鳴り始め、一面にサッと黒雲がひろがって、あっと言う間に土砂降りとなる。（略）まるで何者かが殻を破って人間性を発露させ、それに感じて天がひらいて悪の支配が終わったのであるかのように思われる」（一六八頁）。以上がリチーの『野良犬』論の要旨だが、ドストエフスキー的二重性、人間及び善悪の一体性、村上の地獄巡り、心閉じていた生命への自然の訴えかけ、などの指摘は以後大きな影響と刺激をもたらしていると思われる。

叢書「現代のシネマ」第七七巻のミシェル・メニル著『黒澤』（一九七三年）〔23〕は、文献にリチーの一九七〇年度版の『黒澤明の映画』を収録しており、それを踏まえてメニルはこの作品の多義性を簡潔に指摘している（メニルは同叢書第三一巻の『溝口』〔一九六五年〕〔24〕の著者でもある）。「この映画の主題の扱いはネオリアリズム的だ、三船の根限りの捜査はある程度までより本質的な探究、主人公による自我の探究のように見えるのではあるが」。そして刑事と犯人は追っかけをしながら、二頭の狂犬になる。フランスでの『野良犬』の封切り題名は **Chien enragé**（狂犬）だが、メニルは **Chiens enragés** と複数にしている。後出のフランソワ・ラマッスの論文では題名は以前のままになっているが。そして二人が泥塗れで刑事か犯人か区別できなくなると述べながら、「人を判断するのも容易でない。というのは、若い村上を敵に寛大すぎると非難する佐藤が家庭では優しい父であり、愛情のこまやかな夫だからだ。佐藤の家庭生活の場面は息苦しい映画に開けられた唯一の窓だが、このアンティミスムに響きあうのが結末のつつましい叙情性だ。私たちはずっと衝撃的な話の出来事の乱暴さのなかに沈められていたが、行為の合間のあちこちに古くさい歌や希望を奏でる小曲が噴き出す。そこにこの映画の二重の核心がある。黒澤は日常的なものから構成するドキュメンタリー的なイメージの実体性（象徴性でなく）をごまかすのではなく、これらの諸イメージ間の構成そのものが、お説教的と烙印を押されてはいるが、ここでは率直このうえない台詞によって強調された話の〈もう一つの意味〉を思い付かせる。／『野良犬』では観客の自由がこれゆえに保たれている。例えば明らかに、刑事と犯人の一組は黒澤にとっては一群の意味するものであり、たぶんマニ教の善悪二元論的なものとも言えよう。つまり天使―悪魔、生の天使―死の天使であり、冷静な佐藤刑事つきの異教的デュエットである。しかし、このような一群のものの曖昧さ（悪魔のルシファーは堕天使だ）以上に、私たちには次の自由がある。それは、村上が〈正義の人〉であり、遊佐が〈無法者〉であるという社会学的に説く客観的条件を重視すること、あるいはこの映画に非常に受け入れられる福音書的読みかたで、村上が遍歴し最後に自身と彼の分身の深い人間的なアイデンティティを理解するという精神の道程だけを注視すること、の自由がある」(三三一〜三四頁)。

『ポジティフ』誌の一九八三年五月号のフランソワ・ラマッスの『野良犬』論は作家主義の立場から、この作品における黒澤芸術の発展的なしるしを検証している。まず西洋の影響として、黒澤の意図したシムノンの影響(人物と雰囲気への)は的外れである。というのは、それに相当するのがいつも素晴らしい年輩の志村喬の刑事と彼の家で村上と過ごす安らぎの静かな場面しかなく、その静けさは全編にわたる激しさと喧騒に対し暫しのバランスをとるだけだったからだ。その失敗の原因は黒澤の大好きなアメリカ映画の影響のせいであり、そのしるし――透明性、正確さ、簡潔さ――は冒頭からある。だが、これは黒澤独自の作品であり、彼の諸作品に反復・発展する主題とスタイルがある。その主題は自我、アイデンティティの探究であり、善と悪の永遠の闘いの問いかけであり、それゆえに日本の批評家がこの作品を日本の刑事ものの最良の一本としているのだ。その主題は村上と遊佐、刑事と犯人、善と悪の対立と一体化、人間の二重性へ導く。村上は自分の分身としての遊佐を執拗に追う。「二人は兄弟であり、しばしば対立し似通う一対の、人間性を生みだす悲痛な一対の、二声部なのだ」。刑事(善)は犯人(悪)を追うが最後に泥塗れで互いに区別がつかなくなる。『白痴』では赤間/ムイシキンと亀田/ラゴージンが善と悪の一対となり、悪が善を追うという逆の追っかけをする。人間の本質的な二重性を示す『野良犬』は最初に機会の平等性を主張し、それは様々な場面に展開し、最後に二人が倒れている側を子供たちが歌いながら通る場面に至る。それは西洋がもたらすものと日本の伝統の平和的共存と、人間の深い対立の解決の希望の表現である。スタイルとしては、表面的なアメリカ化を超えて黒澤映画の四つの特徴が指摘されている。まず、前作の『静かなる決闘』(一九四九)の冒頭で前景に扇子、換気扇、カーテンなどを置き、場面や物語を部分的に隠して、雰囲気を際立たせたような方法がある。佐藤が犯人の居場所をつきとめた時、夕立が始まり、それまでの酷暑に涼をもたらすところは少しシムノン的だ。次に、クロース・アップとワイプを重要な区切りや省略として用いる方法がある。そして、村上が復員兵に変装して東京の評判の芳しくない、汚い場所に入り込むシークエンスで黒澤はオーヴァーラップ、二重露出、ショットとアングルの変化を用い、この地獄巡りのシークエンスを詩華集に載るみごとなさわりにしている。これは『白痴』の亀田の彷徨シークエンス、『生きる』の渡辺が夜の歓楽街を探訪する地獄巡りの先駆である。最後に、掏りの女が忘れていた星に感動する詩的な場面があり、捜査のリアリズムのなかに一瞬の静かな詩情をもたらす点が注目される[25]。ラマッスの研究には二つの成果がある。シムノンの影響の正確な検証と作家論の文脈での『野良犬』の再評価である。ただしこの成果を認めた上で、主題面での探究、分身と二重性の問題、最後の対決場面での希望の問題、そしてスタイル面での地獄巡りや彷徨のシークエンスが三作に及ぶこと、人物が自然に感動する場面などの問題はすでにドナルド・リチーが指摘していることを忘れてはならないが、シムノンの影響を正確に検証したこと、村上の地獄巡りのシークエンスを高く評価したことと、とくに黒澤の雰囲気描写の方法を実証的に分析したのはラマッスの見識である。

ところで、イギリスの『タイム・アウト』誌の一九八二年第六二八号は『ダーティハリー』（一九七一）の解説に「字幕には出なかったが脚本家のジョン・ミリアスは黒澤の複数の刑事映画と身につけているバッジで刑事と区別されるような激しい気性の対抗者を考えていた」[26]と述べている。『野良犬』と『天国と地獄』がミリアス経由で『ダーティハリー』の誕生に貢献したわけだ。

［1］Bosley Crowther, "Naked City', Mark Hellinger's Final Film, at Capitol-Fitzgerald Heads Cast," *New York Times* 5.Mar. 1948.
［2］Charles Higham and Joel Greenberg, *Hollywood in the Forties* (London : A. Zwemmer, New York : A.S. Barnes, 1968), pp.49-50.
［3］Andrew Sarris, *The American Cinema : Directors and Directions*, 1929-1968 (New York : Dutton, 1968) , p.198.
［4］Thomas Schatz, *Hollywood genres : Formulas, Filmmaking, and the Studio System* (Philadelphia : Temple Univ., 1981), p.140.
［5］Dark cinema : *American Film Noir in Cultural Perspective* (Westport, Conn. : Greenwood Press, 1984), p.193.

［6］Jack Nachbar, “Film Noir,”in *Handbook of American Film Genres*, ed. Wes D. Gehring (New York : Greenwood Press, 1988), p.68.

［7］Sarah Kozloff, *Invisible Storytellers: Voice-Over Narration in American Fiction Film* (Berkeley : University of California Press, 1988).

［8］Bosley Crowther,“Screen: Early Kurosawa,” *New York times* 4 Mar. 1964.

［9］John Wilson, “Sray Dog (Nora-Inu),”*Magill's Survey of Cinema; Foreign Language Films*, vol.6, ed. Frank N. Magill (Englewood Cliffs, N.J. : Salem Press, 1985), pp.2961-2965.

［10］Gerald Peary, “Akira Kurosawa: Japan’s Existential Cowboy Looks West and Thinks East,”*American film : magazine of the film and television arts*, Apr. 1989, p.81.

［11］Luc Moullet, “Luc Moullet, André Bazin, Jacques Rivette: Exchange about Kurosawa and Mizoguchi in ‘Part Four Polemics’,”tr. Liz Heron, in *The 1950s : Neo-Realism, Hollywood, New wave*, Cahiers du cinema, vol. 1, ed. Jim Hillier (London : Routledge & Kegan Paul : In association with the British Film Institute, 1985), p.260.

［12］André Bazin, “Luc Moullet, André Bazin, Jacques Rivette: Exchange about Kurosawa and Mizoguchi in ‘Part Four Polemics’,”tr. Liz Heron, in Jim Hiller (ed), *ibid.*, pp.262-263.

［13］Cinémathèque française, *Chefs-d’œuvre et panorama du cinéma japonais, 1898-1961 : un hommage à la cinémathèque japonaise* (1963).

［14］Michel Estève, 《Norainu(Chien enragé)》, *Études cinématographiques*, n°s 30-31 (“Akira Kurosawa”, textes réunis et présentés par Michel Estève), printemps 1964, , pp.101-104.

［15］Sacha Ezratty, *Kurosawa*, Paris, Editions Universitaires, 1964.

［16］Joseph L. Anderson and Donald Richie, *The Japanese film : Art and Industry* (Rutland, Vt. ; Tokyo : Charled E. Tuttle , 1959).

［17］D.Richie and Werner Schwier, *Kurosawa Retrospective*, 1961.

［18］Donald Richie, *Japanese Movies*, Tourist library; 27 (Tokyo : Japan Travel Bureau,1961).

［19］Donald Richie, *The Films of Akira Kurosawa* (Berkeley : University of California Press , 1965). 第三版の邦訳にドナルド・リチー『黒澤明の映画』（三木宮彦訳、キネマ旬報社、一九七九年）がある。

［20］Donald Richie, *Japanese Cinema :Film Style and National Character*, extensively rev., expanded, and updated version of Japanese Movies, ©1961 (Garden City : Doubleday , 1971).

［21］ドナルド・リチー『黒澤明の映画』三木宮彦訳、キネマ旬報社、一九七九年、一三六頁。

［22］Donald Richie, *Japanese Cinema :Film Style and National Character*, extensively rev., expanded, and updated version of Japanese Movies, c1961 (Garden City : Doubleday , 1971), pp.199-202.

［23］Michel Mesnil, *Kurosawa*, Paris : Seghers, 1973.

［24］Michel Mesnil, *Mizoguchi Kenji*, Paris, Seghers, 1965.

［25］François Ramasse,《Chien enragé : Chiens étroitement surveillés》, *Positif : Reviw de cinema*, n°639 (Mai 1983), pp.72-73.

［26］*Time Out, No.628*, 1982, p.63.

［編注1］アメリカでの『無防備都市』初公開は、正確には一九四六年二月二五日。

［編注2］この出典は、『キネマ旬報』に一九七一年から七二年にかけ、四回にわたって掲載された「特別掲載　戦後のフランスにおける日本映画」（山本喜久男訳）であろう。ここで引用されている『テレラマ』や『レクスプレス』などの批評は、「第二部　批評およびシネ・クラブ観衆から見た日本映画（その一）」に訳されている（一九七二年一月一日号、八九頁～九〇頁）。なお、原著や同記事については、《木下恵介》の部の第4章の本文および編注も参照されたい。

第4章　『野良犬』における反射性

一　『裸の町』と『野良犬』の類似と差異

黒澤明監督の『野良犬』（一九四九）に及ぼしたジュールズ・ダッシン監督の『裸の町』（一九四八）の影響は次の類似点に要約できる。

(1)ジャンルとしてのセミドキュメンタリーの刑事もの。盛夏の大都市ニューヨークを舞台にベテランと新米の刑事の活躍（ベテランの尋問の巧みさ、新米の足による地道な捜査）を中心とした警察の組織的捜査がロケーション撮影により、大都市のさまざまな時間・場所の住民の生態をとらえていく。

(2)扱う事件は若い人を巻き込む物質主義的欲望の犯罪。若い娘の豪華なドレスへの憧れ。犯人の高額な遊興費と刑事の貧しい生活費の比較。

(3)犯罪事件との対照法として、平和な日常性としての子供の遊びや大人の気晴らしの描写。とくにラストに集中。

(4)刑事と犯人の戦争体験。

(5)スタイル面では、ナレーション使用（『野良犬』では冒頭部分のみ）。ロケーション撮影の技術として、長焦点のロング・ショット、盗み撮り的な望遠レンズ、さまざまな時刻や時間経過を適確に示す光の変化の把握がある。

編集技術として、朝昼夜の都会風景を綴る『伯林　大都会交響楽』（一九二七）式のモンタージュ・シークエンス、単調な捜査の反復を示すモンタージュ・シークエンス。

次に主な差異点をあげよう。

(1)『裸の町』はニューヨーク市と市民を対象とした集団劇であり、警察の組織的な集団活動に焦点を合わせている（それゆえにそれらをまとめる全篇にわたるナレーションが有効である）のに対し、『野良犬』は村上と佐藤の二人の刑事の活動と心理に焦点をあわせている（それゆえに部分的なナレーションと村上の独白、犯人遊佐の手記が用いられる）。個人的ドラマの刑事ものはシムノン的で（『野良犬』のもうひとつの影響源）、穏かな雰囲気描写、親和性（犯人への人間的な理解、場所や家庭や部下への愛）がある。

(2)『裸の町』は文字通り秩序のジャンルとしての刑事もの〔1〕であり、善悪の対立を前提として、市民の平和を侵す犯罪者を発見し、排除する過程を描くのに対し、『野良犬』は刑事が掏られた自分のピストルで犯罪を行う犯人を追ううちに、犯人が自分と全く同じ経歴と経験の持主であることがわかり、被害者だけでなく犯人へも責任感を抱く。悪は絶対的に悪なのか。世の中に悪人はいない、悪い環境があるだけではないのか。こうして刑事の犯人捜査は、敗戦後の社会における倫理、人間性、そして自己の探究の旅ともなる。『野良犬』の成功は刑事ものとして話（事件、捜査、犯人発見、逮捕）とスタイル（セミドキュメンタリー・タッチ）の妙味にあるが、同時にそこに精神的な探究の旅を組み込んでいく映画の反射性の仕掛けのみごとさによることも注意すべきだろう。

(3)『裸の町』は夏を扱っているが、夏の風物描写がごく少ないのに対して『野良犬』の夏の風物描写は過剰な程多く、社会的状況を時々刻々と変化するその自然の多様な状況に包みこみ、社会的状況を際立たせる媒体となったり、〝話《レシ》〟（物語言説。以下、ルビ略）の因果関係の原因として機能したりするが、さらに人物の注視（透視）の対象であると同時に自己の投影（反射）の対象であるという透きガラス的反射性を示し、この映画の美学の核である反射性の仕掛けの一部となっている。

以上の差異点は『野良犬』の独自性でもある。そこで類似点を個々に指摘しながら、探究の旅を刑事ものの話に組み込む映画の反射性の仕掛け（自然の状況も含めて）を検証してみたい。もともと『野良犬』に及ぼしたアメリカ映画の秩序のジャンルとしての刑事ものの『裸の町』の影響は、『野良犬』への外国映画の反射なのである。この映画間の反射性との関連で作品固有の反射性の仕掛けを明らかにしてみたい。

二　探究の旅と映画の反射性の仕掛け

刑事ものの話と並行する探究の旅はプロローグからエピローグに至る八つの旅程からなる。本章もこの旅程を筋書に沿って追っていく。

⑴プロローグ。話の発端は『裸の町』のように一市民が殺され、死体が発見され、警察の捜査活動が始まるというのではなく、警視庁捜査第一課の村上刑事（三船敏郎）がピストルを掏られたことから始まる。犯罪者の手に渡ったピストルが次の犯罪をもたらすことは目に見えている。そこで村上刑事の盗まれたピストルを求めての捜査活動つまり社会巡歴が始まる。海外での『野良犬』論には早くから『自転車泥棒』（一九四八）との比較がなされた所以である。もっとも『野良犬』は『自転車泥棒』を含むネオレアリズモ映画が日本公開される前に作られたが、盗品を求めての社会巡歴はよく似ている。この発端では『裸の町』張りのナレーションが入るが、それは事件を効率的に伝えるためだけではない。黒澤はここで、刑事の村上がこともあろうにピストルを掏られたことの弁明に力を入れ、話の遅滞をもたらす。弁明は酷暑、徹夜の張りこみによる村上の疲労、バスの混雑に向けられ、ナレーションと映像が克明に伝える［2］。冒頭のタイトル・バックの暑さに喘ぐ犬の映像［図1］に「その日は恐ろしく暑かった」というナレーションがつき、炎暑下の射撃練習所の影一つない広い中庭やバスのタイ

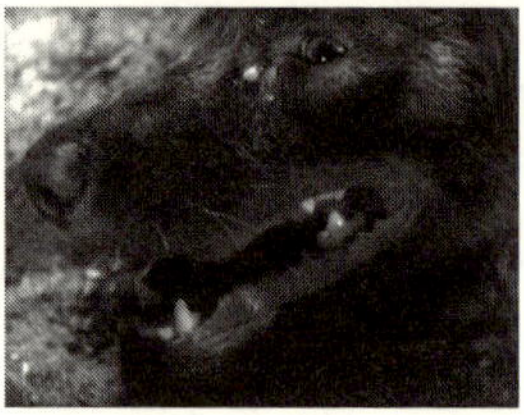

図1

ヤが跡をしるしていく炎熱にとろけたアスファルトの道や超満員のバスのショットに、ナレーションが疲れた村上が参っている酷暑の状況を伝える。以後この酷暑の状況の描写は全篇にわたるが、それは前述したように敗戦による社会の疲弊とそれを克服しようとするエネルギーの混合した混沌を激しく活性化していく。また、村上がピストル盗難を報告した際に示される捜査第一課の係長以下課員全体の敏感な反応は、この職場集団の結束の固さを示している。報告に中島係長（清水元）が厳しく問い返す。「何、ピストルを掏られた?」。この言葉で、デスク・ワーク中の六、七人の課員が一斉に村上らを見る。一人の扇子を使う手がぴたりと止まる。また、次の場面で村上が「自分はどんな処分を受けても致し方ないと思っとります」と言うと、「自分は」で一人の刑事が村上らを見る。係長は大声で「自分はっていうのはやめて欲しいな。ここは軍隊じゃないんだ」と言う。「やめて欲しいな」でもう一人が見る。係長の反応から集団の状況を敏感に読みとる課員たちはまるで一個の人格のようだ。村上はピストル盗難というこの集団にとって最大の迷惑をもたらす復員兵の新入りであり、まだこの集団の周辺でうろうろしているのだ。そして村上の並外れた責任感と独立独行が以後彼のピストルがもたらす犯罪の拡大のたびに村上を集団の縁でうろうろさせ、課員たちの視線の的とならせ続ける。しかも中島係長始め、後の捜査活動のリーダーとなる佐藤刑事（志村喬）は厳しさだけでなく部下への思いやりが深い。この集団の一員である村上は、社会としての新聞記者との接触がなく、拡大する犯罪の反応を集団内だけに求める。そして係長以下集団はその反応を少しも表そうとしない。それを反応の強さとして村上は受け取る。リーダーの考えを敏感に読みとり、すばやい連携動作をとるこの闘う集団はまさに日本的な集団の美学を具現化している。つまり個人による集団の敏感な社会的読みとりと人間による自然の敏感な美学的読みとりは同根なのだ。村上は係長や掏り係の市川刑事（河村黎吉）の助けでピストルを掏ったお銀（岸輝子）と下町のどじょう屋で会う。だがピストルを取り戻す方法を尋ねる村上からお銀は逃げ出す。こうして東京下町を中心に一日中繰り広げられる二人の追っかけのシークエンスがモンタージュ・シークエンスといえる程の軽快なテンポで描かれる（最後の会話場面こみで二四ショット、六分半）。それはお銀と村上の鬼ごっこでもある。このオーバートーンの鬼ごっこはどじょう屋から準備されている。どじょう屋での人物は入口を後景にして撮られるショットが多い。入口の外は道路になっていて三人の男の子が鬼ごっこのようにぐるぐる廻っている［図2］。お銀が店から出ると村上が追う。カメラが歩くお銀をパンしてとらえる。その新しい視野の後景に、別の遊び仲間（女の子二人、年少の男子二人）がじゃんけんして走り出し、鬼ごっこを始めるのが入る。前景にいたお銀は子供たちに近づき、路地に入ってしまう［図3］。村上も追う。お銀が元の所に戻ってくると村上も別の路地から出てくる［図4］。そこでは子供たちが鬼ごっこを続けている。この鬼ごっこのオーバートーンの余韻のなかで追っかけが始まり、最後に村上の真剣さに負けたお銀がピストル屋のヒントを与える。そしてお銀は積んである枕木の上に仰向けに寝て「ホウ！　綺麗だネェ！　わたしゃ、お星様なんていいものがあるの、ここ二十年ばかり、すっかり忘れていたよ」と言う［図5］。画面内の星空と青年が吹くハーモニカの「アニバーサリー・ソング」の曲とお銀の台詞は星空の美しさの様を示し、同時に語っている。黒澤映画の自然の描写はこの対立的な機能を同時に行なうことが多い。そしてお銀の言う「二〇年ばかり忘れていた」ものは自然の美とそれに感動

図 2

図 3

図 4

図 5

することのできる人間性である。二〇年前のお銀はまだ掏りではない無垢の人だった（警視庁の彼女の顔写真は一九年前の昭和五年撮影のものだ）。無垢はハーモニカの曲や鬼ごっこにも通じる子供のイメージである。ガラスが透視し反射するように、お銀が掏りの年月を透かして見る美しい星空は今の自分の人間性を反射している鏡なのだ。その寸前にお銀はピストル屋のヒントを村上に与える。「場末の盛り場あたりを、喰いつめた恰好してウロついていると、ピストル屋の客引が袖を引くなんて話を聞いたことがあるよ」。かくて村上はこのヒントを実行する。自分のピストルを使って犯罪を犯そうとする誰かを演じようとする。こうして村上は刑事と犯罪者の二人になる。鏡の前と中の人間のように。鏡の前に立つ人間と鏡に映る人間とは同一人でありながら、鏡の前での右利きが鏡の中では永遠の左利きであるという左右逆転の対立者となるように。こうして村上の探究の旅が始まる。それは鏡のなかの自分への旅である。

図6

(2)ピストル屋探しのモンタージュ・シークエンス（村上の煉獄巡り）。これは話の上では四日（夜が三度描かれる）にわたり、上野（アメ横、公園）、浅草（六区、大川端）などに及ぶ。出発からピストル屋の客引およびピストル屋との出会いまで、二一場面、約七六ショット、一三分九秒と非常に長い。誰もが長すぎると指摘する箇所だ。『裸の町』ではニューヨークの午前一時から五時までの街のさまざまな場所のスケッチが一六ショットでモンタージュ・シークエンスとして示される。写真を示しての聞きこみ（「こんな人見たことありますか」）も相手の性により、レディかミスターと呼び変えて、繰り返されるが、これも二日にわたり計五回しかない。これに対してここはたしかに長すぎる。そこで長さの意義を考えてみる。村上はお銀の言葉に従いピストル屋探しを始める。つまり前述したようにピストル屋の客引に声をかけさせるためにピストル強盗志願の食いつめ者を演じることだ。探究の旅の第一のショット［図6］は、フルーツポンチなどの見本が見え、同時に人通りが反射している喫茶店のショーウインドーで、そこによれよれの復員姿の村上の反射像が現われ、自分の姿をチェックし、軍帽に左手

（反射像は右手）をやり、人通りの中へ入って行く。文字通り鏡の世界への旅出である。村上は食いつめ者を演じながら、刑事の目と足と聞きこみでピストル屋を待ち、同時に追う。こうして村上は炎天下の盛り場を何日か歩き廻るが、相手は全然姿を現わさない。その疲労、失望、焦りが彼を文字通り浮浪者のようにし、遂に客引が声をかけてくる。村上の浮浪者化に必要な長い苦難の旅程はこの二一場面に及ぶ。街頭の雑音や音楽をコラージュして大体一つの場所に一曲あるいは一効果音を当てる。「ブンガワンソロ」の曲で闇市と川岸の二場面を出す時もあるが、曲の歌詞の川から大川端の闇市と川岸という場の設定がある。こうして場所は二一箇所、音楽は一三曲（当時の流行曲。反復もある）、効果音は一一種（大川端のポンポン船の音、列車の音など）が組み合わされ、盛り場と音の記録アルバム、古風に言えば〝道行音曲尽し闇市巡り〟となる。話の展開として、村上は最初元気に歩いているが一二場面［図7］の大川端で失業者の群のなかで坐りこんでしまい、一八場面［図8］では歩きながら人々を避けられずぶつかる程疲れ、二〇場面［図9］では廃墟の公園で遂に横になってしまい、客引が声をかけることになる。大事なのは村上がピストル屋を見つける（〝する〟）ことより、ピストル屋に声をかけられる食いつめ者に〝なる〟ことである。一三分の長さはそのための時間である。これ以後、この作品では状態の克明な変化、例えば夕方から夜に〝なる〟、疲れでこらえ性がなく〝なる〟などが徹底的に描写されていく。そしてここにもう一つ村上と鏡像の問題がある。旅はショーウインドーに映る村上の鏡像から始まる。この時ウインドーの前に立つ村上の像は示されていない。しかし一八場面で雨上りの路上を歩く村上が最初は水たまりの水鏡に天地逆の鏡像だけで現われるが［図10］、次第に実像としても姿

図7

図8

図9

図10

図11

を現わす［図11］。つまりここでは村上の実像と鏡像の乖離が示され、村上は食いつめ者を演じる刑事（実像）と刑事によって演じられる食いつめ者（鏡像）に乖離する。つまり反射面を境に同一者が対立者（左右、天地の逆転）に乖離して向いあう人と鏡像の関係の仕組みが提示されるのだ。こうして刑事の村上は同時に犯罪者としての旅を続け、二一場面の喫茶店コンガで女ピストル屋を逮捕する。

⑶村上のコルトによる最初の強盗事件と犯人の最初のイメージ。村上は捕えた女から前日自分のコルトを借りた男の存在を知らされる。男は村上と女が取引した後にコルトを返すためにコンガに来たが、女が村上に連れて行かれるのを店の入口で見ていたという。村上は、翌日係長から、昨夜淀橋でコルトによる強盗傷害事件があったと告げられる。鑑識の結果、それは村上のコルトの弾だとわかる。辞表を出す村上に係長は一課出身の淀橋署の〝名うてのデカ長〟の佐藤と組んで事件を担当するように励ます。例の女を取調べ中の佐藤を訪ねた村上は二人からコルトを使った犯人のことを知らされる。男はこの暑いのに冬の背広を着ており、左利きで、マッチをつける左手がブルブルふるえていたという。佐藤に言わせると「コルトを左手に握って、手はふるえていたに違いない。必要もないのに泡喰ってぶッ放した訳だからね。トウシロウが盲滅法に押込んだありきたりの事件だ」となる。この後、警視庁屋上の美しい夕景のなかで村上は佐藤から、最初の犠牲者が結婚するために三年がかりで貯めた四万円を盗まれた娘であり、そのために彼女はまた、三、四年働かなければならないし、「ムコさんは戦争から引続いて十年も待ちぼうけだ」と知らされる。こうして強い自責の念と共に村上はまだ見ぬ犯人と向いあう。犯人は村上がこれまで右手に握って（練習で）発射したコルトを左手に握って（被害者に）発射した。村上は文字通り左右逆転の鏡の中に犯人と向いあったのだ。二人は同じコルトと（食いつめ者の）外見をわかちあい、

警官と犯人の対立者であり、ピストルという武器の力を同等にわかちあう。同一、対立、同等は人と鏡像の関係の論理であり、最後まで決して姿を現わさない犯人を村上と佐藤はこの論理で、話においては鏡像及びその同等物の映像を通して探究していくことになる。村上にとって犯人を追求することは自己のアイデンティティの追求となり、作品にとっては反射性を通して映画の本質の追究となる。探究の旅はこうしたふくらみのなかでさらに進行する。

(4)判明した犯人の身元。その一、姉の証言。ピストル屋のボス（山本礼三郎）が後楽園球場で逮捕され、犯人の米穀通帳から、遊佐新二郎の名と世田谷区喜多見町の住所がわかる。佐藤と村上はそこに赴く。実は野球場で村上は犯行の動機をこう推理した。「犯行があった夕方、犯人は一ぺんコルトを返しに来てます」「ところが、そこで犯人は僕があの女をあげるのを目撃した……通帳もあげられたと思ったに違いありません……そこで破れかぶれになって、その夜あの犯行が行われたとすると……」「調べてみたんですが、あの前夜ピストル強盗の被害報告はありません。つまりあの男はピストルを借りるには借りたが、使うのを躊躇したんですよ……それで返しに来たンだ……それなのに」。村上は既に係長から女をいきなり挙げたことを批判されていた。自分のコルトだけにこだわりすぎて、沢山の拳銃をあげることを忘れたというのだ。村上はさらに自分の軽率さがピストルを使わないで返しにきた犯人を犯行に追いやったのではないかと推理したのだ。佐藤は「君は被害者ばかりでなく、犯人にまで責任を感じ出したのかい」と冷かし、「そんなことの穿鑿よりは、次に来るものを防ぐことだ」とボスの逮捕に集中させる。ここで重要なのは村上が初めて述べた犯人観には明らかに村上の並外れた責任感、同情心が投映されていることだ。そして対立者の犯人を同等の条件で推理し、人間性という同一の観点で理解しようとする村上の探究の旅の論理モデルを示した。それは鏡の論理でもある。

村上らが訪ねたのは草深い喜多見の桶屋のバラックで、遊佐の姉の家だ。このバラックと遊佐が自分で古材を買って建てた鶏小屋のような小屋、そしてそこに住む人たちの姿の貧しさ、惨めさ、汚なさ。家も人ものみこむ

図12

図13

勢いの夏草の茂り。ここに画家の黒澤は当時の日本の姿を、そして遊佐の姿を描いたのだ。刑事に対して姉は弟を庇う、「あの子は復員してからすっかり人間が変っちまって、可哀そうに、復員の時、汽車の中で全財産のリュック盗まれて、それからグレだしたンですよ」。仕事をしながら夫が怒鳴る、「お前があまやかすからいけねえんだ」「二言目にゃ世の中が悪い、戦争が悪いって」「竹一本割ろうとしゃがらねえ」。二人の環境論と自助論の対立は村上と佐藤の対立の反映である。姉はさらに友達が悪いと、戦友だった清《せい》さんというやくざ（サクラホテルのボーイ）の名をあげる。そして家出する前夜、遊佐が薄暗い中で頭をかかえて泣いていたと伝える。佐藤は遊佐の手記を発見する。「今夜はねむれない。雨の音の中からあの捨猫の声が聞えるような気がする。雨の中でまつわりついて来たあいつ、どうせ苦しんで死ぬんだ、一思いに殺してやれと思って、ふんづけたあの足の感じがまだ残っている。俺は弱虫だ。あのビショヌレの捨猫と同じだ。どうせ」。村上は強い衝撃を受けたように、手記を見つめて動かない。実は村上はこの場面の間中、家と姉たちが伝える遊佐の像に自分を重ねていたのだ。それはこの夜に判明する。

その二、清さんの証言。二人はサクラホテルに清さんを訪ねる。ここは支配人が清さんの女出入りの多いことを語るロビーのショット（三二秒）と清さんに尋問するバスルームのショット（一分四七秒）のみごとな長まわしの二ショットからなる。前場面と対照的に当時としては豊かで清潔で涼しげなホテルの場面だ。ロビーのショットはホテルのガラスのドアを内部から見た位置で始まり［図12］、そこから入って来る佐藤らと共にカメラは動き、カウンターの支配人の所で止まる［図13］。ドアの「サクラホテル」の字（ローマ字とカナ）は鏡像のように左右が逆の字になっている。そしてバスルームのショットは鏡の中の自分と睨めっこをしながら眉毛を筆で描く清さんから始まる〔図14〕。佐藤の鋭い尋問に動揺しながら、佐藤の肩ごしに鏡をのぞいて身づくろいする清さんの小悪党ぶりが活き活きしているが〔図15〕、逆字と鏡の鏡像性は黙々と遊佐のことを手帳につけている村上のなかで鏡の作用が行われていることを指示する。清さんによると、景気のよくなった遊佐は新しい白い麻の背広を着て、深酔いしてここに来て泊まっていった。女に臆病なので一人で来たが、幼馴染にレビューの踊り子の並木ハルミがいる。

その三、ハルミの証言。二人は劇場にハルミ（淡路恵子）を訪ねる。敗戦後の粗末な劇場で汗にまみれて激しくブギを踊る踊り子たちと、アイスキャンデーをなめながら押しあう超満員の汗みずくの観客〔図16〕。黒澤映画の看板である疲弊と活力の狂躁の名場面だ。そして踊り子たちが舞台裏から階段を登り、二階の扇風機もない狭い楽屋に重なって倒れこむまでカメラは移動のワン・ショット（二五秒）〔図17〕でとらえ、次に若い肌に透明の汗の玉を光らせ、激しい喘えぎに身を委ねる踊り子たちの望遠の大写しを一五ショットのフラッシュ・モンタージュで示す。階段下の楽屋への通路で行なうハルミへの佐藤の尋問は難行する〔図18〕。二人共暑さと疲れで不機嫌だ。ハルミは嫌々ながら語る。遊佐とは幼馴染でなく、半年ばかり隣同士だった、恋人でなく、ファンでもなかったが、毎日のように来ていて追い返す訳にいかなかった、と。そして「最後に逢ったのは」の質問に「私何

図 14

図 15

図 16

図 17

図 18

図 19

図 20

図 21

図 22

も悪いことをしていない」と泣きだす。佐藤は「あの女から何か引き出すのはむずかしい」と手を焼く。ところで階段を下りてきたハルミが階段を廻って二人の刑事の所に来る時、一瞬奇妙なことが起こる。前景で左へ行く彼女をカメラもパンして追う。そして彼女は後を向き、階段の周りを廻ろうとする［図19］。その左側を三、四人の楽士が前方へ通り抜けて行く。左へパンするカメラの右側から彼女はフレイム・アウトする。その瞬間、楽士たちの左奥を彼女の後ろ姿が大写しからアメリカン・ショットと急に小さくなり奥へ行く［図20］。ショットが変わると、ミーディアム・ショットの彼女が画面左の柱から右前方を向いて佐藤の前に立つ［図21］。これは彼女が魔法を使ったのでも、あるいはジャンプ・カットでもない。通路の左側の大鏡に彼女が一瞬アメリカン・ショットのサイズで吸収されたからだ。これはハルミが話の世界だけでなく鏡像の世界にも登場してきたことの指示なのだ。つまり今、遊佐の手には村上のコルトがあり、村上の手には扱いはむずかしいが遊佐の女友達がいる。村上は彼女を手がかりに遊佐に近付くことができる。鏡を間に二人は交換したコルトと女友達という同等の力を持ち対峙し始める。

その四、村上と佐藤の対論。劇場からの帰途、佐藤は村上を自宅に連れて行く。夕暮の郊外の田園と夕焼雲を背景にミーディアム・ショットの二人がネクタイを夕風になびかせ歩く［図22］。蝉時雨のなかに遠くを走る電車の音がし、二人のシャツが白く浮かぶ。五二秒の移動のワン・ショットのなかで村上は「なぜあの女は泣いたのか」と言う。「暑さで疲れていたんだ、あの子も俺たちも。まずいことをした」と佐藤は反省する。あれは女の演技だとは言わない。これが黒澤映画のコードのようだ。

佐藤家で二人はカボチャと配給のビール二本の夕食を楽しんだ後、遊佐について意見を交わす。佐藤が遊佐の家のひどさを述べたのを受けて、村上は言う。「遊佐は悪い環境の哀れな犠牲者だ。自分は永い間戦争に行っていて、人間がごく簡単な理由で獣《けだもの》になるのを何度も見てきた。自分も復員の時、列車でリュックを盗まれ、ひどく無茶な毒々しい気持ちになった。強盗くらい平気でやれたでしょう。だがここが危ない曲り角だと思い、遊佐とは逆のコースをとり今の仕事を志願した」と。村上は今度は遊佐が強盗になるまでの戦争時からの道を自分で辿ってみせ、遊佐との鏡の関係をより鮮明なものにしたのだ。二人は敗戦国の復員兵で、日本帝国という主を失った野良犬だという同一性を持つ。その同一性には人間がごく簡単な理由で獣になる戦争体験が含まれている。そして二人共復員の列車で全財産のリュックを盗まれており、その時ひどく無茶な毒々しい気持ちになり、強盗くらい平気でやれるという犯罪動機の同等性を持つ。しかし今は二人は強盗と刑事という対立性を持つ。

これに対して佐藤は村上の悪の環境説に対して善悪の対立論、悪の個人責任説を主張する。「一匹の狼のために傷ついた多数の羊を忘れちゃいかんのだ。あの額〔表彰状〔山本注〕〕の半分は死刑囚だが、大勢の幸福を守ったという確信がなかったら、刑事なんて本当に救われないよ」「俺は単純にあいつを憎む。悪い奴は悪いんだ」。善悪の曖昧さを許さず、その対立を明確にし、個人の責任を追及する佐藤は『酔いどれ天使』(一九四八)の真田医師に通じる。そしてそれ故に真田や村上の犯人への同情は大きな苦悩をもたらす。この点で黒澤のこれらの二作品は西洋のギャングもの、刑事ものに、さらにシムノンのメグレ警視ものに日本では最も近い。佐藤は自説と村上の説の差を年齢の差、時代の差(戦前派と戦後派)と考える。佐藤の冗談に冒頭の射撃練習所以来初めて村上は笑う。しかしすぐ真剣な顔で明日の予定を聞く。遊佐があの金(四万円)を使い果したらと心配し、「犯

図23

図24

行の日からもう一週間ですから」と言う。佐藤は「一日六千円ペースか。我々なら一月くらせる」と言う。ここは『裸の町』のマルドゥーン警部補とハロウラン刑事の会話と同じだ。主犯格の容疑者のナイルが一夜の遊興費に五〇ドル使ったことで、警部補は「家族の一週間の生活費だ」と言い、刑事は「警部補は苦労人ですから」と答える。ともあれ村上の遊佐についての発言は遊佐の現存の不在、不在の現存を意識させる。彼はエドガール・モランの映画的特性を機能している。シムノンの特性を人と雰囲気の穏やかさとするフランソワ・ラマッスは『野良犬』の激しさをシムノン的でないとしているが、佐藤刑事の人柄と佐藤家の場面にはシムノン性を認めている[3]。確かにこの場面は庶民の親和性に満ちた穏やかな場面だ。二人は開け放した部屋の中央のちゃぶ台を前に左側に佐藤、右側に村上がくつろいで向いあっている。部屋の外はとっぷり昏れた田園の闇が広がり、蛙の声がさかんだ。佐藤が自説を語る時、カメラは据えっぱなしの二分五三秒の長まわしだ。佐藤は村上に対して「そういう考えは俺たちには禁物だ」とし、「一匹の狼」と話しだす。実はこの一匹の狼というところで、村上の遥かな後景に、白い服の人間の小さな姿が二つ現われ、左へと横切って行く[図23]。そして「俺は単純にあいつらを憎む」で佐藤の後景に姿を消す。この二人に佐藤らは全然気付いていない。この二つの姿は開かれた意味付けの場である。それは佐藤の言葉に文字通りアンダーラインを引くものであり、多くの羊の象徴であり、親和的空間の時間の流れの美的な計測でもある、等々。この中に、それは佐藤と村上の鏡像だという説も加えられよう。討論をする二人は、闇という自然の無限の鏡の中を同じ方向へほんの僅か歩いたのだ。

佐藤は前に警視庁から見える美しい風景のなかで、被害者の娘のことを語った[図24]。貧しい娘の不運を語る彼の眼下には、皇居、お堀、緑の土手、広い桜田通りの美しい夕景が広がっている。まばらな自動車や都電が音もなく長い影を曳いて走り、堀の水面には風紋の輝きのなかに白雲が映り、木立は風に戦《そよ》ぐ。この皇居と警視庁という権力空間には、並外れて豊かで整然とした美しい風景が呼吸をしている。それは貧しい娘の話に対する対照法的な場であるが、同時にたとえようのない優しさに満ちた時間が流れていた。人と状況（環境、自然）もまた同一性、同等性、対立の鏡像作用を示したのだ。権力空間から地理的にも非常に遠い佐藤宅は庶民の親和性に満ちている。佐藤と村上は西洋の刑事ものにおけるノンキャリアの職人的刑事である。それは『裸の町』の刑事たちと同じだ。聞き込み専門のハロウラン刑事をナレーションは「ハロウランは足を使うのが専門、戦争中はヨーロッパを歩き廻り、三ヵ月前までは巡回警官だった」と語る。容疑者のナイルは警部補に士官として南太平洋戦線にいたと供述するが、これは嘘だとわかる。『野良犬』は敗戦国の復員兵の問題をさらに追求している。また、遊佐に対する姉と夫の意見の対立、佐藤と村上の対立は『裸の町』でジーン・デクスターの父母が示している。ジーンは高級婦人服店のモデルで主犯格の一人だが仲間割れで殺される。ニュージャージー州から出て来た両親が死体を確認した後で、摩天楼と巨大な鉄橋の彼方に沈む夕日を背景に悲しみを語る場面が美しい〔図25〕（警視庁屋上の場面に似ている）。警部補が「今夜はホテルをとりましょう」といたわる。父は「いえ帰ります、この町は好きになれない」と答え、「私が悪かった。あの娘は一五歳で働き始めた。辛かったと思う。不景気な時代だったから」と娘を庇う。母は言う、「それが家出の理由になるの？　欲が深かったんです。派手な都会の魅力に負けて、命を落として。不器量に生まれていればよかった」と泣く。ジーンをめぐる父母の意見対立は遊佐をめぐる姉と義兄のそれに反映している。映画の影響はもともと反射性の内にあるが、それはさらに鏡の作用としてとらえられよう。つまり問題は影響の授受関係だけでなく、両作品が同じカテゴリー、ここではセミドキュメンタリーの刑事ものにあり（同一性）、多くの類似点を持ち、すぐれた価値（力）で肩を並べ（同等性）、それぞれ固有性をきわだたせあう（対立性）ところの鏡の

図 25

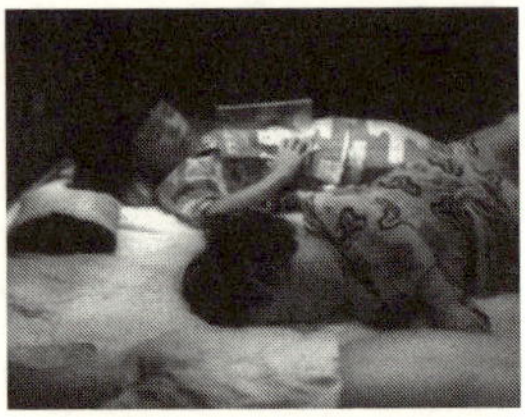
図26

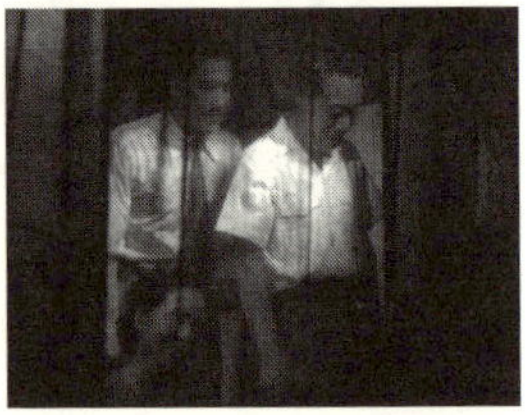
図27

図28

図29

図30

図31

図32

作用としての反射性が重要だと思われる。ところでこの場面の最後に佐藤は子供たちの寝ている蚊帳の前に村上を招く。子供たちの安らかな寝顔〔図26〕。佐藤が言う、「まるでカボチャ畑だ」。佐藤夫妻も村上もほほえむ〔図27〕。『裸の町』にも小羊・平和を象徴する子供たちのすぐれた出演があった。出勤するハロウラン刑事に挨拶する近所の少女〔図28〕、警察署の裏で縄とびをする少女たち〔図29〕、刑事に犯人の家を教えてくれるブランコの少女〔図30〕、犯人に射殺された盲導犬の傍でたたずむ盲人の手を支えてやる少年〔図31〕、犯人と刑事が追っかけをしている道でローラースケートをしている少年少女〔図32〕。その多彩さと役割は『野良犬』と同じだが、佐藤がカボチャ畑にたとえたユニークさは注意すべきだ。当時の日本人は都会人も飢えのために殆んどの人が農耕者となったが、さらに黒澤は自然についての個性的な詩と思想を持っているためでもある。これは作品の結末で論じたい。

(5)遂に強盗殺人事件が起る。裕福な住宅街で主婦がピストル強盗に殺された。警察医が死体を動かした町医者に文句を言う。『裸の町』では警部補が家政婦に同じことを言う。村上は佐藤に囁く、「また、僕のコルトじゃないでしょうか」。佐藤は機嫌悪く「君のコルトだったらどうしたっていうんだネ」と答える。村上と見えない遊佐とに鏡の作用が行われているしるしは台詞だけでない。出張から帰って妻の死体を発見した夫は狂気のように庭のトマトを抜き始める。「家内がこのトマトを作った、僕が出張した日、青かったのが帰ってみるとこんなに赤くなっている、だのに家内は生きていない。刑事さん、こりゃどうした事なんです」と叫びながら［図33］。庭の蹲《つくばい》からか、たゆたう水の反射が雨戸に映っている。村上は佐藤と夫を見つめる。この時村上の所だけにその反射が映っている。トマトを叩き潰す夫、泣き伏す夫、潰されたトマトの大写しなどのショットと交互に、息苦しくなってネクタイをゆるめる村上の大写しが挿入される［図34］。それらにはすべて水のたゆたいが反射している。自分の不注意で盗まれたピストルがこれだけ恐しい犯罪と不幸な犠牲者を生みだしている。水の反射のなかで村上の顔はまだ見ぬ遊佐の顔と向いあうのだ。次に淀橋署の一室で係長以下刑事たちが検査で弾が特定されるまでじっと待っている。部屋全体に格子やブラインドの影がおおい、まるで監獄の中にいるようだ［図35］。扇風機が低く唸る音だけがしている。動いているのは村上だけだ。焦々《いらいら》と歩く彼を何人かの刑事が見る。皆の焦躁を代表するように佐藤が丸めた紙で蝿を打つ。村上は佐藤に言う、「僕の想像では」。村上の鏡の作用はここでも進行している。佐藤は「想像は捜査を混乱させるだけ」ととりあわない。そして遂に電話で、弾がわかる。「僕の弾なんですね」と言う村上に、中島係長は「いや、遊佐の弾だ」と答える。その言葉に一同が立ち上がる。村上だけが椅子にがっくり崩れ落ち、頭をかかえこむ。この監獄

図33

図34

図35

のような影は『酔いどれ天使』に影響を及ぼしたフリッツ・ラングの『暗黒街の弾痕』（一九三七）でみごとに多用されていた。この作品は『野良犬』でも『裸の町』との対立の引用（犯罪者＝悪と犯罪者＝社会悪の犠牲者）に用いられている。それは無実の人を罪に陥れる絶望的な運命と不当な社会の檻の投影であった。その投影が村上＝遊佐を包みこみ、動けなくしている。だが佐藤が村上の肩を叩き、声をかける。「行こう、考えこんでる場合じゃないよ。（略）遊佐のピストルにはまだ五発残ってる」。村上はギクッとして立ち上がる。村上の前に五発の弾のコルトを持つ遊佐の鏡像が同時に立ち上がる瞬間だ。表に出ると佐藤と村上は新聞記者たちに囲まれる。最初で最後の記者の登場で、村上のコルトが犯罪に用いられていることは知られていないようだ。警察が伏せているのだろうか。記者の一人が「ホシは」と尋ねると、佐藤が「今夜は曇るから出ないよ」と答える。次に電車の中。佐藤が空を見上げて、「ほんとに来そうだな、今晩あたり」と言う。この作品で彼は専ら天気についてのスポークスマンとなっている。こう暑いとカンも鈍くなる、疲れてこらえ性がなくなる、そして待っていた雨が今夜降る、等。その佐藤に「誰が来るんです」と聞きかえす村上は「神経ばかり立てた刑事なんて困りものだ」と言われる。電車の最前部で佐藤は「ここが勝負のしどころだ」と言う。「人を殺した人間は狂犬だ。狂犬の眼に真直ぐの道ばかり。遊佐にはもう真直ぐな道しか見えない。遊佐はハルミに惚れてる。もうハルミしか見えない。あいつはきっとハルミのところへ来る」と。二人の前にレールが直進する［図36］。神経衰弱、狂犬の眼。村上も遊佐への同一化のレールをひた走っている。そのレールと共に雨もよいの郊外の夕景が美しく流れる。少なくとも佐藤はそれを見ている。二人は劇場からハルミのアパートに向う。

図36

(6)村上と佐藤は別行動で夕立を迎える。アパートで佐藤はすぐ遊佐の気配を読みとる。ちゃぶ台に空の氷水の器が三つ、煙草の箱、ホテルのマッチがあり、佐藤はこのマッチで煙草に火をつけ、さらに確認し、笑顔を母に向けて「どうやら一雨来そうですな」と言う。星と犯人、待望の夕立と犯人の発見、佐藤は自然に人間を含めて語る。それは自然に人間を反射させる作品の映像の話法を裏付ける。ハルミは遊佐が強盗殺人の容疑者だと言われても反抗的な態度を捨てない。母は遊佐が今までここにいたこと、ハルミが彼につきまとわれていやだと言ったことを暴露し、遊佐が今どこにいるか教えなさいと迫る。ハルミは知らないと反抗を続ける。ここで佐藤は部屋から出て廊下で、村上に「マッチのホテルから手操って行く」と告げ、村上のピストルを借りてアパートから出て行く。以後は佐藤の犯人の足どり追跡とアパートでの村上がハルミを説得して遊佐の居所をつきとめる二つの行動がカット・バックで進行する。佐藤は村上のピストルを持って行くが、村上と遊佐の鏡の関係では村上にとってハルミは遊佐の手にある自分のコルトであり、ハルミの説得（操作）が遊佐発見と逮捕の力となる。

二つの行動のカット・バックは反射性の点で非常に対照的だ。佐藤の行為には二つのホテルの場面に鏡や反射するガラス戸などが出現しているのに対して、村上の行為はハルミのアパートに限られ、そこには鏡、反射するガラス戸（例外的に一度電灯が映る）はなく、僅かに金魚鉢、水中花のグラスがある。しかし遊佐は最後まで登場しないので、彼の不在が常に村上はじめ彼の周囲の人々に彼の像を映しだすガラスをめぐらす機能を果す。つまり、遊佐の不在という透明なガラスがハルミならハルミその人を透視させながら、同時に彼女の像に重なるように遊佐の像を反射させるのである。こうして遊佐の反射像は村上と対立するハルミ像に認められる。以上の二つの反射性のカット・バックを話の進行に従って追ってみる。

図 37

佐藤はマッチのホテルのフロントで汗をふきながら、同じく汗をふくマダムを相手に宿帳に遊佐の偽名の「並木春夫二十八才」を見つける。彼は一昨日の夜急に発ったが、利用したタクシー会社がわかり、佐藤は出て行く。ここでも鏡像の幻惑的な使用がある。画面の前景左側で佐藤は右のマダムと対話するが、彼の後景にはロビーに座っている男女が見える［図37］。話を終えて佐藤は画面左へフレイム・アウトする。それと重なるようにより小さいサイズの彼の後ろ姿が出現して奥のガラスのドアに向う。後景だと思ったのは鏡像であり、以前から鏡の枠は見えていたのだ。マダムが「なんです、あの方?」と聞くと、彼はふりむき「狂犬さ」と答える。ここで佐藤は初めて、しかも村上抜きの一人で鏡像に登場した。実はホテルの場面の前のショットで、中景左の母と右のハルミの話を村上が後景中央でじっと聞いている。前景の左には金魚鉢と中央に水中花のグラスの大写し（潜在的だが強調された反射性）が初めて登場する［図38］。これがホテルの鏡と結びつく。つまり、佐藤も村上と遊佐の鏡像関係の世界に登場したのだ。その表現の世界で佐藤は村上のような犯罪者への同一性を持たない一般の刑事（対立性）の代表者を、しかも村上のピストルを持つ（同等性）村上の代行者を上演する。一方、ハルミの部屋で彼女が村上にいつまでそうやって私たちを苦しめるかと抗議する。「あの遊佐って人、どんなことしたか知らないけど、私にはなんにも悪いことはしなかったわ。時々、楽屋へ来て、悲しそうな眼で私を見てただけよ。私、そんな人を自分の手で捕えさせるような事は出来ないわ」。そして押入れから華やかなドレスを出して「これを返すから、帰ってちょうだい」と言う。ハルミに重なる遊佐の反射像はそのまま村上が向いあう鏡像（同一性）となっていく。ハルミは続ける。「二人で歩いていた時、ショウ・ウインドで見たんだわ。私、こんな綺麗な洋服一ぺん着てみたいっていったの。その時、あの人、とても悲しそうに私の顔を見てたわ。それから一週間位して、楽屋へこれを持って来たの。あの人、私のために悪い事したんだわ。でも、私だって勇気があったら、自分で盗んだかも知れない。ショウ・ウインドでこんなものをみせびらかしとくのが悪いのよ。私たち、こんなもの買うためには、盗むよりももっと悪い事しなけりゃ駄目なんだ」。そして「みんな世の中が悪いんだわ。復員軍人のリュックを盗むような世の中が」と言うハルミに、村上はそれが遊佐の言葉であることを確かめ、「僕だって盗まれた」と同一性を述べた上で、「世の中も悪い。しかし、なにもかも世の中のせいにして悪い事をする奴はもっと悪い」と対立を決定づける。

図38

しかしハルミは負けない。「悪い奴は大威張りでうまいものを食べて、綺麗な着物着てるわ。悪い事するものが勝ちよ」。村上は「本当にそう思うならこの洋服だって着たらいい」と追及する。稲光と雷鳴のなかでハルミはドレスを着て、「楽しいわ」とくるくる廻る〔図39〕。じっと見ていた母が遂に立ち上がり、「馬鹿」とハルミに平手打ちをし、ドレスをむしり取り、窓にほうり出す。茫然としていたハルミが「お母さん」と抱きついて泣きだす。間を置いて土砂降りが始まる。やがてハルミに浴衣を着せながら、母が「すぐ、話させますから」と村上に言う。村上は母娘に自分のピストルで二人が射たれ、一人は殺されたと遊佐との辛い同一の絆を語る。実はこの間に佐藤はタクシー会社、待合、料理屋へ遊佐の足どりを追って廻っている。それと同時に、彼は今にも降りそうな夕立雲、稲光と雷鳴、そして始まった豪雨と天候の刻々の変化を見ていくのだ（この点は後述する）。

以上の部屋の場面には『裸の町』と歌舞伎の影響という反射が認められる。まずハルミがドレスについて語った部分と『裸の町』の高級服店の場面及びジーン・デクスターの生き方の類似がある。ハロウラン刑事が、殺されたジーンが勤めていた高級服店に聞き込みに行く。ショーウインドーの豪華なドレスの前で二人のＯＬがこれを着てウォルドーフ・アストリア・ホテルでディナーをとる夢を語りあう〔図40〕。店の中では刑事が女性支配人からジーンが首になったことを聞く〔図41〕。金がすべての彼女は相手に金持を探しており、女客の夫たちの気を惹いたからだ。ショーウインドーの前では二人が「遅れるとボスが怒るわ」「平気よ」とやっている。上流階級と貧しい階級の対照がみごとな場面だ。そしてジーンは上流階級を狙う窃盗団に加わる。『裸の町』の脚本にはコミュニストのアルバート・モルト（後のハリウッド・テンの一

図39

図40

図41

人）が参加しており、その社会批判は彼に負う所が多い〔4〕。

次に歌舞伎の影響が豪雨に認められる。ドナルド・リチーは「この映画最高の魔術的瞬間は、同時にいちばん非論理的でもある」として、まず猛暑の描写と人物の「一雨ほしい」のくりかえしの後にハルミの部屋の場面になり、彼女が佐藤、村上、母と言い争い、そのうち突然彼女が泣き出す件りを説明する。「以前には、刑事たちから逃げるために空涙《そら》を使ったことはあるが、今日の涙は本物だ。そして彼女が泣いているうち空には雷が鳴り始め、一面にサッと黒雲がひろがって、あっと言う間に土砂降りとなる。文字通り暑熱は去った。と言うのは、この直後に犯人の姿が見つかるからだ。まるで何者かが殻を破って人間性を発露させ、それに感じて天がひらいて悪の支配が終わったのであるかのように思われる」〔5〕（ところで前に指摘したようにハルミが劇場で流した涙は空涙ではない。黒澤は佐藤の口を通してはっきりと彼女が疲れていたからと言っている）。そして、ドレスを着て刑事に反抗していたハルミが母に叩かれて流した涙の意味は映像そのものが語っている。母は彼女を叩き、ドレスをはぎとり、窓に投げる。シュミーズ一枚のハルミは母にすがって泣く、「お母さん」と。並外れて美しく高価なドレスには並外れて深い罪の代価が支払われていたのだ。その罪の衣を脱がされた彼女は裸の子となって母にすがりつき、人間的な悔悟の慟哭をしたのだ。観客と自然がそれを見届ける間を置いて、土砂降りの雨が彼女の慟哭と同調し、窓辺のドレスを贖罪のように強く叩く。人間の劇的な瞬間に激しい自然現象を同調させること、エイゼンシュテイン流に言えば人間と自然の一元論的アンサンブルのドラマは黒澤芸術の筆法だが、それは日本の軍記文学や歌舞伎の演出の伝統の発展上にある。能が好きで歌舞伎が好きでない黒澤の映画にも歌舞伎の影響がある。いわばそれは日本人が持つ文化的遺伝子である。この土砂降りは例えば佐倉義民伝ものの『東山桜荘《ひがしやまさくらそう》子《し》』（一八五一年初演）の二幕目印旛沼渡小屋の場と三幕目木内宗吾住居《すまい》の場におけるドラマのやまと同調した激しい降雪に完璧な範例がある。渡小屋の場のやまは、村人の難儀を救うべく死を覚悟で藩主の暴政の強訴に赴く名主宗吾のために、渡し守の老人甚兵衛が役人の命令でかけたくさりを鉈でたち切り舟を出してやるところだ。

切ったあと、桟橋にすべり、「水音」と「雪崩」の大太鼓になる。この時、今まで静かに降っていた雪が二人の崇高な犠牲的行為を称えるように、ひときわ激しく、二人の空間を白一色で埋めるほど降りしきる。住居の場のそれは長の別れを告げて去る宗吾を窓から妻子が見送るところだ。悲しみのあまり妻がすがっていた格子を一本外してしまい、これがきっかけで降雪が激しくなる。歌舞伎では三角の紙片の雪と下座音楽を組み合わせて、さまざまな降雪を表現する。「雪崩」「吹雪」「雪颪《ゆきおろし》」の大太鼓、地唄の「雪」の「夜半の鐘」の次の合の手からとった「雪の合方」の三味線がある。音のない降雪を大太鼓の音（一種の擬態語）で表現するのはエイゼンシュテインが歌舞伎に発見した視覚と聴覚の転位［6］であり、ゲシュタルト心理学の共感覚である。日本の共感覚は自然と人間の共生の文化様式と美的様式（もののあわれなど）と共にある。雨には銀紙を筒状に巻いたもの、竹《ちく》樋《ひ》を使った本水による雨があり、下座音楽は擬声語的に大太鼓を樫の長撥で、大雨、小雨を打ちわけ、擬音には豆団扇、雨車などを使う。注意すべきはこれらの自然現象は視聴覚的に示されると同時に、浄瑠璃によって語られるのだ。例えば渡小屋の場で宗吾の登場時に「雪は頻りに古郷も、今は肩見の巾狭き、小笠を忍び絶えがたき、たどりたどりて木内宗吾」と、雪の「降る」が「古」の掛詞として高度な語りとなる。

ところで『野良犬』の夕立はハルミの改心をもたらすが、同時に夕立の来るのを刻一刻見届けてきた佐藤を死の危機にも追いやる。ここで自然もまた現実同様に多義的だというリアリズムの美学が示される。前述のハルミの悔悟の後に村上は雷鳴のなかで「今夜は変に胸騒ぎがするんです、何か起りそうな気が」と予言する。警視庁屋上で遠雷と共にそう彼は予言したが、それは適中し、それまでに遊佐は二人を殺傷している。その台詞の余韻のなかで、びしょ濡れの佐藤が遊佐の泊っている弥生ホテルに雷鳴と共に入ってくる［図42］。ガラス戸の弥生ホテルの名（ローマ字）は鏡字であり、この鏡の表現の世界で佐藤は村上の代行者として彼の予言を演じる。自然は予言の実現の道具立てとなる。雷鳴と稲妻はホテル

図42

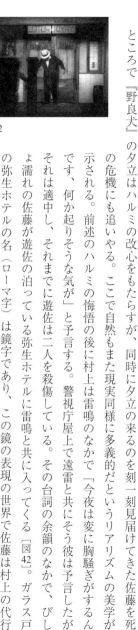

図43

図44

図45

の支配人の細君が抱く子供を泣き出させ、結果的に細君のぼやきで遊佐に佐藤刑事の存在を知らせ、また佐藤が村上に連絡する電話を聞きとりにくくする。一方遊佐は佐藤の先手をとって脱出しようとし、佐藤に見つかるが彼をピストルで射って逃亡する。つまりここでは夕立は遊佐の逃亡と佐藤の重態の〝暗〟の要因となり、結果的には明暗の多義性を示したのだ。ここで遊佐（木村功）が初めて登場するが最初は足だけだ［図43］。次いで逃亡の際に佐藤が電話しているボックスのガラス戸に白い帽子と白服の男の反射像が右から左へさっと走り抜ける［図44］。本格的な遊佐の出現はまず鏡の中の世界だった。そして最後にホテルの入口で佐藤は豪雨にうたれ倒れている［図45］。鏡の表現世界で、同一性（その代行者の遊佐）がそれを欠いた刑事の代表者（対立性と同等性）の佐藤にきびしい反撃を加えたのだ。村上のピストルを持って彼は動こうとするが動かなくなる。その時ホテルのドアの一方がしまり、ホテルの名が鏡字でなく普通の字で見える。それは予言の上演のエンドマークである。ここでの不吉な豪雨は『暗黒街の弾痕』の現金輸送車襲撃時のそれを思い出させるが、最後のドアの動きはそのあと主人公のエディが新居に現われる前に示された無人のブランコが雨中で揺れているショットを鮮明に想起させる。

(7)佐藤は危篤状態を脱し、村上はハルミに遊佐の居場所を知らされる。病院で手術中の佐藤の身を案じ、村上は例によって凶弾が「僕の弾」だと狂気したように喚き、手術室のドアにすがって「死なないでくれ」と泣き叫ぶ。この時初めて村上と村上の鏡像（ドアの傍のタイルの壁に）が示される［図46］。鏡像には頭の部分がない。まだ顔を現わさない遊佐のように。佐藤が危篤状態を脱した早朝、ハルミが村上を病院に訪ね、遊佐が六時に大原駅で待っていると伝える。遂にハルミは遊佐の居所を伝えるという力（その結果、待ち伏せするのは今度は遊佐でなく村上だ）を発揮したのだ。それは遊佐のコルトと同等の力を持つ。この鏡の関係の同等性の実現は鏡像が存在する場面でなされる。村上はテラスに出る。正面を向く彼の後ろのガラス戸に彼の後ろ姿が映っている。ハルミもテラスに出て、村上と彼の鏡像の間に立つ〔図47〕。しかも鏡像（遊佐）をさえぎって立ち、遊佐が電話した内容を村上に向って知らせたのだ。村上は最初で最後の遊佐との対決に向う。

(8)村上の探究の旅の終着。自然を媒体とした鏡の関係の究極。大原駅で村上は遊佐を見つけ追っかけとなる。遊佐は逃げる時に白いパナマ帽を落す。村上がコルトを掏られた時に落したのと同じだ。無帽の二人が朝もやの田園を走り、雑木林で追いつめられた遊佐がコルトを撃つ。ここで近くの家の主婦が弾くピアノ練習曲の『ソナチネアルバム』第一巻・第一曲（クーラウ）が入る。村上の左手から血が白い花に滴り、雑木林に朝もやが流れ、朝日が木立から洩れる。死を賭した対決と平和な風景・音楽のみごとな対照法だ〔7〕。遊佐は弾を撃ちつくし、コルトを投げて逃げる。それを拾い、草叢の中の小川に村上は彼を追い格闘になり、遊佐の白服も村上の灰色の服も、同じように泥まみれになる。白い花が満開の草叢で二人は倒れ、村上は遊佐に手錠をかける。泥だらけの二人は頭頂をカメラに向け仰向けに寝る、息もたえだえに〔図48〕。村上は右に遊佐は左に並んで。次にカメラは一八〇度カットし、二人の頭頂は画面の消点に向い村上は左、遊佐は右になる〔図49〕。この左右逆転が不完全だが鏡を意識させる。二人の倒れている草叢には白い花が満ち、朝の柔かい日ざしが溢れる。後景を子供たち（二人が捕虫網を担ぐ）が「蝶々」の唱歌を歌って行く。ここもみご

図 46

図 47

図 48

図 49

となる対照法だ。遊佐は身を揉んで慟哭する。村上は半身を上げ、じっと見つめる。これが村上の探究の旅の終着だった。村上にとって遊佐は自己の鏡像でもあった。鏡の論理の対立性の究極として、村上は奪われたコルトを取り戻し、遊佐に手錠をかける。刑事と犯罪者の対立を持ちながら、二人は泥にまみれ、並んで寝る相似形の構図で示される。それは村上が追求した反対者の遊佐の認識、つまり「反観合一」の図でもある。ここは誰もが二人の同一性を認める場面だ。息もたえだえに二人は生まれたばかりの朝日や白い花の初々しい自然に抱かれ、子供たちの歌に包まれる。その中で遊佐は激しい慟哭をし、村上はここでも自分の片割れのように彼を見守る。刻々と初々しい時間を生きる自然は二人の人間性への希望に同等の約束をする（遊佐は慟哭の人間性を復活し、次の病院場面で村上は遊佐のことが忘れられないと佐藤に語る）。この対立、同一、同等が村上の探究の旅の終着だった。

二人の対決場面の対照法にも歌舞伎の範例の伝統が反射している。これは一七四五年初演の世話物浄瑠璃の『夏祭浪花鑑《なつまつりなにわかがみ》』の長町裏《ながまちうら》殺しの場で、歌舞伎ではこの場を泥場、立廻りを泥仕合と呼ぶ。俠客の団七が強欲な舅・義平次と争ううちに思わず傷つけ、ついに殺してしまい、祭礼の人々にまぎれて逃げる。二人の死闘は夕顔の花のからんだ生垣と本泥《ほんどろ》の泥田《どろた》を配した長町裏で、泥にまみれた立廻りとなる。戸板康二は「この殺しの進行中に、向うの板塀の外を、高津《こうづ》祭りの灯入りの山車《だし》の通るのが見え、祭りの賑かな囃子が、舞台の惨虐な場面の伴奏をつとめるのは、人生というものを象徴しているようで、巧妙な点景である」[8]とし、この象徴は「極楽と地獄とをひとつ画幅に描いたような対比」[9]だと述べている。陰惨な立廻りと陽気な祭の山車や囃子（祇園囃子）の対照法は日本の陰陽思想、地獄・極楽の仏教の相対性にかかわるものであろう。この範例は『伊勢音頭《いせおんど》恋寝刃《こいのねたば》』（一七九六年初演）の第二幕の賑やかな伊勢音頭が流れる華麗な遊廓での九人斬りの惨事にも及んでいる。両作品の主人公の殺人は、「思わず斬ってから観念して、意志的な『殺し』にうつる手法」[10]であり、この

「思わず」は被害者の非や妖刀の祟りからきている。結局は業が人間の運命を因縁づけるという個人の悪の免責がここにある。これに対して、黒澤の対照法は善悪の徹底的対立と善悪に対する個人の責任の徹底的追及という西洋的近代思想の上にある。村上は遊佐への理解を深めながら、彼の犯した罪の原因に自分の不注意やさまざまな環境の悪さを数え、それにも増してその責を彼に追及し、彼を捕えてそれを成就する。この瞬間に対照法の花が開く。子供たちが唱歌を歌って通りすぎる。実は二人の対決への視聴覚の対照法は二人が大原駅で追っかけを始めた時から始まっていた。日の出前の朝もやが流れる静かな田園風景と長閑な鶏の声。こうして二人の対決が進行すると同時に、場所は雑木林、湿地から白い花が満開の草叢へと変り、朝もやは次第に晴れて、朝日は刻々と昇り、次第に光を強め、遂に倒れている二人の顔を日中の光に成長してまともに照らす。この朝日の変化は現実を単に記録したものではない。黒澤は技術を動員して、その変化を創造した。彼にとって自然はいつも創造物でもある。こうして彼が常に最大の精力を集中して描く自然の刻々の変化つまり自然の生命そのものが状況として人間を包みこむ。その中で、ピアノ練習曲、虫の声、遠い飛行機の爆音などの音が、対決に対して対照法を展開してきたのだ。二人が喘いでいる後景を子供たちが「蝶々」を歌いながら過ぎる。歌声のなかでここから遊佐の大写しになり、頭を村上の方（左）に向けていた遊佐は目を開き、そのまま少し見てから、頭を上に廻し、眩し気に上を見る〔図50〕。次に彼の見たショットが三つ続く。最初は風に揺れる一輪位の白い花（コスモス）〔図51〕。次に同じく四輪の花〔図52〕。最後に同じく二輪の花、蝶が瞬間的に花に寄り、去る〔図53〕。そしてまた遊佐の大写しとなり、蝶を追うような目の動きをしてから顔を左に向

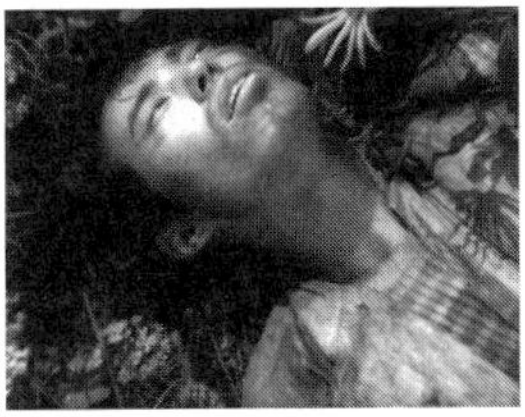
図 50

図 51

図 52

図53

図54

図55

けてじっと見る〔図54〕。喉が動き始める。唱歌は続く。そして寝ている二人の相似形のショットとなり、遊佐は嗚咽から次第に身を揉んで激しい慟哭をする〔図55〕。この慟哭の引金は対決に負けて地に倒れ、目を閉じて喘いでいた遊佐が耳にし、見たものである。それは唱歌の文句「蝶々、蝶々、菜の葉にとまれ、菜の葉にあいたら桜にとまれ、桜の花の、花から花へ、とまれよ遊べ、遊べやとまれ」であり、これをなぞるように見た風に戦ぐ白い花と花に寄り、去る蝶であり、ここでも自然の描写は示し、同時に語っている。勿論彼の視界には朝日、青空、木立、草叢、刑事も含まれていたろうが。では花と蝶と子供の唱歌とそれらの背景の何が遊佐の心をこれほど動かしたのだろうか。話における因果関係が厳格なハリウッド映画だったら、例えば「蝶々」の曲に『市民ケーン』（一九四一）の〝バラの蕾〟と同じ役割を与え、子供の頃の幸福で無垢の思い出の象徴にしただろうが、ここにはそれがない。むしろこれらの挿入された三ショットは遊佐が慟哭を始めるきっかけの純粋な時間としか思えない。その後で彼は嗚咽するからだ。だがこれにはお銀が二〇年ぶりに星空の美しさに感動し、人間性を回復する前例がある。それに従えば遊佐は何年か何十年か忘れていた花と蝶と唱歌の美しさに感動し、人間性を回復したことになる。そしてより重要なのは対決と逮捕の刻々を包んでいた平和で美しい自然と音楽の対照法的な状況の成熟だった。それが遊佐が見た花と蝶で頂点に達したのだ。唱歌のなかでそのショットが三つ続いたあとで、彼は嗚咽を始めるが、これらのショットでカメラは次第に花に近付き、大写し化が進行する。黒澤は「牡丹と青桐」で、花や木の壮厳な美しさを語っている。「牡丹は牡丹の美しさ、青桐は青桐の美しさに徹している。自然の何をもって来て考えても、そのもの独自な生命に徹していない

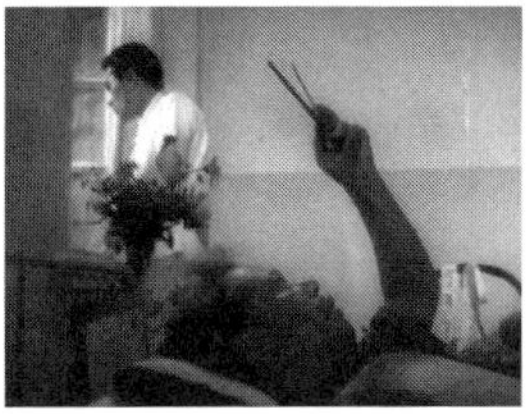

図 56

ものは絶対ない。自然が持つすっきりと筋の通った美しさの秘密の一つはここにある」[11]。つまり、黒澤が丹念にそれまで夜明けから朝に〝なる〟までの刻々をカメラでとらえてきた自然が白い花（コスモス）、蝶、そして唱歌の歌詞どおり無心に遊ぶ（そして歌う）子供たち、すっかり昇った太陽、青空、田園などの自然そのものの生命をみごとに開花させたのだ。その壮厳な美には無垢、純真を含み、それゆえに善と重複する。遊佐はお銀のように二〇年ぶりに美しい自然を見たと告白はしない。だが彼は戦争、敗戦、犯罪という地獄を何年も生き続けてきたのだ。その彼が地獄の何年かの年月を透かして見出した自然の美は自己の人間性を反射する鏡であった。それが悔恨や無念さなどの万感をこめた激しい慟哭になったのだ。こうしてカメラは自然が自然独自なものに〝なり〟ながら、同時に人間の内的な透視と反射に〝なる〟刻々と共に犯罪者が逮捕者に〝なる〟刻々をとらえたのである。ここに黒澤独自の自然描写の多義的な美学（透視と反射、示すと語る）と反射性の美学が交叉している。

(9)エピローグ。村上が病室に佐藤を見舞い、遊佐へのこだわりを示す。佐藤は小さな鏡で窓外の町を見ながら、「遊佐のような狼から羊を守れ、遊佐のことなど〝自然〟に忘れるさ」と自信をもって言う[図56]。こうして佐藤の小さな鏡や「自然」の言葉と共に映画は終わるが、『裸の町』や『暗黒街の弾痕』、シムノンや日本の伝統芸術などの影響を含めた『野良犬』の開かれた反射性は日本の刑事映画の最初の秀作としての創造性を今日も示し続けている。

［1］Thomas Schatz, *Hollywood genres : Formulas, Filmmaking, and the Studio System* (Philadelphia : Temple University, 1981), p.34-35.

［2］本章の『野良犬』の台詞表記は、黒澤明『全集　黒澤明』第二巻（岩波書店、一九八七年）所載の脚本及び「シナリオ

注」（野上照代）による。

［3］François Ramasse,《Chien enragé : Chiens étroitement surveillés》, *Positif : Reviw de cinema*, n° 267, mai 1983, pp.72-73.

［4］Sarah Kozloff, *Invisible Storytellers: Voice-Over Narration in American Fiction Film* (Berkeley : University of California Press, 1988), p.84.

［5］ドナルド・リチー『黒澤明の映画』三木宮彦訳、現代教養文庫、社会思想社、一九九一年、一六八頁。

［6］Sergei Eisenstein, *Film Form and The Film Sense: Essays in Film Theory*, edited and translated by Jay Leyda. (New York: Meridian Books, 1957), pp.20-24.

［7］クリスチャン・メッツは、映像と音楽の「対位法」という粗雑な考え方に対するジャン・ミトリの反駁を紹介し、音楽の対位法の用語は音楽理論にしか正確な意味を持たず、「対位法」の支持者は映像と音楽の間のある「対照」を考えているとしている（『映画記号学の諸問題』浅沼圭司監訳、書肆風の薔薇、一九八七年、八三頁）。本書では映像と映像、映像と音楽及び音のさまざまな対照的な組み合わせを「対照法」と名付け、黒澤の言う「対位法」もそれに含めた。

［8］『名作歌舞伎全集』第七巻、東京創元新社、一九六九年、八頁。

［9］戸板康二『歌舞伎歳時記』知性社、一九五八年、八一〜八二頁。

［10］河竹登志夫『歌舞伎のいのち』淡交社、一九六九年、一〇四頁。

［11］「牡丹と青桐」（『近代映画』一九四六年八月号）、黒澤明、前掲書『全集　黒澤明』第二巻、二七一頁。

第5章　『羅生門』の光と影の錯綜

一　〝怪しく錯綜した光と影の映像〟

黒澤明は『羅生門』（一九五〇）と外国映画との関係を自叙伝『蝦蟇の油　自伝のようなもの』（岩波書店、一九八四年）でこう語っている。「当時、私は、映画がトーキーになって、無声映画の好さを、その独特の映画美を何処かへ置き忘れて来てしまったように思われて、何か焦燥感のようなものになやまされていた。もう一度、無声映画に帰って、映画の原点をさぐる必要がある。特に、フランスのアヴァンギャルドの映画精神から、何か学び直すものがある筈だ、と考えていた。当時は、フィルム・ライブラリイも無かったので、アヴァンギャルド映画の文献をあさり、昔見たその映画の構造を思い出しては、その独特の映画美を反芻していたのである。『羅生門』は、その私の考えや意欲を実験する恰好の素材であった。私は、人間の心の奇怪な屈折と複雑な陰影を描き、人間性の奥底を鋭いメスで切り開いてみせた、この芥川龍之介の小説の題名『藪の中』の景色を一つの象徴的な背景に見立て、その中でうごめく人間の奇妙な心の動きを、怪しく錯綜した光と影の映像で表現してみたかったのである」（三八六〜三八七頁）。『蝦蟇の油』で黒澤が戦前に見たアヴァンギャルド映画の記載は次の通りである。一九三〇年日本公開のアルベルト・カヴァルカンティの『時の外何物もなし』（一九二六）、一九三三年日本公開のジェルメーヌ・デュラックの『貝殻と僧侶』（一九二八）とマン・レイの『ひとで』（一九二八）。このほかに一九三〇年日本公開のジャン・グレミヨンの『燈台守』（一九二九）があるが、これは正確にはアヴァンギャルド映画ではあるまい。またルイス・ブニュエルの『アンダルシアの犬』（一九二八）の名もあるが、戦前には公開されていない。ただし、シナリオや批評の発表はあった。また黒澤は『映画ファン』一九五二年四月号の淀川長治との対談「人間を信ずるのが一番大切なこと」で、彼が『羅生門』の規範とした作品は『貝殻と僧侶』と『ひとで』だと語っている（五九頁）。つまり、初期のシュルレアリスム映画の二作品を特定している。これらの作品は公開当時に当然シュルレアリスム映画として紹介された。例えば、矢野目源一は『キネマ旬報』一九三〇年三月一日号の「再び前衛映画に就て　マン・レイの作品その他」（五九〜六〇頁）で、「フロイトの精神分析学の学説の影響をうけ、意識下の芸術の唱導、進んでは超現実派（シュウルレアリスム）の芸術」がフランス文学だけでなく、これらの二作品に及んでいることを伝えている。矢野目源一は作品を見ながら克明なノートをとり、作品のイメージを詳しく紹介している。『貝殻と僧侶』については、その主題は性的な脅迫観念であるとして、精神分析的なシンボリズムの解読を少々試み、こう結ぶ。「各場面の連鎖のないこと夢を見てゐるに等しい」「夢の中に於て知覚されるやうな物象を人々の驚異の前に投げつけて、これを捉え得たと思ふ瞬間には、これのパアソナリティを変化させてしまう非凡な手腕」。ジェルメーヌ・デュラックの「作品から受ける感じが、神秘的なシルエットを、重力の法則の及ぶ範囲外の空間へ溶け入らせたやうな彼の（ママ）ファンテジイ（ママ）。感受性の敏感なカメラの眼を通して前人に未知であつた宇宙万象の断片を巧みに釣り上げる技術を知つてゐること」に注目している。『ひとで』については、幽暗と清澄の撮影法の転位法の創造性を評価している。「この映画を見た人の印象として、北欧の画人のムンクの画を想起しないであらうか。ムンクの描いた黄昏に叫ぶ女の版画の感じがこれである。神秘が空気の律動を生々と感じさせる作品である。物象は半透明な液体を透して眺めたやうに霞みそして流動してゐる。レンズで描くといふ言葉よりは、レンズに描いたといふ試みをしてゐるのである。街を歩いてゐた若い男と女とが、薄暗い階段をのぼり、女が衣服を脱いで床へ入るまで例のムンク風の霧が立こめてゐて、不思議な感覚に囚はれてゐると、街頭に新聞を売つてゐる女の居る場面に来て、突如、非常に明朗な撮影となる。幽暗から清澄への転調である。この映画中、数場面はこの手法を用ひて物象を飛び上がるほど明確に撮し出して、その瞬間を印象づけるのであるが、これが仲々に効果的に成功してゐる。もとより物象そのものを半流動体に撮すことも映画芸術として嚆矢なら、幽と明との転位法も新機軸である」。「この新手法が（略）ある種の異常な感覚を起させることは確かである」。「列車から撮つた外景や、汽船とそのシルエット」などが「場面が流れるやうに連続してゆくのは、物の象の連鎖に何等かの文学的な意味を持たせやうとしたものではない。アルチュル・ランボオが母音に色彩を感じて唱つたあの有名な詩のやうに、物象のコムビネエションに、何等かの音色を感じたとすれば、この映画は正に物象のメロディを編曲してゆくものである」。「今日の詩域は単純な比喩や象徴に止つてゐない。在来の美学はこゝに於てその規矩を失ふ」［編注1］。矢野目源一の視界はかなりシュルレアリスム映画の本質を収めていたようだ。意識、理性、日常性の世界に対立する無意識、夢、欲望の世界の主張、矢野目風に言えば現実の無重力化された超現実の革命的な新世界、新詩学の発見である。これは黒澤が『羅生門』で実現した「人間の心の奇怪な屈折と複雑な陰影を描き、人間性の奥底を鋭いメスで切り開いてみせた」詩学の先駆だったのである。内田岐三雄の『欧米映画論』（一九三五年）は戦前の前衛映画論の貴重な文献であり、おそらく黒澤は参考にしたと思われる。そこで内田は『アンダルシアの犬』のシナリオの一部を紹介しながら、この作品をこう述べている。「この映画は、感覚と想像と智性と、この三つを最も高い張り切り昇華した度合ひに於て試みるのである。それはハツとばかりに、迅雷の如くに我々にうつてかかる。心の奥底を、隠れたるものを一つの形にして描いて見せるのである」（八三頁）。

こうして、黒澤は芥川龍之介の『藪の中』（一九二二年）の「景色を一つの象徴的な背景に見立て、その中でうごめく人間の奇妙な心の動きを、怪しく錯綜した光と影の映像で表現」したのである。芥川の『藪の中』の景色は黒澤によって、まず、光と影の交錯、常に風によって息づき、動く木漏れ日と木の葉の影の斑模様からなる森の風景として描かれている。さらに検非違使庁の場面の白州の白一色の光の風景、そして豪雨のなかの羅生門の廃墟の黒い影の風景として描かれている。この三つの風景描写法（光、影、それらの斑）によって区別された検非違使庁、羅生門の廃墟、森の各場は互いに劇的に対立し、転換しあう多義・多層の濃密な意味を生み出す象徴体系の世界（バフチンの〝カーニヴァル〟［1］、カイヨワの〝聖なるもの〟、中村雄二郎の〝劇的世界〟［2］）を作りだしている。物語論的には、『藪の中』は登場人物がそれぞれの視点を通して同一事件を物語るという多元的・内的焦点化の問題を提出しており、それは『藪の中』の影響源としてのロバート・ブラウニングの『指輪と本』（一八六八〜六九年）やアンブローズ・ビアスの『月の照る道』（一八九九年）の系列下の作品だが、その独自性は客観的な事件の全貌の描写が欠如しており、すべての証言がもたらす事実は互いにすべて食い違っていることである。『指輪と本』ではまず最初に事件の客観的な全貌は明らかにされ、裁判の形式により一〇人の様々な視点から事件の真相に光をあてている。また『全集　黒澤明』第三巻（岩波書店、一九八八年）の佐藤忠男の「作品解題」によると、『月の照る道』では殺人事件を巡って、三人の関係者の独白がそれぞれの視点から事件の違った側面を述べているが、事実関係は厳密に一致しているのである。それに対して、「『藪の中』では、おなじひとつの殺人事件をめぐって事実認識までがまるで大幅に違う三通りの陳述が行なわれるのである。ひとつの事実から立場によって人間はそれぞれに自分に都合のいい物語をつくりあげるという、皮肉で痛切な人間観察がそこにはあり」、これは「芥川龍之介の独創である」と佐藤は指摘している（三〇三頁）。そして、『藪の中』を映画化した黒澤は『羅生門』を証言者たちがそれぞれ自分の都合のよい証言をでっちあげる皮肉なアメリカ映画的な裁判劇に仕立てた。『羅生門』封切り時の双葉十三郎の批評はスティーヴン・ロバーツ監督の『六月十三日の夜』（一九三二、日本公開一九三三）をその代表例としてあげ、「一つの事件を幾つかの角度から眺めるという趣向は映画としてなかなか面白い。外国映画にも『六月十三日の夜』その他の例が多いが、『羅生門』はこの趣向を徹底的に貫きとおしている」としている（「日本映画月評」、『映画芸術』一九五〇年一一月号、二六頁）。淀川長治もこう語っている。「はじめはボレロ音楽が非常に気になった。月が雲にかくれびわか横笛かそのような日本古典のメロディの幕開きを期待した。（略）ところが見ているうちにこれは外国映画の裁判劇のスタイルを用い非常にハイカラだった。バタ臭さかった。それでがっかりしたのではなく私の想像の十歩も百歩も千歩もさきの映画に気がついた。アメリカ映画ファンの彼のアメリカ・スタイルの時代劇だとびっくりした。実にこれは新しかった」（「黒澤明の全貌に寄せて　私の黒澤明映画　羅生門」、『キネマ旬報』一九八三年一一月一日号、八〇頁）。双葉十三郎や淀川長治が『六月十三日の夜』を封切り以降推奨し続けたことはあまりにも有名である。この原作はヴェラ・キャスパリーの書き下ろしで、彼女はまた探偵小説『ローラ』（一九四二年）を発表し、オットー・プレミンジャー監督の『ローラ殺人事件』（一九四四、日本公開一九四七）で映画化されたが、原作は三人の人物の手記や報告書で展開されており、『六月十三日の夜』と同じく複数の視点をもった語りをおこなっている。『六月十三日の夜』はこの種の裁判劇の嚆矢であり、日本では主題やスタイルの卓抜さが当時非常に評価された。飯田心美は「狙ひどころは犯人さがしにあるのではなく、事件の真相を前もつて看客に種明ししておいて、さて検事とか警察とか、つまり探査《ママ》の側に立つ人間の考へ方が、いかにアヤフヤな論拠の上に立つものであるか、常識的には正確と見える証人の言葉にもいかに出鱈目とヨタがあることか、それを事件の裏側から面白く皮肉つてゐる」（「各社試写室より　六月十三日の夜」、『キネマ旬報』一九三二年一二月一一日号、五二頁）と述べている。こうして証言者たちがそれぞれの都合で証言を歪曲するために無実の犯人が出かかり、酒好きだが、曲がったことの嫌いな老人の活躍ですべての歪曲を正すという結末を迎える。双葉十三郎は『キネマ旬報』一九三三年九月一日号の「スティヴン・ロバーツ」論で、こう述べている。「ロバーツの話術の妙は驚異的な存在となつて来た。それは第三作『六月十三日の夜』に至つて一層の輝きを加へた。ひとつの環境劇として、これ程隙間なく、論理的に組み立てられた作品は珍しい。〔第二作〕『歓呼の涯』における『逆手の話術』に依る展開、それに代つて此の第三作では『声のオーヴァラップ』（事実を物語る場面に被せられた陳述の声、の如き）や『ひつかゝりの手法』（次場面、次場面へと連関した言葉で繋いで行く）の駆使に依る展開が行はれる」（八〇頁）。淀川が指摘したように、『羅生門』がアメリカ映画から継承したのはこういう裁判劇だったのだ。しかも、黒澤は『藪の中』の事件の当事者（多襄丸、真砂、武弘）の証言に事件のただ一人の目撃者である杣《そま》売りの証言も加えた。結局は杣売りの証言も下人によって当事者の自分勝手な作り話でしかないときめつけられ、杣売りはそれを否定できなくなってしまう。つまり、客観的な事実の不在の前で、互いに食い違う証言のメタ物語だけが無限に増殖していく錯綜の幻影の仕掛けが、世界と存在が次々に逆転を示す倒錯の幻影の仕掛けが、ここにはある。それ以前に黒澤は例えば『酔いどれ天使』（一九四八）では、都市のごみ捨て場と化したどぶ沼を主人公のやくざ世界の象徴だけでなく、戦争・敗戦で国民の生命を消費した日本社会のそれと重ねて、自滅的なやくざ像と制度により常に生命をごみのように消費される悲劇的な若者像が交錯する幻影の仕掛けを創造し、『野良犬』（一九四九）では鏡像を多用して、主人公の刑事が自分とよく似た犯罪者つまり分身＝鏡像を追い、その追っかけが次第に秩序の世界と犯罪の世界を可逆させる鏡像の倒錯の仕掛けを完成している。二人は同時に復員し、盗難にあい、一人は刑事に、もう一人はその刑事の盗まれたピストルで犯罪者となる。そして刑事は捜査上の自分の失敗が犯罪者を新たな犯罪に駆り立てたことに悩む。そして最後に刑事が犯罪者を逮捕したときに、二人は泥まみれになり、文字通り一体化して、分身＝鏡像は刑事のもとに戻る。そしてその延長の『羅生門』はこの世界と存在の可逆性のさらなる精緻な追求のなかで、芥川によるエゴイズム暴露の古典的ホモフォニーの物語をその批判でもある黒澤のポリフォニーの物語（芥川のエゴイズムの認識の世界に杣売りが最後に赤子を育てることになる実存の世界をポリフォニックに対立させる）に収斂してしまう新しい美学を創造した。つまり、『羅生門』は彼がこれまで追求してきた世界と存在の可逆性の倒錯の仕掛けをシュルレアリスム映画の霊感を受けた光と影の錯綜の美学に展開し、ホモフォニーとポリフォニー、現実と超現実、意識と無意識、理性と夢＝欲望、制度と自然、精神と肉体、中心と周辺（武士階級と杣売り・旅の僧・下人の下層階級、さらに階級外の盗賊）、男と女、衣装と裸体、都市と森、聖と俗、死と再生などの対立と交換の宇宙論的問題とそれらの映像化による新しい象徴体系の世界を提出したのである。

二　光と影の宇宙

『羅生門』の世界は検非違使庁、羅生門、森の三つの世界からなる。物語論的には、羅生門は森の中での殺人事件とその三日後の検非違使庁での裁判（そこで当事者と参考人たちが事件について証言＝回想を展開する）について、裁判の直後に証言者の杣売りと旅の僧が下人に話してきかせる映画全体の現在の場であり、杣売りの回想の場でもある。検非違使庁と羅生門での回想の入れ子構造は黒澤の創作であり、前述の倒錯とポリフォニーの精緻な仕掛けである。羅生門は、城郭的ではないが都城の門であり、都の出入口の門であるが、門自体は廃墟となっており、背景に都の建築物は見えない。見えるのは豪雨だけであり、最後に雨があがると遠くに山が見えるだけである。ここでは世界は黒を基調としていて夏の豪雨が暗く降り続いている。黒澤は常に自然を人工的に作り、そこに本物の季節感に溢れた自然を生き生きと描いてきた。『酔いどれ天使』の真夏は真冬に撮影されている。黒澤は羅生門を黒の宇宙にするために、人工の降雨に墨を入れて豪雨も黒にしたという。この黒はこの場に黒の持つ様々な象徴の意味を仕掛け、ドラマの進行と共にそれらの意味を活性化し、濃密化していく。この色と場を象徴するのは周辺の階層に属する下人であり、彼は誰の証言も信ぜず、この世は地獄だと言い、捨て子の衣服さえ剝ぎ取る。杣売りも僧も黒い世界の絶望に閉じ込められてしまう。この色の象徴は意味の表層、例えばライトモチーフの色相だけでなく、様々な領域に広がっており、それは民俗学的な古層の意味もおびてくる。実は黒の場は世界と存在への信頼の死の世界であり、いわゆる客観的事実の現存の欠如した個々人の証言によるメタ物語の入れ子構造による無限の反復の世界（合せ鏡だけの無限の鏡像の譬え）なのだが、しかし、羅生門の場は雨上がりで終わるのである。それは文字通り光、つまり世界と存在への希望の光の回帰であり、僧は赤子を引き取る杣売りに、杣売りは赤子を引き取る決意のなかにこの回帰を確かめる。こうして黒の絶望のメタ物語は無限の増殖を中断し、現在形の物語そのものが誕生し、同時に終わる。森で死んだ武弘は光を背負った赤子として生まれたのか、あるいはやがて刑死する多襄丸と彼に犯された真砂の子として生まれたのか。黒は死の象徴だけでなく、再生の豊穣の象徴でもあった。検非違使庁は輝く白の世界である。文字通りここは国家、秩序、法の象徴であり、裁きの庭である白州と白い城塀からなり、背景の青空に夏雲が屹立し、眩しいほどの光にみちている。ここには過剰な緑に溢れた森の場面とちがって木や草一本生えていない。これは自然を徹底的に排除した西洋の都市の等価物なのである。こうして都市の中心である検非違使庁はその周辺である自然の象徴である森と対立し、羅生門は本来的には都市の周囲を自然から守るものだが、今や廃墟の荒廃はさらに進行しており（下人は濡れた着物を乾かすために門を壊して焚き火をする）、自然に完全に浸食されている。以上の三つの場はこのように配置されており、劇的な聖なる宇宙を構成している。

養老孟司の『ＮＨＫ人間大学　ヒトはいつから人になるか』（日本放送出版協会、一九九二年）は、人の歴史、例えば日本史に乱世と治世の対立をみている。源平の騒乱に始まった乱世は戦国時代まで続き、江戸時代にいたり治世となる。乱世は自然、からだ、個人の時代であり、治世は都市、心、制度の時代である。「江戸時代は、心を優先した。ということは、制度を優先したのである。そこでは、しばしば個人より家が重要だった。なぜ、心とは、制度なのであろうか。制度とは人間が作るもの、人間の脳が作るものだからである。脳は予測し、計算する。その結果として、統御するのである。からだは自然の産物である。脳はそれを認めない。脳はからだを統制する器官だからである。芥川龍之介は、それを『鼻』という小説に書いた。脳に敵対するもの、それは自然である。なぜなら、脳は予測し、かつ統御する。自然とは、予測できず、統御できないものなのである」。そしてヨーロッパの都市や江戸は自然を排除して、人工の世界、人間の思うままの世界をつくる。こうして鎌倉時代の絵巻や彫刻には見事に存在していたからだや死体は江戸時代には姿を消し、死体は身分制度の外にある人が処理し、日本人はからだをなくすのである。「都市という人工空間は、からだという面から見れば、じつは脳の中である。その脳とは、予測と統御を目指すものである。それに反するものは、そこにあってはならないものである」「社会は脳が外に出たものである」「これを私は、脳化社会と表現する」。そして田園とは予測可能・不可能が相半ばする半自然であり、その外が「森である。これは自然そのもの。したがって、森に住む人は、人ではない。魔人である。だから、森の住人は、『ヘンゼルとグレーテル』では魔女であり、『赤ずきん』ではオオカミなのである。オオカミ男も、ここから生まれる」（二〇四〜二一二頁）。養老説はまさに『羅生門』の光と影の劇的な宇宙を言い表している。それは都市と自然の葛藤であり、羅生門の廃墟は乱世の時代の象徴であり、それは取りも直さず第二次大戦の敗戦後の日本の実態であった。そこでは深い森が予測や統御の不可能な自然の深層の世界の怪奇さを露呈し、三船敏郎の裸のからだが都市と制度の記号化された武士とその妻の美しい衣服を徹底的に踏みにじるのである。三船が多襄丸を演じるとき、黒澤はマーチン・ジョンソンのアフリカの猛獣映画を彼に見せてこう言った。「藪の向こうからライオンがこっちを見てるショットがあって——おい三船君、多襄丸はあれだぜ、って言った。人間をアニマルにしようと思った。森（雅之）君が街で、黒豹の出る映画を見て来て、面白いというから皆で出かけたんだが、黒豹が現れると京さんは両手で顔をかくしている。ああこの姿勢だ、と思ったな。あの女房にほしかったのが、ちょうどその感じだったんです」（ドナルド・リチー『黒澤明の映画』三木宮彦訳、現代教養文庫、社会思想社、一九九一年、二〇五頁）。こうして三船敏郎はこの役で、「旧来の時代劇の様式化された演技とは全く違う動物的精気のあふれるような本能的な荒々しい動きを見せた」（佐藤忠男「作品解題」、前掲『黒澤明の映画』三〇七頁）。イギリスの映画批評家のトニー・レインズは三船が示したフィジカリティ、つまり精神や霊や社会的なものを犠牲にした強度の肉体指向、肉体主義の衝撃の意義をこう語っている。「イギリスで『羅生門』が公開された時に観客に与えた衝撃はハリウッド映画の規範と異なる〝他者〟性（ヨーロッパ映画のようにスタイルや美学的により優れているというスノビズムを含めて）およびエキゾシズムのほかに裸のエロテイシズム、とくに三船敏郎の肉体主義のパーフォーマンスであった。全編で彼は僅かな衣装を身に纏っただけの殆ど裸に近い恰好で、体中から噴く汗を拭い、股を掻き、猥褻で野卑な態度、西洋映画には見られなかったパーフォーマンス、裸の肉体パーフォーマンス、極度に肉体指向のそれを演じたのだ。こういう人物像に匹敵するものは、一九三〇年代のルノワールやヴィゴのようなフランス映画に認められよう。どうしようもない放浪者を演じた『素晴らしき放浪者』（一九三二）のミシェル・シモンがそうで、彼は体を掻いたり、匂いを嗅いだりしたが、三船の動物的な活力と優雅さに満ちたパーフォーマンスではなかった。この肉体主義、とりわけ黒澤映画における三船の性的表現とこれ程でないものの溝口映画における田中絹代のそれは、西洋の観客にとって、まさに目を見張らせるものであった。西洋では当時非常に違ったふうに表現された性やロマンス、関連する問題を見ていたのだ。観客は当然ハリウッドの問題の取り上げかたとハリウッドの常套的表現で考えたのだ。つまり、リタ・ヘイワースの髪とか脚などを考えたのだ」「一九五〇年代の初めの『羅生門』のような映画はそれまでのヨーロッパ映画と比べて強姦の主題でとりわけ率直であったとは言えない。当時のアメリカはヘイズ・コードのおかげで、非常に抑圧された時代だったが、三〇年代には非常に性の率直さがあった。四〇年代後期から五〇年代のヨーロッパ映画にも強姦の問題を論じる『羅生門』同様の率直さがあった」のだが、「『羅生門』での三船とほかの何人かの演技の肉体主義が実際にこの映画の強い衝撃の理由の一つだった。これは性的な率直さとは実際に無関係だ。それはむしろ演技のスタイルや俳優たち自身がスクリーン上で表現されるのを許す方法と関係がある。『羅生門』の三船は全編ほとんど裸で通しており、それ自体が西洋の映画にはないことだったが、その上に彼は汗をかいていたのだ。つまり、彼の体はいつも汚れており、汗にまみれていた。黒澤は実に頻繁にそれをクロース・アップで見せるので、汗まみれと汚れが強調される。三船は汗まみれに注意をひくように、さらに多分隠れた毛のなかに一匹か二匹の小さな虫が潜んでいるのを暗示するように、いつも自分の体を秘めどころまで掻いている。このような肉体主義、純然たる肉体の豊饒さと攻撃性――このスクリーンから観客に向かってくるものに対して攻撃の語は強すぎるとは思わない――は、全くこの種の演技を見るのに慣れていなかった西洋の観客にとても強い衝撃を持っていたようだし、それが性的基盤を持っていたのは明白だと私は思うが、黒澤が撮影した時もそれが性的基盤を持っていたのだと思う」。映画そのものを検証してみると、正確には三船は自分の秘めどころを掻いていなし、彼が掻くのは蚊が刺したからなのだが、印象としてはレインズの指摘は決して間違っているとは言えないのだ。「一九五〇年代のイギリスに日本映画が紹介された状況はデイヴィッド・リーンの『逢びき』（一九四五）が最もよく例証するように、非常に安定し、抑圧された中産階級文化のそれであった。この映画をご覧になった方々は幸運にも、それがぴったりの言葉なら、姦通の恋人たちが決して同衾しなかったのがおわかりだろう。シャツや下着はいうまでもなく、オーバーのボタンを全部掛けたままにしておく文化状況では、比較的抑圧されていない、比較的肉体的な日本の性行動と一般の行動の表現はある解放の力を持ったのだ」。こうして『羅生門』が口火をきった一九五〇年代および六〇年代の日本映画（例えば勅使河原宏の『砂の女』（一九六四）、新藤兼人の『鬼婆』（一九六四）、大島渚や今村昌平の作品）が海外で示した衝撃と魅力という〝他者〟性つまり性的な肉体主義は、イギリスでは一九六九年にケン・ラッセルの『恋する女たち』で、アラン・ベイツとオリヴァー・リードの有名な裸のレスリング場面のような男性の正面の裸体が興行の映画で初めて許され、西洋に検閲の自由化をもたらし、それと同時にそれまで日本映画が果たしてきた役割が一夜にして消滅し、日本映画がむしろ不意に姿を消すことになったとレインズは結んでいる（第四回東京国際映画祭協賛企画、国際映画シンポジウム「世界は日本映画をどう見てきたか」一九九一年一〇月四日〜五日）。

このように『羅生門』は裸の肉体主義の衝撃を世界の映画にもたらしたのだが、その衝撃を発揮させるために黒澤は光と影の錯綜する森の場面を見事に創造している。フリッツ・ラングを思わせる鬱蒼とした杉木立、山の斜面を覆う灌木、木立の間の枯れ葉の敷かれた空き地、これらすべてに燃えるような木漏れ日があたり、絶え間ない風に常に揺らめき、森のリズミカルな息づきをもたらす。黒澤はこの森の息づきを表現するために、森の一部を切り開き、そのうえに網をはり、そこに木の葉を置き、網を揺らしてその下に生きている木漏れ日を創りだしたのである。三船のアニマルの肉体にも、森雅之や京マチ子の肉体と衣装の上にもこの森の息づきが覆い、すべてを自然化するのだ。精力に満ちたアニマルの三船は杉木立の根元に横たわり、まどろんでいる。そこに武弘と真砂がやって来る。二人が前を過ぎるとき、一陣の風が真砂の牟子《むし》を翻らし、美しい顔を多襄丸にみせてしまう。「あの風さえ吹かなければ、あの男も俺に殺されずに済んだものを」。こうして最も美しい自然の表層の戯れが予測＝統御不可能の自然の深層の最も残酷なドラマの核心に人々を導いてしまったのだ。この森や羅生門の廃墟を浸食している自然のイメージ、木漏れ日の息づく影に対立して、検非違使庁は都市世界の中心としての無機質の砂や塀の白一色の翳りのないイメージを展開している。当事者たちは次々にカメラに向かって、つまり観客＝取り調べの役人に向かって証言をしていくのだが、証言はすべて食い違っていく。白日のもとに曝されるのは、都市、脳、制度、心の核心を成している真理、理性まで浸食し尽くした自然の猛威なのである。検非違使庁の白い光はカメラを通して役人そして観客である私たちの中の都市性をすべて空白化してしまうのである。この空白化は証言の完全な食い違いという各メタ物語の配列の妙によるものだが、それはまた証言者に向かい合うカメラの視線の正体の多義・曖昧さのトリッキーな遊びの撹乱によるものである。今述べたように、証言者が向かい合うカメラは観客＝裁判官の視座を表しているというのは定説のようだ。ジャン・ミトリの『映画史　第五巻　四〇年代』（一九八〇年）の「新しい物語行為へ」の項[3]は『羅生門』をオーソン・ウェルズの『市民ケーン』（一九四一）の物語行為の革新の系譜下でアルフ・シェーベルイの『令嬢ジュリー』（一九五一）とともに論じているが、「証言者はカメラつまり裁判官たちと見做される観客に向き合って語る」（二二一頁）と述べている。『マギルの映画概観　外国映画編』第一巻（一九八五年）のビル・ワインの『羅生門』論[4]は「拘置所の中庭で、証言が行われる時はカメラは的確に目の高さに留まっており、証言者は観客の彼あるいは彼女が裁判官であるかのように話しかけるのである」（二五〇六頁）としている。ところが、本当にカメラ＝観客＝裁判官の規則は正確にまもられているのだろうか。

実際に各証人がどのようにカメラに向かい合い、どの位置に裁判官の位置を想定して証言をしているのか調べてみると、カメラはイコール裁判官のように単純化できないことがわかる。普通、カメラが証言者を正面に固定して捉えている場合、例えば杣売りと僧の場合、カメラは証言者の目の高さに固定されていず、胃のあたりに固定されている（証言者と同じ白州にすわっている）のである［図1・2］。だから、杣売りや僧が裁判官に応答する時は彼らは正確にはかすかにだがカメラ越しの上方を見ているのである。これは裁判官つまり取り調べの役人は証言者やカメラよりもやや高い位置にいることを意味する。画面手前の白州には影がおおい、証言者もその影のなかにいる。その影は白州の手前半分を占めている。背景の城塀には陽があたっている。つまりカメラは太陽を背にして撮っているのであり、手前の影はおそらく役人のいる検非違使庁の建物の影ではないだろうか。取り調べの役人がその縁先に座っているか、あるいは床几に腰掛けているとしたら証言者の仰ぎ見る位置に一致するからである。また役人は一人なのか、複数なのかは断定できない。多襄丸が証言するとき、カメラに向かい合う［図3］、そして右横（この場合は武弘の死体の位置の方向のようだ）［図4］、カメラ越しの左上方［図5］、上方をみる［図6］四通りの場合があるが、カメラはその都度人物に対する視軸そのものを変化したということを画面に

図1

図2

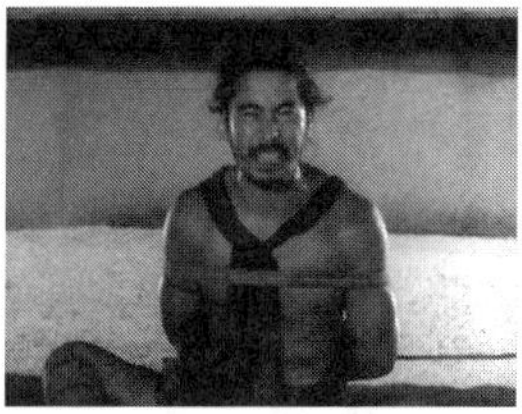
図3

図4

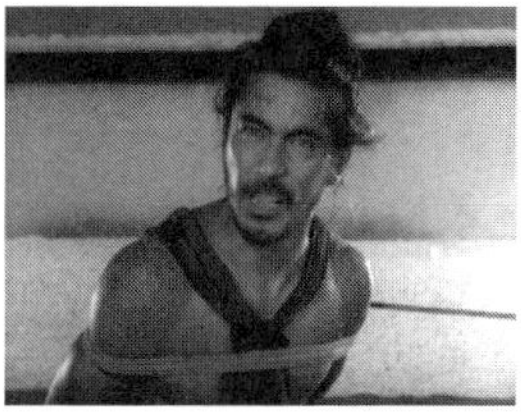
図5

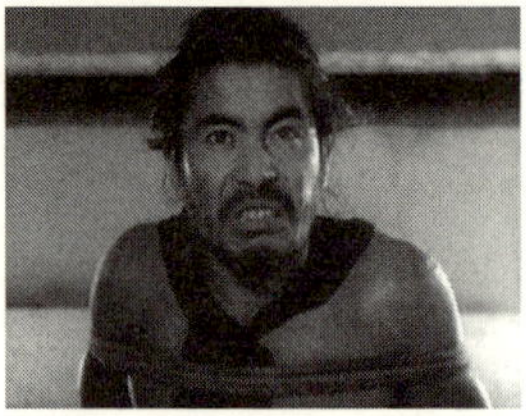

図6

図7

明示していないからである。彼の右横にいる放免はやや左を向いて証言するだけなのだが。多襄丸と放免の証言の時にはカメラが前進して二人のショットを放免のクロース・アップにしたり、それから後退して二人のショットにしたりする。また二人のショットがカットで多襄丸のクロース・アップになり、さらにカメラが後退して二人のショットになったりする。このカメラの動きは取り調べの役人が動いたとも言えるし、作者の物語行為としての視点の変化、カメラの移動なのだとも言える。そしてカットによる視点の接近・後退の変化もそれにふくまれよう。

このように、カメラを取り調べの役人だと決めてしまうと、役人は単数か複数なのか、あるいは役人は左右前後に歩いて位置を始終変えているのか、役人の視点はカメラの視点そのものなのか、あるいはカメラ越しのやや上方、あるいは右横（この場合は武弘の死体の方向のようだ）、左上方にあるのか、その都度勝手に変化し、多義・曖昧で、常に観客を欺くトリックそのものになってしまう。つまり、どの方向も取り調べの役人の視点がありうるし、すべての視点が交換可能なのである。しかもこれらの四通りの方向、例えば多襄丸は役人に話しかける場合に四通りの方向を見るが、このなかで一番トリッキーなのはカメラに真正面から話す場合である。観客はここでは完全にカメラは観客＝役人の視点だと納得して、多襄丸の証言を直接的に見聞するのだ。この正面ショットによる証言は四度ほどあるが、そのショットの終わりには、明らかに役人へ話しかける台詞と仕種と共に多襄丸は必ずカメラ越しのやや上方を見るのである。これらの視線の乖離は曖昧で眩惑的である。いままでカメラこそ観客＝役人と思っていたのが、ある瞬間からカメラこそ遍在的作者の視点でもあったことを、あるいは極論するとカメラは誰でもあり得るし、誰でもないこともあり得ると知らされるからだ。真砂の証言の場合はこのトリック性がきわだっている。最初彼女の俯瞰ぎみのロング・ショット〔図7〕からはじまるが、そのあとはカメラの視軸を変えた接近ショット［図8］が一つ入り、彼女はカメラを見、それからカメラ越しのやや右上方を見て証言をはじめる［図9］。ここで視線は二通りに乖離している。そして証言中の彼女はほとんどカメラに向き合う。そして夫を殺した物語を伝えて証言を終える。このシーンで彼女は右横を見ながら嘆き語るが、この右横も武弘の死体の置かれた位置を指すのだろう［図10］。そして最後に彼女は役人にこう訴えかける。「この弱い……愚かなわたしは……一体どうすればいいのでしょう」。この時、彼女の視線はカメラ越しのやや上方に向いているのだ［図11］。またしてもカメラとカメラ越しの上方の乖離のトリックにしてやられる。武弘の証言を行う巫女のシーンはこれまでのカメラに向かい合う証言者という同じ構図が変えられている。白州の一隅に霊を下ろすために祭壇がしつらえられ、巫女が錫杖《しやくじょう》を鳴らして激しく動き、自由な場所で証言するので、カメラも全く自由に視座を変えている［図12］。黒澤はこのシーンの構図に時間の経過を明示している。背景の城塀にそれまで当たっていた陽は翳っており、風が強く吹いている。これは検非違使庁の場面にすぐ続く羅生門の豪雨の場面への配慮であろう。巫女＝武弘の証言時の視線もカメラとカメラ越しの上方の二種類に乖離している。

以上のように、検非違使庁におけるカメラの視点の多義・曖昧さは、取りも直さず食い違う各証言の統御者としての取り調べの役人＝伝統的な物語の作者、の機能不能につながっているように思える。そして視点のトリッ

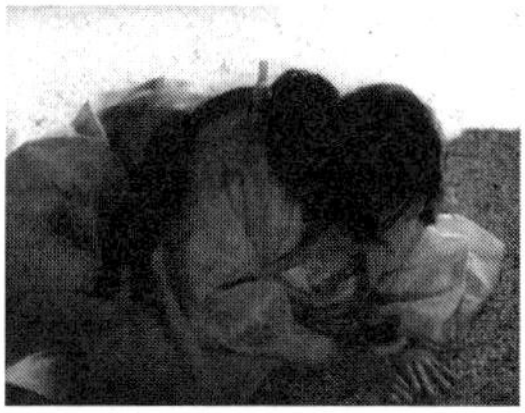
図8

図9

図10

図11

図12

キーな交換・交代性は、証言者が語る森の中でのメタ物語の事実や、人物像の果てしない食い違いや、差異の自由でトリッキーな交換・交代へ発展し、『羅生門』の三層の世界を通じて、そこに非日常的で濃密なシンボリズムの劇的世界を作りだしている。これこそ、M・バフチンが『ドストエフスキイ論　創作方法の諸問題』(新谷敬三郎訳、冬樹社、一九七四年)の「第四章　ジャンル、題材構成上の特徴」で述べているカーニヴァルの祝祭的空間でもある。井桁貞義は『全集　黒澤明』第三巻の「月報3」で「ドストエーフスキイの〈世界感覚〉」と題して、黒澤の『白痴』(一九五一)の原作にない氷上のカーニヴァルの場面にふれてこう述べている。それは「転換と交代、死と再生のパトスを基礎とした祝祭的時空間であり、そこでは痴愚と叡知、王と乞食、天使と悪魔などの文化的な対立物が日常のヒエラルキーを剝奪され、互いの位置をかえる」「黒澤監督はドストエーフスキイの中にこの祝祭的世界感覚を感じとっていた」[5]。黒澤が『酔いどれ天使』や『野良犬』で示した世界と存在の可逆性の仕掛けは、この感覚と決して無縁でなく、『白痴』の前年作の『羅生門』で彼はシュルレアリスムの時代の新層とともに民俗的な古層の祝祭的世界感覚をみごとに開花させていたのである。それこそあらゆる制度のもとに抑圧されたものが、制度(言語活動や意味作用を含め)を突き崩す祝祭の大騒ぎなのである。しかもこの感覚は敗戦直後の坂口安吾の「堕落論」「続堕落論」(ともに一九四六年)[6]や田村泰次郎の『肉体の門』(一九四七年)[7]における日本の近代化の破綻としての軍国主義や封建制度の偽の着物を剝ぎとり、心身ともに裸の肉体主義を主張することで人間性を確立しようとした時代精神の表層をなすものであった。日本中世を扱った時代劇の『羅生門』は同時に敗戦日本の現代を扱った現代劇でもあった。そういう多層性をもたらしたものが、カメラの視点やメタ物語の多義・曖昧性であり、とくに黒澤が『酔いどれ天使』以後追求していた映像や音楽、音(台詞を含め)などの物語行為の対位法であった。そしてこの対位法はバフチンがドストエフスキー文学の革新性として発見したポリフォニーに一致するものであった。

三 『羅生門』のポリフォニー

その一致点はまず第一に主人公たちの「多くの性格や運命がひとりの作家の意識の光に照らされて展開するのではなくて、それらの世界と等価値の多くの意識たちが、その個性を保持しつつ、連続する事件を貫いて結び合わされる。実際ドストエフスキイの主人公たちは、作者の発想のそもそもから、ただ単に作者の言葉の対象たるにとどまらず、個々それぞれに意味を持った言葉の主体」(前掲『ドストエフスキイ論』三頁、以下同じ)なのであり、それぞれ等価の主体たちの世界は作者のモノローグ的・ホモフォニー的な統一した世界の完結した人間像をもたらさない。「彼の小説世界の統一をつくっているかすがいは別種なものだ。彼の小説が解明していく主要事件は普通の筋の運びの解釈では間にあわない」(一四頁)。それはさらに全く等価の複数の視野、複数の世界や意識などの多世界と多スタイルをもたらし、互いに分裂し、対立し、ポリフォニーの世界を形成する(二六頁)。そして彼の叙述は「いつも見通しというものを持っていない。彼には主人公や事件の〈遠景〉がないといえる。語り手は主人公や今起こっている事件のすぐそばにいて、極端に接近した、見通しのきかない視点からそれらを描写する」(三二八頁)。つまり「主人公の像や行為を全体として、まとまりのあるように把握するに必要なパースペクチヴをもっていない」(三二七頁)のだ。それこそ権力的な絶対者の視点である透視図の制度を破壊し、日本の絵巻や『洛中洛外図』のように、アクソノメトリック・プロジェクション(不等角投影図法)の平行透視の方法による平行及び立体的な複数視点を現代的に発展させることに似ている。たとえば建築史家の鈴木博之は「最近の建築家は透視図で完成予定図をあまり描かず、みなアクソノメトリックで描くんですね。それはなぜかというと、都市のなかの開放系のユニットとしてものをつくっていく。そのときに、透視図的な描き方よりは、アクソノメトリック的な描き方のほうが現代的だと、多くの建築家はおもっているようです」と語っている(「座

談会　日本文化の空間」、『日本の美学』第一六号「特集　空間　日本人の空間意識」一九九一年)。この多視点、多意識、多世界、多スタイルを作品に重層的に綴りあわせるのがポリフォニーの詩学(ドストエフスキーの鎹《かすがい》)であり、これこそ『羅生門』の革新性であった。そこで、原作と脚本、映像、音楽などにおけるポリフォニーを検証してみよう。

ポリフォニーの〝内なる論争〟はまず原作と脚本の間にみられる。黒澤は『藪の中』を脚色した橋本忍の脚本が短すぎるので、多襄丸、真砂、武弘の三人の当事者の証言に加えて、事件の非当事者で目撃者の杣売りの羅生門での証言を創作し、下人が杣売りと僧から事件の話を聞き、論争する羅生門の場を証言とそれらの回想のブリッジにしている。このブリッジの羅生門の場の〝豪雨〟は平行透視図の絵巻の伸縮自在の〝雲〟のように多意識・多世界を道行的に綴っていきながら、下人(芥川)と杣売り(黒澤)の白熱した内なる論争を生み続ける豊かな場でもある。黒澤の創作は脚本を単に長くしただけでなく、黒澤と芥川との実り豊かな内なる論争をもたらした。まず黒澤は原作を高く評価して、芥川の客観的な事実解明が不可能で当事者間の食い違う主観的証言による多元的焦点化の物語をさらに観察者の証言にまで広げ、エゴイズムの絶望を深化させた。つまり観察者も当事者でしかなく、結局は証言の差異化の果てしない増殖という永遠化の絶望とメタ物語の果てしない入れ子構造の眩惑をみごとに開示した。同時に、黒澤はこの基本になっている『藪の中』の人間不信を芥川の嘘だとしている。「あれが正直に自分のものだつたら生きてゆけないでしよう。芥川さんはもつと早く自殺したろうと思いますね。よくてらつて人間を信じないと云うけれど、人間を信じなくては生きてはゆけませんよ。そこをぼくは『羅生門』で云いたかつたんだ」(前掲の「人間を信ずるのが一番大切なこと」六二頁)。そして彼は杣売りが捨て子を育てる決心をして、僧が人間不信の絶望のなかに希望を見いだすラストを創作している。黒澤を説教魔と冷笑するのは筋違いだろう。このラストもまた黒澤映画独自の人間の絶望と希望の対位法の静謐なフィナーレなのだから。

次にビル・ワインは前掲文で「黒澤のこの作品の六つの異なる部分に対する撮影と編集のスタイルの異なる組

み合わせの使用」を、つまり映像における多世界＝多スタイルのポリフォニーを指摘している。

(1)羅生門の場面は常套的で客観的に撮影され、編集は全知の観客に動的で特権的な視点を与える。

(2)検非違使庁の庭では、証言が行われる時はカメラは証言者の目の高さに固定されていて、証言者は裁判官に話すように見るもの（カメラ）に話しかける。

事件の四つのフラッシュ・バックはスタイルと調子を変化させて、主観的に撮影されている。

(3)盗賊の部分は豊富なトラヴェリング・ショットで肉体的・官能的なものを強調し、早い、攻撃的リズムでカットされている。

(4)妻の部分は少ないカメラの動きとクロス・カッティングでサスペンスを次第に盛り上げる編集がなされている。

(5)武士の部分は巫女によって語られ、あの世的な静寂さを与えられており——カメラは高い位置に留まって比較的静止しており、ほかの部分よりショットの持続が長い——そして、幽霊の出そうな補足的なサウンド・トラックによって強調されている〔8〕。

(6)最後の杣売りの話はより乾いた、幾分かより客観的な撮影がなされている——カメラはずっと引いており、まるでそれまでの各報告に含まれている行動、サスペンス、ロマンスを格下げするかのようだ。

ワインの説について補足しておこう。まず検非違使庁の場でのカメラの位置の意味が多義・曖昧性のトリッキーなものであることは指摘した通りだ。(6)の説は的を射ているが、重要な点を付け加えておこう。多襄丸、真砂、武弘の三人の証言による森の中の事件のフラッシュ・バックはワイン説のようにそれぞれ異なった撮影・編集のスタイルで描かれているのだが、唯一人の目撃者だった杣売りのフラッシュ・バックに対して、黒澤はまず伴奏音楽を全く使用していない。当事者たちのフラッシュ・バックは全て実に雄弁な補足的伴奏音楽を用いたのだが、ここでは音楽はなく、ただ現実音（例えば法師蟬や蜩《ひぐらし》蟬の細心な使い分け）だけを用い目撃＝記録の客観性を強調している。さらに黒澤はそれまでの伴奏音楽の視覚的等価物あるいは対位物としての風にそよぐ木漏れ日の絶えざる動き、光と影の錯綜をここでは用いていない。ここでは風と木漏れ日のそよぎの視覚的音楽も沈黙し、三人はただ玉の汗を噴き出すだけだ。これも目撃＝記録の客観性の強調であろう。それだけに下人が杣売りの目撃の証言も当事者（真砂の短刀の窃盗者）のそれでしかなく、当事者の虚妄に過ぎないと指摘する衝撃は強くなる。しかもこの客観的な裸のスタイルは同時に痛烈なパロディーのスタイルでもある。ワインの指摘のように、それまでの証言の内容とスタイルが全て裸にされ、喜劇化＝格下げされる。ここでは男たちは共に真砂の「女のたわいなさ」をあげつらう。これに対して、真砂は哄笑して、「男のたわいなさ」を槍玉にあげ、男たちを決闘させる。この決闘には勿論マックス・スタイナーばりの伴奏音楽は高鳴らず、カメラはダイナミックな動きもリズムも示さない。二人は、スタイルとしては、激しい息と恐怖に凍りついた不器用な動きしか示さない。しかし同時にそれは男のアニマ（女性的要素）を、女のアニムス（男性的要素）を鮮やかに啓示した。それは笑劇の哄笑だけでなく、男とアニマ、女とアニムスという人間の真実の微妙な四部合唱の時間でもあった。そしてすべてが終わり、森の中に多襄丸だけが取り残される。ここは黒澤独自の〝もののあわれ〟の手法である。黒澤はこれを山本嘉次郎監督の『馬』（一九四一）の助監督時代に習得している（前掲『蝦蟇の油』二二三〜二二四頁）。この作品の編集を監督から任された彼は、売られた子馬を探し求めて母馬が走り廻るところで難題にぶつかった。「母馬は、まるで狂ったようになって、厩を蹴破って飛び出すし、放牧場まで行って、その柵から中へもぐり込もうとさえする。私は、その母馬の気持が哀れで、その表情や行動を克明に継ぎ、ドラマティックに編集した。ところが、映写して見ると、少しも感じが出ていない。いくら編集し直しても、母馬の気持がその画面からにじみ出て来ない」。監督はこの編集を何度も見て、こう言った。「黒澤君、ここは、ドラマではない。もののあわれ、じゃないのかね」「私は、編集を、まるっきり変えた。ロング・ショットの情景だけを継いだ。月の夜に、鬣や尾をなびかせて、走り廻る母馬の小さいシルエットだけを重ねるように継いだ。そして、それだけで、充分だった」。それは超遠景で長回しの走る母馬の五ショットからなり、カットごとに方向を変える馬をパンで追っている。馬の嘶《いなな》きと蹄の音が続き、二ショット目からフルートとハープの静かな曲が重なり、五ショット目の半ばで曲は消え、静止した馬と嘶きをのこして終わる。

多襄丸の〝もののあわれ〟は次の四ショットからなる。遠景、多襄丸はようやく半身を起こす〔図13〕。視軸を変えた彼の後頭部と背中の大写し（俯瞰）、背中の木の葉の影は静止したまま、荒い息、蜩が鳴きだす〔図14〕。極度にカメラを引いた遠景（俯瞰）の多襄丸〔図15〕、広い地面の大きな木立の影も全く動かず、蜩鳴き続ける。彼は立ち上がり、左手に去る、しばらく無人のまま、やがて左手から彼が刀を二本引きずり登場〔図16〕。アクション・カットでミーディアム・ショットの彼が奥へ歩いて行き〔図17〕、奥の木立の左手へ消える〔図18〕、蜩鳴き続ける。ここでは全てのドラマ、すべての宴は終わり、人が舞台を去り、永遠の沈黙に帰る瞬間の悲哀が大きな自然の景色の中の小さな人間像と蜩の哀調によってもたらされる。自然と人の心の共生は『源氏物語絵巻』の構図、例えば「御法《みのり》」で死期の迫った紫上と別れを悲しむ光源氏ら人物と、庭に乱れる萩や秋草の多視点の構図と、フォーレのフルートとハープの曲にも通じる蜩の

図 13

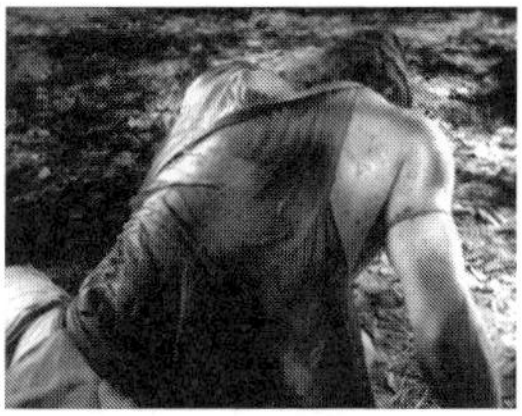
図 14

図 15

図 16

図 17

図 18

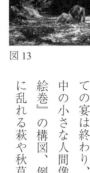

図 19

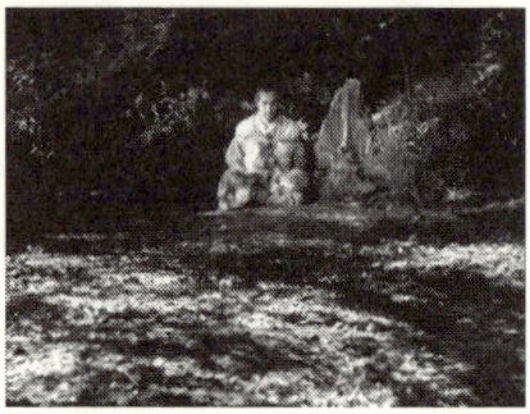

図 20

図 21

図 22

図 23

図 24

図 25

図 26

自然音階の音楽性にみとめられる。巫女＝武弘の証言で、一人残された武弘が自決する前に茫然と風の渡る木々の梢を仰ぐ場面も優れた〃もののあわれ〃だ。多襄丸は逃げる真砂を追って去る。地上に座った武弘の超遠景、目の前を見つめている、前・中景に風に揺れる木の葉影、沈痛なオーボエ入り、以下続く［図19］。同視軸で彼のミーディアム［図20］。大写し［図21］。武弘の見た目で落ち葉の上に写っている木の影、揺れている［図22］。多襄丸戻り［図23］、彼の縄を切って去る［図24］。目で追う武弘（地上に座っている）のミーディアム・ショット［図25］。多襄丸のライトモティーフのダブルバスーン（足音風）が消え、武弘のそれのオーボエの悲痛なメロディーが始まって、この場面の最後まで続く（同時に額や左の笹に木の影が風に揺れる）。彼ははっと肩を落とし、それから空を仰ぐ［図26］。見た目（仰角）の木々の梢の風にそよぐショット［図27］、彼の独白が再開し、以下続く。俯瞰の落ち葉に揺れる梢の影の大写し［図28］、チェレスタが入りカメラはゆっくりとティルト・アップすると、画面奥に遠景の武弘がじっと地面を見つめている〔図29〕。同視軸の彼の顔の大写し、泣いている〔図30〕。カメラは後退し、ミーディアム・ショットへ〔図31〕、この間にチェレスタがオブリガートのストリングス（ビブラート）へ代わる。彼は立ち上がり（カメラも）左へ歩き、大きな木の幹に手をかける〔図32〕。アクション・カットで幹に頭を寄せて泣く武弘の大写し〔図33〕。それから彼は自決するのだが、その前にこのような〝もののあわれ〟（自然と人の、遠景と大写しの対位法）が提示されているのだ。

と言うのは、チェレスタは武弘と真砂が多襄丸と最初に出会った時と、真砂が夫の前で犯される時に実に印象的に提示されており、それがこの死の場面と見事な対位をなしているからだ。最初、大木の根に横たわる大写しの多襄丸にチェレスタ（ハープと共に）が響き、風が吹き始め、木の影が揺れる。彼ははっと見上げる。彼の見た目で、近写のカメラが馬で進む真砂の足元からパン・アップする。彼の見た目で、真砂の大写し、チェレスタ＝ハープの快い涼しげな風が彼女の牟子《むし》を吹き上げ、美しい顔をあらわにする。こうして多襄丸は夫を殺し、彼女を奪う

図 27

図 28

図 29

図 30

図 31

図 32

図 33

図34

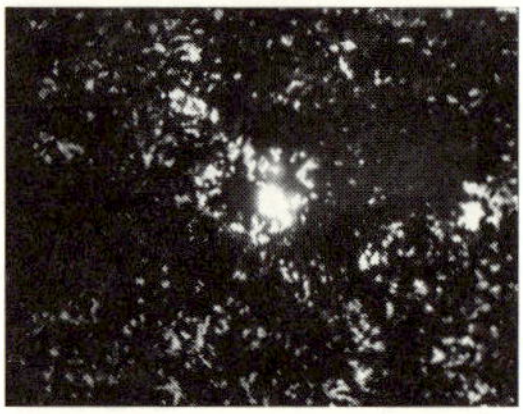
図35

図36

決心をする。彼はすでにこう自白している。「あの風さえ吹かなければ、あの男も俺に殺されずに済んだものを」（ここで既に風＝自然の聖なるものの良き霊と魔の両極が示される）。この三人の出会い時にチェレスタは（ハープと共に）木の影を揺らす風の動きであり、同時に強烈にエロティシズムを発散する真砂のライトモティーフであり、ダブルバスーンが多襄丸、オーボエとイングリッシュ・ホルンが武弘のそれを担当することが明示され、以後展開していく（実はこのあと真砂一人の小川の場面があり、そこでもチェレスタが参加しているが、ここには風のモティーフがないので省略し、後で詳述したい）。真砂のエロティシズムは犯される場面ではさらに強烈な野性を加える。多襄丸は縛った夫のまえで力ずくで真砂を抱き、接吻する。二人の仰角の大写し（二人に風にゆれる葉の影）［図34］に、凌辱される真砂の見た目で風に揺れる木の葉越しの太陽の遠景［図35］、回転する仰角の木々の梢の遠景が挿入されていく。次第に目を閉じて彼の背をまさぐり始める彼女の陶酔にチェレスタが高鳴り、彼女の野性＝エロティシズムを太陽に燃焼させる［図36］。秋山邦晴の『日本の映画音楽史1』（田畑書店、一九七四年）の「〈羅生門〉におけるフォルムの実験」（三九〇～四〇五頁）は、「ここの音楽の劇的な表現のみごとさ。管楽器のどす黒く重い、吹きあげるようなうごき。それにチェレスタやピッコロ、フルートが澄んだひびきをきらめかせる」（四〇四頁）として、映像と音楽の激しい光と影の錯綜を指摘している。そして以上の風のライトモティーフのチェレスタ挿入の三場面は回想による焦点化から独立した三人の主観ショット（風のそよぎを見る）で結ばれている。物語の上では最初の場面は多襄丸の回想で、彼の主観＝見た目のショットと結びついており、第二のも彼の回想だが、その中に彼の主観から独立した真砂の主観＝見た目のショット（彼女が風の木々を見る）が入れ子式に出現している。第三のは、武弘の回想であり、彼の主観＝見た目のショットと結びつく。したがって、三つの場面は当事者三人が森の風をそれぞれ劇的な状況のなかで見るという新しい視点を音楽と主観ショットにより提供しているのだ。特に第二・第三の場面は妻と夫が同じように木立を仰ぐのだ。しかも第三のでは、チェレスタが鳴る時そこに真砂はいず、枯れ葉の上の梢の揺れる影を見るだけだ。それは武弘にとって最愛の妻の真砂の喪失と自己の名誉の喪失を際立たせる。それまでいた者が最後に不在となっている空ショットが〝もののあわれ〟を伝えるのは小津安二郎の映画だけではないのである。これは回想のルールを超えた音楽と映像とポリフォニーの勝利だ。以上の音楽は、関谷浩至の未刊の論文「『羅生門』の音楽」（一九九〇年）を参考にしたが、そこに早坂文雄の作曲の多様な旋法の混在の指摘があり、それは音楽のポリフォニーの問題を含むものであった［編注2］。

　関谷は早坂文雄と『静かなる決闘』（一九四九）の伊福部昭を比較し、伊福部がフリギア旋法（教会旋法の一種）によって、西洋音楽と日本の伝統音楽（都節《みやこぶし》音階）の融合を理論的に目指し、黒澤のイメージと別のイメージを介入させることになったのに対して、早坂は伊福部のように一貫した旋法を決めてかかるのではなく、エキゾティシズムのごった煮的視点である旋法の混在を示した。この混在は黒澤との関係（黒澤は撮影前に音楽を決めていた）で多様な音楽が入り込める余地であり、映画音楽であることの早坂の意識化であった。それはジョン・フォード映画におけるスタイナーばりの音楽と音楽のない部分間の掛け合い、シンクロナイゼイションによる心理表現、伴奏音楽の域を越えた映像との有機的結び付きなどの特徴と古典と実験の重層化を持つ。早坂はアカデミックな音楽を独学し、ドイツ的構成、フランス印象派的なカラフルな音を身に着け、そして自分の中の西洋音楽にたいして、中国伝来のものも含めて邦楽器を採用してバランスをとり、この作品では笙《しょう》、和琴《わごん》などの楽器と（雅楽の中の）律音階、琉球音階などの日本の伝統音階と西洋楽器・西洋音楽を共用し、黒澤の求めに応じてボレロ形式（印象はオリエント的）も用いた。関谷説とともに秋山邦晴の前述書からポリフォニー性の検証を引用し

図37

図38

てみよう。秋山はまずタイトル音楽でそれを指摘する。「雅楽ふうのオーケストラのひびきでタイトルがでる。洋楽器にまじって笙、ひちりきなどの雅楽の古楽器がたちのぼる音色のハーモニーをうみだし、ティンパニーが決然とリズムを打ちこむ。和琴（雅楽の琴）が古雅なひびきをときおり浮びあがらせる。それとともに管楽器がしだいに重い音色を流動させて、ドラマチックなものをしずかに予感させる。このタイトル音楽は雅楽的なひびきと現代音楽の語法とを交錯させたものだが、平安朝時代を舞台として、そこに現代にも通じる人間の心理的なドラマを描いているこの映画の幕あきには、じつに適確な表現をうみだしている音楽だといえるだろう」（前掲『日本の映画音楽史1』三九四～三九五頁）。このように光と影の交錯のように音楽のポリフォニー的交錯が全編を覆うのだ。関谷説では、僧の証言での旅中の真砂ら夫婦との出会い時に、律音階（雅楽）のみではないが、律音階風のオーケストレーションがある。また多襄丸が武弘に立派な掘り出しものを安く売ると話しかけ、武弘は差し出された刀をじっと見る場面に、小川の辺りで一人座っている真砂のショットと小川の辺りに置いてある征矢《そや》を立てた箙《えびら》と弓のショットが挿入されるが、まず高い木立の梢をカメラがティルト・ダウンして、小川の辺りに座る真砂と背後で静止している白馬をとらえる［図37］。暗い木立に一条の光が垂直に射し、黒い背景に白馬と真砂の牟子の白を輝かし、際立たす。透ける牟子から真砂の顔がさらに光って見える。次は弓矢の静物画のショット［図38］。両ショットを結ぶのが小川の流れの輝きと明るいコラール＝琉球音階の音楽である。こうして音楽＝映像は絶えず光と影、静と動などの多彩な対位の急激な転換を行い、森＝女の聖性の濃密化を進行する。この二つのショットに入るのが、関谷説ではストリングスとハープによる琉球音階風の音楽であり、秋山説ではそれらの楽器にチェレスタを加えた明るいコラール風の音楽だとしている。両説の総合は琉球音階とコラール（ドイツ・プロテスタント教会の讃美歌、日本のプロテスタント讃美歌集に取り入れられた）の併存となる。エンドの音楽については秋山自身が雅楽調のコラール風としており、日本の伝統的五音音階の律音階とコラールの併存を指摘している。以上のポリフォニーの多様性を統合する核（つまりドストエフスキー的〝鎹〟）を秋山邦晴はボレロに発見し、みごとに検証している。彼はまずこのボレロがラヴェルとは全く違った早坂の創造したボレロ構造だとする。ボレロはスペインの代表的な民族舞踊のリズム形式で、四分の三拍子のリズム・パターンがどこまでも一貫してきざまれていき、そのうえに旋律が導入されて繰り返されていく構造だと定義し、「ぼくは早坂がこのボレロ形式をこの映画にもちこんだことが、この映画の様式にじつに適確な表現であったと考えると同時に、この映画の構造に必要なひとつの音楽の構造であり、またフォルムとして、ひじょうに重要な要素をしめているようにおもうのだ。つまり、三人の登場人物のひとりひとりの陳述と、その回想のシーンとが複雑に交錯し、いりくんでいるこの映画の特殊な構造。そこにひとつの統一感をひきだしているのが、このボレロ形式なのだ。いくつものバラバラなシークウェンスをボレロの展開が巧みに結びつけ、生き生きとまとめあげるその心棒の役割を果しているのだ。これはじつに見事な計算であり、適確な設計図であった」（前掲書、三九八頁）と述べている。ただしボレロは三つのシーンにしか用いられていない。第一は杣売りの回想で彼が深い森に入っていく長い移動の場面、第二は多襄丸の回想で彼が武弘をだまして真砂から引き離し、二人で山道を行く場面で、第三は真砂の検非違使庁での証言とその回想の全部に続く。三つのボレロともそれぞれの性格（楽器、メロディ）を変えた音楽である。「この三つのボレロを主軸にすえて、そのあいだに異なった音楽を挿入している。ところがどこまでも同じリズム・パターンでつづけられていくこのボレロの印象がつよいものだから、ひとびとはこの映画音楽では、ボレロ形式だけがつかわれているといった錯覚をもってしまうようだ」「それを逆にいえば、この単純なリズム・パターンの強烈な表現で、ある統一感をうみだして、いくつもの要素をもったシーンを結びつけ、様式的な統合というこころみを、みごとに成功させているということなのである」（前掲書、三九九～四〇〇頁）。これを秋山は映画音楽におけるフォルムの実験の結実と評価した。このフォルムとは楽式論的なソナタ形式などの古典的形式理念ではなく、現代音楽のような多層構造の複雑化に対応するフォルムであり、「楽器のそれぞれの音色の密度の連続・非連続的な変化、音の強度、速度の変化していく集合体」（前掲書、四〇一頁）が形作るものであり、そして映画音楽として映像のフォルムとの絶えざる相互交換、変質、再交換の複合フォルムである。「ボレロという形式の音楽によって形づくられるフォルムと、回想シーンの入りくんだ構造をもつこの映像のフォルムとを相互交換させ、そこに明確な映画のフォルムを創造するひとつの可能性をこころみたのである」（前掲書、四〇二頁）。「しかし、ここで成功しているのは、このボレロによるフォルムの実験だけではない。その緻密な設計とともに、細かい画面のうごきや変化に対して、じつに表現力ゆたかな音楽の変化する表現をあたえていて、それがこの映画に静・動の起伏をうみだしているのである」。この「急激な転換に、このボレロはじつに容易に受けこたえできる。ボレロをえらんだことが、なんといってもこの多様な変転に大きな役割をなしている」（前掲書、四〇三〜四〇四頁）。

古典的にボレロのライトモティーフの意味を追求することも必要である。第一のボレロは杣売りが光と影の錯綜する森の奥へ入っていく道行の音楽である。カメラは神の如き視点の遍在・超越性で彼とともに進み、市女笠《いちめがさ》（真砂の）を見つける。事件の発見の発端である。ここでボレロは日本人にとってエキゾティックな西欧・中近東的な様式的音楽であり、森の光と影の錯綜する映像とその超越的視点とともに、私たちを聖なるものの世界に一気に引き入れたのだ。第二のも多襄丸らの森の奥、聖なるものへの道行であり、多襄丸の真砂を奪う計略である。つまり二つの道行は男たちの聖なるもの、森＝真砂への旅である。第三のはこれらの道行の到達点である真砂の検非違使庁での証言とその回想の森での彼女による夫の刺殺のすべてを、つまり彼女の物語行為の全てを覆っている。ボレロの反復性は同じ事件をめぐり異なる証言の果てしない再生産を続行させ、この音楽＝映像の聖性は世界を森＝自然と検非違使庁＝制度に、人を男と女に、あらゆる物事を絶えず両極化し、二重化し、次々に対立させ、それらの深層を暴き、しかもそのトリックで攪乱し続けるのである。この映画は最後に杣売りが赤子をひきとる結末となり、未来への希望でこの無限の反復に感嘆符を打っているが、しかし同時に私たちの心に刻みこまれた反復のリズムの余韻は、無限の中断符のように、食い違う証言の無限増殖の悪夢の眩惑から私たちを決して解放しないのだ（執筆後にラヴェルの組曲『マ・メール・ロワ』〈一九一二年に管弦曲化〉の「美女と野獣の対話」を聞く。ここでクラリネットが王女、ダブルバスーンが野獣をあらわすのを知る。多襄丸はダブルバスーンがし、真砂にもクラリネットが担当する時がある。フランスの印象主義的音楽を愛好した早坂だからこれは決して偶然ではないだろう。ここでまた、呪いをかけられた野獣としての王子＝多襄丸のイメージが増殖を始める）〔編注3〕。

四　『羅生門』から『去年マリエンバートで』まで

フランスにおける黒澤明については「『裸の町』の『野良犬』への影響」の章で触れたが、一九六四年から六七年までフランスに留学し、『カイエ・デュ・シネマ』誌の同人であった山田宏一が『山田宏一の日本映画誌』（ワイズ出版、一九九七年）でこの点を的確に紹介しているので（二九〜三〇頁）、以下に引用する。特にバザンの『生きる』擁護論の引用の達意には敬服する。

溝口健二は、リヴェットを中心にした「カイエ・デュ・シネマ」誌によって今日の評価を得たわけだが、その評価の正当化のために、アンチテーゼとして黒澤明が犠牲になってしまった。リヴェットの有名な「溝口健二論」（「カイエ・デュ・シネマ」誌第八〇号掲載）では、ミゾグチをラシーヌ、クロサワをコルネイユに比較し、これが「カイエ」派の評価の定型になった。リヴェットの影響力は大きかった。黒澤明は、長い間、全く無視されたままであった。黒澤明の『生きる』（一九五二）がカンヌ映画祭に出品された時、リュック・

ムーレという批評家は、日本映画に呪いあれ、とまで書いた。

アンドレ・バザンは驚き、同誌に、直ちに反論を書いた。「回想する側と回想される側の双方に発展のある、あのユニークなお通夜のシーンだけをとっても、『生きる』は、日本の、そして世界の傑作である」と。しかし、バザンは死に、ムーレは残った。バザン以後、クロサワは完全に無視され、その敗者復活のためには、昨年（一九六四年）パリで封切られた『隠し砦の三悪人』（一九五八）を待たねばならなかった。『隠し砦の三悪人』のピカレスクな冒険小説を思わせるナンセンスな笑いと力強い表現主義的な演出に驚嘆した「カイエ・デュ・シネマ」誌は、近く、初めての黒澤明特集号を出す企画を進めている。黒澤明への関心は、むしろセーヌ河の左岸に陣取っている、いわゆる「左岸派」のアラン・レネやクリス・マルケルたちの間で大きかった。『生きる』もすばらしいが、『七人の侍』（一九五四）や『蜘蛛巣城』（一九五七）は更にすばらしい、と彼らは言う。彼らは、何よりも先ず、黒澤演出のダイナミズムと三船敏《ミフネ》郎の肉体的演技に惚れこんだのだそうだ。

ちょっと面白かったのは、『不滅の女』（一九六二）で映画監督としてもデビューしたヌーヴォ・ロマンの作家、アラン・ロブ＝グリエで、カンヌで会った時（彼は今年のカンヌ映画祭の審査員の一人であった）、アラン・レネ監督のために彼が書き下ろした『去年マリエンバートで』（一九六一）がクロサワの『羅生門』（一九五〇）を下敷きにして書かれた、とはっきり言ったことであった。実際、三人の登場人物の各々の視点がそのままキャメラの視点として映画を語ってゆく『去年マリエンバートで』の構成は『羅生門』そのままであると言える。「ドルジェル伯の舞踏会」が「クレーヴの奥方」を下敷きにして書かれたように、要は、模倣、模作の昇華がいかに創造性にかかわってくるかだ、とロブ＝グリエは言った。


（初出『キネマ旬報』一九六五年九月一五日号）

この後で、山田宏一は再度カイエ派がロブ＝グリエの『羅生門』評価に冷笑的であり、そんな「各人各説」のスタイルならピランデルロの芝居があり、視点の異なる錯綜した回想形式の更に純化された物語（レシ）の傑作には溝口の『雨月物語』（一九五三）があるし、オーソン・ウェルズの『市民ケーン』という大傑作があるという説を伝えている。

ここで問題にしたいのは、『羅生門』では同一事件を巡り証言内容つまり映画の物語（レシ）あるいはテクストは映像と音（自然音・音楽・台詞）であり、テクスト間の矛盾・不合理抜きに観客にそれぞれの物語内容（イストワール）を併置させる手がかりしか与えないということである。そこで観客はこの不条理を収拾できるパラダイムを想定して物語内容を構成しようとする。不条理は各人の主観・立場の差異とし、それを超えるために赤子を育てる樵の選択と行為に賭けようとする。それは当時のフランスの実存主義に幾分共通したパラダイム（思考の枠組み）であったろう。ともあれ、映画の多義・曖昧化の冒険の旅が、ロブ＝グリエの『去年マリエンバートで』においてその極限に達したといえよう。テクストは観客に物語内容の構成に殆ど手がかりを与えず、因果関係や性格を構成すべき安定した出発点はなく、空間レベルの矛盾（人物に影、木にはなし、空間の編集の不合理）と時間レベルの矛盾（一つの部屋のショット内に昼間の部分と夜間の部分の共存）がある。台詞の矛盾は人物間だけでなく、自身にもあるなど（D・ボードウェルとK・トンプソン共著『映画芸術　概論』一九九〇年参照）〔9〕。しかし観客はその矛盾・不合理を見据え、新しいパラダイムを想定し、登場人物の男女のように新しい冒険の旅にでるのである。テクスト連関の理想例がここにある。しかもカイエ派はレネ監督、デュラス脚本の『二十四時間の情事』（一九五九）を高く評価した。この映画は戦後の広島を訪ねたフランス女性が日本人男性との恋の進展のなかに、戦中の占領軍ドイツ兵との恋の回想を織りなしていくスタイルを展開したもので、この二つの時空間の分離的なモンタージュは物語と主題の叙情的両面価値を産み出した。カイエ派はこの映画をモンタージュは表現の曖昧・多義性を除外するとしたバザンの美学から離れてモダニズムの文脈の中に据え、実存主義、ヌーヴォー・ロマン、ストラヴィンスキー、ピカソ、マチス、ブラックなどと結びつけ、レネのモンタージュをエイゼンシュテインなどのソビエト派のそれを刷新したものと結論した（ボードウェル『映画スタイルの歴史について』一九九七年、八八頁）［10］。

［1］M・バフチン『ドストエフスキイ論』新谷敬三郎訳、冬樹社、一九七四年、一八〇〜一八六頁。
［2］中村雄二郎『魔女ランダ考』岩波書店、同時代ライブラリー、一九九〇年、八九〜一五二頁。同著にはロジェ・カイヨワの『人間と聖なるもの』（小苅米晛訳、せりか書房、一九六九年）からの〝聖なるもの〟についての引用（二八五〜二八六頁）がある［編注4］。
［3］Jean Mitry, *Histoire du cinéma: art et industrie*, T.V (Les *années 40*) , Paris, Éditions universitaires : Jean.-Pierre Delarge, 1980, pp. 205-225.
［4］Bill Wine, “Rashomon,” *Magill's Survey of Cinema; Foreign Language Films*, vol.5, ed. Frank N. Magill (Englewood Cliffs, N.J. : Salem Press, 1985).
［5］井桁貞義「ドストエーフスキイの〈世界感覚〉」、『全集　黒澤明』岩波書店、一九八八年、「月報3」八頁。
［6］坂口安吾「堕落論」、『新潮』一九四六年四月号。同「堕落論」、『文學季刊』一九四六年一二月号（第二号）、のちに「続堕落論」と改題。
［7］田村泰次郎「肉体の門」、『群像』一九四七年三月号。
［8］Bill Wine, “Rashomon,” *op.cit.* , p.2506.
［9］David Bordwell and Kristin Thompson, *Film Art : An Introduction*, 3rd ed. (New York: McGraw-Hill Publishing Co. , 1990).
［10］David Bordwell, *On the History of Film Style* (Cambridge, Mass. : Harvard University Press , 1997) .（邦訳＝デイヴィッド・ボードウェル『映画の様式　その変化と連続性』小町眞之訳、鼎書房、二〇〇三年）。
［編注1］『ひとで』の批評に関しては、矢野目源一「再び前衛映画に就て（続稿）ひとでと秋の霧」（『キネマ旬報』一九三〇

年三月二一日号、三三〜三四頁）からの引用。

［編注2］関谷浩至「『羅生門』の音楽と早坂文雄」、岩本憲児編『黒澤明をめぐる12人の狂詩曲』早稲田大学出版部、二〇〇四年参照。

［編注3］このかっこ内の文章と、以下の「四　『羅生門』から『去年マリエンバートで』まで」は初稿発表後に追補された。

［編注4］ロジェ・カイヨワの『改訳版　人間と聖なるもの』（塚原史ほか訳、せりか書房、一九九四年）は、聖なるものは「世界の秩序にたいするあらゆる攻撃を、また世界の秩序を攪乱し、混乱へと導きかねないあらゆる危険を未然に防止する目的をもった禁制」（一五〇頁）であり、聖なるものが「支配する場」である祭りは「全面的な混乱状態としての幕間の時間であり、事実上、世界の秩序が中断される期間として現象する」（一四九、一七三頁）としている。また中村雄二郎は、『中村雄二郎著作集Ⅷ　ドラマトゥルギー』（岩波書店、一九九三年）で以下のように述べている。「〈遊戯〉、〈仮面〉、〈劇的なもの〉は、相互に密接な連関を持ち、それらの全体は、本来、祭りの世界つまりは劇的世界に属している。そして、そうした世界は、なによりも、人々が、惰性化した制度や固定化した日常的なコンヴェンションの束縛からはなれ、日頃抑圧されている屈折した情念を解放して、生命力の昂揚のもとに新たなかたちとリズムのうちに情念を整えなおす場面にほかならない。その際、仮面は、非日常的で実利をはなれた自由な約束事と相まって、いきいきとした想像的空間を創り出し、そこでの濃密な情念をともなった行為——それはなんらかの意味で約束事にしたがう——が遊戯であり、また、劇的なものは、とりわけそうした行為が聖なるものとその違犯をめぐるダイナミックスのうちにあらわれるわけである」（二五七〜二五八頁）。

第6章 『七人の侍』と外国映画

一　映画の故郷

敗戦を迎えた黒澤明は、日本映画はまず、映画の故郷に帰り、そこから再出発しようと述べた。その故郷は「日本映画があくまで映画であった時」にある。『シナリオ』一九四六年八月号の「映画が自由になる為めに」[1]で、黒澤は、「日本映画の貧困と云う事がよく云われるが、僕は今の日本映画は貧困なんてもんじゃなくて、映画じゃなくなりかけてるンだと思う」として、次のように述べている。

「日本映画が映画として独自な世界を開拓しはじめたのは大正末期から昭和初年の頃だと思うが、それ以後昭和五、六年のサイレント期まで日本映画は活潑に上昇線をたどっている」。そして、この上昇線は「映画がただ一筋に映画的純度をたかめつつ大衆の中に根を降した事実を示している」。

さらに黒澤はトーキー期に入り、昭和五、六年から昭和一二、三年に至る上昇線を認めているが、それは「映画が演劇的要素や文学的要素をもって芸術的に装いつつ社会的な地歩を築き上げた事実を示しているに過ぎない」として、「その事の中にこそ、日本映画の今日のこの衰退の、そもそもの原因がある」と述べている。こうして黒澤は映画があくまでも映画であった映画の故郷に帰ること、そしてそこからの再出発を説く。

「さあ、みんな一勢に映画のイロハから学び直そうではないか。／映画とは何か?／映画精神とは一体どんなものだろう？／映画独自の世界とは？／映画的感覚とは？／映画のテンポやリズムとは？／そして、映画美とは？／しかし、これ等の問題は決して末梢的な映画的技巧を探し出す為めに提出されているのではない事を銘記して貰わねばならぬ」。「本質に踏んまえる事、それ以外に目的がある訳ではないのだから。／また、本質に踏んまえる時位、最もフリー・ハンドな時はないのだから」。

映画の故郷は外国映画にもあった。『映画之友』一九四六年一一月号の「アメリカ映画の故郷　僕の好きな演出家たち」[2]で、黒澤はこう述べている。

「僕は、アメリカの演出家で好きなのは（と云っても映画の演出家では、アメリカの人が何と云っても一番好きですが）ジョン・フォード、それからキング・ヴィダー、ウィリアム・ウェルマン、フランク・キャプラ、つまり、西部劇の昔から、骨の髄からたたき上げた人達が好きです。／そのつくる映画のどこを切っても映画以外の何物でもないと云うところが好きなのです。アメリカの映画精神は此の人達に一番純粋に伝っている様に思います。／此の人達を背骨の様にしてアメリカの映画界は出来上っているのだと思います。／他にも多士済々だと思いますが此の人達にくらべると、どこか映画的に見て、まじりっけみたいものが感じられるようです」。

そして映画的に純粋な「この人達の作品には、僕等が少年時代に胸を躍らせて見た、活動写真の何物にも代え難い楽しさ嬉しさ美しさが今なお脈々と生きています」。

「僕の見た一番新しいジョン・フォードの作品、と云っても実際は旧作に属する『ロング・ボヤージ・ホーム』（一九四〇年作品『果てなき船路』）のファースト・シーン――その南海の夜の描写の一見、簡単なカットとカットの組合せの中から迫って来る胸をしめつける様な船乗りの郷愁と暑苦しく悩ましい南海の夜の雰囲気。／とろりとした風一つない海面、じっと停っている船、土人の唄声、甲板でじっとその唄声を聞いている船員、椰子の木にもたれた土人の女のバスト、この別に気負ったところもないコンテニュイティから出て来る吃驚りする程の映画的な迫力――それを思い出す度に、僕は映画はあれだあれだと唸る思いで居ります」。

こうして黒澤は映画の本質の範例を踏まえながら、自己の作品で「映画」の新世界を実験して行くのである。例えば、『素晴らしき日曜日』(一九四七)では敗戦がもたらす荒廃ぶりと愛による再生を無声映画で啓示したグリフィスの『素晴らしい哉人生』(一九二四)を、『酔いどれ天使』(一九四八)ではギャング映画の古典である『暗黒街の顔役』(一九三二)や『暗黒街の弾痕』(一九三七)を「映画」創造の実験のばねとしている。

『羅生門』(一九五〇)では、無声映画に帰り、映画の原点をフランスの前衛映画にさぐっている。当時の日本には、それらの映画の上映プリントがなかったので、彼は文献をあさった。「『羅生門』は、その私の考えや意欲を実験する恰好の素材であった」「芥川龍之介の小説の題名『藪の中』の景色を一つの象徴的な背景に見立て、その中でうごめく人間の奇妙な心の動きを、怪しく錯綜した光と影の映像で表現してみたかった」と、彼は自伝『蝦蟇の油　自伝のようなもの』(岩波書店、一九八四年)で語っている(二六五〜二六六頁)。

さらに『野良犬』(一九四九)ではセミドキュメンタリー映画の様式を開拓した『裸の町』(一九四八)に触発されて、その新しい様式のなかでさらに刑事と犯人の内面にメスを入れる実験を行い、日本の刑事物のジャンルを開拓している。

ところで黒澤は「あくまでも映画であった」日本映画のどんな作品に感銘を受けていたのだろうか。彼の自伝にある「私には忘れられない映画」[3]の年表(一九一九〜一九二九)には、伊藤大輔の『忠次旅日記』(一九二七)及び翌年の『新版大岡政談』、マキノ正博の『浪人街』(一九二八)及び翌年の『首の座』、村田実の『灰燼』(一九二九)の五本が挙げられている。四本が時代劇で、『灰燼』も西南戦争を舞台にしているので準時代劇と言えよう。ハイティーンの黒澤がひたすら伊藤やマキノの時代劇に感銘を受けていたことは、彼と「映画」との結びつき方を明らかにしている。彼は何よりもまず、時代劇と西部劇を映画の故郷にしているのだ。彼は子供の頃にウイリアム・S・ハートの西部劇を愛好していた。それはフォードの西部劇の男性的タッチに通ずるものだったと自伝で述べており、例の年表には、『モヒカン族の最後』(一九二〇)以降の代表的な無声期の西部劇、クルーズの『幌馬車』(一九二三)やフォードの『アイアン・ホース』(一九二四)、『三悪人』(一九二六)などが収録されている。彼が言うように、フォードは一九一七年から、ヴィダーは一九二一年から、S・ハートのもとで修業したウェルマンは一九二三年から、それぞれ西部劇を作り始め、〝骨の髄からたたき上げ〟の経歴をたどっている。

伊藤やマキノは外国映画、とりわけそういう西部劇を「映画」の範例としながら、自己の時代劇という映画の創造の契機にしたのだが、もともと、西部劇も時代劇もそれぞれの国で「映画」を独自に発達させる上で大きな役割を果たしていたのである。

飯島正は『アメリカ映画監督研究』(みすず書房、一九五九年)の「ジョン・フォード」の章で、フォードの映画的特性を、骨太の描写、集団的人間の叙事詩か悲劇、暴力的な笑いや感傷、静的な深みを持つ造型美のショットとそれを映画全体の動的な調子に高める編集としながら、こう述べた。

「その最初のすぐれた作品が、西部劇『アイアン・ホース』なのであった。だてにハリイ・ケイリイの西部劇をつくっていたわけではない。フォオドの特質の形成からいって、これは見のがしてはならない点である。アメリカ映画そのものが西部劇によって独自の映画的な発達をしたのであるし、西部劇は、映画以外には国民的表現たりえないものでもあった。ぼくたちの年配《ママ》のものはすべて、西部劇によって『映画』をおしえられたのである」(二四六頁)。

黒澤明もまた、「映画」以外には国民的表現たりえず、それゆえに何よりも国際的表現でありえた西部劇の意義に瞠目し、そこに時代劇の可能性を重ね合わせていたのである。そしてその可能性への前哨戦が王朝ものの『羅生門』であり、その成果は国際映画祭での大賞受賞とその波及的な国際的反響であった。こうして黒澤は時代劇の可能性との本格的戦闘に入る。一九五四年の『七人の侍』である。この作品は日本では時代劇の革新として評価され、海外では最も人々に親しまれる日本映画となり、日本映画と黒澤明の傑作の一本となった。そこでそれを可能にしたこの作品の「映画」について考えてみよう。まず、外国映画との比較の視点から。

二　外国映画との比較

「黒沢明がこの映画で狙ったのは、アメリカ映画流の西部劇をつくってみようということであったのではなかろうか。アメリカのような開拓の歴史もなく、また宏大な自然もない日本で西部劇のようなスペクタクルをつくることの困難は、これまでしばしば日本映画に西部劇を模倣した作品が現われながら、ひとつとして成功したもののなかったことによっても了解される。その困難を打開して日本映画に西部劇（と同じもの）を打ちたてようと試みたところに黒沢明らしい並々ならぬ野心を感じずにはいられない」「この映画は壮大な野外活劇である。しかも黒沢作品としてはめずらしく娯楽映画的要素が豊富である。百姓たちに雇われた七人の侍及び百姓たちと押しよせた野武士群との間に展開される攻防戦は一時間余続く」「西部劇を模した野外活劇という映画の最も本質的な形式のなかで思う存分演出力を発揮しようという野心と併せて、この映画は黒沢作品としては従来の系列から少しはずれているものだと考えられる。それが新しい発展であるかどうかはわからないが、黒沢明としては映画作家としての自分の可能性の実験と、同時に日本映画の可能性の実験の意味がこの作品のなかにこめられていると見てさしつかえない」。

これは『キネマ旬報』一九五四年六月一五日号の上野一郎の批評（「日本映画批評　七人の侍」五六頁）である。この実験の性格を同年四月二九日の『東京新聞』の批評（敏の署名）はこう明らかにしている。

「作法は西部活劇ないしはインディアン撃滅のトリデ物といった感じで、必しも独創的だとはいい切れぬがそこへイタリア映画的な、土色と野性味を加えて、日本流の作品として十分こなされているのが興味深い。／同時にアメリカ映画流のぜん立てをかりながら、あくまで創作的な方法によって、興味を新にしようと心掛けているのが大きな魅力である」〔4〕。

この批評の文脈は筆者の論文ではこうなる。つまり、黒澤はこの時代劇で徹底的なリアリズムを追究した。『全集　黒澤明』第四巻（岩波書店、一九八八年）の佐藤忠男の「作品解題」によると、その追究は橋本忍による最初の脚本執筆から始まる（脚本は、橋本、小国英雄、黒澤明）。黒澤が、ひとりの侍の一日を克明に描くというアイデアを出し、「これまで誰もやったことがないような正確な調査にもとづく時代考証で映画にしよう」と提案した。これは侍の生活に関する研究が少ないので執筆が断念され、次に『本朝武芸小伝』を参考に、日本の有名な武芸者たちの劇的なエピソードを集めた物語の脚本が書かれたが、クライマックスだけの映画はありえないとの黒澤の判断で映画化を断念。しかし、この脚本に書かれていた武者修行の旅の時代考証を進めていくうちに、戦国時代末期から江戸時代初期に盛んに行われていたその旅の実態が、例えばどうやって食べていたのかが判明した。当時農村では野盗が多かったので、一晩眠らずに野盗の警戒をすると言えば、村では食事と次の目的地までの干飯を与えてくれた。「このことが分ったとき、百姓たちに雇れて百姓たちを助ける侍たちの物語という『七人の侍』の基本のアイデアがすぐ彼らの間に浮んだ」（三四三〜三四四頁）。

これは大げさに言うと、時代劇のコペルニクス的転回であった。伝統的時代劇では身分制度が厳しくて、こういう発想はありえなかったからである。事実の発見が硬化した時代劇の伝統をうち砕き、時代劇に開かれた「映画」をもたらすこととなった。作品の冒頭に、志村喬の勘兵衛が旅の途中で盗賊から子供を救うエピソードがあり、そのあと百姓たちから野盗退治を頼まれる。この子供を救うエピソードは上泉伊勢守の事績として伝えられているものを映画化したのだが、それはまた、ジョン・フォードの『荒野の決闘』（一九四六）の冒頭で、ヘンリー・フォンダのワイアット・アープが牛の移動中にトゥームストーンの町の酒場で酔って拳銃を乱射するインディアンを退治する場面によく似ているのだ。勘兵衛は見物人たちの見守るなかで頭を丸め、袈裟を着て坊主姿となり、小屋に近づき、機を見てさっと飛びこむ。声と物音がして、盗賊がとび出してきて、やがてばったり倒れ、勘兵衛が子供を抱いて外に現われる。

『荒野の決闘』では床屋でひげを剃っていて、乱射の洗礼を受けたアープが、酒場の前にとび出してくる。町の人々が遠巻きにして、保安官に取り押さえるように言うが、保安官たちはこんな危険な仕事は安月給じゃ合わないとバッジを外してしまう。そこで、アープは外の階段で二階へ上がり、その窓から中に入る。女の悲鳴に、アープのおっとりした「イクスキューズ・ミー・マーム」の声。やがて、鈍い物音がして、人々の見守る酒場の戸口に、のびたインディアンの足を引きずってくるアープの勇姿が現われる。早速、町長が保安官になってくれと頼みこむが、彼は断る。そして最後に名を聞かれたアープが名乗ると、「ダッジ・シティの保安官の！」と町長が驚く。

勘兵衛もアープも実際の妙技は見えない家の中で行う。そして、その妙技の余韻は、勘兵衛の場合は彼の歩く後ろ姿に合わせた侍のテーマ曲の高なりとなり、アープの場合は名乗りと相手の敬意に満ちた反応となる。そして二人とも無法者退治の保安官として要請されるのである。一人は飯だけの報酬で、もう一人は合わない安給料で。

こうして、勘兵衛のこのエピソードは黒澤たちが何よりもまず時代劇映画を通して発見した歴史的事実でありながら、その内容と表現が『荒野の決闘』のワイアット・アープのエピソードとすぐれた共通点をわかちあっているという二面性を示している。この二面性はさらに時代劇のリアリズムと、フォードの西部劇のさまざまな作品、ほかの作家の西部劇、イタリア映画などとのすぐれた共通点のわかちあいという多面性に展開する。すぐれた映画は究極的には鮮明な映像の多義的な深い沈黙に到達するのだが、そういう映像の詩の沈黙、「映画」の開かれた多面性を国民的表現としての西部劇と時代劇でわかちあう点でフォードと黒澤は双璧なのである。

そこで、その多面性がもたらす眩惑のなかに、共通の瞬間像をとらえてみよう。

まずフォードの西部劇では、『駅馬車』（一九三九）にさかのぼることができよう。その終結部の決闘は画面外で終わり、相手の一人だけが酒場に姿を現わす。彼が勝利者かと思う瞬間、彼は崩れ落ちる。勘兵衛に斬られた盗人も同じ呼吸で崩れ落ちる。さらに、『駅馬車』における幾つかのライトモチーフの音楽が果たした劇的効果は、『七人の侍』の早坂文雄によるそれへ発展している。もちろんそれらの差異は後述する。さらに、「トリデ物」としてのフォードの騎兵隊三部作、『アパッチ砦』（一九四八）、『黄色いリボン』（一九四九）、『リオ・グランデの砦』（一九五〇）がある。これらはすべてインディアン襲撃に対する砦を舞台にしているが、砦内の軍人と家族による共同体の生活が描かれている。『七人の侍』では侍が野盗の襲撃に備えて村落を砦化したことは歴史的事実と騎兵隊物との共通の二面性をもたらしている。また、ヴィクター・マクラグレンのクインカノン軍曹は、タフな鬼軍曹の、そして、乱暴だが黄金の心を持つアイルランド人の典型である。彼は子供たちにも好かれ、彼が雷の様に号令を叫んでもアイリッシュ・セッターは同郷のよしみでのんびりと隊列の前で昼寝をしている。腕をステッキで叩かれても、折れるのはステッキである。こういう役柄が三船敏郎の菊千代にも与えられている。ただし、役は〝武士人〟のなかの〝百姓人〟であり、そのための心の影の闇はずっと濃く、悲劇的だし、子供の心で荒事を演じるという日本を背負っているが。鬼軍曹はハンク・ワーデンらの新兵を叱りとばしながら、銃の持ち方から、馬の乗り方まで教える。荒馬に乗ってとび出して行くワーデンは絶妙なとぼけ役を演じる。菊千代も新兵然と整列する左卜全の与平らの百姓に槍の持ち方を教える。そして常に皆から一拍ずれる無器用で純朴な与平は、最後に菊千代の庇護のない所で野盗に殺されてしまう。その無惨さは『捜索者』（一九五六）のワーデンの当り役に通じるものがある。

『七人の侍』で百姓たちが新兵のように侍に教練でしごかれる場面を、単なる騎兵隊物からの移植だと短絡してはならない。戦時中、日本では中学生から年配の民間人までもがこのような軍事教練でしごかれる風景はざらだった。ついでにここで触れておくと、この作品が示す侍（野盗を含め）の暴虐ぶり、百姓の貪欲ぶりは、戦中と敗戦後に、日本人が軍人や農民、そしてそれ以外の人々に、つまり自分たちに見出した事実であり、それは今日に至るまでの日本人の本質の一面を伝えている。そういう事実を百姓は既に知っており、侍は命をかけた共闘のなかでそれを発見していくことになる。百姓の絶望はボーカリーズ（母韻唱法）として、侍の絶望は大きな犠牲を払って野盗を倒した勘兵衛が「勝ったのは百姓だ」と呟く時に、土饅頭の蓋と生き残った侍の間を吹き抜けて行く風塵として表現される。しかし黒澤は悲哀をこめた侍のテーマ曲を、百姓を守り抜いた侍に捧げて、映画を閉じるのだ。

フォードの騎兵隊物は開拓時代の軍人への賛美のナレイションを終結部で捧げる。「日給五十セントの職業軍人たちが国の前哨地を進む。一様に汚れたブルーの軍服の男たちが、歴史の本の冷たい一頁に自分たちの道を切り開くために……。しかし、彼らの行くところ、彼らの戦うところ……その場所こそ、合衆国となったのだ」〔5〕。

ジョン・ウェインが示すタフネスと優しさの軍人像は志村喬の侍像と共通している。『黄色いリボン』では馬車の中での兵士の手術中も、部隊を守る隊長として行進を続行させる。「彼も兵隊だ」とウェインは言う。『七人の侍』では、一部の百姓が戦列を放棄してしまう。自分の家を犠牲にして他人の家は守れないという訳だ。常に温厚な勘兵衛がさっと刀を抜き、列へ戻れと迫る。「ひとを守ってこそ自分も守れる。おのれの事ばかり考える奴は、おのれをも亡す奴だ。今後、そういう奴は……」と一同を見回してパチッと刀を鞘へおさめる。

『荒野の決闘』と『黄色いリボン』でもフォードは荒野の墓の前で人に過去や未来を語らせている。『七人の侍』は大地に盛られた土饅頭の前で菊千代を化石にしたように無言で坐らせている。また、野盗の来襲時に村の長老はただ一人土饅頭のように立ち尽す。西部の荒野が独白する人と墓を一体化するように、風塵の大地が無言の人と墓を一体化する。その時、映像の沈黙が観客のそれぞれの言葉で語り始める。

騎馬の表現では、黒澤はフォードに負うところが多いようだ。例えば、インディアンの一隊が忽然と丘の上に姿を現わし、一気にかけ下りて攻めて来る場面が『アパッチ砦』でも示されているが、『七人の侍』も野盗の最初の襲撃はこのように示されている。そこで、『七人の侍』の撮影スタッフたちのフォードへのオマージュが時代劇にはじめて「荒野」をもたらした感動的な逸話を紹介しておこう。

『講座　日本映画5　戦後映画の展開』で、廣澤榮の「『七人の侍』のしごと」が、馬がうまく走らせられず撮影に苦労したことを伝えている。馬は農耕馬であり、道も足場の悪い田圃道なので、西部劇の爽快なスピード感など無理な話だ。そこで大道具係の人が田圃道に焚火の燃え殻を敷いて路面を固めた。これこそ以後の黒澤時代劇の「荒野」を誕生させる偉大な瞬間であった。その路面に馬を走らせるとパッと砂埃が舞い上ったのだ。その砂埃がジョン・フォードなみだと誰かが言い、黒澤も「そうだ、ジョン・フォードなみに派手にいこう」と焚火の灰を路面に盛った。スタッフ一同もそれにならった。

「と、盛大にまかれた灰で濛々たる砂塵がたち、ドタドタした足なみも隠れ、なんとなくスピード感があるように見える。／その日から馬が走るカットには必ず灰が撒かれた。馬のカットだけではない。村の広場、墓場、街道などいたるところに灰が撒かれた。そして戦時中航空機の風洞実験に用いた恐ろしく巨大な扇風機で濛々たる砂塵を舞い上がらせた。／『七人の侍』のあの乾ききった荒涼たる風土、あの独得な映像効果は、こうして思わぬことからつくることが出来たのである。後年あるアメリカの映画監督がロケに来日して『七人の侍』の乾燥した自然が日本のどこかにある筈だとさんざ探したが遂に見つからなかったという」〔6〕。

砦ものとしてこのほかにとりあげたいのが、ゴードン・ダグラス監督の『勇者のみ』（一九五一）である。グレゴリー・ペックのタフな隊長に率いられた計九人の将兵が砂漠のなかの砦をインディアンの大軍相手に死守する話である。隊長は軍規に厳しく部下に恨まれており、決死隊員を厄介者の部下だけで構成する。隊長の命を狙うのは味方にもいる。この個性的な九人が死守する砦は「やじり山脈」の狭い切通しに向いあっている。山脈の背後にアパッチの居留地があり、そこから切通しを抜けてインディアンが攻めてくる。砦は切通しという壜《びん》の首をふさぐ栓となっている。隊長はこれを大いに利用する。夜は切通しに点々と火をともして夜襲に備え、ダイナマイトを崖にしかけて波状攻撃に備える。こうして死闘の末に、援軍がかけつける。この映画は冒頭に、砦の立地条件を地図で示しながらナレーションでくわしく説明しており、その鮮明さが後の戦闘場面に生きている。

この作品は日本では翌五二年に公開され、相当の評価を得た。双葉十三郎は『キネマ旬報』一九五二年四月一日号(「試写室より　勇者のみ」七一頁)で、この作品の興味の三点を、ストーリーの構想、攻防戦の趣向、グレゴリー・ペックの個性に認め、ゴードン・ダグラス作品としては上の部としている。同誌の六月一五日号の植草甚一(「外国映画批評　勇者のみ」五三頁)もダグラスの演出力に負う所の多い異色西部劇として同様な点を評価している。そういう点で、「作法は西部活劇ないしはインディアン撃滅のトリデ物といった感じ」が、この作品にいちばんぴったりするように思える。

『七人の侍』では、村の北側の水神の森にある杉並木道だけを無防備にし、そのほかを柵や川や水田《みずた》で囲み、村そのものを砦にし、杉並木道を切通しに見たてて、百姓の槍襖《やりぶすま》を栓にして野盗の騎馬隊を一騎ずつ村内に入れて倒し、最後に残りを一気に入れて死闘の末に全滅させるのである。夜には並木道の二ヵ所にかがり火をたき、闇の彼方の野盗と緊張した対峙を示す。案山子《かかし》を木立の前に差出すと、とたんに銃弾が飛んでくる。

このように、杉並木道は砂漠の切通しと共通の緊張と戦術を生む仕掛けになっている。それが「映画」であり、その点で『七人の侍』はこの異色西部劇と共通性を示す。同時に日本の史実につながる面も示す。勘兵衛の言う「よい城にはきっと隙がある。その隙に敵を集めて勝負する。守るだけでは城はもたん」や、槍襖の戦術はその証であろう。

さて、この「インディアンのトリデ物といった感じ」に、「イタリア映画的な、土色と野性美を加えて、日本流の作品として十分にこなされている」という批評にあるイタリア映画の存在を考えてみよう。日本近代文学の研究者・竹盛天勇(天雄)氏が『七人の侍』と『にがい米』の関連を指摘して下さったことがある。それを踏まえて、論を進めてみよう。ジュゼッペ・デ・サンティスの『にがい米』(一九四九)は、北イタリアの米作地帯で田植・除草の重労働をするモンディーナ（田植女）たちの出稼ぎ集団の生態を、ドキュメンタリー的に、かつメロドラマ的に描いた典型的な地方主義のネオレアリズモ映画である。この作品も一九五二年に日本公開され、モンディーナの生態の描写と豊満な大女優シルヴァーナ・マンガーノの登場で強い反響をもたらした。大島渚も『体験的戦後映像論』で、「何らかの独自な性表現を持ち、エロチシズムの高みに達した作品」の一本に数えている［7］。

このエロチシズムを含めて、『七人の侍』はこの作品との共通点が多いので、その点を列記しよう。まず、両作品とも稲作、とくに田植を扱っている。一方が五〇〇年の伝統を持つモンディーナの出稼ぎ集団の生態とメロドラマを描き、他方は浪人の出嫁ぎ集団と村人らの生態と活劇を描く。モンディーナは報酬に一日米一キロを得、侍は米の三食を得る。モンディーナたちは田で泥だらけの喧嘩を展開し、侍や百姓は野盗と豪雨下の泥だらけの死闘を演じる。モンディーナたちは田植などで伝統的な即興の掛合い歌と合唱を行い、一方百姓は伝統的な田楽風の囃子を田植で行い、男たちは女たちと囃し言葉を交わす。作品の結末で、モンディーナたちはマンガーノの死体に別れを告げて去るのだが、ナレーションはまた来年も皆がこの米の平野に戻るだろうと告げる。一方、勘兵衛は平和と労働を取り戻した百姓たちの傍で、「勝ったのは百姓だ」と言う。『にがい米』はとくに、田や小川の水の反映、雨をみごとに表現する。その美しさは現実そのものの直接性を持つ。とくに、モンディーナたちが小川で水浴びをしている時に雨が降り始める描写は美しい。「雨だ」と言う女の声、静かに川面を覆う雨脚、岸の茂みへ下着で胸を押えて川から上ってくるマンガーノ。一方、津島恵子の志乃が昼の部屋の薄暗がりの中で双《もろ》肌《はだ》を脱いできらめく引き水で髪を洗う場面。豪雨の田の中を、モンディーナたちが流産した女を抱き、悲しみの合唱をして歩く激情。一方、夕暮の小川の水車小屋が燃え、炎が美しく反射する流れの中で赤ん坊を抱いた菊千代が「この子は俺だ」と泣く激情、豪雨下の死闘で次々に倒れていく侍たちの激情。さらに、世界のエロスの地母神と化して、ジャズを踊りまくるマンガーノはたしかに、日本の時代劇の百姓娘に双肌を脱がせたり、花の群落で恋人を誘いこむように足を開かせて寝かせ、ためらう彼に弱虫と言わせたりする風潮を生んだディーヴァの一人であったことは疑えない。

こうして、日本映画は外国映画のこれらの動向に自己の成熟のなかで対応する時期を迎えていたのである。日本映画の成熟は『七人の侍』の黒澤明と早坂文雄がもたらした映像と音楽との絶妙な関係にも認められる。その共鳴しあう接点を見つけ出すことは、単に物語の山場の箇所を知るだけではなく、二人の「映画」の実験の接点を解明することになる。

三　早坂文雄の音楽

秋山邦晴の『日本の映画音楽史1』(田畑書店、一九七四年)は、早坂文雄が映画音楽で民族的特質の創造を追究したことを論じている。まず、明治以来、日本の音楽はヨーロッパを追いつづけたが、ヨーロッパ音楽は、ドレミファのシステムにみられるように、一元的・解析的・決定論的な体系を持ち、「ひとびとは微細な音のうごきに隠された色彩の変化に鈍感になる。/ところが、インド音楽にしろ、日本の伝統的な音楽にしろ、このような微細なひびきの構造、音の色彩の変化への感受性が根本になっている」「ヨーロッパ音楽が人間中心主義の産物であるとすれば、このような東洋の音楽にみられるのは、むしろ自然と調和する音の表現である」「西洋の体系から除外されてしまったこの異質の音楽の世界をぼくらは取戻さなければならないのだ。戦後三十年ちかくなって、いまぼくらはそう気づきだしている。/だが、早坂文雄は戦前からそのことを考えつづけていた。そして日本的音楽論という独自な方法論を展開した。かれは日本の民謡や雅楽を実際に素材として作曲したりしたのではない。西欧とは異質な音楽の特質を考え、そこから独自な音楽の世界を創造し、展開したのだ」「それはいわゆる『日本的』な美学に閉じこもったものではない。西欧とは異質の音の空間=時間への、きわめて実験的、かつ挑戦的なひとつのこころみであったのである。／早坂文雄のこうした独自な日本的音楽論は映画音楽のなかでもこころみられていった。それは雅楽的な表現をもちこんだだけではない。かれは映画音楽のあらゆる表現を具体的に実験しながら、外国映画にはそれまで登場したことのないような独自な『日本的』な表現をこころみ、独創的な音楽をうみだしていったのである」（二六四～二六七頁）。

こうして早坂は、黒澤とのコンビが『酔いどれ天使』から八本目の『七人の侍』でも、興味深い映画音楽の実験によって独創的な音楽をうみだし、黒澤と共に独創的な「映画」を創造したのだ。

そこで秋山邦晴がこの作品に認めた二つの実験、「裸の旋律、性格旋律」によるライトモティーフの使用と、映像との細かい設計図を持つ「演出の音楽」について、考えてみる。

秋山はまず、主要なライトモティーフを五つ挙げている。勘兵衛のテーマ、侍のテーマ、恋人たちのテーマ、リズム主題、農民のテーマがそれである。そして早坂の文［8］を引用して、早坂が最初は複雑な形で音楽を書いたが、それでは的確に客に通じないと思い、できるだけ簡素化して、ハーモニーを全部取って旋律だけにしたことで客に歓迎された、と伝えている（前掲書、四〇七頁）。そして、それは「たしかに裸のオーケストレーションである。旋律が裸のまま生き生きと語りかける音楽である。いいかえれば虚飾を排したリアリズムの音楽といってもよい。そしてそのリアリスティックな音楽は、直截に聴く者の心をつかみ、躍動するのである。そればかりではなく、じつに愉しい映画音楽なのだ。こんな愉しい映画音楽にもそうめったに出喰わすことはないだろう」と述べている（前掲書、四〇七頁）。秋山は同時に映画そのものを語っているのだ。

そしてここで注意したいのは、これらのテーマが決して日本の旋律をコピーしたものではないということだ。秋山の指摘だと、作品の主題でもある勘兵衛のテーマは、勇壮な金管楽器群を主体とした変拍子ふうの音楽で、北欧フィンランドの作曲家シベリウスを思わせる重々しく悲しみのこもった、それでいて勇壮な旋律である。侍のテーマは実は菊千代のテーマであり、陽気な小太鼓、ボンゴのリズミックな音の散乱と共に、サックスのソロのとぼけた旋律である。恋人たちのテーマはストラヴィンスキーの『火の鳥』のなかの子守唄に類似した哀調を帯びた旋律で、場面に応じてオーボエ、イングリッシュ・ホルン、フルートが単独に、あるいはからみあって奏される。また、菊千代のテーマの派生としては、菊千代が野盗の夜討に出かける時に、彼の百姓馬だけはよたよたして動かず、彼は「それでも馬か、恥を知れ」とわめく場面に出現する。この旋律はアメリカ民謡の「ジョニーの凱旋」に似た感じを持っている。農民のテーマは悲惨な生活に苦しむ怨念の声のような低音による男性コーラスのヴォーカリズムである。このほか、七人の侍が朝の宿を出立する場面と次の村の全景ショットにはオーボエのソロでパストラール（田園ふうな）旋律が入る。また、林の中の花の群落で勝四郎が寝て梢を見上げる場面には低弦のピチカートとティンパニーのボレロ・リズムで、フルートが雅楽調とでもいったのどかな旋律をつづける、と秋山は指摘しているが（前掲書、四一四頁）、筆者には翌年の成瀬作品『浮雲』の主題音楽（斎藤一郎作曲）と全く同じに聞え、その舞台のヴェトナム、あるいはオリエントが連想された。もっとも小泉文夫によれば、日本の音楽は朝鮮半島や東南アジアと共通性を持っているそうだ［9］。また、雅楽はもともと中国や朝鮮から渡来したものである。ともかく、以上列記したのは、各テーマが西洋や外国の旋律との連想に富んでいることである。そして、花の群落の音楽のように雅楽調にも聞こえる点にも注意したい。この西洋との共通性、時代劇のリアリズムの要請としての民族性の反映という二面性は映画の表現そのものの特性であった。勘兵衛のテーマもシベリウスを思わせると同時に、単純なリズムの繰り返しにのって管楽器のユニゾンが奏でる勇壮な旋律は、歌舞伎の合戦の下座音楽の修羅囃子や陣立、立廻りの大太鼓入合方と同じような血の沸し方をする。つまり、両者はどこかに同じような空間・時間的構造を持っているからではないだろうか。例えばユニゾンは三曲合奏に代表されるし、その「変拍子ふう」は、拍《はく》の伸縮と関連があるのだろうか。そして裸の旋律は一音のひびきの色彩や音の特性への愛着ではないのだろうか。

また、この作品では村人の農作業をする場面に民族的音楽が用いられている。麦の刈入れの場面では、ピアノの低音と弦、打楽器のリズムとからんで、ピッコロが民謡的でリズミックな音楽をつづける。「うきうきするような、日本の民謡的な音楽だ」と秋山は述べている（前掲書、四一八頁）。ラスト・シーンの田植では、男たちは楽器を奏で、田植女と愉しげに囃し言葉の掛け合いをする。早坂は室町時代から戦国時代にかけての日本の囃し言葉を三〇〇くらい調べて、その中から選んで組み合わせ、太鼓と笛を加えて拵え上げた、と語っている（前掲書、四二〇頁）。楽器の編成を画面で確めると、笛、太鼓、腰鼓、ささら、びんささら、当り鉦の各一名で計六名の編成になる。当り鉦が銅鈸子《ばちし》にかわれば、明らかに田楽の編成のように思われる。この囃子と囃し言葉は長く、「ホーイノホイ、イヨコノ（囃子）、アソカヨソレマタ、ガッシャガッシャ、サーヨエサヨエ（囃子）」がその三分の一くらいだ。また、勝四郎と出会った志乃が顔をそらすように去り、田に入り田植に参加するところはこうだ。

利吉「ドッコイコラコラサッサ、オイデゴンセ、シュッシュ」

一同「アソカヨソレマタ」

志乃「ソーヤレ、ハートセ、ヤーハートセ」

この囃し言葉は、実は決戦の前夜に百姓たちが酒を飲んで歌うのと同じである。ラスト・シーンの田植は、その映像と音楽によって農民に決定的な勝利を与えている。決戦の前夜に歌われたものが、ここでは本来歌われる場としての田植と楽器を得たからである。暗い雨中の死闘が終わり、田植のシーンの晴天の下に輝く水田、美しくりりしい労働着の装いをつけた女たち、楽器の演奏に乗る男たちの軽やかな身のこなし。そして整然と進行する田植の作業。日本の田植はイタリアのそれと比べると、スケールは小さいが、遥かに整然とした分業による集団作業であり、田植そのものが幾何学的な正確さでなされる。それを反映して田植の囃子も『にがい米』の歌に比べて、かなりてきぱきと進行する。農民はこれまで苦悩の呻吟のヴォーカリーズでしか自己を歌えなかった。これに対して侍は情況に応じて精緻な変化を示す例の雄弁な勘兵衛のテーマ音楽を持ち、みごとに村を砦とし、農民を立派な兵にかえ、野盗を全滅させるというすぐれた集団の武勲を歌いあげてきたのだ。そしてその武勲が完了した時、今度自己の楽器と歌で自己を歌いあげるのは農民なのだ。そこには恋人の勝四郎も、恩人の勘兵衛も、もはや入りこめない輝きに満ちた集団がある。ここには大団円と破局がみごとに一体化しているが、このみごとさをもたらした一因が西洋楽器の勘兵衛のテーマに対する田楽の楽器による囃子の対比であった。そして田植そのものをこれほど本来の輝きのなかで表現しえたのもこの囃し言葉による。時代劇のなかで、日本の史実がこのようなきめの細かい配慮を、そしてそれにつながる本物の音楽を要請し、早坂はそれに応えたのだ。

こうして早坂は、この年の一一月に公開された溝口健二の『近松物語』で、映画音楽に下座音楽を本格的に取上げることになる。そこで彼は下座音楽を用いて自己の音楽を創造しながら、溝口が描く時代と人間の真実の表現追究の実験を行い、映画音楽における彼の実験の到達点を示した。それは日本の映画音楽の新しい局面への出発点ともなるのである。

次に、秋山はこういうライトモティーフは「演出の音楽」としてみごとな映像との設計図がつくられていると して、「おなじテーマでも、シーンによってテンポをおそくしたり、楽器編成をかえて性格のちがった編曲とし て生かされていく」と述べている（前掲書、四一二頁）。そして菊千代のテーマが場面によって、にぎやかでユーモラスなものが、しっとりした表情になったり、とぼけた感じを保ちながらいっそう活気づいたり、という変化を生む楽器編成やテンポの違いを明らかにしている。秋山の指摘した「演出の音楽」はたしかに早坂のすぐれた実験だが、同時にそこには浄瑠璃や下座音楽などが持っていた演出の音楽の存在を意識させるものがあるようだ。例えば、勘兵衛のテーマは計一三回と多用されており、そのたびごとに、勇壮であったり、悲愴であったり、しっとりしたり様々に変化しているが、その使い方が下座音楽的だときわだたせる場合がある。例えば、百姓三人が飯を仕度して勘兵衛に野盗退治を頼むが、当然のように断わられる。泣き出す利吉。農民のテーマが入る。見かねた人足と勝四郎の間で争い。人足はこれを見ろと百姓の用意した飯を差出す。勘兵衛がそれをじっと見る。と、勘兵衛のテーマが入り、彼は飯を取り、百姓たちを見て、「この飯おろそかにはせんぞ」と言う。呆然と立つ三人の中で、利吉が坐わり、おじぎをする。

　また、竹槍の訓練の最中に自分の家を守って貰えなければいやだと、六人の百姓が竹槍を投げ出し、去ろうとして、勘兵衛の「待て」という声にふりむく〔図1〕。次のショットで彼らの前に後ろ姿で立つ勘兵衛が「この槍をとれ」と指さす〔図2〕。彼らがもじもじしていると、勘兵衛が刀を抜き始め、次に一八〇度カットで、前を向いた勘兵衛がさっと刀を抜き終えて、前に走り出す〔図3〕。と、勘兵衛のテーマが始まる。一八〇度カットで逃げる六人〔図4〕が風塵のなかを左手にまわり、槍を拾い、皆のところに戻る（カメラはパンでそれを追う）〔図5〕。その間、勘兵衛も前景から左手へまわり、皆の前に立つ〔図6〕。そして、激しい訓示をした後に、「今後そういう奴は……」と刀を鞘に収めて去り〔図7〕、曲が終わる。

　このようにテーマ曲は、緊迫した劇的情況のなかで、勘兵衛の動きをきっかけに、下座音楽のようにタイミングよく入り、彼の台詞や動作と共に一気に劇的感動を燃えあがらせるのである。前の場合は深い人間性の感動へ、後の場合は『忠臣蔵』の三段目殿

図1

図2

図3

図4

図5

図6

図7

中松の間の場で、判官《はんがん》が師直《もろのう》を切りつけると入る早舞のように、勇壮で激しい動きにすべての人々を巻き込むものである。

最も重要なシークエンスには音楽を入れずに現実音だけにして、映像のリアリティと表現性を最大に発揮するのが早坂の特徴である。『羅生門』でも最後の木樵の回想場面は音楽抜きの現実音だけである。それは裸の事実を伝えるかのようだ。これも結局「嘘だ」と下人に言われるが。『七人の侍』では三日にわたる野盗との戦闘場面は計三四分あり、そこが現実音だけになっている。中に三回の戦闘の中断があり、そこに音楽が入る。現実音は自然の音（風、豪雨、瀬音、ふくろう・かっこうなど鳥の囀り）と戦場の音（馬のひずめの轟き、嘶《いなな》き、弓の音、喚声、水しぶき、銃声）からなっている。この細心の設計は黒澤の演出に対応している。黒澤は望遠レンズの深い焦点で、縦に壮大な〝荒野〟を日本映画史上初めて創造している。同時に彼は、それをパンして後景の馬や人の動きを横に追い、前景の流れにより、日本の伝統的な横への無限の広がりを示唆するものを創造している。ちょうど早坂が現実音で時代劇にリアリズムをもたらしながら、同時に自然の音の多用やリズム主題に通ずるひずめの轟きによって、下座音楽の伝統の地平につながるものを示唆したように。

この黒澤と早坂が示した映画の表現における西洋と日本の対比の実験は、当時決して孤立したものではなかった。木下恵介もまた、音楽の木下忠司と組んで、開拓精神と民主主義の伝統を謳歌するキャプラ喜劇との関連のなかで、物語だけでなく映画の表現における同じ問題に取組んでいたのである。そして黒澤たちは開拓時代を賛美するフォードとの関連で『七人の侍』を創った。敗戦後の日本はアメリカ軍がもたらした民主主義の開拓時代だったのである。

［1］黒澤明『全集　黒澤明』第二巻、岩波書店、一九八七年、二六一～二六八頁。

［2］黒澤明、前掲書、二六一～二六八頁。

［3］黒澤明『蝦蟇の油　自伝のようなもの』岩波書店、一九八四年、一五一～一五四頁。

［4］岩本憲児「批評史ノート」、黒澤明『全集　黒澤明』第四巻、岩波書店、一九八八年、三六五～三六六頁。

［5］リンゼイ・アンダースン『ジョン・フォードを読む』高橋千尋訳、フィルムアート社、一九八四年、七一頁。

［6］廣澤榮「『七人の侍』のしごと」、今村昌平ほか編『講座　日本映画5　戦後映画の展開』岩波書店、一九八七年、二七〇～二七一頁。

［7］大島渚『体験的戦後映像論』朝日新聞社、一九七五年、一八一～一八二頁。

［8］早坂文雄「音楽と人間　早坂文雄と汎東洋主義音楽論」、『音楽芸術』一九五四年九月号、二〇頁。三浦淳史との対談。

［9］小泉文夫『日本の音　世界のなかの日本音楽』第九版、青土社、一九八九年、四二頁。

Ⅳ 木下恵介

第1章　『わが恋せし乙女』のテクスト連関

一九四六年一〇月二九日公開の『わが恋せし乙女』は、アメリカ無声映画の田園劇（西洋演劇のパストラールつまり田園劇、牧歌劇ともいうジャンルの継承）で、ジョゼフ・デ・グラッセ監督、チャールズ・レイ主演の『我が恋せし乙女』（一九二三）の翻案であり、その無声映画的な抒情性は木下の最初の音楽映画として結実し、後の『カルメン故郷に帰る』（一九五一）の先駆となった。それに大きな貢献をしたのが、『我が恋せし乙女』の〝動き〟の抒情詩的技法であった。

一九四七年に木下監督は戦後第一作の、占領軍検閲の課題である民主化映画の最良作『大曾根家の朝』（一九四六）で『キネマ旬報』ベスト・テンの第一位となり、次作の『わが恋せし乙女』でも五位となり素晴らしい戦後のスタートを切った。同じように黒澤明も同年度に戦後第一作で民主化映画の最良作『わが青春に悔なし』（一九四六）で第二位、翌年度にアメリカ無声映画を翻案した次作の『素晴らしき日曜日』（一九四七）で第六位となっている。飯島正は『キネマ旬報』一九五一年六月一五日号の「木下恵介論」で抒情的な音楽映画『わが恋せし乙女』が「『大曾根家』のまじめさの反動、息ぬきであるとばかりもいえない」として、当時の接吻映画の流行への反骨を認めているが、これは黒澤明の次作にもいえよう。飯島正は『素晴らしき日曜日』に黒澤映画の戦後のスタイルの基本的な技法となる〝長回し〟の確立を認めたし、佐藤忠男は若者の性に正面から取り組んだ先駆性を認めている。ところで木下恵介は動く人物のフォローだけでなくカメラ主体の移動撮影を含む長回しの技法を『大曽根家の朝』で確立していた。上映時間八〇分、ショット数三二八で一ショット平均一五秒、固定ショット数二二六に対してカメラの動くショット一〇二（三一％）である。因みに処女作『花咲く港』（一九四三）は八二分、ショット数四二九、一ショット平均一一秒、動くショット二五％である。しかし、すでに木下は戦時下の『陸軍』（一九四四）で徹底した移動・長回しの美学を発揮していたのだ。八七分、二三四ショット、一ショット平均二二秒、動くショット三七％である。『大曽根家の朝』はジャック・フェデーの『ミモザ館』（一九三四）のスタイルのデータ、一ショット平均一五秒、動くショット三八％に匹敵する。これ対して『陸軍』は長回し・移動による人間性の詩的な現実凝視のスタイルの確立者ジャン・ルノワールの『どん底』（一九三六）の一ショット平均二二秒、動くショット四〇％、そして『ゲームの規則』（一九三九）の一ショット平均一九秒、動くショット四九・六％にほぼ匹敵する。また二人のスタイルには遠写主体の移動の長回しと固定ショットでは会話のワン・ショットの速いカット・バックがかなりあり、この組み合わせも木下と非常に共通している。木下はフランス映画、とくにルネ・クレールへの敬愛が目立っており、初の外国滞在では一九五一〜五二年のフランス旅行とパリ滞在を実現させ、念願のクレールに会っている。その折りに見たジャン・ルノワールの『河』（一九五一）の演出は彼に強い共鳴を与え、それが『二十四の瞳』（一九五四）のスタイルに刺激を与えたが、そういう下地はこの時期にできていたのだろう。またそういう長回しのスタイルの成熟の過程のなかで、アメリカ無声映画『我が恋せし乙女』のテクスト連関から〝動き〟の抒情詩的技法の確立がどの様に行われ、後の木下映画の抒情性の核となったかを検証するのが本章の目的である。

　まず、当時の二人の青春の証言を引用しよう。佐藤忠男の『木下恵介の映画』（芳賀書店、一九八四年）は『大曽根家の朝』に対して「当時、じつは批評で高く評価されたわりには、共感した記憶が乏しい。むしろ、戦争中は戦争宣伝をやっていた日本の映画界が、戦争中《ママ》に負けるとこんどはガラリと逆のことを言い出す、というシラジラしさを感じたことを憶えている。むしろ、思春期の私が大いに胸をときめかして見たのは、つぎの『わが恋せし乙女』である」（一二六頁）として、ロマンチックな夢を語る敗戦直後の映画『素晴らしき日曜日』などとともに「忘れられがちな佳作」（一二八頁）の一つにあげている。秋山邦晴の『日本の映画音楽史1』（田畑書店、一九七四年）も青春の視点で述べている。「この作品はじつに爽やかな印象でぼくの心に残った。『接吻映画』や暴露もの、即製主義のドタバタ物の多かったこの時期の映画のなかで、この作品のほのぼのとした暖かさと清潔さは、まことに新鮮だった」（三〇七頁）。この映画の物語を佐藤はこう語っている。「信州の牧場の話である。牧場主の家の前に女の子が捨てられており、女主人（東山千栄子）がその子を拾って育てる。その家にはその子より年上の甚吾という息子がいて、彼は彼女を妹のようにかわいがる。やがて甚吾は戦争に行って無事に帰ってくる。娘は一人前になっている。成長して青年になった甚吾は原保美。年ごろになっている娘は井川邦子である。彼は彼女といっしょに牧場の作業をしながら、彼女に恋を感じる。かねがね母親も二人を結婚させたいと思っていることが分かって、彼は彼女に結婚話をしようと思う。ところが彼女も、彼にうちあけたいことがあると言う。じつは彼女には、もう恋人がいるのである。戦争中に疎開していた片足の不自由な戦傷者で、役所に勤めているインテリ（野田＝増田順二）である。二人は、祭の日に互いに打ち明けっこしようと約束する。祭の夜、花で飾った馬車で牧場から村落まで行く途中、彼女は恋人のことを彼にうちあける。彼は悲しみをこらえながら彼女を祝福し、自分の気持はうちあけない。数日後、牧場を訪れた彼女の恋人とも、彼と母は快く話し合い、祝福する」（一二八頁）。こうして皆の楽しい歌声を開きながら母と息子は一つの饅頭をわけて食べながら語りあう。ここは一分五〇秒の長回しのみごとな幕切れだ。母は言う、「甚吾や、お前、本当にいいのかい、今の内なら何とでもなるんだよ」。息子は答える、「何を言うんだ、おっ母さんだっていい息子が一人ふえるんじゃないか、俺だって弟が一人できるんだもの」。母は言う、「甚吾や、おっ母さんは今夜ほどお前を褒めてやりたいと思ったことはないよ」。息子は「テレ臭い」と答えて笑顔になる。家族内の恋のすれ違いを木下映画独自の母性優位の世界が優しく包みこんでいる作品である。すでに木下は『生きてゐる孫六』（一九四三）で軍国主義の時代にもかかわらず神経衰弱の青年当主を支配する母系家族の喜劇化に着手し、『陸軍』では病弱な元職業軍人のつぶしのきかない夫と、これも病弱な息子をかかえた健気で優しい妻が雑貨屋を営み、身を粉にして働き、息子を立派に育て上げ、出征兵士として見送る母性優位の家族像を描き、その見送りが、未熟な父権的社会制度としての情報局の検閲に非難されており、敗戦後の『大曽根家の朝』の軍国主義と闘う母性優位の基を作っている。つまり木下映画の母性優位の心理とそれにかかわる日本人の無意識の影響の強い自我の意識、自然と無の哲学の表現体として、彼のフェデー、ルノワール的スタイルは創造されたのであり（この視点は《木下恵介》の部の第4章で詳しく論じるが、『昔話と日本人の心』〔岩波書店、一九八二年〕などの河合隼雄の著作に負うところが大きい）、その世界とスタイルはこの作品にも継承されながら、無声映画とのテクスト連関により、木下独自の動きの抒情詩的技法を生みだしている。木下恵介は『キネマ旬報』一九五五年四月一日号の「自作を語る」でこう述べている。

『わが恋せし乙女』の脚本を書いたのは、作品が出たのはあとですが、『大曽根家』の前なのです。戦争が終った直後ですから、何か楽しく、美しい物語でもないかなとおもってたところへ、マキノ光雄さんが大船の企画部にいて、『恵ちゃん、昔チャールス・レイの『我が恋せし乙女』というきれいな話があるんだ』というう。話を聞いて、それはいいな、僕書こうと、本にしてみました。ところが、あれは自分の恋している女を、ほかの男に譲る話でしょう。これこそ特攻隊精神であると検閲で蹴られちゃったんですよ。大笑いですよ。自分の好きな女なら相手の男を殺しても獲れというのですね。で、『大曽根家』を撮ったあと、もう少し書直して納得させてみようともう一度提出しました。この時も最後まで検閲官ともめっぱなしでした。撮らすことは撮らしてくれたけれども結局最後まで納得できなかったようですね。

戦争が終って、ぼやあっと稲村が崎で海を見ていた、なにか解放されたような気分でロマンスがパアーッと頭のなかに浮かんできて、この『わが恋せし乙女』の脚本は五・六日ぐらいで書いたのです。

（三九～四〇頁）

『陸軍』で情報局の検閲に叩かれた木下は敗戦後は占領軍検閲にしごかれることになる。「自作を語る」によると『大曽根家』では「小沢さんのやった軍人を、徹底的に悪い奴にしてくれという。ぼくと久板さんはいやなんです。人間はそんなに悪いわけはないと思うのです。僕たち、人間を憎んでいるわけはないのですから……。書直しをしろといわれて、もう止めちゃおうという話さえ出ました」（三九頁）という。そして次作では好きな女なら相手の男を殺しても獲れと、葛藤の変化より無葛藤の安定を選ぶ木下の母性優位が今度は民主化遂行の占領軍の〝勝者の父権〟を怒らせることになった。母性にとって父権の普遍は結局は時限付きのものとなったが。

一　『我が恋せし乙女』の映画史的意義とそのテクスト連関の波紋の広がり

ルネ・クレール著『映画をわれらに』（山口昌子訳、フィルムアート社、一九八〇年。原著〔1〕の題名は『映画の昨日・今日』）によると当時フランスではこのアメリカ映画『我が恋せし乙女』を高く評価していた。「（一九二三年）『非常にすばらしい。しかし脚本不在だ』という観客の意見がある。一方、『非常にすばらしい。しかし新味がない』という専門家たちの意見がある。両者とも、たぶんまちがってはいない。この作品を見た時の私たちの感動を根拠づけるのは難しい。私がなるべく正確に言えることは、『我が恋せし乙女』は、ある種のそれ自体完全な感情といったものを喚起させる。そして、映画という誕生しつつある芸術の最も記念すべき幾つかの瞬間のなかに、その位置を占めているということだ。つまり、『チャップリンの冒険』（一七年）、『散りゆく花』（一九年）、『生恋死恋』（一八年）などといったこの時代の最も記念すべき諸作品の一つだということだ」「このチャールズ・レイの主演作のなかには、アメリカ人があまり気前よく使わない中庸の感覚が見られる。それが、私たちフランス人の心をたぶん打つのだろう。そして同時に、母国では大成功しなかった理由かもしれない」「詩的精神は完璧な動きを通してこの作品全体にみなぎっている。〝動き〟。私は映像それ自体によって記録された動きを言っているのではない。互いに関連し合っている映像の動きのことを言っているのだ。〝動き〟は映画の詩的文体《リリシズム》の基本原則である。その規則はまだ謎に満ちているが、日ごとに明確になりつつある。賞賛すべき馬の疾走シーン――これは、アベル・ガンス氏の『鉄路の白薔薇』におけるリズム上の工夫と同じものが、アメリカでも同時代に考えつかれていたことを証明する――をのぞき、『我が恋せし乙女』に見られるあらゆるものは、レンズの前では非常に緩慢に動く。にもかかわらず、作品には緊張した動きが流れている。内的生命の絶え間のない動きの表現は『我が恋せし乙女』のなかにその最初で最高の詩的な表現を見いだしている。詩！　ランボーやマラルメ以後、詩は文学の分野では死んだように見えるが、世界中の人々が身を乗りだして見ている白い画布の上に、いまだあいまいなリズムとともに、原始的純粋さを保ちながら、蘇生した」「（一九五〇年）チャールズ・レイはハリウッドの最良の製作会社にはしばしば欠けている――それがまた魅力になっている――ある性格をアメリカ映画にもたらした。彼はスクリーンに恋におちた内気な男という人物《キャラクター》を創造した。滑稽であると同時に感動的なこの種の登場人物は、彼の死後は二度と生き返ることがなかった。チャールズ・レイは才能ある俳優であるばかりか、ダグラス・フェアバンクスのように、彼が登場する映画を活気づける〝司会者〟的役目を果たしたようだ。これらの作品に見られる感興《インスピレーション》の統一感は、ほかの方法では説明できない」「アメリカでは失敗したが、忘れがたい作品『我が恋せし乙女』を製作したのは、彼のこのような能力のおかげだ」（九四～九七頁）。

　ジャンヌとフォール著『百科辞典的映画史　第三巻　アメリカ映画　一八九五～一九四五年』（一九五五年）によると、レイは精神懦弱な富豪の息子が鍛えられて立派な一人前の青年になるというインス監督の『卑怯者』（一九一五）で、内気で純情な二枚目の役をはっきり描出して、ルイ・デリュックのいう「チャールズ・レイあるいは素朴の勝利」の評価をもたらし、彼の最高作が『我が恋せし乙女』なのである[2]。またデイビッド・

ロビンソンの『二〇年代のハリウッド』（一九六八年）は二〇年代のアメリカの田舎の素朴な美徳を代表する人物にレイとバーセルメスをあげている［3］。飯島正の『前衛映画理論と前衛芸術　フランスを中心に』（白水社、一九七〇年）は、『映画の昨日・今日』のオリジナル、その一九五一年版ともいうべき『考えてみると』［4］のチャールズ・レイ論に関して当時のクレールの映画論、とくにリズム論の詳しい参照をおこなっている。まず飯島は「この映画はぼくもよくおぼえているが、牧歌的なたのしい田園風景がその特徴であった」としている。ついで「彼はこの作品が『完全な動き』で生きている点を指摘して、こういった」として前述の「〝動き〟。私は」以下の言葉を紹介するのだが、にこう注釈する。「クレールはちょうどそのころ、『レ・カイエ・デュ・モア』に掲載するリズム論を書く直前であったろうと推察される」（五五七頁）。そして、そのリズム論について、映画のリズムの三つの要素「一、各ヴィジオンの持続時間。二、場面あるいはアクシオンの『モチーフ』の交替（内部的な動き）。三、レンズによって録画された対象の動き（外部的な動き＝俳優の演技・デコールの運動など……）」をあげている（五四八頁）。ここで注意すべきはリズム論がもともとフォトジェニー論から発展したことだ。レオン・ムーシナックの『映画の誕生』（一九二五年）［5］はリズム論に入る前にデリュックとエプスタンのフォトジェニーの定義を引用している。『前衛映画理論と前衛芸術　フランスを中心に』によれば、それは、前者が「ただシネマトグラフィによってのみわれわれに感じえら《ママ》れる・物または人の・極端な詩的の面」、後者が「私は映画的再現によってその精神的特質をますところの物・生物・また精神のすべての状況を、フォトジェニーであるといいたい。そしてすべて映画再現によってその価値をまさない場合は、フォトジェニーではないのである。それは映画芸術の部分にはならない」というものである。そしてムーシナックは「『記述的』な映画は卑俗な形式」だとして「映画は精神の状態をあらわし、評訳することができる。これが至高の形式である。すなわち（詩的）でありうる」とした（飯島正、前掲書、二九一頁）。なお『映画をわれらに』にある「詩的文体《リリシズム》」は、飯島訳ではリリスムであり、抒情詩、抒情でいいと思う。こうしてクレールは『我が恋せし乙女』を通して〝動き〟とくに内的生命のそれ、フォトジェニー、リズムが三位一体をなす新しい映画の抒情詩の出現を高らかに宣言したのである。それは内的生命のミクロコスモスと世界のマクロコスモスが照応する映像の象徴主義への参加だった。

日本では『我が恋せし乙女』は一九二四年四月二六日に封切りされ、『キネマ旬報』の芸術的優秀映画の部門のベスト・テンの第五位に入賞し（他に娯楽的優秀映画部門があった）、フランス同様か、むしろそれ以上に歓迎された。評価としてはクレールほどの明確で優れた視点はなかったが、芸術的優秀映画部門の五位とした点はかえよう。とくにアメリカの田園劇でのレイの純朴でナイーブな農村青年のイメージを鈴木伝明などのモダーンなスターが積極的に吸収し、日本の田舎を田園劇の舞台にした映画にレイ直伝の麦わら帽子、作業服のスタイルが流行した。牛原虚彦監督の現存作の『進軍』（一九三〇）にそのイメージを見ることができる。当時木下はこのアメリカ映画を見ていなかったようだが、マキノ光雄がこの作品を克明に語り伝えたにちがいない。筆者は未見なので『キネマ旬報』一九二四年二月一一日号「各社近着外国映画紹介　私が愛した娘」からその略筋を紹介しよう。

インディアナ州の或る平和な村に母と二人暮しのジョン・ミドルトンと云う少年があつた。母はメエリーと云ふ孤児を養ふことにしたが、ジョンは成長するにつれて、メエリーを恋するやうに成り、村でダンスの催しのあつた時、帰る途中の馬車の上で胸の想を打ち明けたが、娘は既にウィリー・ブラウンと婚約した事を話した。ジョンはその驚きに馬車の操縦を誤まり、傷を受けたので、メエリーは心をこめて看病をして、ジョンの傷もやがて癒えた。然し若きジョンの心は嫉妬に燃えた。彼は或日メエリーに激しく接吻し、その驚きのためメエリーは死んだと夢みた。その次にはウィリーと争ひ遂に彼を射殺したと夢みて、その恐ろしさと、醒めて後の喜びとに、彼の嫉妬は却つて二人の幸福を願ふ心に変つた。何も知らぬ二人が楽しい結婚式の日、胸に秘めた悩みを抱いて、ジョンは二人を祝福した。人去つた教会堂の祭壇に膝まづ〔ママ〕いて、淋しく情

けなく祈るジョンの姿こそ、世にも哀れなものであつた。（六頁）

そして同誌五月一一日号の岡村章の批評「主要外国映画批評　我が恋せし乙女」はこう称賛した。「何と云ふ美しい恋の物語であらう。夢見る日の多かつた少年時代へのスーベニアとして、優しい微笑と泪ぐましい感激とを観る者に与へるそこには安つぽいセンチメンタリズムも無ければレイ映画のユーモアもない。恋知らぬ腕白盛りの頃から、やうやく愛欲の悩多きはたちの頃への悲しいプロセスの中に、何等よどみも見られない、クラシカルな文字と簡単な語法のタイトルも詩に基くこの映画に相応しかつた。我がレイ氏は何の誇張も技巧もなく他者に随従を許さぬ自信を以て燦として輝いてゐる。〔パッシー・ルス・〕ミラー嬢も寂しい孤児として恋を夢見る乙女として可憐な然し完全な演技を示し」「ド・グラッス氏の監督も可、長閑な中部インディアナの地方色、その当時のセット、衣裳も良い」（二〇頁）。筈見恒夫の『映画五十年史』（鱒書房、一九四二年）は当時のアメリカ映画の良い一面としての感傷にふれて（ジョン・M・スタール監督の『囁きの小径』〔一九二六〕など）、「『我が恋せし乙女』にも、惻々と胸に迫る感傷がある。義妹として育てあげられた相手の娘に、何ごとも云い出し得ず、嫁ぎ行く後の教会のベンチに独り泣き伏してゐる主人公の姿に、若き日のアメリカ映画の素朴さが漂つてゐる」（二八六頁）としている。

これらの批評は木下作品の長所とかなり重複しており、略筋もかなりの違いがあるが、批評が指摘した各特徴は作中に浸透している。一番の違いは時代の反映で主人公の五年に及ぶ中国での戦争と敗戦の経歴であろう。クレールの指摘した馬の疾走は具体的にはわからないが、馬車のそれかと想像されるし、甚吾と美子の馬の追っかけはクレールの指摘に恥じないリズミカルな速い動きがあるし、リリスムの原則としての内的生命の動きがある。飯島正は前出の一九五一年の「木下恵介論」で、「むかしのチャールズ・レイ主演映画にもありそうな牧場物語である」「筋をごく単純にし、自然描写を豊富につかい、主として描写をリズミックにこまかくもりあげ、アクセントをつけて抒情的な音楽的映画をつくろうとした」と回想している。この回想はクレールが一九二三年当時評価したものが木下作品に実現していることを言い当てている。木下はなんと第二次大戦後にフォトジェニー、リズム、動きの三位一体による映画の抒情詩だけでなく、それを弟忠司に作曲させてクレール的な音楽映画を創ったのだ。前作の『大曽根家』が舞台劇的な密室空間で撮られたので、この映画は浅間高原の牧場の大自然とその動きと光の洪水となった。この結果、『わが恋せし乙女』のスタイルのデータは七四分、五一三ショットで一ショット平均九秒、動くショット一八%といかにも無声映画的なものとなった。しかもスタイル上の数値は不思議なことに彼がこれから出会うことになる『河』の、「一ショット平均九秒、動くショット二四%に近いのだ。インドのガンジス河畔の大自然を舞台にした『河』もルノワールにとっては例外的にショット数が多く、移動が少ない。しかもクレールの音楽映画性と映像の音楽性と一九三〇年代以降のルノワール映画などの印象主義的な光の官能性、それらの融合としてのモンタージュ性に富む映像の詩の諸技法が木下作品にも発展している。木下はこの作品で信州と出会うのだが、それは無声期の五所平之助映画との邂逅でもあった。佐藤忠男は前出書で木下の映画少年時代についてこう述べている。「日本映画では松竹蒲田撮影所の作品がいちばん好きで、よく見た。当時、アメリカ映画ばりのいちばんモダーンな青春映画だと言われた牛原虚彦監督の一連の作品や、豊かな抒情性で日本映画の新しい時代を切り開いた五所平之助監督の『からくり娘』や『村の花嫁』はとくに大好きな作品であった。五所監督は詩的なやさしい田園風景をドラマに盛り込むことを得意とし、信州の風景などをじつにいい感じで撮ったが、それで少年時代から木下恵介は信州に憧れた。後年、『破戒』『少年期』『善魔』『カルメン故郷に帰る』など、じつにしばしば信州にロケーション撮影した映画をつくり、とくに『野菊の如き君なりき』では、信州の風景を殆んど理想郷と呼びたいような自然美の純粋結晶に描きあげてわれわれを恍惚とさせたものであるが、これはじつに、かつての映画少年木下恵介の憧憬に芽生えたイメージの成果であったのだ」（一〇六～一〇七頁）。一九二七年の五所の活躍は日本映画史上画期的なものだったが、五所作品は不健康という非難も強かった。飯島正は当時彼を積極的に評価した。『シネマのＡＢＣ』（厚生閣書店、一九二八年）で「五所氏の作品への非難はひとしくそれが不健康である、変質者的である、と云ふことらしい。それは僕もある程度までは認める。五所氏の作品には凡んど常に白痴であるとかおかめであるとかさういふ普通人でない存在が描かれてゐる。そしてある時にはそれが不快感を起させるやうな場合もないではない。しかし僕は技術的方面が極度に発達してゐない日本の映画で、あれだけの映画感を五所氏が作品の上で見せてくれたことは驚異に価すると思ふ。部分部分では時には随分不満を感じながらも、五所氏の作品に愛着を感ずるのはその点である。又その一種の病的さが、細いデテエルの描写にどんなに魅力を与へてゐるかも考へねばならない」「場面の転換に、俳優の扱方に、カッティングに、線は細いが鋭い良心がどこまでも貫いてゐることを感じないわけには行かない」として、「こまかい気分描写や、快いリズムのある表現に依つて、日本映画界に独自の境地を拓くもの」であり、「かういふ作風の監督者が日本にも出て、そして外国人にも決して劣らない表現能力を示してゐることはわれわれ心《〔ママ〕》強い」と述べている（一〇三〜一〇六頁）。飯島正は当時、一九一〇年代からのスウェーデン映画の自然描写の意義に着目し、それが二〇年代のフランス映画に影響を与えたことをフランスの評論家たちの証言をまじえて説き、フェデーの『雪崩』（一九二三）などの作品で実証していた。その成果は『シネマのＡＢＣ』でも明白である。それは五所映画の自然描写の開拓が世界映画の新しい動向だという励ましであった。しかも飯島は五所映画の病的さが実はその芸術を支える重要なものであることを見抜いていた。しかもこれと全くおなじことが木下映画にいえる。木下映画の世界でも、精神や肉体に障害をもった人物が重要な位置を占めているし、そういうものと表現の過敏なほどの細やかさは一体化している。これは五所や木下だけでなく、むしろ日本映画の底流の問題であった。五所や木下の映画は端的に肉体や精神の弱い子も健常の子同等にいやそれ以上に愛するという母性を常に芸術の視座としているのである。『陸軍』の父が息子を弱虫と叱ると、母が体の弱いものは心まで優しいと毅然と反論したように、その豊かで健気な母性があらゆる人と自然を平等に受け入れて慈しみ、女性的な繊細に過ぎるほどの細やかな美の世界に育てあげるのである。木下を五所に結び付けたのは、フォトジェニー時空間としての信州と日本映画のこの母性原理（この作品では『村の花嫁』〔一九二八〕の足の障害者の救済）だったのであろう。

二 〝動き〟のフォトジェニークな抒情的詩法の確立

クレールが『我が恋せし乙女』で称賛した映画の抒情詩の基本原則である〝動き〟の詩法は、ガンスの『鉄路の白薔薇』（一九二三）のリズムと同じ工夫の馬の疾走シーンつまり映像の動きと編集技術の相乗効果による速い動きと、緩慢だが緊張した（内的生命の絶え間のない）動きの二種類である。木下映画の抒情性はこれらの技法を発展させたものであることが、この無声映画とのテクスト連関で改めて明らかにされた。木下が選んだのはアメリカ映画だったが、それはクレールが指摘したようにハリウッド映画よりも、フランス映画に近い美徳をもっていた。これは木下のフランスとその映画との深い共鳴のあらわれでもあった。こうして彼は『我が恋せし乙女』とクレールの批評を熟知していたかのように、映画の抒情詩を創出する基本的な二技法を明示し、さらに処女作の道行シークエンスの妙技を発展させて、道行の抒情的映像詩を確立したのである。

その基本技法1・細密でリズミカルな編集を伴う緩やかな動きの技法

冒頭部分で夏の牧場の丘での労働シーンがあり、五年ぶりに復員した甚吾と美子の兄妹が互いに成人した話をし、冗談を言いあいながらもつれて麦藁に倒れる。汗で少し胸元を開いた美子の笑顔、美しい手足の素肌を思わず見つめる甚吾。倒されて足をつかまれ、「いや」と叫ぶ美子。仲のいい兄妹の無邪気ななかに男女の瞬間が鋭くかすめる。それは非常に緩慢だが緊張した内的生命の絶え間ない動きの始まりとなる。そして美子は母に呼ばれて家に戻り、外出のために化粧と着替えをする場面となるが、彼女の全く日常的で緩慢で劇的でない行為の細

図1

図2

図3

図4

図5

図6

図7

図8

部が環境＝自然の細部との綿密でリズミカルな編集の織りなしにより、木下映画独得の豊かな母性的抒情詩を生みだしていく。以下のコンティニュイティがその表現装置の青写真である。

(1)遠景の固定ショット、母のいる広い土間の台所に美子がフレイム・インして母から校長にバターを届けるよう言われ、美子は「野田さん〔後に恋人とわかる〔山本注〕〕にチーズを持っていこう」と言う〔図1〕。母が退場すると洗面器に水を入れる（二一秒）〔図2〕。(2)顔と手の大写し〔図3〕、顔を二回洗う（五秒）。(3)大写しの顔〔図4〕、手拭いでふき左にオフ（六秒）。(4)その動作にマッチカットで全景固定の美子の部屋（中央に木と山が見える窓、左隅に鏡台、右隅にタンス）に右からインする美子、窓に手拭いを置き、主題歌をハミングして服を脱ぎ白いスリップ姿となり〔図5〕、タンスを開ける（二一秒）。(5)マッチカットでバストの美子、服を出し、上を見てケースを下ろす（一〇秒）〔図6〕。(6)窓の外側全景から裸足で飛び出して前進し〔図

7］、画面一杯に前屈みになる美子［図8］、胸元が開く（七秒）。(7)ケースの大写し、美子の手が白いイブニングドレス、ついでハンガーを取りだす（六秒）［図9］。(8)風にそよぐ枝のショットに下から美子の顔と胸がインしてドレスを枝に掛ける。顔と胸に葉影がちらちら動く（『羅生門』（一九五〇）的光と影の交錯の先駆）［図10］、「何してるの？」男声にこちら見る（七秒）。(9)庭先の遠景、青空と遠くに山並み、右の木にドレス、その左側に美子、すべてが風にそよぎ光輝く。牧童の次郎少年が左から近づきドレスの右側に立ち、「きれいなドレス」と感嘆し、美子が「触っちゃだめ」と叱り［図11］、「私が見つかった時これにくるまっていた」と語りながら、くるまる動作始める（一八秒）。(10)美子のミーディアム、マッチカットでドレスにくるまる（二秒）［図12］。(11)次郎の正面大写しで「あ、形見か」（三秒）［図13］。(12)ミーディアムの二人、「これがダンサーっていうんだな」と触る次郎の手を「だめ」と叩く美子［図14］、体をまわしてドレスから離れ右にオフ（一六秒）。(13)(4)と同じ、美子が主題歌をハミングしながら窓から入り［図15］鏡台の前に座り、窓の手拭いを取り手をふき、クリームを顔にぬり始める。

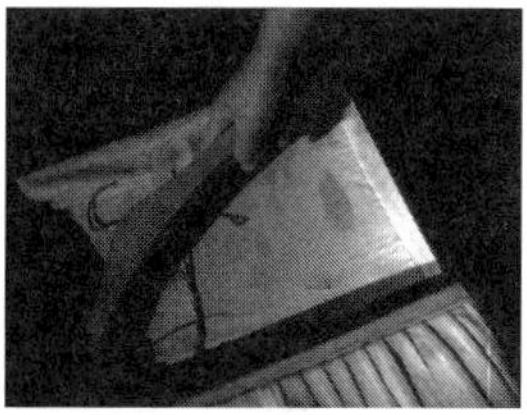
図 9

図 10

図 11

図 12

図 13

図 14

図 15

図16

図17

図18

図19

図20

窓の外に来て立つ次郎「あんなの着て踊ったら天女みたいだな」〔図16〕、美子「そうよ、お母さんは天国で毎日踊ってるの」、次郎「じゃおれがハモニカ吹いてやる」とドレスに向かって「サンタルチア」を吹きだす（二一秒）。⒁庭先、山並みを背景に光る風に踊る木と白いドレス〔図17〕、ドレス上の光と影の交錯が以後に続く（七秒）。⒂踊るドレスの大写し、翻るとそこに右手の山に光る白雲が現れる（三秒）〔図18〕。⒃吹く次郎の大写し〔図19〕からカメラ右下へパンし、窓外からパフで顔を叩く美子のミーディアム（六秒）〔図20〕。⒄マッチカットでパフ叩く美子の大写し（三秒）〔図21〕。⒅画面一杯にふくらむドレスの大写し（五秒）〔図22〕。⒆美子の大写し、顔を前に寄せて上唇に口紅つけ（五秒）〔図23〕。⒇美子の目と口の超大写し、マッチカットで口紅を下唇の右から左へぬる（一秒）〔図24〕。㉑ドレスの超大写し、マッチカットでドレスが右から左へゆれ、次に右へもどる（二秒）〔図25〕。㉒美子の大写し、マッチカットで手拭いで右眉毛を左へ左眉毛を右へと拭う（二秒）〔図26〕。㉓ドレスの超大写し、風に左上に舞い上がり、右下へ（一秒）〔図27〕。㉔美子の大写し、瞬き一回（一秒）〔図28〕。㉕マッチカットで山並みを覆う風に舞うドレス（一秒）〔図29〕。㉖美子の超大写し、顔を向こうにひねり、髪を櫛で下へ三回すく（一秒）〔図30〕。㉗白雲の上で超大写しのドレスの一捻り（一秒）〔図31〕。㉘髪の大写し、櫛が下へ二回（一秒）〔図32〕。㉙山と雲を背景に踊るドレス（二秒）〔図33〕。㉚窓辺で頭と背を揺すって吹きつづける次郎、

図 21

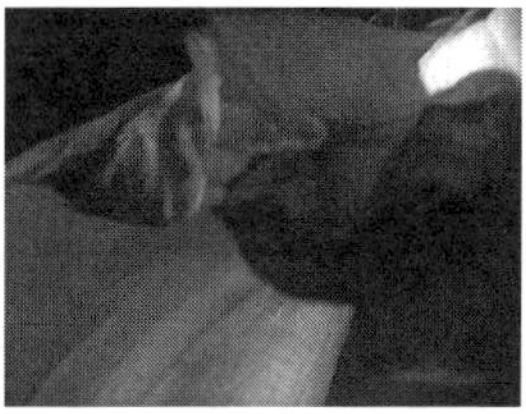
図 22

図 23

図 24

図 25

図 26

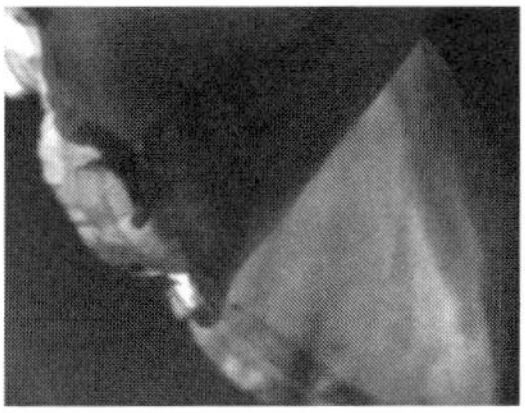
図 27

図 28

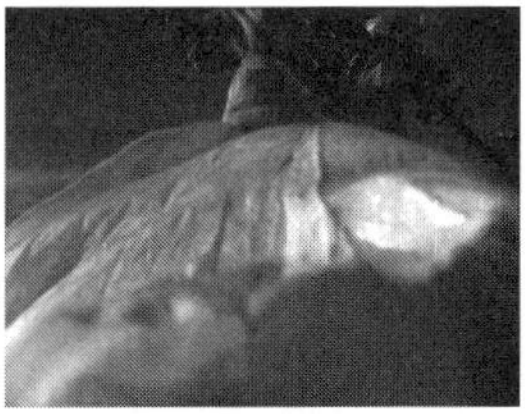
図 29

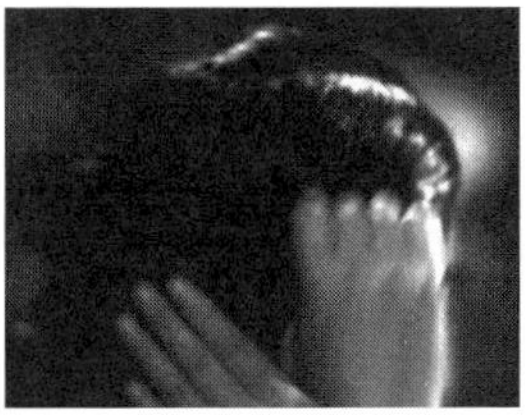
図 30

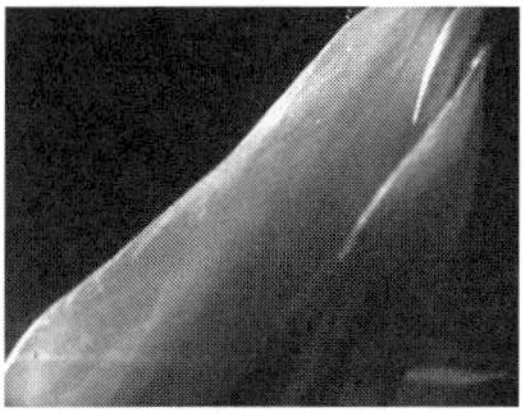
図 31

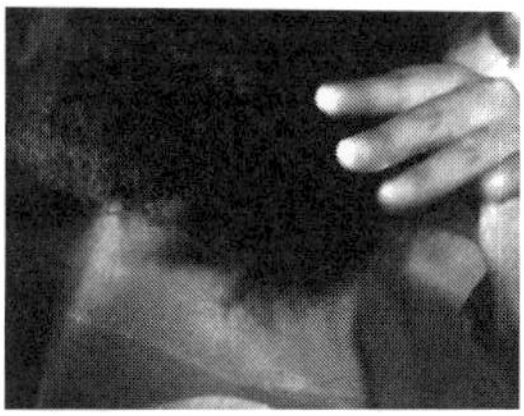
図 32

図 33

図 34

図 35

図36

図41

図37

図38

図39

図40

左に木と踊るドレスの遠景〔図34〕、女声「次郎」（一〇秒）。⑶⑷と同じ、左に美子、窓辺の次郎が「はい」と吹きやめ右見る、母窓辺にインして、美子の馬に鞍をつけるように言う〔図35〕、次郎左へオフ、美子立ち、右向く（一三秒）〔図36〕。⑶⑷の近写、マッチカットで美子の胴だけが右にオフ〔図37〕、窓辺の母が目で追い話しながら美子の置いた服をとりあげ、左方を見る（七秒）〔図38〕。(33)マッチカットで見ている母の顔の表情が曇り「寂しい服だねえ」と言う（四秒）〔図39〕。(34)美子の大写し、顔あげて少し微笑み、うつむく（五秒）〔図40〕。(35)⑷より左寄りの視点の部屋、右の美子がマッチカットでうつむいてスカートのベルトしめ、上着を着る、母「もうじきおっ母さんの命日だけど、お前がこんなきれいになって喜んでいるだろうよ」、美子「お母さんのおかげだわ」、母「書き置きのお前の名の美しい子の美子で、おっ母さんの気持ちが良くわかったよ」、美子「そうじゃないの、このお母さんなの」と抱きつく〔図41〕、母は「どっちでもいいよ、さあいっといで」と美子の尻を叩く、二人はそれぞれ左へオフ（二四秒）。以上は四分一〇秒、三五ショット（一ショット平均七秒）で、ショットが短く、五秒以下が一九ショットもある。

このように日常的な小さな動きを徹底的に細かく分割し、みごとに縫合する細密なコンティニュイティは、ルビッチュの無声映画の風俗喜劇の場合、室内空間内の少しの動きの変化も風俗劇の偽装と本心の精緻な乖離のアイロニーにしたてていく詩的文体の装置だが、当時ルビッチュに傾倒した五所はそれに自然を織りこむ細かい気分描写の装置として開発し、二〇年後に木下はそれを独自の装置とした。次郎の素朴なハーモニカのイタリア民謡の演奏の縦糸のなかに夏の高原の陽光、青空、白雲、山並、木、風、土臭い下着姿の美子の若い生命力にあふれた化粧の動作、母の形見の純白なイブニングドレスの風のダンスを織り込みながら、各ショットを細やかなリズムで細密に分割・縫合して、それを若い娘の内的生命が刻一刻開花していく経緯のホモフォニー（エプスタンのいう「物・生物・精神の精神的ホモフォニー」［編注1］）と、美子の化粧する手や顔の動きを模倣する風に舞う死者のドレスの動きのカノンのポリフォニーと、ハーモニカの緩やかなリズムと映像のカッティングの急の間との微妙なずれのヘテロフォニーなど、〝映像の音楽〟の饗宴となる。最後に木下映画独特の家族の死者の霊による母（ここでは育ての母）と子の三位一体化の終結部となる。ルノワール映画の印象主義的な官能の饗宴とは異なるが、木下映画の母性的な官能に裏付けされた抒情詩の誕生である。

その母性優位は甚吾の原保美、野田の増田順二、次郎の大塚紀男の若い男性や少年に及んでいる。原は『生きてゐる孫六』で、旧家の跡とりのインテリ青年で、祖母や母に完全に支配されている気の小さい弱虫男を演じたように動作も言葉も女性的な優男であり、増田もそうだ。次郎少年も少女的であり、白いドレスがきれいだとくるまったりする。その典型は『少年期』（一九五一）の石浜朗が扮した、疎開地の軍国少年に苛められる東京の少年一郎で、彼は一家を支える健気な母への同化のしるしのように山の手の女性言葉をきれいに喋り、動作も優しい。しかし軍国少年と決闘しても一歩も退かず、敗戦後は彼を庇ったりする。まさに健気な〝少女の鑑〟を体現している。河合隼雄は前述書で、「日本人の自我は女性によって表わされる」（三九頁）と象徴的に述べているが、木下映画の男性には具体的にも女性が明白に併存するのだ。これに対して美子像には活発な男勝りの魅力がある。下着姿のまま、裸足で外に飛びだしたり、少年の手を叩いたり、彼に化粧を見せたりする。六歳年上の甚吾を兵隊に行って髭が濃くなって立派な男に成長したとおだてた挙げ句、顔は昔のままで可愛らしいと冷やかしたり、一休みして横たわる甚吾の顔に突然牛乳をかけたりする。きまり役の健気な母とともに、喜劇でのカルメン〔高峰秀子〕や熊子婦人〔三好栄子〕などの男勝りの勇ましい女性は木下映画の男性の女性化・少女化と対の特徴をなし、母性優位を形成する。これはアメリカ映画や日本映画のマッチョの独善的な暴力崇拝への健康な制御でもある〔もっとも日本の昔話では暗い面の母性は過酷な継母が代表したように、木下映画では文字通り『日本の悲劇』〔一九五三〕で望月優子の母や美青年の田浦正巳らの子がそれぞれ暗黒面を代表している〕。甚吾にとって、少女のような純な少年像は胎内回帰への願望の象徴であり、美子と野田が一緒にいるのを見て瞬時に老人の叡知で現況を読みとる幼い分身でもあり、官能性もおびた少年愛の対象でもある。野田が結婚の許しを甚吾一家に求めにきた時、次郎はそっと甚吾に美子への愛をたしかめながら、「お祖父さんが美子が甚吾のいい奥さんになるといっていた」と囁く〔脚本では、彼は少年の「頭を後ろ向きに両手で抑えつけていました。可愛くて可愛くて抱きしめてやりたいような衝動でした」とある〕。映画ではおもわず彼は次郎の頰を思い切りつねってしまう。ここで悲しげに編曲した主題曲が入り、驚いて逃げだす次郎と甚吾との追っかけとなる。牧童が放した馬の群れが走り、甚吾の行方を遮る。超遠景の二人が牧場の丘の上で疲れて倒れると今度は悲しい編曲の主題歌が入る。ここまでが三六ショットで二分三九秒〔一ショット平均四秒〕の急テンポ。それから倒れた二人の近景のカット・バックが続き、甚吾の大写しが何かを見る。見た目の風にそよぐ野の花の挿入。彼らは決意したように起き上がり、遠景で二人の会話が続く。最後の少年のショットでもう二度とおじいさんと美子の話はしないと誓う。ここまでが一〇ショットで二分二〇秒の序のテンポ。頰をつねった青年とつねられた少年の広大な牧場での追っかけとその余韻のなかでの憩いが五分にわたりこれほど甘美に入念に描かれた例を筆者は知らない。甚吾と美子、甚吾と次郎、彼らの親和的で無心な肉体的接触から滲み出る官能を、木下映画は母性のエロスに包みこんでいる。

その基本技法2・騎馬の疾走シークエンスの早い動きの技法

化粧の後、美子は野田の所へ届け物を持ち騎馬で行く。その出発部分は超遠景の家前から牧場の丘上で働く甚吾の所にきて美子が近写となるまでのパンの長回しの一ショット（五三秒）で描かれる。長い登りの葛折りを一八〇度回転で撮るのは木下映画の特徴である。音楽は前出の秋山によるとヴァイオリン、ギターの抒情的な旋律にオブリガートがつくイタリア民謡風のものであり、美子が野田を牧場につれてくる折にも使用される。会話の後で去った美子と騎馬での甚吾の追っかけシークエンスが、騎馬の速い動き・速いカッティングと勇壮なリズミカルな音楽とのホモフォニーで展開する（ここでも忠司の音楽には鄙《ひな》びがつきまとう。これは日本音楽の伝統＝母性の感性なのだろうか）。三八ショット、二分五一秒で一ショット平均四・五秒の、黒澤の騎馬の疾走シークエンスに劣らぬみごとなもので、甚吾が美子に追いつき、気づいた美子が競走をいどむ（二二ショット目）までの第一部と逃げる美子に甚吾が山頂で追いつき止まる（三八ショット目）までの第二部からなる。ショットは殆どワン・ショットである。第一部は六ショットまでは超遠景の空の開いた丘陵を、以後は流れる木立の手前や木立越しを走る（これは後の黒澤映画で疾走の速度感増加の常套として完成される）が、とくに五ショット目は白雲を背に稜線上を小さな騎馬が疾走するもので、『羅生門』の多襄丸のそれの先駆である。進行はすべて左方向で、例外的に六ショット目は左から奥へ真っ直ぐ、次のショットで一八〇度カットで奥から前進し右に曲がり進み、次のショットからはまた一八〇度カットで左方向へ進む。二二ショット目でもう一度一八〇度カットして右方向に変わる。三度のパン以外は固定ショットで人馬はフレイム・インそしてアウトの連続となる。そしてカメラの位置はカットのたびに寄り、したがって画面を横切る時間は加速度的に短くなり、途中で一、二回遠のいてはまた加速をくりかえす。直進、一八〇度カットの挿入による方向転換も地理的・音楽的変化の妙を生む。第二部ではほとんど動くカメラの右進行となるが、二四ショット目が素晴らしいスタートをしるす。今度は競走に誘った美子が左からインして直角に曲がり、木立のトンネルの奥に直進し甚吾がそれを追う。森は黒く視野を覆い、道の奥がトンネルの出口となって白く光り、そこを騎馬で男が女を追い直行するというエロティシズムがこの追っかけのシンボリズムを豊かに熟成していく。サスペンスを盛った音楽とカッティングのホモフォニーのメティエがここからさらに冴え、そのクレシェンドはより性的となる。二人は最後に坂を下り、そして一八〇度カットで山の頂で止まるツー・ショットとなり鎮静のコーダを示す。二度のパン以外はすべて固定ショットで、一部同様のクレシェンド編集がある。このメティエ、シンボリズムは木下映画特有の控えめに象徴的で、同時にあからさまに生理的（性的）エネルギーの噴出を着実に誘導している。

そしてそれは、直後に二人が見晴らしの良い山頂の白い花の咲く木の陰で休憩する場面の、細密でリズミカルな編集を伴う緩やかな動きの技法がみごとに継承していく。ここは二五ショット、四分三九秒で一ショット平均一一秒だが、緩やかというより静止に近い動作と物語の休息に比してカッティングは速く活気を増す。激しい追っかけを終えた二人はその余韻のなかで木陰にゆったりと座り、横たわり涼をとる。そのカッティングは遠くの峰々からのそよ風に木漏れ日の斑模様が二人の若い肉体と魂に揺らぎ続けるのを敏感にとらえる。そして『羅生門』の先駆のように木漏れ日の光と影の錯綜により、兄妹と男女、意識と無意識の境界を幻惑的に錯綜させ、消していく。秋山のいう「ソロ・ヴァイオリンによるツィゴイネル的な下降音型をみせる音楽をふくんだオーボエ、ハープなどの抒情的な音楽」（三一二頁）が、早坂文雄のボレロのように、錯綜の試みに参加し緩やかな波のような反復をくりかえしながら、時折高く登りつめては下降するジプシー音楽的な官能の大きなうねりを示す（『未完成交響楽』〔一九三三〕の酒場で歌われたジプシー音楽調の「私に告げよ」の官能的な余韻が次の麦畑のラブシーンにつづく瞬間によみがえる）。美子は水筒から牛乳をむさぼり飲み、喉に牛乳の白い液を滴らして、いきなりふざけて甚吾の顔にも白い牛乳をかける。顔をふきながら甚吾は美子が遠くをじっと見ているのに気づき（音楽が大きくなる）、その視線の先をたどる。見た目のショットで眼下の美しい自然の山麓に点在する超遠景の村。村を見ている美子の大写しと甚吾のそれが何度も交代する。二人の全景となり会話が始まり（音楽が少し引く）、互いに村の風景を指さして美子の幼い頃の思い出をたどり、兄妹の記憶の共有とそのずれを明らかにする（演劇の田園劇の伝統的主題の相思でない愛のずれの始まり）。二人は互いに話があると切りだすが、祭りの夜へ先送りして別れ、直後に美子は恋人の野田を観客だけに紹介する。この場面には木下の抒情の枠のなかに黒澤的な光と影に錯綜する官能と田園劇の自然とエロスの饗宴が玉虫色の光彩を放っている。

その基本技法３・道行シークエンス　時空間の移りの技法

木下恵介ほど映画の道行を愛し、多用し、傑作を残した監督はいない。処女作の『花咲く港』の天草で村の事業家の遺児がやってくるという知らせに、村人たちが着飾って迎えにいくところで、馬車がトンネルに入ると、過去の思い出（東南アジアの映像）が闇のなかに出現する映画感覚にみちた道行を創造して称賛を博し、『陸軍』では息子の出征の行進を追う母の必死の姿に道行の感動の頂点を示し、この母の道行で木下映画の母性マニフェストを行った。戦後はこの作品で彼は多様な道行のエチュードに挑戦して、道行の技法の次のような基本を確立した。人物の歩行や馬車、騎馬の移動にあわせた横移動・パンによる遠景主体の絵巻風撮影（しかし俯瞰により現実の質量感に満ちた）に、横移動の一八〇度転回、横移動から画面奥への直進移動への変化、画面奥への直進あるいはその逆の手前への直進のショットなどを加えて、地理だけでなく風景の立体的な変化をモンタージュにより心象的に形成し、さらに人物間のカット・バック挿入によりその風景と心理との刻々の共生の変化を表現し、その道行にさらに演劇の伝統のように音楽を並行・対置し、かなり長い独立的な馬車、騎馬、歩行の移動のシークエンスを形成した。もともと道行とは人生やロード映画《ムービー》のように、目的地の到着より旅の刻一刻の過程が生命である。つまり、それは最も純粋に人間的で映画的な瞬間なのである。以後、木下は各作品で優れた道行を創造し、ロード映画の大家、清水宏の作品に匹敵するロード映画『女』（一九四八）の実験佳作を発表し、優れた道行の集大成的な『二十四の瞳』（一九五四）、『野菊の如き君なりき』（一九五五）、『喜びも悲しみも幾歳月』（一九

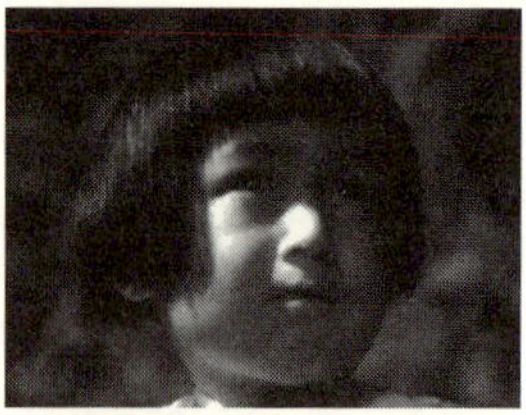
図42

図43-a

図43-b

五七）などを発表する。自然と時代の移ろいを心身で受入れ、人がそのなかを死と再生の意識と美で水平的に移ろうのはまさに母性的であり、木下はそれを映画に開拓したのだ。

最初の道行は美子の幼女時代から少女時代そして現在の娘時代への経過を端的な道行のモンタージュ・シークエンスで表現している。

まず捨て子の美子（乳児）と少年の甚吾との出会い。彼が美子の頬をつつく。

(1)幼女時代、その美子の大写し。木曽節を三味線で弾く旅芸人の一行を見たがる美子をおぶって追う少年の甚吾。道行は旅芸人の歩行とそれを追う甚吾らの歩行をカメラがとらえる。甚吾の歩行の一八〇度の回転や超遠景の小川と山野を彼らが左への横移動で延々と歩き、ついに旅芸人に追いつく長回しの俯瞰ショット、旅芸人らの横移動から画面奥への直進の変化などからなる。歩行は移動とパンの撮影を使用、人物のミーディアム・ショットや大写しもある。とくに甚吾と美子のカット・バックと芸人と二人のカット・バックは鄙びた旅芸人への二人の興奮と感動をつたえる。七ショットで一分四四秒（一ショット平均一五秒で緩やかなテンポとリズム）［図42〜48］。

(2)少女時代、その美子の大写し。荷馬車に乗って「靴が鳴る」を歌う美子とハーモニカで伴奏する少年の甚吾。前の道行の行程と逆を辿り超遠景の馬車が以前と同じ小川を渡り、右へ登って近づいて来て道なりに九〇度回転し、さらに右前方へと去って行く（カメラはパン）長回しのショット。三ショットで五一秒（一ショット平均一七秒）［図49〜51c］。

(3)娘時代＝現在（ここは道行ではないが）、その美子の大写し［図52］。そして主題歌を歌う美子と合唱や伴奏

図 44

図 45

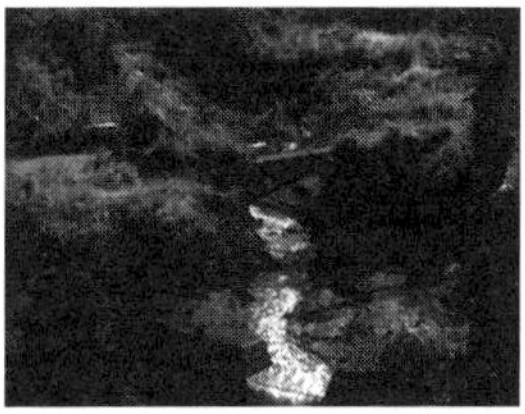

図 46-a

図 46-b

図 46-c

図 47

図 48

図 49

図 50

図 51-a

図 51-b

図 51-c

図 52

図 53

図 54

（ハーモニカ）する若者の甚吾［図53］や牧童たち［図54］。

次に馬車・騎馬隊による主題歌入りのジョン・フォードの道行のオマージュが華々しく展開する。村の豊年祭に行く甚吾と美子の花で飾られた馬車の道行が、牧場から途中まで牧童たちの騎馬群と一緒に、三二ショットで二分二四秒（一ショット平均四秒）の軽快で高揚したテンポで同様なテンポの主題歌とホモフォニー的に展開する。二人はこの日に大事なことを互いに打ち明ける約束をしており、敗戦直後の村祭らしい若さの歓喜のみなぎる華やかでエキゾチックな山車＝馬車・騎馬団の風流的道行の劇的設定がある（豊年祭の音頭一同形式の民謡と踊りとともに田園劇の結婚祝祭の日本版）。木下はフォードの『荒野の決闘』（一九四六）の主題歌の使い方に強い感銘をうけており、それは主題歌の愛用となり、またフォード的な馬車や騎馬の爽快な行進のみごとな描写を示している。牧童の次郎少年が「出発！」と叫び馬に鞭をいれると、車輪が回り速いテンポの主題歌がはじまり、馬車が左向きから一八〇度急転して右へ進み、牧童頭も馬を右に急転して移動を開始する。そして馬車を中心に騎馬群の各ショットが右横移動を主体として、右斜め前進と右斜め奥への前進を交え、最後にS字型前進（固定カメラで）から直進（トラッキングで）に変わり、右横移動を一ショット入れて、固定カメラでの前進で村に到着となる。馬車や騎馬の人物は殆ど白雲の浮かぶ青空を背景にしたフォード・ショットでとらえられている。しかもその編集法も多様で、移動はパンやトラッキング撮影と固定画面への馬車などのフレイム・インおよびアウトを両用し、カメラ・アングルは水平のほかに俯瞰と仰角を用い、サイズは超遠景から大写しまでを大胆に組み合わせる。この撮影・編集技法の多様性は映画の基本のリズミカルな動きの生命をもたらすだけでなく、牧場から二人の約束の祭の場への道を簡潔に指示する。方向は右手であり、道程は右移動と斜め手前前進、斜め奥前進そして前直進の混合としての広大な高原の葛折りの山路であり、そこを恋する二人は一気に駆け抜けるのである。そして村祭で甚吾は美子に恋人がいるのを見て、意中の人が自分でないことを知らされる。喜びの約束の祭が絶望の場となり、左方向の帰途は主題歌も沈んだ編曲となる。

三　自然と人の饗宴の場の映画的エピファニー

文学では単純、平凡な出来事の実体への直観的な洞察を象徴的に描写する場面あるいは作品をエピファニーとよぶが、これは神の顕現の語意に由来するものだろう。東方の三博士の訪問によって象徴される救世主の顕現がそうだ。この作品にもそういう訪問の場面がある。祭の翌々日、野田が美子の求婚者として牧場に甚吾を訪ねてくる。祭の夜、美子に野田のことをうち明けられて、深い悩みのなかで甚吾は二人を一緒にする決心を母に告げる。母は息子の気持ちを知って、「お前は可愛いけど、美子だって可愛い」と泣く。丘の上から甚吾は美子に支えられて登ってくる不自由な足の野田をじっと見ている。そんな母と兄の思いを二人は全然知らない。彼は思わず途中まで下りて迎え、挨拶を交わし、美子は家に戻る。ここからカメラの一五ショット三分一〇秒（一ショット平均一二秒）の抒情と凝視の中間で二人の男の対話が行われる。野田はまず牧場を見回して「なんていい所だろう」と感嘆する。明るく鄙びた旋律のイタリア民謡風の音楽が二人の背景の木立越しの浅間山にナポリ風の空と風と光と草花の輝きを添える。すべてのショットでこの音楽と輝く自然の饗宴が野田の訪問を迎える。「どこで負傷なさったんです」と甚吾が単刀直入に開く。「魯東《ろとう》作戦の時に沂水《きんすい》で」の答えに「自分もそこをよく通った。水の綺麗ないい景色のところだった」と甚吾。野田は「担架で運ばれながら、朦朧とした意識のなかであの沂水の青い空の色だけははっきりと覚えている。これで死んで戦争から逃れられると安らかな気持ちになれた。それほど綺麗な空の色だった」と語る。甚吾も「自分も二度とこの牧場のこの景色を見られるとは思わなかった」と語ると、「お互いにひどい目に合いましたね」と野田。「思い出してもゾッとします」と甚吾。野田は「いいなあ生きてるって」と語りながら、甚吾の見ている前で草に手をのばして何かをつかむ。二人の見た目のショットの掌の中から顔をだしている大写しのバッタに野田の声がかぶさる。「死ぬほどの苦しみをしてきた人でないと生きていることのありがた味がわからないんじゃないかしら」と、バッタを掌から逃がす。聞いている甚吾のショットに野田の声。「そうしてまた、生きている事の有りがた味を知っている人なら決して下らない生き方をしないと思うんですけれど」。甚吾が聞く、「でもそんな負傷をしなかったら、もっとよかったとは思いませんか」。ここで山並みを背にした二人の全景ショット（一分の長回し）となり、野田はこう答える。「そうは思わないんです、この不自由な足をなでていると、よくも生きていられたと思って、この醜い足が堪らなく可愛くなってくるんです。そしてこの世の中のことは何でも可愛いですよ。まして憎んだり怨んだりする気持ちにはなりませんから、甚吾さん、美子さんからお聞きのこと気に障ったらはっきり仰って下さい。あなたやお母さんが一番美子さんの幸せを願っていらっしゃるんですもの」。じっと考えこむ甚吾のショットが二度続き、最後に迎えにきた美子の声が聞こえて対話が終わる。

この場面の顕現《エピファニー》はまるで夢幻能のようにワキの甚吾とシテの野田の問答がもたらす。最初に美子から野田のことを知らされた時、甚吾が問題にしたのは彼が身障者だったことだ。「今に後悔するぞ」と懸念する兄に美子は野田が文化会を作って村の青年たちを指導している立派な人であり、身障者でも心は誰よりも真っ直ぐな人だと訴えた。甚吾にはそのこだわりが消えていない。甚吾が美子に助けられて登ってくるのを見つめる時、彼の見た目の不自由な足の大写しが入る（脚本は「甚吾は思わず目を見張る。野田の醜い歩き方である」）。そして負傷のことをすぐ話題にし、野田が「負傷したからこそ生きているありがた味がわかる」と答えると、「そんな負傷をしなければもっとよかったとは思わないか？」と聞く。こういう質問は不作法で差別的だが、それは彼の家族としての心配と嫉妬の自然な現れと理解もできる。すくなくとも野田は家族の心配と理解して、最後に「この不自由な足をこうやってなでていると」以下の回答をする。こうしてシテは重傷を受けたからこそ生きるありがたさを知り、障害者であるからこそ生きとし生けるものの尊さを知るとワキに語り、観客を代表してシテを深く理解する役のワキの目の前で、見かけ上の障害者の姿を消して、美子が信じている魂のすぐれた健常者の姿を顕現するのである。そしてこの問答の底流に二人の元日本兵の死の戦争から解放された深い思いが静かにしかも強く流れている。映画はその思いと自然の風光とを互いに投影させていく。その投影は、戦争の死の淵で見た沂水の青い空の色や二度と見られると思わなかった牧場のこの景色、掌のなかのバッタと死ぬほどの苦しみをしてきた生還兵の歴史、障害のある足をさすりながらすべてを受け入れて再起を語る野田とそれを自分の声として聞く甚吾の二人の人間と、母のように抱擁する自然（能の国土草木悉皆成仏《しっかいじょうぶつ》の自然）などの間でなされる。同時に顕現したのは母性の愛のなかに二人の男が個人差を競う恋敵でなく、絶対平等の兄弟として同化される日本人の心理における母性優位の世界である。母性は弱者、障害者という子を誰よりも強く庇い、愛するのである。恋敵《こいがたき》の競争を指示した占領軍検閲の父権意識を強固に拒否したのはその母性であった。同時にそれは父性像不在の世界の顕現となった。木下が戦中に確立した母性優位のホームドラマは戦後の映画からテレビに父性像不在のセットで継承されていくことになる。河合隼雄が『コンプレックス』（岩波新書、一九七一年）でいう、それはもともと父性像が存在しなかった日本で心理的な母性の支配力を父権制の社会制度によって補償しながら平衡を保っていたが、敗戦によりこの制度が壊されて母性の力が急激に強まる歴史（一八八頁）の始まりでもあった。

ルノワールの『どん底』『ピクニック』（一九三六）、『河』、『草の上の昼食』（一九五九）などの美しい自然での人の饗宴（同時に人と自然との饗宴）の場面のように、観客は人物たちとともに光と影のたゆたう印象主義的な五感の官能的時空間のなかで休息しつつ、その詩的な洞察に強く共鳴する瞬間がある。これこそルノワールの映画的エピファニーである。それは映画から観客への新鮮な官能的な愛と明晰な理性に支えられた人生知の饗応であり、ルノワールの偉大な芸術の核でもある。彼の国際性を象徴するようにロシアを舞台にしながら同時にすぐれたフランス映画である『どん底』は、以上の映画のなかで当時日本公開された唯一の作品で、一九三七年度『キネマ旬報』ベスト・テンの第三位に入賞している（公開は一一月二三日）。遠くを船が進み、その波が川面を伝わるように、エンジンやアコーディオンや子供や犬や風などの声の静かなさざめきとしじまが流れる美しい河畔の草原で人々が酔って昼寝を楽しむなかで、泥棒のペペル（ジャン・ギャバン）と零落した男爵（ルイ・ジューヴェ）が男爵の手の甲を這う蝸牛《かたつむり》を見つめながら身の上を語りあう場面は有名になったが、トーキー映画の印象主義的な饗宴のエピファニーの最初の範例であろう。カメラは河畔の情景から寝ている二人へ、先に体を起こして「自分たちの宿は蛆虫《うじむし》がうようよだ、なにもかもが腐っている」と語るペペルに導く。男爵も起き上がり手の甲の蝸牛を見ながら彼の話を聞く。「何もかもあきあきだ」と言うペペルに男爵は「私にもか」と聞くと、「旦那は格別、ここに来た訳を話さねえもの」。男爵は蝸牛を時々見ながら、「頭にもやがかかっていて何も話せない、昔から服ばかり着替えていたが学んだことは皆忘れた」と語りだす。ここでペペルも蝸牛を見ながら聞き入る。「最初は学校の制服、結婚して燕尾服やガウン、そして役人の制服、さんざ金を使って服はだんだん粗末になってこのざまだ」と男爵は蝸牛を摘まみ上げ、万事夢の如しとまた甲にもどす。ペペルは「まだ囚人服があるといい」「お前は」と聞かれて「いずれ着せられる」と答え、一生獄暮らしの父のようになり獄で死ぬのだと言う。「だが」とペペルは熱っぽく語る。「ナターシャと一緒になれば別だ、生まれ変わって蛆虫とおさらばして遠くへ行くぜ」と遠くを見る。男爵もその視線の先の遠くを見るが、ペペルに「旦那は？」と聞かれ、「ここに残る、草原に寝るのもいいといったろう」と蝸牛を摘まみ、「それが今になってわかったよ」（二人の初対面でペペルがその自由の楽しみを語ったのだ）と草に放してやる。そして二人一緒にゆっくりと草のなかに寝る、ペペルの笑いを含んだ声と共に。もともと出来事の休息でもある三分四六秒の伴奏音楽抜きの場面は、僅か七ショット（一ショット平均三二秒）のルノワール独自の長回しの美学により、それだけショット内の印象主義的な際立って自律的で解放された感覚＝官能により、美しいマルヌ河畔の自然と人の共生の濃密なシンボリズムの場を熟成していく。こうして、蝸牛の意味はのろまとか虫けらの字義をはなれて自然児としての自由の象徴となり、さらにその着替えの意味は単に習慣的に服を替えるだけでなく、その地位、年齢、ジェンダー、民族などの制度の生き方を変えることであり、そういうペペルと男爵の関係や生き方は当時の人民戦線のそれや階級問題だけでなく、『素晴らしき放浪者』（一九三二）のサテュロス（田園劇《パストラール》の情欲の象徴）的かつ現代的なブーデュの放埒な自由ともかかわり、そして近代・反近代の今日の大きな問題となる。こうしてこの場面は、そしてこの映画のテクストは、開かれたものとして、多様な意味と感動を、思いがけない再解釈を、雌雄同体の蝸牛のように自己増殖し続けていく。こうして観客は河畔の草原での友情と自由の饗宴のなかに、映画の愛と自由そのものが顕現する瞬間を持つ。これがルノワール映画と映画そのものの規範であった。木下恵介はこうして未知の『河』との出会いにむかって自己の映画の道を歩んでいたのである。

［1］René Clair, *Cinéma d'hier, cinéma d'aujourd'hui*, Paris, Gallimard, 1970.

［2］René Jeanne and Charles Ford, *Histoire encyclopédique du cinéma*, T.Ⅲ : Le cinéma Américain, 1895-1945, S.E.D.E, Paris, 1955, pp.323-324

［3］David Robinson, *Hollywood in the twenties*, ed. Peter Cowie(New York : Paperback Library , 1970) , p.152.

［4］René Clair, *Réflexion faite : notes pour sevir à l'histoire de l'art cinématographique de 1920 à 1950*, [S.l.] , Gallimard , 1951.

［5］Léon Moussinac, *Naissance du cinéma*, Paris : J. Povolozky, 1925.（抄訳＝レオン・ムウシナック『ソヴィエト・ロシヤの映画　シネマの誕生　映画技術の未来』飯島正訳、往来社、一九三〇年）。

［編注1］ジャン・エプスタンは、たとえば『エトナ山から見た映画』に収録された「フォトジェニーのいくつかの条件について」というエッセーのなかで、フォトジェニーを「物体・生物・精神の全外観」と定義している。以下を参照。Jean Epstein, *Le cinématographe vu de l'Etna*, Les Ecrivains Réunis, 1926, p.23. 飯島正『前衛映画理論と前衛芸術　フランスを中心に』白水社、一九七〇年、四一二頁。

第2章　木下恵介とフランク・キャプラ

一九四九年に木下恵介は二本の喜劇『お嬢さん乾杯』と『破れ太鼓』を発表し、同年度の『キネマ旬報』の日本映画ベスト・テンの第六位と第四位を獲得した。この二作品は、日本に本格的な喜劇映画が出現するのを戦前から待望していた飯島正の希望を満たすものであった。彼は『キネマ旬報』一九五〇年二月一日号の「喜劇映画について　日本映画のために」で、それまでの日本の喜劇映画をこう概括した。

日本にも、むかしから狂言のような喜劇があったが、日本映画の喜劇は、そこから発達したものではなく、むしろ、アメリカのキイストン喜劇、いわゆるスラップスティック・コメディズから、あるいはロイド、キイトン、チャプリンの喜劇から、影響をうけて発達したものとみた方がただしいであろう。その時期は大体、一九二〇年代のなかごろである。

トオキイとなってから、多少日本映画の喜劇も変化した。日本語が映画にはいってきたので、日本の舞台の喜劇が映画にとりいれられるようになった。エノケンやロッパの喜劇がそれである。また寄席からは、エンタツ・アチャコが映画にきた。その意味で、いくぶん日本の喜劇映画に、日本的な要素がくわわったといえるけれども、それが特に映画のつくりかたにまでいい影響をあたえたとはいえず、監督手法の点では、一九二〇年代のつくりかたが、むしろこわされたままになっているくらいである。

キイストン系の日本の喜劇映画は、笑劇の部類に属するもので、それが大体日本では代表的なものといえる。（一八頁）

そこに喜劇の部類に属する映画をもたらしたのが木下の二作品だと筆者は評価する。そして、「映画の喜劇は外国からきたジャンルである」ゆえに、この二作品の成果を木下によるフランク・キャプラ映画の研究成果とみなしている。飯島正は比較映画史の視点でこう語る。

「アメリカ映画独特の（いわゆるむかしの活動屋の術語で）『人情喜劇』と称するもの、これはフランク・キャプラの『或る夜の出来事』ですっかり若返り、それ以来それに似たおおくの佳作をだしてきているが、この亜流はかなり日本映画にもよくある。しかし、この種のものは、細部描写の工夫や、せりふのおもしろさが、実は一番大切なので、日本の場合は、仏つくって魂をいれていないうらみがある。木下恵介の『お嬢さん乾杯』はこの系統の一番の佳作である」。さらに『破れ太鼓』に『我が家の楽園』（一九三八）の影響を認め、「そうしたアメリカの『人情喜劇』の新生面を、もっともっとよく見きわめたならば、日本の『人情喜劇』の足ぶみも、いい加減できりあげられるはずであった。しかし、この方面では、木下が一人いるだけでもともかく心強い」（一九頁）。

そこで以上の諸問題を検証しながら、木下恵介が日本映画にもたらした「喜劇」の本体に近づいてみたい。

一　『お嬢さん乾杯』と外国映画

『或る夜の出来事』（一九三四）は同年のハワード・ホークスの『特急二十世紀』と共にスクリューボール喜劇の嚆矢となった。これは古いボーイ・ミーツ・ガールの伝統にもたらした新しいジャンルであり、エクセントリックな女性の指導によるアメリカの富裕階級の求婚を扱い、その的となった男性はめったにこの事態を知らされず、結末は異常にこっけいな男女のたたかいの末に男が敗れるというものである。男性は一九二〇年代のウィル・ロジャース式の有能な〝庶民的《クラッカーバレル》〟哲学者のタイプにかわってアンチヒーローとなった、等が定説といえるものだろう［1］。

『或る夜の出来事』は主人公のピーター（クラーク・ゲーブル）が、むしろポピュリズム喜劇のロジャース式ヒーローであり、大いに庶民的《クラッカーバレル》哲学者の有能ぶりを発揮し、庶民世界に逃げこんできた富裕階級の娘エリー（クローデット・コルベール）をある時には父親のようにリードしていく点で、主人公に関してはやや例外的ともいえよう。事実キャプラは以後ポピュリズム喜劇の旗手として活躍していく。そのことはこの作品の主題に大きくかかわっている。富豪の娘エリーは父への反発から、家出をし、父の追手を避けながらマイアミからニューヨークまでのバス旅行をし、飛行家の恋人に会いに行く。この長旅をいっしょにするのが新聞記者のピーターで、事情に気付きながら無償のエスコートをしてやる。気の強い二人は道中いろいろと衝突する。それは富裕階級と労働者階級、エリートと庶民、男と女というさまざま劇的対立をみごとな機智で織りなしていく。最後に二人はエリーと飛行家の結婚式場からエリーの父の助けをかりてかけ落ちをして結ばれる。ここでピーターが示す信条はポピュリズム、即ち絶対多数の庶民の意志が永遠に一握りの世慣れた邪悪な者に脅かされているという根本的な確信である。それはさらに次のような特徴を示す。地方や小さな町の生活の賛美、愛国的運動の反映でもある庶民出の神話的指導者の賛美、その現象の強いノスタルジアを反映する伝統的価値と習慣への固執、エリートの主知主義への反対、正直な労働に対する誠実さ、人間の善性と個人の重要性に対する楽天主義である［2］。

ピーターがエリーを肩に担いで川を渡る時に、エリーとかわす議論は彼のポピュリズムの真骨頂を示す。エリーが富裕階級にも家庭の団欒があり、昔父親に肩車をしてもらった幸福を伝えると、ピーターは金持ちには本当の肩車はできない、最高の肩車ができるのは庶民出の大統領のリンカーンだけだと断言し、なお反論するエリーの尻をぴしゃりと叩く。このポピュリズムこそ庶民が富裕階級や主知的なエリート階級の奴隷とならぬための自由の護符だったのである。

こういった諸特徴を『お嬢さん乾杯』は敗戦直後の日本の状況のなかで生かしている。まず何よりこの映画も階級の違う男女が、お見合い、交際、結婚という道程を共にする話であり、その間に二人をめぐるさまざまな対立とその克服を機智豊かに描いている。『或る夜の出来事』はエリーたちの道中が常に探偵や賞金目当ての人々に見張られており、目的地にはエリーの恋人が待っているという外的な障害を状況に生かしながら、ドラマの葛藤と解決を、二人が自身のなかに抱えこんでいる性的、文化的、社会的、経済的、政治的な諸問題の日常的な対立という内的な障害とその解決として明示するというみごとなアメリカ喜劇映画史上の革新を示し、その革新は以後アメリカ喜劇の古典として継承されて行ったのである。

『お嬢さん乾杯』は敗戦を反映して旧華族の没落と新興ブルジョワ階級の台頭を扱った『桜の園』の世界を導入している。脚本家の新藤兼人はすでに吉村公三郎監督の『安城家の舞踏会』（一九四七）でその導入を試み、旧階級没落の白鳥の歌映画として成功を収めた。しかし敗戦は同時にアメリカによる日本の民主化という革新の時代でもあり、それゆえに『安城家の舞踊会』の時代錯誤の感傷性が際立ってしまったのだ。『お嬢さん乾杯』はそこに『或る夜の出来事』の新時代の革新を持ちこむことで、その古風さを克服し、人物に新しい時代を生きさせている。とくに主人公の石津圭三（佐野周二）はピーターの血筋をひいている。ガサツだが、気は優しく、父親の抱擁力を持つ。四国出身で、地方との心のつながりは強い。自分の労働で稼いだ金を恋人の苦境のために無償で提供する。バレーやショパンに思わず涙することもあるが、ボクシングや民謡を愛する。この人物像はピーターだけでなく、アメリカ喜劇の典型的な富裕なテキサス人にも通じる。「激動する世の中ですべては金だ」と旧華族の娘・池田泰子（原節子）に断言する石津だが、愛は金では買えず、本当の幸福は人に愛されるより人を愛することだと人の善性を悟り、彼女の幸福のために生きようとする。キャプラ的な理想主義の高揚がここにある。そしてその時泰子の心にも愛の感動が生き始めるが、そこに至る迄の泰子の道程もキャプラ的である。泰子は石津との交際のなかで、ボクシング、焼酎、民謡（「よさこい節」）などの庶民主義の洗礼を受け、とどめに石津の後見役のバーのマダムから、「愛しているなんてことばじゃだめだ、惚れたと言え」と言われる。そこで泰子は「惚れております」と言い、故郷に帰る石津を追う。ここで松竹の往年の大メロドラマ『愛染かつら』（一九三九）の主題歌「旅の夜風」の音楽が高鳴る。音楽もショパンの「幻想即興曲」から「旅の夜風」へと庶民主義への道を辿るのである。

『お嬢さん乾杯』も『或る夜の出来事』と同様に、男女の出会いから結婚に至るまでの結婚喜劇であり、これこそ西洋の喜劇の伝統、つまり紀元前四世紀ギリシアのメナンドロスの新喜劇をローマ演劇のプラウトゥスやテレンティウスが継承し、さらにヨーロッパ演劇が発展させてきたものである。その原型は、青年が美しい娘に恋するが、彼女の金持の父に反対される。そこで青年は友人や下男の助力のもとに策をろうして父に勝ち、結婚にゴール・インするというプロットである。それは歴史の発展の論理つまり、父が象徴する体制に新世代が勝つという社会変革の成功とディオニソス的な繁殖の祝祭の一体化なのである。そのために若き主人公はアナーキーで攻撃的、活動的なエネルギーに満ちているのである。こうして西洋の喜劇の伝統は、シェイクスピアのロマンティック喜劇のように、恋人たちに関心を集めたり、モリエール喜劇のように、真実の恋を妨げる人物や性格に関心を集めたりすることで、時代の関心の変化に対応してきたのである〔3〕。

そして『お嬢さん乾杯』が『或る夜の出来事』を通して西洋から移植したのは、歴史の発展の論理を持つ伝統的な西洋喜劇の原型と、それに基づいた、民主化時代の男女が自己の中に抱えこんださまざまな内的障害を克服するという喜劇的革新の二重の革新であった。

そしてこの移植の成功は、細部描写の工夫や台詞のおもしろさと共に、外国映画から導入した映画音楽の効用による所が大であり、それはまた木下喜劇の特徴となるものであった。そこでこの問題もとりあげておこう。まず、主題歌の「バラを貴女に」（木下忠司作詞・作曲）はシャンソン調のワルツであり、詞もシャンソンの日本語歌詞（翻訳・翻案でなく日本で曲にあわせて作詞したもの）によく似ている。

「きのう街で会った可愛い娘さん　胸に咲いた花赤い恋のバラ　だけどほほの色はバラよりも赤く　軽い足どりで歌を歌っていた　ああ若い日の思い出　ああ若い日のあこがれ　赤い恋のバラが優しく開いて　春のそよ風がつれて行ったよ」。

主題歌はタイトルからラスト・シーンに至るまで一〇回繰り返される（そのうち音楽だけが四回）ので、ルネ・クレールの三〇年代の喜劇の影響がすぐ気付かれる。例えば『巴里祭』（一九三二）は主題歌やその音楽はドラマの山場に八回反復する。そして、木下忠司は『日本の映画音楽　木下忠司の世界』（一九七九年）で、この作品について、「これにも主題歌があり、タイトルやラスト、中でも何度か使っています。シャンソン調のワルツです。ちょうど、戦后、ほっと息をついたころで、シャンソンとか外国の曲がはやり出していました。シャンソンは好きで夢中になっていましたよ。『巴里祭』や『巴里の屋根の下』などもよく見ました。『お嬢さん乾杯』なんかは、『巴里祭』の影響がありますね」と語っている[4]。ただし、『巴里祭』のモーリス・ジョベールの主題歌及び主題曲の使い方そのものはかなり違う。前半の四回は革命記念日に男女が恋を成立する過程に用いられ、『お嬢さん乾杯』と同じだが、それ以後は母の死を契機に女と男は別々の人生を歩み、そして再会し、また別れ、そして最後に、出会い、遂に結ばれるという運命を歌詞がヴォイス・オーヴァー・ナレーションのように映像とのさまざまな組み合わせ（平行的、対位法的など）で物語るのである。『お嬢さん乾杯』は歌詞の内容通りに、石津の泰子への恋心を示すもので、事実そのように使われている。例外は九回目の駅に向う石津の足のクロース・アップ（以下ＣＵ）とバーに向う泰子の足のＣＵの場面、一〇回目の泰子を乗せた自動車が駅に向うラストだけである。したがってこの主題歌の使用法は当時日本で人気の高かったジョン・フォードの『荒野の決闘』（一九四六）の「マイ・ダーリン・クレメンタイン」と同じである。前述の『木下忠司の世界』のインタビュー（構成・貝山知弘）で木下忠司はこう述べている。

「兄貴は、ジョン・フォードの音楽の使い方が好きでね。『荒野の決闘』での「クレメンタイン」の曲の使い方なんか、いまだに、ああいうのやろうっていうことがある。憶面もなく、主題歌をぶち込んでいくところなど、兄貴とジョン・フォードは似ているところがある。具体的な例としては『お嬢さん乾杯』とか『二十四の瞳』なんかだ」〔5〕。

『荒野の決闘』の主題歌は、タイトル、クレメンタインの初登場（ホテル）、直後にそこでアープがその口笛を吹く、ラストの二人の別れの場面に四回用いられ、女性讃歌の傑作となった。したがって女性讃歌の主題歌はフォードの影響だったのである。また、木下忠司自身も「『駅馬車』みたいな音楽の使い方した映画が、ずっと続いていれば、日本の映画も、もっと興行的に成功した」〔6〕と語っており、伝統的な民謡やフォスターなどの曲を主題歌あるいは主題曲として、また数多くのライトモチーフとして劇的に駆使するフォード（そしてキャプラ）方式と木下音楽のつながりを明らかにしている。フォードも代表的なポピュリストなのである。『お嬢さん乾杯』も主題歌以外に八つのライトモチーフを持つ。ショパンの「幻想即興曲」は石津にとって教養ある泰子への感動の源となる（五回反復）。「よさこい節」は石津のポピュリズム及び泰子の石津理解のあかし（二回）。佐伯孝夫作詞、灰田勝彦作曲「お嬢さん乾杯」は石津のよく行くバー・スパローの場面でレコードの現実音（雰囲気）として用いられる（二回）。木下忠司作曲のライトモチーフは三つで、堂々たる池田邸のライトモチーフ、池田家の困窮のライトモチーフ、石津のライトモチーフがある。この三つのライトモチーフと木下恵介監督がもたらした喜劇映画のスタイルの創造を述べる前に、そのスタイルがフランス独自のポピュリストでもあるクレール喜劇への憧憬を示した部分を指摘しておこう。

まず、冒頭にかたつむり式の広告塔ごしに服部ビルが示されるが、まるでパリの風景のようだ。これは翌日のお見合いの最初に示される雨の街のショットに主題歌の曲をアコーディオンで入れてパリ情緒を出しているのにつながる。また、街の場面でもパリ風な小さな広告塔を何度か出している。石津と五郎（佐田啓二）の住むアパートもクレール喜劇の屋根裏部屋の親和性を示し、窓に見える丘のビルはモンマルトル風である。五郎は常にベレーを被り、外出時にはマントを羽織る。石津はギターは弾けないが、泰子との対話で、彼女のことばに対する返答をギターをかき鳴らすことで表現する。彼女が東大出の秀才の恋人のことを話すと、荒々しく鳴らし、彼女が何もかもお話し申し上げますと熱意を見せると、静かに鳴らすという具合に（映画音楽についてのクレール映画の機智と創造がいかに偉大なものであっても、木下恵介は挑戦したのだ）。生活のなかで重要な場を占めるバー。『巴里の屋根の下』のアルベール・プレジャンと『巴里祭』のアナベラが見せた愛敬ある〝あかんべ〟を、石津とスパローの女給がそれぞれ二回演じてみせる。キャプラとフォード、そしてクレールというように、一作品のなかでアメリカ映画とフランス映画が共存し、融合しているのは木下喜劇の特徴である。

二　木下喜劇のスタイルの確立

喜劇の場合でも、木下映画はすべてが自然に流れていく。それを支える技術は松竹伝統の実に精緻なものであるが、同時に常に流動的で、変化に富み、開かれている点では革新的である。この点を列挙してみよう。

(1)二人の心理の動きと反応を一人一人の表情のショットでカット・バックさせて映像による対話の高揚を表現する。ルビッチュの『結婚哲学』（一九二四）の妙技が松竹映画の伝統として継承されている。泰子が自宅の門の前で、送ってきた石津に見せる笑顔。その笑顔にある兆を読みとって笑顔で応える石津。近寄る泰子の足のCU。近寄る石津の足のCU。二人のロング・ショット、石津が自動車のライトを消す。二人向いあうと泰子がいきなり石津の手に接吻して、門に向かって走り出す。

(2)これもルビッチュ的だが、見る人と見られるものとのカット・バックが見る人の心の動きを伝える。泰子の邸で家族にお目見得する石津が、彼女から家の窮状の告白を聞く場面で、石津はまず視線を下げる［図1］。ぼろ

図1

図2

図3

図4

図5

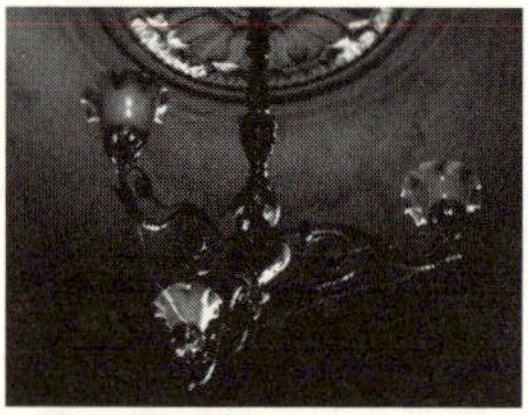

図6

図7

図8

図9

図10

ぼろの椅子のひじかけのＣＵ〔図2〕。驚き、同情の表情の石津のＣＵが正面を見る〔図3〕。把手のないドアのＣＵ〔図4〕。目をあげる石津〔図5〕。電球の欠けているシャンデリアのＣＵ〔図6〕。ぼろぼろの椅子の背〔図7〕からカメラはパンして泰子のバスト・ショット（以下バスト）へ〔図8〕、父は刑務所に入っていると言う。石津のバスト、「はあ」と聞き〔図9〕、「えっ」と驚き声を上げる〔図10〕。実はこの場面の最初に、祖母が「石津さんにピアノをお聞かせしなさい」と言って去る。そこで泰子は「売れるものはすべて売り払い、ピアノはありません」と言い、そこで石津の観察となるわけだ。その観察中、ないはずのピアノの音が侘しく悲しい窮状のライトモチーフの音楽と共に聞える。

(3)このような細かいカット割りと共に、カメラのパンや移動を多用した長まわし撮影の妙技も発揮する。冒頭で佐藤（坂本武）が石津の工場へ縁談を持ちこむ場面があり、修理中の車のまわりを逃げる石津を佐藤は追いまわし、強引に話をすすめる。ここを木下は一分四〇秒の一ショットで撮っている。人物の動きとカメラの動きは同調したり、ずれたり、人物はカメラにフレイム・インやアウトをしたり、カメラは人物を迎えたり、外したりして、人物間のたのしいやりとりとカメラ対人物のたのしいやりとりのみごとな重唱を披露する。ワイプのあと、彼らは石津のアパートの階段を上がり、部屋に入り、そこで遂に石津は見合いを承諾する。この狭い室内場面も二つのショットで二分二〇秒の長まわしだが、カメラはみごとに動いて視点の豊かな変化をもたらしている。

ところでこのシークエンスにはすべて石津のライトモチーフが流れている。これは石津のアパート、工場、バーの「スパロー」で用いられ、活発な曲と緩やかな明るい曲とをワン・セットにしたものである。活発な曲は、『白鳥の湖』の四羽の小さな白鳥の踊りの曲に似たもので、緩やかな曲と共に民族楽派風の土臭さがある。その土臭い素朴さは石津の庶民性、そして木下喜劇のポピュリズムを西洋音楽が体現したものである。そしてこのライトモチーフは場面に応じて緩急や感情をさまざまに変化させるアレンジによって、石津のさまざまな心理の彩どりを展開する。これに対して泰子と家族及び大邸宅のライトモチーフはモーツァルト的な弦楽四重奏曲風の音楽で、フルート、ハープが加わったりする。この貴族的なゆったりした音楽の使用で際立っているのが、石津が泰子との婚約の件で彼女の不在に家族を尋ねてかわす「台詞のおもしろさ」の模範例である。立派な庭の見える和室でかしこまって正座する石津を悠然たる旧華族の祖父（青山杉作）と祖母（藤間房子）と母（東山千栄子）たちが囲むようにして音楽にふさわしい優雅な会話をする。

まず、祖母が「あの娘も可哀想な娘ですよ」と口を切り、母が「これからは幸せになりますよ」ととりなすと、「そうですかねえ」と答える。祖父は石津に好きなスポーツを尋ね、石津はボクシングを見ることと答える。祖父が「あの娘はスキーやテニスが上手だ」と言い、石津は「これからは自分もそう努力します」と答える。するとまた祖母が「この頃あの娘は元気ありませんね」と言い、祖父も「少しやせはせんか」と受ける。祖母は「いつも淋しそうな曲ばかり弾いていますね」と言い、母が「セレナーデですよ」ととりなすと、祖母は「嘆きのセレナーデでしたね」と念を押す。母も「春樹さん〔死んだ恋人〕がお好きだった曲でございます」とやり、祖母が「春樹さんがねえ、ああ、昔はよかったですね」と嘆く。祖父が「もうぐちはこぼさん方がよい」とたしなめ、祖母も「今日はおめでたい日ですからね」ととりなす。だが祖母は「私は涙が出ますよ」と涙をふく。この間最初は石津ものんびりとみかんを食べているが、会話の間に困った彼の顔が挿入され、だんだん辛い表情になり、最後に立派な大廊下に彼は足をしびらせて四つんばいで出て来る。立ち上がり、足をさすりながら言う。「ああ、もうだめだ」。ここでも人物間の台詞のやりとりと人物と音楽のやりとりのみごとな喜劇的重唱が展開しているのである。

以上、三つのライトモチーフと木下喜劇のスタイルとの関連を述べたが、ライトモチーフは人物の性格と心理を導き、増幅して明示するだけでなく、それまでそれが使用されなかった人物に用いられることで、その人物の隠された性格と心理を明らかにする。その例が泰子と家族の困窮のライトモチーフで最初の使用は既に述べた。貧窮で荒れ果てた室内とそれを見る石津のカット・バックがそうだ。次にこの曲が出現するのは、泰子が刑務所で父に自分の見合いを報告する時で、父は「お金のための結婚はいけない」と諭す。ここも最初の時と同様に、低く重い弦と甲高い管が暗い悲痛さを強調している。次に出現するのは、泰子が石津のアパートを訪ねて、石津が非難した自分のよそよそしさを釈明する場面である。自分は死んだ恋人にすべての愛情を捧げてしまったことを正直に打明け、でも石津の親切を喜んで結婚しようと思ったのも本心だと告げる。そして「金のことは私の家のやむを得ない事情なので、もしそのことであなたがお苦しみになったり御不快でしたら、どうぞおことわり下さい」と言う。このあと石津は泰子に正式に婚約を申しこむ。この泰子の本心の告白が始まる時と、「もしそのことであなたがお苦しみに」と言う時に、困窮のライトモチーフが入る。次の出現は泰子が再び刑務所の父を訪ね、婚約を伝え、結婚すれば家の抵当もすべて大丈夫だと告げる。そして幸せを祈ると言う父に、「だんだんあの方が好きになって参りました」と泰子は打ち明ける。ここで泰子のCUが出るが、それは最初に父を訪ねた時の彼女のCUと全く同じものである。違うのは今度のはややカメラを引いた感じであること、前の泰子は目を伏せ考え込んでいたのに、今度は顔を上げてほほえんでいることだ。そのため、同じ場面そのものがずっと明るい光に満ちているように見える。そして音楽はここでは低く重い弦が抜けており、管の軽さが明るさを増している。そして最後に出るのは石津の別れの手紙を泰子が読む場面だ。手紙のCUにその文を読む石津の声がかぶさる。文意は二人が違う世界に住んでいること、抵当の件はすべて処理したから心配はいらない、短いおつき合いでしたが楽しかった、さようなら、である。この間、この曲は低い管の独奏で演じられる。手紙を読み終わると泰子の映像となる。ここから前の様なオーケストラ式の演奏となる。そして物思いにふける彼女のCUになり、この演奏に管が加わり、バレーを見て泣いた時、ピアノをプレゼントした時などの石津の台詞が聞こえてくる。こうして演奏と泰子の表情が高揚し、彼女は投げキッスを声の主に贈り、がっくりうなだれると音楽もぴたりと止む。オペラの幕切れのように。

これまでこのライトモチーフを所有してきたのは、詐欺にあい大きな負債のために刑務所にいる泰子の父であった。刑務所の父の場面は二度とも演奏された。そしてその父のこと、借金のことを泰子が語る二度の場面にも演奏された。しかし手紙の場面ではそれを石津が所有したのである。つまり、石津は父となったのである。具体的に説明すると、これまで石津は泰子をめぐる（潜在的な）父とのたたかいで全く余裕ある勝者の求婚者だった。それは石津のライトモチーフも有弁に語っている。そしてそのイメージの下に隠してきた父と同じ敗者の困窮のイメージをそのライトモチーフが最後に忽然とあらわしたのだ。それは物質的な困窮者のイメージでなく、愛ゆえに深く悩む困窮者のイメージであり、深い愛で泰子の結婚に悩む父のイメージである。ピーターは最後にエリーの父の助けでエリーとかけ落ちをするが、それは父のエリーに対する深い愛のプレゼントだった。石津の悩みも父の泰子への深い愛のプレゼントであった。父の深い愛は泰子の心に反映されており、それが彼女の父や家族を救おうとする心の核をなしていたのだ。彼女にとって恋のたたかいに敗れ、無償の愛を選んだ石津は、ジャン・コクトーの『美女と野獣』（一九四六）の例で言えば、雄々しい野獣の求婚者と優しい父の絶妙な合体だったのである。こうして泰子は石津のなかの父を通って彼の心に到達したのだった。それはまさに音楽がそれ自身の多義性を通して映像の多義性を明示した瞬間であった。

最後にこの作品の句読への配慮にふれたい。佐藤武の「『お嬢さん乾杯』主としてシーンの展開について」（未刊）によると、シークエンス内のつなぎとして特殊なワイプが二三回、連続的なつなぎとしてディゾルブが六回、平行あるいは短時間のつなぎとしてストレート・カットが二回、シークエンス（日単位）ごとのつなぎとしてフェイドが六回、規則的に用いられており、かなりのシーンの終わりには落ちのギャクが配置されている。また、頻繁に使用される音楽（作品全体の七四％）はシーンのペースを決める有力な要素であり、つなぎやギャグの句読と共に軽快なシーンを支える要素となっている、と実証的に指摘されている。

以上の技術は映画の一般的なものだが、ワイプや落ちのギャグや音楽は集中的に多用され、極度に過剰な表現となっていて、木下芸術の謎を私たちに提出している。

三　『破れ太鼓』と『我が家の楽園』

木下恵介は『映画芸術』一九四九年一二月号の滝沢一との「対談・木下恵介演出のーと」で、『破れ太鼓』の演出について聞かれた時に、こう語っている。「僕はキャプラの『我が家の楽園』という映画がとても好きでしてね。前々から是非あんなのをやつてみたいと思つていたのですよ。黒沢君に書いてもらつた『肖像』もそのねらいだつたのですが、あれはすつかりあんな風に変つてしまつたので―。『破れ太鼓』も話としては一年もまえから考えていたもので、『我が家の楽園』のようにはとてもゆかないけれど、演出の基調と言えばあの作品の感じですね」（二二頁）。

『肖像』（一九四八）はたしかに黒澤明の脚本と木下の演出の狙いがずれていた。黒澤脚本の世界はむしろ『一日だけの淑女』（一九三三）に近く、主題はポピュリズムに裏付けされたキャプラ的理想主義である。その最も劇的な瞬間は理想家の画家が描いた美しい女性の肖像を前にして、当のモデルが自分の自堕落さを恥じて「これは私じゃない」とナイフで画を切ろうとする時に起こる。画家の嫁が女に対して決然と「いいえ、画のあなたこそ本当のあなたなのです」と断言する。その理想主義的情熱はまさにキャプラと黒澤の一体化したものだった。だが木下の演出は嫁にそういう情熱を与えず、女が抱える人間の弱さの真実に共に涙するという木下哲学の具現とした。この脚本は黒澤が監督すべきだった。『破れ太鼓』と『我が家の楽園』を重ねてみると、木下がこのキャプラ作品の何を狙ったかわかる。端的に言うと主人公のマーティン・ヴァンダホフが人生にとっていちばん大事なものを二つのFで語っているように、それはたのしみ Fun と友達 Friends であり、それに徹したヴァンダホフ一家の生き方が映画の主題となった。木下は友達を家族に変え、たのしみと家族というやはり二つのFを狙ったのである。たのしみは事実木下の映画生活の大事なものであった。

「僕はだいたい、楽しくならない仕事はいやなんです。スタッフでもなんでも楽しく仕事ができるということが、僕の企画の第一条件です。艱難辛苦して、という人があるけど僕はいやだね。作品がいくら良くっても、その作品を作るあいだの仕事は、僕の一生のうちの貴重な時間ですよ、その貴重な時間を楽しくするのは、僕の生きているあいだのたいへん重要なことですからね。だから寒いから熱海に行っちゃおうかといって『日本の悲劇』なんかでも熱海に六十日あまりも泊って仕事しているの。仕事を楽しむというこういう生き方は、だれがなんといっても、僕、曲げませんね」（「自作を語る」、『キネマ旬報』一九五五年四月一日号、四一～四二頁）。

仕事とたのしみの一体化は日本的だが、個人のたのしみを守る頑固一徹は〝ヴァンダホフ恵介〟の面目である。一九三六年初演の戯曲（ジョージ・S・カウフマン、モス・ハート）はピューリッツァ賞に輝く立派な作品である。とくに一九三〇年代のニュー・ディールの時代に、税官吏を相手に連邦政府を皮肉ったり、競争や管理を強化する社会に対して会社をやめて個人のたのしみに生きるドロップ・アウトをすすめる文明批評の知性と、伝統的な結婚喜劇を独占資本家の息子とドロップ・アウト一家の娘の最も現代的なロミオとジュリエット劇とした機智はみごとだ。だがこの戯曲にポピュリズムを加え、個人のたのしみをさらに映画的に発展させ、全く独自の世界を示した映画化はさらにみごとである。その映画化の成功の原因はまず二点ある。人物の性格と行為の変更及び創造が第一で、まず金融界の大物のカービー氏は軍需企業の独占化に成功した大実業家になり、企業拡張のためにヴァンダホフ一家の地区を買収して工場にしようとしている。これに対してマーティンは単なるドロップ・アウトでなく、はっきりしたポピュリズムの哲学を持っている。彼は共産主義やファッシズムの流行に対して、アメリカニズムを説く。その具現者はワシントン、ジェファーソン、リンカーン、エディソン、マーク・トウェインら一一名の歴史的な人物であり、緊急事態にイズムを探さなかった人たちであり、その一人リンカーンは何人にも悪意を抱かず、すべての人に愛と道義を説いたが、今の世の中は「私のするようにしろ、じゃないと叩きのめす、だ」とマーティンは嘆く。ここでも庶民出の大統領リンカーンの就任演説が引用されている。また、マーティンが伝統的な個人主義、放任主義を謳歌している点にも注目したい。初期の大統領や、トウェインの名の引用にそれは面目躍如だ。彼はたのしみに生きる自由を野の百合に例える。ソロモンの栄華に優る野に咲く一輪の百合の花は、三〇年代の自由から統制への転換に対して個人主義の復権を求めるポピュリズムの道義的象徴であろう。そこに友達という原作にない新しい問題、つまり個人の復権を求める庶民の連帯とそれを支える伝統的な隣人関係《ネイバリネス》が描かれる。不動産会社で長年機械のように働いてきたポピンズは趣味の人形作りをマーティンに認められ、会社をやめて彼の家でたのしみの生活に入り、また、カービーの立ち退き要求に地域住人はマーティンを中心に連帯してたたかう。以上はすべて映画の創造だ。

もう一つの重要な創造は、音楽や踊りの見せ場である。戯曲にもヴァンダホフ家で木琴伴奏つきの姉のバレーがあるが、映画ではさらにマーティンとカービーがハーモニカを吹くことになり、それは人生のたのしみの主題に深くかかわっている。戯曲ではカービーが若い頃にサキソホン吹きになる夢を持っていたと語られるが、映画ではマーティンがハーモニカを吹けば危機はすべて解消するという信条で常にそれを吹き、昔よく吹いたカービーにも吹くようにすすめる。ハーモニカは開拓時代からの庶民の代表的な楽器（例えばクルーズの『幌馬車』〈一九二三〉）であった。こういう音楽のポピュリズムが三つの見せ場を作った。最初は恋人たちがバレーに行くのをやめて、公園で一曲一〇セントの子供たちのダンス「ビッグ・アップル」（伴奏アコーディオン）をたのしむ場面。次に留置所でマーティンが吹く「ポリー・ウォリー・ドゥードル」にあわせて、留置人たちが大合唱してたのしむ場面。ここでマーティンはカービーに説教する。人生でいちばん大事なものは金ではなく、たのしみと友達だ、と。これはこのあと彼の保釈金を隣人たちが出しあって払う前置きになっている。最後に、恋人たちとカービーとマーティンが和解する大団円で二人がハーモニカで合奏するこの曲にあわせた一同の踊りの場面。ドゥードルの意味〝音楽を気楽に奏する〟たのしみを隣人とわかちあうこれらの場面は音楽だけでなくポピュリズムそのものの見せ場であった。

さて、木下恵介と小林正樹の脚本はこの現代的な結婚喜劇を日本の伝統的なホームドラマに導入し、結婚ホームコメディを創造した。まず、実業界の大物一家は中小企業の建設会社々長一家になった。父の津田軍平（阪東妻三郎）は土方から叩きあげのいわゆる土建屋。「破れ太鼓」のあだなの暴君で、会社が左前なので長女秋子（小林トシ子）を出資主の息子と強引に結婚させようとしている。妻邦子（村瀬幸子）は昔小学校でオルガンをよく弾いており、音楽家の次男平二（木下忠司）に影響を与えたといわれている。優しいがしっかり者。長男太郎（森雅之）は父の会社に勤めているが、叔母素子（沢村貞子）とオルゴール製造会社をやりたがっている。平二は売れない音楽家で、父にビールも飲ませて貰えない。三男又三郎（大泉滉）は調子のよい医学生で、父に買って貰った顕微鏡で父の回虫の卵を兄や父に見せて辟易させる。次女春子（桂木洋子）は芝居狂の女学生で、家族相手に「尼寺へ行け」とやっている。四男四郎（大塚正義）は野球少年。つまり、軍平を除いた津田一家はヴァンダホフ一家であり、父がいないと皆それぞれ楽しくやっている。ヴァンダホフ家は野中家となり、父の直樹（滝沢修）はバイオリニスト、母の伸子（東山千栄子）は洋画家、息子の茂樹（宇野重吉）も洋画家である。父母は昔パリに学び、今もパリの思い出に生きており、母は鵠沼《くげぬま》海岸の美しい風景を見ながら、描くのがパリの街だけであり、父は母の制作の伴奏だけ（それもリストの「愛の夢」だけ）をしている。一家は貧しく配給のさつま芋を食べながらも楽しく暮らしている。そういう自由さが田園調布の豪邸で豊かな食生活を送る津田一家の不自由さと対照的である。

こういう状況での茂樹と秋子の出会いと恋は当然最初から軍平の反対と両家の対立をもたらす。まずスケールは小さいが、一応『我が家の楽園』の結婚の障害となる両家の対立が反映している。それに加えて、『お嬢さん乾杯』の無教養で拝金主義者の叩き上げの新興実業家と、かつては金持ちで西欧的な教養を豊かに身につけた貧乏人及び芸術家の対立がある。そして秋子はそういう野中家の茂樹に憧れ、恋をし、父に反抗して結婚しようとする。しかし何と言っても『破れ太鼓』のすばらしさは、津田家と野中家の対立よりも津田家内の対立（父対家族）の描写に生彩を放っている点にある。第一の功績は、軍平と太郎の対立だ。太郎は一見気が弱く、優しくて、父の会社をやめて叔母とオルゴール製造をやりたいという本心も父に打ち明けられない。決断の時も、父の気合いに呑まれて何も言えずに父にビールをついだり、食べ物を差し出したりするチャップリン的ごますりの演技がいい。遂に本心を打ち明ける時がまたいい。「将来有望な会社を作っておけば、お父さんの会社がいつつぶれても大丈夫です」と臆面もなく言いだし、当然頬を叩かれる。母がかばうと、「なれているから平気です」と言い、更に父の怒りに火をつける。そして母には「ああいう父といると僕はだめになり、弟妹のためにもよくない」と語り、家出をする。そして父が母の名義にしておいた土地を母に売らせて、その金でオルゴール工場を始めるのだ。独立したといっても戦後解放されて強くなった母や叔母という母系の庇護にどっぷりつかっている太郎の甘えと打算は、まさに戦後民主化の象徴でもある。次に軍平にいびられるのが平二で、二七歳になって稼ぎがない人間は父の誕生祝いにビールでなくサイダーを飲めと言われる。平二も兄同様少しも反抗せず素直にサイダーを飲み、悠々と軍平の脛をかじりながら、作中でこの映画の主題歌などの作詞、作曲をやりとげている。これも母の庇護の下で、たおやかにしたたかに生きる新日本男児である。そして太郎は新会社を設立して、自分の会社を失った失意の父を迎える。平二は〝庶民的〟哲学者の役を引受け、家族に背かれた父のこれまでの労苦を優しくねぎらい、家族も所詮はそれぞれ孤独な人々であり、個々の生き方があり、親しい間柄であればある程楽しい自由が必要と家族の民主化を説得する。この二人は茂樹が元来持つべき求婚者の魅力をすべて独占している。

ところで、カービーも軍平も自分に背いた子供への深い愛と新しい生き方の理解によって大団円に至るが、軍平と子供たちの場合には日本のホームドラマの伝統的な大団円への手続きに従っている。それは佐藤忠男の『木下恵介の映画』(一九八四年)が述べているように、親が人間の弱点をさらけ出し、それに子供があわれを感じていたわるという手続きであり、小津の『生れてはみたけれど』(一九三二)以来の伝統だったのである。この点を前述の対談で木下はこう語っている。

「僕の作品をよくみていたゞければ判るように、〝人間の弱さ〟というものに非常に興味を持つています。人間のまぬがれがたい弱点というもの、これはどんなタイプの人間にもあるでしよう。またそれがいろんな事件をひきおこしたり、或いはまた何かの事件にぶつかつてとてもその人間の弱さが現われたりしますね。そういうものを追究してみたいといつも考えている訳です」「『破れ太鼓』の妻三郎さんの役などもそうです。いつも偉張つている。独善的で内省などしない人間ですけど、やはり孤独の悲しみを感ぜずにはいられない男なのですね。それだからこそ劇中の人物としての面白さが出てくるのです」。

軍平と妻、太郎と平二などの個性的で豊かな人間像と家族における人間関係の知的なアプローチと解決の軽妙な表現ゆえに、この作品は日本映画にファースなどでない本格的な喜劇をもたらしたといえる。それも伝統のホームドラマの延長上に民主的ホームコメディをもたらした。その証拠に、木下恵介はTBSテレビの「木下恵介アワー」で『破れ太鼓』のシチュエーション・コメディ化を行い、『おやじ太鼓』を一九六八年一月から一〇月まで、続篇を一九六九年四月から一〇月まで放映し、人気番組にした。木下は企画と脚本を担当、軍平役は進藤英太郎、妻は風見章子。個性豊かな雷親父に気を使う家族がかもし出すユーモアのパターンと永遠の家庭団欒のシチュエーション・コメディは山田洋次の「寅さん」シリーズ映画の先駆となっている。

四　『破れ太鼓』のスタイル

前出の対談で木下は自分の演出は島津保次郎の現場主義を継承していると述べている。予め決めたコンテ（撮影台本）に頼らず、人物や人物のアンサンブルの出来具合やその場の気分に応じて計画を変え即興を活かすという。木下自身はコンテは書かない。人物の演技は自由にし、カメラの演出は人物の（出入りや動きの）さばきにポイントを置く（一九〜二二頁）。この結果、木下演出はカメラを意識させず、流動的である。アトリエでの画家の茂樹とモデルの秋子のラブ・シーンは、秋子のポーズと茂樹の画家としての動きを凝視しながら固定した遠景の一ショットを三分四〇秒長まわしするかと思えば、ラストで軍平が会社と家庭を失い、好物のカレーを喰べながら苦しかった人生を回想する現実と過去のカット・バックは、主題歌を劇的に展開しながら二三ショットで四分九秒のテンポの速いモンタージュ・シークエンスを示す。また、フル・ショットとロング・ショットを多用（二五・五％）して大家族の人間関係を描きながら、ミーディアムからCUを多用（四八・九％）して大家族の中の個人の心理を追究する。一〇八分の作品で四三八ショットは松竹ホームドラマの伝統ではごく少ないショット数だが、しかしカメラのパンや移動は全ショットの三五・四％を占め、それゆえに対象とそのサイズも変化し、サイズの数は六六〇となり、それらは細かいカット割りの効果と、持続時間の延長の効果とをみごとに両立させている。つなぎはカットが四〇四、フェイドのアウトとインが五、アウトとインが各一に対し、ディゾルブが二八と、ここでも流れを重要視している（データは中俣徹の統計による）。以上のものが、五所、小津、成瀬などの細かなカット割りの静的なスタイルに対して確立した木下独自の、細かなカット割りとそれを機能的に含んだカメラの動きとによる流動のスタイルである。その流動性は過剰な音楽の流れと一体化する。

この作品で音楽の木下忠司は童謡風の主題歌を二曲作曲（作詞も）し、従来の完成している流行歌を作中に適当に挿入する松竹の慣行を完全にやめ、映画音楽の本道を追究した。本主題歌ともいうべき「破れ太鼓」は作中で平二がおやじの歌として作り、歌い、家族と合唱するものである。「朝から夜まで鳴りどおし　みんなも今ではこわくない　どんどんどんどどんどんどんどどん　どんどんどどんどんどんどどんどんどどん　御機嫌いかが（か）大太鼓　そんなにわめくと疲れます　それそれ言わぬことじゃない　破れてしまったそれ御覧」が最もよく歌われる歌詞だが、そのほか二番もあり、そこでは森のお祭りに集まった狸、ふくろう、小鳥、仔鹿が大太鼓に驚くさまが描かれている。この活発な擬声語に溢れた主題歌・音楽は七回出現し、その六回は現実音（人物が弾き歌う）である。但しそれにオーケストラやハミング合唱の伴奏音楽が加わるのが三回含まれる。これらは父が暴君ぶり（太郎、母の家出のきっかけとなる等）を発揮する時に激しく、あるいは悲しく表現される。同じく平二が作った副主題歌は「昔々のその昔　銀のお靴をひろわれて　パリのお馬車に乗ったのは　可愛い顔したシンデレラ」という二番の曲からなるワルツのあまりにも童謡的な童謡で五回出現し、伴奏は二回だけだが、現実音はすべて伴奏音楽にかわっていく。主に茂樹と秋子のロマンスに用いられるが、太郎や母の家出の感傷的な場面にも登場する。ロマンスも家出も、独立のための巣立ちという共通点を持つからだろう。結婚喜劇の主題歌に童謡だけを用いたのは、子供中心の家庭つまり子供中心主義社会のホームドラマの伝統だろうか。日本の家庭では各世代がすべていちばん幼い子供の視点で、おじいちゃん、お兄ちゃんと呼びあうように。あるいはキャプラのようなお伽話の真実を喧伝するためだろうか。作家や民族の精神分析のためにしかけられた謎だろうか。そして童謡、後に唱歌の主題歌は木下映画のホームドラマのきまりとなる。童謡の基の唱歌は明治初期から日本伝統の雅楽や童歌と西洋音楽との和洋折衷として発展している。古茂田信男ほか著『日本流行歌史』(社会思想社、一九七〇年)によると、日本の唱歌教育は明治初期の伊沢修二の米国留学によってもたらされた。キャプラやフォードのポピュリズム映画が建国及び開拓時代の国民的な愛唱歌をポピュリズムの映画音楽として多用しているように、木下映画の唱歌、童謡も庶民の近代化(和洋折衷)の建国・開拓時代を志向するポピュリズムの音楽なのである。

このほか、野中家の場面には直樹のバイオリン(リストの「愛の夢」)が必ず聞え(三回)、野中一家と秋子、春子が鵠沼海岸を歩く場面にはジャン・ルノワールのシャンソン「聞かせてよ愛の言葉を」(日本ではリュシェンヌ・ボワイエのレコードが戦前と戦後にヒットしている)の父母の合唱がある。ラストで平二が失意の父を励ます時は、ブラームスの「円舞曲第十五番」を堂々と弾いて、父の気分をみごとに高揚させる。これらの名曲及び愛唱歌集の使用も木下兄弟のルーティンとなる。このほかシベリウス、プロコフィエフ風の民族楽派風の土臭い曲が伴奏に作曲されており、歩行など活発な場面に用いられている(四回)。三回ほどピアノ曲「海の声」が出現するが、これは堀口大学作詩、忠司作曲のもので、ピアノを弾き歌う平二の現実音である(音楽については関谷浩至「『破れ太鼓』作品分析」未刊を参照)。

ところで、会社のトイレで社員が流行歌を歌っていて叱られる場面がある。詞は「雨は港のすすり泣き　恋は今宵のにごり酒」で、曲名はわからないが、西洋の名曲、シャンソンから日本の演歌に至るまでの日本における音楽の東西のスペクトルの広がりは木下喜劇の有力な諷刺の戦力となっていく。『我が家の楽園』のハーモニカに相当するのがオルゴールで、これも問題解決の効力を人物が意識し、最後にその通りになる。六回の使用のなかで太郎と母は父を説得する時にこれを父に聞かせ、最後に太郎たちの工場でオルゴールの音が満開となる時に、父はすべての人々を優しく受け入れ、大団円を迎える。

ところで、木下兄弟は『お嬢さん乾杯』で、石津が泰子から交際承諾の電話を受けて、喜びのあまり、五郎を乗せてオートバイで三宅坂や昭和通りの辺りを疾走するシークエンスを主題歌つきで表現した。『明日に向って撃て！』（一九六九）の主題歌「雨にぬれても」つきで自転車で走るシークエンスの先駆でもある。カメラは距離や角度を変えるがすべて左移動で統一している。『仮名手本忠臣蔵』の八段目「道行旅路の嫁入」で旅人の母娘が花道から舞台に立つと、旅の方向は舞台の下手（向って左）に向かう。常磐津の文句は、三保の松原、府中などの行程を告げ、背景の風景や人々の風俗が変化を示す。歌舞伎の舞台は南向きなので、江戸から山科への西への行程は下手つまり左への移動なのである。それは上手から下手に流れる水のように、東から西へ向かう太陽のように自然の流れでもある。木下はこの映画で、美しい風景の前を音楽入りで左に歩く人々を左移動のカメラでとらえ、映画的道行を完成した。その一つは茂樹が秋子の家で楽しい夕べを過ごした後に、東横線を下車して堤を歩くシークエンスがそうだ。伴奏は副主題歌の曲の器楽変奏である。仰角で撮った星空の堤にロング・ショット（以下ロング）の二人が星を仰ぎ、左手に歩む。次にミーディアムで二人が左に歩く（以下カメラも左へ）。茂樹が「星空も何もかも無限だ」と叫び、左に走り出す。星空の中をロングで踊るように左に走ったあと止まり、ふりかえる。また、星空の中をロングで左に踊るように走る秋子、茂樹に追いつき画面左端に。次は同じサイズで二人が並んで歩く。ディゾルブで二人は火の見の下に来る。ここで二人は火の見に登り、恋を語りあう。「道行満点星玉河堤《まんてんのほしたまがわづつみ》」である。実はこの前に秋子は妹を連れ、茂樹一家と鵠沼海岸でシャンソン入りの道行（左移動）をしている。以下それを列記してみよう。

(1)極度のロングで松林の草原を直樹夫妻を先頭にして少し遅れて茂樹ら三人が左に歩くのをカメラは左移動でとらえる。夫妻は伴奏抜きでフランス語の「聞かせてよ愛の言葉を」を歩調にあわせ、御詠歌風に引き伸ばして歌い、以下続ける。やがて松の間に白い頂きの富士山が見えてくる［図11］。カメラは少し寄っている。(2)腕を組

図11

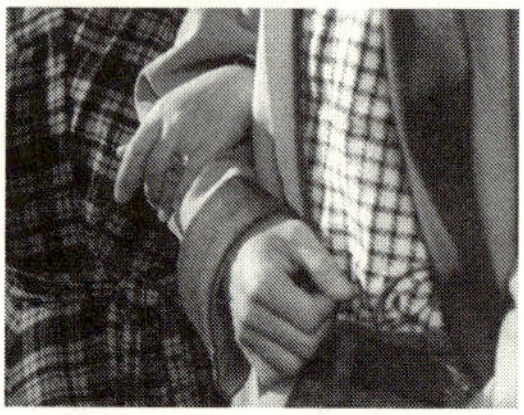
図12

図13

む夫妻のCU〔図12〕。(3)夫妻のバスト、左に移動するうちに砂浜に〔図13〕。(4)並んで歩く茂樹ら三人のミーディアム、富士山が見えている〔図14〕。茂樹は「両親が今でもパリ時代の恋の熱がさめていない」と言い、秋子は「うらやましい」とうつむく。茂樹は両親の出会いを語る（それはマーティンと妻の熱烈な恋の話に似ている）。この辺りで歌に伴奏音楽が入ってきている。(5)砂浜の空《から》ショット（固定）、ロングで、夫妻がフレイム・イン、ついで三人が入るとカメラ左移動し次第に伴奏音楽が高揚する〔図15〕。(6)三人のバスト、両親の恋の話つづく〔図16〕。気乗りしない春子が立ち止まると、カメラも立ち止まる〔図17〕。以後、歌は聞こえず伴奏音楽のみ。(7)茂樹と秋子のバスト、話つづく。秋子が「お願いがある」と言い、二人立ち止まる。カメラも〔図18〕。(8)秋子の横顔（左向き）のCU〔図19〕、「私をモデルにして下さい」。(9)茂樹の正面右向きのCU、感動の表情〔図20〕。(10)一人歩く春子のミーディアム、すぐ止まり〔図21〕、右に向き肩をすくめる〔図22〕。(11)フル・ショットの夫妻の後ろ姿が歩いて行き〔図23〕、二人はこちらにふりむく〔図24〕。(12)夫妻の見た目のロングで、頭を掻きながら秋子と話す茂樹、奥の方で一人背を向けている春子〔図25〕。(13)夫妻のCU〔図26〕、「あの子は霊感に打たれた」と言い、「パーレーモワー」と歌いながら廻れ右して歩き出す。(14)ふりむく春子のバスト〔図27〕。(15)彼女の見た目で手前に茂樹と秋子、奥に夫妻。茂樹は秋子と握手。茂樹何度も何度も〔図28〕。フェイド・アウト。

このシークエンスこそいわば「道行佛蘭西流行唄《はやりうた》」であり、恋慕、悲嘆などの〝口説き〟と、動作による心理

図 14

図 15

図 16

図 17

図 18

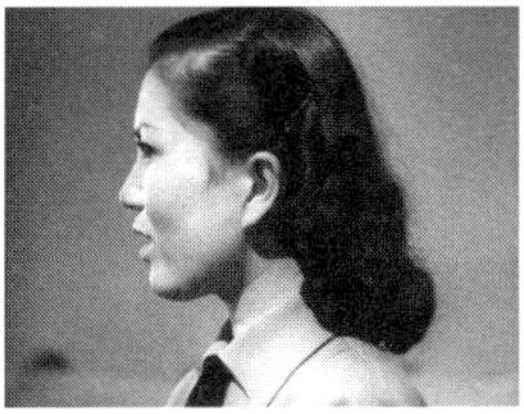
図 19

図 20

図 21

図 22

図 23

図 24

図 25

図 26

図 27

図 28

表現の〝こなし〟からなる景事の道行の映画的創造であり、歌、音楽、台詞、動作、細かなカット割り、カメラの移動と静止をさまざまに組み合わせ、それと共に風景を美しく変化させていくという木下映画独自の左移動道行シークエンスの確立をしるすものであった。それは『二十四の瞳』（一九五四）や『野菊の如き君なりき』（一九五五）で絶頂に至る。

ところで、『巴里祭』では、ヴォイス・オーヴァー・ナレーションとしての歌詞が恋人たちの別離や再会の運命を語り、映像が一種のモンタージュ・シークエンスやパントマイムで恋人たちを歌詞のように、あるいは歌詞とは対位法的に描いていたが、その形式は『破れ太鼓』で初めて消化されている。前述したように、ラストの方で失意の軍平が平二の「破れ太鼓」の歌を聞き、好物のカレーを食べながら、過去を回想する二三ショットのモンタージュ・シークエンスがそうだ。これも列記しよう。

(1)平二のバスト、ピアノ弾き歌い出す〔図29〕。カメラはパンでカレーを持って来た女中をとらえ〔図30〕、移動で父の横顔へ〔図31〕。食べ出す父。歌が合唱になるとディゾルブで（以下すべて同じつなぎ）。(2)高崎への道標〔図32〕、カメラが右パンで若き軍平のみすぼらしい旅姿を路上にとらえる〔図33〕。(3)軍平の足〔図34〕、道にへたり

図29

図30

図31

図32

図33

こむ軍平、カメラは上半身へ〔図35〕。独唱になる。⑷現在（以下現）、カレー食べる軍平〔図36〕。⑸伴奏音楽だけ、河原の作業場で皆に追われる軍平、カメラの左へオフ、土工たちがカメラに向い構え、待つ〔図37〕。軍平、カメラの右から入り、皆につかまり河に放りこまれる〔図38〕。カメラはパンで追う。⑹河のなかで軍平は皆に手をあわせ謝る。カメラは軍平に対し⑸のショットより近く、より正面に向いている〔図39〕。⑺現、平二の歌も加わり、泣いて食べる軍平のCU（かなり正面）〔図40〕。合唱が加わる。⑻発破の爆発〔図41〕。⑼トロッコに乗っている軍平〔図42〕、カメラはパンで追う。⑽軍平のトロッコ、カメラは仰角のパンで追う〔図43〕。⑾飯屋、カメラはパン

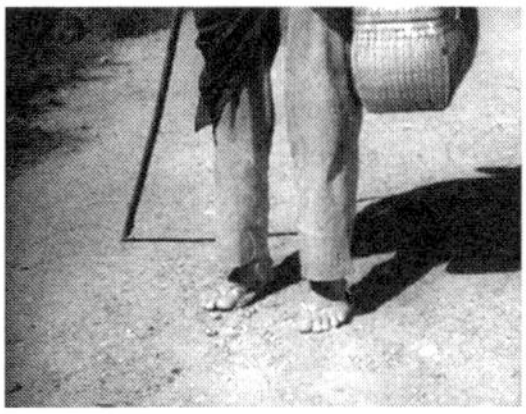
図 34

図 35

図 36

図 37

図 38

図 39

図 40

図 41

図 42

図 43

図44

図45

図46

図47

で土工の群れに軍平を見出す〔図44〕。カレーを喜び食べるが〔図45〕、皿に虫をみつけつまみ出す〔図46〕。伴奏音楽と合唱（以下続く）。⑿現、軍平食べながら涙をぬぐう、⑺のショットと同じ〔図47〕。軍平ほほえむ〔図48〕。⒀北海道の作業場で皆に命令している出世した軍平のフル・ショット〔図49〕。⒁そのミーディアム〔図50〕。⒂〜㉒ショットはごく短かい。命令している軍平のショットが一つ、働く人々のショットが一つ、ほかは伐採される雪中の大木のショット。以上は殆どロングで〔図51〜58〕。㉓現、軍平の怒る顔〔図59〕。彼が立ち上がると、顔のあとにカレー皿のCUが入る〔図60〕。㉔現、軍平のミーディアム、カレー皿を下に叩きつける〔図61〕。右側の平二がピアノをやめて軍平の方にふりむく〔図62〕。音楽もやむ。

このあと軍平は、「俺は頑固だが、誰よりもお前たちのことをかんがえているのに、俺は本当に悲しい」と椅子に坐りこみ嘆く。そして、平二が家族内の個人の自由を説き、ブラームスで父を慰めるこの作品のクライマックスとなる。稲垣浩の傑作『無法松の一生』（一九四三）のラストの方で、阪東妻三郎演じる車夫の無法松が孤独な死を迎える時に、恩人の将校の未亡人への秘めたる愛と彼女の息子の成長への献身の一生が夢のように描かれるモンタージュ・シークエンスがある。作品の中でたどってきたその一生の楽しい思い出が人力車の廻る車輪

図 48

図 49

図 50

図 51

図 52

図 53

図 54

図 55

図 56

図 57

図 58

図 59

図 60

図 61

図 62

の反復するイメージと共に「一ツとや」の数え歌の伴奏音楽のなかで走馬灯のようにめぐるのだ。この完璧な詩に挑戦するかのように、木下恵介は忠司の童謡風の音楽の中で、阪妻演じる土工あがりの雷親父の苦労と努力の人生を唯一の好物のカレーライスを食べる彼の喜びと涙を交えて歌いあげたのである。両シークエンスには通いあう感性はあるが、『破れ太鼓』の方はペーソスをどんどん超えていく民主化時代の明るい希望の躍動がある。それこそ戦前にキャプラのポピュリズム映画が木下恵介を感動させた人間の善性や個人の重要性への楽天主義であり、すぐれた喜劇が持つ社会変革のエネルギーであった。こうして、一九四九年、敗戦後の日本映画はキャプラのポピュリズム映画に、そして本格的な喜劇映画にずっと近くなったのである。

［1］Wes D. Gehring (ed.), "Screwball Comedy" in *Handbook of American Film Genres* (New York : Greenwood Press, 1988).
［2］Wes D. Gehring (ed.), *ibid*, p.125.
［3］David Grote, *The End of Comedy: Sit-com and the Comedic Tradition* (Hamden, Connecticut: Archon Books, 1983).
［4］「収録作品について」、『日本の映画音楽　木下忠司の世界』東宝レコード、AX-8136、一九七九年。
［5］「インタビュー／Interview」、前掲『日本の映画音楽　木下忠司の世界』。
［6］「インタビュー／Interview」、前掲『日本の映画音楽　木下忠司の世界』。

第3章　リリー・カルメンて誰だ　テクスト連関の申し子

一　リリー・カルメンの登場

アメリカ軍占領下の一九五一年三月二一日に、木下恵介は日本最初の色彩映画『カルメン故郷に帰る』を公開して、同年度『キネマ旬報』の日本映画ベスト・テンの第四位を獲得し、興行的にも成功を収めた。そして木下は同年一一月から五二年七月までの八ヵ月間にヨーロッパ旅行をふくめたパリ滞在をする。帰国後に彼は続編の『カルメン純情す』を日本独立後の五二年一一月一三日に公開して、今度はモノクロだが、全編のほとんどを四五度斜めに撮影した画面（飯島正命名の〈かぶいた構図〉）とかぶいた現代世相の描写で話題を呼び、これも同べスト・テン第五位を獲得することになる。この第一作で木下は得意としてきた田園劇の喜劇映画と音楽映画を融合して、魅力的な試みを示した。試みの一つは色彩映画だが、もう一つは新風俗のストリップの紹介である。それは五〇年一月二二日公開の新東宝『石中先生行状記』（成瀬巳喜男）の第二話「仲たがいの巻」で、当時全国的に広がった〈裸ショー〉が東北の弘前で騒動をもたらす喜劇のなかで扱われていた。物語は恋人の父親たちがストリップ見物に行ったのが発覚して互いに誘われたためと責任転化して仲違いとなり、恋人たちの仲も険悪になるというものだが、舞台場面はほんの僅かしかなく、それも普通のレビューの前座でとどまっていた。そこでその点を含めて、この作品の史的な意義を佐藤忠男の『木下恵介の映画』（芳賀書店、一九八四年）から引用する。

一見したところ、この物語は、子どもの頃木から落ちて頭がおかしくなったというバカな女をバカにして面白がっている、バカをバカにする道化芝居のようでもあるし、また、ストリップ・ショーまでが芸術を名乗ったりする戦後の軽薄な風潮を苦々しく風刺している映画のように見える。そして、ストリップは芸術ではないが、佐野周二の盲目の元教員の復員兵がオルガンで弾く小学唱歌のような音楽こそ芸術であるという陳腐な主張をしているようにも見える。しかしこの映画では、リリー・カルメンを嘲笑する土地の人々はまさに田吾作として描かれており、インチキ芸術家として嘲笑されているはずのリリー・カルメンとマヤ朱実の両名こそ、浅間山麓の大自然のなかにまさにさんぜんと解放された美しいポーズを見せるのである。この映画は、ストリップ・ショーふぜいまでが芸術だ文化だと名乗りかねない戦後文化の浅薄さをたしなめるという良識派的ポーズをとりながら、逆説的に、ストリップ・ショーこそは戦後文化の華であった、ということを謳いあげている。それは、その数年前につくられた黒澤明の『酔いどれ天使』が、やくざの否定というテーマを正面にかかげながら、結果としては、闇市を肩で風を切って歩く三船敏郎のやくざのデスペレートなポーズを素晴らしく魅力的なものに描くことになっていたのと同じである。じっさい、『カルメン故郷に帰る』でなんといっても素晴らしいのは、大自然のなかでパンティとブラジャーだけになって存分に歌い踊る高峰秀子と小林トシ子である。それは見事にプロフェッショナルなダンス・ナンバーだというのではない。小林トシ子はプロのステージ・ダンサー出身だし、高峰秀子も『銀座カンカン娘』などの歌謡映画で人気を得ているが、この映画の歌と踊りは、のびのびと安っぽく、さわやかに軽薄で、それがまた、戦後の解放というものの実質にも見事にマッチしているのだ。馬車に乗って歌いながら野道を行くシーンなど、木下恵介は『会議は踊る』のイミテーションみたいな演出もやっているが、この映画がアメリカのミュージカルよりも戦前のドイツ＝オーストリアのシネ・オペレッタへのオマージュの性格をもっていることは、伴奏の一部に〈未完成交響曲〉が使われていたりすることでも明らかであろう。ストリップ・ショーはそもそもパロディを常套手段とするが、その性質を演出にまでとり入れてウィットにしているのだ。（一五七〜一五八頁）

大自然での踊りの衣装は舞台衣装のブラと短いペチコートだった。

この評価はこの作品の核心の二点をついている。その第一は、新しい風俗としてのストリップの批判が徹底的に追求されながら、その新風俗と新人間像の新鮮で力動的な描写が逆に新時代の肯定的な象徴を作りあげてしまったことだ。この種の活力に満ちた賛否の両義的な撞着は『酔いどれ天使』（一九四八）だけでなく、一九三〇年代のアメリカのギャング映画群がすでに映画史で華々しく犯した甘美な罪と創造の秘密であった。それは主人公のカルメンの性格の内にある「ストリッパー」＝肉体主義と「バカ」＝道化の両義性（日本での原型、アメノウズメと同じ両義性）が物語に構造化する豊かな多義的な象徴作用に通じる。実はこの年の五月二三日に、当時木下のライバルとしてもてはやされていた黒澤明は『白痴』を発表した。彼は冒頭部の字幕で、白痴に「バカ」のルビをつけて意味を明確にしている。「原作者ドストイエフスキーは、この作品の執筆にあたって、真に善良な人間が描きたいのだ、と云っている。そして、その主人公に白痴の青年を選んだ。皮肉な話だがこの世の中で真に善良であることは、白痴《バカ》に等しい。この物語は、一つの単純で清浄な魂が、世の不信、懐疑の中で無慙に亡びて行く痛ましい記録である」。白痴の障害は近代精神の病を追求したドストエフスキーが現代へ用意した実存主義的モチーフであり、キリスト教的象徴の天使的な主人公と悪魔的な人物の対立を最後には二人がともに完全な精神障害に至る不条理の分身に到達させる。この両極的対立の分身化あるいは二重人格化の宗教的＝精神病理的モチーフは、若い頃からドストエフスキーを敬愛していた黒澤の各作品によく浸透して、独自の芸術を構築する不条理の超克の実存主義的象徴体系となっている。そして、カルメンの人格も「バカ」と善良、そしてストリップ＝裸の身体表現と一体化して、木下の深層心理学的なモチーフの端緒とした。古今東西の多様な身体論のなかで、心と身＝物の二元論では裸の身体表現は身体＝性欲の解放であり、同時に精神分析の影響下では、脱ぐ行為はジェンダーを始めとする制度のしるしの脱衣であり、ストリップティーズの舞踊術では焦らしながら脱いでいく踊り子と男性観客の共謀行為（リチャード・ワートリ『ストリップティーズの歴史』一九七六年）［1］であり、また身体表現の世界では知的観念では充分に表現できない情念の深層をとらえなおす一形式でもある。これらの多義性は深層心理学的モチーフに収斂され、木下芸術の象徴体系を構築しているが、それは後で具体的に論じる。

次に核心の第二は、この作品そして主人公のカルメンが実は多くの映画からのテクスト連関の創造物であることだ。また黒澤の例から始めよう。『酔いどれ天使』の賛否の両極化に反映する主人公の人格の両極化や分身性のモチーフは、ドストエフスキー的ポリフォニーとして、テクスト連関による物語の構造化や主人公の人格形成と一体化する。つまりこの作品はアメリカのギャング映画の両極的な名作で、ギャングを社会の敵として描く代表的作品のハワード・ホークスの『暗黒街の顔役』（一九三二、日本公開一九三三年三月一三日）と、逆に社会の犠牲者として描く代表作のフリッツ・ラングの『暗黒街の弾痕』（一九三七、日本公開同年六月三日）の両作品とテクスト連関しており、黒澤の映画と三船敏郎のギャングはこの対立する両性格を微妙に背負っていた。同様にカルメンのアイロニカルな人格を形成し、その多義性の象徴作用を物語に構造化するのがシネ・オペレッタのパロディ化を始めとするポリフォニーとしての豊かなテスクスト連関（勿論現実の歴史との連関をふくめて）である。木下映画では、勿論ドストエフスキーとの連関はなく、松竹蒲田の五所平之助映画の伝統がまず重要な位置を占め、それは日本映画と関係のあるドイツ＝オーストリアの音楽映画、そしてアメリカの、田園劇映画、バックステージもの、ダム「バカ」・ブロンドの系譜、ポピュリスト喜劇映画に及ぶ。これらがこの作品のポリフォニーを構造化し、パーフォームするテクスト連関であり、信州の農家の娘の青山きんからストリッパーとなったリリー・カルメンのアイデンティティを形成するものだ。この視点で作品＝彼女との対話を試みながら、彼女のアイデンティティと同時に彼女の身体の無意識領域から出現してくる表象をも見とどけてみよう。ではテクスト連関の血筋を過去から現在へたどる。

二　バックステージもの、田園劇との連関

最初に連関するテクストは二〇年前のものである。淀川長治は続編の『カルメン純情す』の批評のなかでこう述べている。

『カルメン故郷に帰る』のラスト・シーンで二人のストリッパーが貨車の上で、はね廻つているラスト・シーンに、その昔モンタ・ベルという都会女性映画の監督の匂いを嗅いだのであるが、こんどの、夜にジープの背後からデコちゃんが泣きながら押す場面。車内は若原〔雅夫〕の芸術家?とアプレ娘の淡島〔千景〕が乗つている。失恋したノータラン娘が、その二人の車を後から押している。これもモンタ・ベルが匂う。丁度『美人帝国』というモンタ・ベルの映画のトム・ムーアとノーマァ・シヤーラーを、その男に失恋したザス・ピッツが後ろから見送つているような……と云つても今日のファンには何のことやらであろうが……とにかく此のあたりの木下監督は〈女性〉の実に巧い哀愁作家である。そう云う映画のリアリズム的本道を持ち乍ら、三好栄子の軍国的代議士候補婆には爆弾のようなカリカチュアライズを試みて成功しているのが面白い。〔略〕淡島千景などは、きつとブロンド娘のキンキン声の……アメリカで云えばジユデイ・ホリデイか、そんなところであろうが、日本ではその個性はとてもむずかしかつたことだろう。

（「巴里のネコを抱いて　木下恵介さんへの二頁」、『映画の友』一九五三年一月号、九二～九三頁）

実はこのホリディの役どころを前編で高峰秀子が演じていたのだ。

『美人帝国』(一九二五、日本公開一九二七年九月八日)はアメリカのバックステージものの無声期版であった。そこで淀川長治、蓮實重彦、山田宏一の対談集『映画千夜一夜』(中央公論社、一九八八年)の「6　映画と舞台の裏表　バックステージものの面白さ」での評価を引用する。

山田　舞台《ステージ》の裏《バック》を描くバックステージものというのは、一つの舞台(ときには一本の映画)が出来上がるまでのプロセスや楽屋落ち的なエピソードが描かれること、それにもちろん舞台と人生、虚構と現実が交錯する二重構造が映画的でドラマチックなことなど、興味つきない面白さがありますね。
淀川　新人女優たちの競争と出世物語みたいなものでしたね。バックステージものでは、〔グレゴリー・ラキャヴァ監督の一九三七年作で日本公開一九三九年二月八日の〕『ステージ・ドア』が一つの代表作でしょうね。まさに舞台裏《バックステージ》そのままだからね。(略) 女優さんが競争して、支配人に取り入って、のし上がっていくのがあってね。いかにもブロードウェイの裏みたいな話。面白いのは、たとえばキャサリン・ヘップバーンがしゃきっとしたいい女になってるけど、ジンジャー・ロジャースとルシル・ボールがちょっと足りなくて競争してんの。そこが可愛かった。二人がよかったなあ。

(三一七〜三一八頁)

淀川　〔『美人帝国』は〕綺麗な舞台女優に、バンドのドラマーが夢中になる話なの。そのドラマーを、バーレスクの女が好きになって、好きになったけれども、自分の恋はあきらめて美人女優のほうに譲る話なんだけれど、面白いのは、舞台が『ボーイフレンド』と同じで、〈そうか、舞台というものはこういうふうなものか〉思わせるのね。舞台裏と舞台の対照がすごくてね、『蠅《フライ》』という芝居をやるの。カーテンが上がると、お皿から何から全部大きいの。そこへ氷のデザインのガラスに乗って女の子がシューッと飛んで降りてくるの。羽根がついてるの。蠅なのね。氷があると、〈ああ、冷たい、冷たい〉いう顔をして、氷を離れていくの。それが宙吊りでピューッと飛びながら踊って、ダンスしながらいろんなとこに止まったりするの。それがザス・ピッツなの。（略）それが面白いの。その女が、結局は最後に美人スターのノーマ・シアラーに自分の恋をあきらめて、トム・ムーアを譲る話なの。男がよかったですよ。（三六〇〜三六二頁）

そして、淀川のベル観は「モンタ・ベルという監督は、粋な人で、ハイカラな人で、どっちかいうと芸者のような女を主役に映画撮るのが上手な人」（六六四頁）である。『美人帝国』を封切り当時一五歳位の木下が見ていたかどうかは定かでない。しかしベル映画は日本で圧倒的な人気のあったルビッチュ・タッチの後継者として小津安二郎などの映画人や批評家に注目を浴びていた。ベルの処女作『縺《もつ》れ行く情火』（一九二四、日本公開一九二五年四月二四日）は、劇場に働く人々の泊まる下宿屋で働く娘ノーマ・シアラーをブロードウェイ育ちの紳士アドルフ・マンジュウが悪い探偵から救うロマンスで、岩崎秋良は『キネマ旬報』一九二五年五月一一日号（「主要外国映画批評　縺れ行く情火」）で彼のスタイルを高く評価した。「現代の世界の中心紐育、その中心のブロードウェイの灯と歓楽と哀愁とを描くにこよなく適はしい粋な垢抜けした彼の監督手法は、色々な意味で『結婚哲学』を想はせ『巴里の女《ママ》』を思はせる。モンタ・ベルはこの二人の先輩と同じ路を取つて、厳正な写実主義に終始してゐる。そして愛欲の世界に縺れて行く、愛とも嫉妬とも未だ名付け難い程の、仄かな感情のニュアンスに力を注いで精密な暗示的な手法でそれを完全に表現してゐる。彼のキャメラの使ひ方、役者の動かし方には三分の隙もない。唯の、人間の目だとか、唇のと形だとか、をこれ程迄に雄弁にしたのはルビッチュ以外にはゐないであらう」（四〇頁）。こういう彼のスタイルがルビッチュに続いて日本映画、とくに松竹映画を大いに触発したことは事実だろう。またバックステージものとのテクスト連関は一九三〇年代の日本映画にそのジャンルを確立している。例えば小津の『浮草物語』（一九三四）はジョージ・フィッツモーリスの『煩悩』（一九二七、日本公開一九二八年一〇月一二日）の、そして新内語りの鶴次郎と三味線弾きの鶴八の芸熱心な喧嘩仲間の愛と犠牲の人情話である成瀬巳喜男の『鶴八鶴次郎』（一九三八）はジョージ・ラフトとキャロル・ロンバートの踊りとロマンスを扱ったウェズリー・ラッグルスの『ボレロ』（一九三四、日本公開同年五月一九日）の翻案であった。この成瀬作品は溝口健二の『残菊物語』（一九三九）などの芸道ものの先駆といえよう。ところで『美人帝国』や『ステージ・ドア』を通して、バックステージものではこの芸界での成功へのひたむきな努力をする賢い主役と、ちょっと足りないが可愛い、つまりダム＝善良・ガールの脇役という組み合わせが認められ、これが『カルメン故郷に帰る』に継承されている。ここではカルメンは頭のよい主役ではないが、ひたむきさをそれなりに継承したダム＝善良・ガールを主役で演じている。そして都市の踊り子の休日の場としての田園劇の設定とストリッパーの「バカ」の強化で、木下がとくに愛好した五所平之助の無声映画『からくり娘』（一九二七）とその主人公の〈白痴娘〉（当時の呼称）に近づいている。五所がルビッチュの『結婚哲学』（一九二四、日本公開同年一〇月三日）を二十数回見て、しかも直接フィルムからコンティニィティを採録したことは、拙著『日本映画における外国映画の影響　比較映画史研究』（早稲田大学出版部、一九八三年）で述べた（三七九頁）とおりであり、その点でもベル映画と連関が生じてくる。そこでバックステージものと五所の田園劇と〈白痴の主人公〉の性格との連関を検証する。

夕べの湖水に身投げの真似をして男の同情をひくことに幸福を感じている白痴の娘が旅の写真屋に自分の婿になる決心をさせるが、男は事実を知って逃げだす。娘は今日もまた湖水にでかける。三浦光雄による水郷潮来《いたこ》のみごとなロケーション撮影のこの田園劇を、田中純一郎は『日本映画発達史』第一巻（一九五七年）でこう述べている。「庶民の平凡な日常生活の中に、情緒もあれば、皮肉もあり、人の心のあわれさもある。蒲田映画は、そういう題材を求めて、映画芸術の骨法であるリズミックな画面構成を続けて行こう、という城戸イズムが、五所平之助（当時二十五歳）によって、ともかく一つの型を作った。（略）『からくり娘』では、風にそよぐポプラの葉末に、初夏の太陽を知り、人間のあわれさに愛情を感じさせた。大したヤマ場もないかわりに、惻々とした人間味が、全篇を満たした。いわゆる蒲田調といわれる松竹映画は、この作品あたりから、今日までの新派映画と、はっきりと区別されて来たと思われる」（四三八頁）。また杉山静夫も『日仏交換映画祭記念　日本映画の回顧上映』（フィルムラブラリー助成協議会、一九六三年）の「五所平之助」で、殆どが田園劇である一九二七、八年の『寂しき乱暴者』『恥しい夢』『からくり娘』『おかめ』（二七）、『村の花嫁』（二八）にふれて、「それまでの日本にはもちろんハリウッドからも欧州からも全く求め得られなかった抒情とユーモアと感傷と、そして技法的には流麗なカメラ、省略法の的確さ、ロケーションの効果、それらが渾然と溶け合った独特の世界の出現に雀躍する思いをどうしようもなかった」（八六頁）と述べているが、このスタイルは木下が自己の田園劇を作る動機でもあったろうし、事実それを彼のスタイルは消化している。ここで田園劇と述べたが、正確には西欧のパストラールの田園劇、牧人劇の伝統を根底に、とくに二〇年代のチャールズ・レイ映画の農村を舞台にした素朴なロマンス、とくに純情青年の失恋を抒情的に描いたデ・グラッセ監督の『我が恋せし乙女』（一九二三、日本公開一九二四年四月二六日）を日本映画は継承している。つまり、『からくり娘』でも『カルメン故郷に帰る』でも田園はルノワール的なアルカディアや牧神のエロスとの関係を表層にはださず、ロマンスは成立しないし、カルメンは昔好きだった学校の先生をとうに諦めており、別のロマンスも起る気配すらないのだが、基層には濃密なエロスの時空間が存在している。五所が白痴娘を田園劇に持ちこんだのはジャック・カトランの『歓楽の商人』（一九二三、日本公開一九二六年一一月五日）との連関が考えられる。このフランス映画は、海浜の小村を舞台に、からくり占いの純真な白痴青年の令嬢への遂げがたい恋の哀愁を抒情的に描いた作品だった。当時五所は日本のジャック・フェデー視されていたし、フランス映画は日本で黄金時代を迎えていた（前出の拙著、一七二頁参照）。からくり娘の白痴性にはカトラン作品のそれに共通するエロスの抒情と感傷がある。そして抒情と感傷で身体や精神の障害者をよく扱った五所作品は、その点でも木下映画の先駆者である。そこでは障害者と弱者は母性的な絶対的愛と絶対的公平によってとくに保護されるのである。これがともに病的といわれたほど鋭い豊かな感性の持ち主の五所から木下を貫く松竹の抒情的な庶民映画の特質である。白痴娘の狂言自殺常習の喜劇的アイロニーを引き継いだカルメンののびのびとした「バカ」の表層も、実はそういう母性の保護の仕組みの深層を顕示する重要な役である。こうして山田宏一が指摘したバックステージものの二重構造は舞台と人生、〈深層〉と現実のそれに変わった。

三　音楽映画との連関

田園劇についでテクスト連関するのが、一九三〇年代初期のドイツのエリック・シャレルのオペレッタ映画『会議は踊る』（一九三一、日本公開一九三四年一月二七日）とオーストリアのヴィリー・フォルストの音楽映画『未完成交響楽』（一九三三、日本公開一九三五年三月七日）である。ともに日本で大ヒットし、前者は『キネマ旬報』外国映画ベスト・テンの第二位を獲得し、リリアン・ハーヴェイの主題歌「ただ一度だけ」が流行し、戦時下の小津の『父ありき』（一九四二）で息子の佐野周二はその口笛を永遠に吹くことになる。後者は第四位となり、各レコード会社が競ってシューベルトの曲をだすことになった記念的作品である（『東和の半世紀』東宝東和、一九七八年、二六〇～二六一頁）。『カルメン故郷に帰る』で使用されているシューベルトの音楽は登場順に、「雲雀」「鱒」「軍隊行進曲」「野ばら」「菩提樹」「セレナード」「アヴェ・マリア」『未完成交響曲』「楽興《がっきょう》の時、三番」「即興曲、一番」などの器楽で、ほとんど映画『未完成交響楽』の曲と重複している（重複していないのは「雲雀」「鱒」「楽興の時」「即興曲　一番」）。この他にシュトラウスの「ウィーンの森の物語」、ベートーベンの『田園』もある（音楽は関谷浩至の「『カルメン故郷に帰る』音楽分析」未刊を参照）。敗戦直後の黒澤明の『素晴らしき日曜日』（一九四七）での印象的な『未完成交響曲』と「楽興の時」の使用以上に、木下映画は当然、抒情性豊かなシューベルト作品を多用した。この二作品には戦時下の切実な西洋音楽体験の反映がある。当時、映画『未完成交響楽』を見て、さらに日本の楽団の演奏会でこの曲を聞き、その思い出を抱いて出征した学徒兵、あるいは『田園』の楽譜を持って特攻隊機で出撃した東京音楽学校の学徒兵などの挿話を筆者も見聞している。そういう哀惜が黒澤と木下の映画の底流にある。『田園』の第一楽章の主題は帰郷したカルメンと父の牧場での再会時に入り、第一楽章の標題的注記の「田舎に着いて起こる、晴々とした気分の目ざめ」にふさわしい瞬間となる。この悲しげな編曲（パラフレーズ）は牧場で正一が、ゆきにカルメンの子供のころ牛に蹴られて頭がおかしくなった由来を語る場面と、校長に馬鹿な子ほど可愛いと心情を吐露する場面に入る。

ところで、音楽映画とのテクスト連関はスタイルに具体的に係わるので、『カルメン故郷に帰る』のスタイルに関するデータをここであげる。上映時間は八四分、総ショット数は二八七（クレジット・タイトル・バックの清水崑の漫画のショット数二〇を含む）、一ショット平均一七・五秒。固定ショット一九〇に対し動くショットは九七（比率三三％）である。このデータに過去最も近い木下作品は『大曽根家の朝』（一九四六）で、一ショット平均一五秒、動くショットの三二％がほぼ同じだが、今度の作品は長回しがずっと多い。さらに重要なのは長回しで流動的に動くカメラが高原の牧場、校庭などの広い空間を刻々と展開する部分、対照的に長回し遠景の固定画面の静的な部分、綿密なカッティングの細部描写の部分が映像の各声部として上記の音楽と美しく織りなされていく技術の確かさである。それは田園劇の音楽映画の必須条件であった。五所平之助の『からくり娘』が彼の無声映画の田園劇のスタイルを確立したように、この作品は木下の以後の色彩の、あるいは音楽多用の田園劇のスタイルを確立したといえよう。そこで音楽映画とのテクスト連関の視点から映画的、劇的に重要な五つのシークエンスを具体的な詩法として紹介する。

(1)佐藤忠男が『会議は踊る』のパロディと指摘した馬車の道行。

オリジナルではハーヴェイのウィーン娘がロシア皇帝差し回しの馬車に乗って田園の皇帝別邸への行程でみご

図1

図2

図3

図4

とに主題歌を歌い、カメラは馬車との接近・遠ざかりを反復し、次々に新しい視野を開く横移動撮影と視点を変えるカットにより、まさにシネ・オペレッタの道行を完成した。これに対して、牧場に向かう高原の道をカルメンがブギウギの主題歌「カルメン故郷に帰る」（木下忠司作詞、黛敏郎作曲）を軽妙に歌いながら姉ゆき（望月美恵子）の家族や朱実と荷馬車で行く道行は、四ショットで一分五〇秒のゆったりした長回し（ショット平均二八秒）で、横移動撮影は全然なく、画面の消点への縦軸に一八〇度カットで馬車の行き来を反復させ、さらにトラッキング撮影と固定撮影を交互に反復させた編集の妙で主題歌を歌い移動する馬車と風景の展開をみごとにとらえている。しかも最初のショットは右斜め前進のトラッキング移動［図1］。第二ショットは一八〇度カットの固定ショットで、近写の馬車が右から画面に入り、左へふくらむ放物線を描いて奥の木立に消える［図2］。第三は一八〇度カットの左斜め前進の移動ショット［図3］。第四が固定ショットで馬車が左奥から正面へ放物線を描きながら前進し、カメラを右にオフしていく［図4］。この結果、馬車は主題歌の一、二番とともにゆったりと右旋回しながら、歌の間にゆきがバスガイド調で語る「高原風景の絵巻」を皇帝の豪華な馬車ならぬ荷馬車の道行のパロディで展開している。この馬車の旋回の内向性、これからも反復するカルメンの歌いながらの日本舞踊的な動きの内向性はさらに豊かな象徴作用として展開することになる。

⑵新鮮なテクスト連関を持つカルメンの歌と舞踊の道行。

ここは四ショットで三分九秒のカメラの横移動、パン、ティルトなどを伴う長回し（一ショット平均四〇秒）である。第一ショットでは、白樺林の遠景をカメラとともに左に歩く朱実とカルメンがジャズの「アイラブユー　スィートハート　キッスミーアゲン」をアカペラで歌い〔図5〕、主題歌の器楽がゆっくりとクラリネットのソロからオーケストラに発展して、二人の歌と交差する。田舎者丸だしの青年二人に出会うとカルメンは立ち止まり、意識して「あら、綺麗なお花」とカマトトぶり。ここで音楽がシューベルトの「野ばら」になり、清純な曲が柄の悪い男言葉のカルメンとのギャグ的対位法となる。カルメンの言動は後輩の渥美清の寅さんの鉄火な下町男の歯切れの良さと、「とんちんかん」（古今亭志ん生の卓抜な話法の伝統）の先駆であり、この作品の成功もそれに負うところ大である。第二では、花を摘む彼女の手の大写しから始まり、花に口からガムを引きだして見せるカルメン〔図6〕、「なんだいありゃ」と呆れる青年に、もう一人がリーゼントを櫛でなでつけながら、「パンパンだよ」と答えるのを、カメラが自由に動いて目くそ鼻くその応酬を皮肉に伝える。第三では、二人がカメラと道行を続け、柄の悪い言葉で失恋や芸術の悩みを語りあう〔図7〕。第四は長回し（三八秒）で、カルメンが主題歌一番を元気づけに歌いだす〔図8〕。

図5

図6

図7

「わたしゃモダンな町娘　ちょいと散歩に
ニュー・ルック　粋な殿御と手を組んで
ララ　歌う歌甘いラブソング　恋のベニ
スのゴンドラの唄　濡れます瞳が唇が
ララ　咽び泣くよなセレナータ」。移動するカメラはバスト・サイズの近さで彼女

図8

の歩きながらの歌詞への当て振りと歩行の踊りをとらえる。歩きの踊りはストリップのトレーラー（脱ぐ前に勿体ぶって歩く）と音頭風との珍妙だが新鮮な連関となる。これは西洋賛美の歌詞およびモダーンなブギウギの外向性とカルメンの日本舞踊的な両手の振りが体の中心に向かう内向性との連関にもいえる。映画の後半でカルメンは、運動会で村中の笑いものとなった名誉挽回に朱実とストリップを踊る決意をして、牧場の丘で踊りの稽古をする場面でもう一度主題歌の三番四番と踊りを反復する。四番の歌詞も「恋のモロッコ赤い砂　ディートリッヒじゃないけれど　愛し殿御と一緒なら　ララ　駱駝に乗ってラブソング　ロマンチックなナイルの葦が囁く昔の秘め事よ　ララ　クレオパトラのラブソング」という同趣のもの。カメラは白樺林の時より引いているが、やはり和洋連関の同じ振付の妙を発揮している。全身のショットではトレーラーの歩みと当て振り、および少し両膝を曲げて互いに合わすような日本舞踊的な歩みが連関する。こうしてカルメンの身体が表象するのは、上半身主体の日本舞踊と下半身主体の西洋舞踊との対立とそれを何とか共生させる連関の試みである。この和洋折衷は彼女の歌舞踊一体の見せ場の基本であり、器楽音楽だけによる足主体の外向的な跳躍を生命とする西洋的ダンサーでない高峰にとって最適のものであったろう（実際に西洋舞踊の振付での踊りは児戯のレベルとなる）。これは実に敗戦後のアメリカニズムによる庶民の人間解放が、カルメンの声と肉体をとおして新鮮に発散する瞬間であった。同時にここには伝統の継承がある。民俗芸能のなかに関東の万作芝居で鬼神のお松の出し物がある。農民の演じる武士が、一人でお松退治の物語を歌いながら、音頭風な振りで目的地まで行く道行がある。一九七〇年代に国立劇場で見たのだが、その素朴だが前衛的なミュージカル性に驚いた。それはカルメンの上半身主体の当て振りの出色の芸にもいえる。これは寅さんの啖呵売や独り物語の話芸に匹敵するもので、これによって寅さんのように、「バカ」なカルメンも実は並外れてすぐれたコメディエンヌである正体を顕現させるのである。

(3)運動会での器楽演奏ギャグ、劇的行為としての二つの音楽の対立的交替。

浅間山を背景にした運動会にカルメンと朱実がやってくるが、朱実は舞台用のスカートを着てきたので、それがすぐに落ちてしまう（このギャグは後二回使われる）。丸十運送会社社長で、きれいごとを言いながら人泣かせの金儲けをする丸野十造（見明凡太郎）が指揮する村のブラスバンド（トランペット、トロンボーン、簡単なドラム・セット）が演奏し、戦前の器楽演奏ギャグ映画の古典的傑作、ソビエト映画でグリゴーリー・アレクサンドロフ監督の『陽気な連中』（一九三四、日本公開は翌年七月一一日）程ではないが、日本では珍しい演奏ギャグを演じる。まずは鄙びた明治三八年作曲の「天然の美〔美しき天然〕」演奏のアナクロニズムのおかしさ。そして朱実のウィンクでトロンボーンの音を外す小川先生（佐田啓二）、カルメンたちに気づいた丸十が大いに張り切り、勝手に新曲の「リンゴの唄」（一九四五年作曲）に変え、校長たちの迷惑を構わずにどんどん急テンポにしてしまい、最後は楽団がへばってしまうギャグを披露していく。これらの演奏ギャグは後に導入されるカルメンの主題曲の序曲となる。つぎに「ああ我が故郷」が短歌朗詠の愛好家の校長（笠智衆）に「この歌は非常に人の心をうつ素晴らしいものでありまして、当村からかように立派な歌が生まれましたことは、実に私の歓びであると同時に、村全体の誇りであると信じて疑いありません」と紹介される。もっとも校長の短歌も朗詠もひどいものだから、彼の評価は信じがたい。登場した盲目の復員兵の田口春雄（佐野周二）は妻光子（井川邦子）にあなたの弾いていたオルガンだと言われ、懐かしそうに撫でてから弾きはじめる。そして一家で歌いだす（木下一家による木下映画の象徴）。この伝統的な五音音階の唱歌（木下忠司作詞・作曲）が例によって切々たる忠司調で演奏される。途端に校長は涙にくれる。カルメンや朱実すらも聞き入っているなかで、丸十が朱実の手をにぎるので、彼女が「キャー」と立ち上がった瞬間、スカートがサラリと落ちる。ドッと観衆の笑い。ここで春雄一家の演奏が止まり、それまでの切々たる伝統的音階の唱歌に代わりバタ臭いカルメンの主題曲が軽快なテンポで流れだす。叱るカルメンと朱実のやりとりがまたドッと笑いをさそう。春雄は立ち上がって言う、「光子帰ろう」（ここは映画『未完成交響楽』で令嬢の笑い声でシューベルトがピアノ演奏をやめる件との連関）。そしてカルメンの主題から、またもとの唱歌に戻るが、今度はオルガンでなくティンパニー入りのさらに重々しい葬送行進曲風演奏となる。帰ろうとする田口を校長そしてカルメンも止めるが、校長が彼女に「あんたたちは帰ってもらおう」と退場命令をくだす。彼女は朱実をショールでぶち、ベソをかきながら退場。朱実もあとを追い、スカートをまた落とし爆笑をさそうが、皆に「ブーブーだ」と尻を叩いて去る。ここで葬送行進曲からティンパニー抜きの静かな鎮魂曲風に代わり、春雄は「今日は帰らして下さい」と校長に頼み、帰っていく。田口の手を引く光子が、「あのオルガンとは縁がないんですよ」と言い、この場面は鎮魂曲とともに、会場の日の丸の旗の大写しで終わる。こうして交替のポリフォニーともいうべき唱歌調とブギウギは、物語世界つまり日の丸が象徴する日本を両極化し、対立させる。唱歌の極側には障害者＝弱者の象徴の田口一家や保守的良識派の校長や正さんなどの村人が連なる。ブギウギの極側にはアメリカ派の象徴のカルメン（障害者だが）と朱実、そして時代の流れに乗る丸十一味がいる。田口派はカルメン派のお陰で不快な目にあうが、しかし、この二つの極＝曲は互いに愛好する人々に支えられており、互いに編曲の妙で競争し、楽しく共存している。これは絶対的な愛と平等の母性的世界の表象としての交替しあうポリフォニーである。

(4)「バカ」娘を持った父の正（正さん）の愁嘆場シークエンス。

牧場に校長が来て、正一（坂本武）とゆきにカルメンが村で裸踊りをするのをやめさせると言う。驚いた正一も彼女を探しに行く。カルメンらの「楽興の時」のハミングやバケツを叩く音が聞こえてくる。丘を登る正さんは子供のころ彼女が牛に蹴られた場所の大木を見つけて、「わしは今だから本当の気持ちをいうけど、おきんの馬鹿野郎が一番可愛いです。踊りたいものは踊らせてやってくれ。どうせ生んだのが親の不運でさあ、わしはいっしょに笑われます」と校長に涙ながらに訴える。校長も感動して踊りたいのを止めるのは人権蹂躪だとゆずる。そして「バカ」なカルメンをおだて、騙して金儲けをする悪徳業者丸十だけは許せないと二人で談判に行く。このシークエンスは牧場の丘を登り大木の下に行くまでの三人の道行部分と丘の頂の大木の下での愁嘆場の部分の、互いにスタイルの異なる二部構成からなる。道行部分は、『未完成交響曲』の第一楽章の第一主題から第三主題までの抒情的な歌謡性と流動感に富む部分を、移動撮影あるいは固定画面での三人の移動に同調させ、そして正さんが大木を見て決意し、急いで校長にかけより止めるまでの劇的な早いカット・バックを音楽の突き刺すような劇的展開部に同調させる妙技を披露する（一部全体では一ショット平均約一五秒）。そして『未完成交響曲』に代わって『田園』の悲しげな編曲が始まり（最後まで続く）、正さんの愁嘆場は、白煙を吐く雄大な浅間山を背景にして、右側に大木、中央に三人の遠景［図9］、次に同じ視軸上の三人の全景の［図10］の二ショットの長回し（五八秒と二分）による舞台劇的な静止場面となる。人はやや長い影を曳き、草は風にそよぐ。最初は正さんだけが中央に正座して長丁場を殆ど独りで語り、左に校長、右にゆきが立って聞き入るが、ゆきも右端の木の下に正座する。そして校長も左端に座りかかるとマッチカットとなり、右向きに正座し杖と脱いだ帽子をきちんと置き、正さんの嘆きに耳をかたむけ、ゆきは父の涙にもらい泣きをする。そして校長と正さんは右からオフして悪の張本人の丸十弾劾にいく。

図9

図10

(5)「楽興の時」を用いたストリップ・ショー。

鄙びた村の老若男女が集うストリップ初見の風俗がユーモラスに展開する。その映像と音楽の豊かなギャグはソ連映画『陽気な連中』（一九三四）のみごとな日本版である。仮設の舞台の幕は古い幟（曲馬団や浪花節などから稲荷大名神の氏子奉納まで）

のおかしな継ぎ接《は》ぎである。この場面は四七ショット、四分一七秒だが、踊る前の紹介部分が四ショット、一分四二秒（一ショット平均約二六秒）の長回しであるのに対して、踊りの部分は四三ショット、二分四七秒（一ショット平均四秒）と作品中最もショットの短い早回しの興奮の場面であり、一、二秒のフラッシュもある。踊り部分はヴァイオリン、トランペット、ピッコロ、簡単なドラム・セットの〈楽団キューピット〉（ここからパストラールのエロスの象徴体系に入る！）による「楽興の時」のオリエンタル・ダンス風の編曲の演奏が付き、例の丸十の指揮で始まる。この楽団編成と選曲とデュエットの踊りの意外性がいい。通例のソロの踊りや「ハーレム・ノクターン」や「キャラバン」の演奏をやらないのがまずおかしい。朱実に次いでカルメンが中近東風の衣装と目以外の顔の部分を隠すベールを纏い登場し、くわえた赤い薔薇を「アー！　カルメン！」と客席に投げて、しゃなりしゃなりと動き廻るが、ベリーダンスそのものにはならない。しかし高峰は、ストリップの起源の一つであるオリエンタル・ダンスの日本もどきを器用に真似ながら、ストリップの踊り子の表情をみごとに捉え、おかしく誇張している。顔に笑みを浮かべてしなやかに動く踊り子出身の小林トシ子の脇役に対して、彼女は無表情にちらちらと観客に目をやり文字通りのストリップティーザー（焦らしながら脱ぐ人）の自信にみちた雰囲気を伝える。黛敏郎の愉快な編曲と、木下による舞台の踊りと食い入るように見る観客のカットバックの妙で、素朴な西洋風物事始めが真剣におかしく描かれていく。二三ショット目では舞台右奥の隙間から例のリーゼント青年が見ており、そこに男の子が入り込み見物を始めるので、観客は文字通り子供入りの老若男女となり、〈天岩戸神話のアメノウズメの踊りの観客は絶対にこのメンバーの神々であった〉と認識させる場面となった。舞台の高揚とともに、桟敷の丸太にしがみついて見ている青年、あんパンやにぎり飯を食べている二人の老婆にうんざりする真ん中の老人（高堂国典）などの挿入はそれ自体おかしなショットだが、これがクライマックス時に効果的に反復されていく。二八ショット目でカルメンらが景気付けに、楽団を指揮する丸十に「へーイ、へーイ」と掛け声で囃すと、運動会でのように俄然はりきった彼がどんどんテンポを速めてしまう。当然踊りは速くなり、仮設の舞台の板敷きがどんどん揺れだし、観客は息をのみ、楽団のヴァイオリン弾きは弓と弦が触れなくなり、ピッコロ吹きは口に笛をくわえてしまい、丸太にしがみついていた青年は丸太に文字通り〈齧り〉つき、ドラマーは飛びだすスネア・ドラムを抱え込む。「楽興の時」はシューベルトの端正なロマンティシズムにそむいて音楽ギャグの連続爆発をもたらし、四二ショット目でカルメンが背をむけてブラにいよいよ手をかける例の瞬間までつづく。ここを黛はこう語っている。

> 木下恵介さんは独特な映画感覚をもっているひとだから、われわれ音楽家が気がつかないような注文をいろいろだしてくるんですよ。（略）ストリッパーが踊ると安ぶしんの舞台の床が揺れて、そばの楽隊までも揺れて、ヴァイオリンも弾けなくなってしまうという喜劇的な設定を木下さんが考えたわけですよ。こうした踊りの場面はプレ・スコアリング（前もって録音する）しておいて、あとでそれを聴きながら演技するわけですね。そのプレスコのときに揺れて演奏しなくてはいけないというので、楽士たちにやってもらうけれど、うまくいかない。（略）そこで木下さんの命令で、助監督たちが仮ごしらえの舞台みたいの上に楽隊をのせて、それをみんなでゆすって録音したという、まあ、いわばクソ・リアリズムのようなやり方ですけれどね。
>
> （秋山邦晴「日本映画音楽史を形作る人々　黛敏郎」、『キネマ旬報』一九七一年一二月一五日号）

図 11

四二番目のショットから四七番目のショットまでがクライマックスの瞬間となる。四二、カルメンの正面バスト、黒いベールを放り［図11］、後ろ向きになり手を薄物のブラに回すしぐさ、音楽テンポ緩くなる（五秒）。四三、例の老人の顔、固唾をのみ次第にせりあがる（四秒）［図12］。四四、カルメンの手がピンクのブラを回転させ［図13］、投

図12

図13

図14

図15

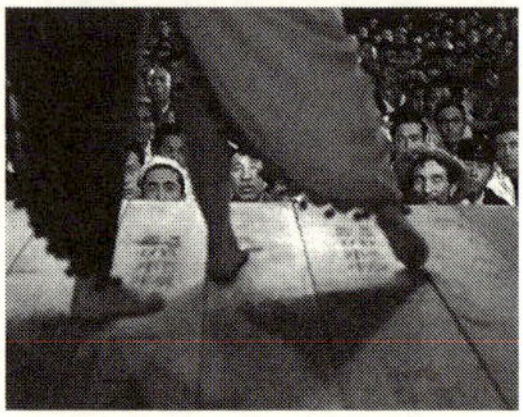
図16

げると、それが宙を落ちる（二秒）。四五、舞台右奥の出入口からリーゼント青年と男の子が落ちてくるブラを目で追う（二秒）［図14］。四六、丸い帽子を被った男の顔、固唾をのむと帽子が禿頭からするりと落ちる（二秒）［図15］。四七、舞台から見た観客たち、手前の舞台上を二人の脚がゆっくりと左右にすれ違い［図16］、赤と濃緑のスカートが外されて裸の脚となり、音楽ギャグの素晴らしい場面が終わる（一七秒）。この後、校長宅の酒宴で、「今頃おきんが皆のまえで裸になっているかと思うと」と涙にくれる正さんに、校長が「我が嘆き浅間も嘆き」の短歌朗詠を笠智衆の熊本訛りの独特な節で聞かせる。

ここでストリップのテクスト連関にもふれておこう。勿論、カルメンの踊りに本式のアメリカのストリップティーズの振りは殆ど見られない。前出のワートリの著作が述べた「アメリカはストリップにバーレスクの特別な風味を与えた。一九三八年のバーレスク・スラングの語彙によると、クラシカル・ナンバーの例がある。バタフライ、乳首当て付きの踊りには、コーヒー・グラインド（体軸でOを描く）、バンプ（尻を前に突き出す）、トレイラー（脱ぐ前に勿体ぶって歩く）、キヴァー（胸を揺する）、シミイ（上記全部）の諸技術があり、これは各国共通となる」（五五頁、要約）はここにはない。わずかにキヴァーらしいしるしが認められる程度だ。日本のストリップ事始めは一九四七年一月一五日に新宿帝都座の「額縁ショー」というセミヌードの活人画（静止像）だが、演出家は東宝の演出家でドイツ文学者の秦豊吉だった。ワートリによると、この活人画はフランスで一九世紀末にムーラン・ルージュやフォリー・ベルジェールで興隆し、それはファッション性豊かなドレス・アップのヌード・ショーに発展する。ストリップも第二次大戦後はクレージーホースで台頭するが、そこでも個人の踊りでなく、ヌードのセットとなる。フランス派の特徴の気取り、繊細さに対してアメリカのは踊りの能力よりも体が大きく肉太の体格が最高とされる、となる（三一～三二頁）。したがってカルメンの踊りは一九五二年三月一六日開場の東宝の日劇ミュージックホールが代表するフランス派にならっているが、日本にもアメリカのダイナミックなクラシカル・ナンバーを追求する系譜があった。その一人がジプシー・ローズこと志水敏子だった。彼女は彗星の如く登場し、カルメンが踊った翌五二年にグラインドを披露して逮捕されるが、それがさらに人気を決定づけた［2］。一六歳でバーレスクの座長となった本家のジプシー・ローズ・リーは一九三一年にニューヨークのミンスキー・パブリック・シアターでのジーグフェルドのレヴューに出演して大成功を収め、多くの模倣者をだした。以後最も偉大なストリップの芸術家として寿命の長い経歴を持ったが、彼女のみごとな踊る肉体のテクストは日本でも志水敏子などのダイナミックなアメリカ派の系譜に連関し、彼女の伝記映画『ジプシー』（一九六二）はマーヴィン・ルロイ監督、ナタリー・ウッド主演で日本でも公開された。この舞台の裸の身体表現の台頭とともに私たちは『羅生門』（一九五〇）が提出した日本映画の肉体主義《フィジカリティ》の時代に入った。『羅生門』では三船敏郎が盗賊として卑しめられながら汗と泥にまみれた肉体で西洋の理性主義や検閲制度を揺さぶり、高峰秀子の女体はバカなストリッパーとして二重に卑しめられながら、性と身体から日本の深層の象徴体系をみごとに表出している。河合隼雄の『昔話と日本人の心』（岩波書店、一九八二年）の「第三章　鬼が笑う」は、女性性器の露出とそれに伴う笑いの神話の考察だが、比較神話学の吉田敦彦『小さ子とハイヌウェレ　比較神話学の試み2』（みすず書房、一九七六年）の「日本神話中に物語られているアメノウズメの行動が、ほとんどすべての場合において、鎖されている口、入口、通路などを開く働きとして解釈される」（五六～五七頁）を引用して、アメノウズメの裸体の踊りが性の露出の開く行為、神々の口を笑いで開きアマテラスの口も開かせる〈開き〉に着目した（九四〜九五頁）。カルメンの「バカ」（オコ神）＝裸体はその開きの原型を守るものであった。問題は何の通路となったかで、それを追ってみよう。

四　ポピュリスト喜劇との連関

当時のアメリカ映画ではダム・ブロンドの新しい像を、『ボーン・イエスタデイ』（一九五〇、日本未公開）でジュディ・ホリデイがみごとに演じていた。原作のガーソン・カニンの大ヒット劇でホリデイはダム・ブロンドの主役の原型で成功を収め、その映画化でもアカデミー主演女優賞を受賞した。監督は女性映画の妙手ジョージ・キューカーである。日本未公開なので直接的な関係はないが、同時代の同じ性格の主人公の両作品を比較することで初めて意識される事実があるとしたら、それもテクスト連関の大きな意義である。それは物語の差異、それを生みだす両国の心と制度の差異の事実である。この視座で『ボーン・イエスタデイ』を見てみよう。まずこの映画はキャプラが代表するポピュリスト喜劇のジャンルに属するものであった。その点をアメリカでの評価はこう語っている。

ゴードン・ガウの『五〇年代のハリウッド』（一九七一年）[3]によると、「カニンのヒット劇の安全で自然な映画版でホリデイは、屑鉄屋で財をなした不作法なばか男の情婦のダム・ブロンド役を演じ、舞台での成功を繰り返した。屑鉄屋（ブロドリック・クロフォード）は彼女に贅沢な生活を与え、教育係に新聞記者（ウイリアム・ホールデン）を雇う。このトリオのやりとりが楽しく見ものだ。キューカーはホリデイの演技の威力に感謝してカメラを固定してそれを見守る。彼女は屑鉄屋とトランプのジン・ラミーのゲームをして、どんなに相手がむきになって否定しようとしても、こてんぱんにやっつけてしまうし、彼女の自信に満ちた無表情とカードの束を二つにして切る慎重な手つきが、相手の神経を欲求不満でずたずたにしてしまうのだ」（一七三頁）。
『アメリカ映画の諸ジャンル概観』（一九八八年）からウェス・D・ゲリングの「ポピュリスト喜劇」の言説［4］を紹介する。

キャプラの「庶民的哲学者《クラッカーバレル》の特徴の諸例——積極的な政治参加や少数派のエリートに反対する大衆の〈キャンペーン〉に関して時代の推移によりポピュリズムに変化が生じた。シニカルな第二次大戦後の時代になると、ポピュリズムへの信頼はその中心の役に女性を配することで再活性化されることがあった。アカデミー主演女優賞受賞のロレッタ・ヤングの『ミネソタの娘』（一九四七）とジュディ・ホリディの『ボーン・イエスタデイ』（一九五〇）がそうだ。最近のゴールディ・ホーンの『アメリカ万才』（一九八四）は『ジュディ・ホリディ都へ行く』と呼べるものであろう。この作品は『ボーン・イエスタデイ』とともに、『スミス都へ行く』の観点をもつポピュリズムの『マイ・フェア・レディ』なのである」（一二八頁）。また一八世紀のヨーロッパの啓蒙主義により自然の賛美は理神論——神を知ることは自然を知ることであり、人工より自然を好む信念——となり、トーマス・ジェファーソンは農民を神の選良とし工業より農業を優先する信念を述べており、これは『ミネソタの娘』の事例となった。そして、「『ボーン・イエスタデイ』のジュディ・ホリディは同じ感性を喜劇的な言葉にしている。彼女はアメリカのユーモリストのロバート・インガソルのナポレオンかフランス農民かの有名な選択をひどくだが正確に表現した、『あの人は幸福な農民になりたかったのよ』。映画の終わるまでに、ジュディ・ホリディはそうなろうとする」（一二九頁）。「若い主人公はポピュリズムの別の鍵——強いナショナリズムや特にジェファーソン、ジャクソン、リンカーンなど、偉大な愛国心を意味するヤンキーの歴史的模範例——が疑いようもなく真に迫って必要だということを示すことになる。かくて、『スミス都へ行く』では主人公は名前自体がジェファーソン・スミスであるばかりか、首都の庶民的哲学者《クラッカーバレル》の聖堂の殆ど（リンカーンやジェファーソンの記念館）を訪れるこのプロットは『ボーン・イエスタデイ』や『アメリカ万才』にも継承されている。のちに、スミスは礼人公はジェファーソン記念館に戻る)」(一三三頁)。

ポピュリズム喜劇の思想をふまえて、両作品の物語を比較する前に、留意したい点がある。それは『カルメン故郷に帰る』が『わが恋せし乙女』(一九四六)と同様に木下得意の田園劇の音楽映画であり、その映像のフォトジェニーと音楽が、人の内面(ミクロコスモス)と外面(マクロコスモス)が照応しあう象徴主義によって活性化する象徴的世界を構築していることだ。この世界の基底には母性と父性の原型の二分法的両極がある。それを河合隼雄の前出書は「父性原理が強く支配するヨーロッパ文化圏」の文化に対する「日本の自我の女性の意識および母性優位」の文化との対比の原理として説いた(二一六〜二一七頁)。河合はユング派のエーリッヒ・ノイマンの『意識の起源史』(一九四九年)を引用しながら、第一章での「意識体系」でこう説明する。人間の意識構造は体系と統合性を持ち、この中心を自我とよび、西洋近代に確立された西洋人の自我は、その自律性や統合性の高さ、無意識や外界からの影響に対する防禦の強さなどにおいて他に比類を見ないものである。そしてノイマンの神話的イメージによる自我の確立の問題をこう紹介する。まず創世神話のカオス状態のなかに自我が萌芽すると世界は太母《グレート・マザー》の姿をとり、自我を養い育てる肯定的な母と、呑み込み混沌に逆行させる否定的な母となる。次に天と地、父と母、光と闇などの分離を体験し、意識が無意識と分離する。そして次の段階が英雄神話となり、意識が人格化して英雄像に顕現される。そしてユングの怪物退治を父殺し(意識が父=文化的、社会的規範を倒して自由となり自立する)と母殺し(意識が太母=無意識を倒して自立する)と解釈する。そして多くの西洋の神話では怪物に捕らえられていた女性と結婚する(自立した自我が一人の女性を仲介として世界と創世の混沌時の未分化な合一でなく、自我と他者の関係を結ぶ)。そして自我を男性像化し、無意識を女性像化すること(それを男性性、女性性とよぶ)で、無意識の影響から自由となり、それを支配する傾向の強い意識を父権的な意識とよび、無意識の力が強く支配的で、意識が充分な自立性を獲得していないとき、母権的な意識とよぶ(一九〜二四頁)。こうして河合は日本の神話、昔話では女神が最高神であり、女性の英雄たちの活躍が自由であり、それに比して男神はその母性から自立せず、未発達であり、唯一神の強力な指導性をもつ父性像が不在であることに着目して、日本の自我の女性像化と母性優位の文化的特質を検証したのである。そして終章の「意思する女性」では、背後に唯一絶対の父なる神をもち、対象と切り離されて抽象化された方法によって、絶対的な普遍性を主張する父権的意識と自我の〈男性の意識〉のヨーロッパ文化圏での父権的意識優位の価値観と近代自我の行き詰まり状況の対処として、父権的意識や母権的意識の明白な分離・対立を許さない意識としての〈女性の意識〉を提出した。それは女性特有の意識という意味でなく、自我＝意識の一つのあり方である。そして母権的意識の無意識との関わりや、また対象との関わりを切り棄てずに対象に依存する相対主義や、対象への調和性・受容性・親和性などの類似点をもつ〈女性の意識〉と、有や無のすべてを、言語化の不可能性をもそこに包含する〈無〉の意識との結合により、父権的意識の切断して排除する完全性に代わる、すべてを取り入れる全体性の可能性を提示している（それは二〇世紀後半の西洋の反理性主義的な新思潮のなかにある）。カルメンの開きはトリックスター的なストリッパーが代行する全体性への通路であった。この論理を念頭において日米のダム・ブロンド作品を論じてみよう。

『ボーン・イエスタデイ』のホリディのダム・ブロンドの世界とカルメンのそれを比較すると、まず最も顕著な差異として、ホリディには頼りがいのある恋人になる新聞記者ウイリアム・ホールデンが存在することだ。彼女は彼から新聞を利用した社会勉強の仕方を教わり、その学習の成果で、パトロンの屑鉄屋が政治の首都ワシントンでいかに政治家と結託して利権を貪る社会と自分の敵であるかを理解する。そして彼に戦いを挑むが苦境に立つとジェファーソン記念館を訪れて、独立宣言の起草者で第三代大統領のジェファーソンの言葉から〈専制にたいする自由の闘い〉の啓示を受ける。こういうアメリカン・デモクラシーの父の背後には、当然キリストそして父なる神、父性像が一体化している。事実ポピュリスト喜劇の常連のゲーリー・クーパーやジェイムズ・ステユワートは顔や体型がリンカーンそしてキリストに通じるものがある。またジェファーソン、ジャクソン、リンカーンなどの愛国的で典型的なヤンキーの偉大な庶民的哲学者《クラッカーバレル》の表象はアメリカの父そのものに見える。早くから東部のニューイングランド地方に上陸したイングランドからの清教徒の独立・進取的な中産的生産者は、厳格な宗教的訓練による勤勉、誠実、公共心、企業心、教育重視により植民地時代からアメリカの中心勢力となり、中西部や西部に拡大してアメリカのデモクラシーの基礎を確立している。このヤンキーの聖者たちを信仰するポピュリスト映画が一九三〇年代に台頭したのは、地球的なナショナリズムの時代に必要としたアメリカのアイデンティティのためであった。それはキャプラのプロパガンダ映画「我等はなぜ戦うか」シリーズの『戦争への序曲』（一九四二）に明瞭に要約されている。そしてポピュリズム映画はシニカルな戦後では政治に参加する女性を主人公とする映画に変質していく。この変質の原因は単にシニカルな戦後だけではあるまい。それはアメリカの人権の歴史が国民の多民族、多人種の間の差別（帝国主義の国内示度）と性差別の撤廃に向かう長い戦後の始まりであった（実はポピュリズム映画に決定的に欠如しているのはこの理念なのだが）。ホールデンを焦点におけば、怪物を退治して、捕らえられていた女性と結婚するというペルセウスの英雄譚となるが、一九五〇年当時の社会的現実は女性が男性の協力で学習による自己変革をとげて、情報操作の新しい力でついに怪物を退治する女傑譚を要求したのだ。それは心的現実では女性性から男性性へ自己変革を遂げる女性の意識の表象である。例えば『ミネソタの娘』のヒロインはスエーデンからの移民農民の娘であり、議員に立候補した彼女が危機のなかで求めたのはヤンキーに代わる（あるいは近い）父の忠告だった。そしてハッピー・エンドは有能な家政婦から下院議員になった彼女と上院議員のイングランド系モーリーとの結婚である（他宗派・他宗教や有色人種の外でのだが）。ハリウッド映画のハッピー・エンドの約束は男性原理の支配の強い西洋文化では、男性が女性と出会い、結ばれることにより母性性や女性性を獲得し補償する行為の必須であり、女性もまたその逆の行為によって女性原理の文化への影響力を高める変革を、あるいは女性原理そのものの変革の意思を、明示したのである。新しい時代への新しい神話の誕生である。こうして戦後の二つのポピュリズム喜劇は女性の積極的政治参加のヒロインでアカデミー主演女優賞を獲得した。

これに対してカルメンは一九三〇年代にヘイズ倫理規定が禁じたような「バカ」の差別を受けたまま、前後編ともに、彼女を苦しめる怪物のために彼女の自立のために協力してくれる英雄的ホールデンとは決して出会わない。出会うのは彼女の知能障害ぶりを知って敬遠する視覚障害者の田口である。彼自身が丸十という怪物には全く無力であり、その彼と家族を守るのは妻である。また、結果的に怪物からオルガンを取り戻したのもカルメンである。ところが、元教員の彼はカルメンにはなんの教育上の協力もしようとしない。カルメンは向上と自己変革の希望を奪われたダム・ブロンド役だが、村中の人々に明るい笑顔を開花させ、鎖された問題をすべて解く〈開き〉を発揮する。『カルメン純情す』ではカルメンはもっと孤独となる。彼女はついに愛する男性と出会うが、彼は彼女のために怪物退治をするどころか、自身が怪物である。彼は木下喜劇によく見られる自己のために親とくに母親から金をせびれるだけせびりとる母性優位世界の典型的甘えっ子の画家であり、当人自身は自立の意識を全然持たない。彼女はこの怪物すらも受け入れてしまう。

ところで、ホリディはホールデンとの出会いの前に前述したブローカーとジン・ゲームをする名場面を見せる。無表情でとろい彼女が彼をコテンパンにやっつけ、怒り狂う相手に冷静に素早く賭け金を計算していく。観客の笑いの爆発のなかで、この主人公（ホリディと一体化した）の豊かな潜在的な知的能力が約束される。カルメンにもこういう名場面がある。前述した白樺林や牧場の丘で主題歌を歌いながらみごとな当て振りで踊る場面がそうだ。有名な西洋の都市での恋の憧れを歌いあげる歌詞の陳腐さを彼女のみごとな歌と当て振り（手だけでなく顔とくに目の表情での）の芸で完全に戯画化し、しかもそれを歓喜にもりあげてしまう。これも観客の笑いのなかで、彼女（高峰と一体化した）のコメディエンヌとしての豊かな潜在的能力が約束されるが、それはホリディの場合と違って正続編とも決して果たされない。男性も母性の庇護の対象であり、悪い奴すらすべて「可愛い！」になってしまう。男性原理優位の世界ではカルメンの物語は不満の多いものに見えるだろう。アメリカで封切られた木下喜劇はニューヨークのカーネギー小劇場での『カルメン故郷に帰る』が最初で唯一だとおもえる。『ニューヨーク・タイムズ』紙一九五九年一二月二三日号でA・H・ワイラーが批評しているが、これは同劇場の日本映画特集で東宝のオムニバス映画『くちづけ』（一九五五）のなかの鈴木英夫の「霧の中の少女」とともに、二一日に上映された。まずワイラーはこの両作品は日本の田舎の生活にはいろいろ問題があり、それはこの監督たちにもいえる、とこの批評を始める。『カルメン故郷に帰る』で木下が「求めた詩的で牧歌的な効果はこの喜劇で瞬時にしか捕らえられていない。（略）木下の物語――私たちには案内として英語の字幕しかない――はばらばらの事件であり、幾つかの付随的なプロットが折々充分な説明もなくメイン・テーマ上に侵入する。中心的意図は断片的だが、終わり良ければすべて良しという意図の効果をあげている」[5]。こうして、ストリッパーが村で公演することでパニックをもたらすが、結局は盲目の音楽家の借金を払い、小学校に金を寄付することになる結末を紹介しながら、こう不満を述べる。「我らがストリッパーと音楽家を結びつけるラブ・ストーリーが、時々推測はされるが、実施されていないのは不思議に思えるし、金の亡者の村のタイクーン――権力を持つ大物実業家――はその役目を通して道化をやるが、そのタイクーンの背景も不思議である。（略）日本の高原の絵画的な光景が幾つかあるが、それは不幸にもこの映画の喜劇とドラマの上に聳えて立っている。（略）『カルメン故郷に帰る』と「霧の中の少女」は日本の地方の喜劇的で劇的な局面を映しているが、この国の珍しい映画芸術を認められるようには反映していない」。ワイラーが不満とする、充分な説明ぬきの付随的なプロットの主題へ侵入、ラブ・ストーリーの不実行、道化をするタイクーンの背景の不思議などについてはこれまでのテクスト連関がかなり解明してくれるが、この点をさらに論じてみたい。

実はカルメンの障害は木下映画の母性優位の世界の標識である。この標識下で世界は母性の心理に支配され、構造化される。それは河合説に明らかなように、まず絶対愛と絶対平等である。この標識が木下映画に初めて登場したのは戦争末期の『陸軍』（一九四四）である。心身の病弱な子を厳しい軍人の父から、究極的には軍国主義的な父権的制度から、弱い子は心まで優しいのだと庇い守ろうとする母性のモチーフが、この作品でも、とくに「『バカ』娘を持った父の正さんの愁嘆場シークエンス」で顕著に反復している。父正一は因縁の木の下で母のように正座して母性の心情を涙ながらに吐露する。「なあ校長さん、わしは今だから本当の気持ちをいうけど、おきんの馬鹿野郎が一番可愛いです。女が東京なんかにとびだして、ましてあんな頭の足りん子がそんなまともに食ってけるわけはないです」。そして「踊りたいなら踊らしてやってくれ。どうせ生んだ親の不運だ、一緒に笑いものになる」と校長に頼みこむ。その情愛に感動した校長も母性に化身して今まで反対した裸踊りを許してしまう。こうして二人の母性は問題をあくどい丸十に集中し、彼だけは許せないと対決しに行く。弱者＝障害者＝善良な子を守る母性連合軍のまえで、カルメンと村人、心身の健常と障害、都市と地方、保守と進歩、日本とアメリカなどの現実の様々な対立はたちまち一点に集中して、弱い者苛めの資本家丸十がすべての敵となる。そしてカルメンの踊りが時流に遅れないための文化事業だと釈明する丸十に、正一は「子供の時から何時も学校ビリッケツ、一八になるまで鼻をたらしていたきんがそんな芸術ができるわけがねえ。盲人のたった一つの楽しみのオルガンを取りあげてしまう男が文化や芸術と言いながら金儲けばかりだ」と弾劾する。怒って正一を突き飛ばす丸十を今度は校長が得意の背負いで、しかし笠智衆独特の瀕死の病人的へっぴり腰で投げる。ここは木下芸術の面目躍如であり、この反マッチョの母性の平和な聖域には黒澤明も立ち入れない。そしてカルメンは踊り、結果をすべて良しに変える。彼女をパンパンと呼んだ青年だけでなく、村人一同に歓喜を与え、大儲けした丸十はオルガンを春雄に返し、彼女自身もギャラを父にやり親孝行ができたと満足して帰り、正一はその金を学校に寄付する。こうして丸十は父権的な力を行使するタイクーンではなく、お調子者で愛すべきところもある悪ガキでおさまってしまう。どんな人にも弱い面があり、人はそんなに悪いわけはないというのが木下の信条である。対立はすべて母性の抱擁のなかの皆わが子でおさまる。これは無意識と〈無〉の意識のフィルターを通した葛藤の無化の安定法である。つまりカルメンの障害はこのような劇の力学をもつ母性優位を世界に発効する起動装置であり、メロドラマの催涙や弾劾の起爆装置とは違う。これは黒澤明の障害者がキリスト教の父性世界の発効の起動装置であるのと対照的である。彼女の知能障害にスキャンダラスなストリッパーの職業を加えたのは、差別の強化より、母性の装置の強化のためである。それによって河合隼雄の提唱する選別排除の完全性から統合の全体性への試みを木下映画は母性的に、つまり無意識的に、示したのであろう。勿論河合が指摘する全体性は明確さと相容れない問題をもつ。だが、その解決の可能性は、木下映画の主役の多くに見られる自我の性的な多重性(ここでは正さんの父性と母性、カルメンの女性と男性)、古今東西の音楽のポリフォニー、内外映画のテクスト連関のポリフォニーが〈明確に構造化する世界の多重性〉にないだろうか。

こうして物語とカルメンの性格を構造化するテクスト連関を過去から作品と彼女の身体のなかにたどってきたが、最後に〈リリー・カルメン〉の名が代表するものを確認したい。その名はまず近代欧米の芸術を集約する。それはメリメの小説とビゼーのオペラに係わり、ファースト・ネイムのリリーはアメリカ派のストリップティーザーに係わる。女性の脱衣行為は男性の欲望の目と女性の旧制度のジェンダーやモラルを脱ぎ捨てる意思との共犯関係にあり、その職業は当時日本で公衆に対する最も革新的な女性の身体表現であり、戦後派の象徴的マニフエストだった。フランスのマックス・テシエの『日本映画のイメージ』(一九八一年)[6]は第六章のなかの「喜劇と風刺あるいは日本人も笑う」の項でこの点を指摘している(この項は外国語による日本の喜劇映画の存在を訴える最初の試みでもある)。「フジカラーによる日本の最初の色彩映画の『カルメン故郷に帰る』では高峰秀子(リリー・カルメン!)と小林トシ子は非常に〈アピュール〉(フランス語のアプレゲールの変形で、日本の〈純な娘〉のロマンチックな伝統と対照的に、伝統的道徳を遵守せず、エキセントリックな行動を好んで行う〈ニュールック〉のタイプ、原則的には娘を指す[テシエ注])な東京のストリッパーを滑稽に演じ、村に帰って騒動の種をまく。笠智衆も校長で出演しており、〈山の讃歌〉を平静かつ厳粛な調子で歌い上げるのが死ぬほどおかしい。木下は人物たちの〈ニュールック〉の出世主義と同様に東京の〈新文化〉に魅惑された村人たちの馬鹿げた態度にも焦点を合わせている。この作品は大衆（疑いなく係わりがある）的に成功をおさめた」（一三二頁）。アピュールは否定の接頭語のアとピュール＝純な、の合成にも見える。こうしてカルメンは自己の肉体を、内外映画のさまざまなテクストだけでなく、アピュール、アプレゲール、ニュールックなどの占領軍がもたらす西洋とくにアメリカの新文化の諸テクストの通路とした。敗戦と占領の闇のなかで、踊るリリー・カルメンの裸体＝開かれた通路からは、新時代の妙に楽天的な希望の光が放たれた。これがアメリカによる占領下の一九五一年の日本最初の色彩＝光の饗宴映画の神話的イメージであり、この作品のそしてカルメンの身体の無意識から意識に浮上した表象であった。リリー・カルメンとはテクスト連関の申し子だった。

そして続編、そこにはカルメンの死という原作通りの事件が彼女を待っていた。

五　『カルメン純情す』でカルメンはどう死んだか

続編の『カルメン純情す』（一九五二）でカルメンは原作通りに死ぬが、彼女はドン・ホセに殺されたのではない。彼女はストリップをきっぱりとやめてしまい、そこで当然リリー・カルメンの名が消滅し、青山きんに戻ったのだ。続編の評価は賛否に割れた。それは当然カルメンの死の問題に係わる。そこでそれらの評価を要約してみる。『キネマ旬報』一九五二年一二月一日号の「カルメン純情す　センチメンタルな人生戯曲」（三九〜四〇頁）で飯島正は問題点を述べた。まず一九五〇年一一月から翌年七月までのフランス滞在の刺激として、木下スタイルの感覚をそそられて日本の新聞に発言した歌舞伎礼賛をとりあげ、歌舞伎のかぶく（傾く、常軌を逸する）のモチーフでこの作品を分析している。こうして、この続編は斜めの構図、男より芸術を愛したカルメンが初めて恋した須藤（若原雅夫）の前衛芸術（本人はそれほど風変わりでないが）、三百万円持参金つきの恋人で出戻りの千鳥（淡島千景）、その母でヒゲのある極右的女代議士候補の熊子（三好栄子）、須藤の宣伝のための家族（父母、女中）の異様な服装、などのかぶく人間群像がその線上につらなり、スラップスティック的「泣きわらい人生戯画」となった。この展開の軸になるのが「須藤への恋ゆえにストリップができなくなり、彼のために自分は身をひく」カルメンの純情なのだが、「この『純情』が現代世相をひきしめるには、あまりにも古風であり、サンチマンタルである。感情的に浮いていて、人間性に根をおろしてはいない」。そしてこの作品で木下はクレールのヴォードヴィル映画のスタイルやキャプラ喜劇のイキを狙っているが、その場合もサンチマンタリスムはお断りであり、「心おきなくわらうことのできたのは、隅田川の岸で、カルメンが投身と見せたギャグだけであった」と結んだ。この作品を評価する佐藤忠男や『木下恵介の世界』（シネフロント社、一九八五年）の吉村秀夫は、発表時の東西対決の激化による政治的反動（再軍備、戦争責任者の追放解除）の時流のなかで、木下が強い政治的危機感のなかで描いた戦後民主主義のニセモノくさい風俗を高く評価した。そして吉村は飯島の感傷癖批判に反論した。「『カルメン純情す』は、『カルメン故郷に帰る』の続編の体《てい》をなしているが、前作のように田園牧歌調の叙情的で明るい喜劇ではない。都会の喧騒のなかでくりひろげられる知的な人間喜劇である。純情なストリッパーのカルメンがえせ前衛派の画家に恋をする。画家を取りまくブルジョワ的で軽薄で利己的な人間どもが頭の弱いカルメンを馬鹿にしておもちゃにする。そうとも知らずにいい気になって画家につくすカルメンの無知と純情さがほほえましく哀しい。お上品な上流階級の醜悪さを風刺しながら、いつか日本の社会や政治の偽善性をひっぱがしていく」（九七頁）。そして斜め構図を異化作用とみなし、それにより「国会議事堂が右へ傾き左に揺れるのなどは、そこに木下の国会に対する――この時点で逆コースをたどりはじめ再軍備の動きが顕著になってくる日本の政治に対する、はっきりしたノンの姿勢を表現しえている」（九九頁）として、木下喜劇の最高作と評価した。ここで問題にしたいのは、飯島の指摘したカルメンの感傷癖の古風さである。そこでこの点を追求してみよう。

まずカルメンには、彼女がストリップで演じるまがいものだが、ジョルジュ・ビゼーのオペラ『カルメン』と違って、彼女を命をかけて愛する衛兵伍長のドン・ホセも、闘牛士のエスカミリオもいない。彼女が恋する須藤は、彼女を単にモデルとして利用価値のある体の立派な「バカ」な女としか見ない。しかも彼女の恋はカルメンの恋とは全然違う。オペラのカルメンには、メリメの小説ほどでないにしても、悪魔性があるが、リリーの方はその逆でミカエラ以上の純情を発揮する。二人の男を手玉にとるなどは無縁である。前編ではストリッパーの彼女は踊るカルメンを現実に演じえた。そのことにより、彼女は村人たちの利害の対立を、文化の新旧の対立を、結局は土着と西洋との対立をその肉体に迎え入れて、親和と調和に富む全体性の可能性を予知させた。しかし後編では、彼女は恋することで、舞台でドン・ホセから匕首を奪って自殺したように、活き活きしたカルメンの生命を簡単に終えてしまう。古風で感傷的なメロドラマのヒロインだけを演じることになる。前編では運動会で一度べそをかいただけの彼女は今度は七場面で、朱実は五場面で、しかも同場面内で何度も、盛大に泣くのだ。それを順を追って見てみると、まず朱実は最初から赤ん坊ともどもよく泣く。最初にカルメンが泣くのは、自分が勧めて捨てさせた朱実の赤ん坊を一緒に探しに行く場面と、その後やっと見つけた場面であり、朱実親子共々大いに泣く。三回目は恋する須藤の前で、彼女がモデルとして裸になれなくなり、彼の幸せを祈って去る場面（この時に彼女のもう一つの主題歌で切々たる演歌調の器楽「踊り子の歌」が入り、これが彼女の「純情」の主題となる。木下忠司作曲か）。主題歌は前編と同じ作詞・作曲の「カルメン純情す」があるが、途中から「踊り子の歌」に移ってしまう。つまり黛敏郎（西洋）と木下忠司（日本）の対立が消滅し、すべて日本だけになる。四回目は劇場で、観客席の須藤に気付いて脱げなくなった彼女が勝手に幕にしてしまい、舞台でマネージャーに折檻されて泣き叫び、許しを乞う場面（ここでも純情の主題曲入る）。五回目はしるこ屋で、熊子が須藤を脅迫している女と間違えてカルメンの顔を叩き、「身分が違う」「手切れ金はいくら欲しい？」「二度と会うな」と侮辱し念を押す。それなのにカルメンは「嬉しいわ」と何度も涙にくれる場面。そして最後は道で、須藤と千鳥が喧嘩するのを自分のためと早とちりして二人に詫び、「どうぞお幸せに」と、故障した二人の車を涙ながらに押してやり、自動車が去ると倒れ、上体を起こして手を振る（『無防備都市』〔一九四五〕の去っていくナチの囚人輸送車から見たアンナ・マニャーニばりの悲壮な場面）。また「踊り子の歌」は、彼女が展覧会場の須藤にプレゼントを渡す場面に入る。また、ストリップを首になってから様々な仕事で苦労した挙げ句、せっかく食堂の給仕になれたのに、店の奥さんの焼き餅で失業してしまう。その時に松屋のビルが向こう岸にみえる隅田川の堤防の上を、朱実の子をおぶったカルメンは日傘をさして道行をする。この時初めて「踊り子の歌」のおそらく忠司作詞の歌詞が歌われる。「雨が静かに降っていた　赤いカンナが揺れていた　私ゃしがない踊り子ゆえに泣いて別れた恋だった」（この後半に彼女が突如川にとびこんだように姿を堤から消し、見ていた人が駆けつける。すると傘だけが堤の向こうに現れて歩行を続けるというギャグとなる。これは飯島がこの作品で心置きなく笑えた唯一のギャグとなった）。そして、この曲とともに彼女が涙にくれる多くの場合はカメラは斜め構図をやめて正常に戻る。それはカットバックでの彼女の部分だけであったり、ほかの人との全景であったりする。

　こうして彼女は涙の代償として、前編の素晴らしい歌と振り主体のコメディエンヌぶりを捨てたのだが、それでは一体何を得たのだろうか。彼女はついに男性に巡り会えたのだ。だが彼は彼女を怪物から助けだすあるいは協力する男性ではなかった。自分の母親や許婚者の母親から金をしぼりとるだけの男性原理が欠如した未成熟の男性であり、カルメンすら食い物にしかねない怪物そのものだった。それは戦後の母性優位の社会が作りだす怪物の見本である。しかも母性は弱者ほど可愛い子を自分の庇護から離そうとはしない。これではカルメンが深層心理的に両親を殺し、母権的意識の母との一体化から自立することはできないし、また河合が提出した西洋の理性主義の限界を克服する一方法としての（日本の）〈女性の意識〉に到達することもできない。そして母性優位の日本の伝統的な昔話では、西洋のそれと較べて、ハッピーエンドの結婚が相当すくないのである（河合隼雄、前掲書、一七頁）。この一体化した母娘の結びつきを壊し、娘を自立させ結婚へ巣立てさせるものは、結びつく意識にとっては怪物でもある。それは西洋では、例えばフランスの美女と野獣の話や映画のように、普遍的なものである。母娘の固い絆を壊すのが野獣であり、そして自立した娘にとって野獣は王子に変わるのである。小津安二郎の『晩春』（一九四九）は、一体化した父娘の結びつきが娘の結婚の障害となることを描いたが、そこでは縁談をまとめた叔母の杉村春子が相手の青年の名、熊太郎を気にする場面がある。「熊太郎なんて、なんとなくこの辺〔と胸のあたりをさして〕モジャモジャ毛が生えているみたいじゃないの」。小津映画に美女と野獣が顔をだした愉快な瞬間だ。一方、『カルメン純情す』の世界ではその怪物は永遠に王子にならない野獣なのである。しかもそこにはカルメンの自立に必要な教育者としての男性、あるいは教育そのものの機会すら与えない。しかもカルメンの肉体と俳優《わざおぎ》の開きが、まさにトリックスターの超越的な力として、〈女性の意識〉を代行して、映画の政治・社会・男女の様々な対立、矛盾、偶然などを調和ある全体のなかに抱擁してしまう機会も奪ったのである。女性に知能障害があるとしても、西洋の世界では、それを超えたある魂が健常者たちの鈍感な心に語りかけ、世界や人についての深い意義の読み取り方を、カトリック・象徴主義・ネオレアリズモの三位一体の仕組みを開示した映画がある。それはフェリーニの『道』（一九五四）のジェルソミーナの存在が証明している。そしてカルメンの存在は、ハッピーエンドの少ない日本の昔話と映画を代表する、愛する男に隠していた正体をみられた鶴が姿を消す伝統的な物語の深層心理的な仕組みを開示する。カルメンもまた、ハッピーエンドの結婚を回避させられ、愛する男に正体＝裸をみられたために、皆にとっての宝物である肉体の開きと自立する〈女性の意識〉の可能性とともに、その姿を永遠に消したのである。トリックスターのカルメンを殺したのはドン・ホセでなく、むしろ日本人の心の深層だった。その瞬間、伝統的な哀れの余情のなかで、カルメンの精神と身体にみごとに連関する諸テクスト層を一気に崩壊させ、ダム・ガールの性格とカルメンの輝く肉体、当て振りのすばらしいコメディエンヌは死に、二度とスクリーンに戻らなかった。

しかしカルメンは、最後の舞台の贈り物を残して去った。その前半部はおそらく世界最初のみごとなストリップのギャグ場面である。この部分は二七ショットで七分五〇秒、一ショット平均一七秒である。前作の平均五秒の軽快な笑いの爆発はないが、今度は脱ぎたくないストリップの妙が乾いた笑いを展開する。いきなり二ショット目でカルメンは客席に千鳥と熊子の間に座る須藤の姿をみつけてハッとし、四ショット目から裸にならないように踊りをごまかそうとする。最初は相手役のホセの堺駿二が気づき、ブツブツぼやきながら、なんとか手順どおり脱がそうとするが、彼女はそうさせまいとして、二人の踊りはだんだん乱闘に変化していく。小柄な堺駿二が必死になって高峰秀子に飛びかかっては、撥ねとばされる姿にペーソスがあってまたおかしい。彼女も必死の戦術をとり、例の「カルメーン」の叫びや、ホセのスカートめくりなどのタイミングを外す踊りを行使する。そしてホセによるカルメン殺しの劇的なフィナーレでは、ホセを突きとばし、扇子で叩き、首投げ、蹴りを連続し、さらに幕内に何度も逃げ込み、また彼の短刀を取りあげ、それで彼の頭を叩き、最後はそれで自決してしまう。そしてホセが彼女の脚をいとおしげに抱こうとすると蹴とばす。こうして慌てて幕となる。この間、客席は笑いに包まれるが、須藤は千鳥と熊子に腿をぎゅっとつかまれニヤリとする。後半部では怒ったマネージャーが彼女を蹴とばし、首だと叫ぶ。そして助けに入る朱実を張り倒し、謝るカルメンに「幕を開けて、裸になって観客に詫びろ」と迫る。彼女は泣きさけびながら客席に逃げる。そこに朱実が舞台上に助っ人で飛び出し、ホセのサーベルをふりあげ女剣劇の見得で、「ヤカマシイヤイ」とマネージャーと部下たちに啖呵をきる。ここでチャンバラ伴奏音楽が入り、朱実は一人で立ち回りの刀をへっぴり腰で振り回すが、マネージャーが尻を一蹴りして、あっさり倒れる（木下の一貫した平和主義）。その時、「待った、待った！」と舞台に飛び出したのが熊子夫人、「あんまり弱いもんをいじめるんじゃないよ」と止めに入る。マネージャーの「すっこんでろい、ばばあ！」に熊子は「荒神山じゃないけど、ばばあは知ってますよ」。そして客の野次「ばばあ、しっかり」に、「有り難う！」と選挙演説を始め警官に制止される。この、カルメンをいたぶるマネージャーらの暴力に、朱実と熊子のやつぎばやの助っ人が飛び出し、生きのいい啖呵がとぶ演出がみごとだ。木下のいつもの信条のように、熊子や須藤、千鳥の悪党にこういう愛嬌がもっとあれば母性喜劇として『破れ太鼓』ほどに精彩を放ったろう。そしてここにも、強い感傷癖がある。カルメンの三幕目の岩屋でのベソをかいた一人踊りが五〇秒も続き、その汗と涙で顔が狸のようになった顔（モデルで脱げなくなった時と同じ）の大写しで一九秒も続く。これも母性愛のなせる業だろうか。前出の淀川長治の批評をもってカルメンの最後への惜辞に代えよう。「浅草のストリップの舞台で、裸になれないとカルメンが泣いてしまう、あの前後、ことに小林トシ子の女剣劇がとび出し、三好栄子がとび出し、お巡りがとびだすまでのスピードと演出の巧みさは、（略）木下恵介の、夕立の中のイナヅマのような、美しさであった」（前掲「巴里のネコを抱いて　木下恵介さんへの二頁」九二頁）［編注1］。

［1］Richard Wortley, *A pictorial history of striptease : 100 years of undressing to music* (London : Octopus Books , 1976) , p.15.
［2］「額縁ショーからストリップへ　公然化された裸の衝撃」、『昭和二万日の全記録　第8巻　占領下の民主主義　昭和22年―24年』講談社、一九八八年、三八～三九頁。
［3］Gordon Gow, *Hollywood in the fifties* (New York : A. S. Barnes. London : Zwemmer ,1971), p.173.
［4］Wes D. Gehring, "Populist Comedy," in *Handbook of American Film Genres*, ed. Wes D. Gehring (New York : Greenwood Press, 1988).
［5］A.H.Weiler, "Two Japanese Impors: The Screen" *New York Times*, 23 Dec. 1959.
［6］Max Tessier, *Images du cinéma japonais : Introduction de Nagisa Oshima*, Paris : Henri Veyrier, 1981.

［編注1］本章の第五節は初出にはないが、残されている原稿に存在していた追補文である。

第4章　『二十四の瞳』のテクスト連関　ジャン・ルノワールから歌尽し人揃えまで

一　『二十四の瞳』の誕生時の様々なテクスト連関

木下恵介の『二十四の瞳』（一九五四）を海外で発見したのはフランスのジョルジュ・サドゥールだった。彼は「〔一九五五年の第一六回〕ヴェニス映画祭で上映された日本映画についての批評」でその感動をこう伝えた。

> 一言にして云うならば、全くのところ中村登の『修禅寺物語』（仏語題名「面と顔」）はわれわれにキモノと将軍とサムライの果し合いの食傷を起さしめた（略）
> もし映画祭に参加していたならば、日本映画『二十四の瞳』はヴェニス大賞を受けていただろう。しかしこれは「回顧作品」として上映された。（略）〔『二十四の瞳』は〕木下監督によって作られたもので、数ヶ月前日本の批評家によって年間最優秀映画に列せられた。「二十四の瞳」は、一九二七《ママ》年、日本の小さな島に初めて授業をしにやってきた一女教師を眺める二十四の子供の眼のことである。映画はこの小島における彼女の二十年の生活を、真の細心さと感動をもった完全な感覚で語る。その大部分においてこの映画は、〔成瀬巳喜男の〕秀作『お母さん』《ママ》と同様心易く、親しみ深く、日常性をもったものとなっている。しかし木下監督は女主人公を通して日本史の二十年を、しかもそれがどれほど劇的で変転極まりないものであったかが

語られるのを聴いているのである。

一九二七《ママ》年の少年達は一九四一年の兵士となり、一九四四年の死……。遠く離れ、時世に後れた惨めな漁村に少しずついろいろな禍いがやってくるのを人は見る。女教師は悪風を拒絶し、教職を離れねばならない。「赤狩り」があってそれが勝った時、必然的に続くものは戦争である。若者達は船で出発する。犠牲にされる動物のように細いものでからめ上げられ、戦争の叫びと歌の真只中にはヒステリックな旗々がゆれている。それから彼らは、彼らの灰を収めた白木の箱に入つて、喪服を着た未亡人達に運ばれつつ帰つてくる。雨は空気を重苦しくするばかり。それにもまして驚くべき挿話は女中として大阪に売られた少女のことだ。彼女はたまたま遠足の途中の先生を見つける。すべては発せられない言葉、そして心を転倒させた言葉の中にこめられている。

ヴェニスの最初の四十八時間内に、公式会合の前にこの日本映画は世界第一級の一つ、多分イタリヤのネオ・リアリズムに匹敵し、これを凌ぐものと認められたのだつた。


そして豊田四郎の『雁』と五所平之助の『たけくらべ』の魅力にふれながら、こう結ぶ。「だがそれにしても、今迄ヴェニスで上映された日本映画をはるかに圧し、高度の品性の総合をなしているものはやはり『二十四の瞳』であろう」（「ヴェニス映画祭の日本映画」、『映画芸術』一九五六年二月号、六〇～六一頁。訳者名・原典名なし）。

日本中を涙の洪水にした木下の抒情映画の代表作を、日本人には意外にも、ジョルジュ・サドゥールはイタリアのネオレアリズモ映画に匹敵するものと評価したのである。それには当時のフランスで日本映画がどう受入れられていたかその歴史を知る必要がある。マルセル・マルタンの『戦後のフランスにおける日本映画』（一九六二年頃、未刊、拙訳、『キネマ旬報』一九七一年一〇月一日号～一九七二年七月一日号、全四回、一部訳語を変更）は一九五一年四月から六一年六月までにフランスで封切られた四一本の日本映画の反響を調査したもので、とくに監督の重要性と多様なジャンルの視点から一六本の「パリ新聞雑誌に現われた批評の抜粋」（映画雑誌も含まれる）が選ばれている。それによると、当時のフランスでの関心は日本映画の時代劇から現代劇に移り、現代劇のキイ・ワードは日本映画のネオリアリズムであった。その第一作が新藤兼人の『原爆の子』（一九五二）で、パリでは一九五四年三月三日にヴァンドームで封切られた。サドゥールは『レ・レットル・フランセーズ』紙三月一一日号でこう宣言した。「一つの〈新しい戦慄〉。この映画は日本のネオリアリズムをフランスに最初に知らせる比類なき特権を持った。（略）激しい詩情がつねに裸の真実から起こる。一声の悲鳴も、一滴の涙もない」。同年一二月一日に成瀬巳喜男の『おかあさん』（一九五二）がステュディオ・エトワールで封切られた。アンドレ・バザンは『ル・パリジャン・リーブル』紙同月一四日号でこう述べた。「日本のネオリアリズム。映画作品ごとに、日本映画はエキゾチックで奇妙な産物であることをやめている。気高さと威厳。日本映画の偉大な教訓。即ち、俗悪を知らないこと」。サドゥールは『レ・レットル・フランセーズ』同月一七日号でこう称賛した。「この映画は、人生の展開にのっとっているので、劇的構成の規則にはほとんど従っていない。万事は、ディテールにあるより、ディテールに浸みこませた多くの機転、ユーモア、感受性にある。日本のネオリアリズム」［編注1］。こういう文脈のなかで、サドゥールは『二十四の瞳』と出会ったのである。そしてこの作品がパリで封切られたのは、六年後の一九六〇年二月一〇日のステュディオ・エトワールだった。サドゥールの称賛にもかかわらず、なぜ直ぐに封切られなかったか。その答えの一つは彼の『世界映画史』（一九七二年）［1］による二二年後の総括に読みとれよう。「才能に恵まれた木下は瀬戸内海の一小島に住む一人の女教師を描いた『二十四の瞳』で大ヒットを収めたが、この作品の暗示的な慎重さは外国におけるよりも日本において高く評価されたことを付け加えておこう」（G・サドゥール『世界映画史1』第二版、丸尾定訳、みすず書房、一九八〇年、三八八頁）。マルタンの著作でも、この作品は封切りの資料だけで、「パリ新聞雑誌に現われた批評の抜粋」の対象には選出されていない。

だが当時の反応はマックス・テシエの『日本映画のイメージ』（一九八一年）〔2〕で語られている。

木下は風刺作品のほかに写実的で抒情的作品も作った。一つは大戦後の日本を描いた『日本の悲劇』、もう一つが民主主義の希望の日本を描き、彼のヒット作品となった『二十四の瞳』である」「後者はかなり感動的な〝母性的〟メロドラマで、内海の小島の小学校での若い女教諭と一二人の生徒の一九二八年から大戦後までの関係をほとんどネオリアリズムで描写した（多くの状況変化を示すこの映画のオリジナルは二時間四〇分）。このかなり注目すべき作品は一九六〇年にフランスで封切られ、日本人に尊ばれる〝純粋な感情〟の象徴となり、感動、観察のユーモア、そして敗戦まで有名だった個人を拒絶する軍国主義の厳しい学校にどんな代価を払っても反対しようとする素朴なヒューマニズムの上で完璧に戯れる。物語はみごとに処理され、教え子たちの出征、葬儀、六人の教え子にしか再会できない女教師の復帰などの最も劇的な諸瞬間は、コーラスで反復される歌で区切られ、涙を生じさせる。結局、この抒情の武器庫は大方のナショナリズムの感情を満足させたので、大島に始まる次世代の監督たちは激しく批判した。それでもなお、『二十四の瞳』は日本映画史の重要な一標識であり、また内海の風景の非凡なフォトジェニーは、おそらく五〇年代の最も典型的な映画の一本のなかで、優しい魅惑を大いに発揮している。（二〇九頁）

フランスでの日本のネオリアリズムへの反響は、単なる抒情的映画を超えたこの作品の生い立ちを明らかにしている。まず、フランスでの最初の日本ネオリアリズム映画の『原爆の子』はこの作品のネオリアリズムとその主題の原型であった。かつて広島で幼稚園の先生だったとき被爆し、今は瀬戸内海の小島で小学校の先生をしている乙羽信子が、七年目に広島の教え子たちを訪問する。そのおり、原爆症で死にかかっている少女を見舞いにいく。川本三郎は『今ひとたびの戦後日本映画』（岩波書店、一九九四年）の「白いブラウスの似合う女の先生」

でこう語る。

そこで、まだ、あの日の原爆が落ちる前の、楽しげな幼稚園の風景に変る。乙羽信子の先生が、その少女といっしょにブランコに乗っている。戦時下の一瞬の、日だまりのように暖かい時間。童謡が、女の先生と子どもを結びつけている。戦争が終って七年めに訪ねてくれた女の先生に、もうじき死ぬ女の子が、幼稚園のときに聞いた童謡を「もう一度、歌って」と、母親に子守歌を甘えるように頼む。童謡が、この薄幸な子どもの、いちばん幸福な思い出になっている。そして、童謡が、国家的イデオロギーとは違って、戦前と戦後の穏やかな日常をつなぐ連続性の象徴となる。国家体制やイデオロギーは変っても童謡は変らない。童謡を歌ったあの日の、女の先生と子どもたちの信頼関係は変らない。『原爆の子』には、回想シーンで、乙羽信子がオルガンを弾いて、園児たちと「お山の杉の子」を歌う、穏やかな場面がある。子どもたちは、乙羽信子のまわりを輪になって手をつなぐ。それはちょうど『二十四の瞳』で十二人の子どもたちが高峰秀子を取りかこんだのと同じ構図である。（略）大石先生も子どもたちも童謡を歌うことで、心がつながっていく。オルガンと童謡という、母性的なイメージは、軍国主義の時代のなかで数少ない、なごやかなものであり、先生と子どもたちは、童謡を歌うことで、軍歌に対抗したのだろう。（略）それは、戦時中、軍歌を歌わなかった、教えなかった女の先生にだけ出来る、慰藉と再生の儀式である。彼女たちは、現実にはほとんど無力である。しかし、子どもたちといっしょに泣き、いっしょに童謡を歌い、そして、何よりも、いっしょに苦しんでくれた。白いブラウスの、清潔な美しさを教えてくれた。「戦後民主主義」という理念は信じられなくなったとしても、あの先生たちは信じることが出来る。戦後日本映画のなかの彼女たちの役割は、決して小さくはない。

（一九八～二〇〇頁）

白いブラウスの女先生は、両作品で童謡の抒情性と戦時戦後のネオリアリズムを映画に一体化する媒体となった。木下はその媒体により、二四の瞳の生徒の激動の近代史を当時愛唱された二四曲の唱歌・童謡・軍歌のイメージで語り尽くすという映画形式の創造の実験を行ったのである。

二四曲の確認の問題は『優秀映画』一九八四年四月一日号の「一期一会の出会い」で英文学者の大井邦雄によって提示された。

> 三十年ぶりに心おちつけて見直す機会をえた私が、おやっと思ったことは、あの時分は数えてみもしなかった歌が（ただ一つの民謡『金比羅船々』〔江戸童唄『開いた開いた』も〔山本注〕〕を別にすれば明治の十年代から昭和十八年の『荒鷲の歌』まで六十余年間に誕生した歌ばかりが）、よくもこれだけと思うほど歌いこまれていることだった。何よりの驚きは翻案物の『才女』（本歌アニー・ローリー、明治十七年小学唱歌集（二））から讃美歌の『星の界《よ》』（明治四三年統合中学唱歌（二））まで、中学唱歌『荒城の月』（明治四三年）から『浜辺の歌』（大正七年）まで、更に昭和の新聞懸賞応募第二位入選作の『露営の歌』と、〈あああの顔で、あの声で〉の『暁に祈る』（ともに昭和十二年）を経て、アイルランド民謡『庭の千草』（明治十七年小学唱歌集（三））でしめくくられるまでのその数24曲もの歌が、そっくりそのまま近代日本の歩みをこだましているばかりでなく、うろ覚えにせよそのほとんどを私までがある感慨をもって歌えるということだった。映画『二十四の瞳』がある感慨をもって迫ってくるかどうかは、あの歌をどれほど知っているかで決まるのではなかろうか。

この指摘のおかげで残された一五曲の解明とともに、二四曲が近代化の歩みをこだましている具体例を理解できた（本章末の付表参照）。『小学唱歌集』は音楽教育の近代化＝西洋化のために音楽取調掛（東京音楽学校の前身）の伊沢修二がアメリカ留学時代の恩師ルーサー・メーソンを招聘して、西洋歌曲と雅楽の和洋折衷の唱歌を提唱し、一八八一〈明治一四〉年以後刊行したものだ。また、女先生の登場も小学校制度の始まった一八七二年に、文部省のお雇いアメリカ人デイヴィッド・マレーの児童教育には女子のほうが優れているという進言で七五年に東京女子師範学校が設立されたことに始まる［3］。大石先生自身もこれら米欧的近代化と日本の折衷の子であった。これは後で具体的に述べるが、大石先生独自の歌の指導は日本の学校音楽のさらなる近代化に重要な意味をもっており、彼女の生活綴方の指導のように、戦時体制側の批判を招くものであった。同時に、二四の曲は二四の瞳にあわせた二四の唱歌尽しであり、熟知された同類を集める〝物尽し物（人）揃え〟の詩法とその遊びの敷衍でもある。その汎神論的原理は、山尽しのように、山々の名を叙景のなかに並べることで山の神々を呼び集める呪法であり、二四曲尽しはその時々の愛唱歌を作中に並べて刻々と変わる時代の〈霊＝イメージ〉を呼び集める実験的な映画形式であった。また大石先生は二四の瞳の生徒の名の〈霊＝イメージ〉揃えを出席簿や写真に結晶させ、卒業後も貧困や戦争による不運な犠牲者の名を写真や墓石に結晶させていく。戦後は復職した教室に貼りだされた「ヘイワ日本」の習字の前で、最初の生徒の子や妹の名の〈再生された霊〉を揃える。木下はさらにこの物尽し物揃えにネオリアリズムの旅を一体化した。ネオリアリズムの旅、例えば『自転車泥棒』（一九四八）の自転車・泥棒探しの旅は、それを絶えず中断する分散的な戦後現実を確認し、従来の出来事の因果関係の鎖から映画を解放し、純粋な映像・音記号による状況を創造する映画の新時代の始まりを明示した。『二十四の瞳』では、木下は時代の歌とともに、小学生たちの遊戯、散歩、遠足、修学旅行を経て、成人期の出征兵士の歓送行列や出港の別れ、遂に英霊となっての帰還に至る人生の旅を、記録映画やニュース映画のリアリズムで展開した〈歌＝会話の室内場面も作品全体の旅の各中間点に組み入れられている〉。しかも彼は作品全体を歌尽し人揃えの詩法で構築することで、ネオリアリズムと同時代的な自律的で純粋な映像・音記号による状況を創造する機会を実現したのである。そして、この抒情性とネオリアリズムの深い一体化には、彼が当時もっとも敬愛した監督・映画との深い連関があった。

それは、ジャン・ルノワールの『河』（一九五一）との形式、主題、視点の連関である。『キネマ旬報』一九五五年四月一日号の「自作を語る」で木下はこう述べている。

手法としては『カルメン故郷に帰る』のときから『少年期』までの、あのカットを割りアップを強調する定石を一切やめるいきかた、あの演出がいちばん演出ではむずかしいけれども、ああいう行きかたをもっともっとうまくして行きたいし、どうしたら完全にいいものができるだろうとおもっていたのです。その行きかたでピッタリ撮れるのが『二十四の瞳』だったのです。すごくやりたくなっちゃって……。フランスにいるときにルノアールの『河』を見て、これはなんてえらい人だろうと打たれたのです。『河』の演出は、僕がいままで考えて頭のなかにあった演出の最高のものだとおもったのです。『少年期』や『カルメン故郷に帰る』で漠然と僕もああいう演出を自分の目標にしていた、その『二十四』のお手本みたいなものが『河』ですね。ちっともセコセコした見せかけがない。なんにもしていないように見せながらうまいというのは、たいへんなむずかしさですよ。（略）『二十四の瞳』のロケにはずいぶん時間をかけました。百十日ばかり小豆島にいました。自然が主役ですからね。いってみれば自然のなかの『日本の悲劇』というものをねらおうとおもったのです。そして、手法としてはこの作品ではとくに、〝素人だったらこの場面はどう撮るだろうか〟ということを、いつも頭におきましたね。もうひとつは、いつも人物を横から入れて芝居をさせて、また横から出していくようにするのです。ちょうど芝居の舞台のように横から出入りするようにしたの。この二つで、わざとらしくない演出というものを狙おうと思ったのですね。しかし修学旅行のときの船がありますね。あの場面に一人の生徒が歌うでしょう。そのときに波をアップにして撮ったのが一カット入っているのです。船に乗って撮影していると、ああいうチャチな感傷なんて下手なことをしちゃったのかとあとでおもった。におちいるのね、警戒しなければいけないのですよ。（四七頁）

以上が木下が理解した『河』の演出だが、そのデクパージュの内容を整理しておこう。まず、『河』のデータは、九九分、六九三ショット、一ショット平均九秒、固定ショット五二七（七六％）、動くショット一六六（二四％）となり、戦前のフランス時代のルノワール映画よりも、長回しと移動が非常に少ない。因みに『ゲームの規則』（一九三九）は、一〇七分、三三七ショット、一ショット平均一九秒、固定ショット一七〇（五〇・四％）、動くショット一六七（四九・六％）。この比較が「『河』では、じっと場面をとらえつづけるフィックス・ショットがもちいられている」（『ジャン・ルノワール』奥村昭夫訳、フィルムアート社、一九八〇年、一四二頁）のアンドレ・バザンの指摘を導く。ショットの持続時間も半減しているが、それは河などの風物描写のゆるやかなモンタージュ・シークエンスのためで、実際には固定凝視の持続も充分にある。また人物のフレイム・インとアウトの使用もある。しかし遠景ショット内の人物たちへの凝視と人物ショット間のカット・バックによる滑らかな心理描写の併用、人物の僅かな動きに合わせる目立たないカメラの動きなどは一九三九年までのルノワールどおりである。動く船上からのカメラの目立たない動きも多い。しかし、バザンの「この映画では移動やパンは一度もつかわれておらず」（一四二頁）は事実に反する。つぎに『二十四の瞳』は、一五五分、六三〇ショット、一ショット平均一五秒、固定ショット五三三（八五％）、動くショット九七（一五％）。因みに『カルメン故郷に帰る』（一九五一）は、八四分、二八七ショット、一ショット平均一七・五秒、固定ショット一九〇（六七％）、動くショット九七（三三％）だから、動きの少なくなった分、固定長回しによる凝視持続の増大と人物ショット間のカット・バックによる心理描写との併用は『河』と同じである。また人物のフレイム・インとアウト、風物描写のゆるやかなモンタージュ・シークエンスもある。

それはさらに主題や監督の視点の連関にまで及ぶ。『河』におけるベンガル地方の半年と祭り（破壊と創造のカーリー神の死の祭りである一〇月のディワリ（光の祭り）から始まり復活の春の祭りに終わる）とインドの伝統的舞踊劇（歌舞）の記録的・抒情的描写。万物流転と再生の象徴である偉大な河の風景と人々の生活と労働を綴っていくモンタージュ・シークエンス。そして、イギリス人少女ハリエットが安定した家族のなかで、アメリカ人の傷病兵の大尉に二人の友と恋を抱き、そのために弟の事故死に罪の意識を抱き、河に入水して救われ、大尉に人は心の生死を繰り返すのだと励まされる。そして「出産は愛と同じ苦しみと深い喜びだ」と説く母がもたらした新しい生命の誕生に感動する。その少女主人公＝ルノワールの視点の倫理性。同時に植民地主義の意識の欠如の批判も招く。

『二十四の瞳』では小豆島の宗教的事物（至る所の巡礼の列と墓石群。大石先生と生徒たちの歌と遊戯に反映する日本の土着的宗教性〝良寛と子ども・神としての翁と童子の互換性〟と「この里に手まりつきつつ子供らと　遊ぶ春日は暮れずともよし」の手鞠歌と遊びの〝無心・無私〟の浄らかな精神状態の追求と美しい自然による自己形成（山折哲雄『NHK人間大学　日本人の宗教感覚』日本放送出版協会、一九九六年参照））。これらの事象と唱歌尽しの記録的・抒情的描写。港を船が直線的に結ぶ海＝河の同じ象徴と人々の生活と近代史を綴っていくモンタージュ・シークエンス。そして、大石が戦時教育に反対して辞職するが、体制の犠牲となる生徒とともに泣くことを貫き通し、家族と旧国家の死により自己の平和の教師の再生を迎える。その大石＝木下の視点の倫理性。同時に戦争の加害面の意識の欠如の批判も招く。

二　歌尽し人揃えに構造化された映画の詩学

物語は小豆島の一九二八年から四六年までの一八年におよぶ大石先生と最初の生徒の様々な出来事を扱う。一八年は五部に分かれて、戦前、満州事変、第二次大戦直前、敗戦前と当日、その翌年となり、各部は春季が多く、夏、秋に及ぶこともある。五部の合間は五年後、八年後、四年後、翌年となり、その間の戦争・社会の出来事は

図1

図2

字幕が簡潔に知らせる。二四の歌は子どもの年齢に応じた出来事や風景を伴う各時代のイメージとして登場し、さらに殆どがそのモティーフ（追憶）として反復していく。つまり、反復を含めて全編に五二回（二四曲と反復二八）の歌＝出来事・風景が展開し、第一部二〇、二部一五、三部五、四部五、五部七の回数配分となる。結末は戦後の再会であり、その交際の始まりでもある。この開いた反復構造は、絶えず過去と現在、連続と変化という時間と瞬間の対話となる。デクパージュ的には、歌＝出来事は記録映画的なゆったりとしたモンタージュ・シークエンス、人物間のきめ細かなカット・バック、固定長回し、などからなる。これに対して、画面内の歌・器楽演奏や伴奏音楽のない固定長回しの対話＝対決の室内場面があり、その深い焦点とともに視野は屋外の広く遠くに及び、決して伴奏音楽のありえない現実世界の地平を広げながら、歌＝出来事の場面に対照的に織りなされている。

クレジット・タイトルは「あおげば尊し」（一八八四・明治一七年、『小学唱歌集』第三編、H・N・D作曲、アメリカの唱歌「学業修了の歌」）の合唱・器楽伴奏音付き（二分一四秒）。この歌は最後の大石先生の出勤風景でも四分二四秒にわたり反復する。また侯孝賢の『冬冬《トントン》の夏休み』（一九八四）の冒頭の卒業式に中国語で歌われ（台湾での曲名「青春校樹」）、私たちを驚かす。唱歌は民族の仇を超えたのだろうか。

第一部はこの作品を貫く様々な形式の旅の提示で始まる。まず「才女」（一八八四・明治一七年、『小学唱歌集』第三編、ジョン・ダグラス・スコット夫人作曲、スコットランド民謡「アニー・ローリー」）の器楽伴奏で、一九五四年現在の小豆島の人文地理的紹介の紀行的モンタージュ・シークエンス（一三ショットでショット平均一〇秒）が展開する。海と島［図1］、遊覧船、石切り場、町場の自動車とトラック、海辺を走る観光バスの列とお遍路さん

（墓石群とともに作品中に反復する重要な宗教イメージ）〔図2〕。働く零細な農民と漁民。大きな空の醤油樽を運ぶ牛車の列。再び海と島（ここで字幕――四年生まで通う岬の分教場の説明と「昭和三年四月四日」の表示〔図3・4〕）。次に「村の鍛冶屋」（一九一二・大元年、『尋常小学唱歌』第四学年用）を歌いながら歩む登校児童の列となる〔図5〕。この後、「故郷《ふるさと》」（一九一四・大正三年、『尋常小学唱歌』第六学年用、高野辰之作詞、岡野貞一作曲）の器楽伴奏で、洋装の大石先生の颯爽たる自転車の初登校となり、閉鎖的な島の和装の子どもたちや親たちの驚きと反発が並行的に展開する〔図6・7〕。フレイム・インとアウトの多い反復が彼女の流れるような軽快なサイクリングを韻律づける自転車道行モンタージュ（八ショット〈パン二〉、一分一秒、平均八秒）となり、美しい小豆島の詩的スケッチが「故郷」のもつ望郷性と結びつき、〝原郷〟イメージを生む。最初の授業で大石は生徒の顔、名前、愛称などを一人一人確認して、一二人の名揃えを提示する〔図8～11〕。以後一八年の歴史のなかで、欠落していく名を確認する辛い名揃えが大石を待ち受ける。彼女の帰路も子どもたちの「大石小石」のはやし立てを始め、超遠景の美しい自然、お遍路さん、島人の噂話が同じ音楽で展開する。

　一二人の一年生と親しくなった大石は歌と遊戯の屋外授業を続ける。それは次のように連続する小さな旅の形式をとる。まず、「汽車は走る」（元歌は「蝶々」、一八八一・明治一四年、『小学唱歌集』初編、スペイン民謡〔編注

図3

図4

図5

図6

図7

図 8

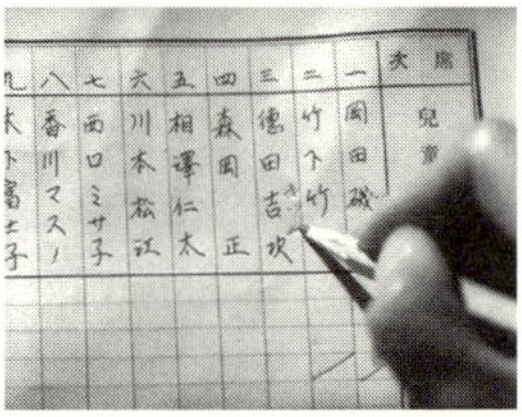

図 9

図 10

図 11

図 12

図 13

図 14

図 15

2」）を合唱しながら、満開の桜の木々を縫って走る機関車役の大石と一二人が縄の輪を使って汽車ごっこ（パンの一ショットで四〇秒）〔図12〕。次に「七つの子」（一九二一・大正一〇年、『金の船』七月号、野口雨情作詞、本居長世《もとおりながよ》作曲）の一部を歌いながら、皆の列が海を背にした菜の花畑の山道を下りていく〔図13〕。パンの一ショットで、一三秒の唱歌集の典型的挿絵イメージ。次に入江の浜で、江戸の童唄《わらべうた》「開いた開いた」（一九〇〇・明治三三年、『幼年唱歌教科適用』初編上巻など）を合唱しながら、歌詞にあわせて皆の輪を広げ、狭める遊戯を二ショットで行う。「開いた」の部分は遠景〔図14〕、「つぼんだ」は近写〔図15〕で、四一秒、平均二〇・五秒のゆったりした春のスケッチ。以後も、ひねもす若き女良寛と童らの無心な手鞠遊びが続くことになる。この無心の道行は生の歓びの原体験と原郷のイメージを瑞々しく再生産する。

「七つの子」は作中で一〇回も繰り返されるこの作品の指導動機であるが、その動機付けは大石が夜の自宅で、村の保守的な偏見（とくに贅沢な自転車に乗る現代的な若い女性教諭への）に嫌気がさして母に愚痴を言うが、励まされた後で一二人の習字を見る場面にある。この場合もまず音楽ぬきで雨音だけの母娘の会話は二八秒の固定長回しの遠景ショットで始まる［図16］。そして大石の近写となり、「七つの子」の静かな器楽伴奏のなかで一人一人の習字の大写し、その名前の大写しと、名前を呼ぶ自分の声に返事する最初の授業時の子どもたちの顔の（木下恵介独自の無声映画的な）テンポの早い細やかなカット割りが省略を加えつつ進行していく（すべて固定の三〇ショットで一分二一秒、平均三秒）［図17〜20］。そして歌われぬ歌詞が観客の心に甦ってくる。「烏　なぜ啼くの　烏は山に　可愛い七つの　子があるからよ　可愛　可愛と　烏は啼くの　可愛　可愛と　啼くんだよ　山の古巣へ　行って見て御覧　丸い眼をした　いい子だよ」。最後に音楽止み、この後も五六秒の固定長回しとなり、「あの時の二四の瞳、私とても可愛かったの。あんなに可愛い瞳を、私どうしても濁しちゃいけないと思ったの」と言う大石のナレーションに続く、母との会話で、自分は、学校から帰ったら遊べない程貧しい子らのために頑張ると言う。濁りない可愛い瞳＝幼い無心こそ伝統的な日本の宗教感覚であり、大石の人生と木下の各作品を貫く基層的主題であり、この童謡は一二人の可愛い瞳の生命と無垢を守り抜こうとする彼女の意思の音楽的モティーフとして次々に新しい状況のなかで反復・展開していく。

図 16

図 17

図 18

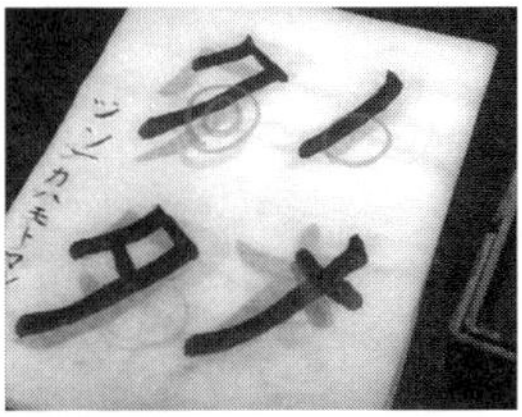
図 19

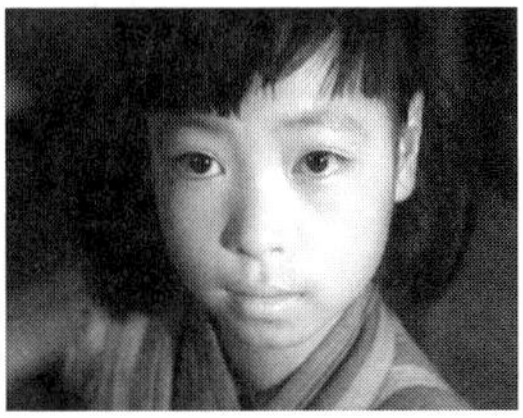
図 20

その年の秋、大石は怪我をする。例によって入江の浜で「あわて床屋」（作詞は北原白秋、一九一九・大正八年、『赤い鳥』四月号、作曲は山田耕筰、一九二七・昭和二年）を合唱する。二ショット目で大石が右を見ると、三ショット目で遠くの四年生男子三人が砂をいじっている（三ショット・三〇秒）。この後で大石はそこに誘い出されて、その穴に落ちて足を怪我する。そして「七つの子」の合唱と器楽の伴奏入りで、大石は村の男たちに海辺の道を大八車に乗せられて運ばれて行き、泣きじゃくる子どもたちの行列が続く道行となる（八ショット〈移動二〉、こも一ショット平均一〇秒）。入院した大石の代わりに男先生（笠智衆）が唱歌の時間に「千引の岩」（大和田建樹《たけき》作詞、小山作之助作曲）を教える。歌の資料は不明［編注3］だが、黒板に歌詞が書いてある。「千引きの岩は　重からず　国家につくす　義は重し　事あるその日　敵あるその日　ふりくる　矢玉のただ中を　おかしてすすみて国のため　つくせや　男子の本分を　赤心を」。これを笠智衆が独特の訛りと節で「ヒヒヒフミミイイムイ」と古風な音階名で歌い教えるが、大石の歌の授業に馴染んだ生徒たちは全然応じない（二ショット、一分一三秒、平均三六・五秒）。軍歌は教室では歌わせない大石＝木下の意図が読みとれる。この前に男先生は妻に「大石先生ときたら、あほらしもない歌ばっかり教えとる。まるで盆踊りの歌みたいな、柔い歌ばっかりではないか」と語っている。大石は官製の小学唱歌だけでなく、その批判としての、わかりやすい歌詞と五音階だけでない西洋音楽を基礎とした『赤い鳥』『金の船』などの童謡と同時に日本伝統の童唄や民謡も教える。このリベラリズムは五年後の彼女の生活綴方運動に通底し、その延長上に戦時教育に反対する辞職がある。そこで仕方なく男先生が「ちんちん千鳥」（一九二一・大正一〇年、『赤い鳥』一月号、北原白秋作詞、近衛秀磨作曲）を提案して、皆で楽器抜きアカペラの合唱となるが、ここでも笠の古風な小節付き歌がユーモラスにずれる（一ショット、二八秒）。授業の後、畑の道で一二人の生徒が療養中の先生の家に行く話を始める。竹一の「そうだ、一本松みてこう」（「一本松」は大石先生の住む村を指す）と言うと皆走りだす。ここで音楽が始まり（三度目の「故郷」器楽の伴奏）、皆は丘に登って大石の住む入江の向こうの一本松（実際には醤油屋の煙突）を見ながら、そこへの遠出をきめ、親に内緒で昼食後に出発することにする。うちに帰ったら出して貰えないので、食事ぬきでここで待つと言うコトエに小ツルは「豆もってきてあげら、さきに藪んとこで待っとり」といたわる。子どもたちも先生とわかちあうことになる「七つの子」付きの苦難の旅に向かって、一年生一二人の大長征の序曲（美しい超遠景と遠景の六ショットと近写、一分五九秒、平均二〇秒）。

いよいよ大長征の道行の開始。藪のなかの道の奥から、「朧月夜」（一九一四・大正三年、『尋常小学唱歌』第六学年用、高野辰之作詞、岡野貞一作曲）の器楽伴奏とともに、手に手に竹の枝をふりかざす元気溌剌の一隊が現れ、手前に進軍してくる。やがて海を望む道にでるが、年長の本校生らに会うので隠れてしまう。年長組は「こんなとこで隠れて何しとんぞ」と不審がる。移動は極力抑え、行列の歩行にフレイム・インとアウトを用い、ショットの前後に空ショットを生みだす（超遠景の二ショット〈うち移動一〉、一分八秒、平均三四秒の長回し）。以後の道行も同じスタイルで、児童の歩行の二分の一のリズムをフレイム・インとアウトの緩やかで大きな韻律に包みこむ。「一、菜の花畠に　入り日薄れ　見わたす山の端　霞ふかし　春風そよふく　空を見れば　夕月かかりてにおい淡し」も歌詞抜きだが、この蕪村的な官能性の豊かな田園は、小豆島と日本の原郷のイメージそのものである。

ここで愉快な道行の間奏曲が入る。軽快なテンポの「故郷」伴奏のなかで、学校から戻ってこない子を心配して一人の親が友人の親に尋ね、次に尋ねられた親が別の親に尋ねる。その順繰りは一一回に及び、同じ動作と台詞を反復させながら、貧富の対照を家や親の職業で多彩に示していく。石切り場で働く母、大きな米屋、船持ちの網元、網を手入れする貧しい漁師、割烹着姿の母など。最後に波止場のショットで本校生らから子の遠征を聞いたマスノの母の「戻ったら、怒ったもんかいの、怒らんほうがよかろうか」に対して小ツルの父の「ほめる訳にゃいくまいがのう」で終わる。美しい島の風景の変化のなかで、自分たちのフーガ形式の行為とともに、今度は親たちが「故郷」の原郷イメージを先生や子らとわかちあう（遠景と全景の一五ショット〈移動一〉、一分八秒、平均一〇秒）。

そして再び子どもたちの道行が「七つの子」の器楽伴奏で展開する。超遠景の岬を豆粒ほどの子らが登っていく。手には竹の枝はない。橋や倉庫を過ぎ、海辺にでる頃には疲れ、とぼとぼ歩きとなる。鼻緒を切らしたミサ子に竹一は自分の残りの草履を脱いで履かせてやり、自分は裸足で歩く。山道で山羊に会い、一人ずつ撫でていくが、道の遠さに皆心細くなり、一本松（煙突）までは近いと宣言したガキ大将の仁太こと「にく太」は正に責められ、コトエは「お腹がへった」と泣きだし、竹一が手をひいてやる。次の第八ショットはまず超遠景の村落の空ショットで始まり、子どもの泣き声だけが聞こえてくる。しばらくして中央の家の陰から泣きじゃくる子どもたちの行列が登場し、伴奏の合唱が加わる。その最後尾で、孤高の「にく太」は遂に大泣きを始める（ここは一分四秒の移動の長回し）。最後にバスで病院帰りの大石と涙の再会。仁太の「先生の顔見にきたん」や竹一の「みんなで約束してやっときたん」で大石も涙。小津映画的な子どもの豊かな観察にみちたユーモアと涙の子どもだけの抒情詩的道行シークエンス（一七ショット〈移動四〉、四分一九秒、平均一五秒）。この後、子どもたちは先生宅できつねうどんを腹一杯ごちそうになり、一本松の下（浜辺）で先生と記念写真を撮る。この名揃えの結晶の写真も皆の一生の伴侶となる。

それから間もなく「才女」の器楽とともに、入江を大石が船でやってきたので、分教場の児童らは大騒ぎして砂浜に駆けつける。磯吉に「これから船でくるん？」と聞かれ、大石は「学校へ行こう」と遮る（一三ショット〈パン二〉、一分一八秒、平均六秒は子らの歓喜躍動のテンポ）。そして校庭で大石の「今日はお別れに来たの、さようなら言いに」で皆は泣きだす。男先生の「女子《じょし》と小人《しょうじん》はなんとかじゃ、泣きたい者はなんぼでも泣け泣け、こりゃ授業なんか無茶苦茶じゃ」と言う（一ショット、一分三秒の長回し）。ここで木下の涙の思想は「女子と小人は養い難し」の論語の封建性批判だけでなく、戦後日本の競争社会における小人の反語としての男の器量にも向けられていたことがわかる。木下は母性・女性こそ人間の実在であり、男は現象でしかないと『陸軍』（一九四四）以後語り続けていたのだ。また、冒頭で小豆島を女性化した「才女」がここでその器楽伴奏のモティーフを確立する。大石が生徒たちの愛する小豆島＝才女＝先生として登場し、一二人の生徒と最初の涙の別れをする。こうして小豆島の自然と大石の一体化した母性が子らの潔白な生命を抱擁する聖母像的イメージが「七つの子」と同じ展開をする。歌詞は歌われないが、小豆島＝大石＝生徒の互いのイノセントな愛慕は映像と器楽に溢れている。「一、露に濡れている　やさし緑　朝の風さやか　頬に渡る　花の言葉　風に流し　はるかなアニーローリー　今も送る」（寺崎浩作詞）。

大石は「七つの子」の合唱の伴奏とともに、親子たちに別れを告げて船に乗り込む。男先生がお別れに「千引の岩」を歌おうと言うが、子らは「七つの子」の合唱を始め、男先生も加わる。六回目の「七つの子」は現実音のアカペラ合唱で、涙で歌う子らの近写がきめ細かに続き、最後に去っていく船の超遠景となる（一〇ショット、四一秒、平均四秒）。

去る船と入れ違うように船が現れ、「春の小川」（一九一二・大正元年、『尋常小学唱歌』第四学年用、高野辰之作詞、岡野貞一作曲）の器楽が始まる。海上の船、果樹園、風にそよぐ麦畑、家並などの七ショットを背景に字幕が続く「しかし　流れ去った五年の歳月の間に　満州事変　上海事変　世の中は不況の波におしまくられていた　だが　幼い子供達は（略）自身の喜びと悲しみのなかでのびていった〔昭和八年〕」（遠景の七ショット、一分二秒、平均九秒）〔図21〜23〕。こうして映像と唱歌集の連続性と字幕の

図 21

図 22

図 23

図24

歴史の不連続性のなかで、私たちは既に第二部の世界におり、「荒城の月」（一九〇一・明治三四年、『中学唱歌』土井晩翠作詞、滝廉太郎作曲）を明るく穏やかな春の入江の船上でアカペラで合唱する、後五日で六年生になる一二人の成長した姿を見る（実際の兄姉の採用による絶妙な連続・不連続の結晶）。一年生ではすべて着物だったが、今度は半分弱が洋服という時代の変化が示される（動く船上の一〇ショット、一分五七秒、平均一二秒）［図24］。

上陸した一二人は、「港」（一九〇五・明治三八年、『新編教育唱歌集』第三集、旗野十一郎《とりひこ》作詞、吉田信太《しんた》作曲）の器楽による船着場の場面を迎える。船で大石の婿（遊覧船の機関士）とその縁者が到着し、出迎えの校長たちとの挨拶を交わし、皆で出発していく。その儀式を一二人が興味と緊張で見守り、その後を一々ぞろぞろ移動する。船着場に長閑なユーモアが満つるが、小ツルの父のチリリン屋（運送屋）が登場して松江に、母が急なお産で大騒ぎなので早く帰れと言う。一転して慌てて走る松江の悲劇の始まり（一〇ショット〈移動一〉）、一分五九秒、平均一二秒）。

讃美歌の「星の界《よ》」（一九一〇・明治四三年、『教科統合中学唱歌』第二巻、杉谷代水《だいすい》作詞、チャールズ・クローザット・コンヴァース作曲）の器楽伴奏で、そのシークエンスが展開し、各場面は固定の長回しショットの連続となる。まず、母を亡くした赤ん坊を抱く松江と父が住む貧しい家に大石が見舞う。父は赤ん坊が死なない限り松江を学校にやれないと言う。大石は前から松江が欲しがっていたユリの花の絵付きのアルマイトの弁当箱を差し出す。父は「どうせ月足らずの赤ん坊だから長くは生きられない、その方が幸せです。こんな貧乏屋で育ったって、何がいい事があるもんですか」と涙にくれ、大石も泣く（一分三六秒）。弁当箱のクロース・アップ（六秒）。次に超遠景の雨の降る学校前のバス停に大石が下りてきて、「先生」と声をかけられる（三一秒）。全景でコトエと小ツルが大石に「マッちゃんとこの赤ん坊が死んだ」と告げる（二七秒）。職員室前の廊下に大石は左からフレイム・インし、傘を置き、下駄箱から草履を出して置く。生徒たちが「先生お早う」と声をかける。ここで音楽とまる（三〇秒）が、この後大石はコートを脱ぎ、左の職員室に入る（一八秒）のでショット全体は四八秒となる。この最後のショットはネオリアリズム的な生活動作だけが占める。歌われぬ歌詞は「一、月なきみ空に　きらめく光　嗚呼その星影　希望のすがた　人智は果なし　無窮の遠《おち》に　いざ其の星影　きわめも行かん」。器楽は松江一家の苦悩をわかちあい、歌詞は不当な苦悩をもたらすものの追求の希望を語りかける。次の場面以後に大石はその問題追求の努力を学校で示す。教員室では反戦思想の赤の疑惑で同僚の先生が警察に捕まったと緊張している。校長は警察がその証拠品として文集『草の実』を探しにきたと伝える。一九三〇年代、全国に社会科学の視点から、農村、都市での児童も含めた過酷な労働と貧しさの問題をふまえた生活綴方運動が展開した。山本嘉次郎の『綴方教室』（一九三八）もこの運動の成果だった。この運動の弾圧が始まったのだ。大石はその文集に感心し、生徒に読んで聞かせたので自分の教室にあると告げる。校長は慌てて火鉢でそれを焚書に付す（マッカーシズムとの重複）。ここからまた「星の界」の器楽が始まる。大石は松江の無人の机に話しかける。「先生は毎日マッちゃんのからっぽの席を見ては、マッちゃんのことを考えています」。さらに教室で生徒に今度の事件や赤や資本家や労働者の話をする（四ショット、三八秒、平均九・五秒）。この後、伴奏なしの校長室で大石はこの授業について厳しく注意される。大石の父と友人だった校長は彼女の家族のことも心配し、現実との妥協を勧める（ここは一ショット五四秒の固定長回し）。これが大石の教員としての深い苦悩の発端となる。以後、この戦時体制側からの大石を告発する音楽ぬきの固定長回しの会話場面が、音楽場面に織りなされていく。次にまた「星の界」の伴奏で、大石は校庭でコトエに呼びとめられ、「マッちゃんが知らないおばさんに連れられて大阪に子守に行った。マッちゃんは行かんと柱に抱きついて泣いたが、叩いたりすかしたりして得心さした。皆もらい泣きした」と告げられる。涙にくれ大石は校舎の角を曲がり消える（三ショット、一分三九秒、平均三三秒）。

一転して秋の修学旅行の観光船上の高揚が四曲尽しで表現される。まず、生徒たちの「金毘羅船々」（一八九五・明治二八年頃に地方唄が東京で流行し、この民謡も再興隆した）の合唱。大石は左を見て、腕時計を見る（三ショット、三三秒、平均一一秒）。次にマスノによる「浜辺の歌」（作詞は林古渓、一九一三・大正二年、作曲は成田為三、一九一八・大正七年、『セノオ楽譜98番』）のアカペラ独唱。ここでも大石は左を見ては時計を気にする。最後に遊覧船のショットが入り、仁太が「ああ遊覧船だ」と叫び、皆立ち上がり、歌終わる（九ショット〈パン一〉、一分四一秒、平均一一秒）。そして「港」の軽快な器楽伴奏で、近づいてくる遊覧船上では新婚の大石の婿さんが同僚に冷やかされ、大石の観光船上では生徒が「先生の婿さんの乗ってる船だ」と歓声をあげる（五ショット〈パン一〉、三一秒、平均六秒）。遊覧船上で「埴生の宿（ホーム・スイートホーム）」（一八八九・明治二二年、『中等唱歌集』里見義《ただし》作詞、ヘンリー・ローリー・ビショップ作曲、イングランド民謡「楽しき我が家」）の楽団演奏が始まる。観光船上では先刻から待っていた大石が生徒に冷やかされ、婿に手を振る生徒たちの歓声と汽笛とのなかで、両船がすれ違っていく。その高揚を木下得意の鄙びたバンド（クラリネットが二、サキソホンが一、ドラム）が張り切って音量とテンポを熱烈に上げていく（一七ショット、一分三六秒、平均五・六秒）。

この高揚の余韻のなかで、屋島や高松栗林《りつりん》公園の風景が展開し、高松港桟橋で寒気のする大石が同僚と近くのうどん屋を探す。そこで思いがけなく食堂で働く松江に出会う。ここから「七つの子」の寂しいギター演奏が始まる。店のやり手のおかみ（浪花千栄子）の厳しい監視で二人は邪魔をされ、何も話せないまま別れねばならない。裏口から大石を追った松江がかつての同級生に賑やかに囲まれた先生を見て身を隠す。この一五ショット目に合唱と器楽合奏が加わる。こうして修学旅行は防波堤を出ていく皆の船を見送りながら泣く松江の移動長回し（四一秒）の涙の道行ショットで終わる（一九ショット、四分二八秒、平均一四秒）。

旅行後、今は一一人になった生徒に大石は卒業後の進路を確かめていく。この過程はかつて生徒との別離を告げた「才女」の伴奏がつく。まず教室で「将来への希望」の綴り方を書かせる。大石は紙に百合の花を描き、川本松江と書く。一人娘のミサ子は無試験の裁縫学校に行きたいと書く。早苗はこれからの女は職業をもたなくてはいけない、赤十字の看護婦をしている姉さんに師範学校に行かせてもらう、と書き、何も書いてない富士子を見て、「どうしてなんにも書かんの」と聞く。ここで音楽と場面が終わる〈一五ショット、二分四〇秒、平均一一秒〉。廊下で富士子は「家が破産したので将来のことは書けない」と泣く。大石も泣きながら答える。「先生にもどうしていいかわからない。泣きたい時はいつでもいらっしゃい。先生も一緒に泣いてあげる」。放課後の教室での大石とコトエの会話。「勉強ができるのになぜ高等科に行かないの?」と聞かれ、綴り方に「女に生まれたのを母に済まない」と書いたコトエは言う。「六年でやめるという約束で修学旅行に行けた。お母さんは毎日漁にいくので、これから飯炊き番になり、妹が六年になったらお針屋にやってもらい、一八になったら大阪に奉公に行って、月給みんな自分の着物買うん、お母さんもそうしたん」。「そうしてお嫁にいくのね」の問いに、彼女ははにかみ笑う。雨音がして二人は右を見る。大石の怒ったような大写し。ここで「才女」が再開する。次に晴天の浜で大石と五人の男子生徒との語らい。竹一、正、仁太は軍人になると語り、吉次と磯吉は羨ましそうに聞く。大石が「軍人は好かん」と断言すると、正は「先生は弱虫なんじゃ」と応酬。次にマスノの家で大石は母親から音楽学校へ行きたいと言うマスノへの意見を頼まれる。救いを求める目のマスノに大石は語る。「一年生のこんな小さい時から学校で一緒だったので、マスノさんが可愛いくって。マスノさんが幸せになることばっかりねがっているの。先生に言えることはたったそれだけ。男の生徒だと、軍人になりたい言うでしょ。先生、可愛い生徒をたった一人でも死なれるの恐いから……マスノさんは女だからそういう心配がないだけ本当に嬉しい」。この語りは室内の全景ショットで五九秒の固定長回し、奥のガラス戸に木々の風のそよぎと波の動きが美しい時間を刻む〈浜と家で一五ショット、三分四三秒、平均一五秒〉。この後も音楽ぬきの固定長回しの校長室で、大石は校長から「あんた赤だと評判だ、満州建国以来の軍備熱の時に兵隊になっちゃつまらないと言ったそうだが、教師はただお国にご奉公できる国民に育ててあげるのが義務だ」と叱責される〈第一ショット五九秒、第二〈一の近写〉二六秒〉。

図25

図26

図27

図28

そして「あおげば尊し」のオルガンと合唱つきの卒業式（昭和九年三月）を迎える。大石と一一人の卒業生の大写しが一人ずつ続く。学校最後の名揃えである。皆の頬や目や睫毛に涙が光り〔図25・26〕、手で拭う女子もいる〔図27〕。最後に先生の列のなかで大石だけが手で涙を拭う〔図28〕。満開の桜の二ショット（最初のは仰角の移動、次のは静止）と歌詞「今こそ別れめ　いざさらば」で終わる（一七ショット、二分四一秒、平均五秒）。次に音楽ぬき固定長回しの大石家の室内ショット（奥の庭に桜）となり、大石は夫に学校をやめる決意を語る（それはすぐ実行される）。「先生と生徒は国定教科書でしか結びつくことを許されない。明けても暮れても忠君愛国、男の子ったら半分以上も軍人志願だなんていやんなっちゃう。あんたも船乗りやめて二人で百姓しよう」。しかし夫は「内職しているお母さんを驚かすな」と取りあわない。そこに母が「生徒さんが見えた」と知らせる（作品中最長の二分四八秒のショット）。庭での竹一と磯吉と大石の挨拶。磯吉は「長々お世話になりました。高等科をあきらめて明日の晩に大阪に行き、質屋の小僧となり、夜学にやって貰い、兵隊まで勤めて番頭になる」と言う。大石に「中学はいつから」と聞かれて、竹一は「あさってです」と答える。ここから「蛍の光」（作詞時は「螢」、一八八一・明治一四年、『小学唱歌集』初編、稲垣千穎《ちかい》作詞、スコットランド民謡）のハープとギターが入り、大石は二歩下がって二人を見る。大石の見た目で一人ずつ足から頭までティルト・アップする（この視線は後に何度も反復する)。一人は靴、制服、学帽の中学生。一人は下駄、着物、鳥打帽子の小僧。この後、大石は二人の肩に手を乗せて菜の花畑をバス停までの道行をする。二人は大石に「富士子一家が昨日、兵庫に布団と鍋だけもって去っていった。今まで荒働きしたことないので乞食にならにゃよかろうと皆心配してる」と話し、大石の「可哀そうに」でバス停に着く。バスが来て最後の挨拶で音楽に弦楽器加わる。元気にバスから手を振る二人に大石は一人残り、前に出てまた手を振る(一〇ショット〈移動二〉、二分二二秒、平均一四秒)。

「露営の歌」(一九三七・昭和一二年、コロムビアレコード、藪内喜一郎作詞、古関裕而作曲)のバンド演奏・合唱と超遠景俯瞰の動くカメラとともに、段々畑の曲折に富む道を出征兵士を送る豆粒ほどの行列が旗と幟を先頭に手旗を振りつつ延々と続き、やがて右方手前の家に次第に近づいてくる。「一、勝ってくるぞと勇ましく　誓って国を出たからは　手柄たてずに死なれよか　進軍ラッパきくたびに　瞼に浮かぶ旗の波」。画面にスーパー字幕「海の色も　山の姿も　昨日につゞく今日であった　しかし　そこに住む人々の生活は――　支那事変　日独伊防共協定　大きな歴史の流れにおし流されていった　八年後〔昭和一六年〕――」(一分四三秒の長回し)〔図29～33〕。

図 29

図 30

図 31

図 32

図 33

次に背景が家で列の後尾の国防婦人会員らと子どもらのショットから、結核で隔離されて寝ているコトエ（画面左）の悲惨な物置内部の遠景ショットとなり、彼女は中央に釘で止められた写真を見ている（音楽遠くなる）。見た目で例の記念写真の近写、次に大写し、次にその中のコトエの大写し。そして今は不治の病にやつれた大写しのコトエが涙を拭い、「御免なさい」の声に顔上げる。全景ショットとなり、右から大石入り、腰を下ろし、「もっと早くお見舞いにきたかったんだけど」。左手のコトエ上体起こす（音楽がやみ蝉の声入る。ここまで八ショット、二分四八秒、平均二一秒）。音楽ぬきの会話となり、記念写真の思い出から、コトエは最近ミサ子がお婿さんもらって立派なお祝いしたこと、早苗が本校の先生になったこと、小ツルが産婆学校を優等ででたことを話し、「私が一番だめ」と嘆く（この全景ショット二分四秒の長回し）。団扇でコトエを扇ぐ手が止まる大石。「私もう長かないんです」と言うコトエ。二つのワンショットから二人の全景ショットに戻り、大石は不幸な女生徒の名揃えをする。修学旅行で会った松江、今はカフェに出ていると言う富士子、歌がやりたくて何度も家出しているマスノ、「自分ばかりが不幸だなんて思わないで元気をだして頂戴、また折をみてちょいちょい来ますからね」とお見舞いの品を出す。そして例の写真を懐かしそうに見る（ここも長回し一分三九秒）。そして写真の近写ショットから「七つの子」の合唱始まる。ハンカチを顔にあてる大石の大写し。カメラは二〇歳で死なねばならないコトエとそれを見守るしかない大石の二人の視線となり、右へのパンで写真のコトエたち女子七人の顔を一つずつたどっていくショット、左へのパンが男子五人の顔をたどっていくショット、最後に写真全体の大写しをもたらす（五ショット、一分一三秒、平均一五秒）。最後に次の場面の音楽が入ってくる。

楽隊と旗を振る見送りの「露営の歌」合唱のなかで、船着場を行進する入営者の五人の各大写しショットが最初に名入りの入営襷からティルト・アップして緊張した顔へと反復する。吉次（青年団服）［図34］、仁太（国民服）［図35］、竹一（背広）［図36］、正（紋付袴）［図37］、磯吉（国民服）［図38］。卒業時に磯吉と竹一を見つめた大石の同じ視線による成人した男子生徒の名揃えである。そして歓送迎門をくぐって行く彼ら。万歳に送られて桟橋を離れる船（八ショット〈ティルト五〉、一分一〇秒、平均九秒）。
次に「暁に祈る」（一九四〇・昭和一五年、愛馬思想普及のための松竹映画『暁に祈る』〈主題歌〉、野村俊夫作詞、古関裕而作曲）のバンド演奏と合唱のなかで、港を埋める見送り。出ていく船。紙テープを持ち片手を振る五人。赤ん坊をおぶり涙を手で拭う見送りの大石。五人の一人一人のショット（吉次、仁太、正の目に光る涙）。見守る大石の手から五人とのイノセンスの臍帯《さいたい》のような紙テープが滑り去っていく、戦争の殺戮の罪の世界へ。「一、ああ　あの顔であの声で　手柄たのむと妻や子が　ちぎれる程に振った旗　遠い雲間にまた浮かぶ」（一〇ショット、四五秒、平均四・五秒）。

夜の大石家、奥に座敷の見える居間。座敷で物差しと叩きを鉄砲のように担いだ七歳の大吉と五歳の並木が「鉄砲かついだ兵隊さん　足並み揃えて歩いてる　トットコトットコ歩いてる　兵隊さんはきれいだな　兵隊さんは大好きだ」（「兵隊さん」一九三二・昭和七年、『新訂尋常小学唱歌』第一学年用、作詞不詳、信時《のぶとき》潔作曲）をアカペラで歌いながら歩き回る。居間では中央の食卓で茶を飲む夫、左側に赤ん坊を抱いて立ち、手に乗船命令を持つ大石。右側に立ち、「お酒でもつけようかのう」と言う母に、大石は「お祝いでもする気なの、病気だから休暇で帰ってるんじゃない。まだ本当じゃないのに」と咎める。「いいよ、お母さん一本つけて下さい」と夫はな

図 34

図 35

図 36

図 37

図 38

だめ、母は「戦争じゃ、しょうがないもんね」と右手前の台所に座り酒壜を取りだす。大石は、はしゃぐ子らに「静かにしなさい」と叱りつけ、「人の気も知らずに」と苛立つ。夫は「いいじゃないか、お父さんとこおいで」と子らを呼んで言う。「お前らまでがめそめそしたらお父さんも助からんよ。元気で大きくなって、おばァちゃん、お母さんを大事にしてあげるんだな」。そして奥の部屋で歌いつつ行進する兄弟をじっと眺める。固定長回しの一ショット、一分三一秒（歌の部分一分）。

「若鷲の歌（予科練の歌）」（一九四三・昭和一八年、東宝映画『決戦の大空へ』〈主題歌〉、西條八十作詞、古関裕而作曲）のバンド演奏・男声合唱とともに、船着場全景の出征兵士見送り風景（軍人、小中学生、女学生、国防婦人会員が並んで楽隊と一緒に歌う）。「一、若い血潮の予科練の　七つボタンは桜に錨　今日も飛ぶ飛ぶ霞ヶ浦にゃ　でっかい希望の雲が湧く」。字幕「四年の歳月は　大東亜戦争の拡大とともに　兵隊墓に　白木の墓標を　ふやすばかりであった（昭和二〇年）」［図39］。一〇人ほどの襷をかけた少年航空志願兵の列。向かいあう見すぼらしい戦闘帽、国民服にゲートル姿の小学生の列が日の丸の紙の小旗を歌に合わせてうち振る［図40］。胸に名札をつけて歌う大吉の近写［図41］。翻る大国旗（五ショット、一分九秒、平均一四秒）［図42］。

図 39

図 40

図 41

図 42

この後にまた音楽ぬき固定長回しの大石家居間の場面が入る。夜、左で大石が小麦を挽き、中央で並木と妹八津がくず米をひろい、右で大吉が一升瓶で米をつく。「はやく中学生になって航空兵に志願したい」と言う大吉と、「そんなに戦死したいの、お母さんが毎日涙で暮らしていいの?」と言う大石の口論。「お母さんは靖国の母になれん、お母さんは意気地なしじゃ」「お母さんは命を大事にするただの人間でいい、大吉にもそうなってほしい」「誰もそんなことは言わない」「だからお母さん先生やめたんじゃ、意気地なしでもいい」(一分五七秒)。この直後、奥の部屋(襖開き出現)で寝ている母の容体が悪くなり、大吉が医者を呼びに飛びだす。

次も音楽ぬきの固定超遠景の母の葬列ショット(一分の固定長回し)。晴天、遠くに海と島、そして一面の麦畑。海と畑の境に連なる墓石群の長い一帯と畑の中を横断する一本道。しばらく空ショットの後、小さな鉦音とともに葬列が左からフレイム・インし、ゆっくり進む。先頭が右にフレイム・アウトし、後尾が中央にきた頃ディゾルブで終わる。生死が自然を媒体として一体化する日本的な宗教観のみごとな映像エピファニー。

祖母の葬列ショットが雨の船着場の白木の英霊たちの遠景葬列ショットにディゾルブする。先頭が右にフレイム・オフする頃(一〇秒後)に「朧月夜」のフルート伴奏音楽が始まる。国防婦人会員などが出迎える中を歓送迎門をくぐり出てくる葬列。唐傘をさしている小学生の列(右端に大吉)が、オフの先生の声「休め」でその姿勢をとると、左から先生がフレイム・インして「大石」と大吉を呼び左のオフを指さす。音楽やむ(三ショット〈パン一〉、五二秒、平均一七秒)。近くで待っていた大石が強い雨音のなかを近づく大吉を画面奥につれていき、同時にカメラはパンで追い、二人の近写を二人きりの遠景に変える。その変化のなかで(六秒して)、「埴生の宿」のギター伴奏が始まる。次に一つの唐傘の下の二人の全景となり、大石が語る。「お父さんが死んだよ。通知がきてお母さん、走ってきた。しっかりしようね、ほんとにしっかりしてよ、大吉」。

それから晴天の四ショットが続く。無人の歓送迎門。無人の埠頭にスーパー字幕「八月十五日」。無人の浜に置かれた空の籠。斜面の畑の白い道を後ろ姿の老人がただ独り杖をついてゆっくり歩いていく(四ショット、二〇秒、平均五秒）。この後、小学校校庭の俯瞰全景ショットの音楽抜きの固定長回し（四〇秒）となり、校長が「天皇陛下がご自身のお声で全国民にお話し（敗戦の詔勅）になられる、みんな謹んで拝聴するように」と告げる。

「埴生の宿」の静かな伴奏で、大石宅の居間の全景ショット。窓に戸外の夕景、一家四人の貧しいすいとんの夕食中。元気のない大吉を、大石が「これからは子どもは子どもらしく勉強できる」と励ます。そして戦争が負けたとこだわる大吉に、「とにかく戦争がすんでよかった。これからは戦死する人はないし、生きてる人はもどってくる。一億玉砕でなかってよかったな」と言う。そして、「お母さんはうれしいん？　負けても泣かんの？」と聞く大吉に、「バカいわんと、お父さんは戦死したんじゃない。お母さん、たんと泣いたん、死んだ人が可哀そうで」と答える（一分三四秒の固定長回し）。次に、大石が八津を抱いて数人の子と道を走り（ここで伴奏にハミング加わる）、病院に飛びこんで娘を寝台に寝かす。兄弟もかけつけるが、娘が死んでいるので医者は部屋を出ていき、最後に大石が「大吉」と叫んで床に崩れ落ちるシークエンス（八ショット、一分八秒、平均八・五秒）となる。夫の死を告げる場面と、敗戦の場面、八津の臨終の場面を貫くのが「埴生の宿」である。この歌詞抜きの曲は大石の新婚の夫が遊覧船で登場した時に陽気に演奏された。この曲はその記憶とともに歌詞の記憶（埴生の宿＝土の壁の粗末な家だが、春は花をあるじ、鳥を友とし、秋は月をあるじ、鳴く虫を友とするたのしいわが家）が谺《こだま》する死者たちへの鎮魂曲となった。

次に「庭の千草」（最初の歌の表題は「菊」、一八八四・明治一七年、『小学唱歌集』第三編、里見義作詞、アイルランド民謡「夏の最後の薔薇」）のハープとハミングで、島と海を見下ろす丘に墓石が林立する墓場への道の超遠景無人ショット。やがて大吉、大石、並木の順で左からフレイム・インし、奥の墓場にむかう。そして八津の墓の全景ショットで海と兄弟を背に大石が墓に語りかける。「可哀そうにこんな小さい子どもだもの、食うものがなく、ひもじくて木に登り、落ちて青い柿を握ったまま死んだ。お前はちっとも悪いことなんてありゃせん」。歌われぬ歌詞「庭の千草も　虫のねも　かれて　さびしく　なりにけり　ああ　しらぎく　ああ　白菊　ひとり

おくれて　さきにけり」（二ショット、三一秒、平均一五秒）。

「才女」の伴奏入りで、朝の入江を伝馬船が右へ進む（一八年前の場面は左へ）超遠景ショット。次にその遠景ショットに字幕「戦争が終った翌年　四月四日」。次は櫓《ろ》をこぐ大吉と四〇歳が五〇歳に見えるほど老けた大石の全景ショットで母と子の会話が続く（一分四〇秒の固定長回し）。「一八年ぶりでもう一度あの分教場に勤めるようになろうとは思わなんだ」「風の強い日以外は僕が送り迎えする。自転車があるといいんだけどな」「そんな贅沢はできん。竹下竹一という子が一年生なのに船でお母さんを送ってあげると言ったことがあった、昔」と母は涙を指先でふく（三ショット〈動く船上二〉、二分一六秒、平均四五秒）。この後、大石は「ヘイワ日本」の習字が貼られた教室で一年生の出席をとり、名揃えをする。そのなかに死んだコトエの妹マコト、松江の娘千里、ミサ子の娘勝子と対面する。平和とリベラリズムの教育と世代の再生が大石の涙とともに確認される。

次に「朧月夜」のアカペラの女子合唱入りで、岬の墓地への道を大石が花を摘みながら行く。間近に海の見える墓地で大石が一つの墓標の前にかがみ、花を供えて合掌する。カメラは今度はティルト・ダウンの視線で墓標の「陸軍軍曹森岡正之墓」を読んでいく（大石が三人の戦死者の最期を看とるかのような名揃えの始まり）。立ち上がる大石が「先生」の女声に振りむき、合唱やむ（五ショット〈ティルト二〉、一分二八秒、平均一八秒）。続いて「七つの子」の伴奏がハープから始まり、ヴィブラホーン、オーボエと継ぎ、最後に合奏していくなかで、まず見た目のショットで、ミサ子が下から走ってくる。大石が身をのりだして迎える。大石のところに急ぎ登ってくミサ子（二四歳位）をカメラの動きも歓びの曲線で迎える。会話の最初のショットは一分一三秒の固定長回しとなり、ミサ子の娘が大石の生徒となったこと、本校勤めの早苗のおかげで大石が分校で再就職できたこと、早苗、小ツル、マスノたちの大石の歓迎会の計画などが互いに語られ、ミサ子も正の墓を拝む。次に二人は二つの墓に詣でる。カメラは「陸軍中尉竹下竹一之墓」、続いて「陸軍上等兵相沢仁太之墓」をそれぞれティルト・ダウンで読み、大石は映画内での二人の思い出を語り、ミサ子とともに涙にくれる。オフで子らの「泣きみそ先生」の声がする。下で新しい生徒たちが囃している。「もうあだ名がついた」と言うミサ子に、大石は「昔は小石先生で今度は泣きみそ先生ですわ」とかがみ、子らの声に微笑みながら仁太の墓に花を供え、そして瞑目合掌する〈一二ショット〈パン一、ティルト二〉、三分三九秒、平均一八秒〉。

大詰めの生徒との再会シークエンスが「蛍の光」のまずハープ、次にそれとヴァイオリン、次にフリュートの一音主義的な伴奏で続く。フォトジェニックな海辺の風景のなかで、大石がミサ子のほかに初めて成人役で登場する早苗〈小林トシ子〉、小ツル、松江〈井川邦子〉、マスノ〈月丘夢路〉、そして戦傷による失明者の磯吉、漁師の吉次と次々に再会していく。会場の水月楼で床の間の新しい自転車をマスノが私たちの贈り物と披露し、先生がまた岬の分教場へ来てくださったお礼と言うと、大石は顔に手をあてて泣く。ここは弦楽のクレシェンドとなる〈二〇ショット〈移動一〉、四分二四秒、平均一三秒〉。そして一〇回目の「七つの子」の皆の合唱のなかで、例の記念写真の大写し、持つ指が見えるその近写、歌う皆の全景のなかで写真を持つ大石が磯吉を見てまた涙の三ショットとなる〈三五秒、平均一二秒〉。歌を終え皆で笑い、会話となる。最後の「七つの子」は一八年後の生徒の五名の欠席〈うち死亡四名〉を確認する。しかも残った一四の瞳のうち二つの瞳は失われた。なお連続中の全景ショットで磯吉は大石に「写真を見せて下さい」と言い、受取り、じっと顔を向ける。「まるで見えているようじゃな」と言う早苗に、磯吉は指をそえて言う、「この写真は見えるんじゃ、まんなかのこれが先生じゃろ、その前にわしと竹一と仁太が並んどる」。ハンカチで目を押さえる大石の大写しに磯吉の声「先生の右のこれがマアちゃんで、こっちが富士子じゃ」。縁側にきて立つマスノの全身ショットに「マッちゃんが左の小指を一本ぎり残して、手をくんどる」。大写しのマスノが「浜辺の歌」を歌いだす［図43］。アカペラの歌にハープが加わってくる。聞き入る大石。膝上でハンカチを握る彼女の手、写真を撫でる磯吉［図44］、盃をもって聞く吉次［図45］、目にハンカチの松江［図46］、正面下を見る小ツル［図47］、目を伏すミサ子［図48］、俯く早苗［図49］などの大写しが展開する。そして遠景ショットの浜辺で波の石切りをする大吉兄弟の後ろ姿。ディゾルブして雨の町の道のショットを自転車で右から左へフレイム・インし、アウトする合羽姿の大石。次の郵便ポストのある街角のショットに三秒ほどかぶり、伴奏の歌・器楽が終わる（最後の三秒のショットぬきで一〇ショット、一分三七秒、平均約一〇秒、歌を聞く人の七ショットは平均七秒）。そして雨の小豆島の通勤路（山路や海辺）を自転車で走る大石先生のシークエンス〔図50〕に、「あおげば尊し」が器楽伴奏で始まり、次に児童合唱、最後に男女合唱が加わっていく。そして「終」の字幕となり〔図51〕、合唱も「いざさらば」で終わる（二〇ショット〈パン・移動二〉、四

図 43

図 44

図 45

図 46

図 47

図 48

図 49

図 50

図 51

分二四秒、平均一三秒)。こうして歌尽し人揃えの詩法は敗戦と占領下を生きぬき、木下恵介のネオリアリズムと母性原理の映画の頂点を究めたのである。

三 フランス以外での二つの評価

アメリカのロバート・N・コーエン「これは第二次大戦前から日本政府の教科書検閲に反対し、抗議する教師の映画である。彼女は政府の命令に抵抗しないで辞職し、若い教え子たちが戦争に行くのを消極的に見守る。日本でこの映画はその極端な痛切さゆえにお涙頂戴と呼ばれた。この過度な感傷は、戦争への努力が決して問題とされず、この時代の抑圧的な政策が少しも調査されていないからだ。『日本の悲劇』と違って、悪は顔のない抽象と化し、ヒロインは悪への価値ある反対者として示されていない」(『マギルの映画概観 外国映画編』第一巻、一九八五年)〔4〕。

中国の謝晋。『芙蓉鎮』(一九八六)と『犬と女と刑老人《シン》』(一九九三)の文革批判映画や、戦後中国で育てられ高僧となった日本人が母と再会する『乳泉村の子』(一九九一)の監督だが、佐藤忠男の『日本映画史』第二巻(岩波書店、一九九五年)によると、彼は国交回復前の中国で公開されたこの作品に感動し、ノート一冊にメモをとっている(二八八頁)。「監督では木下恵介さんをいちばん尊敬しています。作品では『二十四の瞳』が私はいちばんいいと思います。カラーのものもありましたが、木下先生のモノクロに勝てませんね」「木下先生はたしかに戦争がどういうものであったか直接は描いていませんけれど、子どもたちがどういう運命を辿ったかを描くことで、戦争の悲惨さを表現していました。(『犬と女と刑老人』で)私も女の恐怖心を描くことで、文革の圧力の大きさを示そうとしたのです」「私がはじめた学校でも、この作品(『二十四の瞳』)についてすでに何度も講義しています」(「文革で富農階級とレッテルを貼られた女の悲劇を描く『犬と女と刑老人』」、『シネフロント』一九九四年七月号、三四頁。山田洋次監督との対談）。

[1] Georges Sadoul, *Histoire du cinéma mondial: des origines à nos jours*, 9e éd., Paris : Flammarion, 1972.

[2] Max Tessier, *Images du cinéma japonais : Introduction de Nagisa Oshima*, Paris : Henri Veyrier, 1981.

[3] 古茂田信男ほか『日本流行歌史』社会思想社、一九七四年、二八頁。藤岡信勝・自由主義史観研究会『教科書が教えない歴史』産経新聞ニュースサービス、一九九六年、二二頁。

[4] Robert Cohen, "A Japanese Tragedy (Nihon no Higeki)," *Magill's Survey of Cinema; Foreign Language Films*, vol.4, ed. Frank N. Magill (Englewood Cliffs, N.J. : Salem Press, 1985), pp.1566-1567.

[編注1] この引用文の出典元は、本文でもふれられているように、『キネマ旬報』一九七一年一〇月一日、七二年一月一日、七二年四月一日、七二年七月一日の各号に連続掲載された「特別掲載　戦後のフランスにおける日本映画」（山本喜久男訳）である。引用されているサドゥールやバザンの批評は、「第二部　批評およびシネ・クラブ観衆から見た日本映画（その一）」に訳されている（七二年一月一日号、九一、九五頁）。マルタンの原著 *Les Films japonais en France depuis la Guerre* が未完であった点については、この翻訳論文のなかの「第一部　戦後のフランスにおける日本映画の普及」で、「ユネスコのために書かれたもので、内容が量的にも大きいのでフランスでは映画雑誌等での掲載が実現していない」（七一年一〇月一日号、八九頁）と説明されている。

[編注2]「蝶々」の曲の源流は、長らくスペイン民謡とされてきたが、近年の研究ではドイツの古い童謡「Hänschen klein」が原曲とされている。

[編注3]「千引の岩」の初出は定かでないが、この曲を収載したものに剣光外史編『新編軍歌集』（一九一二・大正元年）などがある。

	楽曲初登場時の部	曲名〔原曲名〕	発表年	初出媒体〔初期掲載媒体〕	邦語歌詞	作曲
1	クレジット・タイトル	あおげば尊し〔アメリカの唱歌「学業修了の歌」Song for the Close of School〕	1884年	『小学唱歌集』第三編		H・N・D
2	第1部(1928年)	才女〔スコットランド民謡「アニー・ローリー」Annie Laurie〕	1884年	『小学唱歌集』第三編	〔寺崎浩〕	ジョン・ダグラス・スコット夫人(イギリス)
3	第1部(1928年)	村の鍛冶屋	1912年	『尋常小学唱歌』第四学年用		
4	第1部(1928年)	故郷《ふるさと》	1914年	『尋常小学唱歌』第六学年用	高野辰之	岡野貞一
5	第1部(1928年)	汽車は走る(元歌は「蝶々」)〔ドイツ童謡「幼いハンス」Hänschen klein〕	1881年	『小学唱歌集』初編		
6	第1部(1928年)	七つの子	1921年	『金の船』7月号	野口雨情	本居長世
7	第1部(1928年)	開いた開いた〔江戸の童唄〕		〔『あづま流行時代子供うた』(1894)、『幼年唱歌教科適用』初編上巻(1900)など〕		
8	第1部(1928年)	あわて床屋	作詞1919年 作曲1927年	『赤い鳥』4月号	北原白秋	山田耕筰
9	第1部(1928年)	千引の岩			大和田建樹	小山作之助
10	第1部(1928年)	ちんちん千鳥	1921年	『赤い鳥』1月号	北原白秋	近衛秀麿
11	第1部(1928年)	朧月夜	1914年	『尋常小学唱歌』第六学年用	高野辰之	岡野貞一

12	第2部(1933年)	春の小川	1912年	『尋常小学唱歌』第四学年用	高野辰之	岡野貞一
13	第2部(1933年)	荒城の月	1901年	『中学唱歌』	土井晩翠	滝廉太郎
14	第2部(1933年)	港	1905年	『新編教育唱歌集』第三集	旗野十一郎	吉田信太
15	第2部(1933年)	星の界《よ》〔讃美歌「いつくしみふかき」What a Friend We have in Jesus〕	1910年	『教科統合中学唱歌』第二巻	杉谷代水	チャールズ・クローザット・コンヴァース(アメリカ)
16	第2部(1933年)	金毘羅船々			民謡	
17	第2部(1933年)	浜辺の歌	作詞 1913年 作曲 1918年	『セノオ楽譜98番』	林古渓	成田為三
18	第2部(1933年)	埴生の宿〔イングランド民謡「楽しき我が家」Home! Sweet Home!〕	1889年	『中等唱歌集』	里見義	ヘンリー・ローリー・ビショップ(イギリス)
19	第2部(1934年)	蛍の光(作詞時は「螢」)〔スコットランド民謡「オールド・ラング・サイン」Auld Lang Syne〕	1881年	『小学唱歌集』初編	稲垣千頴	
20	第3部(1941年)	露営の歌	1937年	東京日日・大阪毎日新聞懸賞二等入選歌、コロムビアレコード収録	藪内喜一郎	古関裕而
21	第3部(1941年)	暁に祈る	1940年	愛馬思想普及のための松竹映画『暁に祈る』(主題歌)	野村俊夫	古関裕而
22	第3部(1941年)	兵隊さん	1932年	『新訂尋常小学唱歌』第一学年用		信時潔

23	第 4 部（1945 年）	若鷲の歌（別名「予科練の歌」）	1943 年	東宝映画『決戦の大空へ』（主題歌）	西條八十	古関裕而
24	第 4 部（1945 年）	庭の千草（初出時は「菊」）〔アイルランド民謡「夏の最後の薔薇」The Last Rose of Summer〕	1884 年	『小学唱歌集』第三編	里見義	

付表　『二十四の瞳』使用曲一覧（作成＝佐崎順昭）

V 今井正

第1章　『青い山脈』と『ミネソタの娘』
占領下の今井映画と欧米映画のテクスト連関

一　序

　敗戦後の今井正の第一作は、同年代の黒澤明や木下恵介と同様に、占領軍の民間情報教育局の命令による『民衆の敵』（一九四六、脚本八住利雄・山形雄策）という〝民主化映画〟であった。戦中・戦後の財閥の悪徳を労働者たちが暴露するもので、『キネマ旬報』ベスト・テン第六位、毎日映画コンクール監督賞に入賞した。戦中の国策映画のヒーロー藤田進が今度は財閥の不正と闘う労働者のヒーローである。今井も木下のように、占領軍の検閲官と揉めたことを語っている。二〇ヵ所の脚本の直しを命じられ、例えば、ファースト・シーンでは電柱に横暴な資本家を倒せというビラを貼れなどと言われたが、わかりましたと口で言っておいて、一つも直さなかった。そのため撮影後に映画演劇課長のデビッド・コンデに呼ばれ、上映許可しないと言われたが、必死にねばって、直さなかった箇所を全部説明し、試写にこぎつけると、二〇分後に憲兵が徴用工を殴るところからコンデは身を乗り出し、ラストの労働組合の結成大会でのインターナショナルの合唱でご機嫌になり、その後、事務所でコンデと今井たち製作者はウィスキーを痛飲したという（「自作を語る」、『今井正の映画人生』新日本出版社、一九九二年、一一～一二頁）。『FC』第八〇号「今井正監督特集」（一九八三年、一七頁）で大場正敏は「脚本が勧善懲悪的なものであったにしろ、彼の演出では徹底的な悪人が描かれているわけでもなく、事件の推移が淡々と描かれている」と指摘しているが、これは彼のスタイルの一特徴である。こうして彼はそれから二作目の『青い山脈』（一九四九）の成功により、黒澤・木下に次ぐ中堅監督の座を獲得し、一九五〇年代の栄光の時代をむかえることになる。この飛躍期に彼はアメリカ映画、イギリス映画、イタリア映画とのテクスト連関を行っている。このテクスト連関は広い意味でのスタイル、作家の精神の装置としての映像・音の記号の統辞・範列的表現技術＝詩学に関わるものである。そこでまず、彼がどういう先輩監督からスタイルを修得したか、どんな外国映画で育ってきたかを検証してみたい。

1　島津保次郎・五所平之助に学ぶ

今井が撮影所に助監督として入社したのが一九三五年一月で、監督昇進が一九三八年一月である。今井によると助監督時代が短かったので、監督になってから慌てて勉強をはじめたという。よく見て演出学のＡＢＣを勉強したのが島津保次郎作品からで、助監督としてついたことはなかったが、島津の弟子といってもいいほどであった。ただ松竹派の洗練・繊細より、日活派の荒削りだが、対象に食い下がる方に親しさは感じたが。一九三九年二月に東京の撮影所に移ってから、五所平之助に作品をよく見てもらい、親切なアドヴァイスを受けている。五所は今井の演出の知恵が及ばない点を実に具体的に教えてくれたという（「演出談義」、『映画評論』一九五〇年八月号、一九頁）。そのほか、成瀬巳喜男にも親切なアドヴァイスを受けている（「偶感」、『映画之友』一九四〇年七月号、八二頁）。結局、今井は島津スクールの一員ということになる。

島津派について五所は『シナリオ』一九五五年一〇月号の「座・談・会　わが映画の秋　たけくらべ・夫婦善哉・くちづけ」でこう述べている。司会の岸松雄の「ぼくは『たけくらべ』で美空ひばりをどこで出すかと思ったら、木陰に身をひそませたひばりの足の大写しから出した。あれがパッと普通に出てきたら興覚めです。こっちは安心して見ておられる。島津流の流れを感じました」に対して、五所はこう答える。「おやじさんにぼくらはやかましく言われたものだから……。よくいうおやじさんのクローズ・アップの四段返し、そういうことが知らず知らず身にしみているのだね。成瀬さんのを見てもそうだ。豊ちゃん〔豊田四郎〕を見てもそうだ。（略）吉村〔公三郎〕君だつてそういうところがある。木下君の『遠い雲』も同じようなところがある」「昔は島津さんと溝口さん、二つの流れみたいに言われていたが、（略）それのどつちに共鳴するかということだね」（一〇〜一一頁）。また、岸が「ここの三人のお方〔五所、豊田、成瀬〕は、むかしから一種の島津的なリリシズム――そういうものを持つている人と言われたのですが、それが最近みんなリアリティを追求するというふうになつてきた」の指摘に対して、豊田は「リアリティを追求して行つても、リリシズムというものはコロモになつて、その上に浮き上つてくる」と答えている（一六頁）。

大写しの四段返しとは何だろうか。段返しとは箏曲などで器楽部分の手事が二段以上にわたる時、互いに段を変えて合奏すること。一人が初段・二段と演奏するのに対して、他は逆に二段・初段と演奏することである。従ってここでは大写しの一つの対象と他の対象の劇的な組み合わせを二段として、以後一つの大写しを一段ずつ増やしていくことであろう。当然その増加は心理的・劇的深化・劇化となる。豊田は「特集　故島津保次郎監督の思ひ出　島津監督と実写の精神」（『映画芸術』一九四七年一〇月号、三八頁）でこの手法の歴史を語っている。島津は一九二二年の『輝きの道』で顔の大写しで心理描写を試み、一九二四年の『茶を作る家』では、人物の顔の大写しと土間に捨てられた煙を出している煙草の大写しで、放火を考え付く人物の心理を表現した。一九二三年の『お父さん』、翌年の『日曜日』で心理的リアリズムから生活的リアリズムへ、新派劇から現実生活の描写へ発展した（これが松竹における小市民の日常的リアリズムのスタイルの基本的技術となる）。豊田の助監督時代に松竹蒲田撮影所では「島津組十二段返し」が流行したという。

日常的リアリズムの名称は以後一般化したが、それは心理的リアリズムを排除したのではなく、写実的な庶民のホームドラマの核に心理的リアリズムを展開させたのである。同時にそれは家庭の環境描写を発展させ、そこに核としての心理描写を一体化して、島津派独特の雰囲気描写に結実させた。それは世話物狂言のように、社会的な環境やドラマ空間を、自然の風物という刻一刻季節的に燃焼していく旬の時間で満たすことであった。ここに無声時代から世界映画が追求してきた心理と自然の共生の技術がある。こうして島津派は人物と風物のモンタージュという統辞や、風邪の女性が襟巻の代わりに白い真綿で首を巻くという風俗の範列の技術をそれぞれの個性的分野で追求した。真綿の襟巻は島津の『兄とその妹』（一九三九）でサラリーマンの細君がしている。戦前は女性や児童は風邪をひいたときに巻いた。水商売は赤色のものを用い、色の範列も存在した。そして自然と心理の共生は無声期のスウェーデン映画やフランスのジャック・フェデーの『雪崩』（一九二三）のように「写実的リリスム」（飯島正『フランス映画史』改稿版、白水社、一九五六年、六七頁）を生む装置であった。日本ではそれは世話物だけの伝統ではなく、実は『万葉集』以来の和歌、一〇世紀～一一世紀初頭の『源氏物語』などの平安朝女流文学、次いで中世演劇の能からの伝統であった。女流文学で人物は自己の即興の短歌を交えて対話をする。短歌は伝統的にその時の自然環境に自己の心理を託すスタイルであった。自然と心理の共生は日本文化の核であった。そしてその伝統は成瀬の妻ものに継承されている。その主題と文体（写実的リリシズムのそれを含めて）は『蜻蛉日記』の庶民版であるというように。能と日本映画の関連は小津映画研究で詳述した。

これが今井と島津派の連関だが、当然今井の個性にはそこからの強い乖離が働いている。今井はその方向を日活派の荒削り・対象への食い下がりとした。彼の初期（戦中）の映画について飯島正が『日本映画史』（下巻、白水社、一九五五年、一一五頁）で指摘した〝感情的な雰囲気描写に優れている〟のは島津派的だが、〝主題への関心が強い〟のは日活派的であり、戦後は一九四七年に共産党員となり、以後、それが時代の政治的・社会的主題を次々に追求する一契機となった。

2　フランス映画に学ぶ

「わたしたちが学生時代、日本の青年たちの間でいちばん人気のあったのは、フランス映画でした。とくにわたしは、ジャック・フェデーやジュリアン・デュヴィヴィエの細かい心理描写が好きでした。こうして日本の映画は、アメリカ映画よりもフランス映画に、多くのことを学んだのではないかと思います。もちろん今でも『外人部隊』や『女だけの都』は立派な映画だと考えています。それから、こういうフランス映画の伝統を今日まで持ちつづけているマルセル・カルネの映画は、そのすばらしい演出のうまさによって、わたしを驚ろかさずにはおりません」（「映画と私をめぐって　ルネ・クレマンへの手紙」、『キネマ旬報』一九五七年二月一五日号、三六頁）。

今井は文中でこの細かい心理描写をフランス映画の心理的なリアリズムと呼んでいる。これを当時の日本の映画批評界はどう受けとめていただろうか。拙著『日本映画における外国映画の影響　比較映画史研究』（早稲田大学出版部、一九八三年）の第三部「第三章　フランス映画の時代」を基に要約しよう。飯島正の『日本映画史』上巻（白水社、一九五五年、一六一～一六二頁）によると、三〇年代のフランス映画はトーキー期を迎え、リアリズムの要請として台詞の裏付けをする人間心理の解剖が映画の内容の多くを占めることになった。同時にそれは風物や環境と一体化して雰囲気描写となったが、それこそ作品の主調であり、飯島正は前掲書『フランス映画史』（一二八頁）で「筋はそれを生かすための口実に過ぎない」とし、「フランス映画の黄金時代」（『フランス映画の黄金時代（一九三〇～三九）』フィルムライブラリー助成協議会、一九六七年、七頁）で「デュヴィヴィエはどちらかというと感傷的なレアリスムであったが、フェデーはその〈かわき〉があかるさをともなったレアリスム」で、これが「フランス的な本当のレアリスムを樹立した」と述べた。そこで、そういうものを生み出す装置としての映画技術を具体的に批評から引用する。

まずデュヴィヴィエの『にんじん』（一九三二）について。飯島正「自然描写と少年の心理の動きがリリイクに合体している」(『フランス映画史』一二二頁)。津村秀夫「映画の大半がフランスのノルマンディ地方の自然によつて埋められ(略)映画においてかくも香気の感じられる事は珍しい」(「野心的の映画　傑作『にんじん』」、『朝日新聞』一九三四年四月二五日、朝刊)。岸松雄「今度の場合でも移動やパンが非常に多い。(略)移動するにしても、パンするにしても、それが人間のその時の気持の動きにぴつたり合つて居る。にんじんがマチルドと一緒に手を取つて行く時にパンするにしても、――子供の気持とぴつたり合つた正鵠を得たパンなり移動なりの使ひ方をして居る」(「『にんじん』合評記」、『キネマ旬報』一九三四年四月二一日号、七八頁)。飯田心美「流動の美といへば、(略)親父と息子が気持が一つになつて歩き乍ら行く所だが、カメラが他の景色を写して居る時でも、歩いて居るテンポで景色が移動して居る」(前掲記事「『にんじん』合評記」七八頁)。北川冬彦は映像や言葉による尻取り的な連関モンタージュで人物と環境を紹介する技術について以下のように述べている。「休暇で家へかへるゐる。この最初の方の、例へば、マダム・ルピックが聖書をひろげるところから、学校に於ける教師とにんじん(略)教師と「にんじん」との会話で、いよいよ、ルピック氏とマダム・ルピックとの関係は、はつきりされてとへカットする場合、書物と云ふ連関から、又、ルピック氏と女中のアネットとが遭つて、マダム・ルピックと云ふと、部屋に於けるマダム・ルピックへカットする会話によつての連結法等(略)それが立派に成功してゐるのを見た。(略)この方法は、この国日本に於いても、大体同じ頃、小津安二郎や成瀬巳喜男によつてもしばしば目立つて用ひられてゐる」(「主要外国映画批評　にんじん」、『キネマ旬報』一九三四年六月一一日号、五一頁)。これは戦後の今井にもみられる。

フェデーの『ミモザ館』(一九三四)について。内田岐三雄「一、フェデーは環境を重視し、環境と雰囲気の描写が優れている。この作品ではカジノを中心とする社会。二、人間の心理を微細な点まで追究する。その態度は厳粛で、冷徹で揺るぎがなく、周到に目がくばられており、対象を直截に切りとり、築き上げる」(「欧米映画監督論　ジャック・フェーデ小論」、『新潮』一九四〇年四月号、一三三頁。要約)。その対象は、飯島正「女主人公が、自分の名付け子に対して、母性的な愛情と恋愛的な熱情との錯雑した感情を抱く、その心理的過程を主題としたものである」（「映画時評　『ミモザ館』と『白き処女地』」、『新潮』一九三六年一月号、三〇二頁）。これらを生み出す装置としての技術は、主に一ショット平均一五秒という長い持続と総ショットの三八％に及ぶ多い移動・パンによるルノワール的凝視と視野の広がりである。その中で生活環境は社会環境の全景に広がり、同時にヒロインの心理の錯雑した揺らぎを露呈させ、社会の象徴（この作品では賭の不確定）と人間の心理のそれを共鳴させる。この心理描写は文字どおり心理解剖であり、リリシズムや情緒主義とは対極的でもある。飯島のいう、乾いた明るさのあるレアリスム（前掲「フランス映画の黄金時代」七頁）の実体は後で詳述する。ところで、フェデーの技術の数量的形態は戦中に登場した黒澤、木下、今井にも共通している。これは明らかに松竹派の先輩のそれとは異なる。今井は『キネマ旬報』一九五七年四月一日号の「自作を語る」で、石坂洋次郎原作の『女の顔』（一九四九）の「人物のいろいろな気持のニュアンス」の表現の追求に『ミモザ館』の影響を語っている（八一頁）。この影響は『また逢う日まで』に結実することになる。

二　外国映画とのテクスト連関

今井は岸松雄との対談（「愚問賢答第十回　今井正氏の作品と意見」、『キネマ旬報』一九五三年一〇月一日号）で、自分の作品は大概何かお手本があると述べている。「『どっこい生きてる』のお手本は（イタリアの）『自転車泥棒』ですよ。（略）『青い山脈』はアメリカの『ミネソタの娘』がお手本ですし、『又《ママ》逢う日まで』はイギリスの『逢びき』がお手本なんです」（五一頁）。敗戦と占領下の廃墟のなかで日本映画が再出発するときに、戦前の日本映画確立期のように欧米映画にテクスト連関を求めることは当然だったし、同世代の黒澤も木下もそうしたのである。

今井はまず戦後四作目の『青い山脈』(一九四九)の範例をアメリカ映画に求めた。原作は当時『朝日新聞』に連載された石坂洋次郎の同名小説(一九四七年)である。これは『石中先生行状記』(一九四九〜五四年)とともに戦後の性意識の解放に貢献した地方の庶民生活の大らかなユーモアとエロチシズムの小説である。とくに『青い山脈』は女学校の贋ラブレター事件による転校生の新子(杉葉子)のいじめ事件を核として、そのリーダーが町のボス(三島雅夫)の娘であったことから、新子を守る東京から赴任した英文科出の教師雪子(原節子)と雪子に恋する校医沼田(竜崎一郎)の主導と、新子の友人の旧制高校生の六助(池部良)とガンちゃん(伊豆肇)、しっかり者の芸者梅太郎(木暮実千代)や下級生和子(若山セツコ)の協力で、町を民主化する運動とロマンスが展開する。ボスの問題は、新聞社に自分の都合の良い記事を書かせたこと、妊娠させた芸者を何の保証もせず捨てたことが事例として示されている。

そして極言すれば、石坂のみごとな原作はほとんど完成した脚本であった。その映画化に今井はさらに適切な手を加えた。『今井正の映画人生』の「自作を語る」によると、最初の小国英雄の脚本では、青森あたりが舞台で、恋人たちがいとこ同志とわかって結婚できなくなるという暗い話にされていた。今井は舞台を東北から光輝く南国的な海辺の町に変え、ロケ地を伊豆下田にして、封建的な旧勢力と新しい勢力との戦いを興味の中心に据えた。これは実は原作のイメージでもある。東北の夏の光(そして人)の明るさは伊豆のそれに決して劣らないからだ。プロデューサーの藤本真澄は、九州の映画館主で才能ある井手俊郎を呼び、脚本を任せた。「才能のある人で、おもしろいことをいうんですな。『この話は、〈忠臣蔵〉ですよ。同じ手でいきましょう』と。刃傷の場から、討ち入り、そして引き揚げの場までちゃんとあるというんです。たとえば、PTAの役員会議が討ち入りで、そのあとみんなで自転車で海へいくシーンが引き揚げの場だと……。あの作品は、井手さんがいたからできた作品っていう感じですな」。これはおそらく『仮名手本忠臣蔵』のゆるやかな見立てであり、それ以外の部分は敵役の師直《もろのう》＝守旧派と判官《はんがん》＝改革派との争い・喧嘩場の連続だろう。こうして今井は井手を重用していく。また今井は音楽にフランス映画的なスマートな曲を考えていたので、西條八十作詞、服部良一作曲の主題歌を嫌い、服部とは口をきかなかったという（一四頁〜一五頁）。だが、『忠臣蔵』仕立てでは、勇壮な引き上げ場のサイクリングはモーリス・ジョベールあるいはジョゼフ・コスマより服部調である。服部は新しい時代の心も奏でていた（黒澤は一九四八年の『酔いどれ天使』で、彼のブギウギをヒット曲にしている）。

一九三〇年生まれの佐藤忠男は、戦中の国策映画に続く占領下の占領軍の強制による民主化映画の後に映画化された「この作品には、民主主義は愉しいという実感がこもっていた」（『日本映画200』キネマ旬報社、一九八二年）として、〝戦後民主主義啓蒙映画〟の代表作の一つと呼んだ。そしてこの作品の大ヒットの主因を、「民主主義の一つの理念である女性解放ということが、この作品ではじめて、生き生きと表現されたのである。日本人が一部の家庭の中では伝統的に保っていた女性に対する尊敬を、家庭の外でもためらうことなく表現するとすれば、それが民主主義になる」ことを描いた石坂文学の女性優位世界の戦前からの連続性を認めている。それは改革のリーダーシップは女性たちがとり、男たちが嬉々としてそれに従う青春映画の始まりを告げた（一七二〜一七三頁）。木下が戦中に『陸軍』（一九四四）で女性原理優位の日本映画の出発をマニフェストしたのに続いて、今井はここで戦後の母性原理映画の出発を彼なりにマニフェストしたのである。こうして確立されつつあった戦後民主主義つまり女性原理優位時代に、この映画化は大ヒットの成果を収めたのである。ここでこの作品とアメリカ映画の連関が問題となる。

ヘンリー・C・ポッター監督の『ミネソタの娘』（一九四七）の物語はこうだ。アメリカ中北部のミネソタ州で小麦農場を経営するスウェーデン系移民のホルムストロームの娘カトリン（ロレッタ・ヤング）は、看護婦志望で州都セント・ポールに赴くが、車に乗せてもらった看板塗装屋アドルフに言い寄られて断ると、結局は金をせびられ、無一文で放り出される。その後、州都で上院議員グレン・モーレイ（ジョゼフ・コットン）の邸に女中として住み込む。アメリカ中部に伝統的な草の根民主主義者の父の薫陶を受けて育ったカトリンは、この代々上院議員の家での政治家たちのパーティなどで、彼女の隣人愛を基本とした政治観や自己に誠実な生き方で波紋を投じ、グレンだけでなく、母（エセル・バリモア）や執事の心を魅了していく。そして下院議員の選挙のとき、モーレイの党の候補者の演説会で、候補者が過去に犯した不正の数々を具体的に指摘し、会場は大騒ぎとなる。彼女は反対党の立候補者に選ばれ、活躍を開始するが、アドルフが落ち目の候補者に、でっち上げた彼女とのスキャンダルを内密に売り込む。この結果、失意の彼女は田舎に帰ってしまうが、グレンが追ってきて彼女に愛を告白する。二人は彼女の父に結婚の許しを得ようとするが、父は諭す。自分は四〇年前にこの土地を開拓し、以来自然と闘い小麦を育ててきた。それは決して楽なことではなかった。二人は今、楽でないことから逃げている、なぜ自分を信じ、難事に立ち向かわないのだ、と。こうして二人は選挙に戻り、真相を解明して選挙に勝つ。なお、この作品でヤングはアカデミー主演女優賞を獲得している。この作品は一九四八年四月に日本で封切られ、『キネマ旬報』外国映画ベスト・テンでは一一位で惜しくも入賞を逸している。選者の井沢淳、登川直樹、山本恭子はベスト・テンに入れたかったとしている。飯島正は「筋としてはアメリカ映画にめずらしいほどでもないが、それを新鮮なタッチでえがき、皮肉というには暖かすぎる感触でつつみ、常識的ながら新時代ににおわせたところ、この映画は、中級作品の上乗なものといえるだろう。（略）プログラム・ピクチュアが、この水準で全部できれば、まつたくえらいものだとおもう。その意味からも、これは研究し、参考にすべきだとおもう」と評価した（「外国映画批評　ミネソタの娘」、『キネマ旬報』一九四八年三月一五日号、三四頁）。

今井はこの作品の何を手本としたのだろうか。彼は何も具体的に語っていないので、次のように推論してみよう。

まず彼は『青い山脈』の封切り後二ヵ月の『キネマ旬報』一九四九年一〇月一日号の「創作活動の問題」で当

時のアメリカ映画についてこう語っている。

「ママの想い出」「打撃王」「愛の調べ」「イヤリング」(邦題『仔鹿物語』)――等々、何でもかまわない。それらの映画に描かれた人物や、人間相互の間の関係の中から、古くさい封建的な生活感情を発見しようとしても殆ど不可能だろう。それは、その作者達が、吾々が持っているよりもずっと高い生活のモラルを、単に頭で理解しているのではなく、血肉の様に完全に彼等の中に消化しきっているからに外ならない。ヒューマニズムに根ざしたより高い生活倫理、それが映画の隅々にまで行きわたっていて、健康的な明るさを生み、あのすがすがしい感動を呼び起すのだ。

「ママの想い出」や、「イヤリング」を含めて、アメリカ映画に盛られたヒューマニズムには、一定の限界がある。それらの映画から受ける感動は、決して魂をゆすぶられる様な、深い感動ではない。だが、今日の吾々は、そこまでにも達していないということだ。

話が飛躍する様だが、吾々が古くさい封建的な生活感情をいつまでも尻にくっつけているならば、日本映画が海の彼方で拍手を以て迎えられるようなことは、到底望むことが出来ない。(三二頁)

まず今井はアメリカ映画一般に見られる〝封建的なものから解放されている高い生活倫理〟に強い共鳴を示した。これは作者の視点と原節子に結晶している。さらに『ミネソタの娘』の主題群は多くの共鳴をもたらしている。飯島の指摘した新時代を匂わせるものとしては、戦前のキャプラの政治喜劇の女性版が出現したという意義がある。戦後はスミス氏に代わってカトリンがワシントンに行くのである。日本にはこのような草の根民主主義の伝統がないので、原節子は立候補せず、女教師として女学校と町の封建的な性意識と人権を解放するリーダーとなり、その障害となっているボスたちと闘う。キャプラの政治喜劇の系譜は近年にポピュリスト喜劇というジャンルに総括され、今日に及んでいる。このことは「木下恵介とフランク・キャプラ」のところで詳述しておいた。ウェス・D・ゲリングによるその定義を列挙しておこう〔1〕。

まず、ポピュリズムとは、優勢で多数を占める庶民の意志が、貪欲で世なれた少数の邪悪な人にいつも脅かされている基本的信念を指す。その特徴は以下のものとなる。

⑴田園・小さな町の生活。⑵リンカーンのような、庶民から出た神話的リーダーの父性像の信奉。⑶伝統的価値と風習の評価、例えば伝統的隣人愛。⑷反（エリート主義的）知性偏重。⑸正直な仕事への忠実。⑹人間の善性及び個人の重要性への楽観。⑺これらを集約した政治家像の規範を追求する草の根的政治参加。

以上の共通点として⑴の田園・町の生活の地方性、⑶の伝統的価値の評価がまず挙げられよう。川本三郎はこの作品の〝小さな町〟をこう指摘する。「『青い山脈』は、東京からやってきた優等生の原節子が性急に民主的改革を行なおうとするのを、周囲にいる地元の人間たちが、彼ら流にのんびりと抑制し、改革をより地に足がついたものに変えていこうとするドラマだということが出来る。伊豆の光あふれる風景のなかで、彼ら流の穏やかな民主主義がゆっくりと育っていく。ローカルな力の勝利といえようか。（略）この町では、新しいエネルギーと古い生活の落着きとがうまくバランスが取れている。地方都市が民主主義の理想型として描かれている」（『今ひとたびの戦後日本映画』岩波書店、一九九四年、二七七～二八〇頁）。それは中根千枝の説く〝タテ型社会〟である。氏素性のような血縁、学歴、階級、男女などの社会的個人の資格が社会構造の原理でなく、資格の相違を問わず、ムラのような場の枠によってまとまり、契約でなく感情的な一体感で強く結ばれている。内部組織として年齢、入村年次により序列がつけられ、それは能力平等感に支えられている。リーダーは他の社会のような自由と権限を持たない（『タテ社会の人間関係』講談社、一九六七年）。そしてこの町は木下恵介映画のそれのように、無邪気な善性の活力の故郷であり、すべての人が平等に抱擁される母性原理の場である。これに対してポピュリスト喜劇の〝小さな町〟は父性（理性）原理と伝統的隣人愛の故郷であり、指導者は男女にかかわらず父性イメージに倣って強いリーダーシップを発揮するのである。したがって、両作品の間には、自助、個人、契約に対して、集団、情緒などの対照があり、反エリート的知性偏重に対して、日本には後発資本主義国としてエリート的知性偏重主義があり、それをエリート官僚が代表している。この町ではそれはエリートと縁はないが、それを少し気取った民主改良派のインテリたちが代行している。沼田は六助たちに、議決権のある理事会に当日出席できないミーちゃんハーちゃんの父兄に代わって贋父兄として出席し、相手を煙に巻くため、出来るだけ衒学的に演説しろと命じる。それが民主主義の重大な違反であることを皆は雪子を含めて毛頭気付かない。しかし日本の土着的な草の根である年長者たちの柳屋の主人、宝屋のお内儀、長森老人、そして梅太郎たちの脱線しそうでしない愉しい発言が、若きインテリたちを助け、救うユーモアがみごとだ。以上が主題面の共鳴と差異だが、次はスタイルの連関にふれてみよう。

ポッターは戦前から日本では親しまれた有能な監督で、『カッスル夫妻』（一九三九）は翌年の『キネマ旬報』の外国映画ベスト・テン七位に入賞しているし、じゃじゃ馬馴らしの西部版『牧童と貴婦人』（一九三八）は、戦中の一九四三年に大映の『青空交響楽』（千葉泰樹監督）として翻案されている。『ミネソタの娘』はそういう監督の美徳がヤングのアカデミー賞受賞に結晶しているが、愉しい物語をリードする表現技術はみごとである。テンポは一ショット平均八秒と軽快で、特にカトリンが朝食を運んでくるシークエンスを反復させ、恋に落ちたグレンが身だしなみを念入りにしていく経過は流れるようだ。また、上院議員の邸宅を舞台としている（原作は戯曲）のと、政治劇なので主に多人数をショット内に処理するので、人から人への流動的なカメラの動き（動くショット二五％）の軽快さと活力もある。人々は歩き回りながらディベイトするからだ。さらに大邸宅の空間はカメラ・アングルの豊かな範列のふくらみにみちている。それはカトリンが看護学校のスピーチのために、執事の勧めに従って、グレンの父の執筆したウッドロー・ウィルソンの追悼演説の原稿を読む書斎の場面で見事な演劇空間を作り出す。カトリンは故上院議員の肖像画の下に立ち、着席した執事に向かい、演説を始める。カメラは彼とカトリン、カトリンと肖像画をとらえていく。吹き抜けの二階のドアが開き、グレンの母が入ってくる。そしてカトリンを見る。執事は気付き立とうとするが、母が制す。母と父のショットはカトリンへ移動する。そして三人の様々な組み合わせのショット群の範列そのものが語り続ける。演説は佳境に入り、愛国的で荘重な音楽が入り、カトリン、最後に三人と肖像画のショットに収斂し、終わる。三分三秒、一ショット平均一〇秒の「ポッター・タッチ」の一世一代の名パフォーマンスであった。彼はヤングのアカデミー受賞を終生の誇りにしたというが、その機会はこの瞬間にあったといえよう。この場面は故上院議員とウィルソン大統領の精神（父性原理と隣人愛）がその声（演説）、肖像画、母、執事を通して、カトリンに継承される儀式であった。ポッターの技術はそれを的確にとらえた。その声を訳してみよう。

大統領閣下、今日私は演説ではなく、閣下に物語を語りたいとおもいます。それは小さな町に住んだソランセン〔スカンディナビア系の名〕という医者の物語です。彼は良い医者でしたが、金持ちには病気は気で病むものだと真実をよくいうので好かれていなかった。そこで商売にはならず、彼は貧乏人達の地域に引っ越したのです。そこでは人々は彼を必要としましたが、払える金がなかった。そこで診療代の代わりに、搾りたてのミルクや焼きたてのパンを払った。ドクター・ソランセンは診療所が持てず、貸し馬屋の二階に住み、外には小さな立て札があり、そこに〝上にいます、ドクター・ソランセン〟と書いてあった。さて、年月が過ぎ、医者も病気になり、死んだ。彼が愛し、彼を愛した人々は、彼を埋葬し、大理石の記念碑をたてたかったが果たせず、貸し馬屋から例の立て札を墓にたてた。それが彼の記念碑となった。〝上にいます、ドクター・ソランセン〟。

今日、つい先刻一人の大統領がなくなりました。彼の夢、国際連盟は真実に我慢できない人々によって殺されたが、彼の夢はこの世から消え去ることは断じてありません。それは善良なる庶民の心に生きるでしょう。人民は彼の墓に永遠の記念碑をたてた。それは例の医者のそれのように、こう書いてある。〝上にいます、ウッドロー・ウィルソン〟。

『青い山脈』もポッター的な軽快さ、愉しさとそれを支える確かな技術のスタイルがある。一ショット平均一二秒と人物の動きと一体化したカメラの動き（二七％）が軽快なテンポを生む。映像と音の記号が対位法的に物語を綴るみごとな瞬間を示す。例えば、沼田が雪子に学校の帰り道で町の人々がいかに未だ封建的かを語るシークエンスがある。話は学校の会議室の二人で始まり、画面の方は教室内から通りに変わり、仰角で撮られた家々の屋根が移動するなかで沼田の声が人々の生活の話を続ける。画面は次には歩く二人の足の大写しとなり、雪子のきれいな白靴と沼田の下駄（片方がちびた男物、別が女物）が示され、調子に乗った沼田の声が自分もそのうち妾を囲うと語ると、雪子の足が止まり、ショットは人物の全景に戻り、雪子は怒って頬をピシャリと叩いて、呆然とする沼田を残して去る。ここには小津を含めた松竹派の何段返しかの愉しい親和的表現法が見られる。しかも沼田の話は場面が学校から町の通り、通りから小川に沿った道に変わっても、その変化の時間経過は省かれて持続している。音の時間と映像の時間のずれは、すでに成瀬の『妻よ薔薇のやうに』（一九三五）で愉しい遊びになって、種々試みられている。

導入部で示される金物屋の店番をしている六助のところに新子が卵を売りにきて、この映画の幕開けに相応しい、愉しい開放的な描写が展開する。思春期の男女の軽妙な会話と淡い恋心と親和感の微妙な雰囲気描写もすでに島津の『隣の八重ちゃん』（一九三四）の規範がある。これは人物の視線と表情のやりとりを的確なカット・バックや人物の僅かな動きに対応するカメラでとらえる技術であり、通りに面した店内、台所、茶の間に展開する人物処理の巧みな技術は成瀬にも共通している。この場面で今井は最初「女学生がはじめて知らないうちへ米を売りに来て、どんなに相手の高校生が感じがよかつたか知らないけど、のこ〳〵台所へ入り込んで、御飯の支度をして、茶の間に上りこんで一緒に御飯食べるなんて……どうかなァ」と恐がった（「気の弱い山脈」、『映画芸術』一九四九年三月号、二九頁）。そこで米は卵に、茶の間はその縁側に変えたが、後はこの違和感のかたまりである若人の行為をごく自然に表現したのである。新しい風俗劇の創造は島津派の技術的挑戦の伝統でもあり、また水着美人と青春の解放をひっくるめた海浜喜劇はトーマス栗原の『アマチュア倶楽部』（一九二〇）以来となる日本の夏季プログラム・ピクチャーの伝統であり、それがここに盛大に復活し、その解放を政治社会的に深化・拡大している。こうしてこの作品は占領軍が封建的・復讐的として禁止した『忠臣蔵』（知日派のフォービアン・パワーズ少佐の努力で一九四七年末からは九段目まで解禁、ただし討ち入りは禁止）の独参湯《どくじんとう》的ドラマツルギーにより、教室での生徒の反抗に対する雪子先生の民主化の訓戒、誤字の訂正という〝喧嘩場〟、ユーモアを交えた教育と性の解放ディベイトの〝討ち入り〟、勝利の後には若人の海浜サイクリングという伝統的（主題歌入り）映画道行など、伝統と民主化がみごとに重層化している新しい時代の日本映画を創造した。そしてこの作品を占領軍が封建主義の権化として禁止した集団復讐劇『仮名手本忠臣蔵』に見立てて、日本版ポピュリズム映画の誕生を成功させている。これがポピュリズム映画の日本への本地垂迹であり、デモクラシーの女神ヤングは日本に原節子として現れたのである。それはたしかに習合的混血だったが、何よりもアメリカの占領政策の刷り込みであった。日本版の女神の原は教室で女性解放を説く。「家のため、国家のためということで、個々の人格を束縛してむりやりに一つの型にはめ込もうとする――日本人のこれまでの暮らし方で一番まちがっていたことです」と述べ、女性を隷属させる男性本位の社会があったと批判した。しかしデモクラシー社会であれば当然、個人の権利と共同体・国への義務は絶対的な対概念である。封建主義打倒に専念した占領政策と日本人はそのことに決して触れなかった。こうして家・共同体・国＝悪と個人＝善という対概念・対感情の確立の時代が始まったのである。

一九四四年生まれの川本三郎は、この作品の時代感覚を見事にとらえている。封切り当時五歳ぐらいだったから、おそらく後で見たのだろう。そのなかで彼は芯の強いお嬢さん役の原節子の衣裳にも触れている。「原節子のブラウスの両肩にパッドが入っているのもいかにもキャリア・ウーマンらしい。私は肩パッドというのは、女性時代の今日のものかとばかり思っていたが、この時代すでに原節子がしているのには新鮮な驚きを覚えた」（前掲書、二七六頁）。スーツやブラウスの肩パットとウェストを絞るファッションはすでに一九四〇年のキューカーの『フィラデルフィア物語』の女性記者（ルス・ハッシー）にみられるし、『ミネソタの娘』のヤングも披露している。だが、このファッションを日本で開花させたのが、占領軍相手の慰安婦の〝パンパン〟であり、全盛期には七万人以上を数えた。千村典生の『時代の気分を読む　ヤングファッションの50年』（グリーンアロー社、一九九六年）によると、「これは当時のファッション雑誌『アメリカン・ヴォーグ』にそのまま掲載されているようなデザインであった。いったい彼女たちはどこからこのファッションを引っ張り出してきたのか。もちろんGI（米兵）の手によって、（略）PX（進駐軍の兵士や家族のための酒保＝日用品雑貨品や飲食物などの販売所）を通じて入手した雑誌類が情報源であった。そして、すでに四六年には巷に洋裁店がぽつぽつ開業しはじめて、彼女たちの注文に応じていたのである」（一八頁）。こうしてPXから手に入れた輸入の口紅、スカーフ、ナイロンストッキング、ハイヒールなどを身につけ、焦土で粗末な衣服を身につけていた一般の女性のなかでひときわ目立つパンパン・スタイルを作り上げたのである。

カトリンのような原のファッションと彼女たちのスタイルは当時の日本人の視野のなかで重層的に併置されていた。現実生活で筆者も高校の教室で、カトリンのような駐留軍夫人により英語の熱心な授業を受け、帰り道でGIと例のスタイルをした女性の一団をよく見ており、その対置の意味する現実の多元・重層性を意識していた。翌年の『羅生門』の多元・重層性のテーマと美学は筆者の世代にとって占領時代の意識の美学的・哲学的規範となった。しかし、当時の画面の中で彼女たちとGIの姿を見せることは、検閲で厳禁されていた。だが、同じ〝花柳界〟代表で和服を着た大和撫子の芸者たちが画面に登場している。代表の梅太郎は、密かに恋する沼田のために、父兄会でボスの捨てた妹芸者の名をだして彼を牽制したり、最後にガンちゃんが贋父兄であることがばれて改革派が危機に陥ると、告発者の体操教師の〝花柳病〟のことを持ち出して味方の危機を救う才気煥発のトリックスター的コメディエンヌを演じている。芸術の世界では、トリックスターは花柳界という周辺に生きる人の特権となる。ここにも雪子と梅太郎の世界の重層性がある。

筆者の世代にとって、この種の重層的な併置は『ミネソタの娘』のウィルソンへの追悼演説に明白に内在していた。第二八代アメリカ大統領で民主党のウィルソンは第一次大戦後に、国際平和確立のために、一九一九年のパリ講和会議を主導し、国際連盟を提唱した。この業績に対して、彼はノーベル平和賞を同年受賞した。連盟規約の話し合いの折りに、アメリカへの移民の排斥運動で困っていた日本代表は「人種平等案」を提出した。そこでそれまでの案件のように多数決で採択することとなり、賛成一一対反対五となった。ところが議長のウィルソンは重要案件なので全員一致が必要と否決した。こうして一九〇六年から始まったカリフォルニア州の日本人排斥運動は、ついには一九二四年の排日移民法の成立で、日本人をアメリカに帰化不能の外国人として入国禁止とした。「この法律は明治初年以来の親米的な世論に終止符をうち、日本人の中に反米的機運を沈潜させることになった。なお同法は一九六五年に廃案」（若槻泰雄「排日移民法」、『CD‐ROM版世界大百科事典　NECパーソナルコンピュータPC-9800シリーズ』平凡社、一九九二年）。敗戦直後の昭和天皇の『独白録』も日米戦争の遠因の一つに以上のことを上げている（藤岡信勝・自由主義史観研究会『教科書が教えない歴史』産経新聞ニュースサービス、一九九六年。NHKテレビ『昭和天皇・二つの〝独白録〟』一九九七年六月一五日放映）。ウィルソンは彼の夢を殺されたが、彼は日本人の夢を殺した。その日本人も隣国人たちの夢を殺していた。重層性は現実と映画の世界を構成している。

しかし、両作品は、ポピュリズムと戦後民主主義の違いはあるが、西洋の伝統的な意味での喜劇であり、恋に始まり、あらゆる障害を克服して結婚に至る、新しい世代の台頭をマニフェストする結婚祝典劇である。今井もこの視座で人間像を描き、新世代を祝福した。しかも今井はそこにポピュリズムを習合させ、日本的ポピュリズムの世界を産み出し、そこに彼が抱いたアメリカ映画の精神から〝封建的な生活感情から解放された高いモラル〟（前掲記事「創作活動の問題」三一頁参照）の鮮明な焦点をあてた。そして『青い山脈』から二作目にロマン・ロランの反戦小説『ピエールとリュース』（一九二〇年）を映画化する。映画のお手本はデイヴィッド・リーンの英国映画『逢びき』（一九四五）である。そしてこの『また逢う日まで』でも原作と映画の二つのチャンネルからの連関で、光のない過去の戦時下における青春の死を描いた。それは多くの点で、『青い山脈』と対照性を示す作品となった。今井の経歴そのものがこういう重層性を織りなしていく。

［1］ Wes D. Gehring, "Populist Comedy," in *Handbook of American Film Genres*, ed. Wes D. Gehring (New York : Greenwood Press, 1988).

第2章　『また逢う日まで』と『ピエールとリュース』

二作品の窓ガラス越しのキス・シーンの差異の意味

一　『ピエールとリュース』および『逢びき』との連関

　今井正は「自作を語る」（『キネマ旬報』一九五七年四月一日号）で、『また逢う日まで』について「これは岡田英次君がロマン・ロランの原作を読んで、これを映画にしたらどうだろうといってきたわけです。これは水木洋子さんにシナリオをお願いしました」（八一頁）と翻案の経緯を述べた。そこでまず『ピエールとリュース』の物語の構造と主題について説明し、次に水木の脚色にふれ、脚本の物語の構造、主人公のモノローグ的ナレーションに及ぼした『逢びき』の影響にふれよう。そして反戦映画の傑作として成功をもたらした演出（監督・撮影・音楽・演技）の特質を指摘し、原作との比較の問題点を明らかにする。なおこの論文は、一九九一年一〇月一日に行われた早大比較文学研究室主催の秋期公開講演会での「『ピエールとリュス』と『また逢う日まで』」を基にした。講演者はロラン研究者の清水茂教授と筆者である。清水教授からは講演前に何度も原書について詳しいレクチュアを受けた。パリの各場所の持つ美的なイメージや文体の詩性（例えば文が一二シラブルの詩句アレクサンドランになることがある、豊かな比喩）などからなるロマンのポエジーなど。

　原作は第一次大戦下の一九一八年一月三〇日（水）から三月二九日（金）までの休戦（同年一一月）前のパリが

舞台で、物語は一六段構成で時間進行に従う。各段の要約は清水教授のレジュメによる。また、本章の《 》付きの引用文は『ロマン・ロラン全集8 小説集』（みすず書房、一九六一年）の宮本正清訳である（リュースの表記も宮本訳に従った）。著者は第一次大戦に非戦論を唱えたために、スイスに亡命を余儀なくされ、この小説は大戦末期の八月にジュネーヴで出版された。献辞は《愛に 神は平和の愛である（プロペレチウス）》（二〇九頁）。

⑴爆撃下の地下鉄内、ピエールは一八歳、同年齢の若者と同じように召集を受けている。六ヵ月の猶予。一六歳から一九歳までの若者にはハムレットの魂が少しある。彼に戦争を理解しろと求めるな！ それはしっかりした一人前の大人にすることだ！ 爆音でリュースは思わず見知らぬピエールの手を握り、彼は彼女をかばう。二駅そうして、降りてピエールは彼女を見失う。

⑵ピエールの家。クリュニイ辻公園近くに住む立派なフランス的ブルジョワ家庭。正直で情愛の深い人間的な人たちだが、物事を一度も自分自身で考えてみようとせず、おそらくその結果について疑いをもたない。父は判事、共和派、祖国と政府への忠誠心と誠実さ。母はキリスト教徒として、戦いに勝つことを祈願している。ともに、二人の子どもにたいしては愛情深い。六歳上の兄フィリップは戦争開始とともに入隊していた。彼は弟にたいして、やさしい理解をもっていたが、すでに戦争を通じて人生に幻滅を感じはじめている。ピエールには人生にたいする、ほどなく自分がその犠牲にされることへの疑問がある。だが、その夜、少年が帰宅したときには、この何故は沈黙したままだった。

⑶自室、ピエールの内部の変化。自ずから浮かんでくる微笑。理由はわからないままに。

⑷彼女とは二度と会うことはないとしても、ピエールは知っていた、彼女が存在することを。彼女が心地よい塒《ねぐら》だと。嵐のなかの港、夜のなかの灯台、導きの星・聖母マリア、愛、であると。愛は、死の時に、私たちを看取るのだ！

(5)セーヌの河岸。アール橋をわたるとき、一瞬、彼女とすれ違う。二人は初めて眼差しを交わす。彼女の前に来て、立ち止まろうとして、彼は顔を赤らめる。そして、顔を赤らめる彼を見つつ、驚いた彼女は顔を赤らめる。一週間後、リュクサンブール公園で二人は再会。ガラテの泉の傍らに座り、ピエールは彼女にプティ・パンを、さらにチョコレートを渡し、たのしそうに語り合う。「貴女の名は?」「リュース」「きれいな名ですね、この陽の光のように!」。そして彼女のやぶにらみの真似。ピエールは彼女の絵を見せてくれとせがむが、断られる。帰宅して、彼は思う、今ほんとうにいいこと、それは明日があることだ。

(6)美術館の入り口で、ピエールは彼女を待ち、彼女が描いたラファエロやムリーリョの模写を見せてもらう。出来ばえに落胆。彼女は生活のためにその仕事をしているのだと彼に説明する。母が軍需工場で働いていることも付け加える。彼女は無条件に、生きることを愛している。初めてのキス。

(7)彼女の仕事がなくなり、亡くなった兵士の肖像画を依頼される機会が多くなっていく。あるとき、ある教会に入ってステンドグラスを眺めながら、やがてピエールが召集されることを話し合う。リュースが靴屋の飾り窓の一足の靴にみとれていたので、ピエールはそれをきっかけに自分の肖像を描くことをリュースに約束させ、写真をもって彼女の家を訪ねることになる。

(8)パリの南にあたるマラコフ地区。三軒の外側の家、どんよりとした灰色の空、貧弱な灌木と雪に覆われた四角い菜園。待っていた彼女に催促されるままに、写真をとり出すが、それは小さい子どもの頃のものである。彼女もまた、少女時代の写真を見せ、身の上話をはじめる。母の不幸にまつわる中産階級のエゴイズムが語られる。また、自分の母に自分とは別の相手にたいする愛情があることも、「——母には母の生活がありますわ」。夕暮れ、別れぎわに、彼らは窓のガラス越しにキスをする。《彼は扉を閉めて、庭から出ようとするところで、一階の窓の方に振り向くと、黄昏の銅色の最後の余光が硝子に映ったなかに、仄かな暗い明りのなかに、情熱的な顔つきで彼を見送っているリュースの輪郭を見た。そこで彼は窓の方に戻ってきて、閉まった窓硝子に唇を押しあてた。

彼らの唇は硝子の壁をとおして接吻した。それからリュースは部屋の闇のなかに引込んだ。そしてカーテンが閉まった》(二四三〜二四四頁)。

(9)二人はそれぞれの家で、警報を聞くが、ベッドのなかにもぐり込んでしまう、怖いからではなく、夢みるために。ピエールはリュースの姿を想い出している。外には戦争があった。ずっと先のことなど考えるな！　人生の後の深淵、それは教会でいう〈あの世〉のようだ。人はそこに戻るのだろうが、それは不確実だ。ただ一つ確かなのは現在、ぼくたちの現在だ。ぼくたちの永遠の取り分を、数えず、すべてぼくたちの現在の口座に払い込むんだ。

リュースはピエールよりもニュースについての問い合わせはしなかった。彼女は戦争に関心がなかった。彼女は人生に満ち足りていた。人生を素晴らしいと思っていた。だがそれは一本の切れやすい糸にやっと支えられており、明日はどうなるか思い煩うには及ばないのだ。

(10)久しぶりに僅かな休暇を得て帰宅した兄は弟の変化に気がつく。フィリップはピエールとのあいだに生じた距離の理由を探る。偶然、モンパルナスの大通りで、彼は若い二人が歩いているのにすれ違う。二人には気がつかれないままに。そして、その子どもたちにたいする憐憫の気もちにとらえられる。「ぼくの人生は犠牲にされた。それはいいとしよう！　だが、彼らのまでとり上げるのは間違いだ。せめてぼくが彼らの幸福の支払いを済ませてやれるといいのだが！」。

(11)三月になる。二人は相変わらず周囲に無関心である。サン・シュルピス寺院の近くを歩いているとき、不意の爆撃によって、馬車のなかの馭者《ぎょしゃ》が瀕死の重傷を負うのを目撃した。二人はこの心の動揺のなかで抱き合う。「リュース、きみはいまのままでぼくをこの世から往ってしまわせたりしないよね？　何時ぼくはきみのものになるの？」とピエールは言う。彼には訊く勇気がなかった、《いつあんたはぼくのものになるの？》(二一二頁)と。「もう暫くのこと」と、リュースは答える。復活祭までの辛抱だ、と。「復活祭のまえには死がある」ピエールは口にする。

⑿枝の日曜日の前日。ドイツ軍の爆撃はさらにはげしくなっていた。上天気。二人はシャヴィルの森にでかける。小鳥のさえずり、やわらかい大気、遠くには砲撃の音が響くが、彼らには悲しみのなかにも、祝祭の気分があった。二人はその日の残りをずっと子どものように遊んだ。とても疲れたので、彼らはゆっくりと戻った、籠のように夕陽の束を一杯にした谷に向かって。二人のために一つの心で、一つの心のために二つの体で、味わう総てが二人には生まれたてのように思えた。

⒀ピエールと仲間たち、五人。いちばん戦争に熱中していて、諸民族の解放のためには十字軍戦争が必要だと考えるユダヤ的理想主義者。他に仕方ないから、同様に戦争に賛成の立場をとる中産階級の息子。裕福の家庭の生まれであるために、却って反動的にはげしく革命的な情熱に燃え、サンディカリストやボルシェヴィキのことばかりを口にする若者。故郷の貧しい家庭から引き抜かれて、貸費生として教育の機会を得て、自分の魂の分析に熱中し、大衆を軽蔑し、仲間を「俗物」だときめつけている者。そして、彼らにいまや無関心なピエール。「ピエールは窓の近くでぼんやり外を眺め、夢見ていた」。

⒁〈受難〉の週、彼らは毎日逢う。二人は未来の生活を空想するが、ピエールは生来の厭世主義から、リュースは愛情ゆえの見通しから、実際には何も実現しないことを知っている。夢の幸福、幸福の夢。そして、ピエールはロンサールの詩を口ずさむ。

あなたの腕のなかで死ねれば、いとしい方よ、
私は満足です。あなたに口づけしつつ、
あなたの胸のうちで逝くことができれば、
それにまさる名誉がこの世にありましょうか。

⒂戦況はさらに切迫する。フランスは危機に瀕している。彼らは郊外の雨の道を歩いている。彼らは愛につい

て語っている。また、名指すことなく、〈彼〉のことを語る。ピエールはもはや信仰を持っていないことを口にするが、リュースは〈彼〉を愛していると言う。そして、聖金曜日には、サン・ジェルヴェ教会に音楽を聞きにゆくことを約束する。

⒃聖金曜日。灰色の空。サン・ジェルヴェのまえの広場には群衆と鳩の群れ。彼らがなかに入ろうとしたとき、リュースは正面扉に張りつくようにして立っている一人の少女の姿を見た。一二歳ぐらいの少女だった。彼女は大聖堂の小さな像のほっそりした、少しアルカイクな顔をして、可憐で、霊的で、優しい謎の微笑を浮かべていた。リュースも彼女に微笑み、彼女をピエールに指し示した。だが、少女の視線は彼女の頭上を通過していた。少女は、突然おびえた。そして両手で顔を隠し、姿を消した。「あの子はどうしたの?」リュースは訊いた。

彼らは教会のなかでたがいに指をからませながら、オルガンの音楽を聞き、夢想に陥る。リュースは例の栗毛色の髪の少女をまた心のなかにみる。ピエールもまた、彼の夢想に陥る。ピエールは過ぎ去った短い生涯の日々のことを想った。霧のたちこめた野から、太陽を求めて、雲雀《ひばり》が舞い上がる……なんと遠いことか! なんと高いことか! あそこまで到くだろうか?……霧が濃さを増す。もう大地もなく、空もない。そして、力が尽きる……突然、聖歌隊席の円天井の下を、グレゴリオ聖歌のヴォカリーズが流れているとき、歓喜にあふれた歌が迸り出て、翳のなかから、雲雀の、こごえた小さな体が現れ、岸辺のない太陽の光の海を渡ってゆく……リュースは高い〈力〉に訴えるように上を見上げたとき、ステンドグラスのなかにまた少女の姿を見たような気がして、ぞっとする。その顔には前と同じ恐怖と憐憫とがうかがわれたからだ。その瞬間に爆撃の強い振動で巨大な石柱が揺らぎ、彼女は彼をかばうようにその上に折り重なり、母親らしいしぐさで、幸福そうに微笑む彼の頭を自分の乳房に押しつけた。彼らは小さく、小さくなった。そして、巨大な石柱が彼らの上にたおれてくる。

主題の反戦と作品構成上重要なキリスト教の聖週間の解説をする。著者は中産階級と国家のエゴイズムを批判しており、具体的に述べていないが、大戦前の第二インターナショナル（ヨーロッパなどの組合や、社会主義政党の国際組織）による帝国主義戦争反対の平和運動、植民地の民族主義の台頭に共鳴するものと考えられる。しかし大戦が始まると組合・政党は、ロシアとセルビアを除いて、祖国の戦争支持者になった。従って彼は絶対平和主義を守ったことになる（そして一九三〇年代になると彼はソビエトのシンパとなる）。聖週間は復活祭前の一週間で、キリストの受難の記念が基調となり、第一日の枝の主日（日曜日、キリストのエレサレム入城の凱旋を祝う）、聖火曜、聖水曜、そして十字架上の死を記念する聖金曜となる。復活祭はその三日後である。作品はキリストの死とともに主人公たちが死を迎え、終了するが、当然復活祭の存在は否定できない。ここで献辞の〝愛に 神は平和の愛である〟を楔としたロランの平和主義とキリスト教の関連が明らかとなる（グリフィスの『イントレランス』〔一九一六〕の構造との類似）。清水茂の『ロマン・ロラン 精神の蜜房』（小沢書店、一九八六年）は行き届いた洞察によってロラン芸術の鍵を与えてくれる。まず、彼の思想と行動の原理は抑圧と解放のドラマであり、それは高所からの俯瞰の偏愛となる（一二一〜一二三頁）。ピエールの場合は、死の寸前の夢想のなかでそれを実現して、彼はそこから自分の祖国、時代、思潮などから解放され、それらへの隷属の死により、より広い地平を持つ自己へ復活する。リュースは死の寸前に神秘的な少女と出会うが、それは幼児期に経験した妹の急死が経験の影響裡にある。「同じ日の昼間、彼〔ロラン〕は海岸の砂浜で僅か三歳のこの妹のやさしい身振りと視線とから、ある憐れみの無限に高い啓示を受け取った」（一四三〜一四四頁）。教会の崩壊から恋人を守るように抱くリュースは文字どおりピエタ像となる。ピエールの信仰喪失も、ジャン＝クリストフについて述べたように、「信仰と同様に、信仰の喪失もまた、しばしば恩寵の襲来である」（一四八頁）。それは「個としての我の徹底した崩壊現象である。そして、〈神〉の充溢にクリストフが襲われるのは、この〈死〉によって、硬化した個の旧い殻が打ち砕かれた直後のことである」（一四九頁）。そして「最後の死がクリストフを訪れる。それはまさしく、一個の人間存在が全的な実在そのものに合一する瞬間である」「ロマン・ロランの窮極的な観点からすれば、この〈死〉とはじつは新たな〈生〉への蘇りに他ならないのであり、それこそは、まさに、存在と魂とを死滅から救いとるものなのである」(一六六頁)。最後にロランの理性観をやはり前掲書から引用しよう。「私は理性に感服し、それを涵養し、愛しています。それは、私にとって、すばらしく柔軟な、六番目の感覚です」「けれども、理性は道具にすぎず、使用範囲に限界があります」「生はつねに私たちの抱擁よりも広大です。それは理性の手からすりぬけます。けれども、その生の鼓動の感じられる瞬間があるものです。そんなときには、もはや言葉や推論の意のままにはなりません。人は宇宙をふくらませているその生きた〈力〉の直接的な衝撃を受けるのです」(一二六〜一二七頁)。そして清水はこの烈しい生命主義をベルグソンの影響を超えたこの時代の西欧精神の潮流としている。

この原作を水木洋子はどう脚色しているか。水木はまずキリスト教に関わる聖週間の時間構成を排除した。しかし、登場人物たちと二人の出会いから死に至る物語は、当時の日本の状況にできるだけ移植した。二人の出会いから、六ヵ月後の出征までの限られた期限のなかで、二人が肉体的にも結ばれるまでの時間構成は当然移植したが、西洋人の精神・感情の豊かなシンボル体系の場としての聖週間のドラマチックな構成の喪失は何かで補う必要がある。そこで当時日本で評判(一九四八年度『キネマ旬報』外国映画ベスト・テン第三位)となっていた『逢びき』のヴォイス・オーヴァー・ナレーション(以下ナレーション)による一人称的回想映画のドラマチックな構成を導入した。これは今井が水木に出した注文であった。それは当時の日本でもっとも魅惑的な光を発する西洋の新技術であった。『逢びき』の原作はノエル・カワードの一九三〇年代の一幕五場の戯曲『静物画』で、場はすべて同じ駅の喫茶室である。これに対して、映画はこの技術によって、主人公は物語と自己の心理を自由に語り、観客は映画的時空間の自由な流動の新しい魅惑を享受した。

『逢びき』の主人公は郊外に住む中流階級の婦人ローラ(シリア・ジョンソン)で、毎夜家庭でクロスワードを楽しむサラリーマンの夫、一男一女の子たちと平和な生活を送るまじめな主婦で、毎木曜日に列車で街に出て、買い物や映画鑑賞などの愉しい時間を過ごす。物語は、彼女の七回七週間に及ぶ街行きの生活行事のなかに起きた新しい出来事として、中年医師との出会いから別れまでの恋を扱うが、それは時間順序の通りでなく、時制の二つの工夫がある。第一は、いきなり現在（七回目）の木曜日の駅の喫茶室での二人の別れから始まる。傷心のローラは呆然と列車に乗り、知人と逢い、そのお喋りを聞く。ここからローラのナレーションが始まり、それは帰宅で終わる。彼女を家族が暖かく迎え、夫の「映画でも見に行こう」の言葉で涙ぐむ。居間でクロスワードに夢中の夫の脇で、ローラはレコードをかけ、刺繡を始める。その手が止まり、ローラのナレーションが再開する。それは夫に語りかける告白のモノローグであり、第一週から第七週目までの出来事の告白＝回想が映像とともに彼女の声で語り続けられる。監督のデイヴィッド・リーンは映画の名文家の一人であり、ここでも優れた撮影・編集の技術の妙味を主題音楽（ラフマニノフの「ピアノ協奏曲第二番」）に織りなして発揮していく。この最後から始まる手法は、シドニー・ボックスのイギリス映画『第七のヴェール』（一九四五）にも使われている。第二の工夫は回想の声は常に現在の時制であり、第五週目の回想のなかに夫の声の「レコードの音を下げて」が入り、回想から現在の居間に戻ること。レコードは主題曲であり、それは居間の現在の音楽である。つまり回想も主題曲も居間の現在のものであり、その住人である夫の干渉を受ける。音量を下げた彼女は回想に戻る。これは夫との、現在とのコミュニケーションが可能な回想・告白である。やがて偶然も交えて、二人の情事の冒険も未遂に終わり、回想は終わりに近づき、再び冒頭の駅の喫茶室の場面が繰り返される。しかしそれは単なる反復ではない。冒頭の場面とはカメラの位置を変えることで、前には隠されていた新事実が示される。この技術の創始者は『マヅルカ』（一九三五）のヴィリー・フォルストである。ローラは医師と決別したあと、通過する列車に身を投げようとしたのだ。それゆえに夫婦の愛は文字どおり再生することになる。そして場面は居間に戻り、モノローグの告白は終わる。何かを感じ取っていた夫は彼女をよく戻ったと優しく迎える。七週に及ぶ男との出来事とその各時制との交信を可能にした夫婦の居間の現在は、イギリス中産階級の成熟を示す。

水木はナレーションの第一の工夫だけを採り、物語を原作の⒃の二人の最後のエピソードから始め、回想として一から順に進行し、最後に出発点に戻る構成にした。つまり日本版では、二人（三郎・岡田英次、螢子・久我美子）は出征前に心身ともに結ばれることになっており、三郎は約束の駅に向かおうとするが、義姉が流産で倒れ、看護のために行けなくなる。彼は医師を待つ間、螢子に語りかけながら、二人の出会いからこの日に至るまでを回想して行き、最後にこの場に戻る。一方、螢子は彼を待ち続け、空襲にあい爆死する。この後、彼女の死を知らない三郎は螢子を探すが彼女の母にも会えず、そのまま死の戦場へ出征して行く。悲恋メロドラマの最大武器のすれ違いと回想の手法がこの作品のナレーションの実質的な核であることは事実であり、そこに佐藤忠男は当時日本で大ヒットしたマーヴィン・ルロイのメロドラマ『哀愁』（一九四〇、日本封切四九年四月）の影響を指摘している（『日本映画200』キネマ旬報社、一九八二年、六〇頁）。しかし戦後日本ではこれは聖なる悲劇として迎えられた。川本三郎は『今ひとたびの戦後映画』の「僕たちの力ではどうしようもない　今井正監督『また逢う日まで』」の章で、追いつめられた恋人たちの必死さをもたらすものをこう指摘した。「岡田英次が〈ああ時間がない〉といつもいうように、そして、待合せの時間がこの映画のキーワードになっているように、死が確実に予定されている岡田英次と、その恋人の久我美子には限られた生を切実に生きるしかない」（九七〜九八頁）。そして滋野辰彦も『日本シナリオ文学全集　9　水木洋子集』（理論社、一九五六年）でこう評した。「回想とナレイションは、このシナリオに一種の象徴的な感銘をあたえるが、それは作者の祈りと、やはり切りはなせない形式なのであった」（二三五頁）。

『逢びき』については、このほか、記録映画の手法としてのロケーションの効果、エピソディックなストーリー・テリング、日常生活の描写、シリア・ジョンソンの演技が、当時の批評家たちによって高く評価された。記録映画的手法は今井の戦時映画で評価されていたし、日常的・挿話的な物語は日本の伝統でもある。ジョンソンの演技のリアリズムについて今井はこう語っている。それはルネ・クレマンの『居酒屋』（一九五五）のマリア・シェルの演技をリアリズムとは質が違うものであり、感情をあらゆる表情と動作によって観客に理解させようとする説明的なものとし、それに対して、ジョンソンの演技をこう評価した。「彼女はほとんど演技らしい演技をしないし、自分の演技を観客に押しつけようとはしない。それでいて、遠い街頭にボンヤリ立っているだけで、体全体からイギリスの中産階級の女というものを感じさせる」（「映画と私をめぐって　ルネ・クレマンへの手紙」、『キネマ旬報』一九五七年二月一五日号、三八頁）。ここにはロケーションと遠景ショット重視のポスト古典映画の動向の発見がある。こうして『ピエールとリュース』の翻案にまず『逢びき』などのナレーションの導入もあった。そこでロランの小説がどう水木・今井の映画になったか、二人のロラン芸術への深い共鳴が映画化でどのような独自の個性的・文化的表現に変質したか、を検証しよう。そこで映画も一八のシークエンスに構成し、小説の各段の番号と参照する。音楽は関谷浩至の「『また逢う日まで』音楽分析」（一九九七年、未刊）による。

二　テクスト連関はどうなされたか、音楽をふくめたその詩学の全貌

タイトル。背景はプロレタリア絵画の苦悩する群像、その上をスタッフ・キャスト名が下から上へロールする。主に弦をフィチュアしたト短調交響曲、途中フルート、ピアノの絡み、セロのメロディが残って、フェイド・アウト（以下FOと略記）。「サラサーテを思い起こさせるヴァイオリンの咽ぶような音色。クレジットが進行していくにつれて音群は重い弦楽器群に移動していき、荘重な旋律を形成して盛り上がっていく。人々の魂の叫びが聞こえてくるような絵画と相呼応し、音楽はすでにこの時点で戦争という国家闘争に押し潰される人間たちに同化し鎮魂する意図を見せている」（小林淳「『また逢う日まで』の音楽が問い掛けてくるもの」、『TOHO LASERDISC また逢う日まで』一九九五年）。関谷はブラームスの匂いを感じ、シューマン、ブラームス、大木正夫を結ぶ関係

を見る。一分三〇秒。

(1)（原作になし）田島家。道を傷病兵が歩く（義足の歩行音）。立派な西洋館の外景から室内。冒頭の傷病兵は第一次大戦を描いたルビッチュの『私の殺した男』（一九三二）の引用である。玄関で電報を受け取る三郎、急遽「今夜たて」の祖父からの電文。義姉が倒れたと知らせる隣人たち。電話で医師を探す隣の岡夫人。義姉の枕元と一〇時四〇分の置き時計（時計の音）。階段で頭を抱える三郎。彼のナレーションが始まる（短調のストリングスと木管のトレモロ）。「螢子待っていてくれ、僕は必ず行くよ！」。そして警戒警報（サイレンの音が入り、時計音が消え、ティンパニ加わる）。「戦争が僕たちの頭上に腰を据えてからもう八年目だ」「ああ僕が彼女と初めて逢ったとき、あの時も、この黒い影が、死の影が襲いかかって」。これは原作(1)の《戦争。それがみこしをすえてから四年になっていた》（二一一頁）と、原作(4)の《彼の想念の魅惑にさらに加わったのは――愛が死の翼のもとに生れたということだった》（二二〇頁）という地の文の引用である。つまり、この映画のナレーションは、小説の詩的で、心理的な叙述の地の文を三郎のモノローグに自由に転用するためでもあった。だが引用の書きかえが(4)の部分に多い。それはピエールの自律（個人主義）的な意識から三郎の他律（被害者）的意識への乖離の始まりとなる。

(2)（原作(1)）地下防空室。三郎の回想ナレーション。爆撃の衝撃にひしめく群衆、螢子をかばう三郎の手に彼女の手がすがる（無調のブラスとストリングスのトレモロ）。やがて空襲警報解除。群衆が外に急ぎ出る。彼女を見失う三郎（ストリングスの速い上昇下降）。

(3)（原作(2)）田島家（前の音楽がゆっくりとなり、終わる）。家に近づく三郎はモノローグで、「あの人のほのかなぬくもりは、未だ僕の手から消えていなかった。恐怖にふるえおののく唇、胸毛をふるわせる小鳥のように重なりあった二つの体」「二人の血潮は一つの波に脈うっていた」と(2)を回想する。原作(1)は《彼らの手は、同じ巣のなかにうずくまった二羽の小鳥のようだった。そして彼らの心臓の血は、掌の温みによって、ただ一つの波となって流れた》（二一二頁）。奥の間で父と次兄二郎は酒を飲みながら会話。父は原作と同じ裁判長だが、母はいない。兄が軍人なのは同じ。会話でわかること——長男は戦死し、義姉が家事をしている（二人は原作になし）、次兄は非常時下なので結婚する気がない、父は裁判中の痴情事件を軽蔑している。——三郎が挨拶にきて、父にのばしている髪を叱られ、退散。部屋で優雅なヴァイオリン・コンチェルトのレコードを聞いている三郎。二郎きて会話（原作になし）。モノローグで兄を語る——軍人の彼を敬遠、以前は心から話し合えたのに。会話で兄が前に（反ファッシズムで自由主義の哲学者）クローチェを愛読していたのがわかる。三郎の台詞「民族どうしが殺し合うことがただしいのか?」「ああ死ぬのはかまわない、犠牲になることもいい、意味がわかりさえすりゃ」「わけもわからないのに気狂いみたいに戦場をかけまわるのが国民の義務なんて、ただ盲目的にとびこむことが立派なことだなんて」（ここも原作の地が三郎のモノローグとなる。《死ぬことは何でもない、もしその意味がわかっているなら。なぜかということがわかれば、犠牲はよろしい》（二一七頁）、《なぜこうして狂気のように自分で身を滅ぼすのか？　どうしてこんな傲慢な祖国だとか、掠奪の国家だとか、殺戮を義務だと教える民族なんてものがあるものか》（二一八頁））。兄は怒る、「それを一度英霊の前で言ってみろ」。続く兄の話の最中に三郎はレコードをかけようとして殴り倒される。兄ははっと後悔する。

(4)（原作⒀）合田のいる幼稚園。学友たちの会話。現代音楽的な無調的旋律のピアノを弾く〝貴族〟と呼ばれる皮肉屋の井本（芥川比呂志）、その伴奏で戦死した友人川辺の遺稿集の詩を朗読する三郎「遠い残雪のような希みよ。光ってあれ。たとえ、それが何の光であろうとも虚無の人を導く力とはなるであろう。同じ地点に星を仰ぐ者の寂寥と、そして精神の自由のみ俺が人間であったことを思い出させてくれるのだ」。感動するみんなに、自分も辞世の駄句を無邪気にひねる村山（大泉滉）。井本は次に「トロイメライ」を弾く。川辺は発つ前に彼女と「うまくやった」、と羨む現実主義的な青木（近藤宏）、「それは罪だ、禁物」と反対する庶民的で律儀な合田（林孝一）。そして村山は、青年の悩みを癒す宗教書、ドイツの歴史神学者アドルフ・フォン・ハルナックの今世紀初頭の『キリスト教の本質』〔1〕や明治の西洋倫理学者・宗教家であった綱島梁川《りょうせん》の『梁川集』〔2〕をひもといて、修養せよと言う。だが合田はこれらも今や禁書となったと伝える。話を聞いていた三郎は、モノローグで孤高の井本が急に好きになった、自分の恋を話したら彼はどう思うだろう、と語る〈セロの無調的旋律が次の場面まで続く〉。原作のピエールと学友たちの戦争観・世界観の個性的な多様性（しかも時代の諸典型）に比べて、日本の学生たちが語るのは、個人的相違を超えた禁書と恋の禁止の共通であり、水木はそこにピエールたちとは対極的な抑圧の被害者たちの荒野を展開してみせる。ピエールの世界は一八歳の青春の視野を示すが、その対極的な世界では、当時、岡田と芥川は三〇歳、近藤と大泉は二五歳、二郎の河野秋武も三九歳であり、殆どが復員兵であった。この映画のリアリティは、生き残った復員兵たちが敗戦のさなかに戻って、死者の戦友とすでに死んだ自己の青春をひたすら演じきる夢幻能的鎮魂にあった。

それから道を歩く彼ら（三郎・螢子の再会は原作(5)）。冗談で笑い合う友だちに、三郎のモノローグ「なぜみんなは本当の苦しさを話し合おうとはしないのだ。ばらばらな心を抱いて、表面だけ、たあいもなく笑い合っている仲間を見ると、僕はますますひしひしと孤独な気もちに追い込まれるのだ」。恋するピエールは両親、兄だけでなく、友人たちにも無関心だが、三郎は父、兄、友人たちに、あまりにも対照的に強い関心を示す。その結果、踏切近くで出征兵士見送りの国防婦人連と出会い（原作(5)アール橋での二人の再会）、突然モノローグで恋人との再会の準備を始める。「今、ここで突然、僕が、ああ、あの人に会いたいっと叫んだら、どんな驚きがもち上がるだろう。さしずめ、この婦人連が、キャアッと悲鳴をあげるか、ギョッと僕を眺めるか」。そして踏切が上がり、二人の出会いとなるのである。ここは今井の演出の方が、脚本より、原文のリズムをとらえている。踏切を渡り始める大写しの三郎が前方に着目し止まり、思い切って一歩前に出る〔図1〕。彼を見つけて歩いてきた螢子が一瞬目を伏せ、また彼を見て立ち止まる〔図2〕。彼も瞬間目を伏せ、また見る〔図3〕。全景の螢子が目を伏せたまま、素早く去っていく〈音楽はこの経緯を長調のストリングス〈三郎〉とハ長調のフルート〈螢子〉で表現、恋の歓びのハ長調の始まり）。その方を見つめる三郎にオフ（〝画面外〟もしくは〝画面外へ〟を指す。以下同じ）で友人の呼ぶ声に振り返る（その動作にピチカートがシンクロ）。原文と脚本の二人の〝赤くなる〟の反復を目線を伏せる動きに変え、それをリズミカルに反復させて映画的に表現した［図4］。判別しがたい色を可視的な動きに転移するのは映画の鉄則であり、これを今井たちはガラス越しのキス・シーンに見事に応用している。

その後、地下鉄の車中（原作⑸）。川辺の遺稿集出版の学友たちの会話。独り物思いに耽る三郎と、窓に浮かび上がる螢子の顔（長調のストリングスの上昇ポルタメンテ、螢子のフルートの絡み）。停車する電車、女性客を螢子と見違え、気付く（セロ入る）。また窓に浮かぶ螢子の顔（音楽同じ）。さらに原作⑷の地の文《今日の一日は短いかもしれないので、急がなければならなかった（略）彼の心は急いでいた》（二二〇頁）のモノローグ化「なぜあの人の幻影を僕は追うのだ。ああ、あの人がこの地上にいる。それだけで僕はいい。たとえこのままめぐり逢う時はなくても。急げ、急がなきゃ」。さらに地の文の《パリの街のなかで彼女を探しはじめたときにも（略）いつも彼女を目にみるような気がした（略）それらの逃れ去っていく面影》（二二一頁）の幻影化。

⑸数日後、川辺の兄の勤める白洋社前と公園での彼女との三度目の出会い（原作⑸）。三郎が子らの空襲の救助ごっこを見ていると、笑いながら螢子が現れ、歩きながら二人の会話（ト長調のストリングスの二分の一のメロ

図1

図2

図3

図4

ディとピッチカート、部分的に転調したサビ〈フルートのメロディ〉、元のメロディに戻り)。公園に来て三郎のベンチで休む提案にうなずく螢子、二人の会話(原作(5)と殆ど同じ)。ただし、輝かしい二月のリュクサンブール公園のガラテの泉は荒れはてたちっぽけな公園となり、リュースの陽の光は螢子となるが、彼女のやぶにらみの真似など会話はともに愉しさに満ちている。バス停で見送る彼は彼女に明日逢う約束をとりつける(低ピッチカートの伴奏、ストリングスとフルートのハ長調のメロディ、低木管、テンポ速い。ストリングス高鳴り、終止)。

田島家、帰宅して早寝する幸福な三郎(ここだけは原作(9)と、赤ちゃんのために明日の無事を語る妊婦の義姉。原作の彼の心理描写が二人の会話と音楽に転移している(始め調性ははっきりしないが、途中からゆったりした長調のメロディに、木管とストリングスにホルンが絡む暖かい曲想)。

(6)美術館の前(原作(6))。戦争画展に入らず(原作なし)、前の木立の下に座り、螢子のポスターや挿し絵を見せてもらう三郎(長調のストリングス、木管が掛け合いに絡む、(5)の緩やかな変奏)。三郎の失望、察知する螢子、音楽止む。二人の議論、螢子は、画業は生活のためと言い張る、やや自嘲気味。三郎は彼女の手袋の穴を見つけ、更に螢子の穴のあいた靴を見る(ここでストリングス入り、調性が徐々に長調とわかる)。立ち上がり帰ろうとする螢子(短調に変わる)。美術館裏を歩く二人、急に離れる螢子(音楽止む)。悲しむ彼女に三郎謝る。線路上の橋で買い出しのリュックを背負った家族と出会う。二人は生きることや幸福について語りだす(汽車の汽笛・走行音)。

(7)木枯らしの日(戸外場面は風音)、仕事を求めての螢子の出版社、宣伝社巡りにつきあう三郎(原作(6))。残酷な描写の戦争ポスターを要求する横柄な店主。螢子は怒る三郎をなだめ、二人は公園へ(ここは風音が音楽に。ストリングスのトレモロ、ト音ワン・コード、ハープのグリッサンド、高音ヴァイオリン下降、うねりのようにクレシェンド・デクレシェンドを繰り返す。関谷曰く「寒々とした風の現実音と違い、音楽には表現者の体温が忍ばせてある」)。螢子の凍えた手を自分の外套のポケットに入れる三郎。「入隊は?」の質問に「未だ六ヵ月ある」と答える三郎。じっとこらえ、螢子が愉しい話を提案すると音楽止み、風音に。公園の前で遠景の二人を見ていた二郎が部下とサイドカーでエンジン音とともに去る（原作⑽）。

洋品店前（原作⑺）。店先で手袋見る二人、三郎が手袋と交換に肖像画を注文する。螢子は「こんな顔に描けてよ」と顔をしかめてはしゃぐ。「人が見てる」と引っ張る三郎（ここで白洋社前のストリングスのト長調の旋律とピチカートの変奏、主旋律が弦からクラリネットに）。バス停で絵をせがむ三郎、螢子を乗せて去るバス（ストリングス、前のとは違い、フルートのサビへは行かず、盛り上がって大団円へ、ト長調）。

田島家。玄関にある二郎の軍靴、三郎のモノローグ「おっといけない、兄貴だ！」（前のト長調が変ロ短調へ転調、低下印象の強調）。音楽止み、座敷での父との会話の後で、三郎の部屋で彼は二郎に彼女とのこと、兵隊になる前のささやかな自由の要求としての恋を責められる。「良心の問題だよ！　何もかも犠牲にしている兵隊たちに対して」「自由？　ふんエゴイスト！　日本は今何のために戦っているんだ！　お前はそれでも日本人か！」。これはロランの問題提起に対するこの映画の答えであり、川本三郎のいう、三郎そして今の日本人も抗しがたい〝苦労のナショナリズム〟であり、〝涙の共同体〟の論理である（川本三郎の前掲書、九三、一〇一頁）。

⑻螢子のいる家の場面（原作⑻と殆ど同じ）。冬木立のなかのアトリエを訪れる三郎（低いセロとフルート、ハ長調、シーン頭のブリッジ風）。音楽止み、玄関の鐘を鳴らす三郎。室内で二人の会話。棚の母の写真を見ながら、螢子が亡き父が貧しい家の出なので結婚を反対された母が、家を出て結婚し、共稼ぎをしたことを語る。ただし原作の母には恋人がいるが、こちらの母は娘が生き甲斐。地下壕を掘る発破の爆音二度。螢子がはしゃぎながら三郎の赤ん坊から思春期までの写真を見る（木管の旋律とピチカート、長調、ストリングスの旋律部分と交互）。三郎が螢子と母の写真を見る、裕福な三郎と貧しい螢子の対照。アトリエで昔話をしながら三郎の絵を描く螢子、明かり採り窓上部の透きガラス越しに木立に降る大雪が見え、ここで初めて雪になったとわかる（調性の判定しがたい低弦）。螢子が手を止め、休憩（音楽止む）。大きな窓の木立の雪景色を背にテーブルで二人豆粕を前にお茶をする。地下壕の発破音三発、三郎「じゃ、約束があるから」と立ち上がり窓辺に行き、雪を見る。螢子近

寄り窓枠に手を置くと三郎が手を重ねる。発破音、三郎は螢子の両手を握りしめ、恋する苦悩を吐き出す、「君を幸福にできないんだ！　これ以上逢わないのが正しいのかも知れない」。螢子泣きながら「何も考えないで、私をしっかり摑まえてて！」。発破音二発。三郎「明日のことはわからない、僕たちだけの力ではどうすることもできないんだ！」。そして時間がほしいと玄関を出て行く。

図5

図6

図7

図8

図9

図10

図11

この映画のエピファニーとなったガラス越しのキス・シーン。屋外から撮った窓に螢子が現れ〔図5〕、室内から撮った窓外の三郎が木立を背にして降りしきる雪のなかで振り返り、螢子を見る〔図6・7〕。こうして屋外からと室内からのショットをそれぞれ後二回繰り返しながら、二人は見つめあい、近寄り、ガラス越しに唇を寄せ〔図8～11〕、そして唇を離して三郎は雪木立のなかに去っていく（ヴァイオリン・高音、タイトル・テーマの部分的変奏、ハ短調。キス時にクレシェンド、去るとき弦細く残る。関谷によると、「自作を語る」で今井はこのシーンを「原作にあるから撮っただけでなんで大評判になったかわかんない」と述べたが、それはこの音楽がタイトルより高いキーでより繊細な印象を醸成し、音楽の構成上、ここでテーマが初めて顔を出す点からも最も印象的なポイントが置かれたためとしている)。

原作のこの場面はこうなっている。《彼は扉を閉めて、庭から出ようとするところで、一階の窓の方に振り向くと、黄昏の銅色の最後の余光が硝子に映ったなかに、仄かな暗い明かりのなかに、情熱的な顔つきで彼を見送っているリュースの輪郭を見た。そこで彼は窓の方に戻ってきて、閉まった窓硝子に唇を押しあてた。彼らの唇は硝子の壁をとおして接吻した。それからリュースは部屋の闇のなかに引込んだ。そしてカーテンが閉まった》。ここには降雪はないし、二人のキスも初めてではない。ここで留意したいのは、銅色の最後の余光が映る窓ガラスの中のリュース像が二人の死の直前に出現するステンドグラスと結びつくことだ。降雪については後述する。

(9)田島家(原作⒀)。玄関内部、ガラス窓に降雪見える。帰ってきた三郎が大きな重いトランクを運ぶ兄嫁に代わろうとするが、友人が来ていると言われ、「後でする」と友人のところにいってしまう。このとき、彼女は父の命で多くの本を防空壕に運んでいると彼に告げている。彼女の流産が二人の最後の日と螢子の命を奪うのだが、その原因は父と二郎の無理解にもある。戦後につながる水木の視点である。三郎の部屋に戻ると、合田、青木、井本がガリ版を刷っている。村山すでに出征。戦死の仕方についての論争――合田「天皇陛下万歳とバリッとした戦死をしたい」、井本「スタンドプレイだね、戦争に人間らしい死に方あるの?」、合田「君のような戦争傍観者は、君みたいな貴族には、われわれ庶民の純粋な誠実さは理解できないだろう。何がゆえに学徒として出陣するのか」、青木「やめろ! 壮烈に万歳でも、お母ちゃんでも、今から決めておかなくとも」、井本「戦争はスタイルブックじゃない」、合田「何?」。井本はレコードをかける(ヴァイオリンの繊細な曲・短調)。対抗する合田と青木がラララで旋律を歌う(関谷がシューマン作曲・ハイネ作詩の「二人の擲弾兵」(一八四〇)と解明、敗退するナポレオン軍兵士が祖国壊滅のなかで愛国心を悲愴に吐露する。とくに終曲の「ラ・マルセイエーズ」の旋律の引用は圧巻である。脚本の『三文オペラ』より遥かに学徒出陣前の学生に適切な大木正夫の選曲)。残念なことに、この曲はドイツ語あるいは日本語の歌詞と音楽付きで演奏されなかった。それは占領軍の検閲への配慮か、今井の意図だったのか。彼の意図は合田と青木のぞんざいな歌い方（粗野で自暴自棄の性格）の演出に明白である。今井は二人を、同じシューマンの「トロイメライ」をピアノで弾く井本と彼の信奉者の三郎ほど大事にしていない。大木の意図は当時の学徒兵たちの諸現実に対して公平な眼差しを示すことだった。それを同じシューマンの音楽の中で「トロイメライ」と「二人の擲弾兵」の差異の見事なポリフォニーの重唱に集約しようした。今井の政治のモノフォニーの視点が大木の芸術家の眼差しを、そしてシューマンの音楽の多様性を消失した瞬間であった。同じ年に黒澤明は『羅生門』で日本映画独自に開かれた多視点・多義的世界の脱古典的な戦後映画の創造に成功し、その規範の一つを示すことで世界映画に貢献していたからだ［編注1］。

⑽二郎の死のシークエンス（原作になし）。停車場司令部、照明消え、サイレン、敵機北進中のアナウンス。下士官たちの嘲笑的な会話「田島二郎特攻中尉はまた陣頭指揮に出た」「鉄道に任しときゃいいのに」「そこが特攻中尉の特攻精神さ」。操車場、貨車の衝突で崩れた荷をなおす二郎、走ってきた貨車に轢かれる（車両の走行音、衝突音）。法廷控え室、開廷前の父に昨夜二郎重傷の知らせ、動揺を抑え、職務のため開廷させる父（開廷のベル、ホルンかトロンボーンのロングトーン、キー・ト音、次の場面に続く）。二郎の病室、入ってくる三郎と二郎の会話（上記のブラスとピアノの打弦法との掛け合い、調性判別できず、現代音楽的）。父と義姉のことを頼み、泣く三郎に殴ったことをわびる二郎「二人で釣りに行った昔は良かった、お前は俺と二人分幸福になってくれ」（原作の兄がピエールに出会い、《自分の一生は犠牲にされた》〔二四九頁〕、《美しいよ、幸福は。ぼくの分もお取りよ》〔二五〇頁〕と念ずるところは同じ）。ぐったりする二郎、看護婦が来て脈を見る（音楽止まる）、臨終に三郎の号泣（ストリングスの揺らぎ、トレモロ）。

⑾春の野（原作⑿）。池面の漣《さざなみ》、ボートを揺らし遊ぶ二人。以下ずっと三郎のモノローグ「ああ兄さんは自分の幸福もとれと言った」（ハミングの女性コーラス、男性コーラスも絡む、調性がはっきりしない、四度の音程にして

も調性の決定要素がかけている）。森を走り、野で螢子に膝枕する三郎「あの小鳥たち、春の微風、彼女の優しい指先」など原作の描写文がモノローグに転移。原作では、膝枕は二人が交互にし、恋人と痴話喧嘩をしている母のことを恥じるリュースの描写がある。

⑿その日の夕方の街（原作⑿）。空襲のサイレン鳴る、二人明るく待避。待避壕から二人だけ出て注意されるが、笑い去る。石塀の横に来ると馬方が馬に水をやっている。通り過ぎる二人、爆弾の爆発音・四度、壁際で抱き合う二人、（ストリングスのトレモロ）、通り過ぎる担架の馬方（ブラスが無調的に加わる、不気味な高鳴り）、激情的な三郎のキスに「まだいや」と断る螢子、三郎は「何時君は僕のものになる？」と聞き、螢子は征く前の日に約束、二人急いでキス（このあたりからストリングスの調性がハ長調に落ちつくが、最後はト長調で、少し次のカットに重なり終わる）。

⒀螢子の家（原作になし）。晴れた朝の開いた窓から木立に白い花が見える。三郎の肖像を見た母が螢子の身を案じて涙。「メソメソする人嫌い」と言いきる螢子に「女は最初に躓《つまず》くと一生泣いて暮らすことになる。母さんはお前だけが頼りなんだから」と嘆く。合田の部屋・今は小工場内（原作なし）、短いその機械音、合田、青木、三郎の会話「皆に召集令が来た」。すでに征った井本の話から三郎のモノローグ（「僕はあの井本が好きだった

図 12

……」ピアノのトロイメライと井本の詩を読む声）。それから合田と三郎の喧嘩となる。ドイツ戦没学生の手紙を読み、彼らが最後までゲーテ、ヘルダーリン、聖書を読み、ワグナーに思いを寄せていた努力に感動する合田、合田に反発して「それも一発の砲弾には無力な抵抗だ。それより遺体の手紙には敵を誹謗する文句がなかった」と感動する三郎。二人は組み合い、動かなくなる。三郎のモノローグ「可哀想な合田、お前にはたった一人故郷におふくろが待っている。早く帰ってやれ」。

⒁螢子のいる家（原作⒁）。最初のショットで飛行機の爆音とその大きな影が夕陽の

差すアトリエの壁を二機過ぎる［図12］、カメラが窓に近づくと、なかの螢子が目を上げ［図13］、左手に気付き、立ち上がり右手にオフ。次のショットで螢子が木立に少し白い花が開く庭に出て、三郎に近付き、彼の表情から召集を悟る［図14］。二人が呆然とする玄関の第三ショット［図15］に続き、室内の第四ショットは二分の長回しで、「未だ二日ある」と二人が抱きあい、「結婚まで必ず死なない」と約束し、その未来の想像を語り始める［図16］。螢子が言う「ステンレスのフライパンが欲しい」（ここでハ長調のストリングス開始）。会話中カメラは人物間を自由に動くが、人物とカメラは大体大きな窓を中心に動く。窓には白い花の木立が見え、夕から黄昏へ、晴れから春の風雨へ向かう自然の時空の刻々の動きを伝え、以後もこの中心は守られる。微笑ましい二人の夢の話が続き、第六ショットで螢子の「もったいないわ」で、へ長調に変化する。三郎「君の才能をのばさなきゃ」（イ短調に変化、オーボエが旋律を担う）。更に子どもの数、内装の話から二人の第一一ショットで螢子がどんな貧弱な部屋も見違えるようにできると語る（ハ短調へ変化）。次のショットで「あなたは会社に何時に行くの？」（音楽止み）、三郎沈み込む［図17］。ここから窓は次第に暗くなる。二人は明るく振る舞い、夜店、部屋の家具の配置の話をするが、第一六ショットで三郎が叫ぶ「ああ、何だっていいんだ！　どんなささやかな暮らしでも、二人一緒にさえいられたら」（ここから風音入り、最後に強まる）［図18］。次のショットで三郎はもし還れなかった

図 13

図 14

図 15

図 16

図 17

ら肖像が形見だと言い、第一八ショットで螢子は崩れるように窓下の椅子の脇に背を向けて座り込む〔図19〕。第一九ショットの大写しの三郎の視線がオフの螢子の後ろ姿をなぞる（ここから調性の安定しないストリングスのトレモロ）。第二〇ショット、見た目の近付いた螢子の後ろ姿。第二一ショット、大写しの三郎が緊張で喉を動かし、前進して真下（螢子）を見つめる「螢子！」〔図20〕。第二二ショット、更に近付いた螢子の後ろ姿に影が寄り、右から三郎の手が伸びて彼女を抱え上げ、螢子は左、三郎は右で抱きあう、背景の窓の鎧戸が風雨でバタバタと動く（トランペットなどのブラス、ハープのグリッサンド、パーカッション等の高鳴り）。第二三ショット、窓の大写し、風雨で動く鎧戸、更に暗く木立も揺れる〔図21〕。第二四ショット、大写しの二人のキス〔図22〕、三郎（左）と螢子（右）の二人が右に沈み込む。唇を離した螢子を三郎がつかまえる。二人は上体を左右に入れかえ、右の三郎が左の螢子の顔中にキスの雨を降らせ、左下の長椅子に倒れ込む。この後の三ショットで恐怖で目をつむる螢子に三郎が「いいね」と迫り、螢子は首を振り、拒むが、最後は涙とともに頷き、顔を背ける（風音戻り、ストリングス優しく残る、調性は不安定）。第二八ショットで大写しの三郎がハッとして立ち上がり、二九でドアから出る。三〇で戻り、謝る三郎、「帰らないで、もうどうなってもいいの」と言う螢子に「後悔しない？」と聞く。第三一ショットで、首を振る螢子に三郎は「明日一〇時に駅で」と約束、「二人は幸福だ」と言い、静かに

図 18

図 19

図 20

図 21

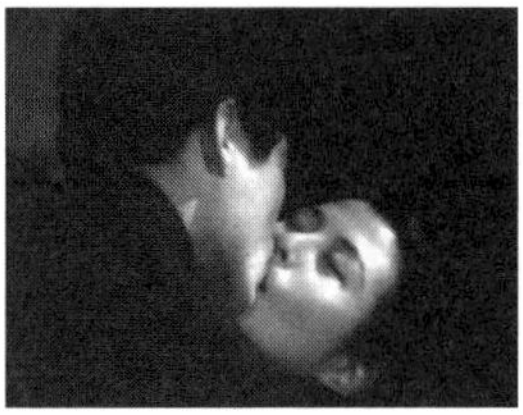
図 22

キス（続いている音楽のストリングスのトレモロ、短調が基調に聞こえ、「幸福」で長調に落ちつきかけるが、ここで入ってくるピアノのアルペジオと高音の弦により調性の印象が再び拡散する。この音楽は次の場面に見事に続く）。

⒂夜の雨道（原作⒂）。平凡な野川だが、流れの光の模様（アルペジオ）が美しい。手前の川端の路を右手から二人が一つの傘で流れに沿って左に歩む。螢子は傘をさす三郎の腕を抱く。立ち止まる三郎の「もう帰って」に首を振る。しがみつく螢子を抱き歩き出す三郎。パンと移動の一ショット・四三秒の溝口的な死の恋の〝道行〟（調性の拡散）。

⒃翌日、二人の最後の日（原作⒃）。螢子の家、晴れた朝、彼のセーターの仕上げをする螢子、母が見つけ、家事がおろそかなのを咎めるが、今日は一〇時に駅にでかけると答え、「サア食事にしましょう」と、シューベルトの「野薔薇」の鼻歌。気まずい朝食の後、螢子は清潔な白いスリップを被り（ハ短調のフルートの旋律とストリングス開始）、着替えを済まして、鏡の前でコートの襟に模様のある白いカーネーションを挿す。螢子は母に、出征する三郎と最後の日を送ることを打ち明ける。泣く娘を母は励まし、「しっかり送ってあげなさい。そんなにその人好きなの？」と慰める（ハ長調に変化、高音ヴァイオリンのグリッサンド入る）。玄関で見送る母に螢子は礼を言い、白梅の小さな木立の間を急ぎ去る（音楽、次の場面に続く）。

⒄田島家（冒頭にあらわれていた玄関場面ではなく、初めて彼の部屋の室内場面から始まる）。天使のような子の顔の絵の小さな額と九時四〇分の置き時計の大写し、三郎が自室で微笑みながら額をコートのポケットに入れる。階下に降り（ここからが反復）、玄関で「田島さん、電報です」で音楽止む。義姉が倒れたと岡夫人たちの知らせ、寝ている義姉と一〇時四〇分の置き時計（時計の音入り続く）、岡夫人の電話、階段で腕時計を見ての三郎のモノローグは「一〇時四〇分、ああ、俺に翼があったら……君に逢えただけで生き甲斐」までで、回想には入らず（音楽入り続く、ストリングスと木管、短調基調、ストリングスのトレモロ、不安感、モノローグ終わり、空襲警報のサイレン入り時計の音消える。音楽に微かにティンパニー加わるが冒頭場面ほど高鳴らない）。駅の改札（原作なし）、三

郎を待つ螢子と彼女のモノローグ（サイレンゆっくり終わる。続く音楽にセロとフルートの絡み残り、途中ストリングスやピッチカートも入り終わる）。彼女は三郎に語りかける「早く来て、早く、もう一時間（一一時）も過ぎてるわ」。田島家、電話で父に義姉の流産を報告している三郎（時計の音入る）、寝ている義姉と三郎の会話（時計の音一時止む）、義姉「今日はたくさん御用が、どうかお出かけになって」（時計の音再開）、置き時計見る三郎、一一時五〇分、サイレンの音（次の場面に少しかかる。時計の音止む）を聞き不安な顔の三郎。

前の駅の場面とこの場面で三郎の回想は消滅する。『逢びき』のように主人公の回想が現在に到達して終了し、主人公が過去を総括し、現在を新しく生き始める形式の放棄が証明された。その結果は、『映画作家』第八号（一九五〇年七月）の植草圭之助ほかの「〈合評による〉シナリオ時評」がこう証明している。E「ファースト・シーンと同じ場面を最後の方で出したのはまずかつたな。感情の流れが丁度もりあがつてくるところで、ああ、これはこういう風にくりかえすんだなと考えちやつて、感動が中断されちやう」、F「劇場じやもう終わつたのかと思つて帰りかける人もいたな」（六五頁）。隠された真実を引出す反復は機械的な反復となった。今井はそこに空襲下の逼迫によるそういう余裕・自由の痛ましいアリバイを証明しようとしたのか。だがそれは表現によりなされるべきだった。その代償として今井は駅と田島家の場面を螢子と三郎の左の同方向を向いた相似的なバスト・ショットで結んでいる。駅の改札、待っている螢子（サイレン止む、同時にストリングスの高音のトレモロ。螢子のモノローグ「三郎さんどうしたの」でストリングスはハ短調の旋律となる。タイトル・テーマの変奏、ガラス越しのキス・シーンと同じ）、こうして音楽＝映像の主テーマが回想・現実の乖離を超えて二人を固く結ぶ。彼女のモノローグの中の「なぜとか、どうしてとか、そんなことはいらないわ、私たち、こんなに愛し合っているんですもの、それだけでしあわせなのよ」は原作⒂の《あたし、今愛しているからにはわけなんかいらないわ、どこで、いつ、なぜ、どんなになんてことはもうたくさん！　あたしの愛がある、あたしの愛があるだけ》（二六五頁）の引用。男「待避！」、急ぎ待避する人々、（爆弾の落下音）、一人になった螢子倒れる、駅舎の崩壊（爆発音で音楽やむ）。

螢子の家、夜の玄関前、三郎が玄関の鈴を鳴らし、戸を叩くが、中からの応答はない。ディゾルヴで、玄関前に座っている三郎へ白い花咲く枝越しにカメラがトラック・アップ（ストリングス入る、上下トレモロ、調性はっきりせず、無調的騒動性のシンバルも）、帰宅する母と友人、去る三郎、道ですれ違うが互いに気付かない。かけ寄りドアを開け入る母（音楽止む）は三郎の手紙を読み、二人が逢わなかったことを知り、愕然とする。友人が言う、「聞いてごらんよ、この人に」。他の駅、走る母が駅舎に入り、改札口を突破し、通路からフォームへの階段を登りかけて止まる。列車の三郎の大写し（蒸気機関車の汽笛と走行音、無調的なブラスとバックにストリングス、何度かのクレシェンドにシンバルとティンパニー）とモノローグ「螢子なぜ来てくれない。俺は征く、血みどろな殺戮の世界へ、俺はひきずられてゆく、螢子生きてくれ。僕は死なない、こんなバカげた殺し合いにひきずりこまれていくのはいやだ！　僕はきっと生きて還ってくる。螢子、きっと待っていておくれ！」。遠ざかる列車と音、「螢子！」の声遠ざかる。

⒅字幕ショット「昭和二〇年秋」（原作になし）。冒頭で防火訓練をしていた田島家の脇、今は落ち葉焚きの煙の流れる静かな家並、もんぺ姿でない平和な和服姿の岡夫人が買い物籠を下げて手前に歩いてくる（嬰ハ調のピアノ曲入り以下続く）。三郎のモノローグ「僕は必ず帰ってくる。その時はピアノも聞こえていることだろう、そしていつものように岡夫人が買い物籠をさげて」で、夫人は左に曲がり田島家の前を通り過ぎる。カメラ＝三郎は傍らに白い花が咲く玄関に向かい進む。「何もかももとの通り、家の玄関で毎年咲き乱れるマーガレットの花が、今年も、きっとあそこでゆれていることだろう」。カメラは廊下を進み、左へ早く回り、階段を上がる。カーテンがエプスタンの『アッシャー家の末裔』（一九二八）のように幻想的に風に揺れる。「僕は忍び足でこの階段を上る。早く自分の部屋でのびのびと疲れた体を休めたいからだ」（コーラス・ハミング男声女声、〝讃美歌風〟の3コード構成入る、ピアノ消える）。カメラは三郎の部屋のドアに近付く。「僕はここへ帰ってくる前に、あのアトリエにとんでいくよ、ああ、螢子無事でいてくれ」。ドアが開く。「僕は死なない、生きるんだよ、螢子」。中

で母がこの三郎の遺書を読んでいる。部屋中央の礼拝壇のような机に安置された三郎の肖像に秋の花々を捧げる義姉と部屋の隅に悄然と立つやつれ果てた父。そして退室する父を義姉が追い退場するが、倒れた気配にオフで「お父様！」と叫ぶ、母はいとおしむように絵の描き手の筆跡を見つめ、「螢ちゃん、母さんもう帰るからね、このお部屋にいつまでもね！」（この辺からストリングスも消え、コーラスのみ）、「さようなら」とカーテンを閉めて去る。三郎の肖像画のなかに螢子は合体し鎮魂の儀式は終了する。

三　両テクストの差異の意味

前述の講演会で清水茂は、西洋文明の日本受容時に変質してしまう「絶対者」と個人の関係の視点から両作品を比較している（「西洋では絶対者は自然と人間との対立を支配する世界根拠としての超越的存在」であり、「精神、理性、自我性、人間性」などを指す［3］）。まず原作では主人公の二人は世界と接点を持つが、決してそのなかに取り込まれない個人主義的存在の小さな円をなし、そこには人間の尊厳と自律の近代性がある。ピエールは六ヵ月後に出征を控え、生きていることに意味を見いだせないが、地下鉄で見つけた意味に引き寄せられていく。二人は歓びをもって会い、戦争の話は強く斥ける。未来の空想が歓びとなる。映画では二人は世界の大きな円に取り込まれた小さな円であり、悲しいから会うが、悲しいものは斥けられない。三郎は現実にも空想にも一貫して白けている。この差異は彼らの人間関係にも拡大している。兄は、原作では一貫して弟の側に立ち、弟は恋で兄に無関心となる。映画では三郎は常に兄に関心を示し、かつてよき理解者だった兄は世界内の代表者となり、最後に三郎の方に戻る。リュースの母は勤め先で恋をし、娘には関心がないが、螢子の母は娘に情緒的な関心を示し（娘の恋に反対した彼女は、最後に恋人が戦争にゆくのでかわいそうだから娘を許す）、娘だけが生き甲斐である。原作の友人たちの多様性と彼らへのピエールの無関心に対して、映画では三郎は常に友人らに関心を示し、学生たちはそれぞれ違うように見えるが、同じ状況にからめとられた個人的相違でしかなく、結局は運命共同体の同じ被害者である。原作では加害者はいず、小さな円を潰す大きな円が存在する。映画でも加害者はいず、三人の子を失った父も事故死の兄も、最後に悲劇の原因となる義姉などのように、全体として被害者である。最後に原作では二人は一緒に永遠化し、映画では永遠に引き離される。共通として、骨組みの或る部分、戦争の酷さを訴えるところ、がある。両作品の学生像の差異に私見を加えたい。ロランの学生像の多様性は歴史の事実への公正な配慮であった。映画の学生像はあまりにも画一的であり、モノフォニー的である。それは前年に出版された戦没学生の手記集『きけわだつみのこえ　日本戦歿学生の手記』（東大協同組合出版部）の学生像の画一性、モノフォニー性に一致する。保阪正康の「『きけわだつみのこえ』は改竄されていた」（『文藝春秋』一九九七年九月号）は編集委員会の有力メンバーの一人中村徳郎の回顧談から、三〇九人の応募遺稿から七五編を選んだ基準を明らかにした。それは軍国主義的な臭いのするものは排し、反軍国主義と抵抗の精神が認められるものを選ぶことだった。そのために採用した手記からも排除すべき臭いがすると思われる部分は削除したという。保阪はその後の新版も加えてこの種の削除、改竄の事実を原文と照合して明らかにした。それを救う多義性とポリフォニー性の詩学はすでに内外の戦後映画にも存在していたのである［編注2］。

四　日本映画史上の新しい意義　女性的な映画

ロランと今井の作品のジャンル以外の最大の差異は、作者の視座である。今井の視座は第二次大戦の敗戦後のアメリカ占領下にあった。常に先進自由主義国の歴史を歩み続けたフランスと違い、日本はその歴史上最悪の道を歩み続けて敗戦を迎え、連合軍の東京裁判と占領軍の情報活動により過去の清算と民主化の時代を経験していた。そういう今井の視座を川本三郎は的確に明示している。彼はいう、この映画は戦後作品だが、「そこには当然、戦後の価値観（平和主義、個人の尊厳、自由……）が反映されているが、決してそれが突出することはない。戦後の価値観で戦前を断罪するという歴史の傲慢はない」として、国家主義者だった父もまた戦争と国家主義の犠牲者（三人の息子が戦死）として描かれたとする。「戦時下を生きた人間は、たとえ弱い立場にいた人間でも決して手が汚れていなかったわけではない。（略）今井正の場合、実は、戦時中に、『望楼の決死隊』（昭和18年）という朝鮮を舞台にした軍国主義映画を作っている。いわば、手が汚れている。戦争が終わり、時代が変ったからといって、すぐに反軍国主義や平和主義を声高に唱えることは出来なかった筈だ。『また逢う日まで』には、そういう今井正の屈折した思いが出ている。黒か白かではなく、灰色の映画であり、その灰色がそのまま、戦時下の青春の灰色のイメージに重なっている」「『また逢う日まで』は決して積極的な反戦映画ではない。戦争に疑いを持ちながらも、それを論理化も出来ず口にすることも出来ずに死んでいった若者たちの絶望、無念、あきらめを静かに描いた、消極的な映画である。そしてその消極性ゆえに、かえって誠実で、真摯な映画になっていると思う」（川本三郎の前掲書、八八～九〇頁）。

　川本は脚本の水木洋子の繊細な女性的感覚を高く評価する。「ラスト、久我美子が意を決して岡田英次に会いに出かけていく朝、寒々とした風景のなかにぽつんと白い梅が咲いているが、全編、その冬ざれのなかの梅のようなかすかな感覚にひたされている」「この繊細な感覚は、脚本が女性の水木洋子だったことと関わっていると思う」「黒澤明監督の『わが青春に悔なし』（昭和21年）が、ヒロイン映画でありながら男性的だった（あの原節子は、つねに立派で、断固としていて、雄々しかった）のに対して、『また逢う日まで』は非常に女性的である。その点で、戦前の物語でありながら、はっきりと戦後的である。『わが青春に悔なし』が、戦後の物語なのに、スタイルとしては戦前的だったのと対照的である」。最後の朝、「この映画全体のいい意味の女性らしさが頂点に達する」。久我は出征する恋人に身を許すために「白い清潔な下着」に着がえ、コートの襟に「白い花（山茶花か）をさす」。事実は斑のカーネーションだが。「このシーンは、戦後日本映画のなかでも忘れ難い」。母や義姉にも女性的感覚が行き届いている。反マッチョ的な三郎と学友たちも軍国主義が何より嫌う消極性や弱さの持ち主なのであり、〝特攻中尉〟の兄の描写も図式的ではない。「彼は決して盲目的な軍国主義者ではない。彼は自己献身的だし、父親想い、弟想いである。彼の行動のモチーフは『国民がみんな苦しんでいるときに、自分だけが楽をしては申し訳ない』『英霊に申訳ない』という誠実なものである」。この心情論は「アジアに対しては加害者だった日本人が、アメリカに対しては被害者になる」からだ。「献身的な彼は、夜の危険な任務につき」列車事故で死んでいく。死の床で、一緒に釣りに行ったあの頃はよかったと言う。「こういう軍人が生き残ったら、もしかしたら、戦後、誠実な民主主義者になったのではないか」。この映画は「そうした複眼的な可能性も秘めている」「八月十五日を境いにして時代は大きく変った。しかし、体制はきれいに変ってもそこに生きる人間の感情はそうはいかない。八月十五日のあとも、過去の傷や絶望は続いている。歴史の連続性である。『また逢う日まで』はそうした歴史の連続性を意識した、消極的な反戦映画だった。厭戦映画だった。それがこの映画の限界であり、同時に、新しさだった」（前掲書、九四～一〇二頁）。

この連続性に敗戦後の新しい歴史の衝撃とトラウマが加わっていく。今井には占領軍による共産党の束の間の解放から冷戦の構造化とレッドパージの急転回が待っていた。

五　この映画における日本芸術と女性性の基層

この感情主体の意識はそのまま今井の表現形式である。それは日本語の表現形式でもある。藤田正勝の「日本語と哲学の関係」〔4〕はこう指摘する。ヨーロッパの諸言語は〈主語＋述語〉を基本形式とし、その根底には対象の把握に重点を置き、ものを実体と属性の関係としてとらえる見方があり、主語はものの実体、述語はその属性とする。そして属性の実体への帰属関係の真偽がつねに問題とされ、ある実体の持つ性質の概念化の努力がなされる。事柄を徹底して分析する態度と、分析されたものを厳密に表現する言語とが多くの成果、科学技術の恩恵をもたらした。「それに対して日本語は、主語よりもむしろ述語に重心がある。述語だけで完結した文になりうる。それはおそらく日本語が、事柄を事柄そのものとして動的な相においてとらえるからであろう。／それに加えて日本語では、対象の分析よりも、事柄が自己のうちでどのように受け取られたかという点に重点が置かれる。感情の主体としての自己が当事者としてつねにその場に臨み、その感情や評価を一つ一つ文の中に言い表していく。しかしその主体自体を対象化することはできない。つまりそれは〈実体〉とはならない」。私たちが日本文学や日本映画の文体と考えてきたものは、実は日本語の構造そのものであったと知らされる。藤田はここで、意識をどこまでも〈意識された意識〉としてとらえる近代認識論を批判する西田幾太郎がそれを〈場所〉としてとらえ、それにより意識するという出来事をはじめてその全体において把握できるとした。それは、「感情の主体としての自己がつねにその場に臨み、表現内容のなかに自己を浸透させていく」言語構造をもつ日本語で思惟したためにそのような視野を開きえたとする。

この言語構造を映画はとくに三郎のモノローグに集中した。これより当事者として彼はその場に臨み、その感情や評価を心身で表現する。とりわけその場で見聞する自然への自己の浸透は伝統芸術的である。林のなかのアトリエで刻々と変容する自然の時空間と二人の恋の生成を一体化して描いた二つの場面がそうだ。最初の訪問場面では、六ヵ月後に召集を迎える二人が、静かな林のなかに壕の発破音を聞き、降り始めた雪が次第に一面に白の世界を出現するのを見ながら、最後にガラス越しのキスに至る刻々を、そして突然早すぎる召集を受けた次の訪問場面では、裸の枝に開く白い花々と窓を打つ風雨が起こり、次第に強まり、その自然の変容の意識のなかで彼は彼女を求め、彼女の心身は彼に対して体を開く決意をする刻々を、私たちは共有する。愛の高揚は肉体を演技から舞踊に変化させ、より純度の高い感情＝肉体表現に到達する。二人の肉体はカメラに助けられ魔術的にしなやかな所作を演じる。人物の視線の所作は成瀬映画のように、相手の視線をさけ、俯き、揺蕩《たゆた》い、みごとな間を作りだす。この作品のスタイルは彼の愛したフェデーのとりわけ『ミモザ館』に近い。一一一分、四二〇ショット、ショット平均一六秒、静止カメラ二五〇ショット（六〇％）、動くカメラ一七〇ショット（四〇％）。しかし、室内場面の独自のスタイルとして、人物のフレーム・インとアウト、人物が台詞をオフで言うシーン、人物がよく窓の外を眺める場面が実に多い。これはフェデーの人物主体に対して場が主体であり、人物はそこに入れ替わり登場したり、集合・離散するのである。それは日本映画の言語構造を体現している。場とは時空間の浸透しあう一つの連続体であり、それを人と自然の一つの連続体でもあることを筆者は溝口論で説いた。これこそ『源氏物語』や『平家物語』以降の日本文芸の伝統的美学であり、映画のそれである。そこはまた土着の神道と外来の仏教が習合し、さらに芸術化された日本の宗教の場所でもある。ロランと違って映画はそれをある宗教と特定しないが、最後の場面には恋人たちの死を鎮魂する礼拝壇への献花があった。しかし、この映画は恋人たち、とくに螢子を白い花で終始飾ったことは川本が述べたとおりである。そのほかに白い花は最初のキスの降雪であり、雪は白い花と見立てる習いがあり、最後の場面も玄関の白いマーガレットの花で締めくくる。螢子の螢は現在も盆に信仰される螢提灯のように、死者の霊である。螢は源氏の君がその光で美しさを愛でた玉鬘《たまかずら》のような思慮深く身を処することに賢明な姫君に導く。これらが日本宗教のシンボル体系である。能の『杜若《かきつばた》』のように、美しい花の精は娘となり、人の美しい恋の歴史を語り、僧によって救済される。能もまた日本の宗教の演劇化された経典であり、そこには六道の迷界と草木国土の悉皆成仏が約束される。戦後の秋の花が供えられた鎮魂の礼拝壇は日本の歴史と生命の再生の祈念の場でもあった。それはロランの宇宙論的な生命主義、進化論的宇宙論と習合している。そして以上が日本芸術における超越者と個人の関係である。

鎮魂は『平家物語』同様にこの映画のモティーフであった。『平家物語』は源平の戦争での滅亡者たちへの鎮魂のために書かれた。それは仏教の女性唱導家たちが仏教の教えによって武力の犠牲者たちを鎮魂したものである。たしかに物語最後の「灌頂巻《かんじようのまき》」で平家生き残りの代表者、清盛の娘で安徳天皇の母の建礼門院徳子が後白河法皇に語る「六道之沙汰《ろくどうのさた》」は、自分の人生を六つの迷界（天、人間、修羅、畜生、餓鬼、地獄）として伝え、この嘆きは後生菩提のためには悦《よろこび》と語る。建礼門院徳子が語る男世界の武力・権力の野望の犠牲者としての女性の視点こそ、作者の女性唱導家たちの視点でもあった。それは無声期から溝口映画が継承してきたもので、『西鶴一代女』（一九五二）のヒロインとタイトル音楽の「四弘誓願《しぐせいがん》」が証明した。合戦で生け捕りにされた敗軍の将、徳子の兄重衡《しげひら》は朝敵として頼朝により鎌倉に送られ預けられたが、東大寺・興福寺の攻撃・炎上の罪で両寺の僧徒が首を要求したので再び送られて死刑となった。それは「海道下《かいどうくだり》」と「千手前《せんじゅのまえ》」の鎮魂の名文となったが、敗者への愛、勝者の奢りへの反発こそ、女性たちの視点が生みだしたものだ（少なくとも欧米では敗者は醜いものだが、日本では美しさがある）。その感動は不運な歌人・才人の敗将を慰める献身的で教養ある白拍子たちがもたらした。「海道下」は道行の祖型であり、西国から京を経て鎌倉に至る道中の移り変わる地名・景観を彼の感慨と織りなしていく。池田の宿では遊女の頭、熊野のむすめ侍従が重衡《しげひら》を慰める和歌を贈ると、彼が「やさしうもつかまつたる物かな」と感動して歌を返す挿話がある。「千手前」は鎌倉で狩野家に預けられた彼が裁判の間、頼朝が遣わした手越《たごし》の遊女のむすめ千手の前に慰められる件が圧巻である。彼女は頼朝との連絡や風呂の介錯を始め、「夕雨すこし降つて物さわがしけるに、件の女房、琵琶、琴をもたせてまいりたり」の後、此の生では救いはないと絶望する重衡を「極楽ねがはん人はみな、弥陀の名号《みょうごう》となうべし」と今様《いまよう》を歌い励ます。この作品の書かれた鎌倉前期に仏教は念仏により〝個人〟のものとなっていた。重衡は気をとりなおし、琵琶で五常楽を弾じて後生楽を念じ、和漢朗詠をし、千手も歌舞で答え、夜を過ごした。やがて重衡は南都へわたされて斬られたと聞いた千手の前は、尼となって信濃善光寺で修行して「彼後世《かのごせ》菩提をとぶらひ、わが身も往生をとげるとぞきこえし」。螢子は戦中の多くの娘とともに千手の前の心を継承し、水木洋子は戦後の〝民主主義〟を導入しながら女性唱導家の志を継いだのである。

ところで、関谷は大木正夫の音楽が映像・台詞・理念との有機的一体化に成功したと評価する（それはドラマと音楽の関連の詳述で確認されたい）一方、無調的音楽を多用し、音の関係性を断ち切って、多彩な響きと多様なニュアンスをもたらしたことに注目した。それは民族的ニュアンス（民族の、人類の悲劇としてのニュアンス）の音のシニフィエとして組織されたという。その詳細は指摘されていないので、敢えて私見を述べたい。無調音楽の民族性には三つのカテゴリーがある。第一に下座音楽性、とくに無調的騒動性としての合戦の囃子的構造がある。場面番号で列挙すると、⑴の防空壕の爆音・大砲音の大太鼓と弦などの旋律、⑽の病院のブラスとピアノの打弦奏法は尺八と琵琶の合奏法、⑿の弦のトレモロとハープとブラスの不気味な高鳴りは幽霊の下座の笛、三味線、大太鼓の構造、⒁の⑿と同じ恋の激情と不安感、⒂の流れや雨の下座音楽性、⒃の無調的騒動性。第二に一音主義的奏法があり、⑷の学生たちの無意味な笑い話に対するセロの暗さ・苦悩の対位法、⑻の絵を描く螢子の昔話のセロ（⑵と同じ）がある。第三に⑾のコーラスには伝統声楽の民謡などの無調性、緩やかさ（言霊信仰の志向がある。以上にはより現代を志向する西洋音楽のなかに、日本音楽とりわけ劇場音楽の構造の遺伝子が生きている。

こうして今井映画は、成瀬映画とともに、すぐれた女性脚本家による戦後日本映画の女性性と母性原理の優位の時代、そして戦争＝絶対悪の確立の時代に参加していく。

［1］ Adolf von Harnack, *Das Wesen des Christentums : sechzehn Vorlesungen vor Studierenden aller Fakultäten im Wintersemester 1899/1900 an der Universität Berlin*, Hinrichs, 1900. 戦前の邦訳に、ハルナック『基督教の本質』（山谷省吾訳、岩波文庫、岩波書店、一九三九年）などがある。

［2］これに該当する戦前の出版物としては、安倍能成編『綱島梁川集』（岩波文庫、岩波書店、一九二七年）などがある。

［3］茅野良男「絶対者」、『CD‐ROM版世界大百科事典　NECパーソナルコンピュータPC-9800シリーズ』平凡社、一九九二年。

［4］藤田正勝「日本語と哲学の関係」、『産経新聞』一九九六年一二月一日。


［編注1］本章は、一九九八年に紀要に発表された「『また逢う日まで』と『ピエールとリュース』二作品の窓ガラス越しのキス・シーンの差異の意味」に、その後加筆された原稿を採録している。「二　テクスト連関はどうなされたか、音楽をふくめたその詩学の全貌」では、『また逢う日まで』のシークエンス分析(9)の中ほどの「残念なことに、この曲は……」から段落末までが加筆されている。

［編注2］右と同様に、「三　両テクストの差異の意味」では、後半の「映画の学生像はあまりにも画一的であり」の次の「モノフォニー的である」から段落末までが改稿されている。

第3章　『どっこい生きてる』と『自転車泥棒』　戦後の革新的西欧映画と日本映画との一つの出会い

一　イタリアのネオリアリズム映画の衝撃

今井正は『キネマ旬報』一九六一年一二月一日号の「ヴィットリオ・デ・シーカ論」で、その衝撃と影響についてこう語っている。

戦争が終った時、私たちは今まで見たこともないような映画、ホリウッド製のアメリカ映画、かざりたてたアメリカ映画とはまったくちがった、新しい映画に接して驚嘆した。ネオ・リアリズム、イタリアン・リアリズムと呼ばれるイタリア映画――ロベルト・ロッセリーニやヴィットリオ・デ・シーカの作品、「戦火のかなた」「無防備都市」「ドイツ零年」、そして「靴みがき」と「自転車泥棒」はアメリカ映画にならされた私たちにとって、全く青天の霹靂であったと言ってもいい。その頃私たちは敗戦と解放と占領が奇妙にまざりあった、ある一時代に生きていた。

空襲による爆撃、廃墟となった街、焼け出された人々、そして飢えや貧困が日本中に充ちあふれ「靴みがき」や「自転車泥棒」と同じような風景が、東京のどこにでもころがっていた。おそらく、こうした共通の体験、イタリアと日本を結びつける同じ歴史的状況が、ネオ・リアリズムに接した私たちを、ことさら強くとらえたのかもしれない。
私たちにとって、イタリア映画が描く世界は、まったく人ごとではなかった。私たち自身の問題として、それは、日本の観客を動かした。
私はその時、ロッセリーニとデ・シーカの両方に強く心を引かれた。（略）ただ、ロッセリーニは非常にすぐれた、天才的作家だと思った。演出としては荒けずりで、線が太く、時には不器用にも見えるが、一寸普通の作家には真似できない才能をもっている。「無防備都市」「戦火のかなた」等、いずれも、圧倒的な傑作だ。
それに比べて、デ・シーカの方はもっと私の肌にピッタリきた。ロッセリーニに比べて、デ・シーカが天才か天才ではないか、私にはわからないけれど、少なくともデ・シーカの映画を見ていると、そこに緻密な努力の蓄積といったものが感じられる。ロッセリーニのように、スケールの大きさはないかわりに、深く人間を追求して行く細かい神経があり、これらが偶然一体となって、演出のうまさを強く支えている。さらに、リアルな現実描写、主人公に対する人間的共感から、ロッセリーニとはちがった生活感がよく出ていたと思う。
あるいは、私が元来不器用で、非天才型人間であり、それをどうやら努力によっておぎなっている状態だから、こうしたデ・シーカの面に引かれたのかも知れない。（略）
ともかく、私は、戦争直後の新しい映画を見て、これを支配するリアリズムの鋭さに驚き、その中からデ・シーカという作家に強く共鳴した。「靴みがき」「自転車泥棒」などは、今から考えても、非常にうまい演出だったと思う。（四二頁）
こうして今井は、当時のイタリア映画で一番感動した『自転車泥棒』（一九四八）を彼のいう「手本」として

『どっこい生きてる』（一九五一）を発表した（岸松雄との対談「愚問賢答　今井正氏の作品と意見」、『キネマ旬報』一九五三年一〇月一日号、五一頁）。欧米の戦後映画の新しい芸術的規範の基本となるイタリアのネオリアリズム映画、その代表作の一本との接触が、今井作品によってなされた。その接触の観察を同時代と四七年後の二つの視点で行ってみたい。まず当時の日本における内外の映画史的文脈から話を始めなくてはならない。それは一九四八年一二月二八日に封切られた『裸の町』（一九四八）によるアメリカのセミドキュメンタリー映画の影響の問題が先行している。その影響のなかでとくに黒澤明の『野良犬』（一九四九）が際立っていた。この問題はすでに本書《黒澤明》の部・第3章で詳述してある。そして、そこでも述べたように戦中・戦後の日本映画の多くに記録映画的なリアリズム（ロケーション主体の演出・撮影・編集）が展開しており、黒澤明の場合は『一番美しく』（一九四四）があり、とくに『素晴らしき日曜日』（一九四七）は後で定義するがネオリアリズム映画の条件を豊かにもった作品であった。仏文学者の河盛好蔵は黒澤の『野良犬』にふれて、「このあいだのイタリヤ映画『戦火のかなた』は大へん好評であつたようで、ぼくも感心したけれども、もし日本が占領下でなかつたら、あれに近い映画は黒沢氏にも十分作れるように思うがどうであろうか。少なくともわが国の監督では黒沢氏が一ばんその資格を具えているように思われる。しかしそのためにはこの人のヒューマニズムが一段と高いものになる必要があろう」と述べた（「最近の日本映画から」、『キネマ旬報』一九四九年一二月一五日号、一七頁）。また清水宏の『有りがたうさん』（一九三六）以後からの戦中のロケ主体の実写精神の映画群や『蜂の巣の子供たち』（一九四八）以後の戦争孤児たちと素人俳優による「蜂の巣の子供たち」シリーズが日本の伝統的な道行の映画版であることは、『日本映画における外国映画の影響　比較映画史研究』（早稲田大学出版部、一九八三年、「アメリカ映画と清水宏」の章）でも述べた通りである。それは同時に反ハリウッド映画的なネオリアリズム映画と軌を一にするものであった。日本映画の芸術家たちは一九三〇年代から日本の伝統と西欧映画の革新の融合からすぐれた映画の創造性を結晶させてきたのである。この文脈のなかにネオリアリズム映画が日本にも登場してきた。そこで今井作品に関わる初期のネオリアリズム映画を列記する。

最初の日本公開は一九四九年九月六日封切りのロッセリーニの『戦火のかなた』（一九四六）で、『キネマ旬報』外国映画ベスト・テンの第一位に入賞している。『キネマ旬報』同年九月一五日号の飯島正の批評「試写室から　戦火のかなた　『イタリアン・リアリズム』の一例」は、アメリカでの呼称としての「イタリアン・リアリズム」を紹介し、その特徴として、戦中・戦後の現実をそのままに描く、セット撮影の人工的効果を排する、現地で撮影する、従来の描写的なモンタージュを行わない、などを挙げている（二六頁）。このほか、同誌同年一〇月一五日号の同作品批評では清水晶の「セミ・ドキュメンタルな撮影」（「時評　『戦火のかなた』を観て」一一頁）と津村秀夫の〝徹底したセミ・ドキュメンタリイのスタイル〟（「イタリア映画のリアリズム　『戦火のかなた』を見て」一八頁）の指摘がある。また飯田心美の批評はこの作品のリアリズムの勝利、現実迫力の切れ味をハリウッド・スタイルにない立派な一つの創造と評価し、そのリアリズムの成果をセミドキュメンタリーの基であるイギリスのドキュメンタリー派に求めている（「現実へ切込む気魄　『戦火のかなた』の印象」同誌同年一〇月一五日号、二二頁）。同誌一九六〇年六月一五日号の「連続座談会『世界映画の流れ』第4回　ネオ・リアリズム」で、チェントロに留学した増村保造は「ネオ・リアリズムを生んだのは《チェントロ・スペリメンターレ》（映画中央実験センター）だということになっていますが、第二次大戦中そこの連中が一番研究したのはイギリスGPO（General post office＝郵政省）のドキュメンタリ派、つまりイギリス記録映画を一生懸命勉強したらしいのです」と述べている（五〇頁）。飯田には肝心の反ハリウッド性の具体的分析はなく、この点では同誌一九五〇年二月一五日号の「新人論壇　『戦火のかなた』に関するノオト」（四八頁）の香月稔が一つの成果をあげている。彼は、空間の距離あるいは時間の経過を示すショットの繋ぎ方の省略があることに留意し、各エピソードから実証的な例をあげている。例えば、第一話でアメリカ兵がドイツ兵に狙撃され、この時三人のドイツ兵のショットに次いでアメリカ兵のいる古城のロングショットが入る（これで両者の場所が相当離れていることがわかる）。ところが次はドイツ兵が古城に向かって進んで行く場面がなく（距離的にはここが必要なのだが）、すぐに古城内にドイツ兵が入ってくるところに転換する。この種の省略はヌーヴェル・ヴァーグにも継承されていく。

翌一九五〇年三月二一日にデ・シーカの『靴みがき』（一九四六）が封切られ、同年『キネマ旬報』外国映画ベスト・テン第七位となった。そして九月八日には『自転車泥棒』（一九四八）が公開され、同年の同ベスト・テン第一位に入賞している。一五人の批評家のうち二人を除いてすべてが一位に推している。因みにほかの二人が推したのはイギリスのバレエ映画『赤い靴』と『無防備都市』である。津村秀夫は『キネマ旬報』同年一〇月一五日号の「外国映画批評　自転車泥棒」の批評で、まず、これまでのイタリア映画は『戦火のかなた』のように戦中の特殊な経験を描いたものだが、この作品が戦後の社会生活の芸術的な活写を実現したことに満足を表明している。そして盗まれた自転車を父と子がローマ中を探し回り、徒労に終わる物語を逐次的に紹介しながら、こう概括する。「要するに現代のロオマ市の世相なり社会生活は、いつの間にか主体的に描かれているわけである。見物心理を自転車の行方と親子の運命に集中しながら、その単純な物語の中でこれだけの社会生活を展開して見せる手腕、その構想に至つては巧いという外はない」。さらに主人公の失業者、その妻、その息子が素人俳優であることがローマ市の多数のロケーション撮影の現実にマッチしていると評価している（六三〜六四頁）。父子のローマ彷徨の映画を『映画芸術』一九五〇年一一月号「作品研究　自転車泥棒」で岡俊雄はこう音楽的に分析した。

デｨ・シイカは自転車をさがしてロオマ市中を彷徨するこの父子を、街頭ではできるだけロングで撮り、つとめて風物のなかに人間をとけこませるようにしている。そうして、エピソオドの要点に至ると、キャメラは二人を凝視して止まない。主題部と伴奏部が対位的に交互に演奏される、音楽でいえばフウガ形式を思わせるものがある。これは、単純ストォリイだけに非常に効果があがつている。近写を主とした主題と、遠写に重点をおいた通奏低音《ゲネラルバス》という比喩をもつて、この作品の形式を見たいのである。多声部音楽の主題がいつも単純で、その対位的変奏によつて発展してゆくように、この映画の「盗まれた自転車をさがす」という主題はきわめて単純である。そして、その変奏のモティフは、父子が終日さまよい歩くローマ市中の風景によつて発展してゆくのである。（一九頁）

そしてイタリア文学者の野上素一の批評は、同誌同年同号の「魔術的レアリズムと『自転車泥棒』」で、その主題部と伴奏部の発展に都市学的な解明を加えている。

デ・シーカの「自転車泥棒」がかくまで成功した背後にはローマ民衆、ことに（古い町並みの残る下町独特の情緒が小説や映画の舞台になる）テーヴェレ河の右岸地区に住むトラステーヴェレ人種と称せられる義理堅い人間たちの生態があつたことを忘れてはならない。即ちはっきりした社会的階層の存在を意識しながらも、その中で分を守つてしかも人権を充分主張しながら生活していこうとするこれらの一人が、自転車を不用意に盗まれた事件に直面する。そこから醸しだされる人間たちの交渉が複雑な綾をなしながら、盗難現場で「フロリダ」舞踏場のあるカポレカーザからヴィットリア広場へ、ポルテーゼ門からパリア通りへと、善意に満ちた清掃夫、占い師、乞食、慈善団体の上流婦人、思慮深い警官等の老成したラテン的思慮と分別をもった多くの民衆が動員される。最後にせっかく犯人（パリのモンマルトルのようなカポレカーザの住人）を見つけながら、証人がいなければどうにもならない遵法精神に属した主人公は犯人追求を断念して帰路につく。しかしミルヴィオ橋近くの蹴球競技場付近でふと目にとまった一台の自転車を、魔が差したのか、思わず盗もうとして飛び乗るが、すぐに群衆に摑つてしまう。この挿話はイタリアの新聞の三面記事に時折現れる小事件にすぎないが、それに対する人間的な面白さ。また、それをアクションにつぐアクションで息つぐまもなくカメラで追いかけるデ・シーカの素晴らしい技術が、この淡々と描かれた平凡な作品を宝石の如くに磨きあげたのである。（二一一頁。原文に対し少し編集加筆した）

また、デ・シーカの子供の描き方の妙については、彼の『子供たちは見ている』（一九四二）や『靴みがき』の経歴への言及も忘れない。ところで津村秀夫の批評では「ネオ・リアリズム」の呼称が用いられている。同誌一九五一年四月一五日号で植草甚一の「その後のイタリア映画」は日本でのイタリア映画研究が英米、フランスの雑誌を参考としたことを挙げ、「ネオ・リアリズム」という用語の発生地をイタリアでなくほかの外国としたと述べている（一四頁）が、一九五五年に出版された『イタリア映画史』（白水社）の飯島正はイタリア文学に造詣が深く、イタリア語の文献も豊富に駆使しており、「イタリア人の自称するネオレアリズモ」（二四三頁）としており、映画史的にはこれが正しい。デイヴィッド・ボードウェルとクリスティン・トンプソンの『映画芸術概論』（一九七九年）[1][編注1]が「イタリア・ネオリアリズム（一九四二〜一九五一）」の章で、これを実証している。一九四〇年代初期のイタリアの批評家たちの文章にネオレアリズモの語があり、それは当時の歴史スペクタクル映画あるいは「白い電話器」と呼ばれた上流階級のメロドラマに対する革新的な映画追求の意図をもっていた。(1)三〇年代のフランス映画とくにルノワール作品にもちいた。(2)ヴィスコンティの『郵便配達は二度ベルを鳴らす』（原題は「妄執」一九四二）のような作品を称賛するため。(3)ムッソリーニ政権崩壊後、何人かの監督が現代の社会状況を表す記録映画の制作を開始し、ネオレアリズモ運動となる。(4)ロッセリーニ、デ・シーカ、ヴィスコンティなど経験豊かな監督が運動に参加、脚本家もいた。そして文学のヴェリズモの運動に対応した、などと述べている。

ついで一九五〇年一一月七日にロッセリーニの『無防備都市』（一九四五）が公開され、『キネマ旬報』外国映画ベスト・テンの第四位に入賞し、日本でもロッセリーニとデ・シーカの名声が確立された。なお、同誌では五一年四月一五日号の「一九五〇年のヒット映画と人気スタア」（四〇～四一頁）で、日本中の各映画館支配人に一九五〇年度の内外映画のヒット作品と人気スターのアンケートをとっているが、ヨーロッパ映画のヒット作品では、一位がプレスバーガーとパウエルの共同監督作品『赤い靴』（一九四八）四四票、二位がアンリ・ジョルジュ＝クルーゾー監督のフランス映画『情婦マノン』（一九四九）二六票、三位が『自転車泥棒』九票、四位がローレンス・オリヴィエ監督のイギリス映画『ハムレット』（一九四八）五票、五位が『靴みがき』四、六位が『無防備都市』ほか二本で三票。『自転車泥棒』の現実の映画と『赤い靴』の夢の映画は、ともに日本の映画館を充たしたのである。

以上、日本の映画批評による初期ネオレアリズモ映画の導入・受容の各イメージを紹介したが、とくにロッセリーニの二作品の場合は解放戦争・レジスタンスが主題になっているために、その政治性が戦後映画の大きな問題をしめた。前出の津村の『戦火のかなた』評「イタリア映画のリアリズム　『戦火のかなた』を見て」と並んで、『キネマ旬報』一九四九年一〇月一五日号の岩崎昶の「リアリズムと反ファシズム」と同誌の一九四九年一一月一日号の山本薩夫の「日本映画の反省」はともに反ファシズム、戦争反対、平和擁護の運動を強調している。二人は今井とともにコミュニストであり、冷戦構造の世界で、一九五〇年六月の朝鮮戦争、九月の映画企業のレッドパージに直面することになる。このような状況のなかで今井によって『自転車泥棒』とのテクスト連関が行われた。そこでまず、『自転車泥棒』の物語言説とスタイルの特徴を明らかにする。

二　『自転車泥棒』の物語言説の構造とスタイル

テクストの意味を明らかにしておこう。これはジェラール・ジュネットの『物語のディスクール』（一九七二年）［2］による物語学が明らかにしたいわゆる〈物語〉の三つの相の一つであり、映画では、画面の映像と音の総和の情報である。そしてこの情報に基づいて観客が構成する、因果関係をともない年代時間順にされた物語上の出来事の総和が物語内容あるいは物語世界である。そして物語言説を生じさせる、語るという行為、さらにこの行為が行われる状況全体を語りあるいは物語行為という。

この物語は金曜から日曜までの三日間の出来事を描いている。第一日はローマの典型的な下町の失業労働者が二年ぶりに職を得る。市役所の掲示課のビラ貼りで、自前の自転車が必要条件となる。自転車は質屋に入っている。そこでこの夫婦はどうしたかが語られる。第二日は家庭での出勤の支度から始まる。仕事を始めるが、自転車を盗まれてしまう。そこで主人公はどうしたかが語られる。第三日は主人公と彼の子との盗まれた自転車と犯人を追っての長い一日の旅が始まり、その不首尾と意外な悲劇に終わる。この物語構造について、三日の各シークエンスとその下部構造の主人公たちの移動の各シーンを列挙していく。主人公のアントニオ・リッチは失業経験のあるローマの電気工員のラムベルト・マッジョラーニ、妻のマリアは女性ジャーナリストのリアネラ・カレル、息子ブルーノも町で見つけたエンツィオ・スタイオーラが扮した。唯一の職業俳優は発作持ちの泥棒を演じたヴィットリオ・アントヌッツィといわれている。

第一日（九六ショット、一三分三六秒、一ショット平均八・五秒）

(1)トラステーヴェレ地区の朝、バルメライナ職業安定所前。走るバスを背景にクレジット・タイトルと主題曲。職安の階段に群がる人々から離れて、粗末な身なりのリッチが座っている。仲間に連れもどされたリッチは、自転車の持ち込みを条件に、仕事を得る（以下の場面転換は、すべてディゾルヴで繋がれる）。

(2)バルメライナのアパート前の水汲み場。アントニオがやって来て、妻のマリアを呼ぶ。「折角仕事にありつけたのに自転車がないのでだめだ、死にたい」と嘆く。

(3)団地のリッチの部屋。マリアはいきなりベッドからシーツを剝がし、洗濯の支度を始める。

(4)午後、質屋の窓口。マリアが包んだシーツ六枚を取り出す。七〇〇〇リラと言う係に、アントニオがもう少しと頼む。七五〇〇と優しくいう係に二人が微笑む（ここらがトラステーヴェレ文化＝デ・シーカ・タッチ）。住所・氏名を聞かれたマリアは、バルメライナH の1という住所と自分の名を申告する（ここで主人公たちの住所がわかる。母の贈り物のシーツは彼女の財産であり、イタリアの市民社会の成熟さが主婦に結実している）。

(5)質屋の倉庫の窓口。身ぎれいになったアントニオが、フィーデ（典型的実用車）と係に伝え、目ざとく場所を指図する。その時、別の係がマリアのシーツの包みを運んできて、棚を何段もよじ登っておさめる（天に至るような、庶民の溜め息を詰めた包みの山である）。

(6)市役所掲示課。アントニオが自転車を担いで入り、「バルメライナ職安から来ました」と書類を渡す（ここで職安の場所がわかる）。課長は、明日から仕事、作業服を貰っていくようにと言う。出口で作業員が叫ぶ「六時四五分だぞ！」。

(7)市役所の前。アントニオが包みを抱えて出てくる。包みの中身は作業服で、マリアに帽子が大きいので詰めてくれとたのみ、彼女を自転車に乗せる。自転車はパリア通りに向かう。

(8)占い師のアパート前。アントニオを残し、マリアは階段を上がっていく。心配になったアントニオは、近所の子どもに自転車の番をたのみ、上がっていく。女占い師の部屋のなかに、マリアと座っている多くの信者。マリアが仕事が得られたお礼にお金をわたしていたので、文句を言うものの、アントニオは妻を優しく自転車に乗せる。

(9)同じ通りを二人の自転車が戻ってくる（六秒のショットによって、占い師の出来事に微笑みの句読点を加えた。さらにフェイド・アウト（以下FOと略記）による第一日の希望の章替え）。

第二日（一二八ショット、一五分五六秒、一ショット平均七・五秒）

(1)リッチのアパート。鏡台で髪を梳かすブルーノ（主題曲入る）。お揃いのつなぎを着た父とブルーノが、母の作ったオムレツの弁当を持って、初出勤の準備。二人はカメラ（母）に向かって「チャオ・ママ！ チャオ・マリ！」と呼びかける（ブルーノの父への同化の視覚的主題〈父と子の問題〉がこれからさらに発展していく）。

(2)叙情的な曲が展開するなかでの朝の出勤風景。相乗りして仕事にいく父と子。

(3)ガソリン・スタンド前に来た父はブルーノを下ろし、「七時にここで待ってるぞ」と言って去る。ブルーノはスタンド・ボーイだった。朝日を浴びて走る父。

(4)塀の前で先輩がアントニオにリタ・ヘイワースのポスターの貼り方を伝授する。先輩は仕上げを見せ、「皺がよっていると罰金だ」と言い、後は自分でやれと去る。

(5)〈フロリダ〉の塀、アントニオがなれない手つきでポスター貼りを始める。三人組の男が現れる。ジャンバーと帽子姿の若い男がアントニオの自転車に近寄り、一瞬の隙に乗り逃げする。アントニオは「泥棒！」と連呼し、追っていく。仲間の一人が制止するのを振り切り、広い自動車通りに向かう。自動車が停まり、車のステップに乗せてくれる。するともう一人の男が反対のステップに飛び乗り、「トンネルに向かった」と叫ぶ。車はそれらしい後ろ姿を追い詰めるが、違う男である。途方にくれるアントニオ（悲痛な主題曲入る）。アントニオは仕事場に戻り、ポスターを貼りおえると、がっくりと梯子に座りこむ。

(6)警察署。調書を取りおえるが、警官は忙しい。「とにかく自分で探せ、見つけたら取り返してやる」と飛びだしていく。

(7)バスのラッシュ・アワー。アントニオがやっと乗り込む。橋の袂のガソリン・スタンド。ブルーノの後ろから父が声をかける。驚いて振り返るブルーノ。「もう七時半だよ、自転車は？」。二人は橋の手前から夕日の残る土手を歩きだす。

(8)暗いアパートの階段。ブルーノをドアから入れ、「パパはでかけてくる」と階段を下りる。
(9)灯のついたアパート群。地下の会合場では、組合の集会の最中。アントニオは友人のバイオッコを探す。小劇場でバイオッコ（ジーノ・サルタメレンダの名演技）がボードビルの稽古中。アントニオが相談すると、バイオッコはヴィットリオ広場で探すことを提案。マリアがうちひしがれて来るが、アントニオは「泣き言を言うな」と言う。陽気な軽音楽のなか、夫婦は労働者と共に部屋を出ていく（マリアの登場はこれが最後となる）。ＦＯ。

第三日（四四九ショット、五八分二八秒、一ショット平均七・七秒）
(1)早朝のヴィットリオ広場。アントニオ父子が清掃車列のなかのバイオッコを見つける。バイオッコに自転車の型を聞かれると、ブルーノがフィーデ三五年型と答える。清掃員のバゴンギとメニコーニも参加し、自転車の部品の屋台が並ぶ市場を探し始める。各自はタイヤやフレームなどの部品を目印として歩くが、ブルーノは売り子に叱られるので、その後は常に父に付いて行くことにする（これは作品の最後まで続く）。ここから、探す各自が見るものの大写しとみられる物、例えばブルーノとベルの山という移動するショットの交代が続く。これらのショットは既に日差しが強くなり、大写しから遠景ショットに変わると、すでに日の高くなった市は人々ですっかり賑わっている。みごとな時空一体の変化だ。バゴンギがフレームを見つけ、警官の立会いで車体番号を確認するが、アントニオのものではない。ブルーノが怪しい男に声をかけられていると、父が自分から離れるなと言う。バイオッコはポルタポルテーゼ門に行くように言い、父子を乗せて、メニコーニの清掃車が走りだす（以上八分四〇秒）。
(2)清掃車内（スクリーン・プロセス）。急に暗くなり、フロントグラスと街路に強い雨足。メニコーニが「日曜だと雨だ」とこぼしはじめ、通行人を轢きそうになる。
(3)蚤の市で有名なテーゼ門のポルトゥエンセ通り。急の雨で屋台を片づける市の人々。父子は雨に打たれて立ち尽くし（音楽入り、父がずぶ濡れの子を見ると主題曲となる）、品物を目で追うが、やがて父は軒下の雨宿りの一群に走り寄る。ブルーノは転んでしまう。素手で服を払う子に気付き、父はハンカチを渡し、頭をなでてやる。二人は一息つく（主題曲終わる）。オーストリアの修道僧士たちが駆けこんで来て、ドイツ語で会話を開始、父子は不審気に顔を覗きこむ。すべてが静止している。やがて雨足が弱まり、日がさし始め、人々は散っていく（自然や人の現象がドラマも音楽も静止させた三分半、同時に現象そのものがこの映画の主眼であることを明示した瞬間）。父は自転車泥棒が老人といるのを見つけ、走りだすが、犯人は自転車で門の外へ行ってしまう。

(4)周囲の街路。犯人を逃がしてしまい、二人は雨上がりの静かな街角を老人の姿を求めて走り回る。走りながらブルーノは尿意を催すが、父に促されて、父の後を追う。二人は橋を渡ろうとする老人に追いつく。父は老人に犯人のことを問いただすが、貧しくやつれた老人は白を切り通す。老人は二人を振り払うように橋の上を小走りに去る。

(5)テーヴェレ河畔の教会。三人は教会の裏口を他の人々と入って行く。慈善団体による散髪と食事の奉仕が行われており、老人もそこに参加する。教会に司祭が入場し、礼拝の式に合わせ、祈りの言葉、聖歌と続く間に、係がパンフレットや食券を配る。父は老人に犯人の居場所を問い続け、ついにカンパネラ通り一五番地を聞きだす。「同道しろ」と迫られた老人は怒り出し、係の男女が父を制止する隙に、老人は逃げる。礼拝堂内、倉庫、中庭を捜しまわる父と、彼を摘まみだそうとする係の青年二人の追っかけとなる。結局、親子二人は虚しく教会の外に出てくる。

(6)河畔の公園、風の道。父は風景を見ながら老人がどこに行ったか思案する。ブルーノが「見つからないよ」と言うと、苛立った父は子の頬をぶつ。泣きべそをかいたブルーノは父から距離をとって歩きだす。この突然の父子の対立は、単に父に頬を打たれたためのこの怒りだけが契機になっていない。すでにブルーノは敬愛する父に同化を深め、トラステーヴェレ人気質の労働者の卵となり、老若の弱者に優しい思いやりを示せる程成長した少年に育っていた。その彼の混乱した父性に対する反抗だったのである。こうして、子は父への距離を置き戦術を行使する。その効力は子が温かい家庭生活で身につけてきたものだろう。こうして父性に対する子の戦いの主題が誕生し、発展していく。距離を置いたまま父子は歩み続け、父は河の方を探すから、ブルーノに橋で待つように言う。

(7)石橋と石段のある河畔。父は川辺に向かい歩くが、突然人々の叫び声を聞く。「子どもが溺れた」。恐ろしい疑念に襲われ、急いで戻る。人々が溺れた子を岸に移している。その子を見て父の顔に安堵の表情、石段の頂上に立っているブルーノを見つけ、さらに悦びの表情。遠くから教会の鐘音。父は階段を登ってきて、ブルーノの体に触ろうとするが、子は頑に父の接触を拒否。こうして二人の距離を置いた道行が再開。

(8)土手の石塀に沿った歩道。父子が街路樹の左右に別れて歩いてくる。そして何気なく二人は一緒になり、一休みする。サッカーのサポーターを乗せたトラックが通り過ぎる。父が「ピッツァ食べるか?」と尋ねると、子はにっこりとうなずく〈こうして(6)の場面から始まった四分二四秒の〈心理的距離を守る父子の道行〉が終わる〉。

(9)レストラン。中年軽音楽団のマンドリンとヴァイオリン、ギターと歌の演奏。父子はピッツァを注文するが、ピッツァ屋ではないと断られ、近くのテーブルの家族が食べているモッツァレッラ〈パンにその名のソフトチーズをはさみ卵の衣をつけて揚げたもの〉とワインを注文する。父はグラス一杯のワインを一気に飲み干し、子のグラスにも注いでやる。楽団の軽快な音楽を背景に、父と子は食べ始める。父は紙と鉛筆をブルーノに渡し、あてにしていた金額を書かせる。再び探しに行く決心をする。

(10)占い師のアパートへの道。人気なく、父子だけが歩む。ラジオの男性アナウンサーがサッカーの試合を告知している。アパートの入口。二人は階段を登る。

(11)占い師の部屋。女占い師がお告げをしている。父子が行列に割り込み、強引に自転車はどこにあるのか、占ってもらう。占い師の答えは、すぐ見つかるか、永久にみつからないか、だ。二人はアパートからでてくる。

⑿路上。父はばったりと犯人とでくわす。犯人は何気ないふりで歩きだし、角を曲がったとたん、彼の足が宙を蹴って消える。

⒀建物の入口。犯人が逃げ込み、追う父子が飛んで入る。

⒁娼家の内部。父子が入ろうとすると、マダムが制止する。父は構わず押し入り、ダイニング・ルームで食事中の女たちの中に犯人を見つけ、首根っこを摑む。マダムは金切り声で、父と青年をドアから追いだす。ブルーノがかけより、二人は揉みあいながら、角を曲がる。

⒂犯人のアパートの前。父は犯人を壁に押しつけ、盗んだ自転車を返せと、帽子を小突く。近所の住人たちが現れ、青年の加勢を始める。ブルーノは人の足をかきわけ、走り去る。犯人は「逃げ隠れしねえ」と言うが、父に胸倉をとられ、頭を掻きむしり、倒れて痙攣を起こす。階上のアパートから母が下りてくると、住人たちは父を追い返そうする。父が拾った棒で身構えたところに、ブルーノが警官を連れてくる。制服の警官は母と父子を連れて建物の階段を登る。

⒃犯人の家（二階）。ベッド二床の粗末な部屋。警官は父に「本当によく見たのか、証人はいて、名は確かめたか」と念を押す。「確かめる暇がなかった」との答えに、警官は「現場を押さえるか、盗品がでてこないかぎりどうしようもない」と答える。警官は何も言わずでていく。

⒄犯人の家の前。警官は犯人を呼び、アレフレード・ガッテリの名を手帳に書き留める。犯人は無実を主張するので、警官は父に訴えるかと聞く。あたりを見回し、たまらなくなった父は、住人たちを押し分けでていく。住人の中に取り残されるブルーノ。角を曲がる前に、父は拳を握って振り向き、皆に対峙する。

⒅（カポレカーザからミルヴィオ橋近くの国立競技場までの一分二〇秒ほどの父子の道行）角を曲がった路。父が振り向き、ブルーノを呼ぶ。ブルーノが角から現れると、住民たちがぞろぞろ付いてくる。父が二度ふりむくと、住民たちも諦めて戻っていく。父子はそのまま歩き、また角を曲がり、殆ど人気のない明るい路を行く（主題曲

入り以下続く)。ディゾルヴして、別の大通りを歩く二人、二人のそれぞれのショット、父の絶望、ブルーノの疲労。また角を曲がると、美しい木立のある路。奥に車道(以後二人の距離が段々大きくなっていく、教会からの道行の逆)。ディゾルヴ。さらに広い大通りを、父が渡っていく。遅れたブルーノは、自動車に轢かれそうになりながら、走って父に追いつく。二人の後ろ姿が階段を下りる。ディゾルヴ。近写の二人がまた角を曲がると、傘状の松が二本ある大きな自動車道路となる。父が立ち止まり、ブルーノは歩道の縁石に腰を下ろす。この道行は角を曲がることとディゾルヴの反復がみごとな時空間の展開(持続と省略)の詩的機能を果たす。みごとなデ・シーカの道行詩学。

⒆サッカー競技場前の広場と通り。作品自体の山場となるこの最終場面では、まず出来事の中心に巨大なサッカー競技場があり、それは巨大な時計となって、ゲームの山場や終了による観客のどよめきの反復や周辺の人々の様々な行動という時を刻んでいく。それは日中から薄暮へと自然の時間に従って、周辺の巨大な空間を占める夥しい数の自転車を駐輪させ、人々の往来を活発にし、やがて駐輪自転車と観客たちを解放し、帰途の一方向に歩きだす観客や自転車群とサポーターたちのトラック群などの巨大な流れを生じさせる。この時空間の変化のなかで自転車を盗まれた父自身が人々の動きと一体化して自転車泥棒となっていく刻々、そして父と子がそれぞれその罰と恥辱を人々から受ける刻々が展開する。ここでデ・シーカは、ここまでヴィットリオ広場やポルテーゼ門の市場で試みてきたように、主人公から環境までの重層的な諸現象をみごとな一つの流れとして追求する。それは自然、都市、そして群衆、主人公のそれぞれの現象が重層的に展開し、映像・音の記号に紡ぎだされていく。これこそがネオレアリズモの現象学的な詩学の革命的瞬間である(六七ショット、六分五一秒、一ショット平均約六秒)。それを検証してみよう。

父が泥棒となる刻々のシークエンス

(1)道行を終えた父の正面の大写し（立っている道路から体はやや右斜めを向いている）。父の右肩の後にはすぐ脇の建物の角が見え、その背景は通り越しに奥の建物の一部が見えている。実はこの奥の建物の入口に父の盗むことになる自転車があり、父がこれから何度も脇の角の所からそれを見つめる場面が繰り返されるが、今は角に隠れて自転車の場所は見えない。そして留意すべきことは、人物のショットの背景には絶えず活発な人々の往来が見えることである［図1］。

(2)歓声の上がるスタンドの一部が見える巨大な競技場（父の見た目のショット、以下では人物の視線は絶えずその対象のショットに繋がれる）。歓声は競技場のショット以外でも地鳴りのように続いている［図2］。

(3)少し画面に向かって（「画面向かって」は以下略）右下へ振りかえる［図3］。

(4)疲れて頭や顔を手で拭いながら座ったブルーノの近写［図4］。

(5)父が視線を戻し正面よりやや左に向ける。

(6)路の右側に駐輪している夥しい数の自転車。警官が背を向けて歩き監視中［図5］。

(7)父が溜め息をつき回れ右（一八〇度回転）して、カメラに背を向けて画面奥に歩きだす［図6］。

図1

図2

図3

図4

図5

(8)一八〇度カット、カメラに歩いてくる父、ふと何かを見て止まる〔図7〕。

(9)無人の建物の入口脇に立てかけてある自転車の遠景（この辺りから音楽に緊張が生じる）〔図8〕。

(10)見ていた父が回れ右して向こうに行く〔図9〕。

(11)一八〇度カット、カメラに近寄り止まる父〔図10〕。

(12)夥しい自転車。警官が歩いている〔図11〕。つまり父は競技場と駐輪場に向かいあい、背後にブルーノ、その背後に一台の自転車を背負っている位置関係を示す。これがこの場面の世界構造である。

(13)父が正面から回れ右して行く〔図12〕。

(14)九〇度カット、父が左向きで前進し〔図13〕、建物の角で止まり〔図14〕、先刻の一台の自転車を見、それから回れ右して右に前進し〔図15〕、ブルーノの横に座る（パンとティルト）〔図16〕。

(15)歓声の上がる競技場〔図17〕。縁石に

図6

図7

図8

図9

図10

図11

図12

図13

図14

図15

図16

図17

図18

図19

図20

図21

座っている父と子、父は両手で顔を包みこむ。ブルーノはじっとそんな父を見詰める［図18］。

⒃突然多くの自転車競技の選手と自転車が二人の前を左へ走っていく。二人へカメラがパン、父子は自転車の列の通過を目で右から左へと何度も繰り返し追う［図19］。

⒄その三〇度カットで父が斜め左を向き立ち上がり、前に出て何かを見つける（パン）［図20］。

⒅競技場前を多くの観客が左へ歩いて行く（俯瞰のパン、ここから音楽はサスペンスを増し、テンポを早める）［図21］。

⒆父が回れ右してカメラに背を向け歩き、角で先刻の一台の自転車を見、右にスクリーン・オフ（〝画面外〟もしくは〝画面外へ〟を指す。以下、オフと略記）、少しパンがはいる［図22］。

⒇座っているブルーノが左上を見る〔図23〕。

(21)正面の父がやや左見る〔図24〕。

(22)駐輪場で自転車に乗る人々〔図25〕。

(23)やや左見ている父、帽子を脱ぎ、手を頭に当てていたが〔図26〕、帽子被り、回れ右して奥へ進む。

(24)一八〇度カット、父がカメラに向かってきて止まる。

(25)一八〇度カット、父が回れ右してカメラに向かってくる。

(26)（父を）じっと見上げているブルーノ〔図27〕。

(27)父がブルーノに寄り、立たせて財布から金を渡し、「モンテサクロで降りて待ってろ」と言う〔図28〕。そして回れ右して例の自転車の方へ行こうとすると、ブルーノが付いてくるので振り返り、「早く行け」と叫び、奥へ（前進移動）〔図29〕。

(28)ブルーノは市街電車のところにくるが、乗り遅れる〔図30〕。

(29)無人の建物の入口と一台の自転車の遠景、父は一度右へ通り

図 22

図 23

図 24

図 25

図 26

図 27

図 28

図 29

図 30

図 31

図 32

図 33

図 34

過ぎ〔図31〕、辺りを見回してからゆっくりと自転車に戻り〔図32〕、急に飛び乗り走りだす〔図33〕。入口から持ち主が飛び出し、「泥棒！」と叫ぶ〔図34〕。

父と子が盗みの罰と恥辱を受ける刻々のシークエンス

(29)父はまず左へ走りだすが、「泥棒！」と叫びながら出てくる持ち主の追跡を逃れるように一八〇度回転して右の画面奥へ閑静な明るい路を走る。

(30)一八〇度カットのその路を真っ直ぐ見た遠景。画面奥には市街電車が走る賑やかな大通り（今まで父子がいた）、そこから若い男たちがこちらに走ってくる。

(31)一八〇度カットのその路。男たちは持ち主と父を奥に追う、父は左の家の角を曲がりオフ、追手も順に曲がってオフとなる。

(32)別の閑静な路。すぐに父の自転車が右奥の角から現れて手前を走り、一八〇度パンするカメラの視野のなかで走り抜け、次第に数を増す追手とともに市街電車の大通りを左折してオフ、見物する人たち。

(33)ブルーノのバスト・ショット（以下バストと略記）。前にいた場所。こちらを向きハッとして目で左を追う、カメラは右に寄りながら大写しへ。

⑶パンで大通りを左へ疾走する自転車の父と走り追う男たち。やがて皆は路なりに右に曲がり、画面奥の美しい木立へ真っ直ぐ走る。

⑶その近写。父を男たちが捕まえる。

⑶ブルーノ、呆然として前へオフ。

⑶持ち主が、倒れた自転車のハンドルを左手で持ちあげ、怒って右手をあげる。

⑶その手が男たちに囲まれた無帽の父の頭を打つ。男たちも父の頭を小突く。

⑶移動でブルーノがかけより、男たちの群れに押し入り（ブルーノが突入した後の空白に、瞬間的にブルーノを見ながら歩く一組の母と少年の姿が見える）、父の服に縋り「パパ、パパ！」と叫ぶ（ブルーノの視点で大人たちの胸から上は見えない）。

⑷男たちに小突かれる父。

⑷ブルーノも小突かれながら父の服に縋り「パパ」と泣きだす。

⑷父は小突かれながら右下を見る。ブルーノの「パパ！」の声。

⑷市街電車が父を囲む男たちに近づく遠景。カメラはパンで大通りの右側からくる電車を捉える。父より身なりのいい五人ほどの男が父を連れて電車を避けて手前の方に。ブルーノは群衆とともに線路の向こう側を歩く。

⑷歩くブルーノの正面バスト（移動）。泣きながら父の帽子を拾う。

⑷大通り右側の駐輪場（父がいつも見ていた）にやってくる男たちと父（移動）。父の左で手を抑えている男、「どこの警察へつきだす？」。

⑷持ち主のバスト（ここではバストにつねにほかの人も画面に入る。以下省略）。持ち主が答える、「フェミニオだ」。そして体を前に伸ばして左下を見る。

⑷7右の持ち主の胸下と左の父の胸下との間の空間に近づくブルーノ、右（持ち主）と左（父）を交互に見上げる。男の声「大勢で行く必要はない、俺とパスクァーレが行く」。

⑷8目をあげて左（父の方）を見る持ち主。

⑷9父が右下を見る。

⑸0持ち主が少し右へ視線を移す。

⑸1ブルーノ、左上をじっと見る。

⑸2持ち主が「離してやるんだ」。

⑸3父と男たち。左の男が「どういう事だ？」。

⑸4持ち主が「訴える気はない、引き取ってくれ」と言う。画面左へ動く。

⑸5ブルーノがハンカチで汗と涙を拭く、その前を持ち主が自転車と左へオフ。男たちの声「子どもの前で恥ずかしくないのか」「運がいいぞ、俺ならぶち込んでやる」。

⑸6近写の父子と男たち。男の一人が「親切に言ってくれたんだ、早く帰れ」と父を左へ突き出す。

⑸7前景に皆の全景、背景に広場。幾つかの大きな絵看板の見えるビル群、中景に左に流れていく群衆と市街電車、近くに駐輪場。押しだされた父子が左に歩きだす（平行移動始まる）。黒い服の男が追うように「神様に感謝しろ」。ブルーノに帽子を渡され、父がそれを叩いて被る（主題曲始まる）。

⑸8一八〇度カットで右に流れる群衆の路（カメラは次に路の左側に移っている、そして今までの明るい日差しが薄れ、日陰が濃くなっている）。父子はカメラに向かい、人の流れを横切り、一番手前にきて流れに合流すると、静止したカメラが平行移動を開始（以下各ショットで移動続く）、画面奥でサポーターを乗せたトラックがクラクションを鳴らし進む。

⑸9約一八〇度カットで左斜めに進むブルーノ、左に父の胸下。ブルーノがハンカチで汗を拭い、左上を見ると、

カメラがティルト・アップして父のバストになる。後ろにサポーターのトラックや男の人たち。
(60)約一八〇度カット、父の後ろ姿が左に進む。トラックが肩に触れてぐらりとする。
(61)前進する父の正面バスト。左にトラック上のサポーターたち、歩む男たち。
(62)父の手の右で同じく前進するブルーノ、左上を見る。
(63)父は正面から右下を見、顔をもどすと、涙がこみあげるのをこらえるように前を向く。
(64)(62)と同じ、ブルーノは左上を見てから、父の手を固く握るが、押されてよろめく。
(65)(61)と同じ、父は俯き泣きながら歩み続ける。
(66)(62)と同じ、ブルーノは父の方を何度も見上げる、父の手がより固く息子の手を握りしめる。
(67)一八〇度カット、すっかり黄昏となった街路の遠景、背を向けて去っていく人の流れに紛れる二人の後ろ姿。
二重焼き付けのタイトル「終《フィーネ》」（二つのシークエンス分析は、趙珍奎のデータ〔一九九〇年、未刊〕に修正を加えたもの）。

この詩学の技法はこうなる。多い短いショット群に対してカメラの動き（移動、パン、ティルト）が二一ショットもあり、それに多い人物の回れ右式の一八〇度回転と一八〇度カットが結びつき、一体化した空間・精神の揺らぎとうねりをもたらす。さらに後半では父が自転車泥棒となった追っかけで大きな円軌道を早い速度で展開する。また父が泥棒を決意するまでの子や競技場、駐輪場、人気ない場所の自転車、往来する人々への刻々の視線。そして泥棒として捕らえられ、人々にこづかれ、罵られ裁かれる父と、その父に縋り泣く子の視線の交換。警察に突きだす相談をする逮捕者たち、持ち主、通行人たちの父への視線と、それらを必死に読み取ろうとする子の視線、その子への父の視線。さらに父子の視線の交換に注意する持ち主の視線。それらは先刻、被害者としての二人が犯人を追い詰めた時の記憶とおぞましい鏡像関係をもつ。二人は犯人の母親と妹の前で彼を弾劾した。

今、父と息子は互いの前で多くの人たちから弾劾されている。各視線は個々の心理分析の要素ではなく、現実と精神の重層性のなかの各層そのものなのだ。精緻で衝撃的なマッチ・カットの編集技術によって、様々に錯綜する視線から現実の重層とそこに生きる精神の重層を露呈させ、都市の時空間の重層的な揺らぎとうねりを表出し、現実と精神の一体化した生命と多義を現象的にとらえるネオリアリズム映画を創造したのである。

三 『自転車泥棒』の同時代評価と映画史的評価

以上、『自転車泥棒』のネオリアリズムの詩学を具体的に検証してきたが、その映画史的意義について語ろう。当然それは今日の映画研究の視点に立つものだが、当時既にこの作品とネオリアリズムの革命的な意義を明確に発見した映画批評家がいた。その視点の革命性は今日のすぐれたネオリアリズム映画論とそれ以後の脱古典主義的な現代映画の規範の基となっていることが証明している。その人の名はアンドレ・バザンであり、その批評が「『自転車泥棒』」（『エスプリ』一九四九年一一月号）〔3〕であった。『映画とは何か　第四巻　現実の美学・ネオリアリズム』（一九六二年）の「自転車泥棒」の節からその論旨を簡潔に紹介しよう〔4〕。

バザンはまずイタリアのネオリアリズム映画の開花期が終わった時点で発見したものを感動をもって伝えた。「イタリア映画において今日もっとも驚くべきことは、〈ネオリアリズム〉が入り込んでしまった美学的行き詰まりから、イタリア映画が抜け出すに違いないと思われることだ。一九四六年、四七年の開花期が終わり、大規模な演出のイタリアの美学に対する、さらにより一般的には、世界の映画が耐えていた技術的唯美主義に対するこの有益で知的な反作用が、一種の超ドキュメンタリーや物語化されたルポルタージュへの関心を超えられないのではないかと案じられるようになった。『無防備都市』『戦火のかなた』『靴みがき』の成功はある歴史的な状況と不可分であり、それは〈解放〉の意味そのものに係わっており、そしてそれらの技術は主題の革命的価値によっていくらか高められていると人々は認めはじめたのだ」。「『自転車泥棒』でデ・シーカはこの行き詰まりから脱し、ネオリアリズムのすべての美学を再び正当化するに到った」。

この前提をバザンは検証しながら、ネオリアリズムの真意を明確にしていく。

「この作品は、一九四六年以後の最高のイタリア映画から引きだすことのできるすべての原則に照らして、ネオリアリズム的である。映画の筋は〈大衆的〉であり、ポピュリズム的でさえあり、働く人の日常生活のちょっとした事件である」。「実際それはとるにたらない、ありきたりの事件だ。一人の労働者が盗まれた自分の自転車を探して一日中ローマで虚しく過ごす。この自転車は仕事に必要な道具になっており、それが見つからないと失業者に戻らなくてはならない。何時間も虚しく歩きまわった夕方、彼もまた自転車を盗もうとするが、捕らえられ、そして解放されて、自分が相変わらず貧しく、さらに自分も泥棒にまでなり下がってしまったという恥辱を抱く」。

「ここには新聞の三面記事の素材さえなく、この物語すべてでも犬がひかれたという見出しの二行分にも値しないだろう」。「出来事はそれ自体なんら固有の劇的原子価をもたない。それは犠牲者の社会的（心理的でも美学的でもない）局面の関数としての意味しかもたない。それは一九四八年のイタリア社会に彼を位置づける失業の恐怖抜きではありふれた災難でしかないだろう。同様に、ドラマの鍵となるオブジェである自転車の選択は、イタリアの都市風俗とともに機械的な輸送手段がまだ稀で高価であった一時代の特徴を示している。数多くの意義ある細部がシナリオの現実への接点を増加させ、それをある場所、ある年における政治的、社会的な歴史の一つの出来事として位置づける」。

「演出技術もネオリアリズムのもっとも厳格な要求を満足させる。セット撮影は一つもなく、すべてが街頭で撮られ、出演者も一人として舞台や映画の経験者がいない」。

「もし『自転車泥棒』が『戦火のかなた』に厳格に匹敵する傑作だとすると、それは演出技術の表面的な説明やシナリオの単純な要約には表れない幾つかのかなり正確な理由のためである」。

「まずシナリオは悪魔的な巧妙さをもつ。というのは、社会的現実というアリバイから出発して、それをあらゆる意味＝方向で支える幾つかの劇的座標体系をしつらえているからだ。『自転車泥棒』は確かにここ一〇年以来唯一の有効な共産主義的映画である。なぜならまさしくこの映画が、その社会的意義を考慮に入れないとしても、なお一つの意味を保っているからだ。その社会的メッセージは引きだされず、出来事に内在し続けるが、明白なので誰も無視できず、メッセージとして明らかに述べられていないので拒否もできない。含意されたテーゼは素晴らしく且つ恐るべき単純さをもっている。この労働者の住む世界では、〝生き残るために貧者は互いに盗みあわねばならない〟。しかしこのテーゼは決してテーゼとしては提出されず、出来事の繋がりはつねに、厳格で同時に逸話的な本当らしさをもっている。実際、労働者は作品半ばで自転車を見つけられるかもしれないが、その場合、映画は成立しないだろう」。「換言すると、プロパガンダ映画なら労働者が決して自転車を見つけられず、必然的に貧困の地獄の循環のなかにとらえられていることを証明しようとするだろう」。「デ・シーカは労働者が自転車を見つけられないかもしれず、そのために失業者にもどるだろうことを私たちに示すだけである。しかし、このテーゼを必然的なものにしているのはシナリオの偶然的な性格なのだ。一方プロパガンダのシナリオでは、出来事の必然性へのほんの僅かな疑いもそのテーゼを不確かなものにしてしまうだろう」。

「だが、私たちが労働者の災難から、人間と労働の関係のある様式についての非難しか引き出せないとしても、この作品は決して、出来事と人間を経済的ないし政治的な善悪二元論に還元することはない。それは連続する出来事に偶然的で逸話のような時間的順序《クロノロジー》を与えるだけでなく、一つ一つの出来事を現象の全体性の中で扱うことによって、現実をごまかさないようにしている。子どもは探索のさなかに突然催して小用を足す。にわか雨のために父子が門の下で雨宿りを余儀なくされると、私たちも彼らのように探索をあきらめ、雨が止むのを待たねばならない。これらの出来事は本質的に、私たちを納得させなければならない何か、つまり真実の記号ではなく、それら自身の重さのすべて、その特異性とその出来事としての曖昧さのすべてを保持している。もしあなたに見る目がなければ、これらの結果を不運や偶然のせいにするのもあなたの自由である。それは人間についても同様である」。「こうした私的な災難に関しては、このポスター貼り職人は教会でも労働組合でも孤立している（そもそも私的なものである友人は別として）。しかし、この両者の類似は対比をはっきり表すゆえに極めて巧妙である。組合は慈善ではなく正義のために働くので、その無関心は正常であり、正当である。しかし、カトリックの〈クエーカー教徒たち〉の厄介な家父長主義は、その〈慈善〉がこうした個人の悲劇に対して盲目的であり、その原因となる世界を変えるために何もしないので、耐えがたい。この点でもっとも成功したのが、ポーチの下でのにわか雨の場面だ。オーストリアの神学生の一群が父子のまわりに飛び込んでくる。彼らがおしゃべりで、しかもドイツ語をしゃべるのを非難する正当な理由は私たちにはない。しかし、〈客観的に見て〉これ以上反教権主義的な状況を創りだすのは難しい」。

「おわかりのように——私はほかに二〇の例をあげられる——出来事と人間たちは決して一つの社会的テーゼという意味に引きずられてはいない。しかしこのテーゼはそれらから完全に補強されて出てくる上に、私たちにはさらに強化された形でしか与えられないので、ますます反論しがたい。それを引きだし構成するのは映画ではなく、私たちの精神である。デ・シーカはいつも自分が賭けなかった場面で勝つのだ」。

「この技術はイタリア映画のなかでは絶対的に新しいものではなく、私たちは長らく『戦火のかなた』や最近では『ドイツ零年』でもその価値を主張してきたが、この両作品ともレジスタンスや戦争というテーマに係わるものだ。『自転車泥棒』は、こうした《客観主義》から交換可能な主題への転換の決定的な最初の例である。デ・シーカとザヴァッティーニは、ネオリアリズムをレジスタンスから革命へと変化させたのだ」。

「こうして作品のテーゼは完全に客観的な社会的現実の背後に姿を消し、今度はその社会的現実がそれ自体で作品を正当化できる道徳的で心理的なドラマの背景におしやられる。あの子どもを発見したことは天才的なひらめきで、それは脚本か演出のいずれの功績かわからないが、その区別は意味がない。労働者の冒険に倫理の次元を与え、社会的なものにすぎないこのドラマを個人的な道徳的視点で掘りさげるのは、この子どもなのである。子どもがいなくても物語はほぼ同じだろう。その証拠に同じように物語を要約できる。実際に子どもは父の周りを小走りして、付いて行くだけであるが、彼は親密な目撃者であり、その悲劇に結び付けられた特殊な合唱隊である。ほとんどの女性の役は省いて、子どものなかにドラマの私的な性格を具現化したのはみごとな技巧だ。父子の間に成り立つ共犯関係は繊細で、道徳的生活の根源にまで浸透している。この作品の結末に悲劇的な偉大さを授けているのは、子どもが子として父に抱く称賛の念と、それへの父の自覚である。仮面を剝がされ、街頭で平手打ちを食らう労働者の社会的恥辱は、子どもがその目撃者となったことで感じた恥辱とはまったくちがう。父に自転車を盗む誘惑が生じた時に、父の考えを見抜く子の沈黙の存在は、ほとんど淫らな残酷さを帯びる。彼が子どもを電車で行かせて追い払おうとするのは、部屋が狭すぎるので階段の踊り場で一時間待つように子どもに言うのと同じだ。簡潔さのなかにこれほど心を揺さぶる深さをもった状況を見つけるには、チャップリンの最良の作品にまで遡らねばなるまい。この点に関して、最後の場面で子どもが再び父に手を差しのべる動作は、しばしばまちがって解釈されてきた。そこに大衆の感受性への譲歩を見るのは不適切だろう。デ・シーカが観客にその満足を提供するとしたら、それがドラマの論理内にあるからだ。この冒険の旅は父子関係のなかに、思春期のような決定的な段階をしるすだろう。それまでの父は子どもにとって神であり、彼らの関係は称賛のしるしの下にある。父の行為がその関係を危険にさらした。手をぶらつかせ、並んで歩く二人が流す涙は失楽園の絶望である。しかし子どもは父の失墜を通して父のところにもどる。彼は今や、ひとりの人間としてその恥辱も含めた父を愛することだろう。彼が父の手のなかにすべりこませる手は許しのしるしでも、子どもらしい労りのしるしでもなく、父と子の関係を記すことのできるもっとも厳かな仕種、二人を対等にする仕種なのである」。

「物語の構成に係わるものでも、演出そのものに係わるものでも、この作品の子どもの多様な二次的機能は列挙するだけで長くなるだろう。だが少なくとも、作品半ばで子どもの存在が導入する調子（ほとんど音楽的な意味での）の変化には留意すべきである。子どもと労働者の間を行き来することは私たちを社会的、経済的面から私生活の面へと連れもどし、子どもが川で溺れたと思い違いした父に、突然自分の災難が相対的に無意味なものだと意識させ、物語の真ん中に一種の劇的なオアシス（レストランのシーン）を創りだす。当然それは偽のオアシスだ。というのはこの内輪の幸福の現実は、結局はあの自転車が見つかるかどうかにかかっているからだ。こうして子どもはいわば劇的予備軍を構成し、場合に応じて対位法や伴奏の役を果たし、あるいは反対にメロディーのクロース・アップとなる。物語に内在するこうした機能は、結局父と子の歩みのオーケストレイションのなかで完全に知覚できる。デ・シーカはこの子役に決める前に、演技テストをさせないで、ひたすら歩くテストをさせた。彼は父の狼のような足取りの脇で、子どもがちょこまか歩くのを求めた。二人の歩みの不調和のハーモニーは、それだけで演出全体の理解にとって主要な重要性をもつ。『自転車泥棒』は父子がローマ中を歩く物語といっても過言ではあるまい。子どもが前か、後ろか、横にいるか、あるいは頬を打たれてふくれっ面をし、父への復讐のために距離を置いて歩くかということは決して無意味なものではない。反対にそれはシナリオの現象学なのだ」。

ここからバザンは、この作品の革新性を俳優の消失、演出の消失、物語の消失として捉えていく。俳優の消失とは、従来の俳優、演技、役の観念を超えることであった。「この労働者は彼の自転車のように、同時に完全であり、無名であり、客観的でなければならなかった」。「現実生活そのもののような明らかに自然な完全の透明性のなかでの、俳優の観念の消失に対して、演出の消失が対応する」。演出とはデクパージュから生まれる劇的効果の存在であり、この作品のどのショットにもそれはなく、そこに〈客観性〉が表れる。「俳優の消失が演技のスタイルの行き過ぎの結果であるように、演出の消失も物語のスタイルにおける弁証法的進化の結実である。もし、演出家がカメラの角度や偏見によって明らかにする必要がないほど出来事がそれ自体で自足しているなら、それはまさしく出来事が完全な明るさに到達しているからである。この明るさが芸術をして、結局は自らに似ることになる自然の姿を露にさせる。それゆえに『自転車泥棒』は私たちにいつも真実の印象を残すのである」。

物語の消滅はこの作品の原理の第一にあり、物語の意味は普通の映画に見られるものとは異なる。ここでバザンはロジェ・レーナルトの説を敷衍して、「演劇的映画」を「映画の物語言説の小説的構造」と対比させる。「演劇的映画」は映画の筋に演劇の劇の筋（古典演劇のアクションの語意）を借用しており、舞台上の上演のようなスペクタクル（見世物）の映画である。これに対して、人間と自然に認めるリアリズムと平等性によって美学的に小説と同類の映画がある。両者の対立は、演劇的映画がアクション、因果関係、意思を重大とするのに対して、物語言説の小説的構造の映画は出来事、連続性、知性を重大とし、演劇の接続詞の〈したがって〉と小説の接頭辞の〈そのとき〉の対比となる。バザンは次のように言う。

「現代のイタリア映画は世界で唯一見世物という至上命令を決然と放棄する勇気を示した。『揺れる大地』（ルキノ・ヴィスコンティ、一九四八）と『沼の上の空』（アウグスト・ジェニーナ、一九四九、日本未公開〔山本注〕）は〈アクション〉のない映画であり、その（幾分叙事詩的な小説的）展開は劇的な緊張に何一つ譲歩していない。出来事はそれらのペースで次々に出現するが、それぞれは同じ重みをもつ。あるものがより意味をもつとしても、それはただ後《ア・ポステリオリ》からそうなるだけだ。私たちが心のなかで〈したがって〉を〈そのとき〉に代えるのは自由である。特に『揺れる大地』は、この事実によって〈呪われた〉映画であり、跡形もないほどカットされることなしに商業的な回路ではほとんど利用不能だった」。

「それはデ・シーカとザヴァッティーニの功績である。『自転車泥棒』は悲劇としてしっかりと構築されている。極度に劇の力に充ちていないイメージは一つもないが、劇の連続とは無関係に私たちの興味を惹くことができないイメージも一つもない。映画は、雨や神学生たち、カトリックの〈クエイカー教徒たち〉、レストランなどのように、すべて純粋な偶然の面上で展開する。これらの出来事はすべて交換可能に見え、いかなる意志も劇的なスペクトルに従って、それらを組織立てることはできないようだ。泥棒の居住街の場面は意義深い。私たちには労働者が追ってきた男が本当に自転車泥棒だったのか、彼の癲癇の発作が仮病か本当かも、決してわからないだろう。〈アクション〉としてのこの挿話は無意味なものになるだろう。というのは、もしその小説的興味、その事実としての価値がさらに一つの劇的意味をその挿話に戻さなければ、それはどこへも導かないからだ」。

「実際、アクションは、それ以上にそして並行的に、一つの緊張としてよりむしろ諸出来事の〈督促〉により構成される。お望みなら見世物といってもいいが、何という見世物だろう！　しかし、『自転車泥棒』はもはやドラマの基礎数学に頼らず、アクションは本質として先在せずに、それに先立つ物語言説の存在から生じる。それは現実の〈積分〉なのである。ほかの監督たちが今日まで多少とも近づけなかったデ・シーカの最高の成功は、見世物的アクションと出来事の矛盾を乗り越えることのできる映画の弁証法を発見できたことだ。それゆえ『自転車泥棒』は純粋映画の最初の模範の一つである。もはや、俳優も作り話も演出もない。つまり、現実の完全な美学的イリュージョンのなかにある。もはや映画はない」。

これがバザンの批評であり、すぐれたネオリアリズム論の一つである。ここには以後のイタリア映画を始めとする西欧映画の戦後の芸術的主潮がかなり的確に予言されている。まず、初期のネオリアリズム映画の客観主義・主題主義（解放という時代状況との不可分な）からこの作品による交換可能な題材（革命）への移行が示され、記録映画的手法（撮影・演出）の下で、物語法上の因果関係の重視の廃棄と同時に偶然性の導入、事実の多義性・曖昧性が主張された。それはプロパガンダ映画が先験的な一つの論理、つまり社会・経済的善悪二元論に出来事と人を追い込み、現実をごまかすのに対して、まず社会的現実の口実から、すべての意味でそれを支持する幾つかの劇的座標体系を用意するからだ。つまり現実を支持するすべてのサンス＝意味＝方向＝視点としての多義・曖昧である。それはテーゼの必然より偶然の出来事の重視につながる。それは偶然的で逸話的な時間的順序としての諸事実の一つ一つを現象の完全な状態（その重み・新奇性・事実の多義性・曖昧性）とともに生きる現象学的視点である。この多視点のなかで作品半ばで社会的現実から心理や倫理などの精神の主題交代がなされる。そういう重層が交代で露呈される。こうして開かれた映画構造とその結果としての明白な決着を示さない開かれた結末が提示されるが、その意義解明は帰納的に観客に任される。以上が戦後の新しい詩学の提示であった。バザンはとりわけぶらぶら歩きとその旅行の現象学的な詩学の一成果を示唆する。

バザンが現象や現象学をこれらの諸問題のキーワードとしている点にとくに留意したい。ロッセリーニの『イタリア旅行』（一九五三）についてのバザンの「ロッセリーニの弁護」（『チネマ・ヌオーヴォ』一九五五年八月二五日号）［編注2］では、現象学とネオリアリズム映画との関連を明らかにしているが、ここではアメデ・エーフルの定義（「ネオリアリズムと現象学」、『カイエ・デュ・シネマ』一九五二年一一月号）［5］を参考にして、こう述べている［6］。「ネオリアリズムは全体的な意識による現実の全体的な叙述である。ネオリアリズムは先行したリアリズムの美学、とりわけ自然主義と真実主義に、そのリアリズムが意識よりも主題の選択に重きを置いているという点で対立するものと思われる。お望みなら『戦火のかなた』におけるリアリズム的なものはイタリアのレジスタンスであり、ネオリアリズム的なものはロッセリーニの演出、省略的であると同時に総合的な出来事の提示のしかたであるといえよう。換言すれば、ネオリアリズムは原理的に、登場人物とその行為の（政治的、道徳的、心理的、論理的、社会的、あるいはあなたが望むすべての）分析を拒否する。それは現実を一つの塊として、理解不能ではなく、分解不能なものと考える」。そして人物や現実への愛が「人と背景を分離することを禁じる」。「ネオリアリズムの演出家の意識は現実を濾過するのである」。写真は真実の刻印であり、光の鋳型であり、物と写真の間には存在論的な同一性がある。『イタリア旅行』におけるナポリの風景は「純粋な写真として客観的であると同時に、純粋な意識として主観的でもある精神の風景である」。観客がこのような風景を見て、一つの断片から他の断片へ、一つの事実から他の事実へ移るときに、後《ア・ポステリオリ》から意味が生じるのである。ネオリアリズムでは意味は先見的に与えられていない。

これはロッセリーニの旅行の美学であり、それはアントニオーニやフェリーニに継承されていくが、その基はデ・シーカにあった。さらにデ・シーカとロッセリーニとをバザンはこう位置づける（「デ・シーカとロッセリーニ」、『ラジオ・シネマ・テレビジョン』第二九五号、一九五五年）［7］。

「ザヴァッティーニ＝デ・シーカもロッセリーニも私たちに人間の全体的な一つのイメージを与えようとする。それは人間を地理的・歴史的・社会的コンテクストから切り離さず、同様に物語言説の〈劇的な〉組織を抽象的なものとして拒絶する」。「ザヴァッティーニ＝デ・シーカは、おそらくその信念と気質によって、人間の現実をまず本質的に社会的事実と考える。（略）ネオリアリズムは二人にとって、何よりも個人と社会の諸関係のリアリズムなのである」。他方、ロッセリーニが扱う「題材の真の性質は社会的なものではなく、道徳的な範疇に属するものであったと思う」とバザンは言う［8］。

ここで映画史的評価に移るが、アメリカ映画への影響の問題を含めて、デイヴィッド・ボードウェルとクリスティン・トンプソンの共著『映画史　概論』（一九九四年）［9］と『映画芸術　概論』（一九七九年）［編注1参照］、トンプソンの『ガラスの鎧の粉砕』（一九八八年）［10］——を紹介する。

まず、『映画史　概論』の「イタリア　ネオリアリズムとその後」（四一五〜四三〇頁）では、客観主義から多様で個別的な題材へというネオリアリズムの変化をバザンが告げた背景として、人民戦線の視点で共産主義者、カトリック教徒、大衆を一体化したレジスタンスの英雄叙事詩を描いた時代から、一九四八年の総選挙でキリスト教民主主義政党の勝利により、社会問題（党のセクト主義、インフレ、失業）の時代に転換したことをあげている。『映画芸術　概論』は「イタリア・ネオリアリズム（一九四二〜一九五一）」の章［編注3］で、ネオリアリズムのスタイルの改革としてはバザンが指摘したロケ撮影・素人俳優・演技などの即興に則したカメラワークの柔軟さを指摘した。物語形式は、(1)因果関係に動機付けられていない偶然的な細部の導入をゆるす。(2)人物の行為はふつう具体的に経済的、政治的なもの（貧困、失業、搾取）だが、出来事の因果関係が語られず、結果は断片的で結論を欠く。(3)曖昧性は、現実の全体が不可知であるかのように、出来事の全知を拒否する物語の産物である（例えば『自転車泥棒』のラストで父子は未来が不確かのまま街を彷徨う）。(4)ネオリアリズムの人生の断片のプロット（話と同じ語意での）構成と無制約の物語法はこの運動の多くの作品にハリウッド映画の物語法の閉鎖性とは正反対の開かれた結末の特質を与える。

『ガラスの鎧の粉砕』は、「映画におけるリアリズム　『自転車泥棒』」の章（一九七～二一七頁）で、この作品の革新性をさらにハリウッド・スタイルの技術の逸脱と継承という対比から検証している。まず、ハリウッド映画よりも遥かにリアリスティックなこの作品は全体的に巧みな編集技術、ショット／切返し、視線／そのマッチ、追っかけ、モンタージュ（朝の出勤風景）を用いている。物語構造は釣り合わないほど多くの偶然と周辺的出来事で構成されているが、古典映画的な、〈約束〉〈締切り〉〈台詞の鍵〉が多くの小さな脱線に中心的なプロットの繋がりを果たす機能を示す。締切りは、職安で翌日から自転車持参で仕事を開始と命じられること。約束は、父がスタンドで子に夕方にまた戻るということ。台詞の鍵は、友人が父に明日の日曜日に自転車を探すと言うと、この台詞が鍵となり、画面がその場面へ移ること。古典的な伴奏音楽の使用とロケーションの録音の環境や群衆の様々な音。素人俳優とロケーション撮影はリアリズムのもっとも明白な動機付け。このようなハリウッド映画のしきたりとこの映画の独創的でリアリスティックな様相は新しい高められたリアリズムとして動機付けられる。題材についていうと、失われた自転車の捜索を基にして家族のドラマを突然生じさせることはハリウッド的ではなく、社会問題は作品の全体的効果に重要なものとなっている。物語は二部構成で、第一部は主人公の職がきまったことから、教会で犯人の片割れの老人の行方を見失うまで（約四五分）。第二部は教会の外から最後まで（約三六分）。トンプソンは第一部が長く、全体の三分の二を占めるというが、第二部はそれまでの自転車の捜索という行為から父子の口喧嘩が始まり、父が川で子が溺れたと勘違いする事件があり、それから歩行のなかで次第に和解し、レストランで楽しい食事をとるまでの長い脱線がある。「これらの場面を通して、二人の変化する気分はアクションを導く唯一の筋道となる。捜査には何の進展もない。これらの場面はバザンの理想的なデクパージュに達している。それはきっちりとした物語の論理よりも、時間の持続の周りに構成されているからだ」。そして問題は捜索から、自転車の喪失が家族にどういう影響を及ぼすかになる。最後は開かれた曖昧な結末になり、自転車は二義的となり、重要な関心は父子関係に与えたこの日の出来事の衝撃となる。二人の和解は続くのか。一ついえることは、最初に見られた家族の牧歌的な楽天主義は永遠に失われたということだ。「そして今や開かれたアンハッピー・エンディングはモダーンな芸術映画の常套句となったが、この作品はそれを最初に用いて広く見られたものの一本であり、全く独創的だったことに留意すべきである。これに続くその使用は、戦後の観客に強いリアリズム感をもたらしたに違いない技巧の伝統に力を添える」。ついで著者はバザンがこの作品を共産主義映画として賛美したことに反対し、同時に共産党指導の連合の解体を視野にいれながら、党や教会への批判を表現しており、それは共産主義のプロパガンダではなく、むしろリベラルなヒューマニスト観であるとしている。ブルーノの存在が政治の客観的な扱いを均衡をとれたものにする憐れみの感情の調子を作りだすのに役立ち、父子の憐れみと感情的な関係がこの作品を今日までもっとも人気のあるネオリアリズム映画の一本にしている主な理由とみなしている。

最後にこの作品のアメリカにおける影響を史的に概括している。アメリカでは一九四六年二月の『無防備都市』公開以来、ネオリアリズム映画についてよく知られていた。四九年にこの作品が公開される以前に高い評価を得ていた。この作品も〈芸術映画専門館〉(主にヨーロッパ映画などの芸術的な映画を上映する)で上映され、その専門館の急速な成長を計算に入れた批評がなされ、一九四九年一二月七日の『バラエティ』紙は「商業的にこの映画は芸術映画専門館を儲けさせる本命であるが、普通の映画館では売上に制約がある」とした。そして同年度のアカデミー外国語映画賞やニューヨーク映画批評家協会賞外国語映画賞を受賞した。「アメリカ観客にとってこの作品は新しい外観を持つ娯楽映画だった。今日の私たちの視点では、この作品はリアリスティックというより滑らかで一般的な映画に見えるが、一九四九年にはそれは普通の商業的な映画から離れた穏やかな前衛的傾向の先頭にある映画だった。結局、『自転車泥棒』は成長するリアリズムの概念に適合した。それは少なくとも米英では新しい規範となった。つまりそれは『自転車泥棒』を特徴づける心理的ドラマ、アンハッピー・エンディングの開かれた結末、曖昧な因果関係に依存するリアリズムであり、芸術映画の制度の中心的特徴のリアリズムである」。

残念なことに、当時バザンのこれらの評論の翻訳は日本では紹介されなかった。それは小海永二訳の『映画とは何か　第三巻　現実の美学・ネオリアリズム』（美術出版社、一九七三年）を待たなければならなかった。これは日本の映画批評の成熟にとって致命的ともいえる不運であった。バザンのこれらの論評で示した脱古典映画の新動向は二〇世紀後半の映画を的確に予示していたからである。日本でネオリアリズムの新しさについて部分的だが正確に述べたのは、ずっと後の前出の座談会（『キネマ旬報』一九六〇年六月一五日旬号）でのチェントロ留学帰りの増村保造であった。「一番簡単なことは、クラシックな技法、どっちかというと十九世紀に完成したドラマツルギーとはちがうということがネオ・リアリズムの大きな特色でしょう。ドラマツルギーをつくり出すためには暗示も必要だし、伏線や適当な省略も必要だ。要するに因果関係をキッチリつくらねばならない。そうしたものをサッパリ忘れたのがネオ・リアリズムじゃあないですか」（五二頁）。

以上のような映画史的文脈のなかで、今井正はこの作品と『どっこい生きてる』とのテクスト連関をどのようにおこなったのだろうか。

四　『どっこい生きてる』の物語言説の構造とスタイル

その前に『どっこい生きてる』の誕生の状況を解説したい。今井は一九四七年に共産党に入党し、一九五〇年九月にレッドパージで東宝から追放処分となった。追放者は各撮影所で映画製作はできなくなった。『今井正の映画人生』の「自作を語る」によると、今井は子ども五人と夫婦二人の七人の暮らしのために、くず屋の立て場（くず屋からくずを買う問屋）を始めた。ふつう初めて店を出すときは、飲み屋とか食べ物屋で、山本薩夫たちも中華そば屋だった。これは隣りの未亡人の勧めだった。朝、くず屋に必要なくず代を二〇〇〇円とか三〇〇〇円とか渡し、買ってきた品を相場にあわせて買い取る。そして、未亡人を番頭にして、天現寺に立て場をひらき、子どもたちを総動員して「資源回集人求む」のビラを電柱に貼り、一〇人ほど募集した。商売はもうかった。鉄くずはどんどん値が上がった。ところがこの商売がなかなか大変だった。くず屋は買った品を値段の良い立て場の方にもっていってしまう。この対策には苦労した。そして今井はこの話の終わりをこう締めくくっている。

あるとき、鉄くずをつんだダットサンに乗って、鉄くずを集める芝浦の埠頭までいったわけです。そして、なにげなく、鉄くずの目方をはかる若い衆に聞きました。

「いったいこんなに集めてどうするんですかね」「ああ、それは朝鮮ですよ。つぶして、大砲かなんかにして朝鮮へ持っていくんだよ」

それで初めて、ああ、僕は戦争の片棒をかついでいるんだ、これは長く続ける仕事じゃない、と気づいたんですな。それで、また映画をとれるようになったとき、立て場をそっくりただで未亡人にやって、僕は身

をひきましたよ。（二二一頁）

彼はレッドパージになった仲間と自分たちで映画作りをすることを話し始めるが、前進座から映画製作の申し込みを受けることになる。前進座は四九年に共産党に集団入党し、大都市の劇場から閉め出されながら、移動公演で活躍していた。「映画を撮るそうだけど、私たちも、むかし作った『人情紙風船』のようないい映画をまた作りたい。全国から一口五十円の出資金で集めた四百万円があります。これを使って、いっしょに映画を作ってください」（二二一〜二二三頁）。この資金をもとに作られたのが『どっこい生きてる』（一九五一）だった。ドイツの戯曲『どっこい俺らは生きている』をヒントにしたこの題名にはもちろん、レッドパージされたって、オレたちはそう簡単にはひきさがるものか、という思いがこめられていたという。これが製作の動機であり、作品には仕切り場で働く人々の生活が参考にされた。

製作資金はこれで解決したが、出演は当然、現代劇も扱う歌舞伎の前進座が主体となった。これは素人出演のネオリアリズムの遂行に問題となるものであり、事実、当時の批評はこの点に集中した。「演技は群集の中にすぐれたのが散見され、河原崎長十郎は、かえつて脇役に押されていた。木賃宿で酔つぱらう場面の演技はさすがに立派で、脚本の台詞もここはすぐれていた。しかし長十郎の演技は、結局舞台臭がとれていないのだ。表情にも動きにも」（滋野辰彦「日本映画批評　どつこい生きてる」、『キネマ旬報』一九五一年八月一日号、三五頁）、「夫婦喧嘩は、長十郎、静江《ママ》の河原崎夫妻の演技が矢張り舞台染み、少々新派悲劇調で、これが全体を通じてこの作品の一番の欠陥である」（荻昌弘「試写室より　どつこい生きてる」、『キネマ旬報』一九五一年七月一日号、八四〜八五頁）、「長十郎の毛利修三は（略）この人の身についている座頭的な貫禄が、もとは職人や女中まで使つていながら、今の日雇人夫の世界からのび上れないという役柄の設定にマッチしていない」「毎日を肉体をかけて生きている日雇労務者の生活とその感情を、他の職業俳優のだれが示し得ようか。もしそれを望むなら、私達は全くの素人達のなかゝら期待するより他はない。そして、その試みが成功していたら、『どつこい生きてる』は『自転車泥棒』に肩を並べる作品になつていたに違いない」（阿部十和「作品評　どつこい生きてる」、『映画評論』一九五一年八月号、八四〜八五頁）、「あの頃はみんな栄養失調でやせていたから、失業者になるには大変都合が良かった。ただ一番心配したのは、主演の長十郎さんていう人は（略）ちょっと喰ってもすぐ太っちまうタチの人で、肝心の主演がどうも失業者らしくなかった」（岩崎昶『映画の前説』合同出版、一九八一年、三〇〇頁）。以上の前進座の演劇性を考慮して、テクストには映画から収録した台詞を忠実に採録した。脚本の検閲は一九四九年に設立された映倫が担当しており、日本に失業者がたくさんいるという話は、進駐軍の政策がうまくいっていないということになり困ると言われた。しかし、撮影後の占領軍の検閲（CIE＝民間情報教育局とCCD＝民間検閲部の二重検閲）は無事通過し、七月四日に封切られた。

作品の技術的データ。総ショット数四九九、時間一〇二分（タイトル部分一分一六秒は除く）、一ショット平均約一二・四秒。固定ショット三九三（七九％）、動くショット一〇六（二一％）。『自転車泥棒』と比べると、ショット数とカメラの動きはかなり少なく、ショットの持続時間は長い。また、この映画は場所の名を殆ど明示していない。職安の場所について、荻昌弘は『キネマ旬報』一九五一年七月一日号の前掲記事（八四頁）で江東地区とし、以後これが継承された。不特定の意味はこれから検証していく。以下が物語内容。日雇い労働者の毛利（河原崎長十郎）は借家を取り壊しのために失う。行き場がないため、妻のさと（河原崎しづ江）は息子の雄一（河原崎次郎）とその妹の民代（町田よし子）をつれて田舎の姉の所に行き、毛利は簡易宿泊所に行く。そして最後に毛利は再会した家族と一家心中しようとする。その経緯の刻々が八日間の日常的な出来事として、毎日朝から夜に至る日記体のスタイルで展開されていく。

図35

図36

第一日（七八ショット、一三分、一ショット平均一〇秒）

(1)早朝の街路を日雇い労働者が職安に急ぐモンタージュ・シークエンス。第三ショットから急ぐテンポの音楽。人が並び出し、職安前に並ぶ人々、焚き火をしている人も。音楽止む。ここはローマ市街の自転車の群の出勤風景に相当する。また夥しい失業者の数は特に質屋に入れられた質草の夥しさに相当する。

(2)夥しい人々が大きなバラックの職安の前に行列を作っている。スピーカーからのアナウンス「本日の受付はこれで締め切ります」。そして「東京ブギウギ」のレコード音楽が始まる。人々は左の方を見て、急いで駈けだす。空のトラックの荷台にいかにも過酷な手配師（花沢徳衛）が、若者を選び荷台に乗せる。毛利が荷台枠につかまろうとするが断られ、トラックは発車。彼はそのままぶら下がるが突き放され、地上に落ちる。カメラは荷台からそれを撮る［図35］。ここは『無防備都市』の射殺されたアンナ・マニャーニの名場面［図36］の引用。トラックは去っていく。

(1)(2)のシークエンスを通して、今井は群衆の動きを移動やパンで撮るより、固定カメラで、滑らかなアクション繋ぎをする方法を目立たせた。これは室内外の個々の人物の場合も同じである。それは群衆や個人が同じ方向＝意味＝視点の動きを示し、結局は平面的な一つの舞台面の延長に収まってしまう。これに対してデ・シーカの街頭場面で示した群衆や個人や物の間の複雑な対立あるいは繋がりを立体的カット（一八〇度、九〇度など）と流動的なカメラの動きで捉えた多方向＝意味＝視点との現実性の差異に留意されたい。

(3)毛利はバラックの並ぶ道を歩み出す。ここから彼が家の中を覗くまでが帰路の道行となる。

(4)毛利の家（粗末なバラック）。大家の山川から明日までに家を取り壊すと告げられる。

第二日（六九ショット、一六分一二秒、一ショット平均一四秒）

(1)朝の職安。

(2)現場への道行。トラックバックのカメラによる緑の多いまっすぐの美しい道を歩む水野（木村功）と毛利。

(3)現場。遅れてきた花村（中村翫右衛門）が焚き火の前に立ち、皆に発破をかける。カメラは、広い焼け跡整理での素人主体ののんびりしたお役所仕事を紹介していく。水野が毛利に「うちの寮には空きがないし、木賃宿は?」と話を続けると、毛利が答える、「四人で三四の一二〇円、何も食わずにいなきゃならない」。

(4)人夫たちのロープで引き倒されるバラック。

(5)おむつなど洗濯物が狭い路地越しにびっしり並ぶ下を、さとが布団を背負い、鍋釜を両手に下げ、砂島公益質屋にやってくる。「当分休みます」の貼り紙。屑屋で男が秤で、「アルミニュウム二ドル四〇、金一貫七〇〇」と言ってトラックに投げ、布団は白綿四貫二〇〇と言う。『自転車泥棒』の質屋と異なり、金額は言わない。この作品における隠蔽は地名=地理と金額になる。

(6)帰ってきた毛利がバラックの残骸の前で愕然とする（グリッサンドの音楽が同調）。一軒だけ残った家の戸を開けて（音楽止む）呆然と見回す。さとと民代帰ってくる。「おい、これは一体どうしたんだ」。さとは笑顔で「うん、内緒で悪かったけどね、田舎に行くより仕方ないと思ってさ」「俺と、つまり夫婦別れしたいってのか」。さとは驚き振り返り「そうじゃないんだよ、子どもを連れて私がしばらく姉さんとこ行こうてんだよ。だってさ、明日追い出されたらどうしようもないじゃないか。そうだろ、それともあてがあんのかい」。座り込んだ毛利にホルン主体の静かな旋律が入り、最後まで続く。寝ている子供たちを前に二人が話し込む（五三秒の固定の長回し）。ここは六分一六秒の伝統的な世話場で、この作品の「演劇的映画」性の核となるものであり、特にしっかり者の女房と、受け身の亭主の性格の対照が踏襲される。

図37

図38

図39

第三日（八分一三秒、三四ショット、一ショット平均一四・五秒）

(1)翌朝、たたき壊される毛利の家。

(2)高架線のガードに沿った道。両側に商店・食堂・飲み屋が過密に並ぶ。

(3)①上野駅前の露店で、毛利は兄妹に本を二冊買ってやる。②駅舎の改札口前の座った行列に加わる一家。「常磐線一一時二五分発青森行きの改札をいたします」のアナウンスで、皆が歩みだす。毛利は金をだし、さとに渡そうとするが、さとはとらない。そして改札、母と子らを見送る毛利。③両大《りょうだ》師橋《いしばし》、毛利が階段を上がってくる。駅をでていく列車を橋から見る毛利［図37］。汽車は煙を上げて橋をくぐり、毛利は（カメラはパン）走って橋の反対側から煙の中で列車を見送る［図38］、毛利の大写しとなり、汽笛が三度［図39］。オーヴァー・ラップ（以下、OLと略記）。飯島正はここに往年のイタリア映画『さらば青春』（一九一八）の別れの名場面の影響を見ている［編注4］。

(4)①「簡易宿泊所」の看板。②室内場面となり、花村と毛利の会話。花村「気をつけろ、ここは泥棒がいる」（鍵となる台詞）。「俺には取られるものはなにもねえ」と答える毛利。「一杯飲みに行こう」と誘う花村に対し、毛利は「今日は勘弁してくれ」と断る。「偏屈だねえ、お前は」と花村。フェイド・アウト。

第四日（二七分、一一六ショット、一ショット平均一四秒）

全編中もっとも長いテクスト＝物語言説の一日。

(1)　朝の職安（二分三八秒）。受付の前に並ぶ人々、毛利が就業票をもらうと窓口が閉まる。「郭公ワルツ」のレコード（就業者とあぶれの悲喜を対照化する街頭スピーカー音楽は黒澤の影響を感じさせる）。毛利は露店で握り飯を買い、歩きながら食べる。

(2)丸山の作業現場（一分三秒）。大きな溝の中で毛利が仲間とスコップで泥を浚っている。「おーい代わろう」の声で皆は一斉に上に登り、毛利は何かを見つけてとまる。電信柱の求人広告「旋盤工数名経験者に限る　至急入用　松橋三丁目　吉田製作所」。

(3)吉田製作所（二分四七秒）。旋盤作業をする毛利を見ている所長（瀬川菊之丞）。「まあまあだな、徴用ならこんなとこだ、まあ来てみな」。立ち去ろうとした毛利は所長に、前借りを頼む。所長「そんなら断るより仕様がねえ」。所長の妻（川路夏子）「来る早々前借りなんてあるものか」。考え込む所長。

(4)寮（八分二五秒）。①寮＝元兵舎の前（「小学校か兵舎を占領したものか」〔荻昌弘の前掲記事八五頁〕）。毛利「職は見つかったが、実は明日の飯代もねえ」。水野「まあ茶でも飲んでいきなよ」と部屋に連れていく。②狭い室内に水野の父、妹、弟二人、妻と赤子が住む。水野の妻（当時独立プロの原節子といわれた岸旗江）がちんどん屋姿で現れ、挨拶して父の隣りに座る。③敷地内、秋山婆さん（飯田蝶子）が水野とバケツを叩いて歩いてくる。秋山は皆からカンパを募り、水野が集まった四二三円を毛利に渡す。

(5)夜の簡易宿泊所（合計一二分七秒）。①毛利と花村の酒盛りが始まるまで（四分一三秒）。笑顔で鉛筆なめなめはがき書く毛利のクロース・アップ（以下CUと略記）。オフで丁半のかけ声。宿内の遠景、通路の右手前に毛利、左側奥で花村たちが博打（特定の人や物の大写しから遠景の場面提示は今井の古典的導入法）。花村は毛利の前に座り「まあ一杯飲めよ」と言う。飲む二人。花村、札を数え、「これ細かくなるかい？」。毛利、内ポケットから分厚い札をだして数える。毛利、札をポケットに入れるのが丸見え（ハリウッド的な盗難の明白な予告）。②毛利の泥酔（四分五六秒）。大人しい毛利が酒で威張りだす趣向は、落語の『らくだ』の恐ろしい半次兄貴と半次の言いなりのおとなしい屑屋の久六が酒盛りで強弱が逆転する落差のおかし味を狙ったようだが、毛利＝長十郎の貫禄は久六役より半次役に近いものがある。③目覚めた毛利、金を取られたのを知る（三分一秒）。

第五日（八分二六秒、三二ショット、一ショット平均一六・三秒）

(1)吉田製作所内（一分四五秒）。所長、紙入れから札を取り、少ねえけど電車賃だと毛利の側に置く。毛利「きのうは雇うと言ったじゃないですか」。所長の妻「他を探すんだね、いつまでいたって同じだよ」。毛利じっと睨み、「頼まねえ、バカヤロー！」と出ていく。

(2)対岸に工場のある大きな運河畔。暗い悲壮な音楽。毛利、左からフレイム・インし、右にゆっくり歩む。毛利（カメラも）、木材に腰を下ろす。再び起き上がり左へ歩きだす（カメラも）。カメラは止まり、毛利は去っていく。短いＯＬ。

(3)寮（二分三秒）。①寮の前、毛利と水野の弟の会話。②庭。秋山「取られた？　なけなしの金をみんなでだしてくれたんじゃねえか」。毛利「わかってるよ」。秋山「おい待ちな、おめえは何しに来たんだ？　取られたって大方パンパンでも買いやがったんだろ。それとも博打か」。小走りに去っていく毛利。

(4)宿の受付。亭主「ダメだったら、うちは現金じゃなきゃお断りと言ってるじゃないか」。毛利あきらめて去る。ＯＬ。以上ワン・ショット。

(5)両大師橋、毛利上って来る。緊張したグリッセンドの音楽、駅舎に灯、列車到着。ＯＬ。

(6)夜の繁華街巡りのモンタージュ、音楽続く。深夜のネオンサインの街を歩く毛利（四ショット）。音楽終わり、人気ない階段をおりて毛利が浮浪者家族と一緒に焚き火に当たる（黒澤作品『野良犬』のピストル屋探しのシークエンスの影響）。

第六日（一八分一二秒、一〇六ショット、一ショット平均一〇・三秒）

(1)職安前（一分一二秒）。ＯＬ。あぶれた人々が騒いでいるところに毛利でてくる。その後ろ姿に花村が近付き、「一口のらねえか」と言う。毛利付いていく。一方、水野があたりを探している。秋山も奥からきて、焚き火の男に「おい、毛利って知らねえか？」。

(2)大邸宅の焼け跡とその付近（四分五七秒）。「無断にて邸内に入ることを禁ず」の掲示がある鉄扉。スコップと鍬を持ち開けて入る花村。花村は瓦礫をのぞき、「おめえこっちから掘れ」。スコップを使う花村と鍬を振るう毛利のショットが交代していく。花村がスコップで露出した水道の鉛管を切る。奥の木立から男が現れる。衝撃的なサスペンス音楽。花村「おい逃げろ！」。毛利、飛びかかる男を倒し、扉から左へ逃げ出す。男も追う。二人の追っかけは、なだらかな丘を下ってくる。丘の下は長い鉄道線路。追っかけに学生が一人参加しているが、見失い、立ち止まる。路地を逃げてくる毛利。ここも『野良犬』の追っかけシークエンスの影響。毛利は後を振り返りながら簡易宿舎に入る。

(3)宿内から上野警察署、上野公園の崖際（四分八秒）。①宿内、毛利が入ってくると、亭主「旦那！　この男ですよ」。台所から若い警官が現れる。警官の背中とその奥に亭主と毛利。二人は正面を向く（ソビエト無声映画の反権力的構図）。「出頭だ、上野署から呼び出しが来ている」。②上野署取り調べ室。中年の（典型的な陰険で横柄な）刑事が毛利を尋問。「さとってのは、お前の女房か？　煙管《きせる》やったんだよ。大体無茶だよ。先方、商売は、乞食同然の生活をしているっていうじゃないか。そんな所へ女房子どもをやるってのは」。ドア開き、さとが民代の手を引き、雄一とうなだれて入ってくる。③上野公園崖際。四人が立ち止まる。さと「ああ、今夜子どもをどこに寝かせてやろう」。雨が降ってくる。背後を電車が通過、不安な音楽が高まってくる。毛利「好きなもの食わしてやる」。民代の手を引いて線路沿いの奥へ行く。さとと雄一も小走りで追う。

(4)宿内（七分五五秒）。①民代をおぶった毛利が宿の奥に行く。宿泊者たちを見ながら歩くさとと雄一。奥の仕切で、毛利、風呂敷と毛布を取り、行こうとする。花村が入ってきて、毛利の腕をさわって奥の仕切に誘い、百円札などを数えて分け前だと差しだす。花村がさとたちの世話を焼いている間に、毛利、別室を決めてくる。花村、毛利に仕事をもちかけるが、断られてしまう。②別室。毛利「丼飯の盆をもってきてさ！　どんと食え。おい明日いい所へ行こう」。さと「どうしてこんなことすんの?」。毛利立ち上がり、障子を開閉して去る。さと、考え込む。③台所の仕切。毛利、宿の亭主に「焼酎あるかい、一杯くんねえか」。亭主が焼酎を注ぐと、毛利、一口、二口、三口で飲み干す。④別室。子らは寝込んでいる。さとは食器を片づける。毛利が入ってくると、さと「そんなお金あるなら渡して」。毛利「金なんてみんな使ってしまうんだ、俺はもう腹を決めたんだよ」。さと「やっぱりそうなんだね、嫌だ！　嫌々！」。毛利「大きな声だすな、のたれ死にだよ」。さと「どんなことでもやってみせる」。毛利「この金も泥棒した金だぜ」。毛利、判ってくれよと、さとの肩に手をやる。二人嗚咽。

第七日（九分三〇秒、六二ショット、一ショット平均九・二秒）

宿内（一ショット、二三秒）。水野に向かって、亭主「毛利さんか？　今朝早くどっかへ出ていったよ、親子連れで。夕べは大層景気が良かったんだ」。水野、首傾げ、外へ出る。

遊園地〈向ヶ丘ロケ?〉（五分四秒）。回転する吊り飛行機（パン）で手を振る雄一と民代、スピーカーのマーチ続く。このショットが飛行機塔前で手を振る親たち、ベンチでじっと見ている毛利とさとなどのショットと交互に反復する。最後にさとが言う、「あんなに喜んでるのに」。そこに二人が戻ってくる。毛利がベンチから立ち上がり、「よし今度はブランコだ」と民代を連れる。さとも雄一も立ち上がる。

なだらかな丘の林、走る毛利と民代（パン）。同じコースを走る雄一。池の畔を走る毛利と民代。同じコースを走る雄一。

石神井の池。背景にボート小屋、前景のブランコに毛利、民代、雄一が走ってきて、それぞれブランコに乗って漕ぎだす。スピーカーから「蝶々」の音楽。だんだんとスピードを増すブランコ。固定カメラやブランコ上の動くカメラによって、三人の、あるいはそれぞれのショットが、一九二〇年代の印象派映画のような目まぐるしいフラッシュのモンタージュで綴られていく。そしてそのなかで、毛利の動きは激しさを増していく。金属のきしむ音とその激しい動きに驚き、二人の子は漕ぐのを止める。雄一「わあすげえ！」。後から来たさとも見つめる。子らはさとの所に来て「今度は馬に乗ろうよ」。さと「先行きな、直ぐ行くから」。さと、毛利のブランコに近付き、毛利はブランコ止めて下り、振り向く。さと「どうしてもだめかしらね？」。毛利「何を言うんだ」と左へオフ、じっと見送るさと。ＯＬ（ここまで五分四秒）。

図 40

図 41

夕景の池畔《ちはん》（四分三秒）。枯れ芦が風に揺れる池に漣《さざなみ》［図40］、カメラ右にパンして、遠景の二階建てのボート小屋［図41］、その脇の坂道を去っていく家族連れをとらえ、サスペンスの音楽入り続く。その更に遠景のショット、前景に小さな桟橋があり、そこで遊んでいる雄一と民代、後景の小屋の道を家族連れたちが去っていく［図42］、遠くから「雄一！」と呼ぶ声。さとのＣＵ、真剣な顔で立ち上がる［図43］。兄妹、俯瞰の全景で細い桟橋をかけ戻る［図44］。兄妹、パンで、林を上ってきて［図45］、「何？　何？」と毛利とさとの前へ。帰ると言う毛利に二人は順次、「もっといようよ」と同じ口調で答

図 42

図 43

図 44

図 45

図46

図47

図48

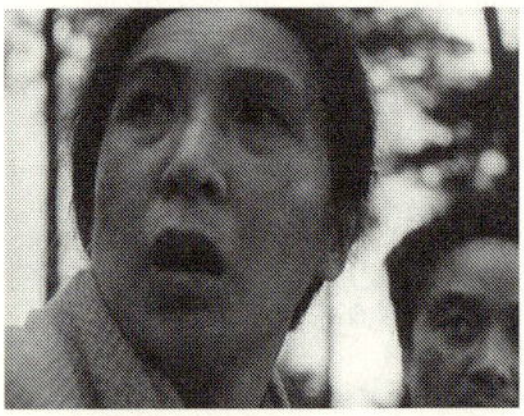

図49

図50

える〔図46〕。さと「いいよ、もっと遊んできな」。二人左へオフ、さと、毛利を見るが、彼は無言で右へオフ。毛利、草原に座り込む、左手にさとが近寄りしゃがみ、「あんなに喜んでるのに、明日もう一度連れてきてやりたい」〔図47〕。さと、無言の夫に「人でなしよ、あんたは！」〔図48〕。オフの女の声「落ちたよお！」。二人振り向く〔図49〕、オフで「子どもが落ちたよお！」。さと「あっ」二人の遠景。さと、立って左へ〔図50〕、オフで女の悲鳴、「早く誰か来て！」。走っていくさと、左へパン。毛利（CU）、はっとして左を見〔図51〕、うつむく、オフで「早く誰か来て！」。悲鳴と同時に男声コーラスが「アーア、アーア」と呻吟（繰り返されていく）、毛利きょろきょろし、ためらい、遂に立ち上がる。遠景の松林の中を毛利が左に走る（パンと移動）〔図52〕、そして遠景からCUに至るまで何度も毛利が同じ構図のなかで目立たぬようにカットされ、接近＝拡大されていき、同時にコーラスも大きくなり、女声部も参加して拡大する。遠景の坂を毛利が右から左へかけ下りていく。途中で籠を負った老婆が早く早くと手招きする〔図53〕。毛利は岸辺（そこでは学生がコートを脱ぎ、民代が泣き、老婆がくる）を通って池に入り、腰まで水に浸かって前進し、さとはその手前の桟橋を「雄一！　雄一！」と呼びながら進み、突端で「あんた早く！　早く！」と毛利を励まし、毛利はその先を胸まで浸かり苦労して右に進んで行く〔図54〕。さと「あんた早く！」〔図55〕。泣いている民代に走り寄るアベック〔図56〕。毛利、両手を掻きながら右に進む〔図57〕。毛利（正面CU）が前進する〔図58〕。目の焦点がちかくなり、コーラスから静かな弦楽器へ。さとのCU〔図59〕、「雄一！　雄一！　しっかりすんだよ」（表情に明るさ）という台詞とともに男声コーラスへ。遠景、毛利が雄一を抱いて戻ってくる〔図60〕。徐々に男声コーラスが歌い上げていく（生命と希望の賛歌）。さと（CU）「雄一死んじゃいけない」〔図61〕、コーラス共鳴。遠景、桟橋に沿って毛利が雄一を抱いて岸に向かって進み、次第に上半身を現してくる。さとも「雄一！」と呼びながら桟橋を戻る〔図62〕。遠景の岸、人々の間から雄一を抱いて毛利現れ、歩みだす（移動）。前を見つめ次第に微笑みを浮かべながら〔図63〕、男女コーラスが賛

図 51

図 52

図 53

図 54

図 55

図 56

図 57

図 58

図 59

図 60

図 61

図 62

図 63

歌を高揚していく。ＯＬ。

第八日（五四秒、三ショット、一ショット平均一八秒）

朝の職安前。①人々が並ぶ中に、毛利と水野（やや明るい二人）。②秋山の姿も。③毛利と水野、窓口に向かって進む。スピーカーから「皆様お早うございます、ただ今から本日の就労受付を開始いたします」。音楽、力強いリズムで盛り上がっていく。カメラもクレーンで上昇。〈終〉。

ここで『自転車泥棒』との比較の文脈で、この作品のテクストとスタイルの問題に入るが、当時の批評がこの点をどう問題にしたかに触れたい。まず『自転車泥棒』の特徴である素人の配役が、前進座にとって代わられた問題の評価はすでに紹介済みである。配役の問題と並んで集中した批判は結末であった。滋野辰彦はこう評した。「『自転車泥棒』の影響については、各方面で言いつくされたようだが、みじめな結末でラスト・シーンを結んだイタリア映画は、しみじみと深い感銘をのこすだけで、暗いイヤな感じはあたえなかつた。現実が詩に昇華されていたからである。『どつこい生きてる』には、まだどこかやりきれない生の感じがある。完全に詩となり切れない何かゞ残つている。あるいは結末で、作者が主人公に死を思いとゞまらせた動機や原因が、ハツキリわれわれに飲みこめないからだろう」「私はラストの解決が、この映画の欠点であり、子供が水に落ちたことから死を思止まる描写が余りにも安易だと思つている。なおこの辺りで、叫び声がひどく無神経で粗雑に示され、作品のふん囲気をこわしていた」（前掲記事「日本映画批評　どつこい生きてる」三五頁）。荻昌弘は、「この作品は、上野公園の崖の上で終るべきものなのかもしれぬ。しかし作者はこのあと、遊園地でふとしたことから子供が池にはまり込み、それを見た父親が翻然と生の貴さに打たれて、彼を救い上げる一節を描いている。翌朝、生き返ったような嬉びの笑みをたたえた毛利は、仲間に迎えられて再び職安の窓口に並ぶ」「このラスト・シインは甚だ暗示的であるが、観る者各々にさまざまな解釈と感銘を与えるにちがいない。一たびは死まで追いつめられた絶望がこのような笑顔に立戻るには、何か具体的な目算があってのことなのか」「曰くありげな結末の疑点も、表現力の不足とか外部的制約の結果というより、やはり『模倣』では達し得ぬ宿命とでもいうべきなのであろうか」（前掲記事「日本映画批評　どっこい生きてる」八五頁）と評し、阿部十和は、「『自転車泥棒』で、感情の距りのできた父と息子が、離れながら歩いて行くシーン、あの人間であることの深い悲しみ、怒っても泣いてもどうしようもない鋼のように冷たく黒光りのした悲しみ、そこにはこの人間社会の一切のものの籠った、やりきれないいたましさだけしかみることのできないあの悲しみがあった。もし今井正にそれだけの観照の眼の深さがあったら、この映画の主要人物である毛利修三とその妻との間にそれに劣らぬ表現の場が与えられていたのだ。一家心中を覚悟して、子供達をつれて遊園地に遊ぶ時の夫婦の生命の表情にも、それがいえる。あそこにはうつろさは表現されていたけれども、眼にみえないものへの怒りは表現されていなかった。そしてこのことはラスト・シーンの、池に溺れた子供を救うシーンに、単的《ママ》な不手際さとなって露わに示されてしまった」「このラスト・シーンには、どっこい生きてる、というだけの強い生命への愛情、悲しさ、生きている現実への激しい抗議が描ききれていないのである」（前掲記事「作品評　どっこい生きてる」八四～八五頁）。

以上が批判の要約だが、この作品は一九五一年度『キネマ旬報』日本映画ベスト・テンの第五位に入賞しており、その興行的成功と相俟って、この作品の配給を行ったソ連映画の輸入配給をおこなっていた北星映画社が独立プロの配給へ業務を拡大し、その後数年間の独立プロ隆盛の基礎を築いている。この点についての評価は以上の批評のなかにも認められる。ベスト・テン採点は一点から一〇点で投票されるが、滋野辰彦は六点、荻昌弘は七点である。この年彼らの最高位は、滋野が『麦秋』、荻が『カルメン故郷に帰る』である。

滋野の評価は、「今井正の演出は、相変らず正面から堂々とカメラを据え、小手先を弄さず、立派な出来である」「移動撮影の正確な美しさが印象に残つている」（前掲記事、三五頁）としているが、例によって具体的叙述と分析が全く欠如している。演出の立派さをテクスト分析から帰納すると、カメラ前の演技・演出の集中と古典的な透明な撮影・編集技術（観客の目につかないほど精緻に文節化されたマッチ・カットの多用）の融合による今井映画の細部描写の厚みであろうか。

荻の長文の批評は細かい筋書きを逐次的に追いながら、そこに自己のコメントを加えていく文体で、批判は既に紹介した。まず彼はこう書き出している。「ここ数年間、日本映画が示した左翼映画の消長は、いわば戦後日本が世界史の中をどう歩いて（歩かせられて）来たかのそのまゝの縮図であつたといつていい。その意味で先ず、この『どっこい生きてる』一篇は、あらゆる日本人に感慨をもよおさせずにはいないだろう。製作者から監督、技術陣そして俳優の末に至るまで、この作品の誕生に参与した者の過半はいま映画製作会社から門を閉ざされている人々である。製作側のうたう所によれば、彼らは資材をすべて他から借り、資金を営々とカンパして〝自主的〟にこれを完成したという」「これは『どっこい』どころではなく、『堂々と』映画が『生きている』といっていい作品である。製作に携わつた人々、就中監督の任に当たつた今井正は、製作条件の良否を全く離れても、ここで映画人として、悔いのない責めを果たしたというべきであろう」（前掲記事、八四頁）。

荻はこの作品に戦後日本の縮図＝象徴の入れ子構造〈日本＝左翼映画＝『どっこい生きてる』〉を設定してみせる。日本人＝左翼人にとって世界＝アメリカ占領軍は先ず軍国主義からの解放者であったが、冷戦の構造化と一九五〇年六月の朝鮮戦争勃発により、映画を含むマスコミ関係や公務員など一万二〇〇〇人ほどの左翼人を追放するレッドパージの遂行者となった。

だが間髪を入れず、もと反共民同派の総評が反体制の左翼の砦に変化する。一九五一年の第二回大会で、日教組を含む総評は「平和四原則」を採択し、「全面講和要求、軍事基地化反対、中立堅持、再軍備反対」を主張した。そして党派を超えた組合、農漁民政、女性たちによる反破防法運動、反基地運動、反核運動、平和運動などの大衆運動が展開されていった（塩田庄兵衛「独立と平和をめざして　大衆運動の展開」、『昭和史の瞬間』下巻、朝日新聞社、一九七四年）。これらの諸テーゼの基盤にはアメリカ軍の占領政策（とその憲法）の追従と当然共産主義国や社会主義政策への傾倒の奇妙な複合があり、現実に経験している自由主義・資本主義の体制から現実には殆ど経験していない共産主義体制へのロマネスクな憧憬という未知の決定的な危険が内蔵されていた。この映画はそのターニング・ポイントに位置していた（五〇年代の今井の目覚ましい映画活動は、この反体制の見事で強力なプロパガンダとなっていく）。以上が当時の左翼人だけでなく、殆どの知識人の〈される日本〉と〈する日本〉の複合的意識構造であった（以後この意識はマスコミや教育により再生産・強化され、戦後日本の国民性として母性原理と女性原理を称揚し、父性原理と男性原理を徹底的に排斥し、映画では黒澤がその犠牲者になった）。

　この意識を荻は先ず喚起したのである。観客は当然、自分たちを、今井たち左翼映画人に、そしてこの作品の人物たちに同化した。寮の貧しいニコヨン（日雇い労働者の俗称）たちが毛利の生活の苦境を助けるために四二三円をカンパする。荻はここをこう讃える。「この金高といい、また全画面に現れる人々の生活状況といい、正直な処この作品に描かれる世界は、アヴァレジな社会の想像の他にちがいない。が、それが劇的な誇張を含むにせよ、事実通りにせよ、まさにさもありなんという感情で納得できる上、観たあと無駄にコオフィなど飲んでいられないような切端《ママ》つまつた感動が盛り上つてくるのは、ひとえに作者の誠実さの賜物であろう」（前掲記事、八五頁）。つまり仲間を助ける貧しいニコヨンたちのカンパは、今井たちの映画製作を助ける観客たちのカンパあるいは入場料そのものであった。荻はまず冒頭のニコヨンたちが登場してくるシークエンスを讃える。「われわれが先ず気を呑まれてしまうのが、このトップ・シインの素晴しさである。次第に明るみを増す空を後景として、徐々にふくれ上つて行く人の群が職安の前に垣をつくるまでの数ショットの重ね方は、その正確さと美しさで出色の傑作と呼んでいいだろう。『自転車泥棒』のあるショットに比べてもいいくらい、ここには厳粛な感動が流れている」「多くの市民がまだ眠りの底にあるこの時間、既に『駆け出』さなければならないこの人達――それは、職業安定所に殺到する日雇労務者の姿である。彼等の生活と悲劇を描いた『どつこい生きてる』はこのようにして始まる」（前掲記事、八四頁）。ここでこの作品の特質が明らかになる。それはプロレタリア階級の典型であるニコヨンの主人公毛利が総ての生産手段を剝奪されながら、「必然的に貧困の地獄の悪循環のなかにとらえられ」[11]死に至るまで〈駆け出さなければならない〉生活＝悲劇を同情をこめて描いたものである。こうして今井は前作『また逢う日まで』とこの作品で、彼の有名な永遠のテーマ「弱き者、貧しき者こそ善」（佐藤忠男『日本映画監督全集』キネマ旬報社、一九七六年、五五頁）を確立し、荻はこれも有名な今井の〈誠実神話〉をマニフェストしたのである。この誠実さを荻は例の焼け跡整理の場面について、「労務者の仕事振りなども、決して彼等を英雄視して図式的になつたりせず、サイの河原の石積みにも似た労働の哀しさと、気乗りのしない彼等の態度とを、引締つた構図の裡に淡々と盛り上げている。絶叫も、公式の押売も必要としない作家の自信であり」と指摘し、そしてこう批評を結んでいる。「ともあれこの一篇は、生きぬくことの切実な本能を描いて従来の日本映画にない域にまで達した稀有の作品であることに疑問はない。その点、性急な説得や絶叫を排し、つとめて即物的な現実自身に語らせようとした作者の厳粛冷徹な態度は、この国の映画水準からみる時、声を大にしての称賛も過褒にはならないであろう。そしてこれは明らかに、これをプロパガンダに利用しようとする人々より、その反対側に立つ一般大衆にこそ、鑑賞の必要と価値がある作品である」（前掲記事、八四～八五頁）。しかし例によって「即物的な現実自身に語らせ」た具体的な事例を荻は挙げていないが、前述の細部描写の厚みがプロパガンダに保証を与えることを志向しているようだ。この映画の語り手はテクストで示したようにもっぱら俳優たちの会話とその間に挿入される個人や集団の僅かな動作（ニコヨンたちの出勤、就労ラッシュ、作業、帰途の屑拾いと川浚い、家族の内職など）である。

この作品はまずバザンの定義によれば、明らかにプロパガンダ映画である。バザンは「プロパガンダ映画は労働者が自転車を見つけられず、必然的に貧困の地獄の悪循環のなかにとらえられるのを私たちに示そうとするだろう」とし、プロパガンダ映画でない『自転車泥棒』は「決して出来事と人間を経済的あるいは社会的善悪二元論に追い込ませない」とした〔12〕。「弱き者、貧しき者こそ善」のテーマは必然的にプロパガンダ映画の物語構造と一体化している。

次のプロパガンダ性の証拠は、水野の存在である。滋野は「木村功の水野という役が、何か曰くありそうでハッキリしない」（前掲記事、三五頁）と述べた。恐らく今井は検閲を配慮して隠蔽したのだろう。しかし、新星映画社の創立者で戦前からの代表的左翼評論家の岩崎昶は後にこう説明した。「この失業者を組織するために日本の前衛政党は、この失業者の中にどんどんオルグをおくりこんでいく。この映画でも、木村功君がこの組織のオルグをしているインテリ役で出てきますが、その当時の失業者組織の中には、そういう動きが強くあって、民主化勢力の一つの中核として位置していたわけです」（前掲書『映画の前説』二九八頁）。飯田蝶子の秋山婆さんも水野に近い存在であろう。岩崎はまたこの作品のラストを欠点と判断した。毛利が一家心中の一歩手前で立ち直り、生き抜こうと決心するが、それは冒頭と同じく職安の前に立つだけでしかない。主人公は冒頭からラストまで何の発展もしないし、救われてもいない、というわけだ（『現代日本の映画　その思想と風俗』中央公論社、一九五八年、一五八～一五九頁）。しかし事実、水野も秋山も最後には毛利にずっと近付いている。筆者がこの作品を見事なプロパガンダ映画といったのは次のこととも関係している。作中で水野の父親が病で回らぬ口でこう言う、「政府が悪い」。今井は荻の指摘したように共産党や社会党の党派を超えて総評が象徴する日本人一般の反体制化と左翼及びそのシンパ化のプロパガンダの追求を映画部門で開始していたのである。岩崎昶はこの作品の動機を『日本現代史大系　映画史』（東洋経済新報社、一九六二年、二四〇頁）でこう述べている。この作品は「敗戦社会の混乱とそのなかでの階級的矛盾と収奪とのもっとも明らかなあらわれである大衆的貧困と失業の相をとりあげている。当時、日雇い労働者いわゆるニコヨンの、職業安定所における『職よこせ闘争』は大きく盛り上がり、国民生活の最低線確保を中心とした反政府闘争の一つの核となっていた。そこで新星映画は、前進座と手をつないでこの主題をとりあげることにした」。しかし今井はジョーン・メリンの『日本映画からの声』(一九七五年)のインタビューでこう答えている。問い「あなたは今でも共産党員ですか?」。今井「そうです。しかし党内の立場はむしろシンパといった方がいいでしょう」。問い「あなたの映画の本質的テーマは支配階級と労働者階級との闘いですか?」。今井「階級闘争のテーマは山本薩夫の方が適切でしょう。私のテーマは批評家たちの話などによると、戦争の重圧、貧困、社会的圧力、つまり社会悪による人間悲劇です」[13]。こうして当時の汎左翼的プロパガンダによって、今井は一九四九年から五九年の一〇年間に、五回も『キネマ旬報』日本映画ベスト・テンの一位を受賞し(『また逢う日まで』一九五〇、『にごりえ』一九五三、『真昼の暗黒』一九五六、『米』一九五七、『キクとイサム』一九五九)、二位が二回(『青い山脈』一九四九、『純愛物語』一九五七)もあるようなすぐれた創作活動を示した。この成果には小津、溝口、黒澤、木下そして他の監督も及ばなかった。その理由の一つには、バザンのいう経済的・社会的・政治的善悪二元論が、日本ではクリシェではなく、やっと解放された新鮮さの享受として歓迎されていた事実があろう。そして佐藤忠男は前述書同頁で、今井の弱者・貧者＝善が図式となってリアリティを欠くようになったのは、一九六〇年代以降にブルジョワとプロレタリアとの対比の図式だけでは現実をとらえることが困難になったためとした。そしてそれ以上に、バザンが提唱したネオリアリズムによる新しい映画の台頭、そしてそこからの新しい波への展開が世界に浸透したためである。最後にこの作品と『自転車泥棒』とのテクスト連関における両作品の差異をその視点で検証しよう。

五　両作品の差異の意味

両作品の差異は先ず、男の子の扱いである。デ・シーカは家族関係を父と子に絞り、前半を、失業者が仕事の条件の自転車を妻の協力で質屋からだしてやっと就業するが、第一日目にそれが盗難されるという社会劇とした。後半は父と子が自転車と泥棒を探す道行となる。そこで二人の心理劇となり、父が自転車を盗むことで心理と道徳のドラマとなるが、ある時には自然や生理の現象が進入して出来事を中断し、出来事そのものは偶然が支配する。こうして社会問題、心理、道徳の多視点が並行する開かれた多層的世界が開示されていく。その中で父と子は犯人を見つけながら、証人がいないためにどうすることもできない不条理の世界の大きな壁の前に立たせられる。しかしこの象徴的な旅で、子はそれまで自分の理想像であった父の盗みの罰を精神的にともに分かち合う成長を示す。イタリアでは日本の東京裁判のような裁判はなく、戦前・戦後の断絶がなかったたし、教育も戦前からのカリキュラムが使用された。左翼もナショナリズムを喪失することはなかったのである（ロマノ・ヴルピッタ「対談　敗戦とロマン主義　日・伊の視点から」、『正論』一九九七年一二月号）。ヴルピッタの視点でも、子は父から父性像及び父性原理を継承したのである。それは第二日と第三日のブルーノの絶えず父に注ぐ視線、父との密接な行動などに明らかである。ブルーノは絶えず父に同化するだけでなく、自己の考え・道徳観で父と対立する小柄な大人であり、映画のドラマで準主役の大役を果たしている。ちょうどそれは小津の『生れてはみたけれど』（一九三二）の兄弟のようだ。小津の子ども社会への深い観察が大人社会に対する深い視野をもたらしている。しかも彼らは父性の危機への深い理解を父性の継承者として示すのである。

これに対して今井作品の兄妹、特に兄の雄一は殆どなにもしない。せいぜい立ち退きを要求する大家に、届かない癇癪玉をなげるだけである。母に言いつけられて芋を洗い、父に小銭をもらい「遊びに行ってこい」と言われるが行けない。母が父に打たれると落ちた箸を母のために拾い、田舎に行く朝は妹と一緒に顔を濡れ手拭いで拭いてもらい、道で父に「何か買ってやろうか」と聞かれるが、「わかんない」と答える。花村に「幾つだ？」と聞かれても答えず、親父そっくりと言われる。公園ではのびのび遊ぶが、心中を決意して苦悩する父が狂気のようにブランコを漕ぐと、「ああすげえ！」と無邪気に感嘆する程度である。しかし最後は池に落ちて父に救われ、同時に一家心中の放棄と生きる決意を父に与えることになる。民代は危機的状況に「お母ちゃん」と言う。ブルーノや小津の兄弟が少しませているとすれば、この兄妹はあまりにも幼いものとして、親や今井は扱っている。これはやはりメロドラマの役柄である。今井は父と家族を分離させる筋書きを選び、社会劇と父と子の心理・道徳劇が並行する多層的ドラマを放棄した。

そして主役は毛利と妻となった。デ・シーカでは夫婦は対等に描かれた。自転車を質からだすのに途方に暮れる夫に妻はてきぱきと自分のシーツを質に入れて、受けだしてやる。だが自転車が盗まれると途方に暮れて涙を流し、夫の友人からきっと見つかると慰められる。夫は盗難のショックをこらえ、友人に相談して、翌朝から友人たちやブルーノと自転車を探して回る。そして遂に犯人を探しだす。二人は伝統的で常識的な父・夫と母・妻の関係を示している。しかし、結局は法的に犯人と特定できず、苦悩のなかで遂に自転車を盗む決意をする。今井の場合、妻はしっかり者で決断力があり、たくましさを持つ。夫が仕事にあぶれると直ぐ質屋に目覚まし時計を入れて、夕食のおかずを買ってくる。立ち退く家が明日壊されるときまると、夫に相談する前に自分と子たちは岩手の姉の所に行く決心をし、布団や鍋釜を屑屋に売って金にする。列車に乗る前に夫が渡す金を受け取らないで夫に必要だと言う。一家心中を決めた夫に最後まで反対する。これに対して夫は優柔不断で、気が小さい。六ヵ月前から立ち退き話がでているのに、具体的にどこも探した形跡はない。第二日に彼は水野に家の相談をしている。家賃も六ヵ月納めず、大家に移転補償は棒引きだと言われる。第一日で彼は財産の蓄えが絶無であり、生活は破綻しているとわかる。妻が子を連れて田舎に行くと知り、夫婦別れをするのかと怒り、子どもたちの前で彼女を打つ。花村に簡易宿泊所には泥棒がいると注意されているのに、折角カンパしてもらった金を人前でだしてみせる。そして泥酔のあげく前後不覚で寝入り、盗まれる。鉛管泥棒を花村に勧められるが、しばらくはためらう。花村が掘り始めてから決意し、夢中になって掘りだす。毛利が初めて自発的に決心したのは一家心中だけであるが、妻にそれを告げる前に焼酎をお代わりする。公園で子供が落ちたと聞いても妻のように直ぐに駆けださず、少しためらう。つまり、今井は『青い山脈』からこの作品で、敗戦後の女性優位と母性原理の社会を完全に確立している。毛利は自己の父性（父性原理）を雄一に全く継承させず、雄一も父に全然自己同一化しようとしない。父と子は小津作品のように話し合い、心を通わすことはない。その断絶の意味は作品の内外で全然考えられなかった。

そして差異のなかでもっとも大きなものが一家心中である。一家心中は日本と関わりの深いもののようだ。映画でもそれは主題となった。大正期には松竹蒲田で『法の涙』（一九二一）が原作・監督野村芳亭で製作され、興行的ヒット作品となった。正直な人力車夫が年を取り稼ぎが少なくなる。家は貧しい。女房に死なれ、三人の子を抱え、生活苦から三人の子と入水自殺をする。そして一人の子を除いて一家は助かるが、車夫は殺人罪で裁判にかけられる。しかし、それまでの善行で裁判長に同情され、無罪となるというもの。次に満州事変（一九三一）、上海事変（一九三二）をきっかけに、「召集令もの」が一九三一年から三五年までに公開され人気を博した。代表作に、河合映画『召集令』（一九三一、石山稔監督）、日活『動員令』（一九三一、熊谷久虎監督）、日活『召集令』（一九三五、渡辺邦男監督）がある。普通は日露戦争を背景とし、貧しい農民に召集令がくる。病身の妻は出征の前夜に自殺を遂げる。農民は幼い子を一人のこすのを案じて、子を殺そうとする。親切な警官がそれを止め、子の世話をすることになる。後顧の憂いを絶って農夫は出征し、武勲を収めて帰還するというもの。そしてその後に位置するのが今井作品となる。すると「一家心中もの」のオリジンは『法の涙』となるが、実はそのオリジンに「筆幸《ふでこう》」で有名な河竹黙阿弥の『水天宮利生深川《すいてんぐうめぐみのふかがわ》』（一八八五年初演）があり、それが「一家心中もの」の的確な意義を明らかにしてくれる。この劇の一家心中に関わる部分の梗概はこうだ。

旧幕藩士の船津幸兵衛は律儀者で御一新後に奉還金で商売を始めたが、悪い者に金をかすめ取られ、零落して深川浄心寺裏で筆作りになり、今は筆を売り歩いている。妻は生まれたばかりの幸太郎を残して、産後の不調で死ぬ。嘆き悲しんだ一六歳の娘のお雪はそれがもとで失明し、一二歳の妹お霜が家事と長屋の掃除などで働く。幸兵衛は行商にでながら、幸太郎のために貰い乳して歩いたとき、荻原という剣道指南の家で子を亡くしたばかりの妻に貰い乳をし、子の形見の産着と一円を恵まれる。一方、お雪も危ないところを人に救われ、一円貰って戻る。そして一円は家賃に納め、もう一円で米などを買い、久しぶりに芋粥でない飯を食べようと一家で喜びあう。ところが高利貸しと貧乏士族の書記に二円借金を一〇円の証書に書き換えられ、金と産着を持っていかれてしまう。そこに大家の与兵衛が通りかかり、話を聞いて、産着だけでも取り返すと談判に行く。残った一家は不幸を嘆く。ちょうど金持ちの隣りで華やかな余所事《よそごと》浄瑠璃の清元「風狂川辺芽柳《かぜにくるうかわべのめやなぎ》」が始まる（視聴覚的対照法）。そして幸兵衛は「こういう不幸な目に子たちをあわすのも、皆この父の意気地がないため」と詫びて、「子どもがなくば切腹するものを」と嘆く。すると二人の娘も「父とご一緒して死にまする」と言う。父は「子には子の果報があり、親が貧に迫って殺すは本意ではなかったが一緒に死のう」と言う。そして一同で仏壇に手をあわせる。幸兵衛が、先ず幸太郎からと短刀を取り上げるが、無邪気に笑う顔を見て殺せず、急に笑いだす。そして「我は平の知盛《とももり》の幽霊なり」と古箒を持ち、スッテンスッテンと囃しながら振り回す。長屋の連中も驚いて駆けつける。そこに産着を取り返して与兵衛が戻り、幸兵衛が赤ん坊を放りだすので叱ると、いきなり薪で殴られる。そこに車夫の三五郎が駆けつけ、彼を取り押さえ、「相談してくれれば、これからは日に十銭、二十銭は助けるから心を確かに」と意見する。さらに荻原の妻が来て、「新聞に子ども衆の記事がでて住所が判って来た、お上からご褒美がでます」と知らせる。この隙に幸兵衛は幸太郎を抱いて川に行き、身を投げてしまう。その報で一同河岸に駆けつける。そこで父と子は三五郎が助け、巡査の田見尾保守《たみおやすもり》が介抱する。入水のショックと取り調べで幸兵衛は正気に戻る。そこに荻原の妻も来て、夫が幸兵衛の父の剣術の弟子だったことがわかり、用意した着物と金子を渡す。地主の番頭から妙薬の目薬、金五円が届く。新聞の毎夕社から読者からの恵み金四五円三〇銭が届き、悪徳高利貸しと書記は警察にめしとられる。河竹登志夫は解説でこう述べている。「新しい御政道のありがたさが方々に強調されている点も、おもしろい」（河竹登志夫ほか監修『名作歌舞伎全集　第一二巻　河竹默阿弥集三』東京創元社、一九七〇年、二六〇頁）。

このオリジンで判ったことは、「一家心中もの」は、常に背景が激動の時代だということである。明治維新による武士階級の廃絶、総力戦の日中戦争の勃発と出征、敗戦による焦土化などが庶民の家族生活を襲う。極限的な不幸とそれからの脱出としての一家心中が、生活共同体の長屋の大家や住人たちの愛と、巡査や裁判官などの温情により救済される物語である。ただし今井作品では救済者は党のオルグやシンパになっており、刑事や巡査は悪役になっている。以後の作品でも、彼らと検事、自衛隊員などが悪役となる。遠藤周作は『真昼の暗黒』（一九五六）についてこう述べている。「ところであの御作品はテーマ映画ではございません。断定映画であります。それは映画の構成と人物の配置がそのように出来上っているからです。構成的にはまず小島以外の四人の青年が白であることを今井さんはお示しになってから次に警察と裁判の不正をはっきり見せられた。人物的には（容貌の描写の上でも）刑事や検事を悪役にし弁護士を善役にされる演出をなさった。（人物の容貌などが観客をどう摑むかを勿論今井さんは御存知です）」（「芸術家と『責任』の問題」、『キネマ旬報』一九五六年三月一五日号、四四頁）。つまり、毛利たちは左翼体制の御維新に住む左翼長屋の面々なのである。前進座の出演で、演技、台詞は見事な生世話物《きぜわもの》の伝統を戦後生活のなかに生かした。台詞は世話物そのものである。結末の曖昧さはよく指摘されたが、左翼長屋の世話物としてみれば、そこには何の不明もない。毛利は秋山や水野の世話役によって左翼人として目覚め、長屋の繁栄のために仕事と党活動に参加し、無・低所得者の救済を社会的に成就していくだろう。さとは家族を守るために仕切り場に屑屋として勤めるだろう。その底流にはイデオロギーの遂行のために常にその障害と闘う殉教の姿勢があった。それは未解放部落問題を扱った『橋のない川』（第一部・一九六九、第二部・一九七〇）を一部解放団体の弾圧と闘って成就した彼らの成果に結晶している。それは政治やマスコミの勇気と正義を遥かに凌駕した。

ここでもう一度、本論のテーマである今井映画の時代を超える映画芸術性に視点を戻したい。結局、今井作品はバザンのいうリアリズムの映画であり、バザンのいうネオリアリズムは黒澤の『素晴らしき日曜日』(一九四七)から『生きる』(一九五二)までの諸作品(そこには当然『羅生門』が頂点をなしている)にもっとも豊かに見られる。しかもそのネオリアリズムは、それ以外の欧米映画の触発によるものと独自に確立したものであった。その点は《黒澤明》の部で述べた通りである。また、今井映画の時間を超えた価値つまり古典性について、『青い山脈』の脚本家だった井手俊郎は、同じく脚本を担当した成瀬巳喜男と比較してこう述べている。「あの人(成瀬)は頑固だから、どこか自分にコチンと来ないのはダメなのね。頭じゃなくて、感性でコチンと来るものをやるのね。だから腐らない。今井さんの社会派映画はちっとも再映されないでしょ。あれはキワモノだったんです。でも、成瀬さんはそうじゃないでしょう」(村川英編『成瀬巳喜男　演出術　役者が語る演技の現場』ワイズ出版、一九九七年、一七五頁)。「社会派映画＝キワモノ」観はその後の歴史の通過点上の一つの声であろうが、もし井手のいう〈感性〉の正確な意味が同時代的な社会的価値の限定を超えるものであるとすれば、芸術の時代浸食防御の一効力としての成瀬の芸術性をその章で考えてみたい[編注5]。

六　フランスでの評価

海外での評価はフランスに限定されたといえよう。それは左翼的で日本映画の紹介者である映画史家によって支持された。先ず、『世界映画史』(一九四九年)[14]の著者で有名なジョルジュ・サドゥールから始まった。『映画監督事典』(一九六五年)では、「寛大で、激しく、雰囲気と正確な記録へのセンスを持つ。戦後日本の独立プロに、日本の『自転車泥棒』である『どっこい生きてる』の成功により、日本のネオリアリズムの活気に満ちた刺激を与えた。自国で高い評価を持つこの監督は、同様に重要な作品を発表している。『米』『にごりえ』『純愛物語』、とりわけ劇的な誤審事件を再構成した『真昼の暗黒』[15]。『映画作品事典』(一九六五年)では三本を取り上げ、こう評価している。『どっこい生きてる』については「最もショックなのが失業に苦しむ一九五〇年の日本の描写であり、またいわれてきたのとは反対に『自転車泥棒』やイタリアのネオリアリズムとはあまり似ていない」とし、『真昼の暗黒』は「力強いリアリズム作品」、『キクとイサム』は「感動的でリアリティに富む映画で、四〇歳の北林谷栄が出色の演技で老婆を演じる」とした[16]。

最近では、最初の本格的な日本映画史『日本映画のイメージ』(一九八一年)の著者であるマックス・テシエは「〈進歩主義的〉映画、マルクス主義と理想映画」の章で、五〇年代の独立映画について述べている。「五〇年代に日本共産党あるいはそのシンパの監督により、〈社会的〉主題の映画が台頭した。それは戦争、軍国主義、原爆のトラウマの諸問題を扱った。戦闘的な左翼のイデオロギーに影響された彼らは、その古典を知っており、自分たちの社会参加に〈荒々しい〉そして〈表現主義的〉美学を導入した。それはソビエト映画、イタリアのネオリアリズム映画、赤狩り前のアメリカの社会的フィルム・ノワールの奇妙だがもっともと思われる交配の産物である。一方、古典的な監督は伝統的な日本の美学に忠実なままであったり、カルネやクレールを復習していた」。次に山本薩夫映画に触れた後で、「独立プロのもう一人の創始者の今井は人がイタリア映画の傾向を参考に〈日本のネオリアリズム〉と呼んだものを『どっこい生きてる』に与えた。彼の主要作の一本となったこの作品は、失業者の父親が職を見つけられず絶望して、一家心中を決意するという庶民劇の極限の見本であり、戦争直後の日本の悲劇的状況のもっとも印象的で、真に感動的な証言である。だが、最後に一家は心中せず、希望が生まれ、日雇い失業者たちは仕事を求めてまた集まるという今井の〈イデオロギーの方向〉の特徴を人は認めたのである。それは現実の〈楽観主義的〉美化なのか。ともあれ、これは疑いもなくこの傾向の今井の最高作であり、もっとも説得力のある一本である。というのは、これは〈例えば山本薩夫に明白な〉強制的な教訓癖を完全に超えているからだ。それは先行したこの流儀の楽観メロドラマの『青い山脈』や『また逢う日まで』よりずっとよく時の浸食に耐えている。『また逢う日まで』のそのお涙頂戴のスタイルは日本の批評家たちに打ち勝った。彼らはこの〈過大評価した〉映画を数多くの賞で満たしたからだ」「『キクとイサム』はアメリカの黒人と日本人の母から生まれた混血児たちの問題を、悪いことにかなりの教訓調で描いている」「映画が芸術的表現よりもイデオロギーの道具として見なされているこの教訓シリーズのもっとも興味のある作品の一本が『真昼の暗黒』で、これは明らかに〈シネクラブの柱〉の今井作品のもう一本である。日本では彼の多くの他の作品のように多くの賞を獲得した。（略）この作品の善悪二元論は疑いもなく当時は正当化されたが、今日では社会批判の信憑性を損なっており、証言の操作もかなり作為的に見える。それでも今井の誠実さはこれらの保留に打ち勝っており、今日では〈介入〉と呼べる社会的リアリズムの最良の信者の一人である彼の魂は、小川紳介や土本典昭の闘うドキュメンタリー・シリーズに宿っている」[17]。

［1］David Bordwell and Kristin Thompson, *Film Art: An Introduction* (Reading, Mass: Longman Higher Education, 1979).
［2］Gérard Genette, *Figures III*, Paris, Editions du Seuil, 1972.（邦訳＝ジェラール・ジュネット『物語のディスクール　方法論の試み』花輪光・和泉涼一訳、水声社、一八九五年）。
［3］André Bazin ,《 Le Voleur de bicyclette 》, *Esprit*, n°161, novembre 1949, pp. 825-827.
［4］André Bazin,《 Voleur de bycyclette 》, *Qu'est-ce que le cinéma ?* , T. IV, Une esthétique de la réalité : le néo-réalisme, Paris, Cerf, 1962, pp.45-59.
［5］A. Ayfre,《 Néo-réalisme et phénoménologie 》, *Les Cahiers du Cinéma*, n°17, octobre 1952.
［6］André Bazin,《 Défense de Rossellini 》, *op. cit.*, pp.150-160.
［7］André Bazin,《 De Sica et Rossellini 》, *Radio Cinéma Télévision*, n°295, 11 septembre 1955. (André Bazin,《De Sica et Rossellini》,

Qu'est-ce que le cinéma ? , T. IV, Une esthétique de la réalité : le néo-réalisme, Paris, Cerf, 1962, pp.112-116).

［8］この段落の引用では、飯島正『ヌーヴェル・ヴァーグの映画体系Ⅰ』（冬樹社、一九八〇年、八三〜八四頁）も参考にしている。

［9］David Bordwell and Kristin Thompson, *Film History: An Introduction, 3rd Edition* (New York: McGraw-Hill, 1994).

［10］Kristin Thompson, *Breaking the Glass Armor : Neoformalist Film Analysis* (Princeton, N.J. : Princeton University Press, 1988).

［11］André Bazin, *Qu'est-ce que le cinéma ?* , T. IV, Une esthétique de la réalité : le néo-réalisme, Paris, Cerf, 1962 , p.49.

［12］André Bazin, *ibid.*, p.49.

［13］Joan Mellen, *Voices from the Japanese Cinema* (New York : Liveright, 1975), pp.103, 106.

［14］Georges Sadoul, *Histoire du cinéma mondial: des origines à nos jours*, Paris : Flammarion, 1949.（初版の邦訳＝G・サドゥール『世界映画史』岡田真吉訳、白水社、一九五二年）。

［15］Georges Sadoul, *Dictionnaire des cinéastes*, Paris, Éditions du Seuil , 1965, p.117.

［16］Georges Sadoul, *Dictionnaire des films*, Paris, Éditions du Seuil, 1965, pp.131, 175, 180.

［17］Max Tessier, *Images du cinéma japonais : Introduction de Nagisa Oshima*, Paris : Henri Veyrier, 1981, pp.212-217. 引用個所は一部、要約して訳出している。

［編注1］本章で引用されている『映画芸術　概論』は、一九七九年の初版 David Bordwell and Kristin Thompson, *Film Art: An Introduction* (Reading, Mass: Longman Higher Education, 1979) となっているが、相互の記述内容を照らし合わせると、原典は第三版 (New York: McGraw-Hill Publishing Co., 1990) だと思われる。同版は、本書《黒澤明》の部・第5章でも引用されている。なお、第七版には以下の邦訳がある。デイヴィッド・ボードウェル、クリスティン・トンプソン『フィルム・アート　映画芸術入門』藤木秀朗監訳、名古屋大学出版会、二〇〇七年。

［編注2］原著 *Qu'est-ce que le cinéma ?*, T. IV, Une esthétique de la réalité : le néo-réalisme では、「ロッセリーニの弁護」Défense de Rossellini の原典に関する記載としては、この章題のすぐあとに「『チネマ・ヌオーヴォ』誌の編集主幹・アルスタルコへの手紙」Lettre à Aristarco, rédacteur en chef de《Cinema Nuovo》という補記と、欄外に「『チネマ・ヌオーヴォ』誌」Cinema Nuovo という出典表示しかない。

［編注3］「イタリア・ネオリアリズム（一九四二〜一九五二）」は、『映画芸術　概論』第三版では三九五〜三九七頁に収載されている。

［編注4］飯島正が『試写室の椅子　わが映画50年　上巻　旺んなる青春』（一九七二年、三八頁）で、『さらば青春』との影響関係にふれている作品は、じつは今井正の『山びこ学校』（一九五二）である。しかし、今井正は『どっこい生きてる』においても、陸橋の下を汽車が通過するという似通った手法を使用している。つまり、その源もやはり『さらば青春』にあると類推され、かつその影響関係の最初の指摘者が飯島正であったことから、こういう言い回しになったと考えられる。

［編注5］本書では、日本映画黄金期の巨匠作品が集中的に分析されているが、こうした研究においては、当然ながら、成瀬巳喜男作品の分析は欠かすことができない。ここで言及されているように、当初の構想では、著者は成瀬に関してもあらたに稿を起こし、ひとつの別な部（ないしは章）を設ける予定であった。しかし残念ながら、遺稿のなかに、これに該当すると思われる原稿を発見することはできなかった。本書の終章で成瀬巳喜男論も収録しているが、これは既発表の評論である。

終章　成瀬巳喜男の映画的宇宙

成瀬映画はよく諦観的とかペシミスティックとか言われる。庶民のわびしい生活をあきらめの態度で描き、人物は環境の雰囲気の点景として扱われる、等々。そして人生の無常は、成瀬映画の多くの題名の〝行雲流水〟に象徴されている。『浮雲』（一九五五）や『流れる』（一九五六）のように。それは成瀬映画の多くに見られる旅の場面、雲や川のショットに結実している。さらに監督成瀬巳喜男の名前まで〝ヤルセ・ナキオ〟という消極のイメージできめつけられている。これらにはそれなりの理由もあろう。

だが、筆者が惹かれる成瀬巳喜男と成瀬映画はそうではない。筆者にとって監督成瀬は自己の世界とスタイルに献身し、それに対して磐石の自信を持っていた人である。その磐石の自信は小津安二郎に匹敵する。たとえば『映画之友』一九三五年一一月号の「島津保次郎・成瀬巳喜男のトーキー問答」を一読すれば、いかに成瀬が自己のスタイルに関して頑固であったかわかる。

島津は成瀬にとって師匠の五所平之助の師匠なのだから、大先輩にあたる。その島津は、トーキーとなった今は、カットの多い成瀬映画のスタイルを変えるべきだと言う。『妻よ薔薇のやうに』（一九三五）はカットが多くて、きらいだと言う。トーキーではカットを細かくしなくてよい、と何度も繰り返す。これに対して成瀬は、カットの多いのは無声映画とトーキー映画を通しての自分のスタイルだとして、断固反対を繰り返す。そして島津の『嵐の中の処女』（一九三二）はカットが多いにもかかわらず、これまでの日本のトーキーでいちばんトーキー的だと反撃する。そこで島津も、この自作品のカット数が多いことを認めざるを得ない。

このような磐石の作家精神を決して過小評価してはならない。事実、成瀬は生涯、庶民の風俗映画を作りつづけ、松竹の伝統的な映画作法を継承しながら、成瀬独自のスタイルを完成したからである。

では成瀬が磐石の信頼を寄せていた彼のスタイルとは何だったのだろう。それを明らかにすることは、成瀬映画のこころを明らかにすることになる。今回は彼のスタイルを屋内場面と屋外場面の演出の技術で明らかにしよう。もちろん、この技術も、最終的には卓抜な編集技術と一体化するのだが。

屋内場面について、成瀬は、『丸』一九五三年一一月号の「成瀬映画の告白」で記者の次の質問に答えている。

記者　純日本映画作家というと小津安二郎、溝口健二、それにあなたの三人が挙げられるんです。それでそのうちあなたは小津に近い人です。彼よりは庶民的柔軟性がありますが、技術の問題で日本の生活様式に欠けない、例えばタタミの上での芝居を巧みに捉えて活かせるのは小津一人だとも云われているんです。こんな点で苦しんだというような話は？

成瀬　そう、タタミは動きがつかない。坐つたらやたらに立てない。それと画面の大きさが限られる。演出の上だけど五所（平之助）さんからいろいろ見習いましたね。台詞では迫力があるがいざとなると動きがない。そこで場所を変える。また、坐らせないで外の話をしたり、坐つている間に他の場面を挟んでまた戻すという手などが考えられるんです。／だからシナリオのうち場面や変化をよく考えなければなりません。台詞だけに陥りやすいんですから。（四三～四四頁）

成瀬は五所から見習った和室の演出をさらに発展させ、畳の上の成瀬芸術に完成した。そのじゅうぶんな技術は、すでに一九三五年の『妻よ薔薇のやうに』に認められる。たとえば二人が畳に坐って会話しているとき、一方だけが立ち上がり、歩き、椅子に坐り、立ち上がり、戻ってきてまた坐る場面がある。この間、会話の進行につれて二人がカット・バックされる。

ここで重要なのは、立って動く人が会話に応じて、歩いたり立ち止まったり、振り向いたりなどの動きによる〝イメージの発言〟を台詞の発言と併せて行うことである。また、一方が立ち上がって何かを持ってくるとき、カメラは坐ったまま話を続ける相手だけを画面にとらえ、その視線の動きだけで画面には見えない一方の動きを克明に伝えるのである。

この方法は、チャップリンが『巴里の女性』(一九二三)で発明した省略法(人物に反射する光だけで列車の動きを伝える)の成瀬的完成なのである。しかもこれにより単調な動作を省き、時間は実際よりずっと短縮し、しかも内容的にはずっと深みのある生きた映画的時間を生む。また、『妻よ薔薇のやうに』においては最も劇的な室内場面の対話の中で、カメラはその家の遠景ショットと共同湯にひたる家族のショットを計三回挿入する。この風物詩的情景の挿入により醸成された雰囲気が、ドラマとその余韻をより活性化する。これもまた、成瀬芸術の一つである。

その頂点の一つが『稲妻』(一九五二)で、母と娘が最後に本音をぶつけ合って泣いたときに出現する稲妻のショットだ。娘の高峰秀子はだらしない母親を責め、「一度だって幸福だなんて思ったことない」と泣く。母の浦辺粂子も泣き出す。そこに隣家のピアノが聞こえ、娘は気づいて泣きやむ。ここで隣家のベランダの俯瞰ショットが入る。娘は立ち上がり電灯をつけ、母に泣くのをやめるように言う。今度は母が泣きながら、「子供を不幸にしようと生んだのじゃない、だれが悪いって言うんだよ」と言う。出窓に腰かけて外を見ていた娘の前で空が光る。そして次に、空を横切る稲妻のショットが挿入される。それから娘は優しく母をなだめ、浴衣を買ってあげると言う。

「稲妻」とは昔、「稲夫」と言い、その霊力より稲を実らせると信じられた。成瀬映画は稲妻のショット挿入のみごとさにより、その瞬間、母娘に愛の呪術をかけたのだろう。

屋外場面でも成瀬は、同じような磐石の技術の上に独自の芸術を確立している。それは風物詩的場面と道行場面の二つからなる。

風物詩的場面は、環境の設定と、前述の屋内場面に挿入する場合があり、最も代表的な場面は、零細な商店が並ぶ下町の道や、その裏側にある路地で、そこにはさまざまな行商人や修理屋、ちんどん屋などの姿が見られる。それは失われていく東京の風景への愛惜であり、時流の片隅に押しやられる庶民への目配りのゆるぎなきしるしである。そして屋内と屋外が常に一体化している点が成瀬映画の特徴である。屋内から道や路地が見えるだけでなく、道や路地から屋内の場面が撮影される。家は道と一体化しており、それは雰囲気だけでなく成瀬映画の宇宙を形成しているのだ。

道行とは、日本の伝統演劇では美しい風景の中を旅する男女が愛を語らう所作事だが、成瀬はまったく日常的次元で男女が会話を交わしながら歩くシークエンスの独自のスタイルを、すでに『妻よ薔薇のやうに』で完成している。信州の美しい風景を歩きながら、娘は父に女と別れて母の所に帰るように懇願する。父は拒む。何気ない歩行の日常的表層の割れ目に、以下の五つの原則的技術により、道行のドラマの深層を、かいま見せるのである。

(1)二人は整然と並んで正面を向いて歩む。その整然とした歩調が会話や視線の交換への驚くべきほど敏感なきっかけをもたらす。

(2)会話に応じて二人は、まったく〝同時に〟止まる。それから〝同時に〟歩きつづける。あるいは一方だけが進み、他方が追う。

(3)一方だけが静かに止まる。他方は二、三歩進み、実に敏感に相手の停止の意図を感じとり、振り向き、相手に対応する。

(4)二人が近接して止まった場合、二人は少し体の位置を変えて向かい合う。最も何気なく、みごとな〝つけまわし〟演技の妙。
(5)撮影は、二人の正面と背後、斜め正面と斜め背後という大胆な角度の組み合わせで、視野の大胆な変化をもたらす。

以上のように、成瀬映画の道行はこのような歩行の日常的表層と道行のドラマの深層の立体化により、より純粋な映画的世界を形成している。その世界の確かさもまた、成瀬の道行演出の技術の磐石がもたらしているのだ。

初出一覧

序　章　「The Atmosphere of the Japanese Film」（「日本映画の雰囲気」）、『比較文学年誌』第一七号、一九八一年三月二五日（初出は英文）

Ⅰ　小津安二郎

第1章　「Ozu and Kabuki」（「小津と歌舞伎」）、『ICONICS』第一号、一九八七年五月（初出は英文）

第2章　「二人の老やもめ　小津映画〈移りの詩学〉の誕生」、『日本の美学』第二二号「特集　老い　成熟へのドラマ」一九九四年一二月八日

第3章　「無限の〝空〟の入れ子構造　伝統芸術と『晩春』のテクスト連関」、『早稲田大学大学院文学研究科紀要　第三分冊　日本文学　演劇　美術史　日本語日本文化』第四一輯、一九九六年二月二九日

第4章　「『東京物語』の時空の揺らぎ」、『比較文学年誌』第三二号、一九九六年三月二五日

Ⅱ　溝口健二

第1章　「『近松物語』と下座音楽」、『演劇學』第三八号、一九九六年一二月一四日

Ⅲ　黒澤　明

第1章　「『素晴らしき日曜日』　黒澤明とD・W・グリフィス」、『早稲田大学大学院文学研究科紀要　文学・芸術学編』第三九輯、一九九四年二月二八日

第2章　「『酔いどれ天使』と対照の語り」、『早稲田大学大学院文学研究科紀要　文学・芸術学編』第三五輯、一九九〇年一月三一日

第3章　「『裸の町』の『野良犬』への影響　両作品に関する内外の言説の史的展望」、『比較文学年誌』第二八号、一九九二年三月二五日
第4章　「『野良犬』における反射性」、『早稲田大学大学院文学研究科紀要　文学・芸術学編』第三七輯、一九九二年二月二九日
第5章　「『羅生門』の光と影の錯綜」、『比較文学年誌』第三〇号、一九九四年三月二五日
第6章　「『七人の侍』と外国映画」、『演劇學』第三一号、一九九〇年一月一九日

Ⅳ　木下恵介

第1章　「『わが恋せし乙女』のテクスト連関」、『早稲田大学大学院文学研究科紀要　文学・芸術学編』第四〇輯、一九九五年二月二八日
第2章　「木下恵介とフランク・キャプラ」、『比較文学年誌』第二七号、一九九一年三月二五日
第3章　「リリー・カルメンて誰だ　テクスト連関の申し子」、『比較文学年誌』第三一号、一九九五年三月二五日
第4章　「『二十四の瞳』のテクスト連関　ジャン・ルノワールから歌尽し人揃えまで」、『比較文学年誌』第三三号、一九九七年三月二五日

Ⅴ　今井 正

第1章　「『青い山脈』と『ミネソタの娘』　占領下の今井映画と欧米映画のテクスト連関」（未完成原稿）
第2章　「『また逢う日まで』と『ピエールとリュース』　二作品の窓ガラス越しのキス・シーンの差異の意味」、『比較文学年誌』第三四号、一九九八年三月二五日
第3章　「『どっこい生きてる』と『自転車泥棒』　戦後の革新的西欧映画と日本映画との一つの出会い」（未完成原稿）
終　章　「成瀬巳喜男の映画的宇宙」、『キネマ倶楽部会報』第六号、一九八九年九月二五日

執筆目録　一九六〇年―一九九九年

・本執筆目録では山本喜久男の著書、論考など公表された各種の原稿および記事を、以下のA～Fの六つに分類してまとめ、Gとして、何らかの形で山本喜久男を対象とした記事をまとめた。
・定期刊行物の号数については、「一九八〇年一月号」のような形で号を特定できる場合は、巻号数や通巻号数を省略した。
・原稿題名の表記は、できるだけ掲載時の表記に従うことを原則としたが、「」『』や記号については見やすさなどを考慮し、目録作成者の判断で適宜追加、変更、省略などを行い、題名を特定できない場合は（）で補足した。また掲載時の誤記などについては、必要に応じて※で説明を加えた。
・単独名義の連載および分載については、【】で全体の題名を掲げて第一回掲載のところにまとめ、二回目以降の出版社（発行所）表記は省略した。

A　単行本
山本喜久男単著の単行本を発行年月日順で配列した。

［凡例］『書名』出版社（発行所）、発行年月日

B　各種原稿（論文、論考、事典項目等）
山本喜久男の各種原稿を、単行本、紀要、雑誌等の掲載書誌の発行年月日順で配列した。同一書誌に複数の原稿が掲載されているもののうち、事典項目および作品解説も【】で種別を掲げた上で、担当箇所を列挙した。事典項目については複数冊にわたる場合には、発行年の早いところにまとめた。

［凡例］「原稿題名」、『掲載書誌名』号名／号数、出版社（発行所）、発行年月日

C　発言
山本喜久男の発言記事を掲載書誌の発行年月日順で配列した。

［凡例］「記事題名」、『掲載書誌名』号名／号数、出版社（発行所）、発行年月日

D　小説
山本喜久男の小説を掲載書誌の発行年月日順で配列した。

［凡例］「小説題名」、『掲載書誌名』号名／号数、出版社（発行所）、発行年月日

E　翻訳書
山本喜久男翻訳による単行本を発行年月日順で配列した。

［凡例］原著者名『書名』出版社（発行所）、発行年月日、原書情報

F　翻訳原稿
山本喜久男による翻訳原稿を掲載書誌の発行年月日順で配列した。

［凡例］原著者名「原稿題名」、『掲載書誌名』号名／号数、出版社（発行所）、発行年月日

G　山本喜久男関連

山本喜久男あるいはその著書等についての記事を掲載書誌の発行年月日順で配列した。

［凡例］著者名「記事題名」、『掲載書誌名』号名／号数、出版社（発行所）、発行年月日

A　単行本

『日本映画における外国映画の影響　比較映画史研究』早稲田大学出版部、一九八三年三月二五日　※後出の『FC　フィルムセンター』連載論文「比較映画史研究」を基にする。中国語翻訳あり（次の書）

『日美欧比较电影史　外国电影对日本电影的影响』郭二民訳、中国电影出版社（北京）、一九九一年八月

『映画の風景』早稲田大学出版部、一九八五年五月二〇日　※後出の『優秀映画』掲載コラムより一〇五篇を収録

B　各種原稿

「書評　飯島正著『アメリカ映画監督研究』」、『演劇學』第二号、早稲田大学文学部演劇研究室、一九六〇年一月一〇日

「特集　芸術祭参加作品批評　ラジオ・ドラマ　人形ガ呼ンデイル」、『放送ドラマ』一九六〇年二月号、清和書房、一九六〇年二月一日

「特集　芸術祭参加作品批評　ラジオ・ドラマ　空は死んで行く」、『放送ドラマ』一九六〇年二月号、清和書房、一九六〇年二月一日

「作品批評　ラジオ・ドラマ　ふるさとに石ありき」、『放送ドラマ』一九六〇年三月号、清和書房、一九六〇年三月一日

「新派映画に於ける外国文芸映画の影響　大正・前期」、『比較文学年誌』第二号、早稲田大学比較文学研究室、一九六五年一一月一〇日

「純映画劇運動に於ける外国映画の影響」、『演劇學』第七号、早稲田大学文学部演劇研究室、一九六六年一二月一五日

「大活時代の谷崎潤一郎」、『比較文学年誌』第四号、早稲田大学比較文学研究室、一九六七年七月一〇日

「研究論文　日本に於ける表現主義映画」、『日本演劇学会紀要』第九号、日本演劇学会、一九六七年七月二〇日

「書評・紹介（40.5～41.7）アンリ・ルメェトル著　小海永二訳『美術と映画』Beaux-Arts et Cinema」、『演劇學』第八号、早稲田大学文学部演劇研究室、一九六七年七月三〇日

「作品批評　ドキュメンタリー　金属の密林をひらく」、『テレビズマン』一九六八年一月号、梅田プロデュースセンター、一九六七年一二月一日

「家庭用映画としてのテレビ映画」、『放送批評』一九六八年八月号、放送批評懇談会、一九六八年八月一日

「時間帯放送批評（12）日曜日午前9時台のテレビの世界」、『放送批評』一九六八年一二月号、放送批評懇談会、一九六八年一二月一日　※執筆者は後藤和彦。山本は岩佐氏寿、大

木英吉、関口英男、和田矩衛、薄井昭夫、鳥山拡とともにリポーターを務めた。担当はフジテレビ

「芸術祭参加作品批評・テレビ　ふたり」、『放送批評』一九六九年一月号、放送批評懇談会、一九六九年一月一日

「番組連続研究（1）　ＮＨＫ劇場（1）」、『放送批評』一九六九年三月号、放送批評懇談会、一九六九年三月一日　※執筆者は品田雄吉、山本喜久男、和田矩衛の連名

【フランス印象主義派映画の日本映画への影響】

「フランス印象主義派映画の日本映画への影響（紹介・批評・その一）」、『比較文学年誌』第五号「佐藤輝夫博士古稀記念論文集」早稲田大学比較文学研究室、一九六九年三月一〇日

「フランス印象主義派映画の日本映画への影響（紹介・批評その三）」、『比較文学年誌』第六号、一九七〇年三月一〇日　※「その三」は「その二」の誤記と思われる

「番組連続研究（2）　ＮＨＫ劇場（2）」、『放送批評』一九六九年四月号、放送批評懇談会、一九六九年四月一日　※執筆者は白井佳夫、鳥山拡、山本喜久男の連名

「番組連続研究（3）　ＮＨＫ劇場（3）」、『放送批評』一九六九年五月号、放送批評懇談会、一九六九年五月一日　※執筆者は佐怒賀三夫、田山力哉、山本喜久男の連名

「番組連続研究（4）　ＮＨＫ　現代の映像（1）」、『放送批評』一九六九年六月号、放送批評懇談会、一九六九年六月一日　※執筆者は菅原卓、鳥居博、山本喜久男の連名

「番組連続研究（5）　ＮＨＫ　現代の映像（2）」、『放送批評』一九六九年七月号、放送批評懇談会、一九六九年七月一日

「番組連続研究（6）　ＮＨＫ　現代の映像（3）」、『放送批評』一九六九年八月号、放送批評懇談会、一九六九年八月一日　※執筆者は加東康一、鳥山拡、山本喜久男の連名

「番組連続研究（7）　ＮＨＫニュース」、『放送批評』一九六九年九月号、放送批評懇談会、一九六九年九月一日　※執筆者は高瀬有宏、加東康一、鳥山拡、山本喜久男の連名。文責は鳥山拡

【邦画海外反響】

「邦画海外反響　無声期からの海外反響（その一）」、『キネマ旬報』一九六九年九月下旬号、キネマ旬報社、一九六九年九月一五日

「邦画海外反響　無声期からの海外反響（その二）」、『キネマ旬報』一九六九年一〇月上旬秋の特別号、一九六九年一〇月一日

「邦画海外反響　無声期からの海外反響（3）」、『キネマ旬報』一九六九年一〇月下旬号、一九六九年一〇月一五日

「邦画海外反響　『カイエ・デュ・シネマ』の大島論　『絞死刑』と『新宿泥棒日記』」、『キネマ旬報』一九六九年一一月上旬号、一九六九年一一月一日

「邦画海外反響　大島渚『少年』ほか」、『キネマ旬報』一九六九年一一月下旬号、一九六九年一一月一五日

「邦画海外反響　無声期からの海外反響（4）」、『キネマ旬報』一九六九年一二月上旬号、一九六九年一二月一日

「邦画海外反響　無声期からの海外反響（5）」、『キネマ旬報』一九六九年一二月下旬号、一九六九年一二月一五日

「邦画海外反響　無声期からの海外反響（6）」、『キネマ旬報』一九七〇年一月上旬新年特別号、一九七〇年一月一日

「邦画海外反響　篠田正浩『心中天網島』」、『キネマ旬報』一九七〇年一月下旬正月特別号、一九七〇年一月一五日

「邦画海外反響　マックス・テシエの日本映画紹介」、『キネマ旬報』一九七〇年二月上旬決算特別号、一九七〇年二月一日

「邦画海外反響　マックス・テシエの日本映画紹介（2）」、『キネマ旬報』一九七〇年二月下旬号、一九七〇年二月一五日

「邦画海外反響　マックス・テシエの日本映画紹介（3）」、『キネマ旬報』一九七〇年三月上旬号、一九七〇年三月一日

「邦画海外反響　吉田喜重の『エロス＋虐殺』（1）」、『キネマ旬報』一九七〇年三月下旬号、一九七〇年三月一五日

「邦画海外反響　吉田喜重の『エロス＋虐殺』（二）ほか」、『キネマ旬報』一九七〇年四月上旬春の特別号、一九七〇年四月一日

「邦画海外反響　『絞死刑』の性と政治について」、『キネマ旬報』一九七〇年四月下旬号、一九七〇年四月一五日

「邦画海外反響　大島渚『絞死刑』（つづき）」、『キネマ旬報』一九七〇年五月上旬号、一九七〇年五月一日

「邦画海外反響　無声期からの海外反響（7）」、『キネマ旬報』一九七〇年五月下旬号、一九七〇年五月一五日

「邦画海外反響　『ジャパン・インディペンデント・フィルム』」、『キネマ旬報』一九七〇年六月上旬号、一九七〇年六月一日

「邦画海外反響　無声期からの海外反響（8）」、『キネマ旬報』一九七〇年六月下旬号、一九七〇年六月一五日

「邦画海外反響　無声期からの海外反響（9）」、『キネマ旬報』一九七〇年七月上旬夏の特別号、一九七〇年七月一日

「邦画海外反響　ニュー・ヨークでの日本映画回顧上映」、『キネマ旬報』一九七〇年七月下旬号、一九七〇年七月一五日

「邦画海外反響　無声期からの海外反響（10）　五所平之助の『からくり娘』」、『キネマ旬報』一九七〇年八月上旬号、一九七〇年八月一日

「邦画海外反響　無声期からの海外反響（11）　N・カフマンの『日本映画』（二九）」、『キネマ旬報』一九七〇年八月下旬号、一九七〇年八月一五日

「邦画海外反響　フランスでの増村保造作品（1）」、『キネマ旬報』一九七〇年九月上旬号、一九七〇年九月一日

「邦画海外反響　フランスでの増村保造作品（2）」、『キネマ旬報』一九七〇年九月下旬号、一九七〇年九月一五日

「邦画海外反響　フランスでの増村保造（3）」、『キネマ旬報』一九七〇年一〇月上旬秋の特別号、一九七〇年一〇月一日

「邦画海外反響　フランスでの増村保造作品（4）」、『キネマ旬

報』一九七〇年一〇月下旬号、一九七〇年一〇月一五日
「邦画海外反響　フランスでの増村保造（5）」、『キネマ旬報』一九七〇年一一月上旬号、一九七〇年一一月一日
「邦画海外反響　イギリスでの『用心棒』」、『キネマ旬報』一九七〇年一一月下旬号、一九七〇年一一月一五日
「邦画海外反響　トーキー期の海外反響（1）」、『キネマ旬報』一九七〇年一二月上旬号、一九七〇年一二月一日
「邦画海外反響　カイエ誌の日本映画特集（1）」、『キネマ旬報』一九七〇年一二月下旬号、一九七〇年一二月一五日
「邦画海外反響　カイエ誌の日本映画特集（2）」、『キネマ旬報』一九七一年一月上旬新年特別号、一九七一年一月一日
「邦画海外反響　ロカルノ映画祭での『無常』」、『キネマ旬報』一九七一年一月下旬正月特別号、一九七一年一月一五日　※掲載誌では執筆者名が「山口喜久男」と誤記されている
「邦画海外反響　カイエ誌の日本映画特集（3）」、『キネマ旬報』一九七一年二月上旬決算特別号、一九七一年二月一日
「邦画海外反響　カイエ誌の日本映画特集（4）」、『キネマ旬報』一九七一年二月下旬号、一九七一年二月一五日
「邦画海外反響　カイエ誌の日本映画特集（5）」、『キネマ旬報』一九七一年三月上旬号、一九七一年三月一日
「邦画海外反響　ヴァラエティ誌の『どですかでん』批評」、『キネマ旬報』一九七一年三月下旬号、一九七一年三月一五日
「邦画海外反響　カイエ誌の日本映画特集（6）『初恋・地獄篇』」、『キネマ旬報』一九七一年四月上旬春の特別号、一九七一年四月一日
「邦画海外反響　カイエ誌の日本映画特集（7）『初恋・地獄篇』」、『キネマ旬報』一九七一年四月下旬号、一九七一年四月一五日
「邦画海外反響　カイエ誌の日本映画特集（8）『初恋・地獄篇』」、『キネマ旬報』一九七一年五月上旬号、一九七一年五月一日
「邦画海外反響　カイエ誌の日本映画特集（9）『初恋・地獄篇』」、『キネマ旬報』一九七一年五月下旬号、一九七一年五月一五日
「邦画海外反響　カイエ誌の日本映画特集（9）『初恋・地獄篇』」、『キネマ旬報』一九七一年六月上旬号、一九七一年六月一日　※（9）は（10）の誤記
「邦画海外反響　ニュー・ヨークでの『無常』の評価」、『キネマ旬報』一九七一年六月下旬号、一九七一年六月一五日
「邦画海外反響　ニュー・ヨークでの『無常』の評判」、『キネマ旬報』一九七一年七月上旬夏の特別号、一九七一年七月一日
「邦画海外反響　カンヌ映画祭での『闇の中の魑魅魍魎』」、『キネマ旬報』一九七一年七月下旬号、一九七一年七月一五日
「邦画海外反響　ヴァラエティ誌の『家族』評」、『キネマ旬報』一九七一年八月上旬号、一九七一年八月一日
「邦画海外反響　トーキー期の海外反響（2）」、『キネマ旬報』

一九七一年八月下旬号、一九七一年八月一五日

「邦画海外反響　トーキー期の海外反響（3）」、『キネマ旬報』一九七一年九月上旬号、一九七一年九月一日

「邦画海外反響　モスコウィッツの『魑魅魍魎』評そのまとめ」、『キネマ旬報』一九七一年九月下旬号、一九七一年九月一五日

「邦画海外反響　トーキー期の海外反響（4）」、『キネマ旬報』一九七一年一〇月上旬秋の特別号、一九七一年一〇月一日

「邦画海外反響　モスクワにおける『どですかでん』他」、『キネマ旬報』一九七一年一〇月下旬号、一九七一年一〇月一五日

「邦画海外反響　トーキー期の海外反響（5）」、『キネマ旬報』一九七一年一一月上旬号、一九七一年一一月一日

「邦画海外反響　ベルリン映画祭での『愛ふたたび』」、『キネマ旬報』一九七一年一一月下旬号、一九七一年一一月一五日

「邦画海外反響　バラエティ誌の『風の天狗』ほか」、『キネマ旬報』一九七一年一二月上旬号、一九七一年一二月一日

「邦画海外反響　モスコウィッツの『儀式』評」、『キネマ旬報』一九七一年一二月下旬号、一九七一年一二月一五日

「邦画海外反響　ヴァラエティ誌の『いのちぼうにふろう』評」、『キネマ旬報』一九七二年一月上旬新年特別号、一九七二年一月一日

「邦画海外反響　トーキー期の海外反響」、『キネマ旬報』一九七二年一月下旬正月特別号、一九七二年一月一五日　※「トーキー期の海外反響」としては（6）になる

「邦画海外反響　トーキー期の海外反響（7）」、『キネマ旬報』一九七二年二月下旬号、一九七二年二月一五日

「邦画海外反響　トーキー期の海外反響（7）」、『キネマ旬報』一九七二年三月上旬号、一九七二年三月一日　※（7）は（8）の誤記

「邦画海外反響　トーキー期の海外反響（8）」、『キネマ旬報』一九七二年三月下旬号、一九七二年三月一五日　※（8）は（9）の誤記

「邦画海外反響　ヴァラエティ紙の『書を捨てよ町へ出よう』」、『キネマ旬報』一九七二年一二月上旬号、一九七二年一二月一日

「邦画海外反響　『三里塚』と『水俣』」、『キネマ旬報』一九七二年一二月下旬号、一九七二年一二月一五日

「邦画海外反響　『座頭市と用心棒』ほか」、『キネマ旬報』一九七三年一月上旬新年特別号、一九七三年一月一日

「邦画海外反響　サマー・ソルジャー（一）」、『キネマ旬報』一九七三年一月下旬正月特別号、一九七三年一月一五日

「邦画海外反響　サマー・ソルジャー（二）」、『キネマ旬報』一九七三年二月下旬号、一九七三年二月一五日

「邦画海外反響　『シネマ72』誌の日本映画評価（一）　今村昌平の『にっぽん昆虫記』」、『キネマ旬報』一九七三年三月上旬号、一九七三年三月一日

「邦画海外反響　『シネマ72』誌の日本映画評価（二）　篠田正

浩の『沈黙』ほか」、『キネマ旬報』一九七三年三月下旬号、一九七三年三月一五日

「邦画海外反響　『シネマ72』誌の日本映画評価（三）　黒沢の『椿三十郎』と大島の『儀式』」、『キネマ旬報』一九七三年四月上旬春の特別号、一九七三年四月一日

「邦画海外反響　『シネマ72』誌の日本映画評価（四）　大島渚の「儀式」（二）」、『キネマ旬報』一九七三年四月下旬号、一九七三年四月一五日

「邦画海外反響　深作欣二の『軍旗はためく下に』　東陽一の『やさしいにっぽん人』」、『キネマ旬報』一九七三年五月上旬号、一九七三年五月一日

「邦画海外反響　『サイト・アンド・サウンド』誌の『日本映画ノート』」、『キネマ旬報』一九七三年六月上旬号、一九七三年六月一日

「邦画海外反響　『サイト・アンド・サウンド』の日本映画評（一）　今村昌平と小林正樹」、『キネマ旬報』一九七三年六月下旬号、一九七三年六月一五日

「邦画海外反響　リッチイのエロダクション映画論（一）」、『キネマ旬報』一九七三年七月上旬夏の特別号、一九七三年七月一日

「邦画海外反響　リッチイのエロダクション映画論（二）」、『キネマ旬報』一九七三年七月下旬号、一九七三年七月一五日

「邦画海外反響　ウッドの溝口論（一）」、『キネマ旬報』一九七三年九月上旬号、一九七三年九月一日

「邦画海外反響　ウッドの溝口論（二）」、『キネマ旬報』一九七三年一〇月上旬秋の特別号、一九七三年一〇月一日

「邦画海外反響　ウッドの溝口論（二）」、『キネマ旬報』一九七三年一二月上旬号、一九七三年一二月一日　※（二）は（三）の誤記

「邦画海外反響　ウッドの溝口論（三）」、『キネマ旬報』一九七四年一月上旬新年特別号、一九七四年一月一日　※（三）は（四）の誤記

「番組連続研究（8）　ＮＨＫ　ニュースの焦点」、『放送批評』一九六九年一〇月号、放送批評懇談会、一九六九年一〇月一日

「番組連続研究（9）　ＮＨＫ　こんにちは奥さん」、『放送批評』一九六九年一一月号、放送批評懇談会、一九六九年一一月一日　※執筆者は山本恭子、上野たま子、山本和子、山本喜久男の連名

「ワールド・リポート」、『キネマ旬報』一九六九年一一月下旬号、キネマ旬報社、一九六九年一一月一五日　※共同担当者（山本恭子、日野康一、吉崎道代）との分担箇所は不明（以下同）

「ワールド・リポート」、『キネマ旬報』一九六九年一二月下旬号、キネマ旬報社、一九六九年一二月一五日　※共同担当者＝山本恭子、日野康一、三木宮彦

「ワールド・リポート」、『キネマ旬報』一九七〇年一月上旬新

年特別号、キネマ旬報社、一九七〇年一月一日　※共同担当者＝岩淵正嘉、山本恭子、横川真顕

「ワールド・リポート」、『キネマ旬報』一九七〇年一月下旬正月特別号、キネマ旬報社、一九七〇年一月一五日　※共同担当者＝山本恭子、三木宮彦、塚おさみ、吉崎道代

「ワールド・リポート」、『キネマ旬報』一九七〇年二月上旬決算特別号、キネマ旬報社、一九七〇年二月一日　※共同担当者＝山本恭子、日野康一、松井秀三、吉崎道代

「特集　CMと人間性（3）現代絵巻・絵解考　CMフィルムについて」、『放送批評』一九七〇年二月号、放送批評懇談会、一九七〇年二月一日

「研究論文　ブルー・バード映画について」、『日本演劇学会紀要』第一一号、日本演劇学会、一九七〇年二月一〇日

「ワールド・リポート」、『キネマ旬報』一九七〇年二月下旬号、キネマ旬報社、一九七〇年二月一五日　※共同担当者＝山本恭子、岩淵正嘉、三木宮彦、松井秀三

「黒沢明論の史的展望」、『世界の映画作家3　黒沢明編』キネマ旬報社、一九七〇年三月一日

「ワールド・リポート」、『キネマ旬報』一九七〇年三月上旬号、キネマ旬報社、一九七〇年三月一日　※共同担当者＝山本恭子、岩淵正嘉、日野康一、松井秀三

「番組・作品批評　NHK海外秀作シリーズ　わかれのとき La Separation」、『放送批評』一九七〇年三月号、放送批評懇談会、一九七〇年三月一日

【辞典項目】『キネマ旬報増刊3・5号　世界映画作品大辞典』一九七〇年三月五日増刊号、キネマ旬報社、一九七〇年三月五日　※執筆者三七人に含まれるが担当項目は不明

「ワールド・リポート」、『キネマ旬報』一九七〇年三月下旬号、キネマ旬報社、一九七〇年三月一五日　※共同担当者＝山本恭子、岩淵正嘉、藤原恒太、日野康一、塚おさみ

「ワールド・リポート」、『キネマ旬報』一九七〇年四月上旬春の特別号、キネマ旬報社、一九七〇年四月一日　※共同担当者＝山本恭子、松井秀三、塚おさみ

「アカデミー賞はいかに選ばれるか　69年度・第42回アカデミー賞投票規定のダイジェスト」、『キネマ旬報』一九七〇年五月上旬号、キネマ旬報社、一九七〇年五月一日

「フランスにおける大島渚評価の綜合的な分析研究〈「カイエ」誌の特集を中心に〉」、『キネマ旬報』一九七〇年五月下旬号、キネマ旬報社、一九七〇年五月一五日

「外国映画批評　アメリカを斬る　Medium Cool」、『キネマ旬報』一九七〇年五月下旬号、キネマ旬報社、一九七〇年五月一五日

「ワールド・リポート」、『キネマ旬報』一九七〇年五月下旬号、キネマ旬報社、一九七〇年五月一五日　※共同担当者＝山本恭子、松井秀三、三木宮彦、末吉幸郎

「アメリカにおけるゴダール像寸描」、『アートシアター』七七号「アルファビル」アートシアター社、一九七〇年五月三〇日

「ワールド・リポート」、『キネマ旬報』一九七〇年六月上旬号、キネマ旬報社、一九七〇年六月一日　※共同担当者＝山本恭子、岩淵正嘉、三木宮彦、松井秀三、塚おさみ
「事件　女形を廃止　日本映画に女優登場」、『キネマ旬報増刊6・6号　世界映画事件・人物事典』一九七〇年六月六日増刊号、キネマ旬報社、一九七〇年六月六日

【事典項目】
「活動大写真の先駆者たち　牧野省三、横田永之助、小林喜三郎、田中栄三、尾上松之助、駒田好洋、柴田常吉」
「日本映画革新の担い手　帰山教正、栗原トーマス、野村芳亭、牛原虚彦、村田実、阿部豊、大谷竹次郎、小山内薫、池田義信、栗島すみ子、鈴木伝明、鈴木重吉、岡田時彦、英百合子、衣笠貞之助、マキノ正博（雅弘）、山上伊太郎、月形竜之介、伊藤大輔、阪東妻三郎、大河内伝次郎、嵐寛寿郎、市川右太衛門」
「日本映画30年代の活力源　五所平之助、島津保次郎、上原謙、田中絹代、成瀬巳喜男、森岩雄、長谷川一夫、山田五十鈴、山本嘉次郎、榎本健一、古川ロッパ、斎藤寅次郎、豊田四郎、伊丹万作、稲垣浩、片岡千恵蔵、三村伸太郎、小津安二郎、内田吐夢」
「暗黒時代の日本映画作家　山中貞雄、田坂具隆、吉村公三郎」以上、『キネマ旬報増刊6・6号　世界映画事件・人物事典』一九七〇年六月六日増刊号、キネマ旬報社、一九七〇年六月六日
「KINEJUN試写室　ギャング神話の現実化　ボルサリーノ」、『キネマ旬報』一九七〇年六月下旬号、キネマ旬報社、一九七〇年六月一五日
「ピエル・パオロ・パゾリーニ研究・2　パゾリーニ論の曖昧さを解く鍵は？　イタリア／アメリカ／日本のパゾリーニ監督分析から」、『キネマ旬報』一九七〇年七月上旬夏の特別号、キネマ旬報社、一九七〇年七月一日
「外国映画批評『抵抗の詩』**A Bloody Tale**」、『キネマ旬報』一九七〇年七月上旬夏の特別号、キネマ旬報社、一九七〇年七月一日
「プロフィール　山本喜久男（自己紹介）」、『キネマ旬報』一九七〇年七月下旬号、キネマ旬報社、一九七〇年七月一五日
「KINEJUN試写室　ブルースでつづる若者の受難　アリスのレストラン」、『キネマ旬報』一九七〇年七月下旬号、キネマ旬報社、一九七〇年七月一五日
「今号の問題作批評Ⅰ　大島渚監督の『東京战争戦後秘話』映画で遺書を残して死んだ男の物語」、『キネマ旬報』一九七〇年八月上旬号、キネマ旬報社、一九七〇年八月一日
「特集　テレビ・アニメーション（6）　アニメーションCM」、『放送批評』一九七〇年七・八月号、放送批評懇談会、一九七〇年八月一日
「ワールド・リポート」、『キネマ旬報』一九七〇年八月下旬号、

キネマ旬報社、一九七〇年八月一五日、共同担当者＝山本恭子、松井秀三、吉崎道代、塚おさみ
「KINEJUN試写室　分裂するアメリカの叫びを　怒りを胸にふり返れ！」、『キネマ旬報』一九七〇年九月上旬号、キネマ旬報社、一九七〇年九月一日
「ワールド・リポート」、『キネマ旬報』一九七〇年九月上旬号、キネマ旬報社、一九七〇年九月一日　※共同担当者＝山本恭子、松井秀三、横川真顕、日野康一
「海外における大島評価」、『世界の映画作家6　大島渚編』キネマ旬報社、一九七〇年九月一日
「番組・作品批評　11PM」、『放送批評』一九七〇年九月号、放送批評懇談会、一九七〇年九月一日　※執筆者は山本喜久男、和田矩衛の連名
「KINEJUN試写室　ブニュエルの壮大な映像世界　トリスターナ」、『キネマ旬報』一九七〇年九月下旬号、キネマ旬報社、一九七〇年九月一五日
「小津安二郎作品と外国映画　一九四一年まで」、『演劇學』第一一号、早稲田大学文学部演劇研究室、一九七〇年九月三〇日
「編集後記」、『演劇學』第一一号、早稲田大学文学部演劇研究室、一九七〇年九月三〇日
「造反するアメリカ映画1　『いちご白書』の映像的なメッセージ　体制の暴力へリベラル派から愛をこめて！」、『キネマ旬報』一九七〇年一〇月上旬秋の特別号、キネマ旬報社、一九七〇年一〇月一日
「ワールド・リポート」、『キネマ旬報』一九七〇年一〇月上旬秋の特別号、キネマ旬報社、一九七〇年一〇月一日　※共同担当者＝山本恭子、岩淵正嘉、松井秀三、塚おさみ、横川真顕
「一人一語　汽車活動写真館」、『優秀映画』第一九七号、優秀映画鑑賞会、一九七〇年一一月一日
「ショトジット・ライ海外論」、『世界の映画作家7　ショトジット・ライ編　ルイス・ブニュエル編』キネマ旬報社、一九七〇年一一月一日
「ルイス・ブニュエル海外論」、『世界の映画作家7　ショトジット・ライ編　ルイス・ブニュエル編』キネマ旬報社、一九七〇年一一月一日
「番組・作品批評　遺書配達人」、『放送批評』一九七〇年一一月号、放送批評懇談会、一九七〇年一一月一日
「黒沢批評の系譜　キネマ旬報批評の展開」、嶋地孝麿編『黒沢明映画体系1　どですかでん』キネマ旬報社、一九七〇年一一月一八日
「今号の問題作批評2　ショトジット・ライの『大河のうた』小津の『一人息子』に共通する聖性＝詩」、『キネマ旬報』一九七一年一月上旬新年特別号、キネマ旬報社、一九七一年一月一日
「わたしの選んだ10本の映画とその選出理由」、『キネマ旬報』一九七一年二月上旬決算特別号、キネマ旬報社、一九七一年

二月一日

「ウッドのベルイマン論」、『世界の映画作家9　イングマル・ベルイマン編』キネマ旬報社、一九七一年三月一日

「明治末期の日本映画と外国映画」、『演劇學』第一二号、早稲田大学文学部演劇研究室、一九七一年三月一〇日

「編集後記」、『演劇學』第一二号、早稲田大学文学部演劇研究室、一九七一年三月一〇日

「ドイツ映画に思う　日本という極東の果てから」、『優秀映画』第二〇二号、優秀映画鑑賞会、一九七一年四月一日

「2人の作家の海外論　アメリカ・イギリス・フランスにおける篠田正浩評価／フランスにおける吉田喜重評価」、『世界の映画作家10　篠田正浩編　吉田喜重編』キネマ旬報社、一九七一年五月一日

「テレビとテレビCFの関係」、『ADCOM　REPORT』第二九〇号、AD懇談会、一九七一年五月　※一九七一年三月四日、ADCOM月例講座における発表の概要を収めた冊子。文責はAD懇談会事務局

「篠田正浩の映画はニュー・ヨークでいかに評価されたか　『心中天網島』と『無頼漢』」、『キネマ旬報』一九七一年六月下旬号、キネマ旬報社、一九七一年六月一五日

「《特別推薦映画》ビスコンティの『ベニスに死す』オペラ的な激発表現の至芸をみる」、『優秀映画』第二〇五号、優秀映画鑑賞会、一九七一年九月一日

「『無常』の海外イメージと『曼荼羅』私見」、『アートシアター』第八九号「曼荼羅」アートシアター社、一九七一年九月一一日

「特別掲載／戦後のフランスにおける日本映画　第一部・戦後のフランスにおける日本映画の普及〔訳者まえがき〕」、『キネマ旬報』一九七一年一〇月上旬秋の特別号、キネマ旬報社、一九七一年一〇月一日

「わたしの選んだベスト・テン作品とその選出理由」、『キネマ旬報』一九七二年二月上旬七一年度決算特別号、キネマ旬報社、一九七二年二月一日

「観客のいる場所　家庭映画館の誕生」、『優秀映画』第二一二号、優秀映画鑑賞会、一九七二年二月一日

「シナリオ研究『アラビアのロレンス』」、『世界の映画作家15　デヴィッド・リーン編　ロバート・ワイズ編』キネマ旬報社、一九七二年三月一日

「日本映画へのフランス印象主義派映画の影響」、『演劇學』第一三号「特集　飯島正教授古稀記念論文集」早稲田大学文学部演劇研究室、一九七二年三月二五日

「後記」、『演劇學』第一三号「特集　飯島正教授古稀記念論文集」早稲田大学文学部演劇研究室、一九七二年三月二五日

【事典項目】

大項目「映画」の内、「興行と配給」「教育映画」「アニメーション映画」「記録映画」「映画祭と映画賞」、『BRITANNICA INTERNATIONAL ENCYCLOPEDIA　ブリタニカ国際大百科

事典2』ティビーエス・ブリタニカ、一九七二年六月一日
※掲載書の凡例によれば「書きおろしまたは原典を参考にした項目」

大項目「日本映画」の内、「歴史　復興・絶頂期」「歴史　企業の危機」、『BRITANNICA INTERNATIONAL ENCYCLOPEDIA ブリタニカ国際大百科事典15』ティビーエス・ブリタニカ、一九七四年一〇月一日

【比較映画史研究】

「連載論文：比較映画史研究（1）明治末期の日本映画と外国映画」、『FC　フィルムセンター』第八号「音楽映画の特集」東京国立近代美術館、一九七二年七月三一日

「連載論文：比較映画史研究（2）外国文芸映画と新派映画」、『FC　フィルムセンター』第九号「ポーランド映画の回顧（1）」一九七二年一一月一三日

「連載論文：比較映画研究（3）ブルーバード映画について」、『FC　フィルムセンター』第一二号「日本の記録映画特集・戦前篇（2）」一九七三年二月一〇日

「連載論文：比較映画史研究（4）日本における外国連続映画の影響　その反響」、『FC　フィルムセンター』第一三号「日本の記録映画特集・戦前篇（3）」一九七三年三月八日

「連載論文：比較映画史研究（5）日本における外国連続映画の影響　その受容」、『FC　フィルムセンター』第一五号「イタリア映画の特集（2）」一九七三年五月九日

「連載論文：比較映画史研究（6）日本におけるドイツ表現主義映画」、『FC　フィルムセンター』第一六号「溝口健二監督の特集」一九七三年六月一一日

「連載論文：比較映画史研究（7）日本におけるフランス印象主義映画　その反響」、『FC　フィルムセンター』第一七号「飯田蝶子特集」一九七三年八月二〇日

「連載論文：比較映画史研究（8）日本におけるフランス印象主義映画　その影響」、『FC　フィルムセンター』第一九号「1930年代のヨーロッパ映画特集（2）」一九七三年一一月九日

「連載論文：比較映画史研究（9）アメリカ映画の影響・無声期　概観」、『FC　フィルムセンター』第二〇号「現代ブルガリア映画の展望」一九七四年三月一五日

「連載論文：比較映画史研究（10）アメリカ映画の影響・無声期　母性愛映画の影響」、『FC　フィルムセンター』第二二号「日本の記録映画特集・戦後篇」一九七四年七月八日

「連載論文：比較映画史研究（11）アメリカ映画の影響・無声期　父性愛映画の影響」、『FC　フィルムセンター』第二三号「監督研究・清水宏と石田民三」一九七四年八月二八日

「連載論文：比較映画史研究（12）アメリカ映画の影響・無声期　学生スポーツ映画の影響」、『FC　フィルムセンター』第二四号「島津保次郎監督特集」一九七四年一〇月三〇日

「連載論文：比較映画史研究（13）アメリカ映画の影響・無声期　スラップスティック喜劇の影響」、『FC　フィルムセン

ター』第二六号「ハンガリー映画祭　ハンガリー映画の30年」一九七五年三月一三日

「連載論文：比較映画史研究(14)アメリカ映画の影響・無声期　チャップリン喜劇の影響」、『ＦＣ　フィルムセンター』第二九号「エリザベス女王来日記念　英国映画の史的展望(3)」一九七五年七月一一日

「連載論文：比較映画史研究(15)アメリカ映画の影響・無声期　ロイド喜劇及びティームもの喜劇の影響」、『ＦＣ　フィルムセンター』第三〇号「昭和50年度(第30回記念)芸術祭協賛　芸術祭大賞映画の回顧」一九七五年一〇月一六日

「連載論文：比較映画史研究(16)アメリカ映画の影響・無声期　児童喜劇映画の影響」、『ＦＣ　フィルムセンター』第三二号「小津安二郎監督特集」一九七六年一月二九日

「連載論文：比較映画史研究(17)アメリカ映画の影響・無声期　ヒーローの系譜Ⅰ　旧劇映画と新派映画の説話性」、『ＦＣ　フィルムセンター』第三五号「監督研究　衣笠貞之助」一九七六年七月一三日

「連載論文：比較映画史研究(18)アメリカ映画の影響・無声期　ヒーローの系譜Ⅱ」、『ＦＣ　フィルムセンター』第三八号「木下恵介監督特集」一九七七年二月一日

「連載論文：比較映画史研究(19)アメリカ映画の影響・無声期　ヒーローの系譜Ⅲ」、『ＦＣ　フィルムセンター』第三九号「文化功労者記念　黒沢明監督特集」一九七七年三月三〇日

「連載論文：比較映画史研究(20)アメリカ映画の影響・無声期　ヒーローの系譜Ⅳ」、『ＦＣ　フィルムセンター』第四一号「恐怖と幻想の映画特集　長篇ドキュメンタリー映画10選」一九七七年六月二九日

「連載論文：比較映画史研究(21)アメリカ映画の影響・無声期　マドンナの系譜」、『ＦＣ　フィルムセンター』第四六号「日本のアニメーション映画〈１９２４〜１９５８〉」一九七八年二月二四日

「連載論文：比較映画史研究(22)アメリカ映画の影響・無声期　『結婚哲学』と日本映画」、『ＦＣ　フィルムセンター』第四八号「溝口健二監督特集」一九七八年六月二一日

「連載論文：比較映画史研究(23)アメリカ映画の影響・無声期　アクション映画のジャンル」、『ＦＣ　フィルムセンター』第五〇号「映画史上の名作(第２集)」一九七八年一〇月二七日

「連載論文：比較映画史研究(24)アメリカ映画の影響・無声期　『イントレランス』と『路上の霊魂』」、『ＦＣ　フィルムセンター』第五二号「田坂具隆監督特集」一九七九年二月二〇日

「連載論文：比較映画史研究(25)モンタージュと無声期の日本映画」、『ＦＣ　フィルムセンター』第五三号「長谷川一夫特集」一九七九年四月三日

「連載論文：比較映画史研究(26)アメリカ映画と自由主義時代劇　稲垣博監督作品をめぐって」、『ＦＣ　フィルムセンタ

ー』第五六号「現代ベルギー映画の展望」一九七九年一〇月一七日

「連載論文：比較映画史研究（27）　アメリカ映画と自由主義時代劇　山中貞雄の股旅物をめぐって」、『FC　フィルムセンター』第五九号「オーストラリア映画の史的展望〈1919～1956〉」一九八〇年三月六日

「連載論文：比較映画史研究（28）　アメリカ映画と自由主義時代劇　山中貞雄の長屋物をめぐって」、『FC　フィルムセンター』第六〇号「映画史上の名作（1）」一九八〇年五月七日

「連載論文：比較映画史研究（29）　アメリカ映画と清水宏　旅物をめぐって」、『FC　フィルムセンター』第六一号「映画史上の名作（2）」一九八〇年六月一二日

「連載論文：比較映画史研究（30）　フランス映画の時代　1930年代（上）」、『FC　フィルムセンター』第七〇号「フィンランド映画の史的展望〈1940～1977〉」一九八一年一二月二日

「連載論文：比較映画史研究（31）　フランス映画の時代　1930年代（下）」、『FC　フィルムセンター』第七四号「日本映画史研究（2）　東宝映画50年の歩み（1）」一九八二年一〇月四日

「連載論文：比較映画史研究（32）　1930年代のドイツ映画　及び比較映画史研究の結び」、『FC　フィルムセンター』第七六号「日本映画史研究（2）　東宝映画50年の歩み（2）」一九八三年一月六日

「時評的CM論（19）　CMと伝統的文化の地　若者のイメージ」、『ブレーン』一九七三年七月号、誠文堂新光社、一九七三年七月一日

「時評的CM論（20）　CMと伝統的文化の地　わたつみの宮の処女たち」、『ブレーン』一九七三年八月号、誠文堂新光社、一九七三年八月一日

「日本映画の貸借表　比較映画史にみる世界の評価」、『優秀映画』第二三一号、優秀映画鑑賞会、一九七三年九月一日

【事典項目】

「アカデミーしょう　アカデミー賞」「アメリカえいが　アメリカ映画」「アントニオーニ　Michelangelo Antonioni」「イギリスえいが　イギリス映画」、『ENCYCLOPEDIA EPOCA　学芸百科事典1』旺文社、一九七三年一〇月五日

「ウェルズ（オーソン）　Orson Welles」「えいが　映画」「えいがさい　映画祭」、『ENCYCLOPEDIA EPOCA　学芸百科事典2』旺文社、一九七三年一二月五日　※「えいが　映画」項目内の「製作過程」「配給制度」は長崎一が担当

「おおがたえいが　大型映画」、『ENCYCLOPEDIA EPOCA　学芸百科事典3』旺文社、一九七四年二月五日

「カザン　Elia Kazan」「カルネ　Marcel Carné」、『ENCYCLOPEDIA EPOCA　学芸百科事典4』旺文社、一九七四年四月五日

「きろくえいが　記録映画」、『ENCYCLOPEDIA EPOCA　学芸百科事典5』旺文社、一九七四年六月五日

「グリフィス　David Wark Griffith」「クレール　René Clair」、『ENCYCLOPEDIA EPOCA　学芸百科事典6』旺文社、一九七四年八月五日

「ゴダール　Jean-Luc Godard」、『ENCYCLOPEDIA EPOCA　学芸百科事典7』旺文社、一九七四年一〇月五日

「しきさいえいが　色彩映画」「シネマ・スコープ　Cinema Scope」「シネラマ　Cinerama」、『ENCYCLOPEDIA EPOCA　学芸百科事典8』旺文社、一九七四年一二月五日

「ストロハイム　Erich von Stroheim」「スーパーインポーズ　superimpose」「スペインえいが　スペイン映画」「スリラー　thriller：〈スリラー映画〉」「せいぶげき　西部劇」「セネット　Mack Sennett」、『ENCYCLOPEDIA EPOCA　学芸百科事典10』旺文社、一九七五年三月五日

「チャップリン　Charles Spencer Chaplin」「ディズニー　Walt Disney」「テクニカラー　Technicolor」「デ＝ミル　Cecil Blount DeMille」「ドイツえいが　ドイツ映画」、『ENCYCLOPEDIA EPOCA　学芸百科事典12』旺文社、一九七五年五月五日

「外国映画批評　大樹のうた　Apur Sansar　その2」、『キネマ旬報』一九七四年三月上旬号、キネマ旬報社、一九七四年三月一日

「編集後記　印南先生」、『演劇學』第一四号「特集　東洋演劇　印南高一教授古稀記念論文集」早稲田大学文学部演劇研究室、一九七四年三月二五日

「最近の黒澤明論を展望する」、『キネマ旬報増刊5・7号〈デルスウ・ウザーラ〉製作記念特集黒澤明ドキュメント』一九七四年五月七日増刊号、キネマ旬報社、一九七四年五月七日

「アンチ女大学映画系譜　悲劇的女性像と喜劇的女性像の両極」、『優秀映画』第二四二号、優秀映画鑑賞会、一九七四年八月一日

【事典項目】「アントニオーニ　Michelangelo Antonioni」「ウェルズ　Orson Welles」「カザン　Elia Kazan」「カルネ　Marcel Carné」「シュトロハイム　Erich von Stroheim」「セネット　Mack Sennett」、『GENRE JAPONICA　万有百科大事典3　音楽　演劇』小学館、一九七四年八月一〇日

「空想映画館の建設　冬の枯木林のイマジネーション」、『優秀映画』第二四七号、優秀映画鑑賞会、一九七五年一月一日

「解釈と実感の物語性　『路上の霊魂』と『イントレランス』の比較」、『比較文学年誌』第一一号、早稲田大学比較文学研究室、一九七五年三月二五日

「花と現実との虚構　『桜の森の満開の下』の花の美学」、『優秀映画』第二五三号、優秀映画鑑賞会、一九七五年七月一日

【是々非々／闇の中の子守唄】

「是々非々　『化石』の教訓　魅力のないクロース・アップの乱用」、『優秀映画』第二五八号、優秀映画鑑賞会、一九七五年

一二月一日
「是々非々（二） 伊丹万作の映画は今$2\frac{1}{10}$しかないのだろうか？」、『優秀映画』第二五九号、一九七六年一月一日
「是々非々（3） ファッション映画のメッセージ」、『優秀映画』第二六〇号、一九七六年二月一日
「是々非々（4） ドイツ映画のルネッサンス」、『優秀映画』第二六一号、一九七六年三月一日
「是々非々（5） 写し絵寸感」、『優秀映画』第二六二号、一九七六年四月一日
「是々非々（6） 映画と説話性」、『優秀映画』第二六三号、一九七六年五月一日
「是々非々（7） 闇の中の子守唄」、『優秀映画』第二六四号、一九七六年六月一日
「是々非々（8） 闇の中の子守唄Ⅱ」、『優秀映画』第二六五号、一九七六年七月一日
「是々非々（9） 闇の中の子守唄Ⅲ」、『優秀映画』第二六六号、一九七六年八月一日
「是々非々（10） 闇の中の子守唄Ⅳ アメリカ西部の宇宙劇場」、『優秀映画』第二六七号、一九七六年九月一日
「是々非々（11） 闇の中の子守唄Ⅴ ろう人形館」、『優秀映画』第二六八号、一九七六年一〇月一日
「是々非々（12） 闇の中の子守唄Ⅵ 『罪の物語』」、『優秀映画』第二六九号、一九七六年一一月一日
「是々非々（13） 闇の中の子守唄Ⅶ 流行＝新しい季節」、『優秀映画』第二七一号、一九七七年一月一日
「是々非々（14） 闇の中の子守唄Ⅷ 創造ということ」、『優秀映画』第二七二号、一九七七年二月一日
「是々非々（15） 闇の中の子守唄Ⅸ 刺繍の模様」、『優秀映画』第二七三号、一九七七年三月一日
「是々非々（16） 闇の中の子守唄Ⅹ ルノワールと〝草の上の昼食〟」、『優秀映画』第二七四号、一九七七年四月一日
「是々非々（17） 闇の中の子守唄ⅩⅠ ゲームの規則」、『優秀映画』第二七五号、一九七七年五月一日
「是々非々（18） 闇の中の子守唄ⅩⅡ 空白の美学『密告の砦』」、『優秀映画』第二七六号、一九七七年六月一日
「是々非々（19） 闇の中の子守唄ⅩⅢ 『愛情』とガラス」、『優秀映画』第二七七号、一九七七年七月一日
「是々非々（20） 闇の中の子守唄ⅩⅣ かたち」、『優秀映画』第二七八号、一九七七年八月一日
「是々非々（21） 闇の中の子守唄ⅩⅤ かたちの秘密」、『優秀映画』第二七九号、一九七七年九月一日
「是々非々（22） 闇の中の子守唄ⅩⅥ 『市民ケーン』一番でかい電気機関車の映画」、『優秀映画』第二八〇号、一九七七年一〇月一日
「是々非々（23） 闇の中の子守唄ⅩⅦ 『幸福の黄色いハンカチ』の〝ワキ〟」、『優秀映画』第二八一号、一九七七年一一月一日
「是々非々（24） 闇の中の子守唄ⅩⅧ ヒッチコックとサスペ

ンス映画」、『優秀映画』第二八二号、一九七七年一二月一日

「是々非々（25）闇の中の子守唄ＸⅨ　コロンブスの卵」、『優秀映画』第二八三号、一九七八年一月一日

「是々非々（26）闇の中の子守唄ＸＸ　放棄」、『優秀映画』第二八五号、一九七八年三月一日

「是々非々（27）闇の中の子守唄ＸＸⅠ　イタリアの三月」、『優秀映画』第二八七号、一九七八年五月一日

「是々非々（28）闇の中の子守唄ＸＸⅡ　映画のアルカイク」、『優秀映画』第二八八号、一九七八年六月一日

「是々非々（29）闇の中の子守唄ＸＸⅢ　花のある風景」、『優秀映画』第二八九号、一九七八年七月一日

「是々非々（30）闇の中の子守唄ＸＸⅣ　『謎』」、『優秀映画』第二九〇号、一九七八年八月一日

「是々非々（31）闇の中の子守唄ＸＸＶ　夏の映画の聖と俗」、『優秀映画』第二九一号、一九七八年九月一日

「是々非々（32）闇の中の子守唄ＸＸⅥ　『終りよければ』」、『優秀映画』第二九二号、一九七八年一〇月一日

「是々非々（33）闇の中の子守唄ＸＸⅦ　『家族の肖像』」、『優秀映画』第二九三号、一九七八年一一月一日

「是々非々（34）闇の中の子守唄ＸＸⅧ　敵役」、『優秀映画』第二九四号、一九七八年一二月一日

「是々非々（35）闇の中の子守唄ＸＸⅨ　『奇跡』　黒白映画の色調」、『優秀映画』第二九五号、一九七九年一月一日

「闇の中の子守唄ＸＸＸ　絵巻物と映画（一）」、『優秀映画』第二九六号、一九七九年二月一日　※この号より「闇の中の子守唄」がコーナー題名になる

「闇の中の子守唄（31）絵巻物と映画（二）」、『優秀映画』第二九七号、一九七九年三月一日

「闇の中の子守唄（32）絵巻物と映画（三）」、『優秀映画』第二九八号、一九七九年四月一日

「闇の中の子守唄（33）モナ・リザの微笑」、『優秀映画』第二九九号、一九七九年五月一日

「闇の中の子守唄（34）テレビは映画を生むべきである」、『優秀映画』第三〇〇号、一九七九年六月一日

「闇の中の子守唄（35）『土』と『木靴の樹』」、『優秀映画』第三〇一号、一九七九年七月一日

「闇の中の子守唄（36）アスペンの初夏」、『優秀映画』第三〇二号、一九七九年八月一日

「闇の中の子守唄（37）北海道の夏」、『優秀映画』第三〇三号、一九七九年九月一日

「闇の中の子守唄（38）『ウイズ』」、『優秀映画』第三〇四号、一九七九年一〇月一日

「闇の中の子守唄（39）成熟した女優映画」、『優秀映画』第三〇五号、一九七九年一一月一日

「闇の中の子守唄（40）映画の個性というもの」、『優秀映画』第三〇六号、一九七九年一二月一日

「闇の中の子守唄（41）歩くということ　アレンの『マンハッタン』の世代」、『優秀映画』第三〇七号、一九八〇年一月一

日
「闇の中の子守唄（42）小城故事」、『優秀映画』第三〇八号、一九八〇年二月一日
「闇の中の子守唄（43）一九三〇年代の洋画のスタイル」、『優秀映画』第三〇九号、一九八〇年三月一日
「闇の中の子守唄（44）夢は枯野を」、『優秀映画』第三一〇号、一九八〇年四月一日
「闇の中の子守唄（45）嬰児の線画」、『優秀映画』第三一一号、一九八〇年五月一日
「闇の中の子守唄（46）鏡をもて見るごとく（コリント前書13の12）」、『優秀映画』第三一二号、一九八〇年六月一日
「闇の中の子守唄（47）八十年間宇宙の旅」、『優秀映画』第三一三号、一九八〇年七月一日
「闇の中の子守唄（48）成熟の時代」、『優秀映画』第三一四号、一九八〇年八月一日
「闇の中の子守唄（49）モニュメント・ヴァレイ」、『優秀映画』第三一五号、一九八〇年九月一日
「闇の中の子守唄（50）判官びいきＵＳＡ」、『優秀映画』第三一六号、一九八〇年一〇月一日
「闇の中の子守唄（51）冬ざれと熱情」、『優秀映画』第三一七号、一九八〇年一一月一日
「闇の中の子守唄（52）百済観音と映画の青春」、『優秀映画』第三一八号、一九八〇年一二月一日
「闇の中の子守唄（53）行く雲　来る雲」、『優秀映画』第三二〇号、一九八一年二月一日　※掲載紙では号数が第三二一号と誤記されている
「闇の中の子守唄（54）映画館シンドローム」、『優秀映画』第三二一号、一九八一年三月一日　※掲載紙では号数が第三二二号と誤記されている
「闇の中の子守唄（55）失われた映画たち」、『優秀映画』第三二二号、一九八一年四月一日
「闇の中の子守唄（56）産業映画のクリシェ」、『優秀映画』第三二三号、一九八一年五月一日
「闇の中の子守唄（57）口実と本文」、『優秀映画』第三二四号、一九八一年六月一日
「闇の中の子守唄（58）〝大自然〟のことば」、『優秀映画』第三二五号、一九八一年七月一日
「闇の中の子守唄（59）原映画の様式」、『優秀映画』第三二六号、一九八一年八月一日
「闇の中の子守唄（60）果てしなき共感の様式」、『優秀映画』第三二七号、一九八一年九月一日
「闇の中の子守唄（61）映像のタピストリー」、『優秀映画』第三二八号、一九八一年一〇月一日
「闇の中の子守唄（62）日本農民映画の系譜」、『優秀映画』第三二九号、一九八一年一一月一日
「闇の中の子守唄（63）北ギリシャの風土とアンゲロプロス」、『優秀映画』第三三二号、一九八二年二月一日
「闇の中の子守唄（64）果てしなき共感の様式再び」、『優秀映

画』第三三三号、一九八二年三月一日
「闇の中の子守唄（65）果てしなき共感の様式もう一度」、『優秀映画』第三三四号、一九八二年四月一日
「闇の中の子守唄（65）幻」、『優秀映画』第三三五号、一九八二年五月一日　※（65）は（66）の誤記。以後、訂正されないままとなる
「闇の中の子守唄（66）ロンドンの桜」、『優秀映画』第三三六号、一九八二年六月一日
「闇の中の子守唄（67）プリムローズ・ヒルの初夏」、『優秀映画』第三三七号、一九八二年七月一日
「闇の中の子守唄（68）東も東、西も西」、『優秀映画』第三三八号、一九八二年八月一日
「闇の中の子守唄（69）バカンス」、『優秀映画』第三三九号、一九八二年九月一日
「闇の中の子守唄（70）燗酒の風味」、『優秀映画』第三四〇号、一九八二年一〇月一日
「闇の中の子守唄（71）マイク・リーとの出会い」、『優秀映画』第三四一号、一九八二年一一月一日
「闇の中の子守唄（72）新古今集の時代」、『優秀映画』第三四二号、一九八二年一二月一日
「闇の中の子守唄（73）映像民族学」、『優秀映画』第三四三号、一九八三年一月一日
「闇の中の子守唄（74）木の葉の囁き」、『優秀映画』第三四五号、一九八三年三月一日
「闇の中の子守唄（75）南北と東西」、『優秀映画』第三四六号、一九八三年四月一日
「闇の中の子守唄（76）西欧における日本映画の評価」、『優秀映画』第三四七号、一九八三年五月一日
「闇の中の子守唄（77）さんざしの白い花」、『優秀映画』第三四八号、一九八三年六月一日
「闇の中の子守唄（78）男人命苦、鴛鴦傘」、『優秀映画』第三四九号、一九八三年七月一日
「闇の中の子守唄（79）地母神像のスタイル」、『優秀映画』第三五〇号、一九八三年八月一日
「闇の中の子守唄（80）脚本家の時代」、『優秀映画』第三五一号、一九八三年九月一日
「闇の中の子守唄（81）憧憬」、『優秀映画』第三五二号、一九八三年一〇月一日
「闇の中の子守唄（82）木犀の香」、『優秀映画』第三五三号、一九八三年一一月一日
「闇の中の子守唄（83）フィリピンとの出会い」、『優秀映画』第三五四号、一九八三年一二月一日
「闇の中の子守唄（84）突風」、『優秀映画』第三五五号、一九八四年一月一日
「闇の中の子守唄（85）ワキの思想」、『優秀映画』第三五六号、一九八四年二月一日
「闇の中の子守唄（86）閃光」、『優秀映画』第三五七号、一九八四年三月一日

「闇の中の子守唄(87) ある馬とある犬の物語」、『優秀映画』第三五八号、一九八四年四月一日
「闇の中の子守唄(88) 長閑」、『優秀映画』第三五九号、一九八四年五月一日
「闇の中の子守唄(89) フランス映画とは何か」、『優秀映画』第三六〇号、一九八四年六月一日
「闇の中の子守唄(90) 続・フランス映画とは何か」、『優秀映画』第三六一号、一九八四年七月一日
「闇の中の子守唄(91) 響」、『優秀映画』第三六二号、一九八四年八月一日
「闇の中の子守唄(92) 日本映画とは何か、とは」、『優秀映画』第三六三号、一九八四年九月一日
「闇の中の子守唄(93) 続・日本映画とは何か、とは」、『優秀映画』第三六四号、一九八四年一〇月一日
「闇の中の子守唄(94) スキャンダルと清冽」、『優秀映画』第三六五号、一九八四年一一月一日
「闇の中の子守唄(95) 土産話」、『優秀映画』第三六六号、一九八四年一二月一日
「闇の中の子守唄(96) モーリタート歌師と語りもの歌師」、『優秀映画』第三六七号、一九八五年一月一日
「闇の中の子守唄(97) ミシェルの末裔」、『優秀映画』第三六八号、一九八五年二月一日
「闇の中の子守唄(98) 『お菊さん』から『二十四時間の情事』まで」、『優秀映画』第三六九号、一九八五年三月一日
「闇の中の子守唄(99) 千円札を握りしめる日」、『優秀映画』第三七〇号、一九八五年四月一日
「闇の中の子守唄(100) 時代劇の原籍簿」、『優秀映画』第三七一号、一九八五年五月一日
「闇の中の子守唄(101) ハッピー・エンドで始まり終わった映画」、『優秀映画』第三七二号、一九八五年六月一日
「闇の中の子守唄(102) 『乱』と闌位」、『優秀映画』第三七三号、一九八五年七月一日
「闇の中の子守唄(103) 時事映画の魅力」、『優秀映画』第三七四号、一九八五年八月一日
「闇の中の子守唄(104) すれ違い」、『優秀映画』第三七五号、一九八五年九月一日
「闇の中の子守唄(105) 〝共鳴〟の映画」、『優秀映画』第三七六号、一九八五年一〇月一日
「闇の中の子守唄(106) 南への旅」、『優秀映画』第三七七号、一九八五年一一月一日
「闇の中の子守唄(107) 北京秋天」、『優秀映画』第三七八号、一九八五年一二月一日
「闇の中の子守唄(108) 糸車よ糸車よ」、『優秀映画』第三八〇号、一九八六年二月一日
「闇の中の子守唄(109) 津村隆が郷ひろみを討つ」、『優秀映画』第三八一号、一九八六年三月一日
「闇の中の子守唄(110) 謎の生命」、『優秀映画』第三八二号、一九八六年四月一日

「闇の中の子守唄（111）アメリカからの花便り」、『優秀映画』第三八三号、一九八六年五月一日

「闇の中の子守唄（112）遁走曲」、『優秀映画』第三八四号、一九八六年六月一日

「闇の中の子守唄（113）アメリカ映画の鼓動」、『優秀映画』第三八五号、一九八六年七月一日

「闇の中の子守唄（114）映像化された語りもの」、『優秀映画』第三八六号、一九八六年八月一日

「闇の中の子守唄（115）からすと人はなぜ泣いた」、『優秀映画』第三八七号、一九八六年九月一日

「闇の中の子守唄（116）蜘蛛婦女庭訓」、『優秀映画』第三八八号、一九八六年一〇月一日

「闇の中の子守唄（117）映画化された景事」、『優秀映画』第三八九号、一九八六年一一月一日

「闇の中の子守唄（118）『暦』」、『優秀映画』第三九〇号、一九八六年一二月一日

「闇の中の子守唄（119）春一番」、『優秀映画』第三九三号、一九八七年三月一日

「闇の中の子守唄（120）芸格」、『優秀映画』第三九四号、一九八七年四月一日

「闇の中の子守唄（121）花吹雪」、『優秀映画』第三九五号、一九八七年五月一日

「闇の中の子守唄（122）死体見物の旅」、『優秀映画』第三九六号、一九八七年六月一日

「闇の中の子守唄（123）音の旅・ことばの旅」、『優秀映画』第三九七号、一九八七年七月一日

「闇の中の子守唄（124）はんなりと」、『優秀映画』第三九八号、一九八七年八月一日

「闇の中の子守唄（125）ロング・ショットの美学」、『優秀映画』第三九九号、一九八七年九月一日

「闇の中の子守唄（126）恐れ入らぬ人々」、『優秀映画』第四〇〇号、一九八七年一〇月一日

「闇の中の子守唄（127）眺めのいい映画館」、『優秀映画』第四〇一号、一九八七年一一月一日

「闇の中の子守唄（128）ひたすら明るい怪談」、『優秀映画』第四〇二号、一九八七年一二月一日

「闇の中の子守唄（129）水と光の揺蕩」、『優秀映画』第四〇四号、一九八八年二月一日

「闇の中の子守唄（130）海士」、『優秀映画』第四〇七号、一九八八年五月一日

「チャップリンの喜劇映画」、『ブリタニカ・スタディガイド　ブリタニカ国際大百科事典　分野別の手引』ティビーエス・ブリタニカ、一九七五年一二月一五日

「編集委員あとがき」、『演劇學』第一七号「特集　民俗芸能研究文献目録　本田安次教授古稀記念号」早稲田大学文学部演劇研究室、一九七六年三月二五日

「山の手日記　レーザリアム詣で」、『夕刊　東京ポスト』第四

八六号、東京ポスト、一九七六年六月一三日
「6　戦時体制と企業」
「7　戦時体制下の映画動向」
「8　戦時体制下の映画作家たち」
「11　一九五〇年代」　※長崎一と共同執筆
「あとがき」
以上、『世界の映画作家31　日本映画史　実写から成長―混迷の時代まで』キネマ旬報社、一九七六年七月一日
「映像・文学・演劇　ヒーロー、その典型」、『國文學　解釈と教材の研究』一九七七年六月臨時増刊号「映像の世界」學燈社、一九七七年六月二五日
「訳者あとがき」、ドナルド・リチー『小津安二郎の美学　映画の中の日本』フィルムアート社、一九七八年四月五日
「近松映画の海外評価についてのノート」、『アートシアター』一三三号「曾根崎心中」アートシアター社、一九七八年四月二九日
「ありがたい本　アメリカ人女性の日本映画研究」、『図書新聞』第一三〇号、図書新聞社、一九七八年一一月一八日
【上映作品解説】「土」「市民ケーン　Citizen Kane」、『FCフィルムセンター』第五四号「映画史上の名作」東京国立近代美術館、一九七九年五月二六日
「映画の本　ドナルド・リチー著　三木宮彦訳　黒澤明の映画」、『キネマ旬報』一九七九年一〇月下旬号、キネマ旬報社、一九七九年一〇月一五日、
「演劇学ノート」、『演劇學』第二一号、早稲田大学文学部演劇研究室、一九八〇年三月二五日
【上映作品解説】「イントレランス　Intolerance」「結婚哲学　The Marriage Circle」「女だけの都　La kermesse héroïque」、『FC　フィルムセンター』第六〇号「映画史上の名作（1）」東京国立近代美術館、一九八〇年五月七日
【上映作品解説】「赤西蠣太」「野いちご　Smultronstället」、『FC　フィルムセンター』第六一号「映画史上の名作（2）」東京国立近代美術館、一九八〇年六月一二日
「国際人　アスペンの夏」、『世界週報』一九八〇年九月二三日号、時事通信社、一九八〇年九月二三日
「グラビア：私の高校三年生38　山本喜久男」「いまなお青春山本喜久男」、『週刊文春』一九八〇年九月二五日号、文藝春秋、一九八〇年九月二五日
「小津安二郎論寸感」、『現代の眼　東京国立近代美術館ニュース』第三一三号、東京国立近代美術館、一九八〇年一二月一日、
「訳者　あとがき」、ポール・シュレイダー『聖なる映画　小津／ブレッソン／ドライヤー』フィルムアート社、一九八一年二月一〇日

【鏡をもて見るごとく】

「鏡をもて見るごとく　第1回　写し絵の情念」、『ガラスライフ』一九八一年二月号、セントラル硝子、一九八一年二月一〇日

「鏡をもて見るごとく　第2回　魔術の眼」、『ガラスライフ』一九八一年四月号、一九八一年四月一〇日

「鏡をもて見るごとく　第3回　悪魔の眼」、『ガラスライフ』一九八一年六月号、一九八一年六月一〇日

「鏡をもて見るごとく　第4回　鏡し美し」、『ガラスライフ』一九八一年八月号、一九八一年八月一〇日

「鏡をもて見るごとく　第5回　ガラスと鏡の向うの世界」、『ガラスライフ』一九八一年一〇月号、一九八一年一〇月一〇日

「鏡をもて見るごとく　第6回　ウェルズと万華鏡」、『ガラスライフ』一九八一年一二月号、一九八一年一二月一〇日

「鏡をもて見るごとく　第7回　見るもの・見られるもの」、『ガラスライフ』一九八二年二月号、一九八二年二月一〇日

「鏡をもて見るごとく　第8回　人生の窓」、『ガラスライフ』一九八二年四月号、一九八二年四月一〇日

「鏡をもて見るごとく　第9回　かの時」、『ガラスライフ』一九八二年六月号、一九八二年六月一〇日

「鏡をもて見るごとく　第10回（最終回）　人間の数だけの人生」、『ガラスライフ』一九八二年八月号、一九八二年八月一〇日

「The Atmosphere of the Japanese Film」、『比較文学年誌』第一七号、早稲田大学比較文学研究室、一九八一年三月二五日

※第29回アスペン国際デザイン会議（一九七九年七月二一日、米コロラド州開催）における講演を基にした英語論文。日本語訳のうえ、「日本映画の雰囲気」として本書収録

「エキプ随想　近ごろ思うこと　時間の振子運動」、『友　Ｉｗａｎａｍｉ　Ｈａｌｌ』一九八一年五月号、岩波ホール、一九八一年五月一〇日

「第19回日本産業映画コンクール　晴れの受賞作品　通商産業大臣賞『モスクのある国際空港』」、『毎日新聞』毎日新聞社、一九八一年六月二日

「根岸吉太郎君の学生時代」、『アートシアター』第一四六号、「遠雷」アートシアター社、一九八一年九月一九日

「季語と日本映画」、『映像学』通巻二二号「日本映像学会第七回大会特集号」日本映像学会、一九八一年一一月一五日

「演劇学ノート」、『演劇學』第二三号、早稲田大学文学部演劇研究室、一九八二年三月二五日

【上映作品解説】「結婚哲学　The Marriage Circle」「三文オペラ　Die Dreigroschenoper」「土」、『ＦＣ　フィルムセンター』第七二号「映画史上の名作」東京国立近代美術館、一九八二年四月二日

「英国病」、『婦人公論』一九八三年一二月特大号、中央公論社、一九八三年一二月一日

「あとがき」、『演劇學』第二五号「特集　文芸と芸能のはざま　郡司正勝教授古稀記念号」早稲田大学文学部演劇研究室、一九八四年三月二五日

「『羅生門』以前と以後　比較映画史について」、『文化庁月報』一九八四年四月号、ぎょうせい、一九八四年四月二五日

「蒲田モダニズム研究　ちゃぶ台と花火　私の視点から見た松竹蒲田映画」、『月刊イメージフォーラム』一九八五年二月号、ダゲレオ出版、一九八五年二月一日

【事典項目】「イントレランス　Intolerance」、『ENCYCLOPEDIA NIPPONICA 2001　日本大百科全書2』小学館、一九八五年二月二〇日

「演劇学ノート　わがワセダ視聴覚教育」、『演劇學』第二六号、早稲田大学文学部演劇研究室、一九八五年三月二五日

「当コレクションの意義」、『WASEDA FILM LIBRARY, American Classic Films - Sound Era 1930-1949　ワセダ・フィルムライブラリー　アメリカ映画　トーキー期　1930―1949』早稲田大学大学院文学研究科、一九八五年五月三一日

「演劇学ノート　北京寸感」、『演劇學』第二七号、早稲田大学文学部演劇研究室、一九八六年三月二五日

「書評・紹介　鳥山擴著『日本テレビドラマ史』」、『演劇學』第二八号、早稲田大学文学部演劇研究室、一九八七年三月二五日

「演劇学ノート」、『演劇學』第二八号、早稲田大学文学部演劇研究室、一九八七年三月二五日

「Ozu and Kabuki」、『ICONICS』第一号、日本映像学会、一九八七年五月　※英語論文。日本語訳のうえ、「小津と歌舞伎」として本書収録

「書評・紹介　千葉伸夫著『評伝山中貞雄　若き映画監督の肖像』」、『演劇學』第二九号、早稲田大学文学部演劇研究室、一九八八年三月二五日

「演劇学ノート」、『演劇學』第二九号、早稲田大学文学部演劇研究室、一九八八年三月二五日

「演劇学ノート」、『演劇學』第三〇号、早稲田大学文学部演劇研究室、一九八九年三月二五日

「成瀬巳喜男の映画的宇宙」、『キネマ倶楽部会報』第六号、スタジオジャンプ、一九八九年九月二五日　※本書収録

「劇場の陶酔を共に生きた私たちの前に映画そのものが立ちはだかる　『ハンヌッセン』を見て」、『シネ・フロント』第一五八号、シネ・フロント社、一九八九年一二月一日

「『七人の侍』と外国映画」、『演劇學』第三一号「河竹登志夫教授退任記念号　特集　比較演劇研究」早稲田大学文学部演劇研究室、一九九〇年一月一九日　※本書収録

「河竹登志夫先生を送る」、『演劇學』第三一号「河竹登志夫教授退任記念号　特集　比較演劇研究」早稲田大学文学部演劇研究室、一九九〇年一月一九日

「『酔いどれ天使』と対照の語り」、『早稲田大学大学院文学研究科紀要　文学・芸術学編』第三五輯、早稲田大学大学院文学

研究科、一九九〇年一月三一日　※本書収録

「宇宙と大地の間で　家庭のフィルム・アーカイブ」、『優秀映画』第四三七号、優秀映画鑑賞会、一九九〇年一一月一日

「演劇学ノート」、『演劇學』第三二号、早稲田大学文学部演劇研究室、一九九一年三月二五日

「木下恵介とフランク・キャプラ」、『比較文学年誌』第二七号、早稲田大学比較文学研究室、一九九一年三月二五日　※本書収録

【映画理解へのプロセス】

「作品分析＝映画理解へのプロセス①　歴史的事実を現在形の映像で描く　ロッセリーニの『神の道化師、フランチェスコ』」、『シネ・フロント』第一七四号、シネ・フロント社、一九九一年四月一日

「作品解剖＝映画理解へのプロセス②　アメリカとイギリスが玉虫色に交錯する　『蝿の王』の特徴」、『シネ・フロント』第一七五号、一九九一年五月一日　※この回から「作品分析」が「作品解剖」になる

「作品解剖＝映画理解へのプロセス③　記録映画的な歴史のなかに音楽劇のバロック様式をもちこんだ意図　『アロンサンファン』にみる兄弟の戦略」、『シネ・フロント』第一七六号、一九九一年六月一日

「作品解剖＝映画理解へのプロセス④　情報の遅延と省略という表現方法がそのまま体制批判につながる　『自由はパラダイス』の構造」、『シネ・フロント』第一七七号、一九九一年七月一日、

「作品解剖＝映画理解へのプロセス⑤　CM入りテレビ放映の犠牲者が試みる自己批評のパロディー　『シャボン泥棒』のパロディ構造」、『シネ・フロント』第一七八号、一九九一年八月一日

「作品解剖＝映画理解へのプロセス⑥　南と北を厳然と隔てる透明なガラスの壁　『ジャーニー・オブ・ホープ』の構造」、『シネ・フロント』第一七九号、一九九一年九月一日

「作品解剖＝映画理解へのプロセス⑦　子どもを大人の産物としてではなく子ども自身の産物として描く　『夢はバスにのって』の特徴」、『シネ・フロント』第一八〇号、一九九一年一〇月一日

「作品解剖＝映画理解へのプロセス⑧　ジョン・フォード西部劇との関係をたどる　黒澤明監督『七人の侍』の源流」、『シネ・フロント』第一八一号、一九九一年一一月一日

「作品解剖＝映画理解へのプロセス⑨　物語言説の透明性と言表行為の不透明と　『髪結いの亭主』の映画表現の特徴」、『シネ・フロント』第一八二号、一九九一年一二月一日

「作品解剖＝映画理解へのプロセス　現実を超現実化する密度の濃い夢のシークェンス　『忘れられた人々』のコンテ採録」、『シネ・フロント』第一八五号、一九九二年三月一日　※回数表記なし。本号の「編集室より」で連載終了の言及あり

「中文版序」、『日美欧比较电影史　外国电影对日本电影的影响』郭二民訳、中国电影出版社（北京）、一九九一年八月
※『日本映画における外国映画の影響』中国語版のための序文。同書の訳者である郭二民による中国語訳と思われる。文末に「一九八九年五月一四日」の記載あり

「『また逢う日まで』論への道　比較映画史の立場から」、『優秀映画』第四四九号、優秀映画鑑賞会、一九九一年一一月一日

「4　今井正、その人と作品を語る　回想の基軸のズレに戦争時代への怒りが見える『また逢う日まで』の作品構造」、『シネ・フロント』第一八四号「特集　今井正、その生涯と芸術」シネ・フロント社、一九九二年二月一日

「『野良犬』における反射性」、『早稲田大学大学院文学研究科紀要　文学・芸術学編』第三七輯、早稲田大学大学院文学研究科、一九九二年二月二九日　※本書収録

「書評・紹介　〈書評〉岩本憲児編著『日本映画とモダニズム』」、『演劇學』第三三号、早稲田大学文学部演劇研究室、一九九二年三月二五日

「演劇学ノート」、『演劇學』第三三号、早稲田大学文学部演劇研究室、一九九二年三月二五日

「『裸の町』の『野良犬』への影響　両作品に関する内外の言説の史的展望」、『比較文学年誌』第二八号、早稲田大学比較文学研究室、一九九二年三月二五日　※本書収録

「訳者あとがき　後記」、ドナルド・リチー『小津安二郎の美学　映画の中の日本』社会思想社（現代教養文庫）、一九九三年三月三〇日

「書評　平野共余子著『スミス東京へ行く　アメリカ占領下の日本映画　1945―1952』」、『映像学』通巻五一号、日本映像学会、一九九三年一一月二五日

「『素晴らしき日曜日』　黒澤明とD・W・グリフィス」、『早稲田大学大学院文学研究科紀要　文学・芸術学編』第三九輯、早稲田大学大学院文学研究科、一九九四年二月二八日　※本書収録

「書評・紹介　〈紹介〉鳥山擴著『テレビドラマ・映画の世界』」、『演劇學』第三五号、早稲田大学文学部演劇研究室、一九九四年三月二五日

「演劇学ノート」、『演劇學』第三五号、早稲田大学文学部演劇研究室、一九九四年三月二五日

「『羅生門』の光と影の錯綜」、『比較文学年誌』第三〇号、早稲田大学比較文学研究室、一九九四年三月二五日　※本書収録

「《随想》時の流れのなかの『河』」、『優秀映画』第四七九号、優秀映画鑑賞会、一九九四年五月一日

「二人の老やもめ　小津映画〈移りの詩学〉の誕生」、『日本の美学』第二二号「特集　老い　成熟へのドラマ」ぺりかん社、一九九四年一二月八日　※本書収録

「『わが恋せし乙女』のテクスト連関」、『早稲田大学大学院文学研究科紀要　文学・芸術学編』第四〇輯、早稲田大学大学院文学研究科、一九九五年二月二八日　※本書収録

「演劇学ノート」、『演劇學』第三六号、早稲田大学文学部演劇

研究室、一九九五年三月二五日

「リリー・カルメンて誰だ　テクスト連関の申し子」、『比較文学年誌』第三一号、早稲田大学比較文学研究室、一九九五年三月二五日　※本書収録

「空の入れ子構造　小津映画の詩学」、『CINEMA101』創刊準備号、映像文化研究連絡協議会、一九九五年八月一日

「『大いなる幻影』考　吉村英夫著　ルノワール作品の精密な映像分析」、『シネ・フロント』第二二九号、シネ・フロント社、一九九五年一一月一日

「無限の〝空〟の入れ子構造　伝統芸術と『晩春』のテクスト連関」、『早稲田大学大学院文学研究科紀要　第三分冊　日本文学　演劇　美術史　日本語日本文化』第四一輯、早稲田大学大学院文学研究科、一九九六年二月二九日　※本書収録

「書評・紹介〈紹介〉川崎市市民ミュージアム編『シネマの世紀　映画生誕100年博覧会』」、『演劇學』第三七号、早稲田大学文学部演劇研究室、一九九六年三月二五日

「『東京物語』の時空の揺らぎ」、『比較文学年誌』第三二号、早稲田大学比較文学研究室、一九九六年三月二五日　※本書収録

「『近松物語』と下座音楽」、『演劇學』第三八号「特集　演劇専修50周年記念号」早稲田大学文学部演劇研究室、一九九六年一二月一四日　※本書収録

「帰去来兮」、『演劇學』第三八号「特集　演劇専修50周年記念号」早稲田大学文学部演劇研究室、一九九六年一二月一四日

「『二十四の瞳』のテクスト連関　ジャン・ルノワールから歌尽し人揃えまで」、『比較文学年誌』第三三号、早稲田大学比較文学研究室、一九九七年三月二五日　※本書収録

「『また逢う日まで』と『ピエールとリュース』二作品の窓ガラス越しのキス・シーンの差異の意味」、『比較文学年誌』第三四号、早稲田大学比較文学研究室、一九九八年三月二五日　※本書収録

「郡司正勝先生の思い出Ⅱ　笑顔」、『演劇學』特別号「郡司正勝先生追悼号」早稲田大学文学部演劇研究室、一九九九年三月二五日

C　発言

「南米映画の野性と呪術的な世界　『みどりの壁』と『アントニオ・ダス・モルテス』特別綜合ディスカッション」、『キネマ旬報』一九七〇年一一月上旬号、キネマ旬報社、一九七〇年一一月一日　※他の参加者＝荻昌弘、実相寺昭雄、山田和夫、白井佳夫（司会）

「2《新春座談会》広告情報論　その質とモラルについて」、『宣伝会議』一九七一年一月号「特集　広告の社会性を問う！」久保田宣伝研究所、一九七一年一月一日　※他の参加者＝瀬木慎一（司会）、島崎保彦、萩本晴彦、三島彰

「シンポジウム　歴史と未来の共生　1　『大理石の男』をめぐって」、日本文化デザイン会議編『共生の時代　TOWARDS THE AGE OF SYMBIOSIS』講談社、一九八一年七月三日

※他の参加者：アンジェイ・ワイダ、クリスチナ・ザフバトビッチ（アンジェイ・ワイダ夫人）、大島渚、篠田正浩。このシンポジウムは一九八〇年七月四日、第一回日本文化デザイン会議の二日目に行われた。山本は日本文化デザイン会議（会長 梅原猛）の幹事で、本シンポジウムのモデレーターを務めた

「談 VIDEO CAMPUA MATES 早稲田大学ビデオ研究会」、『ビデオサロン』一九八一年九月号、玄光社、一九八一年九月一日

「forum journal 山本喜久男 映画史から神秘のベールをはぐ作業のなかでドラマティックな文化交流をさぐる。」、『月刊イメージフォーラム』一九八四年七月号、ダゲレオ出版、一九八四年七月一日

「インタビュー 博士インタビュー 山本喜久男文学部教授 日本映画における外国映画の影響」、『早稲田學生新聞』第二二三号、早稲田学生新聞会、一九八五年一〇月一日

「いま、映画をいかに見るか 中国を通して見た日本映画 中国での『日本電影回顧展』に参加して」、『月刊イメージフォーラム』一九八六年二月号、ダゲレオ出版、一九八六年二月一日

（シンポジウム発言）構成：岡島尚志／採録：小松弘『20世紀文化の中の映画 映画に古典はあるか Film in the Context of Twentieth Century Culture:Are There Classics in Film？ 国際映画シンポジウム（東京・１９８９年）記録 Records of the International Film Symposium,Tokyo,1989』東京国立近代美術館、一九九一年三月二九日 ※他のパネリスト＝マルセル・マルタン、登川直樹（総合司会）、陳景亮、P・K・ナイール、マルセル・オムス、デヴィッド・ロビンソン、ヘニング・スコウ、ポール・C・スピア、アンナ＝レナ・ヴィーボム、高野悦子

D 小説

【切支丹天狗考】

「切支丹天狗考」、『バロッコ』第一号、一九六六年五月 ※掲載誌は同人誌

「切支丹天狗考（2）」、『バロッコ』第二号、一九六七年一〇月 ※発行月は推定

「切支丹天狗考（3）」、『バロッコ』第三号、一九六八年一二月二五日 ※未完

「べろべろの神」、『バロッコ』第二号、一九六七年一〇月 ※発行月は推定

「けせらばさら」、『バロッコ』第三号、一九六八年一二月二五日

「二ツの聖約書」、『バロッコ』第四号、一九七〇年八月一五日

「昭石ショート・ショート 第3話 太陽をつくる青年」、『昭石サービスニュース』第三二号、一九七一年五月 ※執筆者名はヤマモト・キクオ。発行所記載なし

「昭石ショート・ショート　第6話　賭け」、『昭石サービスニュース』第三六号、昭和石油広告宣伝課、一九七二年一月

※執筆者名はヤマモト・キクオ

「昭石ショート・ショート　第10話　代参」、『昭石サービスニュース』第四一号、昭和石油広告宣伝課、一九七二年一一月

「昭石ショート・ショート　第12話　白樺（しらかんば）」、『昭石サービスニュース』第四四号、昭和石油販売促進課、一九七三年五月

「昭石ショート・ショート　第14話　鴉」、『昭石サービスニュース』第四六号、昭和石油販売促進課、一九七三年九月

「昭石ショート・ショート　第16話　海猫」、『昭石サービスニュース』第四八号、昭和石油販売促進課、一九七四年一月

「昭石ショート・ショート　第17話　蛙のつら」、『昭石サービスニュース』第五〇号、昭和石油販売促進課、一九七四年五月

「昭石ショート・ショート　旅行屋さん」、『昭石サービスニュース』第五三号、昭和石油販売促進課、一九七四年一二月

※話数不詳

「昭石ショート・ショート　第24話　みのむし」、『昭石サービスニュース』第五七号、昭和石油販売促進課、一九七五年九月

「昭石ショート・ショート　第26話　泳げ鯛焼君」、『昭石サービスニュース』第六〇号、昭和石油販売促進課、一九七六年四月

E　翻訳書

ドナルド・リチー『小津安二郎の美学　映画のなかの日本』フィルムアート社、一九七八年四月五日　Donald RICHIE, OZU, Berkeley, Los Angeles, London: University of California Press, 1974. ※文庫版、社会思想社（現代教養文庫）、一九九三年一一月二五日

ポール・シュレイダー『聖なる映画　小津／ブレッソン／ドライヤー』フィルムアート社、一九八一年二月一〇日　Paul SCHRADER, Transcendental Style in Film: Ozu,Bresson,Dreyer, Berkeley, Los Angeles: University of California Press, 1972.

ドナルド・リチー『日本人への旅』ティビーエス・ブリタニカ、一九八一年七月三〇日　Donald RICHIE, The Inland Sea, New York: Weatherhill, 1971.

イアン・ビュルマ『日本のサブカルチャー　大衆文化のヒーロー像』ティビーエス・ブリタニカ、一九八六年六月一〇日　Ian BURUMA, A Japanese Mirror: Heroes and Villains of Japanese culture, London: Jonathan Cape, 1984.

F　翻訳

レジナルド・ローズ「12人の怒れる男たち」、『季刊　テレビ研究』第一号、みすず書房、一九五八年一〇月五日

【戦後のフランスにおける日本映画】

マルセル・マルタン「特別掲載／戦後のフランスにおける日本映画　第一部・戦後のフランスにおける日本映画の普及」、『キネマ旬報』一九七一年一〇月上旬秋の特別号、キネマ旬報社、一九七一年一〇月一日

マルセル・マルタン「特別掲載／戦後のフランスにおける日本映画　第二部・批評およびシネ・クラブ観衆から見た日本映画（その１）」、『キネマ旬報』一九七二年一月上旬新年特別号、一九七二年一月一日

マルセル・マルタン「特別掲載／戦後のフランスにおける日本映画　第二部・批評およびシネ・クラブ観衆から見た日本映画（その２）」、『キネマ旬報』一九七二年四月上旬春の特別号、一九七二年四月一日

マルセル・マルタン「特別掲載／戦後のフランスにおける日本映画　第二部・批評およびシネ・クラブ観衆から見た日本映画（その３）」、『キネマ旬報』一九七二年七月上旬夏の特別号、一九七二年七月一日

ドナルド・リチー「映像における日本的なもの　家の問題　小津安二郎」、『國文學　解釈と教材の研究』一九七七年六月臨時増刊号「映像の世界」學燈社、一九七七年六月二五日

G　山本喜久男関連

松田政男「ＢＯＯＫ　小津安二郎の美学」、『キネマ旬報』一九七八年六月上旬号、キネマ旬報社、一九七八年六月一日

「新刊　小津安二郎の美学（ドナルド・リチー著・山本喜久男訳）」、『優秀映画』第二八八号、優秀映画鑑賞会、一九七八年六月一日　※執筆者名なし

岡島尚志「映画の本　ポール・シュレイダー著　聖なる映画　小津―ブレッソン―ドライヤー」、『キネマ旬報』一九八一年四月上旬号、キネマ旬報社、一九八一年四月一日

出口丈人「書評・紹介　ポール・シュレイダー著・山本喜久男訳　聖なる映画」、『演劇學』第二三号、早稲田大学文学部演劇研究室、一九八二年三月二五日

「山本喜久男氏（早大教授・本会推薦委員）」、『優秀映画』第三三六号、優秀映画鑑賞会、一九八二年六月一日　※執筆者名なし

岡野英規「山本喜久男著　日本映画における外国映画の影響　比較映画史研究」、『優秀映画』第三四八号、優秀映画鑑賞会、一九八三年六月一日

「大図書館　新刊ピックアップ　山本喜久男　日本映画における外国映画の影響」、『文藝春秋』一九八三年六月号、文藝春秋、一九八三年六月一日　※執筆者名なし

佐藤忠男「映画の本　日本映画における外国映画の影響」、『キネマ旬報』一九八三年八月上旬号、キネマ旬報社、一九八三年八月一日

千葉伸夫「書評・紹介　山本喜久男著『日本映画における外国映画の影響』」、『演劇學』第二六号、早稲田大学文学部演劇

研究室、一九八五年三月二五日

岡野英規「山本喜久男著　映画の風景　本誌連載『闇の中の子守唄』収録」、『優秀映画』第三七四号、優秀映画鑑賞会、一九八五年八月一日

「早稲田大学学位論文（博士）審査要旨　文学博士（早稲田大学）（論文提出による者）：山本喜久男　論文題目『日本映画における外国映画の影響―比較映画史研究―』」、「早稲田大学広報」号外第1564号、総長室広報課、一九八五年一一月二九日　※審査員は河竹俊雄（主査）、倉橋健、登川直樹

宮本高晴「書評・紹介　山本喜久男著『映画の風景』」、『演劇學』第二七号、早稲田大学文学部演劇研究室、一九八六年三月二五日

「パネリスト紹介」、構成：小松弘／編集：東京国立近代美術館フィルムセンター『第3回東京国際映画祭協賛企画　国際映画シンポジウム（東京・1989年）　20世紀文化の中の映画　映画に古典はあるか』東京国立近代美術館、一九八九年九月三〇日　※執筆者名なし

「パネリスト紹介」、『20世紀文化の中の映画　映画に古典はあるか　Film in the Context of Twentieth Century Culture: Are There Classics in Film？　国際映画シンポジウム（東京・1989年）記録　Records of the International Film Symposium,Tokyo,1989』東京国立近代美術館、一九九一年三月二九日　※執筆者名なし

鳥越文蔵、内山美樹子、岩本憲児、古井戸秀夫、武田潔、和田修「山本喜久男先生の御退職に際して」、『演劇學』第三八号「特集　演劇専修50周年記念号」早稲田大学文学部演劇研究室、一九九六年一二月一四日

奥村賢「恩師の神通力」、『映画学』第一四号、映画学研究会、二〇〇〇年一二月一五日

宮本高晴「山本喜久男先生のおもいで」、『映画学』第一四号、映画学研究会、二〇〇〇年一二月一五日

卜煥模「山本喜久男先生を偲んで」、『映画学』第一四号、映画学研究会、二〇〇〇年一二月一五日

早稲田大学演劇映像学会「三先生を悼む」、『演劇映像（旧 演劇學）』第四二号、早稲田大学演劇映像学会、二〇〇一年三月二五日

河竹登志夫「同僚三氏を送る」、『演劇映像（旧 演劇學）』第四二号、早稲田大学演劇映像学会、二〇〇一年三月二五日

鳥越文蔵「先達三人を思う」、『演劇映像（旧 演劇學）』第四二号、早稲田大学演劇映像学会、二〇〇一年三月二五日

岩本憲児「山本喜久男先生を悼む」、『演劇映像（旧 演劇學）』第四二号、早稲田大学演劇映像学会、二〇〇一年三月二五日

武田潔「はにかみ屋の先生からの励まし」、『演劇映像（旧 演劇學）』第四二号、早稲田大学演劇映像学会、二〇〇一年三月二五日

（作成＝濱田尚孝、協力＝佐崎順昭・奥村賢）

解題

日本における比較映画史研究の第一人者・山本喜久男先生が病により忽焉と逝かれたのは二〇〇〇年の三月二〇日、早稲田大学を退職されてからわずか三年後の、まだ古稀には至らない齢のときであった。急報が届いたとき、虚を衝かれたかのように茫然と立ちつくすしかなかったのをおぼえている。当時、あまりにも突然、あまりにも早すぎる逝去に愕然とし、言葉を失ったのは筆者だけではなかろう。しかし、もっとも無念に思われていたのは、志なかばで去られたほかならぬ先生ご自身であったことは想像に難くない。一九八三年に刊行された『日本映画における外国映画の影響　比較映画史研究』は映画研究史に不滅の足跡を残す名著となったが、以来、十余年、長い準備期間を経て、これに続く先生の次なる代表的著作がようやく陽の目をみるところまできていたからである。

山本喜久男先生は一九三一年六月一七日に東京で生を享けられた。少年時代から熱烈な映画愛好家で、このころから映画館には足繁く通われていたと聞く。のちに上梓されるキネマ旬報社の「世界の映画作家」シリーズのなかの『日本映画史　実写から成長—混迷の時代まで』（一九七六年）で、先生は一九三〇年代と四〇年代、および共同執筆の五〇年代の項目を担当され、夥しい数の映画作品に言及されている。しかしこのころは、先生がすでに大学の教壇に立たれ、多忙な日々を送られていたときであり、個々の作品について内容を逐一再確認している余裕などあるはずもなく、またかりに時間があったとしても、当の作品自体、実際には再見不能になっている

図1　1959年3月　自宅にて

ものが少なくなかった。戦前・戦中の作品の多くがすでに廃棄や消失などの憂き目にあっていたからである。編者は大学院生時代、このことを不思議に思い、お尋ねしたことがある。そしてこのときはじめて、同書で扱われている作品のほとんどが少年時代や青年時代にご覧になっていたものであること、記述にさいしては当時の記憶を下敷きとされていたことを知った。その桁外れの鑑賞数と強靱な記憶力には舌を巻かざるをえなかったが、このことは、若いときに育まれた映画への情熱や愛が生半可なものではなかったことを伝えるものであろう。

終戦後、東京都立小山台高校を経て、一九五〇年に早稲田大学第一文学部に入学された山本先生は、まず英文学を専攻された。卒業論文は「テネシイ・ウィリアムス　慾望といふ名の電車を通して」（一九五四年）である。先生の研究業績には翻訳書も含まれているが、英語に堪能であられたのはこうした経歴からきている。なお、訳書『小津安二郎の美学　映画のなかの日本』（一九七八年）や『聖なる映画　小津―ブレッソン―ドライヤー』（一九八一年）は、名匠・小津安二郎に対する海外での評価を調査されていたときに生まれたもの、言葉を換えていうなら、のちに『日本映画における外国映画の影響　比較映画史研究』へと結実することになる日本映画史の徹底的な再検証作業の過程で副産物として産み落とされたものである。

若き日、山本先生が志向されていたのは、じつは研究の世界ではなく、創作の世界であったことは有名な話である。学部卒業後、まず目指されたのは映画作家への道だった。一九五四年、松竹大船の助監督採用試験に合格、撮影所に入所される。一年先輩に篠田正浩氏、同期に大島渚氏らがいた。ところが、もともとご病弱だったことが災いし、すぐに大病を患い、現場から早々と姿を消さざるをえない結果となる。病後、方向転換し、五五年、早稲田大学大学院文学研究科芸術学（演劇）修士課程へと進学されるが、ここでも創作意欲が衰える気配はまったくなかったようで、当初はテレビ・ドラマや小説の執筆に熱中されていたと聞く。さらに、再度の入院生活が重なったこともあり、すぐに研究に邁進とはいかなかったらしい。先生の修士論文は「パディ・チャイエフスキイ」（一九五八年）だが、当時、映画のみならず、テレビ・ドラマの脚本家としても脚光を浴びていたこのアメリカの作家が俎上に載せられたのも、こうした背景と無関係ではなかろう。山本先生は修士課程を一九五八年に修了し、五九年に博士課程に進学されている。大学院での在籍期間が長いのは、やはり病床につくことが多かったからであろう。

しかし、映画研究の分野において、比較映画史研究という新しい独自の領域を切り開き、突き進み始められるのも、この大学院生時代である。もっとも、「比較学」や「比較研究」は新しい学問分野として当時、大きな注目を集めており、一種の流行でもあったようだ。日本の比較演劇学の泰斗・河竹登志夫先生の『比較演劇学』（一九六七年）が刊行されたのもそのころで、山本先生とは兄弟弟子の関係にあった岩本憲児先生の話によると、方法論において同書の強い影響を受けられたかもしれないということである。

図2　1959年秋

大学院に入学されたときの指導教授が、早稲田映画学の礎を築かれた飯島正先生である。飯島先生は日本における映画批評の確立者としてつとに名高いが、学者として映画研究の分野で多大な功績を残されたことでもよく知られている。山本先生にとって、飯島先生との出会いは決定的で、映画研究の道を本格的に歩まれるようになったのも、この出会いが大きく影響しているといっていいだろう。

図3　1959年10月　早稲田大学演劇博物館前。左から2人目が飯島正指導教授　右から3人目が著者

山本先生の師に対する深い敬愛の念は終生変わることがなかった。日本において映画研究という領域で最初に博士の学位を取得されたのは飯島先生である。飯島先生を研究者の範としていた山本先生が『日本映画における外国映画の影響　比較映画史研究』を出版後、ただちにこれを博士論文として大学に提出されたのも、恩師の博士論文『前衛映画理論と前衛芸術　フランスを中心に』（一九七〇年刊行、七二年に学位授与）のことが念頭にあったからにちがいない。山本先生に文学博士の学位が授与されたのは八五年である。さらに書き添えるなら、『前衛映画理論と前衛芸術　フランスを中心に』も『日本映画における外国映画の影響　比較映画史研究』も刊行後、ともに芸術選奨文部大臣賞に輝いている（前者が七一年、後者が八四年）。偶然のことだが、そこにも師弟の強い絆のようなものを感じずにはいられない。

山本先生が大学で講義を担当されるようになるのは、文学研究科博士課程を満期退学された一九六七年からである。母校の文学部演劇専修非常勤講師を振り出しに、日本大学芸術学部映画学科でも教鞭を執られるようになったあと、七一年、早稲田大学文学部演劇専修に専任講師として着任され、その後は、七四年に同助教授、七九年に同教授と昇格されていった。大学院生時代は前述したような寄り道もあって、足踏み状態のときもあったが、ライフワークである比較映画史研究はこの間、中断されることなく続けられることになる。

『日本映画における外国映画の影響　比較映画史研究』の「あとがき　比較映画史研究の私史」には、比較映画史研究の学会発表は、大学院生時代の一九六五年、早稲田大学比較文学研究室月例発表会でおこなった「日本映画初期における外国映画の影響」が最初だったと記されている。そして、最初の一歩は踏み出せたものの、当初は一次資料の所在や収集方法さえ見当のつかない状態だったとも述懐されている。また、比較映画史研究もしくは比較映画研究という用語も、最初から統一的に使用されていたわけではないようだ。映画雑誌『キネマ旬報』一九七〇年七月下旬号に掲載された自己紹介の記事によると、このころは比較文学や比較演劇学にならい「比較映画学と命名」されていたらしい。そしてこの新しい学問領域についても、同号では「映画の国際性を研究すること」と、ごく簡単にしかふれられていない。

研究内容や研究方向が少しずつ肉づけされ、整備され、鮮明さが増してくるのは、この時期と相前後して『キネマ旬報』誌に寄稿を開始された「邦画海外反響」、東京国立近代美術館フィルムセンター上映解説書『FC』に連載し始めた「比較映画史研究」が回を重ねてくるあたりからだろう。呼称も「比較映画史研究」に統一、収斂され、研究の定義も「西から東への交渉の歴史を探る〝日本映画における外国映画の影響〟と、東から西への交渉の歴史を探る〝海外における日本映画〟からなる」(『日本映画における外国映画の影響』の「まえがき」)と明確化していった。「邦画海外反響」は〝海外における日本映画〟の研究、「比較映画史研究」は〝日本映画における外国映画の影響〟の研究のその試行的実践であったのはいうまでもない。もちろん、最終形への基盤固めはほかの場でもなされていた。早稲田大学文学部演劇専修の『演劇學』、日本演劇学会の『演劇論集』、早稲田大学比較文学研究室の『比較文学年誌』などの紀要においてである。

また単行本では、前記の『日本映画史　実写から成長—混迷の時代まで』も重要な布石のひとつとなったといえるだろう。同書は山本先生を中心に、岩本憲児、千葉伸夫、長崎一ら、当時の早稲田大学・映画研究グループの諸氏が共同執筆したもので、先生は主として戦時期を担当されている。映画史なので年代記的な体裁をとってはいるものの、やはりここでも外国映画との関係についての記述に出会うことが少なくない。また、『日本映画における外国映画の影響　比較映画史研究』の刊行後、先生は研究対象をもっぱら日本映画とし、日本映画研究に専念されるようになるが、『日本映画史　実写から成長―混迷の時代まで』はその最初の地ならしと位置づけることもできよう。

しかし当然のことながら、山本先生がこれまで執筆されてきたものは、比較映画史にかかわるものだけではけっしてない。この点は強く申し添えておかなければならない。本書の「執筆目録」を参照してもらえればおわかりのように、先生の守備範囲はじつに広く、機会あるごとに世界のさまざまな映画をとりあげ、多様な角度から筆を走らせておられたのも事実である。すなわち、映画であればいかなるものも批評眼の対象となる、もともと先生にとっての映画とは、まさにそういう存在だったのである。この本質的一面が如実にあらわれているのは、優秀映画鑑賞会編集の機関紙『優秀映画』であろう。『優秀映画』での連載記事はのちにその一部がまとめられて『映画の風景』（一九八五年）として上梓されたが、ここでは、たとえばテレビ映画作品にまで論及されている。ただし、この映画論集もまた、比較映画と無関係ではまったくない。記述にさいしての基本方針のひとつが比較映画考の実践であった。そして同書の「あとがき」でも「比較」や「比較映画」といった概念に言及されているが、ここではこれらの意味内容について注意を促されている。参考のため、ここに引用しておきたい。「比較は決して東は東、西は西式の固定的な対立概念ではない。東と西の差異のなかに類似を確認することであり、差異と類似の微妙な複合としての現実を絶えず発見し続けることなのである」「〔比較映画の基本は〕東西の映画を比較しながらそれぞれの独自性を考える〔ことにある〕」（『映画の風景』二四七〜二四八頁）。

『日本映画における外国映画の影響　比較映画史研究』を出版されたあと、山本先生は、その後の方向についてどのように考えておられたのだろうか。当時の『文化庁月報』（第一八七号、一九八四年）にはそのことをうかがい知ることのできる寄稿文が掲載されている。ここでは、黒澤明の『羅生門』（一九五〇年）を比較映画史の大きな分水嶺とみなし、それ以前は西欧映画が日本映画に流れ込み、後者が前者の影響下のもとに発展していった時期、つまり一方通行の時期、それ以降は日本映画も西欧映画に影響をあたえる相互交流の時期だという指摘がなされている。結びの文言は「私の比較映画史研究も東西交流の時代に入って行く」だった。こうして比較映画史研究はあらたな段階に突入し、この「東西交流」の軌跡を検証すべく、戦後の日本映画作品について厳密かつ実証的な分析が開始されるのである。

図4　1980年2月　早稲田大学大隈会館完之荘　山本ゼミの懇親会。左端が著者

その成果があらわれ始めるのが一九九〇年代にはいってからで、研究論文として嚆矢となるのが、おそらく九〇年の『『七人の侍』と外国映画』（本書収録）であろう。以降、希望退職された翌年の九八年まで、同系統の論文を毎年のように大学の紀要などの学術誌に寄稿された。検討対象となった映画作家は、小津安二郎、溝口健二、黒澤明、木下恵介、今井正らである。いうまでもなく戦後日本映画黄金期を代表する巨匠たちであり、まさに日本映画の骨格を形成してきた大監督たちである。かれらの作品を徹底的に分析することで、主として戦後日本映画の美学的足跡を浮き彫りにされようとしていたことはあきらかである。

こうして書き継がれていった日本映画研究だが、冒頭でもふれたように、二一世紀を目前にした二〇〇〇年の春、突然、先生が不帰の客となられたことで本研究は未完のまま終わりを告げることになった。残されたのは、それまで書きためられていた夥しい数の原稿である。山本研究室で薫陶を受けた者としては、これらをこのまま埋もれさせておくわけには到底いかなかった。それから一六年の歳月を経たが、いまようやく、残された単行本未収録の原稿をまとめ、先生の遺稿集を世に送り出すことができるようになった。

まず、本書の表題について説明しておく必要があろう。生前、山本先生はこれらの著作を単行本として出版するときの題名についてはまだ決められていなかった。本書の刊行にあたって、書名を『日本映画におけるテクスト連関　比較映画史研究』としたのは、「テクスト連関」が本書の中心的主題であり、この語を前面に押し出すのが先生の意向にもっとも沿うことと判断したからである。この点に関しては後段でもう少し詳しく述べたい。

本書は、《序章》《Ⅰ 小津安二郎》《Ⅱ 溝口健二》《Ⅲ 黒澤明》《Ⅳ 木下恵介》《Ⅴ 今井正》《終章》の七項目から構成されている。《序章》には、一九七九年の海外での講演をもとに作成された英語論文「The Atmosphere of the Japanese Film」(「日本映画の雰囲気」)を訳載した。内容は序章にふさわしく、日本映画全体の特性を概括したものである。原文が外国語だったのはもうひとつある。次の《小津安二郎》のなかの「Ozu and Kabuki」(「小津と歌舞伎」)で、こちらは日本映像学会機関誌の国際版『ICONICS』に掲載された英語論文の翻訳である。《小津安二郎》から《今井正》までは、先の書きためられた研究論文を作家ごとに収録している。

ここで本書の編集時、収録対象の原稿がどういう段階のものであったか、またこれらにどう対応したか、ひとことふれておかねばならない。前述したように、山本先生はこれらの原稿を整理して、一書あるいは複数の単行本として出版されるお考えであったようだ。このため、いちど脱稿した発表原稿でも、のちに加筆や修正をほどこすつもりであったと思われるもの、すなわち再推敲中と推察されるものが多くあった。また、収録論文のなかには、改行や句読点がきわめて少なく、文字が詰め込まれすぎているのではと感じられるものがあるが、これは、紀要などへの投稿による最初の発表時に、投稿規定によって文字数が制限されていたためである。単行本で刊行するさいには、この点についても改めるつもりでおられたにちがいない。

とりわけ難航したのは、今井正に関する原稿の確認、整理作業だった。まず、「『また逢う日まで』と『ピエールとリュース』二作品の窓ガラス越しのキス・シーンの差異の意味」はもともと発表原稿として存在していたが、遺稿には本書の「『青い山脈』と『ミネソタの娘』占領下の今井映画と欧米映画のテクスト連関」「『どっこい生きてる』と『自転車泥棒』戦後の革新的西欧映画と日本映画との一つの出会い」の元原稿ともいえる未発表論文もあった。ところが、さらによく調べると、上記のものとはまた別に、それら複数の論文をひとつに統合、かつ加筆した今井正論まで存在していた。当然のことながら、こちらは一〇万字以上の大論文となっており、あらたに「占領下の今井正と欧米映画のテクスト連関」という表題も冠されていた。修正時の年月日から、この統合論文がもっとも新しいものと判断された。つまり山本先生は、最終的に今井正に関係するいくつかの論考をひとつにし、今井正論として発表されようとしていたのである。当初、これらの原稿を前にして途方に暮れたのはいうまでもない。掲載するならこの統合論文だろうが、これもまた全体としては未完成原稿である。はたしてこうした未完成原稿を世に出すことが妥当なのかどうか。それは先生の望まれるところではないのではないか。また読者諸氏に対しても当惑を誘うものになるのではないか。けれども、いかに未完成原稿といえども、この今井正論にも厳然と山本映画学の真髄ともいうべきものが脈打っているのは疑いようがなかった。長い逡巡の末、統合体の今井正論もやはり日本映画研究の発展に資するところが少なくないと確

図5　1985年11月　軽井沢早大追分セミナーハウス　山本ゼミの研修会。2列目左から2人目が著者

信するに至り、これを《今井正》の部として本書に収録することに決した。ただ、いうまでもなく、草稿的な性格をもつ未完成原稿には、調査記録や覚書きのようなものまで書き込まれることが珍しくない。この大論文も例に洩れず、完成段階で削除や加筆などの修正をほどこされるであろう記述が多く散見された。

そして当然のごとく、本書編集の最終段階では、収載を決定したこれらの原稿について、全体としてどう統一をはかるべきかが最大の難題となった。当初、読みづらい箇所は少し手をくわえたほうがいいのではないかとも考えたが、この場合、もっとも危惧したのは、著者の意図を損なうかもしれないということだった。検討を重ねた結果、あきらかな誤字や脱字、参考のための覚書き、書式や表記の統一に関すること以外は、極力、原文のまま収録することにした。ただし《今井正》の部では、もともと本論が全体として未完成原稿であったこと、また本論を本書全体の体裁と対応させる必要があったことから、三章構成としたうえで、表題や各論文の配置、小見出しに多少、変更をくわえた。ただし、第3章「『どっこい生きてる』と『自転車泥棒』」については、覚書きと推定される記述が大量に存在していたため、この部分だけは要約するとともに、アンドレ・バザン著『映画とは何か』の訳文も下訳段階であったため、全体にわたり、これを完成形へと整えることにした。

なお、終章に収録してあるのは研究論文ではない。通販ビデオの会報『キネマ倶楽部会報』に掲載された成瀬巳喜男に関する短い批評である。日本映画の代表的監督たちに焦点を絞った本書に成瀬巳喜男の章が設けられていないことに疑問をもたれた読者の方もおられよう。成瀬を語らずに日本映画の骨格を十全に語ることはできない。本来なら、この大冊のなかに収められていて当然の映画作家である。繰り返しになるが、この点についても先生が急逝されたことが悔やまれてならない。もとより成瀬論も最初から本研究の構想のなかに組み込まれており、じっさい予備調査も他界される前にほぼ終わっていたのだが、執筆は最後に回されていたのである。終章に短評文ながら「成瀬巳喜男の映画的宇宙」を据えたのは、成瀬巳喜男の仕事も論究の射程内に厳としてあったことをどこかで明示しておきたかったからである。

山本映画学では、つねにショットごとの意味内容が丹念に掘り下げられていく。これは、生物が存在しないところに生物学が成立しないのと同じく、映画研究ではその大前提としてまずフィルムの存在があり、映画作品の検討がすべての出発点であるという確固たる信念からきている。編者の大学院生時代、山本ゼミでは大学院生を中心にショット分析が日常的におこなわれ、映画を上映するたびに作品データを採取していた。総ショット数やショット時間、キャメラワーク、ショット・サイズ、場面転換法の種類と数などを逐一、手書きで記録していくのだが、これがなかなか難行で、かなりの集中力と持続力を要求される。恥ずかしいことに、編者などは嫌気がさして逃げ回ったくらいである。このときの成果が『DATA』（内山一樹編集、早稲田大学大学院文学研究科山本喜久男ゼミナール、一九八一年七月発行）などとして残っている。今回の遺稿集では文章と並行してショットごとの静止画像をかなり多く掲載した。これはもちろん、まず読者諸氏の便宜を図ろうとしたためだが、もうひとつ、ショット分析という山本映画学の基本的研究法に留意していただきたかったからでもある。『日本映画における外国映画の影響　比較映画史研究』以降の論文では、その主たる内容が個々の映画作品の具体的考察となっていることもあり、前書以上にショット分析が頻繁に試みられている。その細密な分析は他の映画研究論文とは一線を画す独自の光を放っていることを強調しておきたい。

また、日本の伝統芸術や古典芸能への言及が多いのも山本論文の大きな特徴のひとつである。たとえば、《小津安二郎》の部の「小津と歌舞伎」や《溝口健二》の部の「『近松物語』と下座音楽」では歌舞伎が、《小津安二郎》の部の「無限の〝空〟の入れ子構造　伝統芸術と『晩春』のテクスト連関」や《黒澤明》の部の「『素晴らしき日曜日』　黒澤明とD・W・グリフィス」では能が引用され、映画との表現面における濃密な関係が説かれている。また、「季語と日本映画」（本書未収録論文）において、その議論の基底にあるのは、日本映画と俳諧との関係である。そして巻頭の講演記録「日本映画の雰囲気」では、日本映画は日本の伝統芸術や古典芸能と密接に連関し、そしてその背後にある日本人の自然観や世界観の強い影響下にあるという、山本映画学の根幹をなす論旨のひとつが包括的に述べられている。なお、前掲書『映画の風景』にも、「絵巻物と映画」と題する三回連続の記事が収録されている。

こういう視座をもたれていたのは、在職中、早稲田大学の演劇科に属し、映画のみならず演劇にも精通されていたからだろう。編者は大学院生時代、先生から古典芸能について問われ、答えに窮して叱責を受けたことがある。映画と演劇とはまったく異なる分野だと確信していた院生にとっては、困惑するほかなかったが、日本映画も日本演劇もともに日本文化という大きな土壌の上に成り立っている以上、底流で連関しているのは自明のことで、日本映画という大河を深く適正にとらえるためには日本演劇についても深い学識を培わねばならないことも、当然といえば当然のことであった。あとになっておおいに恥じたが、このことを強く自覚できるようになれたのも、山本ゼミに籍をおくことができたからである。より大きな文脈のなかでとらえるこのような巨視的視点と先のショット分析という微視的視点、対極的なこのふたつの視点が深く絡み合ったところに成り立っているのが山本映画学の大きな特徴のひとつといえるだろう。

本書はたしかに『日本映画における外国映画の影響　比較映画史研究』の続編的性格をもつ。が、内実はかなり異なっているのもまた、忽《ゆるが》せにできない事実である。最後にこの点について述べておきたい。比較映画史研究は、影響関係にある双方の映画作品について異同点を検証するところにその骨子がある。そして異同点の検証とは、テクスト連関の検証にほかならない。テクストとは、映画の場合、個々の映画作品における「画面の映像と音の総和の情報」（本書、五二四頁）をいうが、本論で扱われるテクストは映画のみにとどまらない。その範囲は広く、ほかの芸術や芸能などのテクストも比較の対象となっている。一方、本書で頻出する「テクスト連関」という用語のほうだが、これはポスト構造主義者ジュリア・クリステヴァの提起した概念「間テクスト性」にもとづくもので、テクストからテクストへの借用や別なテクストの参照などをとおして起こるテクスト間の相互作用を意味する。上記の両書がともに比較映画史的観点から叙述されていることに変わりはないが、先行書では日本映画の全体史という本流のなかでこの探究がなされたのに対し、後続の本書では特定の作家の特定の映画作品が個別的、集中的に論じられている。つまり作品分析が前面に躍り出るということは、作品の相互比較、相互分析が大勢を占めるということにほかならない。このテクスト連関分析の前景化は、本書が単なる続編ではなく、独自の光を放っていることのひとつの証左だといえよう。先にふれたように、本書の書名に「テクスト連関」という語を配した理由もここにある。

テクスト連関分析の前景化は必然的にテクスト連関分析の徹底化を促すことになる。この徹底化あるいは深化をもっとも象徴的に体現しているのは、テクストの「音」の分析であろう。本書のショット分析では、映像分析とともに、音楽や音響など、「音」の分析もまた全面的に展開されている。《溝口健二》の部の「『近松物語』と下座音楽」における邦楽表現の解剖、《木下恵介》の部の「『二十四の瞳』のテクスト連関　ジャン・ルノワールから歌尽し人揃えまで」における戦前の唱歌や民謡の検出、あるいは《今井正》の部の「『また逢う日まで』と『ピエールとリュース』　二作品の窓ガラス越しのキス・シーンの差異の意味」におけるクラシック音楽の再吟味などにみられるように、音に関する調査は細緻をきわめている。もっとも、両二冊におけるこの相違は、考察対象とする時代がもともと異なっていたことと無関係ではない。『日本映画における外国映画の影響　比較映画史研究』の場合、扱っていた時代がもっぱら戦前・戦中期で、言及作品の多くは無声映画であった。対して、本書は発声映画出現期以降の作品、すなわち本書でいうところの「映像・音記号の連鎖」としてのテクストを扱っている。この場合、同時代の映画作品を徹底的に解読しようとすれば、音の精査が看過できない手続きとして大きく浮上してくるのは、当然の帰結であった。

このテクスト分析の徹底化によって、日本映画はあらたな相貌をみせ始める。日本映画、とりわけ巨匠時代の代表的な日本映画は、アメリカ映画などと比較すると、相対的に力動感に欠けているといわれる。なかでも小津作品は、昔も今も「静」的であるという認識が一般的に浸透している。しかしながら、精密な分析から析出された斬新な視角は、その通念をみごとに覆していく。たとえば《小津安二郎》の部の第4章「『東京物語』の時空の揺らぎ」では、カメラの大胆な動きとそれにともなう画面の変化を注視しながら、『東京物語』について以下のような釈義がなされる。

一八〇度カットの出現により、前後のショットは左右が逆さまな空間を形成し、左右が逆転した二人の周吉は実像と鏡像の対称空間の眩暈のなかに生きる。……これとともに、新しい視軸として参加してくる四五、九〇、一三五の角度の変化の文脈により、空間そのものがつねに動き、回転する眩暈が付加される。移動撮影が非常に少なく、ロー・ポジションの静止したあるいは静的な人物を載せて、小津の空間は回り舞台のように静止と回転の間を揺らぎ続ける。そして小津の時間は、日常生活の時間の絶えざる反復・循環と、人生の時間の一回性・不可逆との間を螺旋状に揺らぎ続ける。つまり彼の映画は日常空間の反復の重なりのなかで、その都度の映像＝空間の変容を状況の変化と、時間の不可逆・一回性として明示する。……反復のなかの映像＝空間の変容がこれほどみごとに日常と非日常の人生の時間の揺らぎをとらえた作品はなく、小津自身がこの作品を呼んだ〝メロドラマ〟とその対極的な前衛映画が実に自然に融合した傑作はない。どんな些細な空間の変容も、人生の時間の究極的な不可逆である死の重みに対置される。これらの揺らぎはダイナミックにこの作品の隅々にまで小津独自の技法として張りめぐらされ、作品を自己組織化する。

（一〇六〜一〇七頁）

小津映画に内在するこの「揺らぎ」は、換言すれば、同章でいうところの「進化論的宇宙の諸階層間に揺らぐ人間の生命の諸相のポリフォニー」（一〇八頁）であり、同部第3章「無限の〝空〟の入れ子構造 伝統芸術と『晩春』のテクスト連関」ではそれがさらに遥かかなたの宇宙の地平と連結していると説かれる。

春と夏の風物が錯綜する大地から空への上昇は、晩春という春と夏の季節の死と誕生が交代する時間の分水嶺への、宇宙の美しい生命的な揺らぎのただ中への、道行の宣告である。……その祭祀する宇宙の揺らぎは『晩春』のなかに無数の揺らぎの主題を共鳴させていく。……これらは……小津映画の各声部で反復し、精緻に展開し、他の楽想を誕生させ、展開させ、楽章を完成していく。

それは彼のいつもの主題群の個の人生、家族、世代、時代、場所、季節、自然、宇宙などの誕生と死を包括する近代日本社会の進化論の記号システムであり、その地平に中世の宇宙とともに、近代の進化論的宇宙が存在する。……こういう宇宙の地平と個人の地平が重なりあう奇蹟的な瞬間を小津映画はとらえ、その瞬間を映像と音で記号化した。それが小津独自の映像・音による宇宙の揺らぎの絶対音楽的な形式である。

（八一～八二頁）

議論は森羅万象を包摂し、一気呵成に宇宙にまで到達する。どこまでも越境、飛翔していくこの論述からたちあらわれてくるもの、それはあらたな小津映画の世界、それもきわめて動的かつ多声的・多層的な世界である。だが、こうしたパラダイム転換が生起してくるのは、小津映画のみにとどまらない。日本映画が体内に胚胎させていた多声的性格やダイナミズムを探求、摘出し、体系化する作業は、日本を代表するほかの巨匠作品の分析でも繰り返し実践される。すなわち、きわめて刺激的なこの一連の考察は、日本映画の本質についてあらたな展望を開き、新しい日本映画像を屹立させようとするものにほかならない。本書の最大の意義のひとつはまさにこの点に集約されるといっても過言ではなかろう。

日本映画の内奥にはじつに多彩な要素が重層的に織り込まれている。しかしながら、本書全体をとおしてここであらためて気づかされることがある。それは映画のみならず、論究する側の山本先生の論法それ自体もまた、多声的であったということである。山本映画学では、専門領域の映画史や映画理論はもとより、神話学、社会学、自然科学、現代思想、芸能・芸術の歴史や理論など、多種多様な知を横断的に援用しながら、最終地点をめざし議論が展開されていく。このことに想いを馳せるとき、山本喜久男先生の面影と日本映画という存在が一体化し、重なってみえてくるのだが、これははたして、編者だけの感慨なのだろうか。

奥村 賢

編集後記

最初に山本喜久男先生の遺稿集の出版を口にしたのは、没年の五月に催された「山本喜久男を偲ぶ会」の席上である。しかし、公言したまではよかったが、まず遺稿の整理作業にかなり手間取り、ようやく二〇一〇年から出版社をまじえて本格的に編集作業が開始されたものの、こちらも遅々として進まなかった。生来の怠け癖が顔を出したからでもあったが、原稿の問題もあった。単行本には掲載されていないこれまでの執筆原稿を整理していくうち、批評やエッセイの類まで含めると、まず容易には対処しきれない膨大な量が存在することがしだいに判明してきた。悩ましい問題であったが、最終的に今回の遺稿集では収録対象範囲を限定し、原則として研究論文のみを収めることにした。

しかし、この先にも難題が控えていた。解題でも述べたとおり、研究論文であっても原稿の状態がかならずしも一様ではなかったことである。原稿内容を詳しく調べ始めると、草稿段階のものや再推敲中のものなども含まれていた。どういう基準で統一をはかるか、この問題の決着は本書の編集段階まで縺れ込み、苦戦を強いられることになった。このほか静止画像の準備などでも時間をとられたが、しかしいまとなってはどれも言い訳にすぎない。これだけ遅れに遅れたのは、編集作業の中心にいた編者の責任が大きい。山本先生は天界から不肖の弟子の拙劣な作業ぶりを眺め、さぞかし呆れ果てておられたことだろう。いつか来世で対面がかなったとき、許しを請うしかない。ともあれ、本書は山本先生の思いを少しは実現できるものとなっただろうか。いまもって不安だが、わずかでもかなえられていることを願うばかりである。

この記念碑的な論集を上梓できたのは、多くの方々のご支援、ご協力があったからにほかならない。これもまた、山本喜久男先生のご人徳の賜物であろう。最初に、今回の企画は、出版を快諾していただいた山本静子夫人やご子息の藤郎さんらご遺族のご理解があってはじめて実現できたことを申しあげておかねばならない。ご遺族には貴重な所蔵写真も提供していただいた。また、編集の準備段階では、山本先生の蔵書の整理もすませておかなければならなかったが、日数を要し、遠出もあったこの作業では、冨田美香氏や坂尻昌平氏ら、先生に師事した方々が応援にはるばる駆けつけてくれた。整理された蔵書は、現在、「山本喜久男文庫」として川崎市市民ミュージアムに収蔵されている。

編集段階においても、心強い加勢が途絶えることはなかった。まず、本書は先生の愛弟子のひとり、佐崎順昭氏の協力なしではけっして刊行にはこぎつけなかっただろう。共編者として、原稿の整理から校正まで、このうえない誠実な姿勢でじつに精力的に編集実務をこなしていただいた。前記の「山本喜久男文庫」が実現をみたのも氏の尽力によるものである。英語論文の翻訳は、山本ゼミの先輩で外国映画書の翻訳家としても著名な宮本高晴氏に、精確さを求められる執筆目録の作成は、同じく山本門下の濱田尚孝氏にお願いし、ともに即諾していただいた。難儀な静止画像の採集作業では、内山一樹、濱口幸一、中山信子、西村安弘、入江良郎、笹川慶子ら山本ゼミ出身の諸氏、ならびに日本映画大学の大八木勉氏にお力添えを仰いだ。内山一樹、西村安弘の両氏には編集実務作業、中山信子氏にはフランス語の確認作業においてもご協力いただいた。後者の作業では、やはり早稲田大学大学院での映画研究仲間だった伊津野知多氏にも助勢していただいている。また、日本の古典芸能に関しては早稲田大学の児玉竜一氏と明治大学の神山彰氏から、日本の古典文学に関してはいわき明星大学の松本麻子氏から有益なご教示をいただいた。さらに本書刊行の支援組織「山本喜久男遺稿集刊行準備委員会」には、出版費用の面で強力な援助者となっていただいた。早稲田大学名誉教授・岩本憲児先生をはじめとする委員の方々の熱意ある呼びかけで、寄付金による資金調達では大勢の方々から賛同をいただいた。そして本書の出版を快く引き受けていただいた森話社の大石良則氏にも、言葉に尽くせないほどお世話になった。同氏は、幾度となく難題に直面しながらも、長期にわたり支援を惜しまれることがなかった。

これらあまたの諸兄諸姉にあらためて心から謝意を表したい。

奥村　賢

本文掲載図版一覧

序　章　（図版なし）

I　小津安二郎

扉　『東京物語』（一九五三年、松竹）、『晩春』（一九四九年、松竹）

第1章　図1～6、12～17『東京物語』、図7～11『一人息子』（一九三六年、松竹）

第2章　図1～30『一人息子』、図31～61『父ありき』（一九四二年、松竹）

第3章　図1～74『晩春』

第4章　図1～101『東京物語』

II　溝口健二

扉　『近松物語』（一九五四年、大映）

第1章　図1～34『近松物語』

III　黒澤　明

扉　『素晴らしき日曜日』（一九四七年、東宝）、『野良犬』（一九四九年、新東宝＋映画芸術協会）

第1章　図1～36『素晴らしき日曜日』

第2章　図1～12『暗黒街の弾痕』You Only Live Once（1937, Walter Wanger Productions）、図13～80『酔いどれ天使』（一九四八年、東宝）

第3章　（図版なし）

第4章　図1～24、26、27、33～39、42～56『野良犬』、図25、28～32、40、41『裸の町』The Naked City（1948, Universal Pictures）
第5章　図1～38『羅生門』（一九五〇年、大映）
第6章　図1～7『七人の侍』（一九五四年、東宝）

Ⅳ　木下恵介

扉　『わが恋せし乙女』（一九四六年、松竹）、『カルメン故郷に帰る』（一九五一年、松竹）
第1章　図1～54『わが恋せし乙女』
第2章　図1～10『お嬢さん乾杯』（一九四九年、松竹）、図11～62『破れ太鼓』（一九四九年、松竹）
第3章　図1～16『カルメン故郷に帰る』
第4章　図1～51『二十四の瞳』（一九五四年、松竹）

Ⅴ　今井　正

扉　『また逢う日まで』（一九五〇年、東宝）、『どっこい生きてる』（一九五一年、新星映画）
第1章　（図版なし）
第2章　図1～22『また逢う日まで』
第3章　図1～34『自転車泥棒』Ladri di biciclette（1948, Produzioni De Sica）、図35、37～63『どっこい生きてる』、図36『無防備都市』Roma città aperta（1945, Excelsa Film）

終　章　（図版なし）

（作成＝内山一樹）

映画題名索引

・本文、注、付記、編注に登場する映画題名を拾った（欧文は除く）。
・頁数に付いた＊は書名、論文名、評論名、記事名での登場を示す。
・本文中の題名が公開題名と異なるものは➞で公開題名を示した。また、同名作品は公開順とした。

【む】

【め】

【も】

【や・ゆ】

【よ】

【し】

【か】

【き】

【う】

【え】

【お】

主要人名索引

・本文、注、付記、編注に登場する人名を拾った（欧文は除く）。
・頁数に付いた＊は書名、論文名、評論名、記事名での登場を示す。
・本文で名のみ登場の日本人名には姓を付けた。
・名前、通称などは（　）内で補足した。
・外国人の名前は、本文中の表記が一部異なるものを含む。

［著者略歴］

山本喜久男（やまもと　きくお／映画史研究）

1931年　東京にて出生

1954年　早稲田大学第一文学部英文学専修卒業

1958年　早稲田大学大学院文学研究科演劇専修修士課程修了

1967年　同博士課程満期退学

1971年　早稲田大学文学部演劇専修専任講師

1974年　同助教授

1979年　同教授

1997年　早稲田大学を退職

2000年　没

［主要著書］

『世界の映画作家31　日本映画史　実写から成長―混迷の時代まで』（共著、キネマ旬報社、1976年）、『日本映画における外国映画の影響　比較映画史研究』（早稲田大学出版部、1983年）、『映画の風景』（早稲田大学出版部、1985年）

［主要訳書］

ドナルド・リチー『小津安二郎の美学　映画の中の日本』（フィルムアート社、1978年）、ポール・シュレイダー『聖なる映画　小津｜ブレッソン｜ドライヤー』(フィルムアート社、1981年)

（※本書巻頭の著者肖像写真の撮影者またはその著作権継承者の連絡先をご存じの方は、お手数ですが弊社までご連絡ください）

［編者］
奥村 賢（おくむら まさる／映画・映像研究）
いわき明星大学教養学部教授
編著書に『ドイツ・ニューシネマを読む』（共編著、フィルムアート社、1992年）、『世界映画大事典』（共編著、日本図書センター、2008年）、『映画と戦争　撮る欲望／見る欲望』（編著、森話社、2009年）、訳書に『アンゲロプロス　沈黙のパルチザン』（フィルムアート社、1996年）など

佐崎順昭（さざき よりあき／日本映画史研究）
東京国立近代美術館フィルムセンター研究員
編著書に『FC90　内田吐夢監督特集』（共編著、東京国立近代美術館、1992年）、『世界映画大事典』（共編著、日本図書センター、2008年）、『映画公社旧蔵　戦時統制下映画資料集』（共編著、ゆまに書房、2014年）など

［編集協力］
宮本高晴・内山一樹・西村安弘・伊津野知多・濱田尚孝・中山信子

日本映画におけるテクスト連関――比較映画史研究

発行日……………………………2016年4月18日・初版第1刷発行

著者………………………………山本喜久男
編者………………………………奥村 賢・佐崎順昭
発行者……………………………大石良則
発行所……………………………株式会社森話社
〒101-0064 東京都千代田区猿楽町1-2-3
Tel 03-3292-2636
Fax 03-3292-2638
振替 00130-2-149068
印刷………………………………株式会社厚徳社
製本………………………………榎本製本株式会社
© Kikuo Yamamoto 2016 Printed in Japan
ISBN 978-4-86405-093-7 C1074

怪奇と幻想への回路――怪談からＪホラーへ

内山一樹編　[日本映画史叢書 8]　映画はその草創期から超現実的な世界への憧れと恐れを映しつづけてきた。初期映画の試行錯誤から今日まで、映画がつくりあげてきた夢と不可思議の世界をさぐる。

四六判 336 頁／ 3200 円（各税別）

映画と戦争――撮る欲望／見る欲望

奥村賢編　[日本映画史叢書 10]　映画はなぜ戦争を描くことに熱心なのか。戦争映画はなぜ魅惑的なのか。戦時下の映画から、戦後の反戦映画、ＳＦやアニメまで、映画と戦争の濃密で危うい関係を探究する。

四六判 360 頁／ 3300 円

映画のなかの古典芸能

神山彰・児玉竜一編　[日本映画史叢書 13]　古典芸能の世界は日本映画にとってまさに母胎であった。異なるジャンルの間で、題材や音楽、美術、俳優などが行き交いながら、どのように再解釈され、再生したのだろうか。

四六判 312 頁／ 3100 円

日本映画の誕生

岩本憲児編　[日本映画史叢書 15]　映画の渡来をはじめ、最初期の上映、撮影、興行、映画館、製作、弁士、音楽、色彩、さらに幻燈や語り、玩具としての視覚装置など、さまざまな話題をとおして映画史の興味深い地層を発掘する。

四六判 408 頁／ 3600 円

映画と文学　交響する想像力

中村三春編　映画はいつの時代も文学との協働によって活性化され、文学もまた映画との交流の中で変異を遂げてきた。川端康成原作の「文芸映画」を中心に、アニメ、ミステリー、スリラーなどのジャンルも含め、映画と文学の多様な相関をとらえ直す。四六判 336 頁／ 3400 円

幻燈の世紀――映画前夜の視覚文化史

岩本憲児著　近代という「視覚の世紀」において、幻燈の果たした役割とは何だったのだろうか。幻燈をはじめ、写し絵、ファンタスマゴリア、カメラ・オブスクーラなど、さまざまな視覚・光学装置が彩った〈光と影〉の歴史を日本と西洋にさぐる。A5 判 272 頁／ 3600 円

サイレントからトーキーへ――日本映画形成期の人と文化

岩本憲児著　大正から昭和初期、サイレントからトーキーに移行する時代の日本映画の表現形式をさぐるとともに、さまざまな領域から映画に関与した人々や、勃興する映画雑誌をとりあげて、モダニズム時代の映画とその周辺文化を描く。A5 判 344 頁／ 4400 円

光と影の世紀――映画史の風景

岩本憲児著　リュミエールやエジソン、エイゼンシテインなど、映画の誕生から近年の作品までの多彩なエピソードと、映画に写しとられた虚実の風景から東西の映画史 100 年の時空を旅するエッセイ集。四六判 240 頁／ 2400 円

日本映画の海外進出――文化戦略の歴史

岩本憲児編　戦前の西欧に向けた輸出の試み、戦時下の満州や中国での上映の実態、『羅生門』『ゴジラ』をはじめとした戦後映画の登場、海外資本との合作の動向など、日本映画の海外進出の歴史をたどりながら、それを推進し、紹介に寄与した人々の活動を明らかにする。A5 判 384 頁／ 4600 円

エジソンと映画の時代

チャールズ・マッサー著　岩本憲児編・監訳　仁井田千絵・藤田純一訳

19 世紀末、エジソンの発明した覗き見式キネトスコープなどを機に始まった「映画の時代」。エジソンとその映画事業に関与した人々の活動を中心に、装置の開発、映画製作、表現様式、興行、他メディアとの関係などの多様な視点から、アメリカ初期映画成立の歴史を描く。A5 判 296 頁／ 3500 円